MARKETING para mercados de ALTA TECNOLOGIA e de INOVAÇÕES

Jakki Mohr
Sanjit Sengupta
Stanley Slater
Richard Lucht

MARKETING para mercados de ALTA TECNOLOGIA e de INOVAÇÕES

Tradução
Heloisa Coimbra
Juliana Geve

PEARSON

São Paulo

Brasil Argentina Colômbia Costa Rica Chile Espanha
Guatemala México Peru Porto Rico Venezuela

2011 by Pearson Education do Brasil

Todos os direitos reservados. Nenhuma parte desta publicação poderá ser reproduzida ou transmitida de nenhum modo ou por algum outro meio, eletrônico ou mecânico, incluindo fotocópia, gravação ou qualquer outro tipo de sistema de armazenamento e transmissão de informação, sem prévia autorização, por escrito, da Pearson Education do Brasil.

Diretor editorial: Roger Trimer
Gerente editorial: Sabrina Cairo
Editor de desenvolvimento: Jean Xavier
Coordenadora de produção editorial: Thelma Babaoka
Editora de texto: Cibele Cesario
Preparação: Luciana Garcia e Bárbara Borges
Revisão: Renata Gonçalves e Débora Baroudi
Diagramação: Casa de Ideias
Ilustração da página 77: Eduardo Borges

Dados Internacionais de Catalogação na Publicação (CIP)
(Câmara Brasileira do Livro, SP, Brasil)

Marketing para mercados de alta tecnologia e de inovações / Jakki Mohr... [et al.] ; tradução Heloisa Coimbra, Juliana Geve]. -- 1. ed. -- São Paulo : Pearson Education do Brasil, 2011.

Outros autores: Sanjit Sengupta, Stanley Slater, Richard Lucht
Título original: Marketing of high-technology products and innovations.
ISBN 978-85-7605-151-0

1. Empresas de alta tecnologia - Marketing 2. Inovações tecnológicas 3. Marketing I. Mohr, Jakki. II. Sengupta, Sanjit. III. Slater, Stanley. IV. Lucht, Richard.

11-09765 CDD-620.00688

Índice para catálogo sistemático:
1. Empresas de alta tecnologia : Marketing : Administração 620.00688

2011
Direitos exclusivos para a língua portuguesa cedidos à
Pearson Education do Brasil, uma empresa do grupo Pearson Education
Rua Nelson Francisco, 26, Limão
CEP: 02712-100, São Paulo — SP
Fone: (11) 2178-8686 — Fax: (11) 2178-8688
e-mail: vendas@pearson.com

Dedicatórias

Às luzes da minha vida, que me fazem sorrir: Willy e Claire.

JAKKI MOHR

A *Babba* e *Ma*
Pelo dom da vida e pelos valores de vivê-la bem.

SANJIT SENGUPTA

À minha esposa, Paula Galloway, que tem sido a pedra fundamental da minha vida por mais de vinte anos, e à minha mãe, Anne Fant Slater, que instilou em mim um profundo amor pelo saber e um senso de curiosidade intelectual.

STANLEY SLATER

À minha querida esposa, Janine, com quem tenho a felicidade de compartilhar minha vida, iluminada diariamente pela luz dos seus olhos e pelo brilho do seu sorriso.

RICHARD R. LUCHT

*Às pessoas que veem possibilidades,
e que, às vezes com coragem, às vezes com fé e esperança —
mas sempre com esforço, perseverança e energia
(apesar da dúvida) —,
lutam para transformar o possível em realidade.*

Os sonhos podem se realizar.

Sumário

Apresentação xiii

Prefácio xix

Capítulo 1 Introdução à alta tecnologia 1
   Definindo alta tecnologia 3
      Definições do governo para alta tecnologia 3
      Definindo alta tecnologia por meio de características comuns 4
         Incerteza do mercado 5
         Incerteza tecnológica 8
         Volatilidade da concorrência 9
         As externalidades da rede e a importância dos padrões na indústria de alta tecnologia 10
   A perspectiva da cadeia de suprimentos na tecnologia 17
   Um *continuum* de inovações 19
      Inovações radicais (em inglês, *breakthrough innovations*) 19
      Inovações incrementais 20
      Implicações dos diferentes tipos de inovação: um modelo de contingência para o marketing em mercados de alta tecnologia 22
   O marketing precisa ser diferente para produtos e inovações de alta tecnologia? 24
      Estrutura para a tomada de decisões em marketing em ambientes de alta tecnologia 25
   Apêndice A 38
   Esboço de um plano de marketing 38

Capítulo 2 Estratégias empresariais e cultura organizacional em mercados de alta tecnologia 41
   Planejamento estratégico em empresas de alta tecnologia 44
      Planejamento na Medtronic 46
   Estratégia em empresa de alta tecnologia 48
      Decisões-chave 48
         Consumidores 48
         Produtos e serviços 49
         Timing 49
         Execução 51
      Estratégias inovadoras 51
   Vantagem competitiva: o objetivo da estratégia 53
      Recursos e competências 53
      Testes da vantagem competitiva para superioridade e sustentabilidade 56
         Valor para o cliente 56
         Raridade dos recursos 57
         Durabilidade 58
         Inimitabilidade 58
      Abordagem para o desenvolvimento de recursos e competências 59
   Cultura e clima organizacional em empresas inovadoras 60
      Obstáculos culturais à inovação 61
         Rigidez associada às competências-chave da empresa (*core rigidities*) 61
         O dilema do inovador 61

Facilitadores culturais à inovação..62
    Destruição criativa 62
    Alavancagem eficaz da dominância da empresa 63
    Desaprendizado..64
    Imaginação corporativa..65
    Marketing expedicionário 68
    Cultive a cultura e o clima para inovações..69
Lições de inovação aplicadas à Internet 72
Desafios para pequenas empresas 74
    Preocupações com fundos..75
    Outros recursos 79
    Navegando em um ambiente complexo 80
        Velocidade...80
        Flexibilidade...80
        Orientação no tempo..81

Capítulo 3 Marketing de relacionamento: parcerias e alianças..89
Parcerias e alianças 90
    Tipos de parcerias 90
        Parcerias verticais...90
        Parcerias horizontais 91
    Razões para o estabelecimento de parcerias...92
        Razões para estabelecer parcerias ao longo dos estágios de ciclo de vida do produto 93
    Riscos envolvidos na parceria..97
    Fatores de sucesso das parcerias e alianças 98
        Interdependência..98
        Estrutura de governança apropriada..98
        Comprometimento 99
        Confiança 99
        Comunicação..99
        Culturas corporativas compatíveis 99
        Resolução de conflitos de maneira integrada e técnicas de negociação...................................100
Relacionamento com os clientes 102
    Estratégia de conquista 103
    Relacionamento com clientes e estratégias de retenção...106

Capítulo 4 Orientação para o mercado e a interação marketing-engenharia (P&D) em empresas de alta tecnologia... 113
O que significa ser "orientado para o mercado"..115
    Tornando-se orientado para o mercado..117
    Barreiras à orientação para o mercado 118
    O lado negativo e oculto da orientação para o mercado 119
        Superando as possíveis armadilhas de ser orientado para o mercado 120
Interação P&D-marketing...121
    Natureza da interação P&D-marketing: inovações radicais *versus* incrementais 122
    Barreiras à colaboração P&D-marketing 124
    Chegando à integração P&D-marketing..124
        Cooptação..126
        Cooperação..126
        Comunicação...126
    Conflito construtivo 127
    Uma advertência..127

Capítulo 5 Pesquisa de marketing em mercados de alta tecnologia 139
   Coleta de informações: ferramentas de pesquisa de marketing aplicadas a mercados de alta tecnologia 140
      Teste de conceito (prova de conceito) 141
      Conjoint analysis 142
      Programas de visitas ao cliente 143
      Empathic design 144
         Insights do *empathic design* 145
         Processo para a condução do *empathic design* 146
         Exemplo 147
      Usuários líderes 148
      Desdobramento da função qualidade (QFD) 152
         Diagrama de Kano 153
         QFD e TQM 154
      Teste de protótipos 156
      Teste da versão beta 156
   Reunindo inteligência competitiva 157
   Prevendo a demanda dos clientes 159
      Métodos de previsão 159
         Modelo de Bass 160
      Outras considerações sobre previsões 163

Capítulo 6 Comportamento do consumidor no mercado de alta tecnologia 171
   Decisão de compra do cliente 173
      Processo de decisão de compra do cliente 173
         Identificação do problema 173
         Busca de informações 173
         Avaliação das alternativas 173
         Decisão de compra 176
         Avaliação pós-compra 176
      Categorias de adoção 177
         Inovadores 177
         Adotantes precoces 177
         Primeira maioria 179
         Maioria tardia 179
         Retardatários 179
      Cruzando o abismo 180
         Estratégias para o mercado precoce: marketing para visionários 180
         O abismo 181
         Marketing para os pragmáticos 181
         Marketing para conservadores 184
   A escolha do cliente: segmentando mercados e escolhendo alvos 185
   Estratégias do cliente para evitar a obsolescência 190
      Decisão de migração do cliente 191
      Opções de migração dadas pelos profissionais de marketing 192
         Expectativa do ritmo dos avanços 192
         Expectativa da magnitude dos avanços 193
         Incerteza do cliente 193

Capítulo 7 Desenvolvimento de produtos e questões gerenciais em mercados de alta tecnologia 199
   Desenvolvimento de tecnologia 200
   A decisão sobre "o que vender" 203
      Opções possíveis 204
      Qual decisão faz sentido? 204
      Considerações sobre a transferência de tecnologia 207

Arquitetura do produto: modularidade, plataformas e derivados 208
   Modularidade 208
   Plataformas e derivados 209
      Por que usar uma estratégia de plataforma e derivados? 210
      Tomando decisões sobre plataformas e derivados 212
Equipes de desenvolvimento de novos produtos 212
Um alerta sobre questões relacionadas a "matar" o desenvolvimento de um novo produto 215
Desenvolvendo serviços como parte da estratégia de produtos de alta tecnologia 216
   Características únicas de serviços: implicações 218
      Intangibilidade 219
      Inseparabilidade 219
Proteção de propriedade intelectual 219
   Patentes 222
      Tipo de pedidos de patente 224
      Desvantagens do uso de patentes 225
      Mudanças na lei de patentes: uma visão da legislação norte-americana 225
      Outras considerações sobre patentes e concorrência 226
   Copyrights 227
   Marcas registradas 228
   Segredos comerciais 228
      Obrigações contratuais que dizem respeito à informação de propriedade privada 229
      Quem possui o conhecimento: o empregador ou o funcionário? 229
   Patentes ou segredos comerciais? 231
   Gerenciando a propriedade intelectual 232

Capítulo 8 Canais de distribuição e gestão da cadeia de suprimentos em mercados de alta tecnologia 239

Aspectos do projeto e da gestão de canais de distribuição 241
Considerações sobre canais em mercados de alta tecnologia 246
   Fronteira difusa entre elos da cadeia de suprimentos 246
   Necessidade de canais indiretos para adição de valor aos fabricantes 247
   A evolução dos canais de alta tecnologia 248
   Entendendo os mercados cinza 249
      Causas 250
      Soluções 251
   Mercados negros, pirataria e restrições de exportação 252
Acrescentando novos canais: a Internet 253
   Experiência da Compaq 254
   Gerando renda extra ou canibalizando as vendas existentes 255
   Considerações adicionais ao se adicionar um canal on-line 256
   Evitando conflitos 257
   Gerenciando conflito 258
   Passos para o gerenciamento de um canal híbrido 259
Ampliando a visão: de canais de distribuição para cadeia de suprimentos 261
   Gerenciamento efetivo da cadeia de suprimentos 264
   Tendências no gerenciamento de cadeias de suprimentos 266
      Mercados verticais na Internet 266
      Software de gestão da cadeia de suprimentos 267
      Terceirização 268
E-business e comportamento organizacional 268
   Mudar os canais de distribuição 269
   Nova abordagem de compra: utilização dos mercados eletrônicos de empresa para empresa 270
   Gerenciamento otimizado da cadeia de suprimentos 272

Capítulo 9 Considerações sobre precificação em mercados de alta tecnologia 281
  O ambiente de preço de alta tecnologia 281
  Os três C's da precificação 283
    Custo 283
    Concorrência 284
    Cliente 284
  Precificação orientada para o cliente 285
    Passos da precificação orientada para o cliente 285
    Implicações de precificação orientada para o cliente 288
  Precificação do serviço pós-venda 289
  O paradoxo da tecnologia 290
    Soluções para o paradoxo (de precificação) da tecnologia 291
    Do grátis ao pago 293
    Considerações sobre antitruste e preços grátis 293
      O caso da Microsoft 294
  O efeito da Internet nas decisões de precificação 294
  Considerações adicionais de precificação 295
    Venda total de *know-how* comparada às licenças de utilização 296
    Restrições das licenças 296
    Pay-per-use versus preço por assinatura 297
    Pacotes de preços 297
    Leasing 298

Capítulo 10 Comunicação em mercados de alta tecnologia: ferramentas para a construção e manutenção do
              relacionamento com o cliente 305
  Propaganda e promoção: uma visão geral 306
    Uma breve visão das ferramentas de propaganda e promoção 308
      Propaganda 308
      Relações públicas/publicidade 308
      Mala direta 309
      Feiras, seminários e treinamentos 310
      Catálogos, literatura e manuais 310
      Telemarketing 310
      Venda pessoal 311
    Propaganda e promoção pela Internet 311
      Tipos de propaganda on-line 311
      Diretórios e mecanismos de busca 313
      Preço do anúncio on-line: CPM ou custo por clique? 314
      Uso de associados 315
      Marketing viral 315
      Marketing de permissão 315
      Propaganda pelo celular 316
  A importância da gestão da marca em mercados de alta tecnologia 316
    Desenvolvendo uma marca forte 319
      Ferramentas clássicas de propaganda e relações públicas (RP) 319
      Influenciar os formadores de opinião e o boca a boca 320
      Dar uma marca à empresa, à plataforma ou à ideia 320
      Confiar em símbolos 321
      Gerenciar todos os pontos de contato 321
      Trabalhar com parceiros 321
      Usar a Internet 321
    Marca de componente 322
      Vantagens e desvantagens da marca de componente 322
    Marcas em pequenas empresas 324

Pré-anúncios de novos produtos..324
    Vantagens e objetivos do pré-anúncio...325
    Desvantagens do pré-anúncio..326
    Considerações táticas sobre a decisão de pré-anunciar..327
        Momento certo..328
        Informação..328
        Outras considerações..328
O papel da comunicação de marketing no relacionamento com o cliente..................................329
    Categorias de clientes...329
    Estratégias de gerenciamento do relacionamento com o cliente..331
    Software de gestão do relacionamento com o cliente..333

Capítulo 11 Concretizando a promessa da tecnologia: considerações sociais, éticas e regulatórias 341

O paradoxo da tecnologia e as consequências não compreendidas 342
    Paradoxos da tecnologia..342
        Implicações dos paradoxos tecnológicos no marketing...345
Controvérsias éticas que cercam os avanços tecnológicos 346
    Estruturação para lidar com controvérsias éticas: Merck, Ivermectina e a cegueira do rio 347
        Passo 1: Identificar todos os envolvidos afetados pela decisão......................................348
        Passo 2: Identificar as necessidades e preocupações de cada grupo envolvido..........349
        Passo 3: Priorizar os grupos participantes e as perspectivas...350
        Passo 4: Tomar e implementar uma decisão 350
    Benefícios da estruturação 350
Responsabilidade social e decisões comerciais 351
    Responsabilidade social e inovação 355
O papel do governo...356
    Atualização de modelos antitruste...357
    Examinando modelos de propriedade intelectual 359
        Proteção de patente..359
        Proteção de direitos autorais...359
    Assistência no acesso à tecnologia..362
        Soluções para a construção de pontes sobre a divisão digital..362
Observações finais: concretizando a promessa de tecnologia..363

Índice remissivo 369

Sobre os autores 375

Apresentação

Esta obra está organizada em onze capítulos. Apesar do material e dos conceitos em cada capítulo serem tratados de maneira bastante distinta, muito do conteúdo, por sua própria natureza, está inter-relacionado e demanda considerações a partir de diversos ângulos. Como resultado, os conceitos são referenciados de maneira cruzada e abordados em mais de um local. A assunto sobre desenvolvimento estratégico em organizações de alta tecnologia, por exemplo (Capítulo 2), é parte integrante do capítulo sobre gestão e desenvolvimento de produto (Capítulo 7). Da mesma forma, a discussão sobre gestão de relacionamento com o consumidor, iniciada no Capítulo 3, está diretamente ligada às estratégias de precificação (Capítulo 9) e também às estratégias de comunicação (Capítulo 10). Essa abordagem de cobertura por temas dos principais assuntos do marketing de alta tecnologia oferece uma visão mais abrangente de como essas questões se comportam em diferentes áreas do ferramental de marketing.

Mais especificamente:

- **Capítulo 1:** oferece uma *visão geral do ambiente de alta tecnologia e das suas principais características*. Nesta obra, é dada uma atenção especial à questão das *exterioridades da rede* e da necessidade de *desenvolver padrões na indústria*. O Capítulo 1 também apresenta o conceito de que as estratégias de marketing de alta tecnologia devem ser feitas sob medida para o *tipo de inovação* a que se destinam *(incrementais ou radicais)*. Esse conceito dos efeitos do tipo de inovação nas estratégias de marketing é levado para capítulos subsequentes.

- **Capítulo 2:** trata da estratégia e da cultura corporativa na empresa de alta tecnologia. Primeiro, ele apresenta o *processo de planejamento estratégico* em empresas de alta tecnologia, particularmente, focando na necessidade de obter *vantagem competitiva* e em como fazê-lo. A segunda parte do capítulo está concentrada nas questões relacionadas à *cultura e ao clima das empresas inovadoras*, salientando as forças que podem levar empresas bem estabelecidas a se tornarem complacentes (como no dilema do inovador), e as características das empresas que superam tais forças, tais como a destruição criativa, a imaginação corporativa, a "desaprendizagem" e a confiança nos produtos campeões. A seção final desse capítulo fala dos desafios para pequenas empresas de alta tecnologia em fase de implantação, incluindo o preocupante problema dos recursos, bem como as formas de alavancar seus pontos fortes.

- **Capítulo 3:** reconhece o papel vital das *parcerias e alianças* nas estratégias eficazes de alta tecnologia. Na segunda metade desse capítulo, é dada atenção especial às *relações com o consumidor*.

- **Capítulo 4:** cobre o domínio da *orientação do mercado*, uma consideração particularmente importante para empresas que atuam em mercados de alta tecnologia, ainda que seja uma habilidade ou forma de pensar particularmente difícil de implementar em organizações orientadas para a tecnologia. A segunda metade desse capítulo aborda a difícil dinâmica entre a *Pesquisa & Desenvolvimento e o* *pessoal de marketing*. A adoção das melhores práticas e uma pesquisa oferecem ideias para administrar essa importante dinâmica.

- **Capítulo 5:** apresenta um panorama sobre as ferramentas de pesquisa de mercado que os profissionais de marketing, que atuam em ambientes de alta tecnologia, podem usar para obtenção de informações a respeito de seus clientes ou *prospects*. Teste de conceito, *conjoint analysis*, programas de visitas aos clientes, *empathic design*, QFD, prototipação e beta testes são cobertos, com os respectivos exemplos. Este capítulo é finalizado com as seções sobre desenvolvimento de inteligência competitiva e previsão de demanda para mercados e produtos de alta tecnologia.

- **Capítulo 6:** aborda um aspecto particularmente desafiador do marketing de alta tecnologia: o *entendimento do comportamento do consumidor*, incluindo a sua tomada de decisão e como o marketing para formadores de opinião deve ser diferente do marketing para usuários tardios. Esse capítulo se baseia fortemente no trabalho de Everett Rogers *(Diffusion of Innovations)* e Geoffrey Moore *(Crossing the Chasm* e *Inside the Tornado)*. É feita uma revisão do *processo de segmentação de mercado*. Já a última seção do capítulo aborda as formas como os profissionais de marketing de alta tecnologia podem administrar *as decisões migratórias dos consumidores* (na mudança para a geração seguinte de uma nova tecnologia).

Os capítulos 7 a 10 cobrem os quatro P's da teoria de marketing: produto, preço, praça e promoção:

- **Capítulo 7:** apresenta a estrutura de um *mapa de tecnologia* para guiar um desenvolvimento de produto. Considerações pertinentes incluem decisões sobre a *transferência de tecnologia e licenciamento*; *a modularidade de produtos, plataformas e derivativos* e a *proteção de propriedade intelectual*. Esse capítulo foi incrementado com a adição de material sobre equipes de desenvolvimento de novos produtos, bem como com a *intersecção de tecnologia e serviços* e as questões de marketing que cercam essa intersecção.

- **Capítulo 8:** traz uma estrutura para a tomada de decisões de distribuição. É dado foco ao uso da Internet como canal de distribuição e à necessidade de administrar a transição, os conflitos resultantes e como harmonizar e integrar todos os canais. A porção final do capítulo estuda o mundo complexo da *administração da cadeia de fornecimento* para produtos de alta tecnologia.

- **Capítulo 9:** oferece uma estrutura para a tomada de decisões de precificação, com forte ênfase na *precificação orientada para o consumidor*. Além disso, à luz do rápido declínio dos preços em muitas indústrias de alta tecnologia, é dado foco às estratégias usadas para gerar lucro, levando-se em conta o "paradoxo da tecnologia" (como fazer dinheiro quando o preço do produto está caindo rapidamente). Nesse capítulo, também são apresentadas seções relacionadas à *precificação dos serviços de pós-venda*, à mudança *de "grátis para pago"* e à *formação do preço*.

- **Capítulo 10:** enfatiza a importância de usar as ferramentas de comunicação mercadológica para *criar uma marca forte* (como mecanismo para abrandar a ansiedade do consumidor), a necessidade de administrar a *pré-divulgação do produto* e os instrumentos de comunicação usados para *gerir as relações com o consumidor*. Esse capítulo também inclui material sobre o uso da Internet para divulgação e promoção.

- **Capítulo 11:** conclui com considerações sobre obstáculos e problemas que podem inibir uma inovação de atingir todo o seu potencial. As questões incluem *consequências* não previstas da tecnologia; os *paradoxos que os consumidores enfrentam* na adoção e no uso da tecnologia; as *controvérsias éticas* que surgem dos avanços tecnológicos, a *responsabilidade social* dos negócios na área de tecnologia e a *regulamentação do governo*. Há conteúdo atualizado sobre pirataria digital, divisão digital e outros assuntos atuais que refletem tendências prementes na área.

O marketing não acontece isoladamente em nenhuma organização; ele funciona de maneira cruzada por essência. Este livro reúne o marketing com outras disciplinas da área de negócios (por exemplo, Gestão da Pesquisa & Desenvolvimento e Administração Estratégica) para trazer *insights* sobre como ele se inter-relaciona e é dependente de interações com outras áreas. São abordadas questões tanto para grandes quanto para pequenas empresas. O livro oferece um equilíbrio entre discussões conceituais e exemplos; negócios estabelecidos e outros, em fase de implantação; produtos e serviços e contextos de marketing para o consumidor e B2B. Por meio de exemplos de uma ampla gama de indústrias e tecnologias, que ilustram as ferramentas de marketing e conceitos cobertos neste livro, captura-se não apenas a riqueza do ambiente de negócios da alta tecnologia, como também prova-se a utilidade das estruturas apresentadas; a variedade também dá ao leitor a chance de testar o uso das estruturas em diversas situações. Entre as indústrias e os contextos cobertos estão os de telecomunicações, tecnologia da informação (hardware e software), biotecnologia, aeronáutica e eletrônicos para o consumidor, como televisores HD e 3D.

No site <www.pearson.com.br/lucht>, professores e estudantes podem acessar materiais adicionais em qualquer dia, durante 24 horas.

Para professores:
- Apresentação em PowerPoint.

Para alunos:
- Exercícios de múltipla escolha.

Esse material é de uso exclusivo para professores e está protegido por senha. Para ter acesso a ele, os professores que adotam o livro devem entrar em contato com seu representante Pearson ou enviar e-mail para universitarios@pearson.com.br.

Agradecimentos

Apesar de os nomes dos autores aparecerem na capa do livro, é apenas graças aos esforços de muitas pessoas que ele pode ser realmente concluído. Primeiro, agradecemos sinceramente o tempo que os profissionais investiram para nos dar os caminhos para a revisão da obra.

David Corkindale, The University of South Australia

John Durham, University of San Francisco

Sean M. Hackett, Vanderbilt University

Gary Lynn, Stevens Institute of Technology

Salvatore J. Monaco, University of Maryland, University College

Kenneth A. Saban, Duquesne University

Richard Spiller, California State University, Long Beach

Uma das peculiaridades deste livro — "Visão de Mercado" — só foi possível graças à generosidade dos especialistas e de suas empresas. Agradecemos as diversas contribuições voluntárias de amigos que escreveram textos excelentes, encontrados ao longo da obra. Em especial, os autores agradecem ao Sr. Ozires Silva por acreditar na importância de uma obra desta natureza para o Brasil, concretizada no texto de prefácio.

Também tivemos muita ajuda mais que bem-vinda ao longo do caminho para compilar as informações. Jenny Mish, Lou Fontana e Jennifer Moe (estudantes da graduação da University of Montana) ajudaram a pesquisar exemplos e na organização.

Também gostaríamos de agradecer aos seguintes membros da equipe da Prentice Hall: Katie Stevens, Rebecca Cummings, Larry Armstrong, Bruce Kaplan, Michelle O'Brien, Jeff Shelstad, John Roberts, Keri Tomasso, à Divisão Internacional e Patty Donovan, da Pine Tree Composition. Da Pearson Brasil, os agradecimentos vão para Sabrina Cairo, Jean Xavier e Cibele Cesario, que tornaram possível a realização desta obra.

Jakki Mohr agradece o apoio de Dean Larry Gianchetta; ao chefe de departamento, Nader Shooshtari e aos seus vários colegas atenciosos da University of Montana.

Sanjit Sengupta agradece às muitas pessoas que deram contribuições valiosas às suas reflexões sobre tecnologia e marketing ao longo dos anos. Seu primeiro contato com questões de tecnologia foi no Indian Institute of Technology, em Kanpur, por meio de interações com professores e colegas de classe. Tarun Gupta o apresentou ao marketing no Bjaj Institute of Management, em Mumbai, e deixou-o fascinado com o assunto. Ele aprendeu muito sobre os aspectos práticos de fazer marketing em informática e serviços de software com seus colegas na HCL, especialmente com Amit Dutta Gupta, e na CMC Limited durante os primeiros anos de sua carreira comercial. Em Berkeley, encontrou um ambiente vibrante e fértil para encubar suas primeiras ideias de pesquisa. Ele agradece especialmente ao professor Louis P. Bucklin, seu mentor em Berkeley, por tê-lo ajudado a refinar ideias de pesquisa, muitas das quais acabaram sendo publicadas em conjunto. Seus colegas e alunos da University of Maryland e da San Francisco State University tiveram um papel importante em seu desenvolvimento intelectual durante sua carreira acadêmica. Finalmente, ele gostaria de agradecer o apoio de sua esposa, Amrita, e filhos, Ishaan e Ila, que fizeram todo o trabalho valer a pena.

Stan Slater agradece aos seus amigos de longa data e aos colegas de pesquisa, John C. Narver, professor emérito de marketing na University of Washington e Eric M. Olson, professor de gestão estratégica e marketing na University of Colorado, Colorado Springs.

Richard R. Lucht agradece às muitas pessoas que contribuíram decisivamente para que pudesse construir a sua base de conhecimentos sobre tecnologia e marketing ao longo dos anos. Em especial, agradece ao ITA, instituição *alma matter*, que forjou em seu espírito a firme convicção de que uma nação forte e independente só é possível se seu povo confiar em suas capacidades e investir no seu desenvolvimento tecnológico. E à ESPM, querida escola e que é referência em marketing e negócios no Brasil, por ter acolhido um engenheiro "puro e simples" e ter ofertado um terreno fértil para seu crescimento profissional e pessoal. Não basta entender de tecnologia; antes, é preciso entender o mercado! Nesta jornada, gostaria de agradecer particularmente a três pessoas muito especiais: à grande professora Aylza Munhoz (ESPM), que o ensinou os primeiros passos na área de marketing; ao eterno mestre professor Carlos Monteiro (ESPM), com quem aprendeu efetivamente a ser um gestor com "G" maiúsculo; e, por fim, ao amigo professor Donizeti de Andrade (ITA) que, com sua fibra e determinação, nos lega o exemplo de que vale a pena lutar por um sonho que se acredita verdadeiro!

Prefácio

A palavra tecnologia deve ter sido incorporada ao nosso vocabulário não há muito. A primeira vez que a ouvi foi durante os anos 1950. Isso não quer dizer que não existisse antes, pois apesar do aparecimento generalizado do vocábulo em momentos mais recentes, as técnicas crescentemente aplicadas aos produtos foram se intensificando e, mais importante, sofisticando-se, preenchendo significados muito mais importantes para o cidadão e para o mundo moderno.

Os produtos mundiais mais avançados, de qualquer origem e para qualquer uso, carregam sistemas, equipamentos e componentes, formando estruturas que, embora complexas, precisam ser eficientes e capazes de cumprir adequadamente os propósitos para os quais foram produzidos. O fantástico é que tudo trabalha em coordenação, assegurando níveis de funcionamento, confiança e duração extremamente altos.

É um consenso que o negócio de fabricar e vender produtos tecnologicamente avançados não é realmente um mister para indecisos ou para aqueles que não possam ter fé, disposição e recursos ponderáveis ou, ainda, que não tenham alguma ligação quase sentimental para com o ramo de atividade escolhido. Trata-se de empreendimentos realmente difíceis e, medidos sob qualquer padrão, intensamente competitivos. Há poucos segmentos industriais que requerem tanto capital, pessoal especializado de alto nível, diversificação e técnicas diferenciadas.

Todavia, o que parece colocar tais produtos como um negócio no mínimo diferente é a enormidade de riscos e custos que precisam ser aceitos; esses fatores criam uma quantidade de obstáculos à lucratividade e à visibilidade dos empreendimentos que, sob os critérios de análise empresarial fria, tendem a desanimar mesmo os mais corajosos investidores. Em que pesem todos esses percalços, a atividade é atrativa do ponto de vista mercadológico e é capaz de gerar resultados e, sem dúvida, inusitado entusiasmo. Em outras palavras, pode tornar-se extremamente gratificante para aqueles que participam diretamente dos riscos do investimento. São produtos que proporcionam expressiva visibilidade perante a sociedade e dão maior sentido de satisfação e de realização ao produtor.

O avião se enquadra nessas descrições e percalços. Além de sua peculiar complexidade, é um produto tipicamente sujeito a riscos. Quando um projeto de desenvolvimento de um novo aparelho chega às suas etapas finais — após anos seguidos de muito trabalho criativo e despendendo de enormes somas de recursos —, ele marca as empresas e as pessoas de forma indelével e consolida-se definitivamente na cabeça e nas vidas daqueles que puderam, direta ou indiretamente, viver as fases do processo.

Por outro lado, o avião é um produto sujeito a uma dinâmica de mercado, de forma muito particular. A concorrência intensa determina que o planejamento estratégico das empresas fabricantes viva em um clima quase de constante turbulência. Sente-se presente, durante todo o tempo, uma real psicose de os empreendimentos terem de permanentemente aceitar o desafio para a criação de novos modelos, com isso investindo pesado, mesmo em condições marginais. Ou, alternativamente, que é mais comum aceitar a opção de desaparecer, chegando ao limite de fechar as portas, por falta de oferta de produtos competitivos.

O sistema coloca em jogo investimentos que facilmente podem exceder a própria capacidade da corporação ou dos acionistas. Os riscos dos compromissos assumidos aparecem agravados pelo número relativamente pequeno de compradores no mercado. Alguns desses compradores, por sua importância e dimensões de sua operação, podem tornar-se determinantes na vida ou na morte de um novo tipo de aparelho. Caso selecionem o modelo do concorrente, eles podem decretar o fracasso da fábrica perdedora.

O mercado está cheio desses exemplos, dentro ou fora da aviação, que, em muitos casos, determinaram o desaparecimento de produtos que, ao final, não conseguiram lograr uma posição de interesse entre os possíveis compradores. Nesse processo de seleção, as discussões podem ser duras e forçam muitas vezes o vendedor a aceitar condições de fornecimento muito desvantajosas.

Quais seriam então os mecanismos que atuam no setor de alta tecnologia e como eles funcionam? É nesse ponto que *Marketing para mercados de alta tecnologia e de inovações* pode ser útil e ajudar a compreender que generalizações podem não ser simples. No trabalho apresentado aos seus leitores, os autores enfocam aspectos essenciais para o sucesso dos produtos tecnológicos avançados. Apesar dos típicos custos para serem concebidos, desenvolvidos e fabricados, os aspectos relativos ao marketing — isto é, como vendê-los em quantidade suficiente para justificar os investimentos — aparecem como item fundamental. Há muitos ângulos das atividades industriais sobre os quais vale a pena fazer conjecturas. É exatamente sobre isso que este livro se debruça, buscando descrever e analisar.

Certa vez, Malcom Stamper, então presidente da Boeing, disse: "Fixar o preço de um avião é tão difícil como medir o seu *break-even point*. Uma aeronave tem de ser competitiva. Assim, seu preço pode não ser uma exclusiva função dos custos, mas também das condições ditadas pela competição, em termos de quais serão os resultados que ele produzirá por assento ou pela tonelada-quilômetro. Quem conseguir fabricar o seu produto e fazer dinheiro nesse contexto terá êxito. Os outros, não!".

Richard W. Welch, o respeitado ex-presidente da General Electric dos Estados Unidos, quando, há muitos anos, também exerceu o cargo de presidente da Boeing Commercial Airplane Company, adicionava: "Os riscos são maiores neste negócio do que em qualquer outro, quando comparado com os retornos que proporciona".

Embora as citações possam se referir unicamente à indústria aeronáutica, o mesmo pode valer para produtos em geral que pretendam ter sucesso no mercado da alta tecnologia e das inovações. Sem a menor dúvida, o mundo hoje é global. A própria tecnologia criou um sistema de telecomunicações que revolucionou a forma de viver das pessoas; enfraqueceu as fronteiras políticas protecionistas do passado e fez com que produtos fabricados em todo o mundo pudessem estar disponíveis para o comprador, por mais distante da origem que esteja.

Assim, hoje, os mercados são generalizados e mundiais, notadamente para os produtos de alta tecnologia. No fundo, vale a expressão que ouvi no passado: "grandes ideias, grandes custos, grandes resultados!". Este livro contém informações valiosas e aborda ângulos novos que podem ajudar muito aqueles que desejam entrar nesse campo desafiante e compensador. Os países mais desenvolvidos do mundo oferecem oportunidades e boa qualidade de vida aos seus cidadãos e competem no mercado internacional com produtos tecnologicamente avançados, de preços mais altos, trazendo em seu bojo os ingredientes do seu desenvolvimento nacional.

Se tivermos dúvidas sobre isso, pensemos um pouco na revolução produtiva oriunda, nos últimos tempos, da Coreia e da China. E não coloquemos esse fato sob uma ótica menor, pois outras nações brevemente também estarão presentes na competição mundial. E isso pode não tardar, obrigando-nos a pensar que o Brasil, como nação, não terá à sua disposição todo o tempo do mundo.

Ozires Silva
Ex-ministro de Estado e presidente da Embraer (1969-1994)

Introdução à alta tecnologia

CAPÍTULO 1

"Em 1981, foi previsto que 'as aeronaves V/STOL' (pouso e decolagem verticais) teriam seu uso difundido, complementando a utilização dos automóveis."

J. P. THOMAS
Diretor de estudos de turismo do Hudson Institute,
em *The book of predictions* (O livro das previsões)

Desde 2000, o mundo da alta tecnologia mudou drasticamente. O índice Nasdaq, indicador de desempenho da bolsa que reúne as ações das principais empresas da área de tecnologia, oscilou fortemente. Em um primeiro momento, expressivas perdas financeiras foram registradas, gerando um grande número de falências e demissões. Segundo a TechAmerica, uma das maiores e mais importantes associações comerciais norte-americanas a reunir empresas *hi-tech* (http://www.techamerica.org), somente entre janeiro e dezembro de 2002 os empregos na área de alta tecnologia sofreram uma redução de 236 mil postos. O ciclo recessivo começou a dar sinais de esgotamento a partir de outubro de 2003, quando a Nasdaq subiu mais de 60 por cento, e a indústria de informática e eletrônicos vivenciou o segundo maior decréscimo de causas trabalhistas decorrentes de demissões.[1]

Empresas como Dell, Cisco, Google, Intel e IBM parecem ter entendido esse novo ambiente de negócios e estão prosperando. O segredo para as empresas de tecnologia é pensar além de seus produtos: é chegar às portas de seus consumidores e ajudá-los a reinventar seu trabalho e suas formas de fazer negócios. Como lembrou Andy Grove, ex-presidente da Intel: "Você conhece aquele velho ditado que diz que 'estradas de ferro não pertencem ao ramo das ferrovias, e sim ao dos transportes'? O que vivemos é algo parecido." Já Carly Fiorina, ex-CEO da Hewlett-Packard, ressaltou que "a tecnologia está se tornando uma parte da estrutura da vida. Pense nos grandes problemas que temos para resolver agora — cuidados com saúde, segurança nacional, sincronia dos sistemas de informações do mundo para facilitar o fluxo de bens e serviços —; todos eles são oportunidades para a tecnologia".[2]

Atualmente, a economia global é impulsionada pela inovação tecnológica. Os avanços na tecnologia de microprocessadores têm encontrado aplicações em uma vasta gama de indústrias, muito além das aplicações tradicionais em informática. Os *chips* de computador estão sendo usados, por exemplo, em utensílios domésticos como geladeiras, e até sendo implantados em animais de estimação e rebanhos para identificação e monitoramento da saúde. A biotecnologia ganhou força e está produzindo e disseminando inovações não apenas em aplicações médicas, mas também na reciclagem do lixo e na biologia agrícola. Os avanços nessa área são um dos motivos pelos quais gigantes da área química, como a Monsanto, a Dow Chemical e a DuPont, estão comprando ou investindo pesadamente em empresas de tecnologia de alimentos, inclusive indústrias de sementes de soja, como a Pioneer International, e firmando parcerias com companhias de processamento de grãos e carne, como a Cargill.[3] O Brasil também possui importantes centros de pesquisa e desenvolvimento nessa área. Entre eles, pode-se citar a Empresa Brasileira de Pesquisas Agropecuárias (Embrapa), responsável direta por várias das conquistas que o País obteve nos últimos anos, e o Centro de Tecnologia Canavieira (CTC), cuja atuação também vem garantindo a liderança brasileira no desenvolvimento de tecnologias para o setor canavieiro, tão importante em tempos de discussão sobre energias renováveis.

Até mesmo em indústrias de base, que incluem a automobilística, a de gás e petróleo e a de alimentos, a tecnologia tem operado mudanças. A engenharia mecânica tradicional utilizada no projeto de automóveis está migrando para a engenharia elétrica. A indústria automobilística cunhou o termo "mecatrônica" para descrever essa combinação de princípios mecânicos e elétricos.[4] Exemplos disso são os freios e aceleradores eletromecânicos — nos quais o ato de apertar o pedal envia um sinal para o motor ou para os freios em vez de ativar uma conexão mecânica —, que se tornarão cada vez mais comuns. Todos os modelos Mercedes utilizam freios eletromecânicos desde 1994, e os modelos Corvette Chevrolet, bem como todos os mais recentes modelos de Audi, já têm pedais eletrônicos a gás.[5]

A indústria do petróleo também está mais próxima da alta tecnologia do que da *commodity* que foi um dia. Basta observar o esforço que a Petrobras já realizou para explorar petróleo em águas profundas e que deverá empreender para ter condições de explorá-lo na camada de pré-sal.

A Procter & Gamble registra cerca de 5 mil patentes todos os anos ao redor do mundo. Tal fato coloca a empresa entre as principais detentoras de patentes dos Estados Unidos e do mundo, deixando-a em pé de igualdade com a Intel, a Alcatel-Lucent e a Microsoft.[6] Fica evidente que as inovações tecnológicas estão revolucionando muitos setores, criando ambientes de alta tecnologia muito parecidos com as empresas da área de computação, telecomunicações e outras do gênero.

Como esses exemplos indicam, o escopo das aplicações em alta tecnologia não está mais limitado às empresas "tradicionais" do setor; ele abrange uma grande variedade de indústrias da economia contemporânea. Para entender os benefícios da tecnologia e da inovação, deve-se olhar para as melhores empresas que fazem uso desses recursos — aquelas que estão adotando soluções baseadas em novas tecnologias para ajudar a criar novos modelos de negócios. Tome-se como exemplo as empresas aéreas JetBlue e Gol, que, em uma época de sérios problemas aeronáuticos, apresentaram lucros e crescimentos significativos. As companhias usam tecnologia para automatizar todos os aspectos possíveis de sua operação, o que é, em parte, o motivo pelo qual consegue manter o custo por assento por quilômetro mais baixo que os concorrentes. Outro exemplo é a Amazon. Os principais concorrentes da Amazon são as empresas que têm lojas físicas para atender a seus clientes, como o Walmart, a Sears e a Barnes & Noble. A Amazon usa a Internet e diversas ferramentas digitais para fazer girar seu estoque cerca de 19 vezes por ano, em oposição aos 7,6 giros do Walmart.[7]

Dada a importância dos desenvolvimentos tecnológicos na economia, categorizar determinados setores como de alta ou baixa tecnologia pode não ser tão fácil quanto se imagina. O simples fato de classificar as indústrias de baixa tecnologia de um lado e as de alta tecnologia de outro e ir acrescentando outras a essa lista com base em percepções comuns pode ser enganoso. Indústrias agrícolas, de base (como siderúrgicas) e de serviços podem não ser de tão baixa tecnologia quanto se imagina. A próxima seção detalha várias abordagens para se definir *alta tecnologia*.

Definindo alta tecnologia

Se a alta tecnologia permeia até as indústrias de base, o que exatamente é alta tecnologia? Será um setor que produz tecnologia? Ou um que usa a tecnologia de maneira intensiva? Mas o que é tecnologia, afinal? *Tecnologia* é o acervo de conhecimento relevante que permite a derivação de novas técnicas e inclui o *know-how* tanto de produtos quanto de processos.[8] A *tecnologia de produto* abrange as ideias incorporadas ao produto e aos componentes que o constituem; já a *tecnologia de processos* abrange as ideias relacionadas à fabricação de um produto.

Considerando-se que tecnologia é um conhecimento útil, o que é *alta tecnologia*? Há quase tantas definições de alta tecnologia quanto pessoas estudando o tema. Uma delas, por exemplo, caracteriza indústrias de alta tecnologia como "[aquelas] envolvidas no projeto, no desenvolvimento e na introdução de novos produtos e/ou processos inovadores de fabricação por meio da aplicação sistemática de conhecimento técnico e científico".[9]

Esta seção apresenta uma visão geral de diversas definições governamentais de alta tecnologia, além de definições encontradas em uma pesquisa sobre marketing aplicado a essa área de conhecimento.

Definições do governo para alta tecnologia

A maioria das definições governamentais para alta tecnologia classifica as indústrias de alta tecnologia com base em certos critérios, como o número de funcionários técnicos, a quantidade de resultados em pesquisa e desenvolvimento ou o número de patentes requeridas. Nos Estados Unidos, por exemplo, o U.S. Bureau of Labor Statistics, principal agência do governo norte-americano no campo da economia do trabalho e da estatística, classifica os setores com base na proporção de cargos ofertados no setor de Pesquisa e Desenvolvimento (P&D; do inglês Research and Development — R&D).[10] No Brasil, as funções atribuídas a essa agência estariam, em grande parte, a cargo do Instituto Brasileiro de Geografia e Estatística (IBGE) e do Instituto de Políticas Econômicas e Aplicadas (Ipea).

Já a Organização para Cooperação e Desenvolvimento Econômico (OCDE) define alta tecnologia com base na razão entre os investimentos em pesquisa e desenvolvimento e o valor agregado de determinada indústria.[11] Por fim, a National Science Foundation examina a intensidade de P&D, ou o quociente entre os gastos com P&D, e as receitas líquidas de vendas.[12]

Contudo, definições baseadas em critérios específicos têm limitações. Por exemplo, a gama de inovações tecnológicas em setores classificados pelo U.S. Bureau of Labor Statistics como de intensa atividade em P&D é muito grande e heterogênea,[13] chegando a incluir algumas indústrias cujos produtos são modificados apenas de maneira incremental (como os cigarros, por exemplo) e nas quais não se veem inovações radicais há muito tempo. Ainda dentro das limitações, essa classificação inclui setores em que a maioria dos produtos são padronizados e produzidos em alto volume por trabalhadores sem qualificação específica. Essas indústrias podem ter uma proporção de funcionários em cargos de engenharia (ou "científicos") suficientemente alta, de modo que sejam classificadas como de intensa ou média atividade em P&D, sendo que a maior parte desse talento técnico está sendo usada para alterar de maneira incremental as características de produtos consagrados e maduros. Essa classificação também erra ao excluir novos produtos ou processos desenvolvidos por funcionários especializados de uma empresa cujo índice de empregos em P&D não a qualifica como de alta tecnologia. Por exemplo, em um centro de P&D fundado pela indústria têxtil (geralmente não considerada uma indústria de alta tecnologia), os engenheiros e os técnicos trabalham para automatizar o design, o corte e o ajuste de peças para clientes do varejo. Um projeto assim usa a última palavra em tecnologia de *laser* e computação.[14]

Por fim, vale ressaltar que, hoje, vários fabricantes de computadores usam componentes produzidos em massa, montados em configurações-padrão, com um mínimo de participação científica e de engenharia. Mesmo na indústria de semicondutores, a fabricação em massa de *chips* pode envolver uma alta relação de capital-trabalho e uma baixa demanda por trabalhos científicos.[15] Embora tais indústrias sejam geralmente classificadas como de alta tecnologia, as inovações nesse estágio do desenvolvimento podem ser meramente incrementais. Conforme mostram esses exemplos, bem como outros no decorrer deste capítulo, os efeitos de mudanças tecnológicas podem ser vistos em praticamente todas as indústrias. Por essa razão, mais do que adotar uma abordagem setorial para explicar alta tecnologia, há quem defenda uma definição baseada em características comuns. Essa abordagem pode ser encontrada quando se pesquisa a literatura disponível sobre o marketing para produtos de alta tecnologia e de inovações.

Definindo alta tecnologia por meio de características comuns

Conforme mostra a Figura 1.1, outra visão baseia-se nas características que todas as indústrias de alta tecnologia têm em comum[16] (e que abrangem, principalmente, as incertezas do mercado, as incertezas tecnológicas e a volatilidade competitiva).[17]

Fontes de incertezas do mercado

1. Quais são as necessidades que poderão ser satisfeitas pela nova tecnologia?
2. Como essas necessidades mudarão no futuro?
3. O mercado adotará os padrões da indústria?
4. Com que velocidade a inovação se difundirá?
5. Qual é o tamanho do mercado potencial?

Fontes de incertezas tecnológicas

1. O novo produto funcionará conforme prometido?
2. O cronograma de entregas será cumprido?
3. Os fabricantes prestarão serviço de qualidade?
4. O produto ou serviço terá algum efeito colateral ou adverso?
5. A nova tecnologia tornará a atual obsoleta?

Incertezas de mercado — Marketing de produtos e inovações de alta tecnologia — Incertezas tecnológicas

Volatilidade competitiva

Fontes de volatilidade competitiva

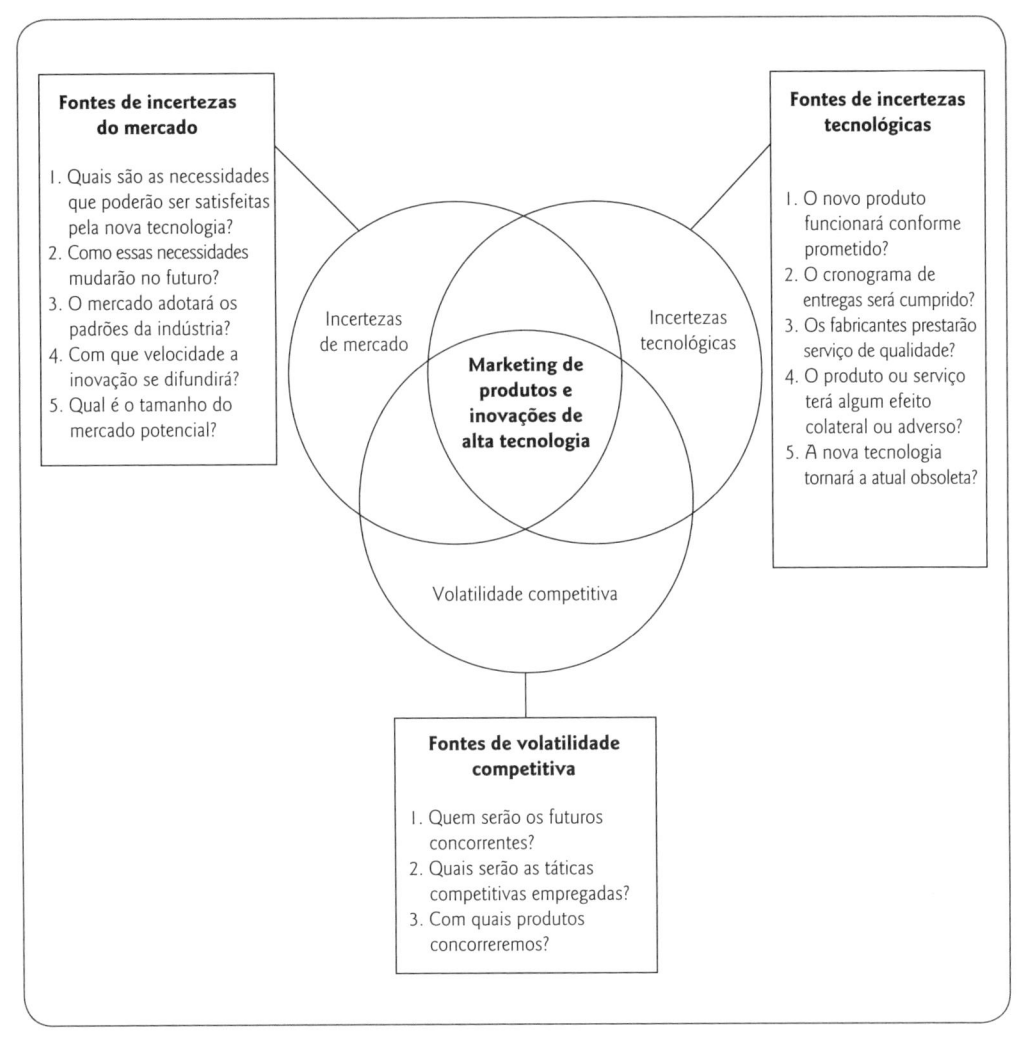

1. Quem serão os futuros concorrentes?
2. Quais serão as táticas competitivas empregadas?
3. Com quais produtos concorreremos?

Figura 1.1 — Caracterização do ambiente de negócios de alta tecnologia

Incerteza do mercado

A *incerteza do mercado* refere-se à ambiguidade com relação ao tipo e à extensão das necessidades do consumidor que podem ser satisfeitas por uma tecnologia em particular.[18] Há cinco fontes de incertezas de mercado, as quais aumentam, primeiro e principalmente, em decorrência do medo, das inseguranças e das dúvidas do consumidor — o fator MID (em inglês FUD — Fear, Uncertainty and Doubt)[19] — com relação aos problemas que a nova tecnologia criará e às necessidades a que atenderá. A ansiedade sobre essas questões pode implicar um atraso na adoção das inovações, na demanda por uma grande quantidade de esclarecimentos e informações e a exigência de garantias pós-compra para dirimir eventuais dúvidas ainda existentes. Quando uma empresa, por exemplo, resolve informatizar sua força de vendas, os funcionários podem ficar apreensivos com relação ao aprendizado de novos métodos, imaginando se a nova forma de trabalho será melhor que a antiga e outras coisas do gênero. Assim, os profissionais de marketing precisam tomar providências para aplacar tais apreensões tanto na fase de pré como de pós-venda.

Em segundo lugar, em mercados de alta tecnologia, as necessidades e expectativas do consumidor podem mudar rapidamente e de maneira imprevisível. Hoje em dia, por exemplo, os consumidores podem querer tratar suas doenças com determinado procedimento médico, mas, no ano que vem, talvez desejem uma abordagem totalmente diferente para o mesmo problema. Tais incertezas transformam o atendimento das necessidades ou a satisfação de desejos do consumidor em um alvo móvel.

Em terceiro lugar, a ansiedade do consumidor é perpetuada pela falta de um padrão claro para inovações no mercado. Por exemplo, a falta de um consenso para o uso da tecnologia de armazenagem de dados em DVD atrapalhou sua aceitação. O DVD Fórum (www.dvdforum.org), órgão oficial de normatização de DVDs, lutou para estabelecer um formato-padrão na indústria. Mesmo assim, ainda não há um único padrão de armazenagem em DVD. Em vez disso, há os formatos concorrentes DVD+R e DVD-R para gravação única e múltiplas leituras. O resultado disso gerou muita turbulência no mercado consumidor.[20] As dúvidas sobre o futuro padrão dominante atrapalham a aceitação do consumidor, e os lojistas adiam seus pedidos na tentativa de minimizar os riscos de uma escolha "errada". Recentemente, outra grande disputa formou-se em torno da definição do novo padrão de gravação de imagens de alta definição na mídia DVD: Blu-Ray e HD-DVD duelaram por aproximadamente quatro anos até que o primeiro padrão, liderado pela Sony, saísse vencedor da disputa. Entretanto, ao longo desses anos a falta de um padrão universal promoveu o medo, a incerteza e as dúvidas do consumidor, o que diminuiu a velocidade de aceitação de ambas as tecnologias.

Esses exemplos ressaltam que um dos papéis importantes do marketing aplicado a mercados de alta tecnologia é minimizar as incertezas dos consumidores quanto à adoção de novas tecnologias. Uma medida que pode ajudar a reduzir o receio que os consumidores têm de fazer uma má escolha é a união de esforços para o desenvolvimento de produtos diferentes sob um mesmo padrão. Além disso, o estabelecimento de padrões em uma indústria está intimamente ligado ao processo de desenvolvimento do produto e ao envolvimento dos parceiros comerciais. Se uma empresa opta por usar um padrão único ou exclusivo no desenvolvimento de um produto, trata-se de um processo muito diferente (e com consequências muito diferentes) de outro no qual é desenvolvido um sistema baseado em padrões abertos, acessíveis a múltiplos *players* na indústria. Houve quem dissesse, por exemplo, que a decisão da Apple de manter um sistema operacional próprio em vez de colaborar para o desenvolvimento de um padrão aberto havia sido a chave de sua fragilidade na estratégia inicial. Ter um padrão comum na indústria permite que vários *players* colaborem com o desenvolvimento de infraestruturas complementares, necessárias para o funcionamento do produto. Esse assunto sobre o estabelecimento de padrões na indústria é tão importante que há mais uma seção neste mesmo capítulo dedicada ao assunto.

Em quarto lugar, muito em função dos três fatores anteriores, a incerteza sobre a velocidade com que uma inovação se difundirá existe tanto entre consumidores como entre fabricantes. A Figura 1.2, por exemplo, mostra que, dez anos após a introdução dos televisores em cores, apenas 3 por cento dos lares norte-americanos tinham um. Em alguns casos, portanto, o mercado para inovações de alta tecnologia consolida-se muito mais lentamente do que o previsto pela maioria.[21] Já em outros, como mostra a Figura 1.3, o tempo é sensivelmente menor.

Finalmente, a incerteza sobre a velocidade com que uma inovação se difundirá contribui para a incapacidade dos fabricantes em estimar o tamanho do mercado. Evidentemente, as projeções são cruciais para o planejamento do fluxo financeiro, da produção e do dimensionamento do quadro de

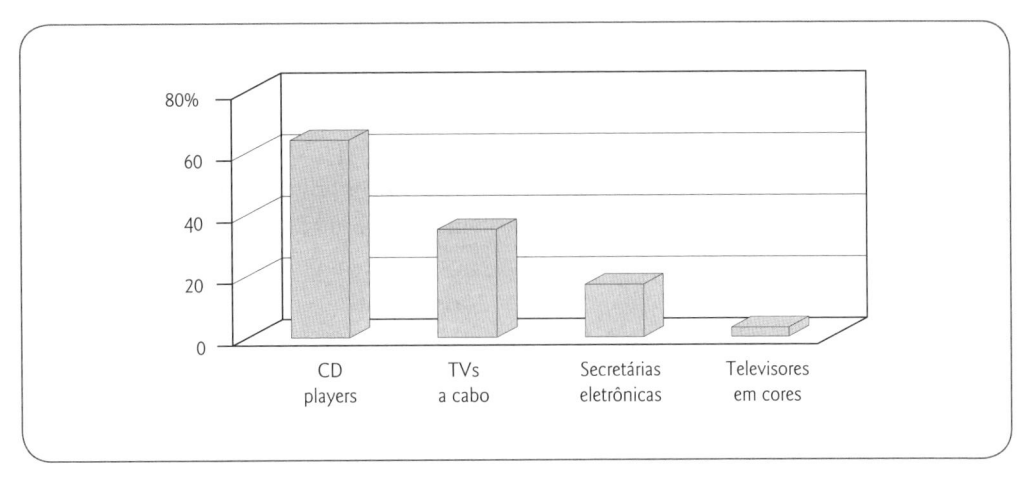

Figura 1.2 — Adoção da tecnologia (percentual de lares nos Estados Unidos)

Fontes: Adaptado dos dados de Consumer Electronic Association, Electronic Industries Alliance, National Cable TV Association e Encyclopaedia Britannica.

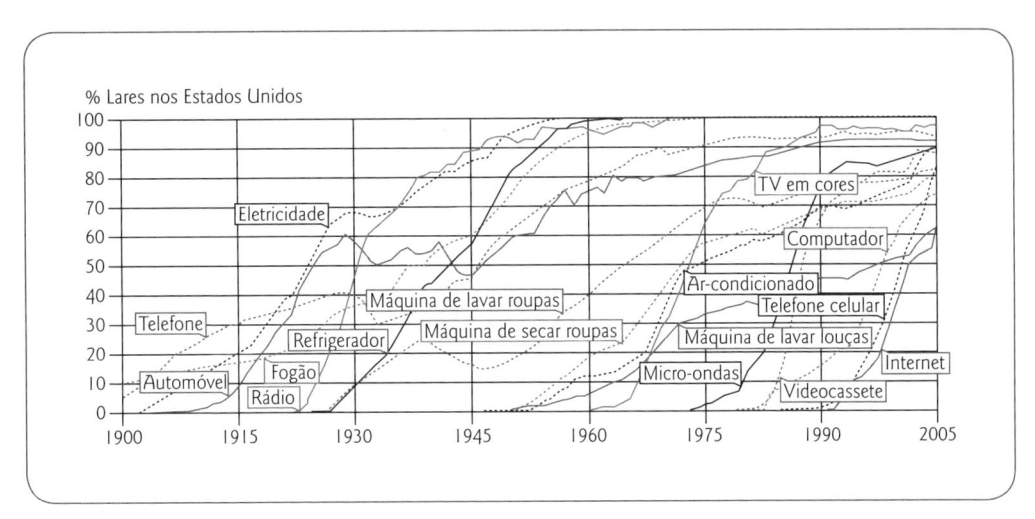

Figura 1.3 — Velocidade de difusão de novas tecnologias (percentual de lares nos Estados Unidos)

Fonte: The New York Times Company, Nova York, NY, 10 fev. 2008.

funcionários. No entanto, outras fontes de incertezas de mercado contribuem para um aumento real nas chances de erros de projeção. Em 1988, por exemplo, a Zenith projetou que no ano de 1992 seriam vendidos 66 mil televisores de alta definição (10 por cento do total de vendas de todos os televisores), chegando a 790 mil (100 por cento de todos os televisores vendidos) até 1997.[22] No entanto, os primeiros televisores de alta definição, bem como as primeiras transmissões, só ocorreram em janeiro de 1998. Até o fim do ano de 2002, havia menos de 5 milhões de lares norte-americanos com esse tipo de aparelho — com uma previsão de penetração de 29 milhões para o ano de 2008.[23]

Geoffrey Moore[24] menciona o "abismo" que os produtos de alta tecnologia devem transpor para conseguir um apelo significativo no varejo. Quando inovações radicalmente diferentes surgem, elas exercem forte apelo principalmente sobre os "visionários" de mercado (ou inovadores e *early adopters*), que anseiam por adotar a nova tecnologia apesar do preço geralmente alto de tais produtos. Um exemplo disso foram as primeiras pessoas a comprar carros elétricos na Califórnia, que pagaram em torno de 25 por cento a mais em seus *leasings* do que aqueles que compraram os veículos um ano depois. Esse público aceitou pagar um preço mais alto, além dos problemas que poderiam advir do fato de serem os pioneiros. Para os primeiros compradores de carros elétricos, os principais "fatores de risco" (em inglês, *hassle factor*) do pioneirismo foram o número limitado de postos de abastecimento capacitados para recarregar as baterias e a baixa autonomia dos veículos (menos de 150 quilômetros entre uma carga e outra). Para quem compra softwares, o "fator de risco" pode advir de falhas e de incompatibilidades com outros componentes do sistema. Os formadores de opinião se dispõem a aceitar incômodos como esses em troca dos benefícios psicológicos e substantivos que recebem.

Ainda assim, tais benefícios muitas vezes não são suficientes para que a maioria do mercado adote a nova tecnologia. É natural que os "pragmáticos" formem a maioria do mercado e exijam um tipo diferente de benefício e de argumentos de venda em sua decisão de compra. Essa divergência de interesses representa um abismo entre dois mercados distintos para produtos de tecnologia: os "visionários" são rápidos em reconhecer e apreciar a novidade; já os "pragmáticos" precisam de mais acompanhamento. A transição entre esses dois mercados é, na melhor das hipóteses, árdua, e muitas empresas de alta tecnologia jamais conseguem cruzar o abismo entre eles. Não raro, as empresas de alta tecnologia têm dificuldade em abandonar suas raízes "tecnológicas" para falar com esse segundo grupo de uma maneira que eles entendam. A incapacidade de prever se e em que nível a maior parte do mercado adotará o produto, considerando a presença do abismo, torna extremamente difícil aos fabricantes a tarefa de estimar o tamanho do mercado.

Resumindo, a incerteza de mercado surge do fato de não ser possível saber o que os consumidores querem da nova tecnologia nem de que maneira suas necessidades e seus desejos evoluirão, ou, ainda, como essa incerteza afetará o desenvolvimento do mercado e seu tamanho.

Incerteza tecnológica

A *incerteza tecnológica* é "não saber se a tecnologia — ou a empresa que a está fornecendo — poderá entregar o que promete para atender a necessidades específicas".[25] Cinco fatores dão corpo a esse aspecto. O primeiro vem da dúvida sobre se a inovação funcionará como o prometido. Quando novos remédios são introduzidos no mercado, por exemplo, os pacientes tendem a ficar ansiosos, sem saber se o novo tratamento será tão eficaz para eles quanto outros tratamentos disponíveis.

A segunda fonte de incerteza tecnológica relaciona-se ao cronograma para a disponibilização do novo produto. Em indústrias de alta tecnologia é comum que o desenvolvimento de um produto leve mais tempo que o esperado, causando problemas tanto aos consumidores como às empresas. A Storage Technology Corporation, por exemplo, fabricante de sistemas de gravação de cópias de segurança em fitas, anunciou uma nova tecnologia para fazer *backup* de quantidades maciças de dados. Mas o produto demorou tanto para ser lançado que um concorrente passou à frente e ela quase faliu, deixando extremamente frustrados os clientes que haviam adiado a compra de sistemas de *backup* para esperar por essa nova tecnologia.

Em terceiro lugar, a incerteza tecnológica é decorrente de preocupações com o fornecedor da nova tecnologia: se um cliente tiver problemas, o fornecedor oferecerá um serviço rápido e eficaz? Quando (e "se") um técnico chegar, será capaz de solucionar o problema?

Em quarto lugar, a preocupação real com consequências não previstas ou efeitos adversos também contribui para a incerteza tecnológica. Muitas empresas, por exemplo, investiram em tecnologia da informação (TI) na esperança de que esse esforço tornasse o negócio mais produtivo. Apesar de o aumento da produtividade decorrente dos investimentos em alta tecnologia ter ficado claro recentemente,[26] as estatísticas indicam que 85 por cento dos funcionários usam a Internet para assuntos pessoais por cerca de 3,7 horas por semana, em média, durante o horário de trabalho.

Finalmente, em mercados de alta tecnologia, a incerteza tecnológica existe porque as pessoas nunca têm certeza do tempo pelo qual a nova tecnologia será viável — antes que outra novidade a torne obsoleta. Quando uma nova tecnologia é implantada, sua capacidade de desempenho aumenta lentamente e, depois, graças aos grandes esforços da área de P&D, melhora exponencialmente antes de atingir seu limite. Há quem creia que as futuras melhorias de desempenho dos *microchips* estejam limitadas pelo uso da tecnologia dos semicondutores. O Ministério Japonês da Indústria e Comércio investiu 50 milhões de dólares em um programa de pesquisa focado em tecnologias que pudessem substituir os semicondutores convencionais, tecnologias essas que se baseiam mais na física quântica e nas redes neurais do que em engenharia elétrica. No mercado de cópias de segurança, há previsões de que os *lasers* e os dispositivos ópticos possam tornar as fitas magnéticas obsoletas.

Volatilidade da concorrência

Um terceiro aspecto que caracteriza os mercados de alta tecnologia é a *volatilidade da concorrência*, que se relaciona às mudanças no panorama competitivo: quais são as empresas concorrentes, quais são os produtos ofertados e quais instrumentos elas usam para concorrer.

Primeiro, a incerteza sobre quais empresas serão as futuras concorrentes dificulta a compreensão dos mercados de alta tecnologia. Na verdade, na maior parte do tempo, as novas tecnologias são comercializadas por empresas que estão fora da indústria em questão,[27] fazendo que eles sejam, muitas vezes, descartadas da análise competitiva pelos tradicionais participantes do mercado.

Segundo, os novos concorrentes que vêm de fora da indústria muitas vezes trazem seu próprio conjunto de táticas competitivas, com as quais as empresas que atuam naquele setor podem não estar familiarizadas. Assim, esses novos *players* acabam rescrevendo as regras do jogo e mudando o ambiente de negócios para todos que nele atuam.[28] O exemplo mais visível desse tipo de volatilidade é o surgimento de novos participantes do mercado "pontocom", que revolucionaram a área de vendas no varejo. Até bem pouco tempo, a Amazon.com era totalmente desconhecida pelas redes de livrarias de varejo, bem como por companhias aéreas e agentes de viagem. No Brasil, o fenômeno deu-se em torno da loja virtual Submarino.com.

Terceiro, a nova concorrência muitas vezes surge na forma de um produto concorrente ou de novas maneiras de satisfazer às expectativas e necessidades do consumidor. Os fabricantes de gravadores de videocassete (VCR) sucumbiram à força dos novos gravadores digitais (DVRs), como a TiVo e a ReplayTV. Hoje, os fabricantes de DVRs estão sendo ameaçados pelos produtores de decodificadores para TV a cabo que já vêm com um DVR incorporado.[29] No Brasil, a operadora de TV a cabo Net lançou recentemente um produto chamado de Net Digital HD Max, que permite ao assinante gravar o programa em um HD e assisti-lo depois, quando e quantas vezes desejar.

Outro bom exemplo de volatilidade da concorrência ocorre no mercado de computadores e sistemas operacionais. Ao longo das últimas décadas, ele tem sido dominado pelo Windows, de propriedade da Microsoft. Entretanto, o Windows agora está sendo ameaçado pelo Linux, um software aberto que permite que os usuários mexam, modifiquem e redistribuam livremente os códigos de programação. Isso obrigou a Microsoft a imitar o estilo da comunidade de códigos abertos. Em 2002, a empresa lançou uma iniciativa com "fontes compartilhadas", que permitia que alguns clientes governamentais pré-aprovados, bem como clientes de grandes corporações, obtivessem acesso à maior parte do código de software do Windows, embora não pudessem modificá-lo.[30] Essa foi uma mudança de rumo radical no entendimento que a Microsoft tinha sobre sistema operacional proprietário ou código de software fechado.

As inovações realizadas tanto por novas como por tradicionais empresas podem tornar tecnologias mais antigas obsoletas. Por isso, a taxa de fracasso nas indústrias de novas tecnologias pode ser alta, contribuindo ainda mais para aumentar a volatilidade da concorrência. A liderança do mercado depende do conceito de *destruição criativa*. Paradoxalmente, uma empresa precisa trabalhar de modo proativo no desenvolvimento da próxima melhor tecnologia mesmo sabendo que isso provavelmente destruirá a base do atual sucesso e tornará inócuos os investimentos feitos na tecnologia anterior. Entretanto, se a empresa não comercializar a nova tecnologia, seus concorrentes certamente o farão. Mesmo com produtos de sucesso, mais do que ficar excessivamente focadas nos efeitos da curva de aprendizado e na economia de escala da produção, as empresas deveriam empenhar-se no desenvolvimento de tecnologias melhores.

A Figura 1.1 mostra como o marketing aplicado a mercados de alta tecnologia acontece na interseção dessas três variáveis: a incerteza do mercado, a incerteza tecnológica e a volatilidade da concorrência. Caso esses três fatores não aconteçam simultaneamente, as peculiaridades desse ambiente serão menos pronunciadas para os profissionais de mercado.

As externalidades da rede e a importância dos padrões na indústria de alta tecnologia

Além das três características anteriores, um dos mais importantes aspectos de muitas indústrias de alta tecnologia é a presença das *externalidades da rede*. Também conhecidas como "efeito-tendência" (em inglês, *bandwagon effect*), o fenômeno ocorre quando o valor do produto aumenta à medida que mais usuários o adotam. Exemplos incluem o telefone e, mais recentemente, os softwares de mensagens instantâneas que fazem uso de texto, áudio e vídeo. Também conhecida como a Lei da Metcalf, esse conceito ilustra o poder que advém do número de usuários que adotaram uma determinada tecnologia. A Lei da Metcalf determina que o valor de uma rede aumenta à proporção de n^2, em que n é o número de pessoas conectadas. Segundo essa lei, quando o número de usuários dobra, o valor da rede quadruplica. Em outras palavras, a utilidade que advém de uma inovação é a razão do número de usuários (da base instalada) elevado ao quadrado; a rápida difusão se dá quando a utilidade ou o valor da inovação aumenta exponencialmente porque uma massa crítica de usuários a adotou. Isso explica, em parte, por que algumas empresas concordam em dar seus produtos de graça ou a um preço subsidiado para aumentar rapidamente a base instalada.

Essa característica é um importante fator de contribuição para o desenvolvimento dos monopólios "de fato". Quando uma empresa conquista o domínio do mercado, é difícil que outra empresa equipare o valor de sua base de usuários. Os efeitos autorreforçadores da base instalada têm como consequência a presença de poucas empresas — às vezes, de apenas uma — controlando quase todo o *market share* de uma categoria de produto. Um desafiante pode tentar tirar o lugar da empresa consolidada, apresentando uma tecnologia radicalmente melhorada e que passe por cima da geração atual. No entanto, uma vantagem tecnológica sozinha não é o bastante; para afastar os consumidores do padrão existente, a nova tecnologia precisa, de algum modo, agregar mais benefícios do que a simples combinação de melhores funcionalidades tecnológicas.[31] Observe-se o que vem ocorrendo em torno do que a mídia denominou "Guerra dos Tablets". Muito embora poderosos concorrentes, como o Xoom, da Motorola, e o Galaxy Tab, da Samsung, apresentem um conjunto de recursos tecnológicos superiores ao iPad2, da Apple, este continua sendo o produto a ser batido com uma fatia do mercado mundial nessa categoria (*market share*) acima de 80 por cento.

O conceito de externalidades da rede também explica por que é tão incrivelmente importante que as empresas de alta tecnologia estabeleçam padrões na indústria.

Por que os padrões são importantes?[32]

Frequentemente, tecnologias diferentes são incompatíveis. Ainda assim, por causa da ideia das externalidades da rede, a primeira empresa a ter sua tecnologia amplamente adotada pode estabelecer o padrão tecnológico para todas. Realmente, quem origina uma nova tecnologia tem uma vantagem clara: o primeiro produto do mercado é o padrão. No entanto, quando os concorrentes entram em cena, é possível que tenham desenvolvido tecnologias alternativas com vantagens (seja em produto, produção ou marketing) e, com isso, consigam inundar o mercado com seus próprios produtos.[33]

Assim, quanto mais bem-sucedida for uma empresa na difusão e na aceitação de sua tecnologia como padrão, maior será seu sucesso no futuro. Curiosamente, esse ciclo de autorreforço existe até mesmo quando o padrão de tecnologia emergente é inferior aos outros modelos. Um dos primeiros exemplos de mudança de mercado para uma tecnologia inferior é o padrão QWERTY de teclado de máquinas de escrever, que recebeu seu nome em função das seis primeiras teclas do canto superior esquerdo do teclado. Por volta de 1860, as alavancas de impressão das letras das máquinas de escrever tendiam a se enganchar umas nas outras quando eram acionadas rapidamente em uma palavra cujas letras apareciam próximas (como o "d" e o "e", por exemplo). Por isso, tornou-se necessário separar esses caracteres. Só que a nova disposição (QWERTY) reduzia a rapidez da datilografia. Três décadas depois, a engenharia da época já havia minimizado aquele problema mecânico e desenvolvido um formato de teclado que permitia uma datilografia mais rápida. No entanto, os novos teclados de qualidade superior não foram bem aceitos pelo mercado porque os datilógrafos já tinham se acostumado tanto com o modelo QWERTY que tentativas de usar um novo modelo não foram bem-sucedidas. Como consequência disso, o QWERTY continua sendo o padrão até os dias de hoje.

Como as novas tecnologias de um mercado costumam ser incompatíveis entre si, a escolha de compra de uma nova tecnologia é permeada de medo, incerteza e dúvida. Se as empresas que oferecem um produto de alta tecnologia entrassem em consenso e determinassem um padrão que resultasse em uma arquitetura comum para seus produtos, esses sentimentos por parte do consumidor seriam minimizados. Os padrões da indústria permitem que os *consumidores ganhem com a compatibilidade* nos vários componentes do produto — seja em hardware ou em software — e nas escolhas de produtos em um determinado mercado (diferentes tipos de computador, por exemplo). Além disso, quando produtos complementares partilham uma mesma interface, os hardwares e softwares do consumidor também interagem. Na indústria de telefonia celular, por exemplo, a compatibilidade permite que estações de base, chaveadores e aparelhos funcionem uns com os outros dentro das áreas de serviço.

A compatibilidade — obtida quando muitas empresas diferentes produzem suas ofertas com base em um padrão comum a partir do projeto — aumenta o valor recebido pelo consumidor que detém o produto. Esse incremento, a rigor, facilita o processo de decisão dos consumidores. Conforme observado anteriormente, isso pode ser particularmente útil quando o valor do produto para o consumidor aumenta à medida que mais pessoas tenham produtos baseados em uma mesma tecnologia. Em outras palavras, quanto maior o número de usuários que partilham de um mesmo padrão tecnológico, maior será o valor do produto para o consumidor.

Em segundo lugar, a disponibilidade de produtos complementares é fortemente determinada pelo tamanho da base instalada (ou número de usuários) de determinado produto. Os desenvolvedores de software, por exemplo, preferem criar aplicativos sobre as plataformas tecnológicas que têm maior penetração no mercado. Os padrões constituem um instrumento que pode ser empregado para garantir maior disponibilidade de produtos complementares, e, quanto maior a disponibilidade de produtos complementares, maior o valor que o consumidor percebe no produto original.

Cada um desses fatores acaba por se retroalimentar positivamente, gerando um círculo virtuoso, ou seja, uma maior base instalada leva a uma maior disponibilidade de produtos complementares, que aumenta o valor do produto para o consumidor, que, por sua vez, aumenta a demanda desse produto por outras pessoas, o que se traduz em uma maior base instalada.

Em suma: a conclusão lógica da natureza autorreforçadora dos padrões é que um fator crítico do sucesso de indústrias nas quais existe o "efeito-tendência" é *a velocidade com que uma empresa consegue aumentar sua base instalada de consumidores usando seu próprio modelo*. Alguns advogados argumentam que os fornecedores da tecnologia dominante, tais como Intel e Microsoft, tornaram-se monopólios "de fato" porque seus produtos são amplamente usados como base para o padrão da indústria.[34] A combinação dos padrões é conhecida como o duopólio "Wintel" (Windows-Intel). Esses dois insumos (sistema operacional e processador) são vitais para o sucesso de muitos de seus clientes — empresas como a Dell, a HP e outras. Em consequência disso, alguns especialistas jurídicos chamam tais produtos de "recursos essenciais",[35] na medida em que o acesso irregular a eles pode gerar concorrência desleal e, com isso, ações antitruste. As figuras 1.4, 1.5 e 1.6 apresentam três casos distintos: no primeiro, fica evidente a força da plataforma Windows como padrão de sistema operacional em microcomputadores. Note-se que a escala de apresentação precisa ser logarítmica! Já nos dois casos seguintes (*browsers* e sistemas operacionais de dispositivos móveis), não há como apontar um "único vencedor" ou apenas um "ecossistema dominante".

Na sequência, são apresentadas e discutidas quatro estratégias que as empresas usam para estabelecer padrões na indústria.

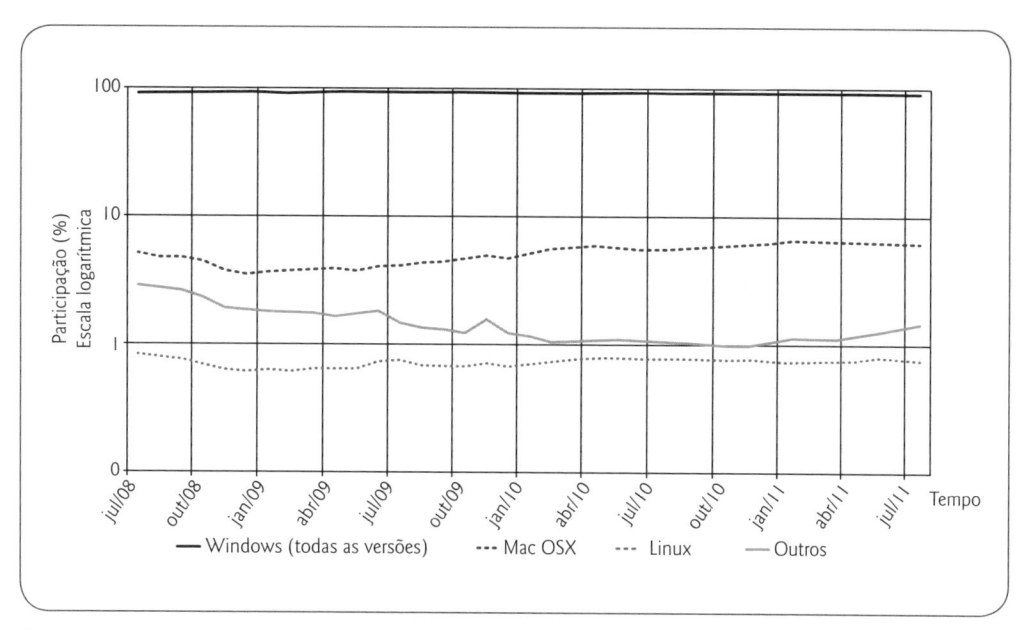

Figura 1.4 — Evolução da participação dos sistemas operacionais em desktops com acesso à Internet
Fonte: http://gs.statcounter.com.

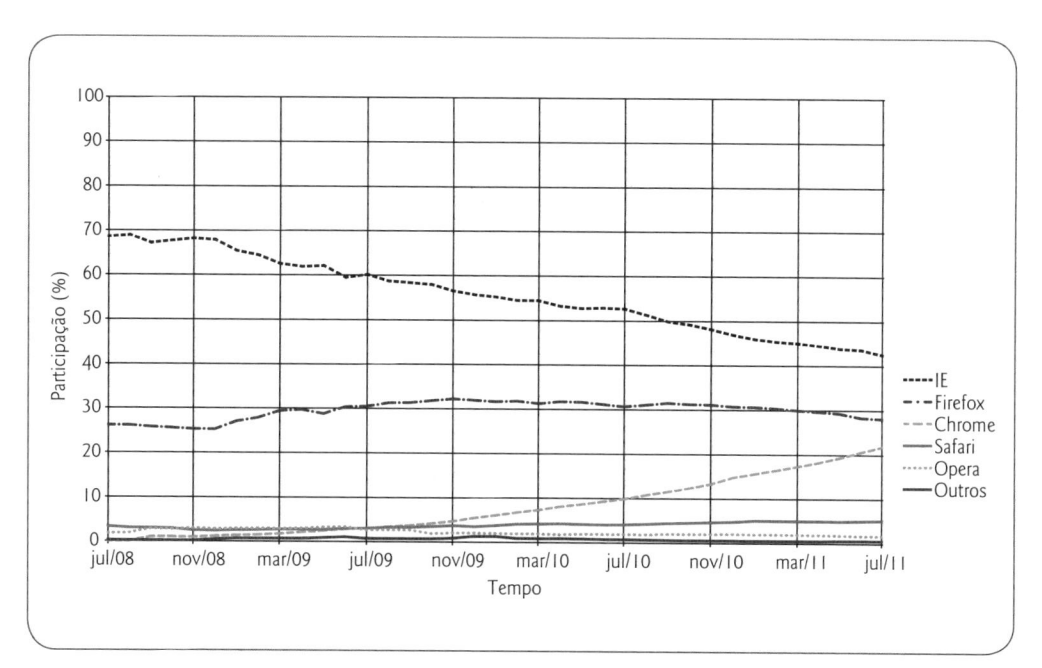

Figura 1.5 — Evolução da participação dos *browsers* em dispositivos de acesso à Internet
Fonte: http://gs.statcounter.com.

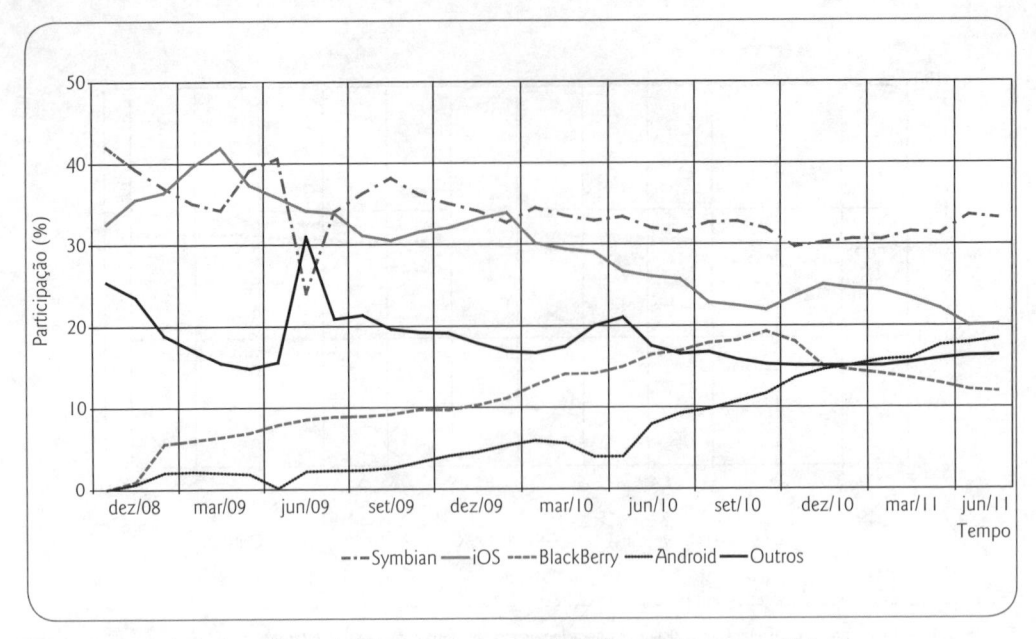

Figura 1.6 — Evolução da participação dos sistemas operacionais em dispositivos móveis com acesso à Internet
Fonte: http://gs.statcounter.com.

ESTRATÉGIAS PARA ESTABELECER UM PADRÃO NA INDÚSTRIA[36]

Uma empresa tem quatro estratégias principais para estabelecer um padrão na indústria e aumentar sua base instalada de consumidores.[37]

1. Licenciamento e acordos de OEM (em inglês, *original equipment manufacturer* ou "fabricante do equipamento original"). Ao licenciar seu projeto tecnológico para outros, uma empresa pode ajudar o mercado a crescer rapidamente com esse projeto. Uma derivação dessa estratégia é conhecida como estratégia de OEM, em que uma empresa vende subcomponentes a outras OEMs que concorrem no mesmo mercado. Um exemplo clássico desta estratégia no mundo *hi-tech* foi a Matsushita, ter licenciado seu modelo de VHS para a Hitachi, a Sharp, a Mitsubishi e a Philips produzirem seus próprios gravadores e fitas de videocassete. Além disso, a Matsushita também forneceu os componentes necessários para a GE, a RCA e a Zenith montarem seus equipamentos, na base de OEM. Outro exemplo, este muito mais atual, trata da disputa travada entre a Samsung e a LG Electronics, ambas coreanas e arquirrivais, para determinar o futuro do mercado mundial de televisores 3D. A primeira aposta no uso de "óculos ativos" para gerar a percepção de profundidade nos usuários, ao passo que a LG investe em óculos passivos. Como em toda "guerra de padrões", há vantagens e desvantagens dos dois lados, e ainda não há como apontar o vencedor, a quem caberá a maior fatia do mercado, bem como o licenciamento da tecnologia.

A estratégia de licenciamento garante uma ampla distribuição inicial da tecnologia, que ajuda a construir a base de clientes. Além disso, essa estratégia desencoraja concorrentes que possam ter tido a capacidade de produzir suas próprias tecnologias concorrentes, bem como limita o número de produtos tecnologicamente incompatíveis para o consumidor, reduzindo a confusão e a dúvida, e dinamizando a aceitação do mercado. Um exemplo disso foi a decisão da Philips de licenciar o formato de VHS da Matsushita, eliminando sua tentativa de um formato de videocassete diferente (o V2000). O licenciamento também significa aos fornecedores de produtos complementares a possibilidade de ter uma maior base instalada, incentivando a busca do desenvolvimento. As principais desvantagens de uma estratégia de licenciamento são, de acordo com John, Weiss e Dutta (1999):

- Os licenciados podem tentar alterar a tecnologia para evitar o pagamento das taxas de licenciamento e *royalties*.
- Com o aumento do número de fornecedores no mercado, o desenvolvedor original perde uma possível posição de monopólio e é obrigado a dividir os rendimentos derivados do mercado com seus licenciados. Além disso, a concorrência também pode resultar em preços mais baixos (baixando também os lucros do desenvolvedor original).

2. Parcerias estratégicas. Quando fazem um acordo de cooperação com um ou mais concorrentes reais ou potenciais, as empresas podem investir conjuntamente no desenvolvimento de determinado padrão tecnológico. Durante o desenvolvimento da tecnologia de áudio digital usada nos CD *players* portáteis, por exemplo, pelo menos quatro empresas desenvolviam modelos incompatíveis.

Apesar de a Philips estar mais próxima da comercialização, ela preocupou-se com a questão da compatibilidade. Então, fez uma parceria com a Sony para cooperar na comercialização do primeiro sistema de CD. A Philips contribuiu com um projeto básico superior e a Sony forneceu o sistema de correção de erros. Essa aliança aumentou a força do padrão Philips-Sony e, 18 meses antes da introdução do produto no mercado, 30 empresas já haviam assinado acordos para licenciar a tecnologia da Philips-Sony.

Mais uma vez, as alianças estratégicas ajudaram a garantir uma ampla distribuição inicial de tecnologia, desencorajaram os concorrentes e ajudaram a construir expectativas positivas para a demanda de mercado, estimulando outras empresas a desenvolver produtos complementares. As alianças ajudam a reduzir a confusão no mercado e aumentam a força por trás do padrão adotado, persuadindo potenciais concorrentes a adotá-lo. Uma vantagem particularmente significativa dessa estratégia de desenvolvimento de padrões é o fato de as alianças poderem produzir uma tecnologia superior que combina os melhores aspectos do *know-how* das empresas envolvidas, o que também aumenta a probabilidade de o desenvolvimento conjunto se tornar padrão de mercado.

É claro que existe o risco de um dos parceiros tirar proveito do *know-how* alheio, em uma manobra oportunista. Esse risco pode ser minimizado com a elaboração de termos contratuais que estruturem e administrem a aliança de modo a "desincentivar" tais iniciativas. Se a aliança é estruturada como uma *joint venture*, por exemplo, em que cada empresa tem uma participação no resultado, é improvável que qualquer uma das partes atue no sentido de romper os laços dessa aliança. Opcionalmente, a parceria pode ser estruturada de forma tal que, depois de o padrão ter sido desenvolvido, cada parte fica livre para seguir seu próprio caminho com relação a futuros desmembramentos da tecnologia.

3. Diversificação do produto. Os consumidores hesitam em adotar uma nova tecnologia a menos que haja disponibilidade de produtos complementares que possam adicionar valor à oferta original. Um exemplo disso é que os consumidores não adotariam os DVDs *players* se não houvesse filmes em DVD para vender ou alugar. Ainda assim, os fornecedores de produtos complementares não se sentiriam estimulados a desenvolvê-los se não houvesse uma base instalada de consumidores para a nova tecnologia. Considerando a situação do "quem nasceu primeiro: o ovo ou a galinha?", as empresas podem ter de diversificar suas atividades para produzir produtos complementares cuja disponibilidade abundante seja vital para o sucesso da nova tecnologia. A Matsushita, por exemplo, fez sua gravadora, a MCA, desenvolver uma extensão de fitas digitais compactas graváveis (DCC) para incrementar a adoção inicial da tecnologia DCC. Da mesma maneira, quando a Philips lançou seu gravador de áudio digital DCC, em 1992, ofereceu uma variedade de fitas DCC previamente gravadas, com o selo doméstico da Polygram. Além de estimular o mercado a iniciar um processo de retorno crescente, essa estratégia permitiu que a empresa lucrasse não só com as vendas do produto-base, mas também dos produtos complementares.

Contudo, também há riscos significativos envolvidos nessa estratégia. Se a empresa estiver começando a desenvolver produtos complementares a partir do zero, isso pode significar um comprometimento importante de capital, bem como um possível desvio de suas competências originais. Se a tecnologia não se tornar um padrão, os custos do fracasso serão muito mais altos. No entanto, se nenhum fornecedor de produtos complementares reagir rapidamente à introdução de uma nova tecnologia, a empresa que a lançou pode não ter alternativa a não ser diversificar sua linha para suprir a demanda por esses produtos.

4. Posicionamento agressivo de produto. O posicionamento para maximizar a base instalada de consumidores fundamenta-se em um adequado preço de penetração, na disseminação do produto e na distribuição em larga escala. O *preço de penetração*, incluindo um valor abaixo do custo, faz sentido em mercados de alta tecnologia com retorno crescente sobre a demanda (*bandwagon effect*). É por isso, por exemplo, que as operadoras de telefonia celular distribuem aparelhos gratuitamente e que empresas como a Nintendo cobram preços relativamente baixos pelos consoles dos seus jogos. Em ambos os casos, as empresas pretendem aumentar a base instalada de modo a estabelecer seu produto como padrão de mercado. Além disso, nesses casos, as empresas tentam recuperar o prejuízo gerado por um preço abaixo do custo de produção com as vendas de produtos complementares (serviços de telefonia ou os próprios cartuchos de *games*). A *disseminação do produto* tenta atender a tantos consumidores quantos forem viáveis, com o desenvolvimento de uma oferta que atraia vários segmentos do mercado. Finalmente, a *distribuição em larga escala* pode ajudar a formar a base de mercado inicial para uma nova tecnologia e garantir seu lugar como padrão de mercado. As empresas podem aumentar a distribuição elevando as expectativas do mercado com relação ao sucesso provável de um padrão, fazendo alianças e licenciando a tecnologia. Cada uma dessas ações sinalizará para os canais de distribuição qual é o objetivo por trás da nova tecnologia. O posicionamento agressivo demanda investimentos consideráveis na capacidade de produção, no desenvolvimento de produto e na construção da participação de mercado, mas todo o dinheiro será perdido se a estratégia falhar.

Há quem creia que a má implementação dessa última estratégia foi a razão por trás do fracasso da tecnologia DCC. Apesar de a tecnologia DCC estar fadada a substituir as fitas cassete analógicas da mesma maneira que os CDs e CD *players* substituíram os LPs e os toca-discos analógicos, os consumidores ficaram confusos sobre os benefícios da tecnologia de gravação digital. A Philips não mencionou o fato de que os toca-fitas DCC tocariam tanto as fitas analógicas como as novas, digitais, nem salientou os benefícios da nova tecnologia de gravação. Além disso, o preço inicial de mercado entre US$ 900 e US$ 1.200 pelo toca-fitas DCC era alto demais. Os consumidores também ficaram preocupados com a presença de outro padrão de gravação digital, incompatível com o sistema de *minidisc* da Sony, e preferiram "esperar para ver". Assim, os distribuidores não conseguiram escoar seu estoque inicial de toca-fitas e fitas DCC, e ficaram com receio de tentar novamente. A oferta inicial da Philips limitava-se aos centros de entretenimento domésticos e não incluía *players* portáteis ou automotivos. Essa falta de capacidade de diversificação limitou ainda mais a base potencial instalada.

Qual estratégia faz sentido?

A resposta sobre qual dessas quatro estratégias usar para aumentar uma base instalada e envolver consumidores e concorrentes em torno de um padrão em particular depende de três fatores:

- As barreiras à imitação, tais como aquelas encontradas em patentes ou leis de *copyright*, por exemplo.
- As competências e habilidades da empresa, bem como o acesso a recursos estratégicos (observar que as habilidades tecnológicas, isoladamente, são insuficientes para transformar uma nova tecnologia em padrão).
- A existência de concorrentes capazes que valorizem a capacidade da empresa de construir uma base instalada de consumidores rapidamente apesar dos riscos.

Considerando esses três fatores, a empresa pode decidir qual estratégia adotar para o estabelecimento de um padrão na indústria, conforme resumido na Tabela A. Quando as barreiras à imitação forem altas, a empresa tiver as habilidades e os recursos necessários para estabelecer a tecnologia como padrão e não houver concorrentes capacitados, com possibilidade de desenvolver sua própria tecnologia, possivelmente superior, é importante que a empresa aja rapidamente para se estabelecer como a *única fornecedora* de uma tecnologia que se tornará padrão (evitando acordos de licenciamento e alianças, desenvolvendo produtos complementares-chave, se necessário, e adotando uma estratégia agressiva de posicionamento).

De outro lado, quando as barreiras à imitação forem baixas, a empresa não tiver as habilidades e os recursos necessários para desenvolver o mercado e houver muitos concorrentes capacitados, faz todo o sentido *licenciar passivamente* a tecnologia a todos os que tiverem interesse e permitir que os licenciados construam o mercado. A Dolby, por exemplo, adotou essa estratégia ao licenciar a tecnologia de som de alta fidelidade a todos os *players* do mercado de aparelhos reprodutores de áudio. O valor baixo cobrado pelo licenciamento desestimulou os concorrentes a desenvolver uma tecnologia superior. Apesar do preço baixo de licenciamento, o grande volume de negócios gerado no mercado deu à Dolby um bom lucro.

Uma empresa pode adotar uma estratégia mais *agressiva de múltiplos licenciamentos* (licenciar para tantas empresas quantas possíveis, a fim de criar a base para o estabelecimento do padrão) e, ao mesmo tempo, adotar uma estratégia agressiva de posicionamento, com o objetivo de se tornar a fornecedora dominante da tecnologia. Assim, enquanto a empresa estiver tentando convencer seus concorrentes a adotar sua tecnologia (criando expectativas no mercado de que se tornará padrão e fornecendo o incentivo para o desenvolvimento de produtos complementares), ela também colocará seus licenciados no mercado por meio do posicionamento agressivo. Essa estratégia é indicada quando as barreiras à imitação forem baixas, a empresa tiver as habilidades e os recursos necessários para estabelecer sua tecnologia como padrão e houver vários concorrentes capazes.

Finalmente, uma empresa estará mais bem servida por uma estratégia de *parcerias seletivas* (a empresa faz parcerias com uma ou algumas empresas para transformarem, juntas, a tecnologia em um novo padrão na indústria) quando houver barreiras altas à imitação, a empresa necessitar de recursos e habilidades críticos e houver concorrentes capazes de desenvolver uma tecnologia concorrente. Quando a IBM estava desenvolvendo o primeiro computador pessoal (PC, do inglês personal computer), por exemplo, ela fez uma parceria com a Microsoft e com a Intel. A IBM não tinha sistema operacional para o PC, e o sistema operacional dependia de um microprocessador. Anos mais tarde, em decorrência desta aliança, a Microsoft viria a conquistar a liderança de mercado da IBM.

Estratégia	Barreiras à imitação	A empresa tem as competências e os recursos necessários?	Os concorrentes possuem os atributos necessários para fazer frente ao esforço competitivo da empresa?
Fornecedor único	Altas	Sim	Não
Licenciamentos múltiplos e passivos	Baixas	Não	Sim
Licenciamentos múltiplos e agressivos	Baixas	Sim	Sim
Parcerias seletivas	Altas	Não	Sim

Tabela A — Estratégias para estabelecimento de padrões na indústria de alta tecnologia

Outras características comuns aos mercados de alta tecnologia

Outras características comuns aos mercados de alta tecnologia incluem os seguintes itens:[38]

- **Custos da primeira unidade.** Os *custos da primeira unidade* referem-se à situação em que produzir a primeira unidade tem um custo muito mais elevado que o custo de reprodução. Esse tipo de estrutura de custos existe quando o *know-how*, ou o conhecimento envolvido no projeto do produto, representa uma porção substancial do valor dos produtos e serviços. Os custos de se gravar e distribuir softwares em um CD-ROM, por exemplo, são mínimos quando comparados aos custos de se contratar programadores e especialistas para desenvolver o conteúdo a ser gravado.
- **Problemas de comercialização.** Quando o valor implícito do *know-how* representa uma porção substancial do valor dos produtos e serviços em questão, as trocas comerciais entre vendedor e comprador transformam-se em transações de propriedade intelectual. Assim, os *problemas de comercialização* acontecem quando é difícil atribuir valor ao conhecimento, especialmente quando este for tácito e residir nas rotinas organizacionais. Isso se torna particularmente importante quando a empresa considera uma estratégia de licenciamento e precisa decidir quanto cobrar pela licença.
- *Knowledge spillover:* Este fenômeno ocorre quando as sinergias na criação e distribuição do *know-how* atuam no sentido de "enriquecer" uma dada quantidade relacionada de conhecimentos. Do ponto de vista da economia, trata-se de uma externalidade positiva. Simplesmente, toda inovação cria oportunidade para um número maior de inovações. Por exemplo, estimou-se, certa vez, que o Projeto Genoma Humano, usado para mapear todos os genes humanos, levaria pelo menos 40 anos para ser concluído. Entretanto, o tempo empregado foi muito menor graças às sinergias de conhecimento geradas no próprio projeto ("novo conhecimento construído sobre o conhecimento em evolução").[39]

Mesmo quando uma indústria é alvo de incertezas tecnológicas, de mercado e competitivas, as inovações possuem diferentes gradações e ocorrem em níveis distintos na cadeia de suprimentos (em inglês, *supply chain*). A próxima seção explora onde as inovações ocorrem ao longo dessa rede.

A perspectiva da cadeia de suprimentos na tecnologia

A cadeia de suprimentos retrata o fluxo do produto ou serviço, partindo do fabricante de matéria-prima e terminando no consumidor. Um exemplo simplificado da cadeia de suprimentos para a indústria automobilística é ilustrado na Figura 1.7. Os consumidores que adquirem carros — tanto para uso próprio como usuários comerciais que precisam de frotas para suas forças de vendas, empresas etc. — efetuam essa compra pelos distribuidores (seja em uma concessionária física, seja pela Internet). Esses revendedores repõem seus estoques a partir das montadoras. Para produzir os veículos, as montadoras precisam fazer ou comprar todos os componentes necessários (estruturais, elétricos, pneumáticos, mecânicos etc.), bem como os sistemas necessários ao projeto e à produção em si, como CAD/CAM e robôs para a linha de montagem.

Em muitos casos, as inovações tecnológicas acontecem mais nos níveis a montante da cadeia de suprimentos (fornecedores) do que no nível de fabricação do produto em si (como carros). Por

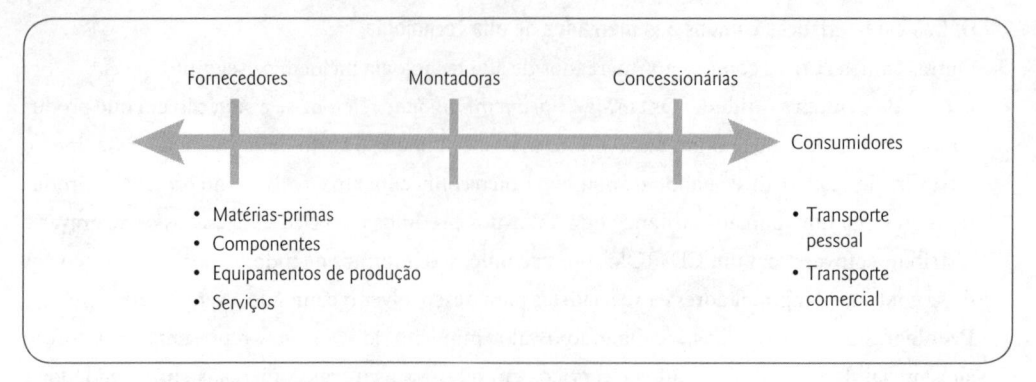

```
        Fornecedores          Montadoras          Concessionárias

    ←——————————————————————————————————————→
                                                           Consumidores

    • Matérias-primas                              • Transporte
    • Componentes                                    pessoal
    • Equipamentos de produção                     • Transporte
    • Serviços                                       comercial
```

Figura 1.7 — Cadeia de suprimentos simplificada da indústria automobilística

exemplo, uma grande inovação no mercado automobilístico são os carros híbridos — nos Estados Unidos, movidos a gasolina ou eletricidade e, no Brasil, conhecidos como "flex", a álcool hidratado ou gasolina, ou gás natural veicular. Essas inovações demandaram grandes mudanças no projeto e nos componentes dos veículos, ou seja, motores, baterias, fiação e carroceria, tudo teve de ser retrabalhado. Cada uma dessas mudanças aconteceu em níveis da cadeia de suprimentos bastante distantes do consumidor, que continua usando o mesmo meio de transporte — um carro — apesar das inovações.

As inovações também podem ocorrer na natureza do produto em si. Talvez no ano de 2050 as pessoas usem "carros voadores" para ir de um lugar a outro. No entanto, o mais comum é que as inovações ocorram em níveis mais elevados da cadeia de suprimentos, afetando o projeto, os componentes e os processos de produção dos produtos mais do que revolucionando sua própria natureza. Outros exemplos da predominância de inovações tecnológicas ocorrendo em níveis mais elevados da cadeia produtiva podem ser vistos em muitas indústrias, tanto de alta como de baixa tecnologia:

- Na indústria petrolífera: as inovações que mais revolucionaram a indústria aconteceram na extração e na exploração. No Brasil, tem-se o caso emblemático da Petrobras, que é líder mundial em exploração de hidrocarbonetos em águas ultraprofundas.
- Na indústria de informática: as maiores inovações ocorreram nos processadores, que fazem os computadores funcionar.
- Na indústria alimentícia: o óleo sintético, substituto para a gordura, é um ingrediente que pode ser usado em muitos alimentos, como batatas fritas ou sorvete.
- Em salões de cabeleireiros ou lojas de vestuário: os profissionais podem usar imagens em 3D para ver como um estilo em particular ficará em um cliente antes do corte em si ou da venda do produto.

Muitas inovações acontecem em níveis da cadeia de suprimentos afastados dos consumidores finais. Portanto, não se pode presumir que uma indústria não seja de alta tecnologia apenas porque os produtos não mudam muito no nível do usuário. Por acaso a forma como os carros são abastecidos mudou com as inovações na exploração e na extração do petróleo? Não. Passamos a usar os computadores de maneira diferente porque o *chip* tem um novo projeto? Também não. O conceito de cadeia de suprimentos pode ser um instrumento útil para ajudar a entender e a definir a alta tecnologia em termos mais amplos, que transcendam a natureza dos produtos que usamos.

Claramente, algumas inovações são mais significativas pela natureza do avanço que representam. A próxima seção explora os vários tipos e padrões que as inovações podem ter.

Um *continuum* de inovações

Como ilustra a Figura 1.8, o desenvolvimento de inovações pode ser ordenado em uma escala contínua, variando de avanços radicais de um lado a desenvolvimentos incrementais do outro.

Incremental	Radical
• Extensão de produtos ou processos existentes	• Nova tecnologia cria um novo mercado
• Características do produto bem definidas	• Invenção pesquisada e desenvolvida em laboratório
• Vantagem competitiva na produção de baixo custo	• Desempenho funcional superior quando comparado à "velha" tecnologia
• Frequentemente desenvolvidas em resposta a uma necessidade específica de mercado	• Oportunidade específica de mercado ou oriundo de preocupações secundárias
• Estimuladas pelo consumidor	• Estimuladas pelo desenvolvimento da tecnologia

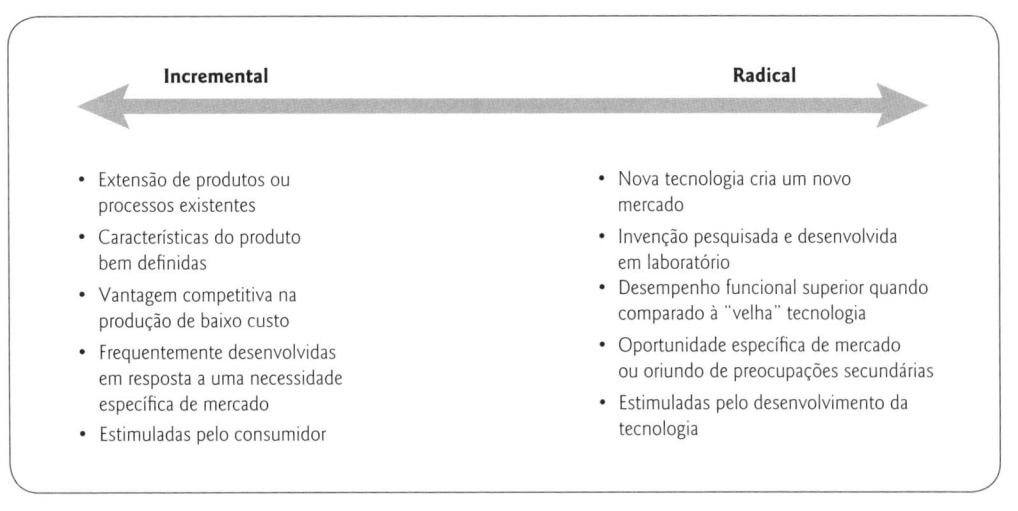

Figura 1.8 — Um *continuum* de inovações

Inovações radicais (em inglês, *breakthrough innovations*)

As inovações radicais "são tão diferentes que não podem ser comparadas a nenhuma outra prática ou percepção preexistente. Elas empregam novas tecnologias e criam novos mercados. As inovações radicais são mudanças conceituais que fazem história".[40] Há quem se refira às inovações radicais como revolucionárias,[41] desenvolvidas no lado da oferta de mercado (em inglês, *supply-side markets*).[42] Elas (inovações radicais) se caracterizam pelas ações direcionadas aos objetivos da empresa, que são obter o maior número possível de aplicações lucrativas para os resultados obtidos em laboratório. O setor de P&D é o principal motor por trás dos esforços de marketing, e as aplicações comerciais específicas ou mercados-alvo só são considerados depois que a inovação seja desenvolvida. Por esses motivos, tais mercados, por vezes, são referenciados como "*technology-push*".[43]

A maioria das inovações radicais é desenvolvida por grupos de P&D em empresas, universidades e laboratórios de pesquisa que, muitas vezes, não pensaram especificamente em uma aplicação comercialmente viável durante o processo de desenvolvimento. Tim Berners-Lee, por exemplo, é o engenheiro de software que montou uma rede de computadores interconectados para partilhar e distribuir informações de maneira fácil e rápida na década de 1980, muito antes de Marc Andreessen criar o navegador para Internet.[44] A Internet surgiu nos Estados Unidos pela necessidade de o sistema de computadores militares norte-americanos sobreviver a um ataque nuclear soviético.[45] Essas inovações foram criadas independentemente da visão dos usos que teriam. Nas palavras do CEO da Amgen,[46] Gordon Binder: "O senso comum diz que devemos ouvir o mercado. A maioria das indústrias farmacêuticas, e uma boa parte das de biotecnologia, é basicamente movida pelo mercado. Elas veem aquele grande número de pessoas desenvolvendo uma doença em particular e resolvem fazer algo".[47] Para ilustrar, veja-se um caso mais recente: o da gripe suína (Influenza A ou H1N1), cujo surto inicial matou mais de cem pessoas no México em abril de 2009. Em função do potencial epidêmico dessa doença, as indústrias farmacêuticas deram prioridade ao desenvolvimento de uma vacina capaz de imunizar milhões de pessoas e, portanto, gerar milhões de dólares de novas divisas.

No entanto, mais do que começar com a doença e trabalhar no caminho inverso da ciência, a Amgen faz o contrário. Ela seleciona uma inovação científica brilhante e descobre um uso único para ela. O potencializador de imunidade, por exemplo, ajuda a impedir que os efeitos adversos da quimioterapia matem os pacientes de câncer, e um acordo de colaboração com um professor na Rockefeller University permitiu a descoberta de um gene que pode proporcionar novos tratamentos para a obesidade.

Em outros casos, as inovações radicais são desenvolvidas como uma nova maneira de servir a uma necessidade preexistente ou em resposta à identificação de uma necessidade emergente. Independentemente de a inovação ter se originado da ciência "pura" ou em resposta a uma necessidade, a nova tecnologia cria para si um novo mercado. A vantagem competitiva de um avanço tecnológico baseia-se no desempenho funcional superior que a inovação agrega sobre métodos ou produtos preexistentes.

Inovações incrementais

As *inovações incrementais*, por outro lado, são continuações de métodos ou práticas que já existem e podem envolver a extensão de produtos que já estão no mercado; são evolucionários, e não revolucionários. Tanto fornecedores como consumidores têm uma conceituação clara dos produtos e do que eles podem fazer. Produtos já existentes são substitutos suficientemente próximos.[48] As inovações incrementais acontecem no lado da demanda,[49] onde as características do produto são bem definidas e os consumidores são capazes de articular suas necessidades. Em contraste com a visão da Internet como uma inovação radical, alguns a veem como uma inovação evolucionária, "parte de um contínuo de tecnologia que baixa os custos e melhora a distribuição da informação", comparável ao impacto da televisão.[50]

Em um contexto industrial (de aplicações manufaturadas), as inovações incrementais podem ser desenvolvidas por fabricantes de um produto maduro que atingiram um alto volume em seus processos de produção.[51] Nesse caso, a economia de escala pode ser muito importante, e a formação de preço pode basear-se nos efeitos da curva de experiência (os custos baixam em uma proporção fixa e conhecida sempre que um volume acumulado dobra). Frequentemente, por causa da importância da economia de escala para essas empresas, as inovações podem tomar a forma de *inovações no processo* de produção, o que faz seus custos diminuírem. A vantagem competitiva é frequentemente baseada na produção de baixo custo. Empresas cujo negócio primário advém de um produto específico podem descobrir que são menos flexíveis a mudanças radicais e vulneráveis à obsolescência.

Há quem acredite que a estratégia de marketing para inovações seja complicada pelo fato de empresas inovadoras poderem ver uma inovação como radical enquanto os consumidores talvez a vejam como incremental (ou vice-versa). Os problemas singulares que essas discrepâncias de percepção podem causar são explorados no quadro a seguir: "Diferentes percepções de inovação para fabricantes e consumidores".

DIFERENTES PERCEPÇÕES DE INOVAÇÃO PARA FABRICANTES E CONSUMIDORES

A Figura A destaca as quatro possibilidades que podem surgir quando se consideram as percepções de fabricantes e consumidores com relação à capacidade de inovação de um novo produto. É evidente que, quando as percepções de ambas as partes são iguais, o caminho para o marketing é completamente desimpedido — desde que os envolvidos entendam que cada tipo de inovação precisa ser administrado diferentemente, conforme já explicado neste capítulo. No entanto, quando uma empresa vê uma inovação como incremental, mas os consumidores a veem como radical (ou vice-versa), pode haver erros.

1. *Produtos-sombra* são desenvolvidos à sombra de outros produtos mais centrais e não fazem parte da força motriz dos esforços da empresa. Um exemplo são os blocos Post-It da 3M, que foram desenvolvidos no ano de 1977 por Art Fry. Fry cantava no coral da igreja e deixava cair o marcador de páginas sempre que abria o livro de hinos. Cansado da situação, ele decidiu aplicar o adesivo de fácil remoção que seu colega tinha criado quase uma década antes (1968) na parte de trás do marcador. Estava criado um produto que viria a ser um grande sucesso de mercado. Tais inovações sempre aparecem para oferecer uma contribuição marginal, e pouquíssimas empresas se importam em fazer um marketing proativo para elas. Assim, tais produtos tendem a ser comercializados dentro da estrutura já existente na organização, isto é, com os mesmos gerentes de produto e na mesma linha de fabricação preexistente na empresa. A segmentação de mercado e os canais de distribuição, se escolhidos em função das soluções preexistentes, estão normalmente equivocados, o que se traduz em erros de marketing.

Talvez o mercado real esteja com novos clientes, em novos segmentos, e sejam necessárias imaginação e criatividade para identificar os novos problemas que a inovação poderia resolver. Aos projetos-sombra não são dados, normalmente, prioridade e atenção, o que acaba minimizando suas chances potenciais de sucesso.

2. *Produtos-decepção* são inovações que foram alvo de planos grandiosos por parte dos fabricantes, mas que não foram recebidas com igual euforia pelos consumidores. Podem ser os projetos típicos "de laboratório", em que a equipe técnica viu a inovação como "a próxima melhor invenção desde a roda", mas que os consumidores simplesmente não entenderam ou não consideraram tão especiais.

Em uma situação assim, mais do que promover o produto como uma grande inovação, a melhor alternativa pode ser uma estratégia de posicionamento de algo "novo e melhorado" — com preço, promoção e distribuição de uma extensão incremental. Seria um erro posicionar produtos assim como uma categoria nova e revolucionária em vez de compará-los com as soluções existentes.

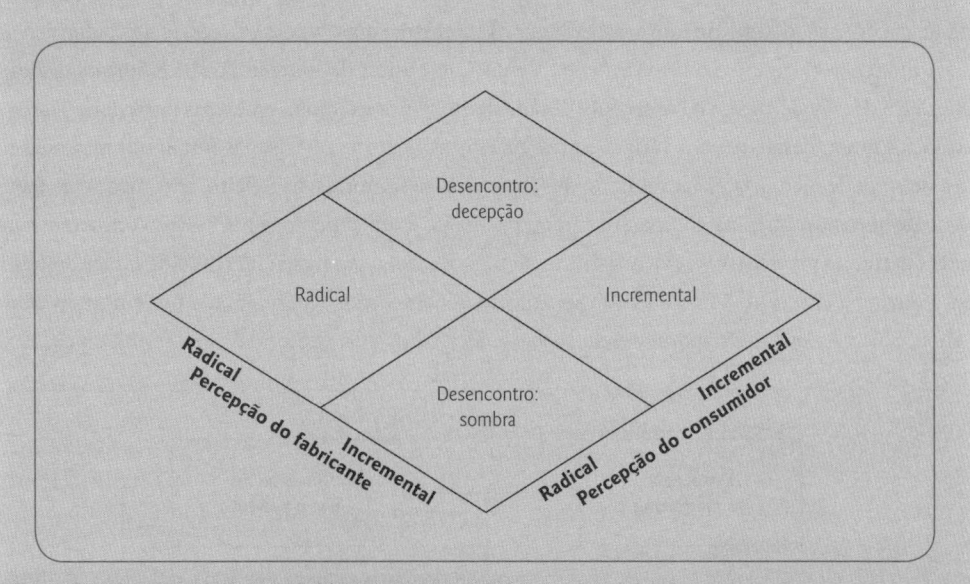

Figura A — Percepções de inovação do fabricante versus consumidor

Fonte: RANGAN, V. K.; BARTUS, K. New product commercialization: common mistakes. In: RANGAN V. K. et al. (eds.). *Business marketing strategy*. Chicago: Irwin, 1995. p. 63-75.

Seria simplista demais dizer que indústrias de alta tecnologia se caracterizam unicamente por inovações revolucionárias. É claro que muitos mercados de alta tecnologia desenvolvem inovações incrementais. Na área de software, por exemplo, o Windows XP foi uma inovação mais incremental que radical. É de vital importância que os envolvidos em alta tecnologia estejam atentos aos dois tipos de inovação porque ambos têm implicações muito diferentes.

Implicações dos diferentes tipos de inovação: um modelo de contingência para o marketing em mercados de alta tecnologia

Conhecer os diferentes tipos de inovações tem implicações importantes na condução dos processos de marketing. "O planejamento de marketing que reconhece e leva em conta a diferença estratégica entre a pesquisa orientada para o mercado e aquela orientada para a inovação vai muito mais longe, obtendo um melhor desempenho para a empresa."[52] Em outras palavras, os dois tipos de inovação precisam ser administrados de maneiras distintas.[53] Por exemplo, equipes multifuncionais devem ser montadas com pessoas de modo que o conjunto de habilidades e competências esteja equilibrado e alinhado com os propósitos do trabalho. Pessoas orientadas para resultados de curto prazo funcionariam melhor em inovações incrementais e estariam deslocadas em um projeto de uma inovação radical. Já visionários que questionam o valor conceitual de um novo produto poderiam atrapalhar uma inovação incremental.[54]

Ao se combinar adequadamente as ferramentas de marketing a cada tipo de inovação, aumentam-se as chances de sucesso no mercado. Isso significa que a estratégia apropriada de marketing sofre influência decisiva do tipo de inovação. A Figura 1.9 mostra como funciona a *teoria da contingência*.

A diferença entre inovação incremental e inovação radical dá margem a várias considerações.[55] Durante a década de 1980 e o começo da década de 1990, por exemplo, empresas norte-americanas e europeias foram desafiadas em várias setores. As empresas norte-americanas foram ultrapassadas na área de *chips* de memória, na automação de fábricas e de escritórios, nos eletroeletrônicos e na fabricação de automóveis. Essas companhias frequentemente eram superadas por novos concorrentes de outras partes do planeta. A Kodak assistiu às câmeras de vídeo terem seu mercado de filmes domésticos reduzido a cinzas. A Xerox ateve-se ao negócio de fotocópias e foi quebrada por empresas como Canon, Sharp e outras. Os aparelhos eletroeletrônicos feitos pela Motorola, pela Zenith e pela RCA

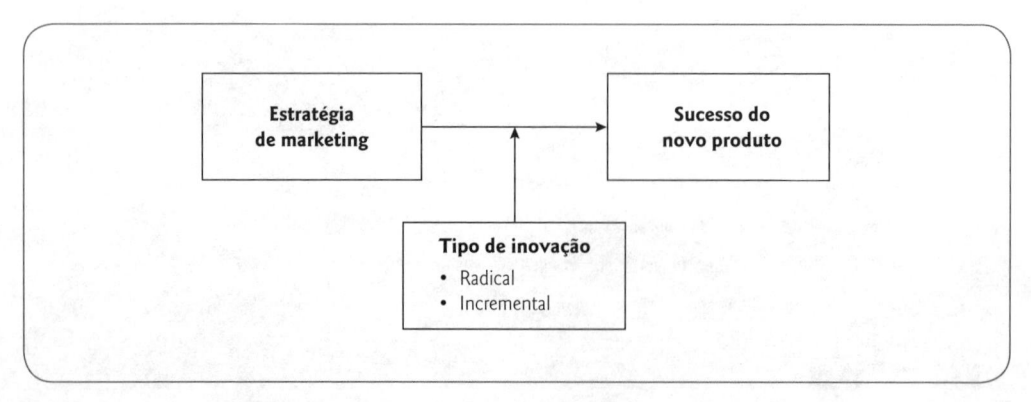

Figura 1.9 — Teoria da contingência do marketing em mercados de alta tecnologia

foram amplamente substituídos por versões melhores, mais rápidas e mais baratas oferecidas pela Sony, pela Panasonic e pela Toshiba. No setor automobilístico, Toyota, Honda e Nissan expandiram sua participação no mercado norte-americano, ganhando virtualmente todo o reconhecimento relativo à qualidade e à confiança. As duas chaves do sucesso desses novos líderes foram inovações incrementais eficazes e melhorias significativas na eficiência operacional.

Em resposta, as empresas norte-americanas aprimoraram sua capacidade de gerir o desenvolvimento de inovações incrementais em produtos e processos existentes, com ênfase no preço e nas melhorias de qualidade. Gestores e pesquisadores acadêmicos conduziram extensos estudos sobre inovação incremental e desenvolveram uma série de metodologias: seis sigma;[56] engenharia simultânea; administração de estoque *just-in-time* e *stage-gate management system* (gestão do processo de desenvolvimento de novos produtos). Essas recomendações foram amplamente adotadas e ajudaram várias empresas norte-americanas a retomar e/ou conquistar suas posições no mercado mundial.

Todas essas recomendações baseiam-se na premissa fundamental de que a empresa compreenda as necessidades de seu mercado e queira e seja capaz de se equiparar à base tecnológica da concorrência para atender àquelas necessidades de maneira rápida, barata e confiável. Todos os aspectos do projeto de desenvolvimento de um produto são administrados simultaneamente por um grupo formado por representantes de todas as funções do negócio: engenharia, produção, marketing, finanças e, frequentemente, fornecedores e consumidores. Com pessoas de todas as áreas no grupo, a conversa flui, garantindo que as decisões não sejam tomadas a partir de uma única perspectiva (por exemplo, que não sejam criados produtos que não possam ser projetados ou que produtos não sejam projetados de modo que não possam ser fabricados etc.). Esse é o mundo da inovação incremental.

Mas a atenção dos administradores à inovação incremental teve um preço. Ela reduziu o foco e a capacidade das maiores empresas norte-americanas de se envolverem em inovações realmente radicais, que trariam promessa de crescimento por caminhos comerciais totalmente novos e, consequentemente, o desenvolvimento de novos mercados. Os laboratórios centrais de P&D, tradicionalmente fonte de ideias de inovações radicais, foram reorientados para servir às necessidades imediatas das unidades de negócios, as quais, sempre pressionadas para maximizar os resultados financeiros de curto prazo, relutaram em investir em projetos de longo prazo e alto custo. As consequências, como a Polaroid descobriu, podem ser desastrosas. Nesse caso, e em muitos outros parecidos, a mensagem está clara: para manterem seu sucesso ao longo do caminho, as empresas precisam investir tanto em inovações incrementais como fomentar as radicais.

Assim, verifica-se que os desafios de administrar esses dois tipos de inovações diferem amplamente e demandam ferramentas, estruturas organizacionais, critérios de avaliação e habilidades diferentes. O desafio da empresa é conseguir administrar os dois tipos de inovação simultaneamente, pois ambas são necessárias para a saúde do negócio a curto e longo prazo.

De modo mais específico, exploraremos agora quatro implicações específicas da teoria da contingência do marketing em mercados de alta tecnologia. Primeiro, a natureza da interação entre os grupos de P&D e a área de marketing depende do tipo de inovação. Como a competência na área tecnológica é fator-chave de sucesso em mercados orientados pela oferta, o papel da área de P&D é crítico. É provável que esse grupo oriente os profissionais de marketing na busca de aplicações comerciais para os avanços tecnológicos. Um aspecto crítico é o primeiro mercado que a empresa resolve atingir. Nesse contexto, o papel do marketing é identificá-lo.[57]

A segunda implicação está relacionada ao tipo de instrumento de pesquisa de mercado a ser empregado. Pode ser difícil reunir dados de mercado para guiar o desenvolvimento e o marketing de produtos oriundos de inovações radicais, pois muitas vezes o consumidor não entende a nova tecnologia. Além disso, pode ser complicado articular critérios de desempenho para o produto.[58] Por exemplo, se uma pessoa nunca usou propulsão a jato como meio de transporte, como poderá determinar o que é um bom desempenho? Assim, o valor do *feedback* do consumidor obtido com pesquisas comuns de mercado pode ser questionável. Mas a voz do consumidor continua a ser de vital importância. Em geral, é mais comum usar pesquisas qualitativas para balizar o desenvolvimento de produtos revolucionários. Já em situações em que o consumidor talvez entenda a tecnologia, como no caso dos formadores de opinião que aderem a um uso muito antes da maioria dos demais consumidores, os próprios usuários podem ser os inovadores.[59]

Uma terceira implicação refere-se ao papel da comunicação. Para produtos revolucionários, assim que for identificado um mercado comercialmente viável, os profissionais de marketing precisam educar os consumidores, estimulando a demanda primária pela categoria do produto como um todo. Finalmente, com relação ao preço, se tecnologia revolucionária oferecer uma vantagem significativa sobre a maneira anterior de fazer as coisas, é possível que os consumidores paguem um preço maior por ela.

Em contraste com as quatro implicações descritas anteriormente para inovações radicais, a interação entre P&D-marketing, os instrumentos de pesquisa de mercado, a comunicação e o preço precisam ser administrados de maneira diferente para as inovações incrementais. Nas últimas, o papel do marketing é fundamental. Em situações assim, os consumidores podem ter o papel principal no desenvolvimento do produto. Eles falam com confiança sobre seus desejos e suas preferências. A empresa pode usar instrumentos-padrão de pesquisa de mercado para identificar as necessidades do consumidor, passando as informações para a área de P&D, que, então, desenvolve as inovações apropriadas para atender a essas expectativas. Em inovações incrementais, é comum ver controles de gestão mais padronizados e grupos formais de planejamento.[60] A comunicação estimula a demanda seletiva, construindo a preferência pela marca ou pelo produto da empresa. A formação de preço deriva para um valor mais competitivo.

É importante notar que a alocação de recursos em um projeto deve estar alinhada com sua provável taxa de retorno financeira de longo prazo. Alguns projetos revolucionários podem não ter um grande potencial de mercado inicial que justifique o investimento. Adicionalmente, muitas inovações incrementais podem também exigir um pesado desembolso sem que haja a recompensa equivalente pelo esforço realizado. Assim, os profissionais de marketing não devem confundir a natureza da inovação com o retorno potencial e concluir, erroneamente, que as inovações radicais terão um retorno expressivo[61] ou que as incrementais não valem a pena.

O marketing precisa ser diferente para produtos e inovações de alta tecnologia?

À luz dessa discussão, fica claro que a natureza do marketing precisa ser ajustada ao tipo de inovação. Mas será que o marketing de alta tecnologia é tão diferente de seu correspondente de baixa tecnologia? Ou será que as ferramentas comuns de marketing serão suficientes para os mercados de alta tecnologia? Será que os desastres do marketing em mercados de alta tecnologia são causados pelo uso de uma abordagem-padrão, quando seria necessário um conjunto único de ferramentas para lidar com as incertezas de mercado, da tecnologia e da volatilidade da concorrência? Ou os desastres do marketing nesse mercado resultam apenas de falhas na execução do marketing básico?[62]

Dado o alto grau de incerteza, a margem de erro para profissionais de marketing que atuam em mercado de alta tecnologia são bem menores do que as dos mercados convencionais. Nesse sentido, as empresas de alta tecnologia precisam executar os princípios básicos de marketing de maneira impecável.[63] Por exemplo, a seleção de um mercado-alvo, a capacidade de comunicar claramente os benefícios que a inovação oferece em comparação com outras soluções, a presença de um canal de distribuição eficaz e eficiente e o uso de habilidades para a construção de relações não podem ser ignoradas ou tratadas superficialmente pelos profissionais de marketing que atuam no mercado de alta tecnologia. Nesse contexto, o plano de marketing é um instrumento fundamental para que as empesas alcancem o sucesso esperado do investimento que está sendo feito. Dada a importância dessa ferramenta, o Apêndice A deste capítulo traz uma estrutura que pode ser usada na concepção e no desenvolvimento de um plano de marketing básico.

No entanto, é muito comum que pequenos negócios de alta tecnologia em fase inicial careçam de *expertise* em marketing ou releguem a um segundo plano seu papel dentro da organização (normalmente, abaixo da importância da engenharia ou de P&D). Profissionais da área técnica costumam ter dificuldade em voltar sua atenção e seu foco para o mercado. É extremamente difícil, embora muito necessário, promover uma relação bem-sucedida de colaboração multifuncional entre engenheiros e profissionais de marketing. Para complicar ainda mais a questão, há o fato de que muitas pessoas contratadas para fazer o "marketing" nesse mercado carecem de compreensão tanto sobre a tecnologia em si como também sobre como divulgar as indústrias que atuam naquele setor. Essas verdades organizacionais, bem como o nível de incertezas de mercado, tecnologia e concorrência, significam que, apesar de uma abordagem-padrão do marketing, como a dos 4Ps (produto, preço, praça e promoção), ainda ser relevante, elas precisam ser modificadas, a fim de levar em conta as incertezas inerentes aos ambientes de alta tecnologia.[64]

Estrutura para a tomada de decisões em marketing em ambientes de alta tecnologia

O objetivo principal deste livro é fornecer uma estrutura para a tomada de decisões de marketing em ambientes de alta tecnologia. O uso dessa estrutura para administrar o processo de tomada de decisão em marketing permite um maior entendimento das características comuns dos ambientes de alta tecnologia e ajuda no gerenciamento dos riscos do marketing nesse contexto.

A Figura 1.10 apresenta a estrutura conceitual usada na tomada de decisões em ambientes de alta tecnologia. Do lado esquerdo da figura estão as considerações internas que a empresa precisa levar em conta e entender como base de um marketing eficaz. A administração de empresas de alta tecnologia tem peculiaridades únicas quando comparadas à gestão de empresas tradicionais. Grandes empresas de alta tecnologia, com pesadas estruturas burocráticas, precisam lutar para se manter inovadoras, ao passo que empresas menores do mesmo ramo lutam pelo desafio de mudar de sua postura unicamente voltada para a tecnologia e engenharia para outra de ganhar foco no mercado. Qualquer que seja o tamanho da empresa, é de essencial importância resolver o conflito entre as áreas de P&D e marketing. Além disso, como todo o marketing tem suas premissas fundamentadas nas relações, sua administração, bem como a administração de suas alianças estratégicas, requer considerações especiais nas indústrias de alta tecnologia. As parcerias estratégicas, por exemplo, muitas vezes precisam de colaboração entre concorrentes. Nessa situação, a proteção da propriedade intelectual é ainda mais importante do que em alianças estratégicas tradicionais — particularmente quando as empresas de inovações estão colaborando em pesquisas de ponta.[65] Os capítulos 2 a 4 abordam questões relacionadas à estratégia e à cultura corporativa de empresas de alta tecnologia, tais como formação de estratégia, vantagem competitiva, competências centrais, relacionamentos de marketing (parcerias e alianças), orientação ao mercado e interações entre as áreas de marketing e P&D nas organizações. A cobertura dessas questões estabelece uma base sólida para um marketing eficaz.

As considerações sobre o consumidor estão do lado direito da figura. Um dos aspectos particularmente desafiadores do marketing de alta tecnologia é o entendimento de consumidores e mercados. Na condução de uma pesquisa de mercado em indústrias de alta tecnologia, por exemplo, os usuários muitas vezes não conseguem articular suas necessidades com clareza porque simplesmente não são capazes de enxergar o que a tecnologia pode fazer ou de que maneira pode beneficiá-los. Além disso, fazer uma pesquisa com o objetivo de prever o tamanho do mercado pode ser muito difícil. As ferramentas de pesquisa usadas nos mercados de alta tecnologia, como o *emphatic design*, as visitas ao consumidor, as pesquisas com usuários de ponta (inovadores), *quality function deployment*, inteligência competitiva e previsões são abordadas no Capítulo 5.

O Capítulo 6 trata das considerações a respeito do comportamento do consumidor, incluindo a tomada de decisão para produtos de alta tecnologia, questões associadas a adoção e difusão da inovação nesses mercados, e como o marketing para os primeiros usuários deve ser diferente do marketing para os "retardatários". Esse capítulo baseia-se fortemente no trabalho de Geoffrey Moore.[66]

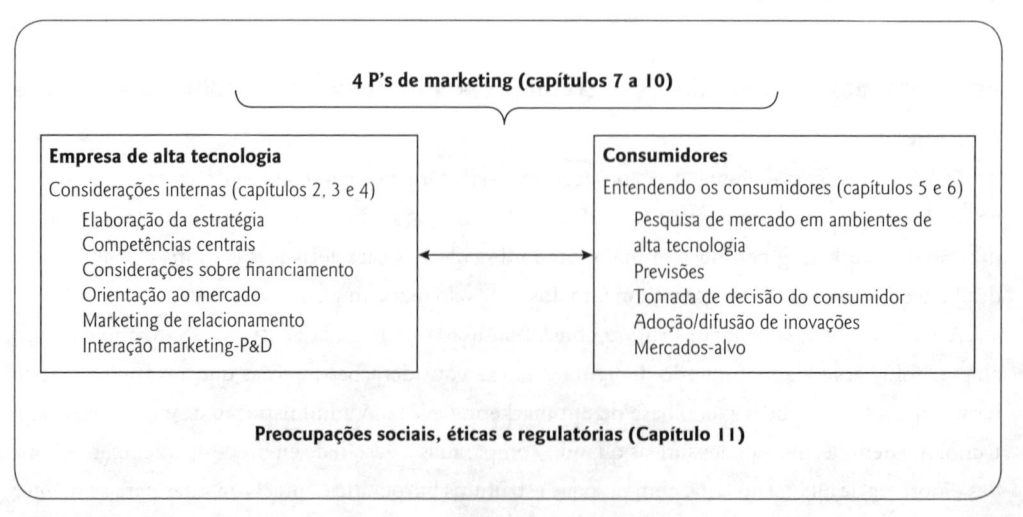

4 P's de marketing (capítulos 7 a 10)	
Empresa de alta tecnologia	**Consumidores**
Considerações internas (capítulos 2, 3 e 4)	Entendendo os consumidores (capítulos 5 e 6)
Elaboração da estratégia	Pesquisa de mercado em ambientes de alta tecnologia
Competências centrais	Previsões
Considerações sobre financiamento	Tomada de decisão do consumidor
Orientação ao mercado	Adoção/difusão de inovações
Marketing de relacionamento	Mercados-alvo
Interação marketing-P&D	
Preocupações sociais, éticas e regulatórias (Capítulo 11)	

Figura 1.10 — Estrutura para a tomada de decisões de marketing em ambientes de alta tecnologia

A ligação entre a empresa e seus consumidores acontece por meio do composto de marketing. Os capítulos 7 a 10 cobrem os 4 P's: produto, preço, praça e promoção.

Produto

O desenvolvimento e a gestão de produtos de alta tecnologia pode não seguir a prática-padrão do marketing. Acredita-se, por exemplo, que o uso do ciclo de vida de produto seja falho para administrar produtos em mercados de alta tecnologia, afinal, em muitos casos, a volatilidade da concorrência pode significar que os produtos jamais atingirão a maturidade.[67] A incerteza do mercado faz que a progressão entre sua introdução e o crescimento possa ser fortemente perturbada — alguns chamam isso de "o abismo".[68]

O Capítulo 7 começa com a estruturação de um mapa de tecnologia para nortear o desenvolvimento de produtos. Considerações pertinentes incluem decisões sobre licenciamento e transferência de tecnologia, plataformas de produtos e derivações, proteção de propriedade intelectual e outros temas relacionados.

Praça

As decisões sobre o papel dos canais de distribuição e a administração das relações ao longo da cadeia de suprimentos em mercados de alta tecnologia podem ser muito complicadas. Considere, por exemplo, o caso da Intel. Quando a Intel desenvolve *upgrades* para seus microprocessadores, isso significa que os consumidores deixam de comprar um novo computador e, em vez disso, compram um *chip* de reposição. Mas essa estratégia tem fortes chances de prejudicar os principais clientes da Intel: os fabricantes de computadores, que compram a maioria dos *chips* da empresa. Assim, é importante que os profissionais de marketing considerem o impacto de suas decisões em todas as partes da cadeia.

O Capítulo 8 fornece uma estrutura para a tomada de decisões de distribuição. O foco está no uso da Internet como um novo canal e na necessidade de administrar a transição e o conflito resultante dela.

Preço

As práticas-padrão de formação de preço podem ser muito enganosas em mercados de alta tecnologia. Por exemplo, o preço baseado nos efeitos da curva de aprendizado — em que os custos baixam em uma proporção fixa e conhecida sempre que um volume acumulado dobra — simplesmente pode não ser aplicado. A volatilidade competitiva garante que a empresa talvez nunca veja grandes volumes do produto, seja ele qual for. Além disso, para sobreviver, as empresas de alta tecnologia precisam apresentar constantemente inovações que tornem obsoleta sua atual linha de produtos; isso significa que as empresas que se baseiam em economia de escala e custos de produção como fonte de vantagem competitiva estão fadadas ao insucesso.[69]

O Capítulo 9 fornece uma estrutura para as decisões de preço, com forte ênfase na necessidade de estar orientado ao consumidor para administrar esse elemento do composto de marketing. Além disso, à luz da rápida queda de preços em várias indústrias de alta tecnologia (o exemplo mais extremo é o valor igual a zero para muitos produtos digitais disponíveis gratuitamente pela Internet), atenção tem sido dada às estratégias usadas para gerar lucro diante do paradoxo da tecnologia (como sobreviver quando o preço do produto está caindo rapidamente).[70]

Promoção

A comunicação com os consumidores via propaganda e promoção pode ser difícil quando se trata de produtos de alta tecnologia. A "pré-divulgação"[71] é uma estratégia muito útil para convencer os consumidores a adiar a compra até que a nova tecnologia esteja disponível, mas há questões de *timing*: quando uma empresa deve anunciar que está trabalhando em uma nova tecnologia revolucionária? Apesar de a pré-divulgação poder ser usada tanto em mercados de alta tecnologia como em mercados mais tradicionais, seus efeitos tendem a ser mais pronunciados em ambientes de alta tecnologia por uma série de motivos.

Primeiro, em decorrência do medo da obsolescência que os consumidores enfrentam, a pré-divulgação pode estimulá-los a desistir de comprar uma tecnologia da geração atual, antecipando o lançamento da futura. Há quem se refira a esse comportamento como *leapfrogging*, ou "pular carniça", em português. Em segundo lugar, a incerteza tecnológica significa ambiguidade no calendário de entrega. Há muitos exemplos de produtos de alta tecnologia que estão meses, ou anos, atrasados em relação às datas de lançamento prometidas. No mundo dos softwares, produtos pré-divulgados são conhecidos como *vaporware*, ou produtos que nunca são produzidos. Terceiro, quando se usa a pré-divulgação, surgem questões de intenção. Em alguns casos investigados pelo Departamento de Justiça norte-americano, se a intenção de uma empresa que usa a pré-divulgação é especificamente desestimular os consumidores a comprarem um produto da concorrência, esta poderá sofrer punições anticoncorrência. Assim, as empresas na área de alta tecnologia têm fortes razões para usar a pré-divulgação, mas precisam ser especialmente cautelosas ao fazê-lo. Portanto, pela lógica, os profissionais de marketing de alta tecnologia precisam entender esses aspectos.

Além de entender as questões que envolvem as estratégias de pré-divulgação, os profissionais de marketing de alta tecnologia também devem usar eficazmente a comunicação para minimizar o medo, a incerteza e as dúvidas do consumidor. Os mercados de alta tecnologia estão se voltando para uma estratégia frequentemente usada pelos profissionais que atuam na indústria de bens de consumo: a comunicação para construir uma marca forte. A força da marca serve como um "porto seguro" usado pelos consumidores para diminuir o risco percebido. Marcas fortes em alta tecnologia "funcionam como um guia neste mundo confuso e constantemente em mutação... Elas oferecem segurança em uma compra fragilizada por confusão e ansiedade".[72] No mundo da tecnologia, em que os produtos mudam rapidamente, a marca pode ser mais importante do que na indústria de bens de consumo, na qual se compreende melhor um produto, uma vez que ele se manteve igual por muito tempo. A Microsoft, a Intel, a HP e mesmo empresas de menor porte estão usando fortes estratégias de marca, em parte para abrandar a ansiedade do consumidor.

Certamente, as estratégias de propaganda e a promoção usadas para abrandar a ansiedade do consumidor em um contexto de alta tecnologia também podem ser usadas em contextos de marketing mais tradicional. Entretanto, os principais diferenciais são:

1. É difícil, do ponto de vista cultural, que as pessoas em empresas orientadas para a tecnologia se tornem orientadas para o mercado ou para o consumidor. Até a Microsoft se vê como uma empresa "fazendo tecnologia pela tecnologia, mais do que baseada nas necessidades do consumidor".[73]
2. A combinação de incertezas tecnológicas, do consumidor e da volatilidade da concorrência que cercam as compras de alta tecnologia implicam maiores riscos para os consumidores e, assim, há necessidade de uma estratégia para reduzi-los.

Os profissionais de marketing de alta tecnologia precisam entender como os instrumentos mais tradicionais de marketing são particularmente vitais em seus ambientes. Assim, entre outros tópicos, o Capítulo 10 enfatiza a importância de usar as ferramentas de propaganda e promoção para criar uma marca forte (como mecanismo para abrandar a ansiedade do consumidor) e a necessidade de administrar as pré-divulgações do produto, bem como as ferramentas de comunicação usadas na gestão das relações com o consumidor.

O Capítulo 11, por fim, encerra a obra abordando os aspectos éticos e de regulação com os quais os profissionais de marketing de alta tecnologia se deparam constantemente.

À luz do alto nível de incertezas tecnológicas, competitivas e de mercado que cercam os produtos e os mercados de alta tecnologia, a necessidade de um marketing eficaz nas indústrias de alta tecnologia é vital. Os produtos e serviços de alta tecnologia são apresentados em ambientes caóticos e turbulentos, nos quais as chances de sucesso são frequentemente difíceis de prever — na melhor das hipóteses — ou fadadas ao insucesso — na pior delas. Este livro foi concebido para prover estruturas para tomadas sistemáticas de decisão na área de marketing em ambientes de alta tecnologia. Ao fazer isso, ele oferece *insights* sobre como as ferramentas e as técnicas de marketing devem ser adaptadas e modificadas para produtos e serviços de alta tecnologia. Afinal, o marketing eficaz de alta tecnologia inclui uma mistura entre os fundamentos de marketing e ferramentas únicas, exploradas ao longo deste livro.

VISÃO DE MERCADO

Pesquisa, desenvolvimento e inovação no Brasil
Luis Fernando C. Madi
Presidente da Associação Brasileira das Instituições de Pesquisa Tecnológica (ABIPTI)

O Brasil vive um momento de grandes mudanças no que diz respeito a ciência, tecnologia e inovação, e tanto o governo como a iniciativa privada parecem agora se conscientizar da importância estratégica dessa área para o crescimento socioeconômico do País. Sendo assim, a publicação de um livro como *Marketing para mercados de alta tecnologia e de inovações* é muito oportuna e bem-vinda.

Também vale dizer que este depoimento baseia-se em minha experiência internacional como consultor da Organização das Nações Unidas para o Desenvolvimento Industrial (Onudil), do International Trade Center (ITC) e da Organização dos Estados Americanos (OE) e, no Brasil, como diretor do Instituto de Tecnologia de Alimentos (Ital), coordenador da Agência Paulista de Tecnologia dos Agronegócios (APTA), presidente da Associação Brasileira das Instituições de Pesquisa Tecnológica (ABIPTI) e diretor do Centro de Pesquisa e Tecnologia de Embalagem (Cetea), do ITAL.

Especialistas como João Paulo dos Reis Veloso, Stéphane Carelli (revista *Época*) e Simon Schwartzman (revista *Veja*) são da opinião de que o Brasil ainda não encontrou o melhor caminho para sua política de ciência, tecnologia e inovação (CT&I) e de que está perdendo a corrida do desenvolvimento tecnológico para outros países emergentes, como Índia e China, por não investir o suficiente em pesquisa.

Carlos Américo Pacheco, em seu trabalho apresentado à Comissão Econômica para a América Latina e Caribe (Cepal), faz uma análise da reforma do Sistema Nacional de Ciência e Tecnologia, de 1999, que criou os fundos setoriais, propiciou o retorno ao diálogo com a comunidade científica (Livro Verde) e a incorporação da dimensão de inovação na agenda do Ministério da Ciência e Tecnologia (MCT).

Esse processo teve continuidade com a regulamentação da Lei n. 10.973/2004, conhecida como "Lei da Inovação", que estabeleceu um conjunto de medidas de incentivos à inovação científica e tecnológica e a Política Industrial Tecnológica e de Comércio Exterior (PITCE), com o objetivo de aumentar a competitividade da indústria brasileira por meio da inovação.

Outras medidas de importância estratégica para a evolução do mercado de alta tecnologia foram: (1) a Lei n. 11.196/2005, denominada "Lei do Bem", que estabeleceu novos incentivos fiscais para empresas que investissem em atividades de PD&I; (2) a criação da Agência Brasileira de Desenvolvimento Industrial (ABDI); (3) o lançamento do Plano Nacional de Ciência, Tecnologia e Inovação para o Desenvolvimento Nacional em 2007 (cuja meta foi o aumento do investimento do País em PD&I para 1,5 por cento do PIB até 2010; e (4) a criação do Sistema Brasileiro de Tecnologia (Sibratec), com o objetivo de apoiar o desenvolvimento tecnológico do setor empresarial nacional por meio da promoção de atividades de pesquisa e desenvolvimento, e bem como da prestação de serviços de metrologia, extensão, assistência tecnológica e transferência de conhecimento.

O plano de CT&I foi estabelecido a partir das seguintes premissas:

1. O grau de desenvolvimento de um país está diretamente relacionado ao seu esforço em promover atividades na área de CT&I.
2. Nos países com economias mais desenvolvidas, as empresas investem mais em atividades de pesquisa e desenvolvimento com recursos próprios ou do governo.
3. Alguns países mudaram significativamente seu padrão de desenvolvimento econômico ao alinhar suas políticas de desenvolvimento industrial às de CT&I.
4. O Brasil apresenta capacidade produtiva e acadêmica suficiente para se aproximar do patamar tecnológico de países mais desenvolvidos atualmente.

A despeito dos esforços em conduzir uma política adequada à sua capacidade de desenvolvimento, o Brasil ainda não obteve os resultados esperados. Para o economista Jackson de Toni,[74] em seu artigo "A inovação tecnológica, políticas públicas e o futuro da indústria no Brasil", a cultura da inovação ainda é recente no país. O 1º Congresso Brasileiro de Inovação na Indústria, promovido pela Confederação Nacional das Indústrias (CNI), em 2005, mostrou que os marcos reguladores da política nacional de CT&I ainda não estavam consolidados e que a comunidade empresarial tinha pouco conhecimento sobre os mecanismos de apoio à inovação existentes.

Ainda segundo Toni, os principais problemas dessas políticas se devem à fragilidade dos mecanismos de apoio à inovação, ao regime macroeconômico desfavorável (política cambial, tributária e de juros), ao baixo nível de investimento do setor público, à ineficácia dos modelos de financiamento, à escassez de recursos humanos com qualificação adequada, à vulnerabilidade do sistema de proteção à propriedade intelectual, à falta ou descontinuidade das políticas de incentivo fiscais e à precariedade da área de Tecnologia Industrial Básica (TIB), que engloba as atividades de metrologia, normalização, inspeção, ensaios etc. A conclusão é de que não existe um sistema consistente que suporte as políticas de apoio à inovação no País, articulado, planejado estrategicamente e coordenado em nível nacional.

Um resultado semelhante foi obtido por um estudo da Associação Nacional de Pesquisa, Desenvolvimento e Engenharia de Empresas Inovadoras (Anpei), que reforça a ideia de que o governo precisa reconstruir sua capacidade de planejar ações estratégicas detalhadas, estabelecer diretrizes e definir prioridades.

Finalmente, vários indicadores mostram que o Brasil não realiza investimentos em P&D compatíveis com os resultados de sua produção acadêmica.

1. Analise-se a figura a seguir:

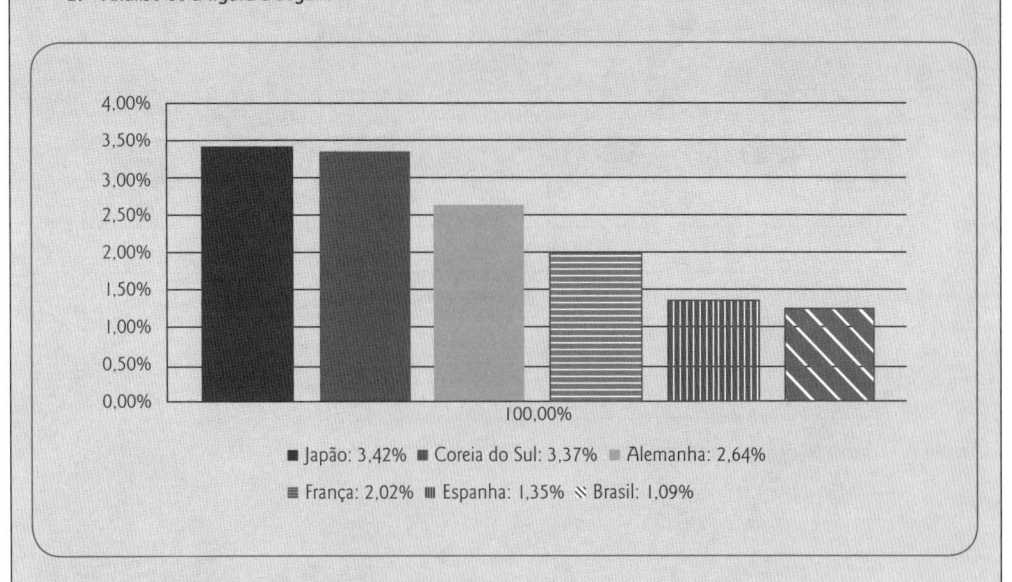

- Japão: 3,42%
- Coreia do Sul: 3,37%
- Alemanha: 2,64%
- França: 2,02%
- Espanha: 1,35%
- Brasil: 1,09%

Figura B — Investimentos em P&D em relação ao PIB (2010)[75]

2. Conforme a tabela a seguir:

Ranking	País	N. de artigos	Participação (%)
1º	Estados Unidos	2.959.661	31%
2º	Japão	796.807	8,3%
3º	Alemanha	766.146	8%
4º	Inglaterra	678.686	7,1%
5º	China	573.486	6%
6º	França	548.279	5,7%
7º	Canadá	414.248	4,3%
8º	Itália	394.428	4,1%
9º	Espanha	292.146	3,1%
10º	Rússia	276.801	2,9%
11º	Austrália	267.134	2,8%
12º	Índia	237.364	2,5%
13º	Holanda	231.682	2,4%

14º	Coreia do Sul	218.077	2,3%
15º	Suécia	174.418	1,8%
16º	Suíça	168.527	1,8%
17º	Brasil	157.860	1,7%
18º	Taiwan	144.807	1,5%
19º	Polônia	131.646	1,4%
20º	Bélgica	125.520	1,3%
Total		9.557.723	100%

Tabela B — Artigos publicados indexados (jan. 1998 a ago. 2008)[76]

3. Examine-se a figura a seguir:

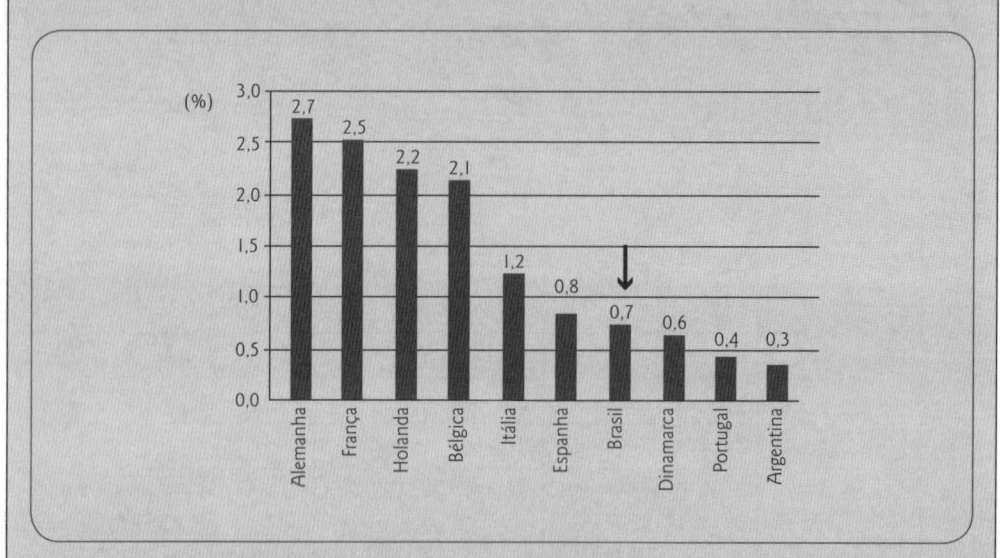

(%)
- Alemanha: 2,7
- França: 2,5
- Holanda: 2,2
- Bélgica: 2,1
- Itália: 1,2
- Espanha: 0,8
- Brasil: 0,7
- Dinamarca: 0,6
- Portugal: 0,4
- Argentina: 0,3

Figura C — Dispêndio em PD&I interno, como percentual do faturamento das empresas, com atividades inovadoras
Fonte: EUROSTAT, 2004a e IBGE, 2004 (extraído de Viotti e Baessa, 2007).

4. Número de profissionais com titulação acadêmica:

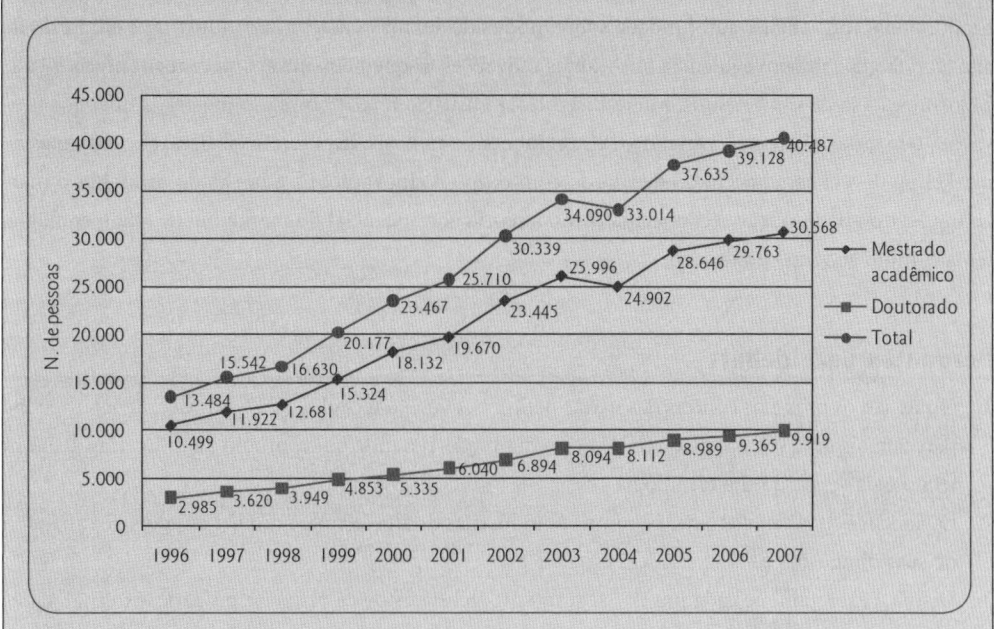

Figura D — Evolução de profissionais titulados
Fonte: CAPES (2008).

5. Número de empresas com perfil inovador:

A Pesquisa de Inovação Tecnológica (Pintec), realizada pelo Instituto Brasileiro de Geografia e Estatística (IBGE), indicou um aumento de 8,4 por cento no número de empresas consideradas inovadoras a partir de dados referentes ao triênio 2003-2005. Em 2003, essas empresas representavam 33,3 por cento do total.

A Pintec também mostrou que o setor de alta intensidade tecnológica é o que apresenta o maior percentual de empresas inovadoras, 97,6 por cento, e que 5,9 por cento desse esforço inovativo é registrado na área de informática. O setor também é o que mais emprega recursos humanos com graduação e pós-graduação (14,7 mil só nas empresas de informática).

6. Índice de competitividade:

Em 2008, o Brasil alcançou o 43º lugar em competitividade em uma lista de 55 nações, de acordo com estudo do International Institute for Management Development (IIMD). O último levantamento da Federação das Indústrias do Estado de São Paulo (FIESP), de 2007, também indica que o País é pouco competitivo, atingindo a 38ª posição entre as 43 nações avaliadas.

7. Composição das exportações:[77]

A participação de exportações de bens estritamente de alta tecnologia é pequena no Brasil: em média, 13 por cento (registrada no período de 2002 a 2005). O maior exportador mundial de bens de capital, a Alemanha, tem 17 por cento de sua pauta em bens de alta tecnologia. Nos Estados Unidos e no Japão em torno de 30 por cento das exportações estão relacionadas a itens de alta tecnologia.

A presente análise é baseada em uma visão de mercado focada no cenário de CT&I para o Brasil. Nesse contexto, pode-se concluir que o marketing é um elemento estratégico, pois permitirá que muitas das atividades de PD&I desenvolvidas hoje no País sejam, efetivamente, transformadas em produtos e serviços que, em última análise, gerarão riqueza para o Brasil. É, pois, um dos pilares do sucesso de qualquer empreitada da área de alta tecnologia e, certamente, este livro em muito contribuirá para a consecução desse objetivo.

Resumo

Este capítulo apresentou uma introdução ao marketing para mercados de alta tecnologia. Além de proporcionar uma análise aprofundada sobre modos de definir e caracterizar indústrias e empresas de alta tecnologia, também evidencia que muitas inovações frequentemente acontecem em níveis localizados na cadeia de suprimentos, muito distantes do usuário final. O capítulo mostra, ainda, que inovações têm graus diferentes, variando de incrementais a radicais. Para serem eficazes, as estratégias de marketing devem ser concebidas de acordo com o tipo de inovação. Essa noção de combinar o marketing ao tipo de inovação é conhecida como a teoria contingencial do marketing de alta tecnologia, tema comum ao longo deste livro.

Perguntas para debate

1. Quais são os prós e os contras das várias definições de alta tecnologia? Dessas definições, qual lhe parece mais útil? Por quê? Com base nessa definição, desenhe um contínuo de indústrias de baixa tecnologia *versus* de alta tecnologia.
2. Quais são as três características comuns às indústrias de alta tecnologia? Dê exemplos de cada uma de suas dimensões e características específicas.
3. Defina e exemplifique cada um dos seguintes tópicos: custos da primeira unidade, externalidades da rede, problemas de comercialização e *knowledge spillover*.
4. Explique por que os padrões são importantes tanto para os profissionais de marketing como para os consumidores no âmbito das indústrias de alta tecnologia. Sob que condições há estratégias diferentes para estabelecer os padrões apropriados?
5. Pense em exemplos de indústrias de baixa tecnologia que se transformaram com inovações de alta tecnologia. Em que parte da cadeia de suprimentos essas inovações se originaram?
6. De que maneira as inovações radicais são diferentes das incrementais? Dê exemplos dos dois tipos de inovação.
7. O que é uma teoria contingencial para o sucesso de um novo produto? Quais ferramentas de marketing devem ser usadas em inovações incrementais? E quais devem ser usadas em inovações radicais?
8. O marketing de alta tecnologia precisa ser diferente do marketing de produtos tradicionais? Por quê? Como?

Glossário

Custos da primeira unidade. O custo de produzir a primeira unidade é muito alto quando comparado ao custo de reprodução. Esse tipo de estrutura de custo existe quando o *know-how*, ou o conhecimento envolvido no projeto do produto, representa uma porção substancial do valor dos produtos e serviços.

Externalidades da rede. Também chamadas "efeito-tendência" (em inglês, *bandwagoon effect*). Termo associado ao fato de que o valor do produto aumenta à medida que mais usuários o adotam. Em outras palavras, a utilidade de uma inovação é uma função do número de usuários.

Incerteza de mercado. Ambiguidade sobre o tipo e a extensão das necessidades do consumidor que podem ser satisfeitas por uma tecnologia em particular, despertando medo, incerteza e dúvida do consumidor sobre "se" e "quais" ela realmente atenderá.

Incerteza tecnológica. Ceticismo sobre se a nova tecnologia funcionará conforme prometido ou se será disponibilizada quando se espera que a empresa a forneça.

Inovação radical. Inovações revolucionárias que não podem ser comparadas com nenhuma das práticas ou percepções existentes; a tecnologia é tão nova que cria uma nova classe de produtos.

Knowledge spillover. Quando as sinergias na criação e na distribuição do *know-how* enriquecem um conjunto de conhecimentos relacionados ao assunto, criando retornos crescentes para o desenvolvimento das tecnologias relacionadas.

Problemas de comercialização. São problemas gerados quando o *know-how* a respeito de determinado produto ou serviço representa uma porção substancial de seu valor. É difícil valorar o conhecimento, especialmente quando ele é tácito e faz parte da rotina das pessoas e das organizações.

Teoria contingencial. Arcabouço conceitual que diz que os efeitos de um conjunto de variáveis sobre outras (digamos, as variáveis do marketing sobre o sucesso do novo produto) dependem de uma terceira variável (o tipo de inovação).

Volatilidade da concorrência. Refere-se às mudanças rápidas no cenário da concorrência — que empresas concorrem com quais, suas ofertas de produtos, as ferramentas que elas usam para concorrer.

Notas

1 MASS layoffs in January-February 2003 and annual averages for 2002. *News*. Washington, DC: Bureau of Labor Statistics/United States Department of Labor, 9 abr. 2033. Disponível em: <http://www.bls.gov/news.release/archives/mmls_04092003.pdf>. Acesso em: 30 abr. 2011.

2 KIRKPATRICK, D. Some in Silicon Valley have learned to stop worrying and love the bust. Here's why. *Fortune*, 28 abr. 2003. Disponível em: <www.fortune.com>.

3 KILMAN, S. If fat-free pork is your idea of savory, It's a bright future. *Wall Street Journal*, p. A1, 29 jan. 1998.

4 FROST; SULLIVAN. *Mechatronics for automobiles is the buzzword when It comes to electronic control modules*, 1997. Disponível em: <www.frost.com/verify/press/transportation/pr556218.htm>.

5 PETERSON, T. 21st century cars hit the road. *Business Week*, 4 set. 2003. Disponível em: <www.businessweek.com>.

6 Disponível em: <www.pg.com>.

7 KIRKPATRICK, D. Op. cit.

8 CAPON, N.; GLAZER, R. Marketing and technology: a strategic coalignment. *Journal of Marketing*, n. 51, p. 1-14, jul. 1987.

9 TECHNOLOGY, innovation, and regional economic development. Washington, DC: U.S. Congress/Office of Technology Assessment, 9 set. 1982.

10 HADLOCK, P.; HECKER, D.; GANNON, J. High technology employment: another view. *Monthly Labor Review*, p. 26-30, jul. 1991.

11 HATZICHRONOGLOU, T. Revision of the high-technology sector and product classification. *OECD STI working paper*, 1997.

12 NATIONAL SCIENCE FOUNDATION. *Science and engineering indicators*, capítulos 4 e 6, 1996.

13 LUKER, W.; LYONS, D. Employment shifts in high-technology industries, 1988-1996. *Monthly Labor Review*, p. 12-5, jun. 1997.

14 LIPKIN, R. Fit for a king. *Science News*, p. 316-7, 18 maio 1996.

15 LUKER, W.; LYONS, D. Op. cit.

16 MORIARTY, R.; KOSNIK, T. High-tech marketing: concepts, continuity, and change. *Sloan Management Review*, n. 30, p. 7-17, 1989.

17 Veja também GARDNER, D. Are high technology products really different? *Faculty working paper case*. University of Illinois at Urbana-Champaign, 1990. p. 90-1706.

18 MORIARTY, R.; KOSNIK, T. Op. cit., 1989. MORIARTY, R.; KOSNIK, T. *High-tech vs. low-tech marketing*: where's the beef? Harvard Business School, case n. 9-588-012, 1987.

19 MOORE, G. *Crossing the chasm, marketing and selling technology products to mainstream customers.* Nova York: Harper Business, 2002.

20 SCHUCHART JR., S. Long-term care for your data. *Network Computing*, v. 14, n. 12, p. 85-7, 2003.

21 MOORE, G. Op. cit., 2002, p. 26.; SULTAN, F. *Zenith*: marketing research for high definition television. Harvard Business School, case n. 9-591-025, 1990.

22 SULTAN, F. Op. cit.

23 GREENSPAN, R. HDTV future unclear. *ClickZ*: marketing news & expert advise. Nova York, NY, 30 out. 2002. Disponível em: <http://www.clickz.com/clickz/stats/1696627/hdtv-future-unclear>. Acesso em: 30 abr. 2011.

24 MOORE, G. Op. cit., 2002.

25 MORIARTY, R.; KOSNIK, T. Op. cit., 1989.

26 KARLGAARD, R. CEOs Talk Tech. *Forbes*, v. 172, n. 1, p. 33, 2003.

27 COOPER, A.; SCHENDEL, D. Strategic responses to technological threats. *Business Horizons*, p. 61-9, fev. 1976.

28 HAMEL, G. Killer strategies That make shareholders rich. *Fortune*, 23, p. 70-84, jun. 1997.

29 SCHIESEL, S. Can cable fast-forward past TiVo? *New York Times*, 20 out. 2003. Disponível em: <www.nytimes.com>.

30 MICROSOFT on PowerPoint. *The Economist*, London, v. 368, n. 8341, p. 59, 13 set. 2003.

31 SCHILLING, M. A. Technological leapfrogging: lessons from the U.S. video game console industry. *California Management Review*, v. 45, n. 3, p. 6-33, 2003.

32 A não ser onde foi registrado, essa seção foi extraída de HILL, C. Establishing a standard: competitive strategy and technological standards in Winner-Take-All Industries. *Academy of Management Executive* (AME), Briarcliff Manor, NY, p. 7-25, 11 maio 1997.

33 FORD, D.; RYAN, C. Taking technology to market. *Harvard Business Review*, n. 59, p. 117-26, mar./abr. 1981.

34 TAKAHASHI, D.; AUERBACH, J. Digital files antitrust suit against Intel. *Wall Street Journal*, p. B5, 24 jul 1997.

35 GUNDLACH, G.; BLOOM, P. The "essential facility" Doctrine: legal limits and antitrust considerations. *Journal of Public Policy and Marketing*, n. 12, p. 156-77, 1993.

36 A não ser onde foi registrado, essa seção foi extraída de HILL, C. Op. cit., 1997.

37 Observe que esse debate não se refere ao uso de intervenção governamental, de organismos de padronização, como a International Standards Organization, nem a tentativas de associações comerciais de estabelecer um padrão na indústria.

38 MANDEL, M. The new economy. *Business Week*, p. 73-91, 31 jan. 2000.

39 RANGAN, V. K.; BARTUS, K. New product commercialization: common mistakes. In: RANGAN, V. K. et al. (eds.). *Business marketing strategy*, Chicago: Irwin, 1995. p. 66.

40 ABERNATHY, W.; UTTERBACK, J. Patterns of industrial innovation. *Technology Review*, p. 41-7, jun./jul. 1978.

41 SHANKLIN, W.; RYANS, J. Organizing for high-tech marketing. *Harvard Business Review*, n. 62, p. 164-71, nov./dez. 1984.

42 MANEY, K. The net effect: evolution or revolution? *USA Today*, p. B2, 8 ago. 1999.

43 Uma tradução livre para o termo seria "empurrado pela tecnologia". Entretanto, nos meios acadêmico e empresarial convencionou-se o uso do termo em inglês.

44 GROSS, N.; COY, P.; PORT, O. The technology paradox. *Business Week*, p. 76-84, 6 mar. 1995.

45 HAMEL, G. Op. cit., 1997.

46 A empresa norte-americana é uma das líderes na indústria da biotecnologia voltada à descoberta de novas terapias que possam salvar vidas humanas e/ou restabelecer sua saúde.

47 RANGAN, V. K.; BARTUS, K. Op. cit., p. 63-75, 1995.

48 SHANKLIN, W.; RYANS, J. Op. cit., 1984.

49 MANEY, K. Op. cit., 1999.

50 ABERNATHY, W.; UTTERBACK, J. Op. cit., 1978.

51 SHANKLIN, W.; RYANS, J. Op. cit., 1984.

52 RANGAN, V. K.; BARTUS, K. Op. cit., 1995.

53 Ibid.

54 LEIFER, R. et al. *Radical innovation:* how mature companies can outsmart upstarts. Cambridge: Harvard Business School Press, 2000.

55 SHANKLIN, W.; RYANS, J. Op. cit., 1984.

56 *Seis Sigma* é um movimento derivado diretamente da *Total Quality Management* (Administração de Qualidade Total), do qual usa muitas das mesmas ferramentas e dos mesmos conceitos. O *seis sigma* diferencia-se sob dois aspectos: (1) Profissionais *six sigma black belts* — são especialistas em qualidade, melhoria de processos e controle de processos estatísticos, que trabalham alocados nas empresas como "solucionadores de problemas"; lideram projetos de melhoria de processos, com foco nas áreas que terão maior impacto no resultado. (2) Foco na redução da variabilidade dos valores gerados pelos indicadores de desempenho de processos.

57 ABERNATHY, W.; UTTERBACK, J. Op. cit., 1978.

58 HIPPEL, E. von. Lead users: a source of novel product concepts. *Management Science*, p. 791-805, jul. 1986.

59 ABERNATHY, W.; UTTERBACK, J. Op. cit., 1978.

60 RANGAN, V. K.; BARTUS, K. Op. cit., 1995.

61 MORIARTY, R.; KOSNIK, T. Op. cit., p. 18, 1987.

62 Id., Ibid.

63 Veja também GARDNER, D. Op. cit., 1990.

64 HAMEL, G.; DOZ, Y.; PRAHALAD, C. K. Collaborate with your competitors — and win. *Harvard Business Review*, p. 133-9, jan./fev., 1989.

65 MOORE, G. Op. cit., 2002; MOORE, G. *Inside the tornado*. Nova York: Harper Business, 1995.

66 SHANKLIN, W.; RYANS, J. *Essentials of marketing high technology*. Lexington, MA: DC Heath, 1987.

67 MOORE, G. Op. cit., 2002.

68 How technology sells. Jericho, NY: Dataquest; Gartner Group; CMP Channel Group; CMP Publications, 1997.

69 GROSS, N.; COY, P.; PORT, O. The technology paradox. *Business Week*, p. 76-84, 6 mar. 1995.

70 ELIASHBERG, J.; ROBERTSON, T. New product preannouncing behavior: a market signaling study. *Journal of Marketing Research*, n. 25, p. 282-92, ago. 1988.

71 MORRIS, B. The brand's the thing. *Fortune*, p. 82, 4 mar. 1996.

72 MOELLER, M. Remaking Microsoft. *Business Week*, p. 106-14 (p. 112), 17 mar. 1999.

73 MURRAY, A. Antitrust isn't obsolete in an era of high-tech. *Wall Street Journal*, p. A1, 10 nov. 1997.

74 TONI, J. de. *A inovação tecnológica, políticas públicas e o Futuro da Indústria no Brasil*. Centro de Ciências Econômicas, Jurídicas e Sociais. Universidade Luterana do Brasil, Canoas, RS, n. 17, 2006.

75 THE OECD science, technology and industry scoreboard 2010. Paris: Organização para Cooperação e Desenvolvimento Econômico (OCDE), 2010.

76 TOP 20 Countries in ALL FIELDS, 1998. *Science Watch*. Filadélfia, 31 ago. 2008. Disponível em: <http://sciencewatch.com/dr/cou/2008/08decALL>. Acesso em: 30 abr. 2011.

77 ZENDRON, P.; CATERMOL, F. O *boom* exportador brasileiro e sua base de exportadores. *Revista do BNDES*, Rio de Janeiro, v. 13, n. 25, p. 87-114, jun. 2006.

Apêndice A

Esboço de um plano de marketing

O propósito desta seção é apresentar o esboço dos passos a serem considerados e desenvolvidos sistematicamente no curso de um plano de marketing. O restante do livro detalhará o conteúdo de cada seção. Também é possível encontrar detalhes de apoio em qualquer livro de marketing básico. Além disso, há exemplos de planos de marketing em <http://www.mplans.com/spm>.

1. Sumário executivo

Um resumo de uma ou duas páginas sobre o ambiente de negócios e os recursos empresariais, os objetivos financeiros e não financeiros, bem como a estratégia de marketing, incluindo o(s) mercado(s)--alvo, a proposta de valor e os elementos do composto de marketing.

2. Análise externa (mercado)
- Demografia do mercado.
- Necessidades do mercado.
- Tendências do mercado.
- Comportamento do comprador.
- Segmentos de consumidores.
- Concorrência.
- Colaboradores.
- Forças macroeconômicas.

3. Análise interna (empresa)
- Bens tangíveis.
- Bens intangíveis.
- Capacidades.
- Áreas de vantagem.
- Fatores-chave para o sucesso.

4. Objetivos
- Financeiros:
  - Rendimentos.
  - Margens.

- Taxas de crescimento.
- Não financeiros:
    - Satisfação do consumidor.
    - Qualidade percebida.
    - Lealdade.
    - Percentual de vendas de novos produtos.

5. Proposta de valor
- Mercado-alvo.
- Benefícios funcionais, emocionais e/ou de autoexpressão.
- Preço.

6. Estratégia de marketing

Posicionamento
Processo que objetiva a construção da imagem da empresa e da oferta de valor, de modo que os consumidores de um mercado-alvo entendam e apreciem a maneira com que a empresa se coloca em relação aos concorrentes.

Atributos do produto e/ou serviço
Novos processos de desenvolvimento de produto, decisões sobre o que vender e quais características incluir, estratégias de *branding*, decisões sobre embalagens, garantia e serviços auxiliares.

Distribuição
Lugares onde o produto ou serviço estará disponível para o consumidor e definição de quais os membros do canal o ofertarão.

Promoção
- Estratégias de comunicação, abrangendo o conteúdo da mensagem em anúncios e mídias usados para comunicar a mensagem. Pode incluir mídia direta.
- Estratégias de promoção de vendas, abrangendo quaisquer incentivos de curto prazo, tanto para os membros dos canais de distribuição (em inglês, *trade*) como para os consumidores (cupons, reembolsos, prêmios etc.).
- Relações públicas e estratégias de publicidade, abrangendo a geração de novas matérias, relações com a comunidade e até patrocínios e ações beneficentes.
- Venda pessoal/feiras de negócios.

Preço
Quanto cobrar por produtos específicos, características ou serviços, bem como quais são as estruturas de descontos e os planos de pagamento.

Pessoas

Os especialistas em marketing necessários para executar a estratégia de marketing. Sistemas de recrutamento, motivação e retenção.

7. Orçamento e controle

- Recursos financeiros necessários para executar as estratégias de marketing.
- Sistema de comparação de resultados com os objetivos ("Orçado *versus* realizado").
- Processos para a tomada de ações corretivas.

Estratégias empresariais e cultura organizacional em mercados de alta tecnologia

CAPÍTULO 2

"Se os automóveis funcionassem de maneira semelhante aos computadores, eles teriam as seguintes características:
- Seu carro teria duas panes por dia, sem razão aparente.
- De vez em quando, seu carro morreria no meio da rua, sem razão aparente; você aceitaria o fato como normal, daria outra partida e seguiria adiante.
- Às vezes, enquanto estivesse fazendo uma manobra, como virar à esquerda, seu carro desligaria e se recusaria a ligar novamente. Nesse caso, você teria que reinstalar o motor.
- O sistema de *airbags* perguntaria 'Você tem certeza?' antes de ser acionado.
- Sempre que uma montadora apresentasse um novo modelo, os motoristas teriam de reaprender a dirigir, porque nenhum dos comandos funcionaria da mesma maneira que no modelo anterior.
- A Apple faria um carro movido por energia solar, mais confiável, cinco vezes mais rápido e duas vezes mais fácil de dirigir, mas que só trafegaria em 5 por cento das ruas."

RETIRADO DA INTERNET

É com muita frequência que grandes empresas empreendem esforços com o objetivo de criar produtos realmente novos capazes de alterar o panorama competitivo de uma determinada indústria. As características dessas organizações (fortemente estruturadas e que operam com base em economias de escala), úteis no desenvolvimento de inovações incrementais, podem inibir seriamente sua habilidade em desenvolver produtos revolucionários. Não é de se espantar que uma das áreas de consultoria mais valorizadas na década passada nos Estados Unidos, e nos últimos anos no

Brasil, tenha sido voltada para como desenvolver uma cultura inovadora nas corporações. A Sloan School of Management, no Massachusetts Institute of Technology (MIT), oferece um programa de dois dias chamado "Construindo, liderando e mantendo a organização inovadora", pelo qual os participantes pagam US$ 2.600. No Brasil, diversas escolas de negócio de primeira linha também acompanharam essa tendência e criaram cursos com preços relativamente elevados com o objetivo de qualificar profissionais na promoção da cultura da inovação.

Ao mesmo tempo que muitas grandes empresas lutam para ficar mais inovadoras e ágeis, outras, de menor porte, lutam com seus problemas específicos de marketing. É cada vez mais frequente que pequenas empresas sejam criadas com base em uma tecnologia superior a que está em uso pelo mercado. Muitas vezes, as raízes de tais organizações estão na sofisticada competência técnica de seus fundadores. Essa orientação é um ingrediente necessário para o sucesso, mas não é o único. Os dados mostram que muitas empresas com esse perfil acabam por encerrar suas atividades precocemente, e os motivos são vários. Algumas carecem de acesso a recursos vitais, como financiamento e *expertise* administrativa. Outras têm dificuldade de combinar suas ideias técnicas com a sofisticação do marketing. É comum verificar que líderes com formação estritamente técnica frequentemente não percebem que conhecer o mercado é um ingrediente vital para o sucesso. Tal dificuldade agrava-se ainda mais nos casos em que esses empreendedores estão convencidos de que possuem uma habilidade inata para lidar com os desafios do mercado. Infelizmente, essas crenças muitas vezes conduzem a equívocos fatais.

Além disso, em muitas organizações orientadas ao desenvolvimento tecnológico é comum haver uma diferença perceptível de *status* entre o pessoal técnico e os profissionais de mercado, com os últimos ocupando um lugar menos privilegiado. Esse fato se traduz em um viés permanente dentro da empresa que minimiza a contribuição que os profissionais de marketing poderiam fazer, reduz a influência de suas opiniões e deprecia a informação que esses gestores colocam à mesa. Essas imperfeições organizacionais acabam por afastar a possibilidade de uma interação mais produtiva entre as áreas de pesquisa e desenvolvimento (P&D) e de marketing para a concepção e a execução de programas bem-sucedidos.

Por fim, vale ressaltar que as ações de marketing devem estar alinhadas com o planejamento estratégico corporativo. É essencial que os gestores de empresas intensivas em tecnologia tenham uma visão clara dos objetivos que devem ser perseguidos e das estratégias mercadológicas que devem ser empregadas. Isso evita que os decisores sejam seduzidos pelo tecnicismo das "novas e promissoras" soluções ou que acabem soterrados pelas complexidades desse ambiente de negócios.

O propósito dos capítulos 2, 3 e 4 é discutir algumas dessas questões básicas que todas as empresas de alta tecnologia enfrentam, sejam elas grandes ou pequenas. A Figura 2.1 apresenta essas questões que, quando tratadas de maneira sistêmica, aumentam as chances de sucesso das ações de marketing. Na sequência, a Figura 2.2 ilustra esquematicamente os tópicos tratados neste capítulo.

Aumento das chances de sucesso

Marketing multidepartamental/ Colaboração da área de pesquisa e desenvolvimento (P&D)

Ser orientado para o mercado

| Adquirir | Disseminar | Usar a informação |

Marketing de relacionamento

Parceria com *stakeholders* importantes

Desafios de pequenas empresas

| Financiamento | Obtenção e manutenção de outros recursos | Sobrevivência e crescimento em ambientes complexos |

Cultura e clima organizacional em empresas inovadoras

| Obstáculos | Facilitadores |

Criação de vantagem competitiva

| Recursos e competências | Testes de superioridade e sustentabilidade |

Planejamento estratégico da empresa e decisões-chave associadas

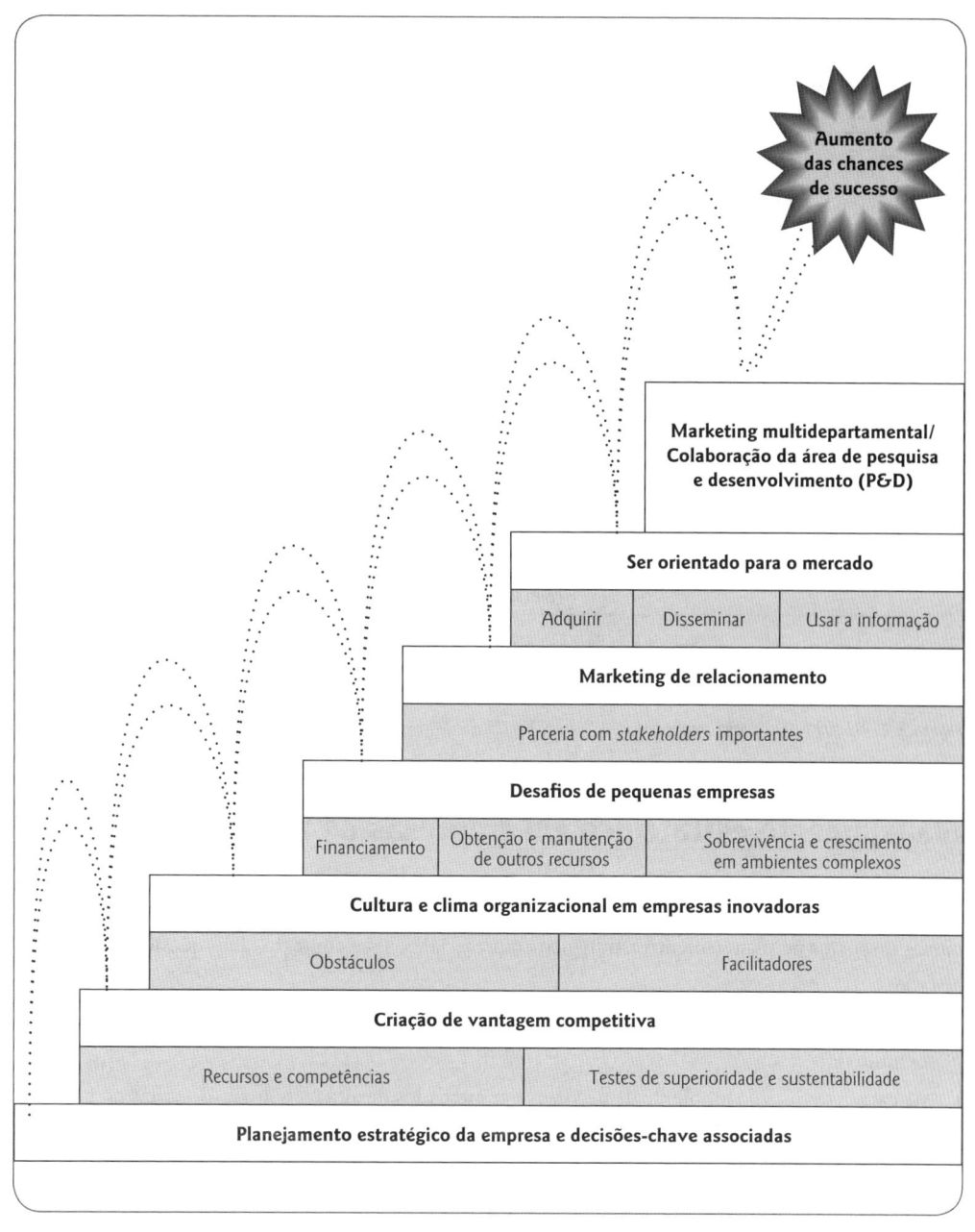

Figura 2.1 — Questões enfrentadas por empresas que atuam em mercados de alta tecnologia

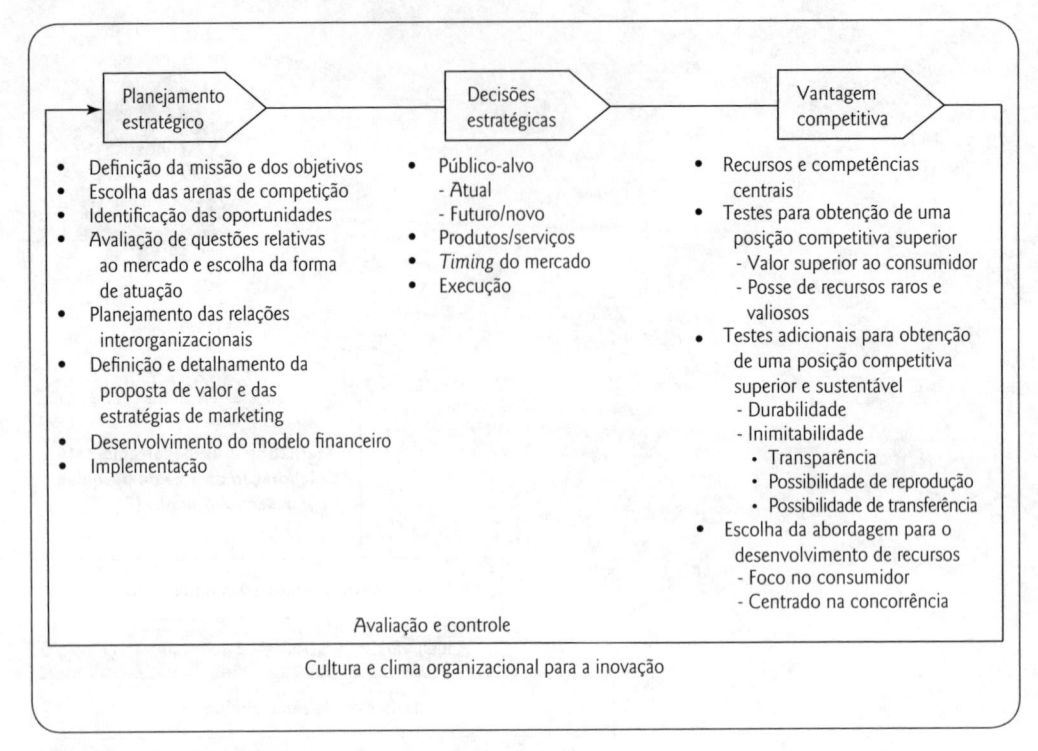

```
┌─────────────────────────────────────────────────────────────────────────────┐
│  ┌──────────────┐        ┌──────────────┐         ┌──────────────┐          │
│  │ Planejamento │───▶    │  Decisões    │───▶     │  Vantagem    │          │
│  │ estratégico  │        │ estratégicas │         │ competitiva  │          │
│  └──────────────┘        └──────────────┘         └──────────────┘          │
│                                                                             │
│  • Definição da missão e dos objetivos   • Público-alvo     • Recursos e competências │
│  • Escolha das arenas de competição        - Atual            centrais                │
│  • Identificação das oportunidades         - Futuro/novo    • Testes para obtenção de uma │
│  • Avaliação de questões relativas       • Produtos/serviços  posição competitiva superior │
│     ao mercado e escolha da forma        • Timing do mercado   - Valor superior ao consumidor │
│     de atuação                           • Execução            - Posse de recursos raros e │
│  • Planejamento das relações                                     valiosos           │
│     interorganizacionais                                     • Testes adicionais para obtenção │
│  • Definição e detalhamento da                                 de uma posição competitiva │
│     proposta de valor e das                                    superior e sustentável │
│     estratégias de marketing                                   - Durabilidade       │
│  • Desenvolvimento do modelo financeiro                        - Inimitabilidade    │
│  • Implementação                                                 • Transparência    │
│                                                                  • Possibilidade de reprodução │
│                                                                  • Possibilidade de transferência │
│                                                              • Escolha da abordagem para o │
│                                                                desenvolvimento de recursos │
│                                                                - Foco no consumidor │
│                                                                - Centrado na concorrência │
│                                                                                     │
│                         Avaliação e controle                                        │
│                  Cultura e clima organizacional para a inovação                     │
└─────────────────────────────────────────────────────────────────────────────┘
```

Figura 2.2 — Estratégia e cultura corporativa

Planejamento estratégico em empresas de alta tecnologia

A eficácia do marketing em mercados de alta tecnologia depende diretamente das ideias e dos recursos dispostos no planejamento estratégico empresarial.[1] Nesse contexto, duas questões fundamentais são:

- Os processos tradicionais de planejamento de marketing funcionam em ambientes de alta tecnologia?
- As características do ambiente de negócios em mercados de alta tecnologia, descritas no primeiro capítulo (incerteza de mercado, incerteza tecnológica e volatilidade da concorrência) são modeláveis pelos processos tradicionais de planejamento estratégico?

A tendência é que se responda negativamente às questões anteriores. Muitos administradores sentem-se desconfortáveis diante de situações complexas, inerentes à fronteira do desenvolvimento tecnológico. Esse fato é agravado pelas dificuldades intrínsecas de se executar os processos de planejamento estratégico em ambientes mais dinâmicos e voláteis. Em muitas ocasiões, esses processos comprometem uma quantidade significativa de tempo e podem sofrer com a falta de envolvimento de vários outros setores da empresa. O resultado observado é a rápida obsolescência dos planos estratégicos causada pelos movimentos competitivos da concorrência.

Dentro dessa realidade, portanto, o planejamento estratégico em empresas de alta tecnologia deve-se tornar mais simples, rápido, interativo, executado em equipes multidisciplinares e com foco nas oportunidades do mercado. O planejamento estratégico e as ações devem estar intimamente ligados. Em *Winning marketing leadership: strategic market planning for technology driven business*,[2] é descrito um processo sistemático e altamente integrado para avaliar oportunidades mercadológicas e desenvolver estratégias para conquistar a liderança do setor. O foco desse processo está nas questões-chave e nas escolhas difíceis enfrentadas pelos executivos dentro do ambiente de negócios de alta tecnologia. A maioria dos exemplos citados pelos autores nesse livro deriva da experiência de grandes empresas multinacionais como Intel, Compaq, HP, Glaxo-Wellcome e General Electric. A seguir, são apresentadas as etapas do processo de planejamento.

1. **Definir a missão e os objetivos da empresa.**

    A primeira etapa a ser desenvolvida no processo de planejamento estratégico de uma organização é definir tanto o papel que ela deseja desempenhar para seus clientes e *stakeholders*, quanto os resultados que pretende atingir (objetivos). Pode-se inferir, naturalmente, que quanto maior o alinhamento entre o conjunto missão/objetivos e sua vocação (competências e recursos disponíveis), maiores serão as probabilidades de sucesso do plano estratégico.

2. **Escolher as arenas de competição.**

    A empresa deve tentar identificar os mercados em que participará. Cada arena de competição deve ser definida em termos dos mercados potenciais que podem ser atendidos, dos benefícios que podem ser ofertados e das possíveis tecnologias ou competências que podem viabilizá-los. Adicionalmente, é preciso avaliar essas arenas à luz da possível geração de valor adicional ao negócio por meio da execução de novos papéis e de novas atribuições dentro do sistema de valor da empresa.[3]

3. **Identificar oportunidades potencialmente atraentes.**

    Para isso, é importante entender as necessidades do consumidor, a adequação dos recursos do negócio para satisfazer essas necessidades, os desafios da concorrência e o potencial de lucro.

4. **Avaliar as questões relativas ao mercado e escolher a forma de atuação.**

    Neste passo, a equipe de gestores precisa identificar e endereçar as questões-chave estratégicas. Esses aspectos podem incluir a definição dos mercados-alvo, as tecnologias que devem ser desenvolvidas e as estratégias para criação de valor que devem ser empregadas.

5. **Planejar as relações interorganizacionais.**

    A essa altura, muitas decisões estratégicas já terão sido tomadas. Entretanto, em mercados complexos e extremamente dinâmicos (isto é, com elevada velocidade evolutiva[4]), torna-se cada vez mais raro uma empresa possuir, internamente, todos os recursos necessários para executar a estratégia. Nesse estágio, portanto, devem ser identificados quais são os colaboradores-chave (fornecedores, distribuidores e complementadores) e como serão regidas as relação de trabalho.

6. **Definir e detalhar a proposta de valor e as estratégias de marketing.**

    Depois que as linhas gerais da estratégia tiverem sido determinadas, é preciso equacionar várias outras questões. Elas incluem a articulação de uma proposta clara de valor, o desenvolvimento de uma estratégia de marketing e o recrutamento e contratação de pessoas-chave.

7. **Entender a dinâmica de lucro.**

    Quando as ações estratégicas estiverem completamente delineadas, a equipe deve avaliar, para cada uma delas, as implicações sobre a dinâmica do lucro, o que demanda o desenvolvimento de um modelo financeiro que permita testar a sensibilidade do negócio à variação das principais fontes de receita e custo/despesas.

8. **Implementação da estratégia escolhida.**

A implementação da estratégia depende da existência de uma estrutura apropriada, de sistemas de informação e de recursos humanos capacitados a executá-la. É importante salientar que a implementação não é algo que sucede o desenvolvimento da estratégia. Aliás, para maximizar as chances de sucesso do negócio, o desenvolvimento e sua implementação devem estar integrados.

Esse processo composto de oito etapas é, em síntese, um guia que pode ser usado para auxiliar as empresas a se estruturarem ou se adequarem à dinâmica dos mercados de alta tecnologia. A seguir, apresentamos uma descrição do processo de planejamento na Medtronic Inc., empresa líder na indústria de artefatos médicos.

Planejamento na Medtronic[5]

A Medtronic, com sede em Minneapolis, nos Estados Unidos, é a empresa líder mundial em tecnologia para a área médica. Seu reconhecimento na área é amplo e indiscutível, a ponto de a revista *Fortune* ter publicado uma reportagem intitulada "A Microsoft da indústria de artefatos médicos", em que apresentava suas estratégias de crescimento e competição. Fundada em 1949, como fabricante de marca-passos para pacientes cardíacos, a Medtronic teve sua área de atuação expandida para muito além das fronteiras iniciais. Hoje, a empresa produz e comercializa uma enorme gama de produtos médicos, que vão do controle da dor à redução dos tremores em pacientes com Mal de Parkinson. Para se ter uma ideia de sua evolução, em 1989 a Medtronic era uma empresa de um bilhão de dólares com a maior parte das receitas proveniente da venda de marca-passos. Uma década e meia depois, a empresa viu seu valor de mercado ultrapassar os 60 bilhões de dólares. Sua receita para aquele ano foi de 7,7 bilhões de dólares e, admiravelmente, vinham de uma ampla gama de aparelhos cardiovasculares, estimuladores neurológicos, sistemas de administração de medicamentos e implantes vertebrais.

O recorde de inovações na Medtronic é resultado de vários fatores, incluindo um rigoroso processo de planejamento estratégico, mostrado no Quadro 2.1, amarrado a uma missão clara e a objetivos bem definidos. A meta financeira da empresa é gerar um crescimento mínimo de 15 por cento em receitas e lucros a cada período de cinco anos.

- Articular missões e objetivos
- Desenvolver, em anos alternados, um plano estratégico *bottom-up* (guiado pelas unidades de negócios) ou *top-down* (orientado pelo *chief executive officer* – CEO); horizonte de planejamento quinquenal e foco em ser visionário e criativo
- Análise da aderência do plano estratégico à missão e aos valores da empresa
- Desenvolvimento de plano de operação anual

Quadro 2.1 — Processo de planejamento da Medtronic

A Medtronic desenvolve um plano estratégico todos os anos, embora sua natureza seja diferente a cada período. Em anos alternados, a empresa desenvolve um plano estratégico *bottom-up* (isto é, da base da organização para o topo) e, no ano seguinte, um *top-down* (do topo para a base). Os dois tipos de planos são orientados pela missão e pelos valores da empresa a fim de garantir que as estratégias também estejam alinhadas à visão da organização. Os gestores da Medtronic acreditam que, quando a empresa evidencia seus propósitos de maneira inequívoca — sem se desviar e sem vacilar —, ela fortalece o vínculo com seus colaboradores e acaba por obter deles maior comprometimento. Todos se dedicarão um pouco além para servir os consumidores. Poderão trabalhar até mais tarde ou acelerar os cronogramas para garantir a introdução de um novo produto importante. A missão e os valores têm prioridade, e os planos estratégicos podem ser reformulados de modo a estar em absoluta sintonia com eles. Essencialmente, a visão (missão e valores) e a estratégia são inseparáveis.

No processo de planejamento *bottom-up*, todas as unidades de negócios seguem uma estrutura comum, mas desenvolvem sua própria estratégia e os programas para implementá-la. Esse processo ocorre nas cinco principais áreas da Medtronic: administração do ritmo cardíaco; neurologia e diabetes; cirurgias vertebrais, do ouvido, do nariz e da garganta; cirurgia cardíaca; e produtos vasculares. A estrutura do planejamento *bottom-up* pode variar ao longo dos períodos. Entretanto, ela costuma incluir:

- uma avaliação do ambiente de negócios;
- uma avaliação das tecnologias disruptivas e potencialmente aplicáveis ao negócio;
- a identificação de tendências-chave em seus mercados de atuação, como a mudança para a Internet;
- uma avaliação financeira.

Esse processo começa em junho ou julho e é apresentado à comissão executiva da Medtronic até o fim de dezembro. Essa comissão é formada pelo CEO da empresa, pelos presidentes das cinco unidades de negócio e pelos outros principais executivos da estrutura organizacional representando as áreas de finanças, jurídica, recursos humanos, tecnologia da informação e médica. Cada plano estratégico é apresentado 30 ou 40 *slides*, sendo que um terço deles tem um formato comum para as cinco unidades e o restante é específico para cada área. O plano escrito propriamente dito tem de 8 a 15 páginas de extensão. Depois, os planos são compilados e condensados em um documento pelo CEO.

Por fim, o plano condensado e os planos individuais são apresentados ao conselho da empresa em uma sessão dedicada à estratégia corporativa no último quarto do ano fiscal. O propósito principal é fornecer subsídios para as dúvidas e os debates dos membros do conselho. Afinal, as apresentações e os debates são os principais instrumentos que a Medtronic usa para comunicar sua estratégia.

Em anos alternados, o foco muda para o processo *top-down*. Nesse caso, o planejamento é conduzido pelo CEO. A intenção em adotar esse tipo de condução é tornar o processo mais visionário e criativo. O objetivo é identificar novas áreas para crescimento, tais como novas doenças ou novas plataformas tecnológicas que permitirão à Medtronic se expandir para novos mercados ou novos negócios. Nesse nível, o CEO e sua equipe identificam um pequeno número de oportunidades de negócios e de novos mercados potenciais que acreditam ser fundamentais para o crescimento da empresa. Nesse modelo, o processo de planejamento é concebido de modo a não só reconhecer a natureza das questões que foram levantadas, como também avaliar seus impactos para o futuro da empresa. No ano 2000, por exemplo, o CEO Bill George liderou uma iniciativa chamada "Visão 2010". Ele estruturou diversas equipes com formação multidisciplinar e colocou-as a examinar os fatores que ele acreditava ter impacto no desenvolvimento futuro da empresa. Esses aspectos incluíam o novo papel do paciente no marketing da Medtronic, as questões legais envolvendo os consumidores, o impacto da Internet no acesso às informações, o futuro da biotecnologia e o papel da tecnologia da informação (TI) na área de aparelhos médicos. O resultado do esforço foi a descoberta de novos horizontes e estratégias para a Medtronic.

Enquanto os dois tipos de planos estratégicos vislumbram um horizonte de cinco anos, há um *plano anual de operações* que também é desenvolvido para cada período fiscal. O plano operacional é muito mais detalhado e contém objetivos e metas específicos, um orçamento e a delegação clara de responsabilidades. A Medtronic separa os planos estratégico e operacional de modo que os gestores não peguem detalhes específicos do plano estratégico de um ano e os coloquem como prioridade máxima dentro do plano operacional. A intenção é manter as estratégias de longo prazo a salvo das tentações geradas pelas urgências do curto prazo.

Estratégia em empresa de alta tecnologia

Decisões-chave

A estratégia de uma empresa deve responder a quatro questões básicas:
- Quem é nosso público-alvo?
- Quais produtos ou serviços devemos lhe oferecer?
- Quando devemos entrar no mercado?
- Como podemos executar nossa estratégia de maneira eficiente e eficaz?

Consumidores

"Na estratégia de marketing [...] primeiro vem a atenção total às necessidades dos consumidores [...]. A estratégia toma forma na determinação de criar valor para os clientes."[6] A análise centrada no consumidor, a criação de valor e a implementação da estratégia começam com o levantamento das necessidades — explícitas ou não — e com a chance de elas mudarem no futuro; elas focam a criação de produtos/serviços com mais chances de satisfazer de maneira eficiente às necessidades do consumidor. No entanto, essa abordagem estratégica refere-se apenas às necessidades do "mercado atendido", ou de clientes que já existem. Um foco muito restrito ao mercado atendido pode inibir as inovações e cegar a empresa para o surgimento de novos segmentos em um mercado que muda rapidamente. Assim, os administradores devem perguntar tanto "Quem são nossos clientes atuais?" como "Quem serão nossos clientes no futuro?". Algumas pessoas chamam isso de "visão bifocal", com atenção voltada tanto aos consumidores de curto prazo como aos de médio e longo prazos.

Negócios com foco no consumidor tendem a escapar da *tirania do "mercado atendido"* (atuais clientes) e evitam a concorrência ombro a ombro porque buscam um novo *espaço no mercado*.[7] Esses novos espaços representam um potencial de mercado, isto é, pessoas que podem se tornar consumidoras. Empresas que adotam essa abordagem observam "[...] as indústrias substitutas, outros grupos estratégicos, novos grupos de compradores, ofertas de produtos e serviços complementares e até mesmo ao longo do tempo".[8] Novos produtos e novos espaços no mercado são a base da renovação organizacional em negócios orientados para o consumidor.

Produtos e serviços

Produtos, serviços e tecnologias deveriam ser vistos como veículos para a criação de valor, e não como algo que tem valor intrínseco. John Chamber, CEO da Cisco Systems, explica que "eu não tenho amor pela tecnologia em si, mas pelas soluções que ela pode trazer para os consumidores".[9] Sempre que um engenheiro aparece com um novo conceito de produto, a primeira pergunta de um diretor de divisão de P&D de uma empresa que figura nas 50 maiores da revista *Fortune* é: "Como isso agregará valor para nossos consumidores?". Ao longo do tempo, essa questão simples reorientou os engenheiros no sentido de pensar primeiro nos consumidores em vez de na tecnologia. Isso trouxe a disciplina mais que necessária aos esforços das divisões de P&D.

Timing

O momento da entrada no mercado é uma das questões mais profundamente debatidas pelos executivos de hoje. Será que a empresa deve apressar o ciclo de desenvolvimento do produto para tentar ser pioneira? Vários estudos mostram que os pioneiros auferem vantagens desse movimento, incluindo uma maior participação de mercado e outros diferenciais competitivos associados a esse fato. Ainda assim, há muitos exemplos de empresas que entraram depois e hoje desfrutam de uma posição mais forte que a do pioneiro naquele mercado. Ao permitir que os concorrentes entrem primeiro, a empresa não precisa arcar com os custos de desenvolvimento do mercado que o pioneiro arca para poder educar os consumidores sobre a nova tecnologia. Além disso, os que entram depois podem apresentar um produto com nível de desempenho mais alto ou relação custo-benefício melhor.

Vantagens dos pioneiros — Quais argumentos apoiam a decisão de uma empresa em ser a pioneira no mercado?[10] Os primeiros tendem a ter vantagens competitivas por causa das barreiras estabelecidas por sua entrada. Tais barreiras de entrada incluem economia de escala, efeitos da curva de experiência, reputação, liderança tecnológica e custos para migrar para outra tecnologia. Essas barreiras podem aumentar o tempo de liderança entre a entrada de uma empresa e a resposta dos que vêm depois. Durante o tempo em que não há concorrência, o primeiro é, por definição, um monopolista que pode obter ganhos maiores que em um mercado competitivo. Além disso, mesmo depois da entrada dos concorrentes, o pioneiro tem a posição de mercado estabelecida, que pode lhe garantir manter uma participação de mercado dominante e margens mais altas que os que entraram depois. Os pioneiros também têm a chance de explorar melhor os consumidores mais propensos a adotar aquele produto, ao passo que os que vêm depois devem se contentar com consumidores menos predispostos a comprar novos produtos ou aderir a novas tecnologias.

Além disso, se os consumidores sabem pouco da importância dos atributos do produto ou de suas combinações ideais, um pioneiro pode influenciar o valor dado a essas características e definir a combinação ideal de modo a tirar vantagem dela. O pioneiro torna-se um protótipo; todos os que vêm depois serão comparados com base nele, o que dificulta as incursões competitivas dos retardatários. Os primeiros tendem a gozar de um grau maior de reconhecimento por parte dos consumidores (da marca, por exemplo), o que reduz os riscos percebidos e os custos da informação.

A Internet, por exemplo, é um mundo que não tolera cautela ou deliberação. Em um meio no qual a lembrança da marca é tudo, perder a vantagem de ser o primeiro pode ser difícil de superar. A Barnes & Noble foi superada pela Amazon.com e, apesar de seus imensos investimentos e da comunicação massiva desde então, a Barnes & Noble on-line continua tendo cerca de um décimo do tamanho da Amazon.com.[11] No Brasil, a loja virtual Submarino.com.br também desfruta de uma sólida posição em seu setor, construída a partir dos primeiros anos da popularização da Internet como plataforma de negócios ao consumidor.

Será que esses argumentos são tão convincentes e os resultados das pesquisas tão contundentes que a vantagem dos pioneiros é automática? Não necessariamente. Uma análise mais criteriosa das evidências mostra que, para uma empresa estabelecer em definitivo a vantagem de ser pioneira, ela deve ter certas competências, incluindo a capacidade de previsão tecnológica, uma pesquisa de mercado apurada, habilidade no desenvolvimento de produtos e processos, sagacidade de marketing e, possivelmente, até sorte. Ser simplesmente pioneiro de mercado não resulta diretamente em vantagem competitiva duradoura. Aliás, há riscos bem definidos.

Desvantagens dos pioneiros — Em seu estudo sobre a indústria de assistentes pessoais digitais (em inglês, *personal digital assistants* — PDAs), Bayus, Jain e Rao (1997)[12] descobriram que apressar a entrada de um produto no mercado nem sempre é uma boa ideia. O Newton, da Apple, é apenas uma nota de rodapé na história da indústria dos computadores portáteis (PDAs). Outros pioneiros que não só perderam mercado para empresas que entraram depois, mas que também acabaram desaparecendo, incluem a VisiCalc, primeiro programa de planilhas eletrônicas para computadores, e o Osborne, primeiro computador portátil.[13] Com base em uma análise histórica de 500 marcas em 50 categorias de produtos durante o período compreendido entre 1956 e 1979, Golder e Tellis (1993) descobriram que a taxa de falência dos pioneiros de mercado é de 47 por cento, ao passo que sua participação de mercado média é de 10 por cento. A maioria dos líderes entrou no mercado em média 13 anos após os pioneiros. Entretanto, sua taxa de falência foi de apenas 8 por cento, e sua média de participação de mercado, de 28 por cento.[14]

As empresas precisam ponderar os prós e contras entre tempo de entrada no mercado, desempenho do produto e custos de desenvolvimento. Os pioneiros têm custos imensos de desenvolvimento e um alto grau de incerteza de mercado. Na verdade, Boulding e Christen[15] descobriram que, a longo prazo, os pioneiros têm bem menos lucro que os que entram mais tarde. Apesar de os pioneiros terem vantagens sustentadas de rendimentos, também sofrem com os custos persistentemente mais altos, o que pode acabar superando os ganhos das vendas.

Como os gestores de marketing de empresas que atuam no mercado de alta tecnologia decidem se devem ou não ser pioneiros de mercado? O sucesso de uma estratégia pioneira depende de quão bem a empresa entende o mercado (tanto de seu tamanho como de suas expectativas e/ou necessidades) e de quão bem ela compreende as forças e fraquezas de seus concorrentes. No caso do PDA, por exemplo, quando a Apple lançou o Newton, ela superestimou o tamanho potencial do mercado e subestimou o desempenho desejado para o produto. Os que entraram depois, como os Palm Pilots™, foram mais lucrativos. As empresas entraram no mercado com produtos de maior desempenho orientados para mercados-alvo mais específicos.

As empresas que entram depois podem superar os pioneiros de pelo menos duas maneiras:[16]
1. Um retardatário tem maiores condições de identificar uma melhor posição de mercado, de possuir um preço inferior ao do pioneiro e de comunicar/distribuir melhor.
2. Um retardatário pode inovar, seja com produtos, seja com estratégias mais adaptadas ao ambiente (agora conhecido). Comparados aos pioneiros, *players* inovadores que entram depois crescem mais rápido e têm maior potencial de mercado. Além disso, retardatários inovadores desaceleram o crescimento dos pioneiros e reduzem a eficácia de seus investimentos em marketing.

Os resultados da pesquisa sugerem que, quando redefinem os formatos da categoria, os retardatários podem redesenhar o jogo de forma a se beneficiar em detrimento dos pioneiros. Assim, em qualquer que seja a empresa, a questão sobre ser mais vantajoso entrar antes ou depois depende de características particulares do mercado e da empresa. Dessa maneira, é prudente que as empresas de tecnologia invistam algum tempo analisando as oportunidades, avaliem as ameaças oferecidas pela concorrência, para então entrar no mercado com uma oferta mais bem amparada em uma alocação adequada de recursos.

Execução

A quarta decisão-chave é a execução. Já foi dito que uma estratégia razoável que seja brilhantemente executada superará sempre uma estratégia brilhante executada de maneira displicente. Uma das implicações dessa afirmação é que a separação entre a formação da estratégia e sua execução é uma distinção artificial. Durante o processo de planejamento, estratégia e execução devem estar fortemente vinculadas.

De maneira geral, a execução relaciona-se à transferência de valor da "cabeça da empresa para as mãos do consumidor". A execução demanda a existência das competências certas, de sistemas e estruturas apropriados e a tomada de boas decisões nas áreas de distribuição, precificação e comunicação. Ao mesmo tempo, os executivos precisam ter o cuidado de não desenvolver um programa de implementação que não seja flexível. As condições de um mercado em rápida mutação e a estratégia que nasce do aprendizado significam que os requisitos de execução e implementação também sofrerão mudanças.

Um raciocínio conclusivo nesse tópico é que os administradores não devem se apaixonar por uma estratégia específica, e sim estar preparados (1) para alterá-la ou adaptá-la com base nos desenvolvimentos do mercado e (2) para fazer isso rapidamente.

Estratégias inovadoras

Mas apenas responder às perguntas anteriores não é o bastante para desenvolver uma estratégia consistente. As perguntas precisam ser respondidas de tal modo que a empresa possa trazer uma perspectiva única e inovadora a respeito da criação de valor para o cliente. Assim, seria superficial não levar em conta os meios pelos quais uma empresa pode inovar em suas estratégias de negócios de modo a ganhar vantagem competitiva. Textos recentes sobre esse tópico salientam o fato de que empresas destinadas a manter altas taxas de crescimento o fazem mudando radicalmente as bases de concorrência da indústria a fim de gerar riqueza.

Hoje em dia, a ideia de inovar em sua abordagem estratégica é vital às empresas. A digitalização, a desregulamentação, a globalização e os novos modelos econômicos de negócios estão mudando profundamente o cenário industrial. De fato, a menos que as corporações atualmente estabelecidas aprendam a reinventar a si as suas indústrias, os novatos serão os responsáveis pela criação do novo valor. Entre 1986 e 1996, por exemplo, apenas 17 empresas da lista das mil maiores da revista *Fortune* tiveram um retorno acionário de 35 por cento ou mais por ano.[17] Embora a preocupação com qualidade, custo, momento de entrada no mercado e a melhoria dos processos sejam vitais, eles não são mais fontes de grandes ganhos. Essas ferramentas e as melhorias incrementais na estratégia evitarão a erosão dos lucros e prolongarão o uso das atuais estratégias de negócio, mas não criarão novo valor.

Para criar um novo valor, as empresas precisam aprender a libertar o espírito de criação de "estratégias inovadoras", isto é, a ideia de criar uma revolução dentro de si próprias. Como identificar estratégias matadoras? Não chega a ser diferente de desenvolver inovações radicais: assuma riscos, quebre regras, seja independente. Hamel[18] sugere os seguintes critérios:

- Mais do que focar a análise da indústria como chave da formulação estratégica, as empresas que criam o novo valor e jogam pelas novas regras reconhecem que os limites da indústria hoje em dia são muito mais fluidos que estáticos. Assim, as empresas inovadoras não restringem suas análises aos limites industriais existentes.
- Empresas com estratégias inovadoras também não focam seus concorrentes diretos. Com os novos modelos de negócios, é difícil distinguir concorrentes de colaboradores, fornecedores de compradores. Não é fácil identificar a rivalidade, e é difícil saber quem é aliado e quem é adversário. É vital olhar para outros produtos parecidos e para os parceiros como concorrentes potenciais.
- A formulação da estratégia precisa reconhecer que os limites dos negócios de hoje (além dos limites da indústria) são fluidos. Com o aumento na contratação de colaboradores, das terceirizações e das relações de fornecimento, a empresa não tem mais controle sobre todos os seus ativos críticos.

Um bom processo de criação de estratégia é uma habilidade profundamente enraizada; é o modo de entender o que está acontecendo em uma indústria, enxergá-la sob outras perspectivas e identificar novas oportunidades. Isso se baseia na noção paradoxal de que alguém é capaz de fazer algo inesperado acontecer. Como?[19]

- Trazendo novas vozes para o diálogo de formulação da estratégia. "As empresas não perdem o futuro por serem inchadas ou preguiçosas, mas porque são cegas."[20] Muitas empresas não estão equipadas para ver de onde o futuro está vindo por falta de lentes para tanto. Dessa maneira, trazer novas vozes para o processo, de fora da zona de conforto normal da empresa, pode resultar em uma nova visão.

- Fazendo novas ligações entre as novas vozes, além das fronteiras de função, tecnologia, hierarquia, negócios e geografia. Conversas assim renovadas podem resultar em uma rica teia de ideias.
- Oferecendo novas perspectivas, baseadas em um novo modo de ver o negócio. Muitas vezes, as estratégias inovadoras, mais do que se basear em análises e números, emergem de novas experiências que despertam novas ideias.
- Transpirando paixão pelas descobertas e novidades, a qual cria um vínculo emocional forte nos funcionários que estarão suficientemente comprometidos a reduzir o tempo entre uma ideia e sua implementação.
- Permitindo a experimentação. Com as estratégias inovadoras, o objetivo pode ser conhecido, mas o caminho para chegar a ele não. A melhor maneira de lidar com uma situação dessas é permitir o movimento na direção certa, refinando a estratégia e o processo, de modo que a empresa aprenda com suas experiências. Apesar de essa noção ser um anátema para a eficiência, ela é essencial na redefinição de estratégias comerciais radicais.

Quais empresas seguiram esse modelo na busca de "estratégias matadoras"? A Intel optou por não seguir o senso comum que diz que compensa aumentar a vida útil de um produto (do inglês *product's shelf life*). Ela continua criando produtos cada vez melhores, que tornam seus próprios chips obsoletos, e mostrou que, com uma campanha publicitária eficiente, é possível atribuir uma "grife" a um componente dentro de outro produto. A Chevron Corp. escavou dados sísmicos para descobrir um campo de petróleo de 1,45 bilhão de barris. Outras empresas, como Oracle, SAP e Google, para mencionar apenas algumas, mostraram seu desejo de olhar de fora para dentro, e, fazendo isso, criaram novas regras em áreas já estabelecidas da indústria.

Vantagem competitiva: o objetivo da estratégia

O objetivo do processo de planejamento estratégico é criar vantagem competitiva. A *vantagem competitiva* existe quando a empresa dispõe de recursos e competências raros e difíceis de imitar que a permitam oferecer benefícios superiores a seus clientes ou que tragam uma vantagem no custo.

Recursos e competências

Os recursos de uma empresa são a base para a criação de um valor superior para o consumidor. *Recursos* podem ser os ativos físicos, ativos intangíveis ou as competências. O ativo físico inclui elementos como fábricas, sistemas de informação, instalações para distribuição e produtos. O *ativo intangível* inclui o valor da marca, a lealdade do consumidor, o relacionamento com os canais de distribuição, o conhecimento do mercado e o entendimento da empresa sobre as necessidades do consumidor ou sua resposta à precificação, à comunicação ou a uma mudança na distribuição. *Competência* é o conjunto de habilidades que permite à empresa lidar com novas situações à medida que ela própria e os mercados em que compete evoluam. As competências do marketing em empresas de alta tecnologia incluem os processos para reunir, interpretar e usar as informações de mercado; a habilidade de administrar as relações com os consumidores e de estabelecer relações de colaboração com distribuidores para servir os consumidores com mais eficiência; o serviço de entrega; o desenvolvimento de produtos ou serviços; a comercialização de novos produtos; e a administração dos canais de distribuição, entre outros.[21]

Aparentemente, as competências, embora importantes para todos os negócios, parecem ser mais importantes nos negócios de alta tecnologia do que nos de baixa. Para compreender melhor esse fenômeno, podemos comparar o Walmart e a Dell. Em janeiro de 2003, o Walmart era a empresa norte-americana mais admirada e a maior corporação do mundo, com rendimentos de 245 bilhões de dólares sobre um patrimônio total de 95 bilhões de dólares. A Dell, por sua vez, era a quarta empresa norte-americana mais admirada e tinha rendimentos de 35,5 bilhões de dólares sobre um patrimônio total de 15,5 bilhões de dólares. Assim, o Walmart gerava 2,60 dólares em rendimentos para cada dólar de patrimônio, e a Dell gerava 2,30 dólares em rendimentos para cada dólar de patrimônio. Isso pode dar a impressão de que cada dólar dos rendimentos do Walmart seria mais valorizado que os da Dell. No entanto, cada dólar financiado dos ativos da Dell tinha um valor de 12,60 dólares na Bolsa de Valores, ao passo que o valor para o Walmart era de 5,30 dólares. Essa diferença não pode ser explicada com as diferenças entre margem de lucro ou taxa de crescimento. Ela se explica pelo fato de a Dell ter competências mais valiosas que as do Walmart. Assim, é preciso considerar as competências-chave com mais detalhes.

Competências-chave — São um conjunto de habilidades no qual uma empresa exerce sua excelência.[22] Essas competências podem ser identificadas com base em três características comuns:

1. Garantem uma contribuição desproporcional ao valor percebido pelo consumidor. Elas permitem à empresa dar ao consumidor um benefício fundamental, como confiança, facilidade de uso, um serviço excepcional ou maior produtividade.
2. Devem ser únicas do ponto de vista da competição, até porque são muito difíceis de imitar pelos concorrentes, uma vez que estão profundamente *arraigadas* às rotinas, aos procedimentos e às pessoas da empresa.
3. Devem permitir que uma empresa acesse uma ampla e diversificada gama de oportunidades de mercado. Em outras palavras, a empresa deve ser capaz de transpor sua competência-chave para novas áreas, aplicando suas habilidades e competências a mercados nos quais ainda não competiu.

Na área da alta tecnologia, a Hewlett-Packard serve como um bom exemplo de transposição de competências-chave. Uma das competências-chave da empresa está na área de transferência de imagens digitais para papel com qualidade superior (nitidez, detalhe e cor). Essa competência-chave foi exposta com grande sucesso e estardalhaço na área de impressoras a *laser*. Outras empresas também fabricavam impressoras a *laser*, mas a tecnologia superior e o *expertise* de produção da HP tornavam sua alta qualidade difícil de imitar. Além disso, a habilidade de transferir imagens digitais para o papel com alta qualidade estava diretamente relacionada aos benefícios que o consumidor buscava para a impressão de suas imagens provenientes do computador. A HP transpôs sua competência-chave para um mercado muito diferente: ela também entrou no negócio de fotografia digital com um pacote que consistia em uma câmera, um escâner e uma impressora.[23]

A Figura 2.3 mostra um diagrama de competências-chave usando a analogia de uma árvore[24] e aplicando essa analogia à Honda. Os galhos, ou a copa da árvore, representam os mercados de produtos amplamente diferentes aos quais a competência-chave permitiu acesso. No caso da Honda, são aqueles em que a empresa compete: carros pequenos, máquinas de tirar neve, motocicletas e cortado-

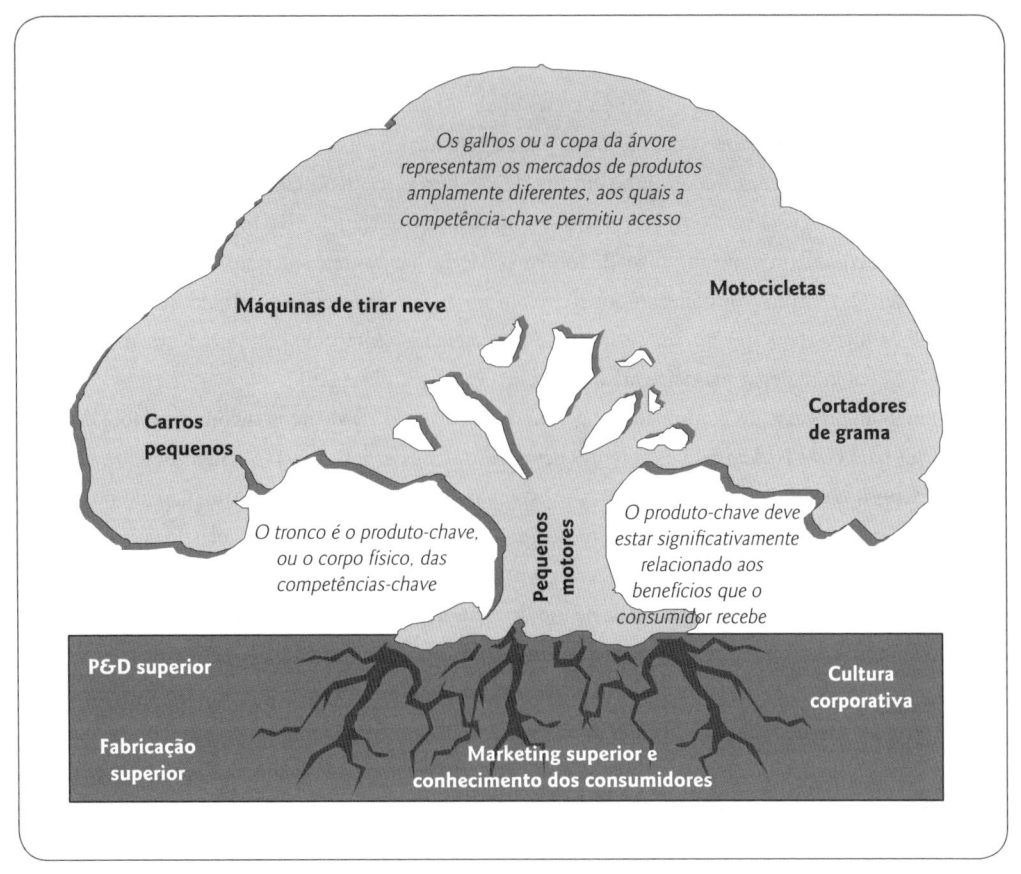

Figura 2.3 — Competências-chave para o exemplo da Honda

Fonte: Adaptado de PRAHALAD, C. K.; HAMEL, G. True core competencies of the corporation. *Harvard Business Review*, p. 79-91, maio-
-jun. 1990.

res de grama, para citar alguns. O tronco representa o produto-chave, ou o corpo físico das competências-chave. O produto-chave deve estar intimamente relacionado aos benefícios que o usuário recebe. As raízes da árvore representam as habilidades e o conjunto de conhecimentos que formam a base das competências-chave. Nesse caso, o alto nível da área de P&D da Honda, bem como as técnicas de fabricação, o marketing, o conhecimento do consumidor e sua cultura corporativa, permitiram seu sucesso na tecnologia de pequenos motores.

Usar a abordagem das competências-chave para a alocação de recursos pode resultar em decisões que pareçam desafiar a lógica convencional. Um princípio básico e comum aos negócios é o de que as empresas avaliam possíveis investimentos em novos projetos com base em critérios como o retorno sobre o investimento ou o período de recuperação do investimento. No entanto, usando um modelo de estratégia de competência-chave, os investimentos podem frequentemente desafiar o uso dos critérios tradicionais.

Um excelente exemplo é a Amazon.com.[25] Jeff Bezos fundou a empresa baseado no conceito de que poderia dar a seus clientes uma gigantesca seleção de livros sem ter de gastar tempo e dinheiro abrindo lojas e depósitos para lidar com estoques. No entanto, ele logo descobriu que o único jeito de garantir que os consumidores tivessem experiências positivas e que a empresa tivesse um acervo a bons preços era operando os próprios depósitos.

A ideia de fazer depósitos foi recebida com ceticismo em Wall Street. Os depósitos, que custam cerca de 50 milhões de dólares cada, são caros para construir e para operar. Contudo, uma visita a um dos seis depósitos da Amazon.com hoje em dia deixa claro o motivo pelo qual Bezos acreditou que poderia desafiar a lógica financeira, pois estes são modelos de eficiência. São tão avançados tecnologicamente que demandam o mesmo nível de informatização (hardware e software) que o site da empresa na Internet. Os terminais de computadores enviam sinais para os receptores sem fio dos funcionários, dizendo-lhes quais itens devem ser retirados das prateleiras; então, os computadores determinam tudo: desde qual item pegar primeiro até o peso correto para a postagem.

Ao longo do processo, os computadores geram dados de tudo, desde itens encontrados fora do lugar até horários para fazer *backup* — e os gerentes devem estudar essas informações religiosamente. O resultado são depósitos extremamente eficientes. Um exemplo disso foi o redesenho de um gargalo no processo. No começo, os funcionários transferiam os pedidos que chegavam em cestos de plástico verde. Depois, foi implantada uma esteira rolante que já os colocava automaticamente nos setores apropriados. Com essa medida, a Amazon aumentou a capacidade de um dos seus depósitos em 40 por cento. Hoje, os depósitos lidam com o triplo do volume com que lidavam em 1999, e, nos últimos três anos, o custo dessa operacionalização caiu de quase 20 para 10 por cento das receitas da empresa. Os depósitos são tão eficientes que a Amazon gira seu estoque cerca de 20 vezes por ano. Essa taxa, para praticamente qualquer outro varejista, fica abaixo de 15. Com base na reação inicialmente cética de Wall Street, é improvável que o investimento da Amazon nessa capacidade logística tivesse ido ao encontro dos critérios de investimentos tradicionais.

Finalmente, vale dizer que a Amazon recuperou seu investimento nessa área de excelência em outros setores do mercado, ou seja, prestando serviços para outros varejistas de *e-commerce*. A empresa usa, por exemplo, sua logística e suas habilidades com base na Internet para atender a outras empresas, como a Target e a Borders Books.

Testes da vantagem competitiva para superioridade e sustentabilidade

Estratégia, competências e ativos são a base para a criação de um elevado valor para o consumidor, mas são apenas a base. Qualquer profissional de planejamento seria omisso se não considerasse formalmente a possibilidade de a estratégia — e as competências e os ativos que a amparam — levar a uma posição de superioridade. Somente por meio dessa avaliação que o gestor pode determinar se a estratégia tem chances de ser bem-sucedida ou se precisará de ajustes. Lembremo-nos, pela Figura 2.2, no começo deste capítulo, que há dois testes pelos quais um recurso tem de passar para levar a uma posição de *superioridade* — *valor para o cliente* e *raridade dos recursos* — e mais dois testes — *durabilidade* e *inimitabilidade* — pelos quais o recurso precisa passar para ser uma fonte de superioridade sustentável.[26] Agora, vamos examinar cada um desses testes.

Valor para o cliente

O *valor para o cliente* é a diferença entre os benefícios percebidos de um produto que está em uso por um consumidor e o custo total do ciclo de vida que ele incorre na descoberta, na compra, no uso, na manutenção e no descarte do produto. Um recurso é considerado valioso se permitir que a empresa desenvolva e implemente estratégias que aumentem sua eficácia ou eficiência em relação ao consumidor. Uma estratégia eficaz fornece benefícios adicionais ao cliente ao mesmo tempo que aumenta os custos do ciclo de vida em uma taxa inferior à do aumento dos benefícios.

Uma estratégia eficiente foca o lado do custo na equação de valor. Seu objetivo ou é reduzir os custos do ciclo de vida ao mesmo tempo que mantém os benefícios, de modo a aumentar a demanda, ou reduzir os custos internamente sem, no entanto, repassar essa redução aos compradores. Desde que os benefícios e os custos sejam competitivos, a empresa atingirá a participação de mercado "normal", mas verá crescer suas margens e seu retorno sobre o investimento (em inglês, *return on investment* — ROI).

Diferentes tipos de compradores terão diferentes perspectivas sobre a importância dos vários benefícios ou dos custos do ciclo de vida. O único elemento na equação de valor sobre o qual haverá consenso de importância é o preço. No entanto, a competição baseada na estratégia de preços baixos é a última que deve ser considerada no ambiente de marketing. Consequentemente, os gestores devem fazer uma análise criteriosa da relação custo-benefício em seus públicos-alvo antes de fazer ajustes substanciais na equação de valor.

Raridade dos recursos

O segundo teste pelo qual um recurso deve passar a fim de ser considerado central na obtenção de uma posição competitiva de superioridade para a empresa está relacionado a sua raridade (ou escassez). Nesse sentido, ele deve ser raro o suficiente para que os concorrentes ou fabricantes de produtos substitutos não sejam capazes de oferecer o mesmo conjunto — ou um conjunto parecido — de benefícios e custos associados ao ciclo de vida. Se muitas empresas tiverem os mesmos recursos, então cada uma delas terá a habilidade de explorá-los de uma maneira parecida. Nesse caso, cada empresa pode implementar a mesma estratégia, e, como resultado, nenhuma delas atingirá uma posição competitiva superior. Isso não significa que recursos relativamente comuns, como talento empresarial, sejam pouco importantes. Na verdade, tais recursos podem ser necessários para explorar outros, mais raros. Tê-los, porém, não leva a uma posição de vantagem competitiva. A raridade ou escassez também não significa que apenas uma empresa possa deter o recurso de valor para que seja fonte de valor superior. Assim, desde que o número de empresas em determinada indústria que possua o recurso seja menor que o número necessário para que este adquira o *status* de *commodity*, ele poderá ser uma fonte de vantagem.

Dentro da indústria cerâmica, por exemplo, há muitas empresas capazes de produzir porcelana fina com resistência variando entre 352 e 1.055 quilos por centímetro quadrado de pressão. No entanto, produzir armaduras de porcelana com capacidade para suportar 9.843 quilos por centímetro quadrado é outro problema. É esse tipo de avanço e de conhecimento altamente especializado que colocou a Kiocera Japan Corporation em primeiro lugar nessa indústria. É evidente que isso leva à questão: como uma empresa deve desenvolver uma base de recursos rara e valiosa o bastante para conseguir uma posição competitiva de superioridade? A resposta simples, embora difícil de perceber, está na criação de um conjunto de recursos complementares — incluindo bens tangíveis, bens intangíveis e competências — que produzam valor para o consumidor. A Dell tem uma combinação tal de competências únicas na produção e na entrega que permite que se ofereça um produto de alta qualidade a preço baixo, e possui uma imagem de marca altamente privilegiada. No Brasil, o exemplo fica por conta da Embraer, que também dispõe de competências únicas de projeto e de coordenação de parceiros na fabricação de estruturas e sistemas aeronáuticos que permitem à empresa ostentar o título de terceiro maior fabricante de aeronaves comerciais do mundo.

A conquista de uma posição de superioridade *sustentável* é o "Santo Graal" do marketing estratégico e baseia-se nos dois últimos testes: a durabilidade e a dificuldade de imitar. O fato de uma posição de superioridade ser sustentável não significa que durará para sempre. Pesquisas recentes mostram que menos de 5 por cento das empresas conseguem gerar lucros elevados por dez anos.[27] As mudanças nas necessidades do consumidor ou em outros elementos da estrutura de marketing podem transformar um recurso que antes era importante em algo sem valor. Assim, a manutenção da superioridade demanda uma melhoria contínua do recurso (ou de sua utilização), pontuada por desenvolvimentos regulares de novos recursos. No entanto, a durabilidade e a impossibilidade de fazer imitações aumentam as chances de a vantagem se fazer sustentável por mais tempo.[28]

Durabilidade

A *durabilidade* relaciona-se à velocidade com que um recurso de valor se torna obsoleto por causa de inovações feitas por concorrentes — atuais ou potenciais. Quanto mais tempo demorar para um recurso se tornar obsoleto, maior a probabilidade de que ele seja uma fonte sustentável de valor. A durabilidade depende, em grande parte, da natureza da indústria. Indústrias de baixa velocidade evolutiva ("ciclos lentos"), como diversos exemplos encontrados em setores de baixa tecnologia, têm uma taxa muito lenta de mudança em função da pouca turbulência tecnológica e do mercado. Muitas marcas de consumo, como Coca-Cola, Nestlé e Kellog's, mantiveram uma forte lealdade do consumidor, mesmo com preços relativamente altos, por longos períodos. Os consumidores tiveram experiências positivas e estão confortáveis com o benefício esperado dos produtos comercializados por essas marcas. A durabilidade desses nomes é a principal razão de seu valor como base para extensões de marcas.

Indústrias de alta velocidade evolutiva ("ciclos rápidos") costumam se basear em uma tecnologia ou em uma ideia. Nesses setores, a tecnologia é um recurso que se deprecia rapidamente, como mostram as diversas empresas que lideraram a indústria de *video games*: Atari → Nintendo → Sega → Sony → Microsoft. Cada uma dessas empresas tinha uma posição forte na indústria, mas acabou vendo-a se enfraquecer à medida que a tecnologia avançava. Suas posições não foram duráveis.

Inimitabilidade

A *inimitabilidade* refere-se à facilidade com que um concorrente consegue obter um recurso valioso, seja por desenvolvimento próprio ou comprando no mercado. Ter um recurso importante, mas facilmente imitável, cria uma vantagem apenas temporária. Três fatores afetam a inimitabilidade: transparência, possibilidade de copiar e possibilidade de transferência.

Transparência — A transparência dos recursos da empresa, ou a facilidade com que os outros podem ver a fonte ou base da liderança, permite à concorrência fazer a imitação mais rapidamente. A transparência diminui e a inimitabilidade aumenta quando os recursos que sustentam a posição de superioridade não estão aparentes. Além disso, uma posição de superioridade construída a partir de vários recursos coordenados é mais difícil de se fazer entender para um concorrente que uma posição baseada em um único recurso. Assim, quanto maior for a incerteza do mercado sobre o que torna determinadas empresas bem-sucedidas, maiores serão as chances de os concorrentes se sentirem desmotivados a segui-la e, portanto, por mais tempo as empresas conseguirão manter sua liderança.[29]

Possibilidade de cópia — A possibilidade de copiar relaciona-se à facilidade com que uma empresa consegue desenvolver um recurso de valor por meio de investimentos próprios. Caso os elementos de projeto de um produto, por exemplo, possam ser objeto de fácil "engenharia reversa" por parte de um concorrente, então a vantagem de quem lançou o produto poderá ser rapidamente anulada.[30] Os recursos baseados em rotinas organizacionais complexas, como processos de produção, relações interpessoais entre os funcionários da empresa, cultura da empresa ou sua reputação entre fornecedores e consumidores são difíceis de copiar. A criação de valores, atitudes, normas de comportamento e construção de relacionamentos é muito difícil e demora um bom tempo. Além disso, rotinas e processos organizacionais complexos não são uma fonte de superioridade transparente. Então, compreendemos que recursos organizacionais complexos resistem melhor às imitações.[31]

Outras barreiras à imitação pelos concorrentes incluem marcas, patentes, reputação da empresa, bens especializados e recursos financeiros. Quanto mais a imitação de um recurso de valor puder ser desencorajada ou detida, maior será o tempo pelo qual aquela vantagem competitiva será sustentável.

Possibilidade de transferência — A possibilidade de transferência relaciona-se à capacidade do concorrente em conseguir adquirir no mercado os recursos necessários para assumir uma posição de superioridade. Quanto maior for a facilidade de adquirir os recursos, menor será o tempo pelo qual a empresa pioneira permanecerá na liderança. Alguns impedimentos à possibilidade de transferência incluem a dificuldade de realocar geograficamente funcionários e equipamentos especializados, o fracasso de um dos recursos — como marca ou funcionários especializados — em manter a produtividade quando transferidos para nova organização ou cenário e a dificuldade de transferir uma tecnologia sem transferir toda a equipe responsável por ela.[32]

Abordagem para o desenvolvimento de recursos e competências

A questão que se coloca agora é como os gestores de uma empresa podem determinar quais recursos são necessários para atingir uma posição de superioridade competitiva sustentável e como a empresa pode desenvolvê-los. As posições extremas são adotar uma *abordagem focada no consumidor* ou uma *abordagem centrada na concorrência*. A primeira começa com uma análise das necessidades do consumidor e, então, parte para o desenvolvimento de recursos que satisfaçam essas necessidades. Essa abordagem é consistente com a noção da orientação do mercado, que será detalhada no Capítulo 4. Já a abordagem centrada na concorrência baseia-se em uma comparação entre os recursos da empresa e alguns concorrentes-chave.[33]

Acreditamos que o mais apropriado seja começar com o consumidor e trabalhar de trás para a frente. Como disse John Young, ex-CEO da HP, "se oferecermos satisfação real aos consumidores, teremos lucro".[34] Em contrapartida, uma abordagem centrada na concorrência pode ocultar as oportunidades de criação de valor para o consumidor, cegar a empresa para as mudanças nas necessidades do consumidor e levá-la a simular as estratégias da concorrência. A imitação de estratégias reduz a probabilidade de experimentar alternativas inovadoras que poderiam dar à empresa uma vantagem na oferta de um valor superior para o cliente.[35] Os negócios que adotam uma perspectiva centrada na concorrência tipicamente terminam concorrendo por melhorias incrementais de preço, qualidade ou serviço. A abordagem tradicional de segmentação do mercado, seleção de público-alvo e posicionamento para desenvolver uma estratégia focada no consumidor é útil para identificar os recursos sobre os quais construir vantagem competitiva.

Cultura e clima organizacional em empresas inovadoras

Neste ponto, vamos alterar o foco da discussão dos conceitos e processos de inovação estratégica para as características da cultura e do clima organizacional necessários para que a inovação estratégica possa ocorrer. Lembremo-nos da Figura 2.2, no começo deste capítulo, ilustrativa de que o clima e a cultura de uma empresa fornecem o pano de fundo sobre o qual a estratégia é desenvolvida e implementada.

A cultura é o conjunto de valores e crenças que permeia a empresa e que acaba ditando as normas (tácitas e explícitas) de comportamento na empresa. A cultura ajuda a entender o motivo de as coisas acontecerem da maneira como ocorrem. O clima organizacional, por sua vez, é o conjunto de comportamentos esperados, apoiados e recompensados. Clima é o que realmente acontece na empresa[36] e é, em grande parte, uma manifestação da cultura. Como os valores culturais estão profundamente enraizados, eles são difíceis de mudar — o que significa que comportamentos não funcionais também podem ser difíceis de mudar. A seguir, são abordados alguns obstáculos culturais em empresas que querem ser inovadoras e aspectos facilitadores que podem auxiliar na superação desses obstáculos, conforme mostra o Quadro 2.2.

Obstáculos culturais à inovação	Facilitadores culturais à inovação
• Rigidez associada às competências-chave da empresa (*core rigidities*)	• Destruição criativa
• Dilema do inovador	• Alavancagem eficaz do controle da empresa
	• Desaprendizado
	• Imaginação corporativa
	• Marketing expedicionário
	• Alimentando a inovação

Quadro 2.2 — Considerações sobre cultura e clima organizacional em empresas de alta tecnologia

Obstáculos culturais à inovação

Rigidez associada às competências-chave da empresa (*core rigidities*)

Apesar de as competências-chave serem um ingrediente essencial para o sucesso, elas também podem se tornar um obstáculo e, possivelmente, comprometer o desenvolvimento de novos produtos. Por exemplo, novas ideias construídas sobre habilidades e capacidades conhecidas têm mais chances de ser abraçadas por uma empresa do que aquelas construídas sobre tecnologias com as quais não haja familiaridade. No entanto, quando o ambiente de negócios está passando por transformações — por exemplo, quando novas tecnologias estão sendo desenvolvidas por outras empresas —, pode ser importante para uma organização examinar de perto a viabilidade de novas alternativas tecnológicas. Contudo, rotinas enraizadas, procedimentos consolidados, preferências por fontes de informação e visões preexistentes do mercado — todas elas relacionadas às competências-chave — podem se tornar barreiras a uma avaliação realista e mais isenta de novas oportunidades. Em uma situação assim, as competências-chave podem aumentar a rigidez de modo a suprimir ou minimizar a habilidade da empresa de agir sobre informações novas.[37]

Esse tipo de rigidez organizacional é uma camisa de força que inibe a empresa de ser inovadora e pode incluir:

- Regras e procedimentos associados à cultura.
- Preferências por tecnologias e rotinas preexistentes.
- Hierarquias que privilegiam a área técnica em detrimento dos profissionais de marketing.

É compreensível que normas culturais, tecnologias, rotinas e crenças dos líderes da empresa sejam valorizadas porque são a base do sucesso de muitas empresas. Mas, em determinados momentos, tais habilidades, valores e rotinas podem não se mostrar apropriados para um ambiente de negócios em transformação e podem demandar novas análises e modificações. As empresas que forem capazes de reavaliar tais habilidades e capacidades regularmente e, se necessário, atualizá-las e/ou alterá-las, não serão prejudicadas pela rigidez como outras empresas podem ser.

Nos anos 1920, por exemplo, a Schlumberger, uma empresa petrolífera com sede em Nova York, estabeleceu as bases para a indústria de petróleo usando a resistência elétrica para detectar a presença de petróleo em grandes profundidades.[38] Recentemente, no entanto, a concorrência desenvolveu algo chamado "poços inteligentes", que desafiou o negócio mais lucrativo da Schlumberger: os testes de perfilagem em poços de petróleo. A Schlumberger correu o risco de perder sua liderança tecnológica por estar mal preparada para atender às demandas dos clientes. Ficou a impressão de que o desempenho financeiro do passado havia criado a sensação de invencibilidade, resultando na perda de desempenho e na falta de inovação. Nesse caso, as competências-chave desenvolvidas em função de determinado conjunto de tecnologias podem ter impedido a empresa de reconhecer oportunidades fora de sua especialidade consolidada.

O dilema do inovador

Um aspecto comum verificado nos negócios é a incapacidade de as empresas líderes se manterem no topo quando as tecnologias ou o mercado mudam. A Apple foi um dos primeiros líderes na era da computação pessoal e estabeleceu o padrão para interfaces amigáveis, mas ficou anos atrás de seus concorrentes na introdução de um computador portátil. O *dilema do inovador*[39] diz que os líderes de mercado têm muita dificuldade para introduzir inovações radicais por ser delicado para eles desviar recursos de inovações incrementais que visem atender às necessidades de clientes já estabelecidos para novos mercados que parecem ser muito pequenos ou ainda inexistentes. Uma inovação radical fornece valor ao consumidor de uma maneira muito diferente de uma solução tradicional. Um excelente exemplo de inovação radical que sacudiu um mercado inteiro foi a câmera digital. Não há filme e, assim, não há revelação. A Kodak, que foi inovadora em filmes fotográficos, teve muita dificuldade em se ajustar porque seu modelo de negócios é focado em filmes fotográficos. A Kodak perdeu 45 por cento de seu valor de mercado do começo de 2000 ao começo de 2003. É comum, para líderes de mercado que se mantêm na crista da onda após inovações incrementais, fracassar quando uma inovação radical abala seu modo de fazer negócios.

Assim, como uma empresa pode evitar ser vítima da *rigidez associada às suas competências-chave* e do *dilema do inovador*? Além de outras ideias e sugestões apresentadas ao longo deste livro, as empresas de alta tecnologia podem lançar mão das ferramentas e técnicas descritas a seguir.

Facilitadores culturais à inovação

Destruição criativa

Para evitar ser vítima dos fatores descritos anteriormente, as empresas precisam reconhecer que os produtos em ambientes de alta tecnologia se sustentam na fronteira tecnológica apenas por um tempo antes de cair na obsolescência com a chegada de produtos melhores. Por causa dessa realidade, as empresas precisam tentar desenvolver, de maneira proativa, a próxima geração de tecnologia — ainda que tais desenvolvimentos possam pôr a perder alguns consumidores atuais e/ou fazer que seus investimentos na tecnologia anterior se tornem obsoletos, tornando inúteis qualquer economia de escala e vantagem na curva de aprendizado. Esse conceito de inovar constantemente para desenvolver a próxima geração de tecnologia, apesar das desvantagens, é conhecido como *destruição criativa*.[40]

O paradoxo nesse modelo de competição é que a empresa precisa trabalhar por conta própria para descobrir a próxima tecnologia que, provavelmente, destruirá a base de seu sucesso atual. A razão para adotar tal modelo é que, se a empresa não o fizer, os concorrentes certamente o farão. Assim, as empresas não devem esconder uma nova tecnologia que torne seus produtos existentes obsoletos. Mesmo com produtos de sucesso, as empresas não devem ficar muito encantadas pela tecnologia que forma a base desse sucesso; em vez disso, devem lutar para desenvolver tecnologias ainda melhores.[41] De fato, a liderança na indústria baseia-se na destruição criativa.

Um exemplo é o desejo continuado da Microsoft de manter a onda de sucesso de seus sistemas operacionais (Windows 95, 98, XP, Vista, 7). No entanto, quando os rivais Netscape (primeiro), Sun Microsystems (segundo) e recentemente o Google introduziram novas tecnologias (navegadores de Internet, *scripts* de Java, ferramentas de busca na Internet), a Microsoft teve de implementar uma grande virada estratégica para participar dessas tecnologias[42] — apesar de elas poderem mudar radicalmente o mundo dos desktops e, em casos extremos, tornar os sistemas operacionais e softwares instalados localmente obsoletos. Mais do que permitir o acesso dos computadores à informação, essas tecnologias permitem que os consumidores acessem informações a partir de vários equipamentos eletrônicos e de outras aplicações que não requerem o sistema operacional Windows. Um bom exemplo desse tipo de serviço é oferecido pelo site "CloudMe" (http://www.cloudme.com), que permite ao usuário acessar diversos serviços de armazenagem e compartilhamento de arquivos, tanto a partir de plataformas fixas como móveis.

Há outro exemplo no campo da Internet. Empresas cujos sucessos passados foram fortemente baseados em um mundo não virtual, com canais de distribuição convencionais, estão descobrindo que, para competir com empresas pontocom, precisam vender também pela Internet. Entretanto, fazer isso põe em risco a base de seu sucesso. Ainda assim, essa é a natureza da destruição criativa: se a empresa não oferecer por conta própria os canais de acesso que o consumidor deseja, um concorrente certamente o fará. Outras implicações decorrentes do uso da Internet serão abordadas neste capítulo.

Alavancagem eficaz da dominância da empresa

Há um debate significativo sobre a relação entre o tamanho da empresa e sua capacidade de ser inovadora. De um lado, diz-se que empresas maiores sofrem com a inércia; elas tendem a ser mais burocráticas e a ter mais a perder do que outras quando desenvolvem inovações radicais que podem tornar as linhas de produtos existentes obsoletas. No entanto, ao contrário do que estabelece essa "maldição", uma pesquisa recente mostra que desde a Segunda Guerra Mundial as inovações mais radicais têm sido introduzidas por empresas maiores e mais consolidadas do que por empresas menores e novos *players*.[43] Há duas variáveis relacionadas à inovação em grandes empresas: a fonte de sua dominância e as expectativas gerenciais sobre a obsolescência.

Fontes de dominância — Há três variáveis que originam a dominância de uma empresa no mercado: (1) investimentos na geração corrente de produtos; (2) maior participação de mercado; e (3) maior valor. Apesar de alguns aspectos da dominância de uma empresa no mercado — por exemplo, seus grandes investimentos na geração corrente de produto e sua posição fortalecida no mercado, com base nas vendas dos produtos correntes — reduzirem sua motivação para investir em inovações radicais, as empresas dominantes *têm maior habilidade para investir* em inovações radicais caras em virtude de sua maior riqueza.[44] Isso acontece simplesmente porque as inovações radicais e a tecnologia necessária para gerá-las se tornaram cada vez mais complexas, demandando recursos substanciais. As empresas dominantes têm tais recursos e desfrutam dos benefícios da economia de escala, além de ter escopo tanto no setor de P&D como no de marketing.

Expectativas gerenciais sobre a obsolescência — Outra variável que permite que empresas dominantes continuem a inovar, superando os efeitos potencialmente negativos do tamanho (a saída da inércia e o aumento do comprometimento), é a expectativa dos administradores de que a nova tecnologia torne seus produtos atuais obsoletos. Quando os executivos de empresas dominantes acreditam que uma nova tecnologia poderá tornar seus produtos obsoletos, esse temor faz que essa empresa invista agressivamente em tecnologias radicalmente novas. De outro lado, esses mesmos gestores que acreditam que uma nova tecnologia tem boas chances de aumentar as vendas da empresa tendem a investir com menor agressividade do que os administradores que se enquadram no caso anterior. Assim, o medo da perda como resultado da obsolescência parece ser um fator de motivação muito mais forte para os investimentos em inovações radicais que a sedução de ganhos maiores com o aumento de vendas. A conclusão é que os administradores aparentam "preferir" o medo da obsolescência ao desejo de aumento de vendas como motivação para abraçar a destruição criativa.[45]

A importância das expectativas da administração com a obsolescência, ou sua disponibilidade para canibalizar, força-nos a perguntar sobre quais são os fatores em uma empresa que tornam seus gestores predispostos a assumir tal destruição criativa.[46] As organizações que possuem unidades de negócios fortes e autônomas que competem internamente por recursos, posições de força e foco nos mercados futuros, mais do que nos mercados atuais, têm mais propensão a se canibalizar e maiores chances de introduzir inovações radicais.

Esta subseção que trata do tamanho da empresa como fator facilitador para a inovação indica que empresas grandes não são, necessariamente, menos inovadoras que empresas menores e mais ágeis. Porque, para ambos os tamanhos de empresas, um dos benefícios de ser inovador é o ganho financeiro a ser atingido. Quanto mais inovadores forem os produtos, maior seu valor. Além de ter ganhos maiores com inovações mais radicais, o valor financeiro da inovação também decorre dos recursos de que a empresa pode dispor para apoiar a inovação. Empresas dominantes têm mais verba de marketing para manter a inovação e aumentar a taxa de adoção do novo produto. Elas também têm "ativos de mercado", como valor da marca e confiança do consumidor, que podem reduzir os riscos que o consumidor associa às inovações radicais. Pesquisas mostram que o mercado de ações valoriza mais a introdução de uma inovação radical quando ela vem de uma empresa dominante do que de uma não dominante.[47]

Isso sugere que a introdução de uma tecnologia radicalmente nova pode ser mais benéfica para uma empresa dominante que para uma não dominante, porque ela reforça a sua posição de mercado, gerando mais fluxo de caixa do que aconteceria com outra que não é dominante. Um fator atenuante é o nível de suporte ao produto da empresa que o introduz. Um alto nível de apoio ao produto em seu lançamento, incluindo o de marketing/vendas e o apoio tecnológico (gastos com proteção de patente e pesquisa e desenvolvimento), pode permitir que até empresas pequenas se beneficiem financeiramente das inovações radicais em um nível comparável ao das empresas maiores.

Desaprendizado

Outro facilitador cultural da inovação é a habilidade de *desaprender*. Muitas vezes, as empresas precisam "desaprender" práticas tradicionais, mas que atrapalham. Para fazer isso, os administradores devem trazer à tona e discutir suas próprias suposições e modelos mentais sobre o mercado e o negócio e estimular os empregados a fazer o mesmo. Quando confrontado com a turbulência dos mercados tradicionais e de uma cultura entrincheirada, Ed Artzt, ex-CEO da Procter & Gamble, viu-se em uma situação peculiar de ter de criar "regras que dessem aos empregados permissão intelectual para fazer mudanças".[48] Como explicou John Seely Brown,[49] antigo cientista-chefe do Xerox Palo Alto Research Center, "desaprender é essencial nesses tempos caóticos, porque muitos de nossos conhecimentos, de nossas intuições ou simplesmente de nossas opiniões dependem de considerações que simplesmente não são mais verdadeiras sobre o mundo".

A GE usa sessões de "exercício" para "desafiar cada porção de sabedoria tradicional, cada livro, cada regra". Durante essas sessões, os executivos — incluindo o CEO — usam a base do centro administrativo de desenvolvimento da GE para responder às difíceis perguntas dos gestores que estão tendo aulas e se atualizando no local. Isso criou um ambiente onde é possível levantar questões difíceis sem medo de represálias e onde os executivos devem responder com planos e soluções.[50] Encorajar o desaprendizado pode ser a principal missão do CEO para manter o momento inovador.

Imaginação corporativa

Outro fator facilitador para superar as desvantagens da rigidez e a inércia inerente a um sistema bem-sucedido é tentar desenvolver o que é conhecido como *imaginação corporativa*,[51] criatividade e até diversão. É importante que as organizações tradicionais reponham continuamente seu estoque de ideias. Para muitas empresas inovadoras, uma medida-chave para o sucesso nessa atividade é o percentual de receita derivado de produtos lançados recentemente.

A imaginação corporativa requer a habilidade para criar uma visão de futuro que consista em mercados que ainda não existem e que seja baseada em um horizonte que vá além dos limites do negócio. A imaginação corporativa criativa inclui quatro elementos importantes, mostrados no Quadro 2.3.

1. *Derrube hipóteses de preço-desempenho*. Muitas empresas usam seu tempo fazendo melhorias incrementais em tecnologias existentes. Isso é compreensível porque os consumidores querem melhorias no desempenho dos produtos que usam. No entanto, melhorias incrementais em tecnologias existentes baseiam-se na melhoria do desempenho de padrões que também já existem. Produtos realmente novos, por outro lado, têm mais chances de se basear em hipóteses de desempenho inteiramente diferentes.

Uma ferramenta que ajuda as empresas a entender como superar essas questões é o *ciclo de vida da tecnologia*, que se refere às melhorias no desempenho do produto relacionadas aos investimentos sobre uma tecnologia em particular.[52] Como mostra a Figura 2.4, quando uma nova tecnologia é implantada, seu desempenho (capacidade de gerar retorno para a empresa) aumenta lentamente e, depois, graças aos intensos esforços de pesquisa e desenvolvimento, melhora exponencialmente antes de atingir seu limite. Quando uma tecnologia mais nova é introduzida, as duas competem por um período, até que a nova acabe por superar a mais antiga.

Com relação ao preço, por exemplo, os avanços na velocidade dos semicondutores e em sua capacidade de processamento foram formalizados na "Lei de Moore", que afirma que o desempenho de um semicondutor dobra a cada 18 meses, sem aumento no preço. Dizendo de maneira diferente, a cada 18 meses, aproximadamente, as melhorias tecnológicas cortam pela metade o preço de determinado nível

---

1. Derrube hipóteses de preço-desempenho, usando a ferramenta das curvas de ciclo de vida da tecnologia
2. Escape da tirania do mercado atendido
3. Use novas fontes de ideias para conceitos de produtos inovadores
4. Saia na frente com os consumidores: leve-os para onde querem ir antes mesmo que eles saibam

---

Quadro 2.3 — Quatro elementos da imaginação corporativa

Fonte: Four elements of corporate imagination. In: HAMEL, G.; PRAHALAD, C. K. Corporate imagination and expeditionary marketing. *Harvard Business Review*, n. 69, p. 81-92, jul.-ago. 1991. Copyright © 1991 Harvard Business School Publishing Corporation. Todos os direitos reservados.

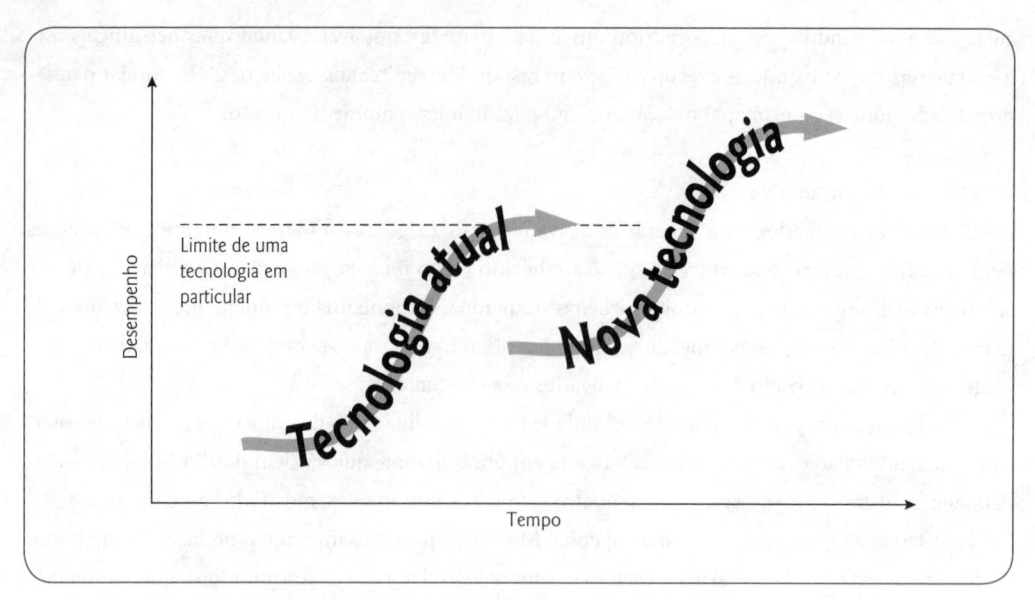

Figura 2.4 — Ciclos de vida da tecnologia

de desempenho. No entanto, há quem diga que as melhorias futuras no desempenho dos microchips estejam limitadas pelo uso dos semicondutores e que a Lei de Moore esteja atingindo seu limite natural. Nesse sentido, futuros investimentos na melhoria do desempenho dos semicondutores podem resultar apenas em melhorias incrementais na tecnologia. Essa possibilidade é uma das razões pelas quais o Ministério Japonês da Indústria e do Comércio investiu 30 milhões de dólares em um programa de pesquisa focado em tecnologias que pudessem substituir os semicondutores convencionais. Essas tecnologias baseiam-se mais na física quântica e nas redes neurais do que em engenharia elétrica. Apesar de a pesquisa ainda estar em um estágio preliminar e o futuro desempenho dessas novas tecnologias ser incerto, é possível que elas tornem os semicondutores, como hoje os conhecemos, obsoletos.

Infelizmente, na maior parte do tempo, as novas tecnologias são comercializadas por empresas que vêm *de fora* da indústria ameaçada,[53] sugerindo que seja difícil para os participantes do setor ser criativos na visualização de novas tecnologias. As empresas estabelecidas precisam aceitar que todos os produtos têm limites de desempenho e que, quando uma tecnologia existente se aproxima de seu limite, torna-se mais caro agregar melhorias a ela. Assim, as empresas precisam empenhar-se no desenvolvimento de novas alternativas.

No entanto, muitas empresas já consolidadas apostam timidamente em novas tecnologias e, em alguns casos mais críticos, nem se empenham em desenvolvê-las. Na melhor das hipóteses, investem tanto para melhorar a geração de tecnologia corrente como para desenvolver outras novas. Uma empresa pode, por exemplo, tentar investir para tornar sua fábrica mais eficiente na produção da tecnologia atual. Mas, se essa empresa for a produtora de baixo custo de um produto obsoleto, esse esforço não vale muito.[54]

Além disso, empresas estabelecidas tendem a subestimar jovens organizações que estão introduzindo novas tecnologias, seja porque essas empresas são pequenas, seja porque a nova tecnologia parece incipiente. Por todas essas razões, as tecnologias substitutas podem infiltrar-se lentamente nas empresas estabelecidas e, de repente, explodir em termos de desempenho de mercado. Foi exatamente o que aconteceu com a Internet, em que muito do desenvolvimento foi executado em empresas desconhecidas dos principais *players* do mercado. Consequentemente, as empresas estabelecidas precisam buscar agressivamente novas tecnologias desde o começo.[55]

Como uma empresa reconhece quando uma tecnologia que está em uso corre o risco de se tornar obsoleta? A curva do ciclo de vida da tecnologia demonstra que não se pode confiar unicamente em sinais econômicos: com base nas melhorias incrementais, os ganhos com a atual tecnologia podem atingir um pico, mesmo depois de a nova tecnologia ser introduzida. Assim, confiar nos sinais econômicos pode fazer a empresa mudar tarde demais para a nova tecnologia, quando a concorrência já tiver estabelecido uma sólida posição. A observação cuidadosa do comportamento da curva do ciclo de vida da tecnologia passa a ser fundamental: quando detectarmos que as taxas de aumento de desempenho passam a ser decrescentes com o investimento realizado, estamos "adentrando" em uma zona crítica em que a troca da tecnologia deve ser considerada.[56]

2. *Escape da tirania do mercado atendido.*[57] As empresas sabem como combinar seu produto a um segmento específico de mercado e têm vantagem competitiva com os consumidores desse segmento. Conforme mencionado anteriormente, as empresas estabelecidas têm interesse em manter sua linha "geradora de caixa" nos principais segmentos. Por isso, tendem a desenvolver inovações mais incrementais para esses consumidores. A tirania do mercado atendido refere-se à tendência de as empresas focarem especificamente em solucionar as necessidades do consumidor com a atual tecnologia. Essa visão míope oculta a possibilidade de as necessidades e expectativas do consumidor mudarem com o tempo, podendo ser resolvidas de maneiras radicalmente diferentes.

A tirania do mercado atendido é uma das principais razões pelas quais as novidades costumam ser introduzidas por empresas novas no mercado ou por pessoas novas ou de fora da indústria. E esses novatos muitas vezes alteram suas regras do jogo, saltando para um novo ciclo de vida da tecnologia com novas taxas de preço/desempenho. A imaginação corporativa demanda que as empresas olhem para as oportunidades de mercado além ou por entre as áreas de competência da empresa.

3. *Use novas fontes de ideias para conceitos de produtos inovadores.* Muitas grandes empresas conhecem as abordagens-padrão praticadas na análise dos mercados existentes. A maioria delas, por exemplo, faz uso de técnicas tradicionais de pesquisa de mercado com *focus groups*, questionários e *conjoint analysis* que as ajudam a decidir sobre a combinação ideal de atributos para novos produtos. No entanto, essas ferramentas geralmente são inadequadas para identificar oportunidades realmente novas ou verificar as atitudes do consumidor com relação às inovações radicais. A imaginação corporativa pede que as empresas se apoiem em diferentes tipos de pesquisa para descobrir novas oportunidades. Essas técnicas de pesquisa de marketing, especialmente úteis em um contexto de marketing de alta tecnologia, incluem a etnografia e visitas aos consumidores e formadores de opinião. Essas ferramentas estão detalhadas no Capítulo 5.

4. *Saia na frente com os consumidores.* O quarto aspecto da imaginação corporativa é literalmente levar os consumidores para onde eles querem ir, antes mesmo que eles próprios saibam. A habilidade de ser líder de mercado, baseada na capacidade de visualizar o futuro, requer inspirações profundas que não estejam presas a regras e procedimentos preexistentes. Essa técnica exige o conhecimento das necessidades e dos desejos do consumidor para ser bem-sucedida. Estar na frente com os consumidores demanda equipes e procedimentos multidisciplinares para informar esses consumidores mais próximos sobre as possibilidades tecnológicas que estão emergindo.

Cada um desses aspectos da imaginação corporativa leva a outro importante elemento para não permitir que as competências-chave se tornem elementos capazes de engessar a empresa: o marketing expedicionário.

Marketing expedicionário

Exatamente porque descobrir novos mercados na frente dos concorrentes é tão arriscado — às vezes, o mercado desejado simplesmente não se desenvolve, ou, caso se desenvolva, emerge mais lentamente do que o esperado — é que as empresas precisam usar estratégias para minimizar os riscos. Novos produtos bem-sucedidos incluem a combinação certa de funcionalidade, preço e desempenho direcionados ao mercado correto. Há duas maneiras de melhorar a taxa de sucesso.

Uma delas é tentando melhorar as chances da introdução de cada produto, individualmente, ou melhorar a taxa de "acerto". Para se ter um lançamento bem-sucedido de produto, a empresa tenta reunir o máximo possível de informações para ajustá-lo conforme o necessário em termos de funcionalidade, preço e desempenho, de modo que, quando ele for entregue ao mercado, as chances de acerto e sucesso sejam as mais altas possíveis.

O outro caminho para o sucesso é tentar vários "minilançamentos" em rápida sucessão, aprender com cada incursão no mercado e incorporar esse aprendizado em cada tentativa subsequente de maneira que, com o tempo, a empresa tenha acumulado clientes leais e uma participação de mercado maior. Essa estratégia é conhecida como *marketing expedicionário*.[58] O objetivo aqui não é melhorar a taxa de acerto, mas aumentar o número de vezes em que ocorre exposição da empresa no mercado. A estratégia baseia-se no aprendizado: por meio de várias pequenas apostas, a empresa quer aprender sobre o mercado e as necessidades do consumidor. Essas incursões de baixo custo e feitas em ritmo acelerado permitem que a empresa aprenda e reajuste suas ofertas em cada uma das vezes, de forma que a combinação entre velocidade e aprendizado aumente as chances de sucesso.

Em qual das duas formas a maioria das empresas concentra suas atenções? A maioria foca a primeira forma, tentando aumentar a taxa de acerto. Elas tentam aumentá-la fazendo uso de pesquisa de mercado cuidadosa, de análise da concorrência e de procedimentos *stage-gate* (por etapas) que especifiquem os obstáculos que uma nova ideia precisa superar em cada estágio do desenvolvimento. No entanto, essa estratégia consome muito tempo e, em mercados de alta tecnologia, a precisão da informação é, no máximo, muito vaga. Além disso, quando o produto for finalmente introduzido no mercado, o cenário (necessidades e/ou expectativas do consumidor e atuação dos concorrentes) pode ter mudado. Na verdade, essa abordagem pode ser caracterizada como: "Pronto. Mire, mire, mire".[59]

Assim, em mercados de alta tecnologia, pode fazer mais sentido adotar uma série de incursões realizadas em ritmo acelerado (marketing expedicionário). Essa estratégia tem várias vantagens. Primeiro, permite que a empresa aprenda com maior precisão, por meio de aproximações sucessivas, sobre as necessidades do consumidor. Segundo, fazer incursões em ritmo acelerado maximiza as chances de o produto que realmente será entregue ao mercado estar alinhado com as necessidades do consumidor. As incursões rápidas implicam que o ciclo para chegar ao mercado seja mais rápido e, assim, as chances de as necessidades dos consumidores mudarem nesse período são menores. Seguindo esse modelo, o que conta mais não é acertar da primeira vez, mas quão rápido uma empresa consegue aprender e modificar suas ofertas de produto com base em suas experiências acumuladas no mercado.[60]

Como exemplo, a Storage Technology Corporation, produtora dos sistemas de *backup* em fitas para grandes volumes de dados (como bancos, companhias seguradoras etc.) usa o modelo demonstrado na Figura 2.5. A ideia é que, mais do que apresentar o modelo mais avançado possível com base em uma nova tecnologia (Modelo 3), a empresa tente introduzir, em rápida sucessão, uma série de modelos com base na nova tecnologia.

Cultive a cultura e o clima para inovações

A estratégia final discutida aqui para que empresas estabelecidas mantenham uma cultura inovadora é reconhecer a natureza da inovação em si. A inovação é o processo, dentro das empresas, de desenvolver e comercializar produtos, serviços ou modelos comerciais radicais ou revolucionários. Trata-se da base cognitiva da inovação. A criatividade livre, por si só, pode não ser boa para os negócios. É preciso *criatividade disciplinada* para produzir inovações úteis para uma empresa. Quando Bob Herbold entrou na Microsoft como executivo-chefe de operações (em inglês, *chief operating officer* — COO), em 1994, ele experimentou a liberdade de uma cultura que beirava o caos.[61] A implementação da disciplina de novos sistemas de informação nas áreas financeira, de compras e de recursos humanos ajudou a Microsoft a reduzir as despesas operacionais de 50 por cento para 40 por cento da receita lí-

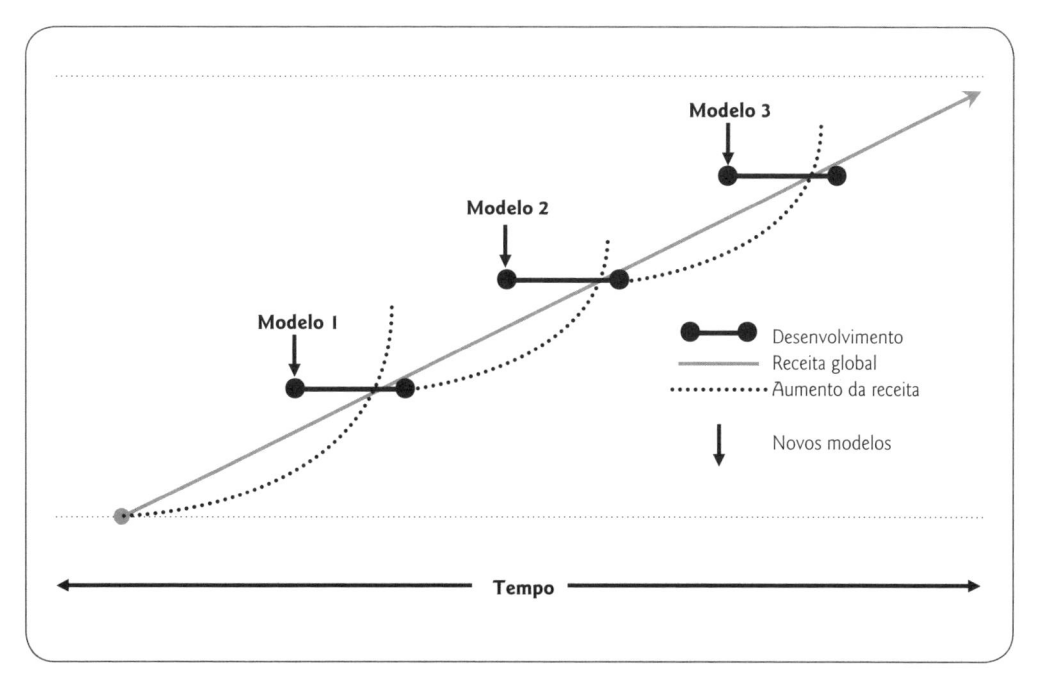

Figura 2.5 — Marketing expedicionário: rápidas incursões no mercado

Reproduzido com permissão da Storage Technology Corporation, Louisville, Colorado.

quida, uma economia de cerca de 2,7 bilhões de dólares em um período de seis anos. A mudança também deu mais tempo e recursos aos administradores e programadores para se concentrarem no que faziam melhor — grandes e complexos projetos de software.

Uma das maiores ameaças ao processo de inovação é a natureza intempestiva dos ciclos de negócios. Quando as empresas vão bem, investem mais em inovação e desenvolvimento de produto. Por outro lado, quando a economia se deteriora, os investimentos em pesquisa e desenvolvimento tendem a cair. Um modo de proteger a inovação contra cortes nos investimentos é *tornando a área de pesquisa e desenvolvimento uma parte indispensável* do dia a dia dos negócios.[62] Se o desejo é de ter resultados consistentes frutos da inovação, ela precisa ser trabalhada absolutamente todos os dias, mesmo durante as fases de baixa, em que os resultados extraordinários estão muito distantes.[63] Consideremos o conglomerado coreano Samsung. Em 1997, a Samsung estava em grandes dificuldades em consequência da crise financeira asiática. Desde então, a empresa fez investimentos contínuos e significativos em pesquisa e desenvolvimento de produtos. Hoje, a empresa é líder mundial em monitores de plasma, televisores de tela plana, celulares CDMA, chips de memória DRAM e fornos de micro-ondas.[64]

A *experimentação prévia* envolve o uso de novas tecnologias de informação, tais como a simulação por computador, a prototipagem rápida e a química combinatória para reduzir o custo de testar novas ideias, bem como aumentar as oportunidades para inovação.[65] Isso foi aplicado às indústrias automotiva, de informática e farmacêutica. A Millenium Pharmaceuticals, por exemplo, usa genoma, bioinformática e química combinatória para testar candidatos a medicações para seu perfil toxicológico. Os candidatos que não parecem promissores são eliminados antes que milhões de dólares sejam gastos em mais testes clínicos e desenvolvimento. Isso também permite que a Millenium teste muito mais remédios em potencial na busca por inovações significativas. No Brasil, empresas como a Alellyx (http://www.alellyx.com.br) e a CanaVialis (http://www.canavialis.com.br), que atuam juntas na melhoria da produtividade da cana-de-açúcar (insumo básico para produção de açúcar e álcool), também lançam mão de recursos tecnológicos de fronteira para cumprirem suas missões. Em outras palavras, são empresas que utilizam os recursos da engenharia genética e da biologia molecular em prol da descoberta de novas e superiores variedades de cana-de-açúcar, superiores às existentes, no que tange à resistência ao ataque de pragas e emprego de herbicidas.

Os processos burocráticos também não estão, frequentemente, alinhados à cultura de inovação. O desenvolvimento de uma competência a partir de planos e procedimentos formais costuma ser racional e analítico, e tende a guardar pouca semelhança com a natureza da inovação, que muitas vezes é tumultuada, não linear e cheia de coincidências felizes e casuais.[66]

Mais do que um processo por etapas, feito passo a passo, ao longo do qual as novas ideias de produtos precisam passar, a gestão da atividade inovadora nas corporações como processo empresarial pode manter a cultura inovadora. Conhecida por muitos nomes, como "comportamento estratégico autônomo",[67] "processos emergentes",[68] ou "empreendedorismo intraorganizacional",[69] a ideia é a de criar um ambiente interno que abrigue a inovação e o espírito empreendedor. As características que uma empresa deve apresentar se quiser fomentar um clima de inovação são:

- A necessidade de mercado identificada é tal que diverge (mais do que converge) daquelas oriundas do planejamento formal da empresa.

- Os papéis e as responsabilidades dos elementos-chave não são claramente definidos no início, mas se tornam mais estruturados à medida que as estratégias evoluem.
- Mais do que um cenário formal baseado em procedimentos administrativos estabelecidos, o processo de análise de uma ideia é feito por meio de uma rede informal que avalia os méritos técnicos e do mercado.
- A comunicação entre as pessoas tende a fluir menos entre os canais formais de decisão da organização e mais pela rede informal.
- O comprometimento com a ideia emerge fortemente por meio dos esforços para apoiar um produto campeão.

Campeões de produto — São pessoas fundamentais ao sucesso de qualquer inovação revolucionária. São elas que criam, definem ou adotam uma ideia de inovação e se empenham em assumir um risco significativo para fazê-la acontecer.[70] Muitas vezes conhecidas como iconoclastas, dissidentes ou guerreiros, essas pessoas rompem as regras, assumem riscos, transformam empresas e viram a organização de cabeça para baixo. Elas trabalham incansavelmente e fazem *lobby* na organização por recursos com o objetivo de ajudar suas ideias a decolar. O campeão de produto é uma pessoa com vontade, agressividade, astúcia política, competência técnica e conhecimento de mercado. Os campeões de produto de influência podem superar a relutância natural da empresa em canibalizar seu portfólio e motivar inovações de produtos radicais.[71]

Apesar de os campeões de produto poderem ser encontrados em empresas inovadoras e não inovadoras, eles exercem menos influência e costumam ser frustrados e desmoralizados nas últimas. Nas primeiras, eles têm poder para fazer suas ideias acontecerem. O sistema de recompensas e a cultura promovem a influência dessas pessoas e os principais administradores os apoiam ativamente.[72]

O *trabalho proibido* (em inglês, *skunk work*) é o meio que uma empresa tem de criar um clima de inovação isolando os grupos envolvidos no empreendimento de risco em um local afastado das operações normais da corporação.[73] A ideia é que, quando empresas grandes e estabelecidas desenvolvem inovações, elas o fazem *apesar* do sistema corporativo, e não *por causa* dele.[74] Dessa maneira, para proteger a imaginação dos indivíduos dos aspectos ortodoxos da empresa, os principais executivos os isolam em novas divisões, ou incubadoras corporativas, muitas vezes em um lugar afastado da organização-mãe.

Esses novos grupos removidos das operações corporativas normais às vezes são chamados de *skunks*. A etimologia do termo vem da Skonk Works, uma destilaria clandestina na tira cômica "Li'l Abner", feita por Al Capone, por volta de 1974. Como as destilarias clandestinas eram operações ilegais, frequentemente localizadas em uma área isolada e o mais discreta possível, o termo foi adotado dentro do contexto empresarial para se referir a um departamento ou local geralmente pequeno e muitas vezes isolado (digamos, para pesquisa e desenvolvimento), que funciona com um mínimo de supervisão ou impedimentos dos procedimentos operacionais normais da empresa.

Muitas empresas usaram operações desse tipo para desenvolver novas linhas comerciais. A IBM, por exemplo, isolou seu grupo de PC em Boca Raton, Flórida, longe do quartel-general da empresa em Nova York e longe de quaisquer outras subsidiárias. A Dow Chemical também usa esse tipo de procedimento para seus novos grupos de risco.

Apesar das vantagens potenciais de tal isolamento, alguns críticos argumentam que tentar alavancar as habilidades da empresa para um novo negócio ao mesmo tempo que se procura proteger as novas empreitadas da cultura corporativa é contraditório.[75] Para uma empresa estabelecida se tornar e se manter inovadora, ela deve permitir a criatividade individual dentro dos procedimentos operacionais normais. Uma cultura corporativa que permite que a inovação floresça não deveria precisar de mecanismos especiais de proteção para permitir que isso ocorra. Na verdade, Gary Hamel refere-se a tais incubadoras como "orfanatos" que isolam as conversas criativas e dificultam o aparecimento de novas ideias dentro da hierarquia da corporação.[76]

Assim, a ideia de isolar grupos de desenvolvimento de novos produtos dos procedimentos-padrão da empresa é um dilema. De maneira ideal, provavelmente seria melhor se a empresa nutrisse a inovação e não tivesse a necessidade de separar unidades para o desenvolvimento de ideias inovadoras. Por outro lado, se os procedimentos de operação normais da empresa sufocam a criatividade, o *skunk work* pode ser uma solução temporária ou um curativo. Nesse caso, pode ser necessário descobrir as razões sistêmicas para o problema.

Uma revisão recente na literatura para estimular a inovação, associada a um levantamento feito com executivos,[77] identificou várias diretrizes para estimulá-la.

1. A empresa e seus principais administradores precisam apoiar claramente a inovação, por meio de palavras e atitudes.
2. A empresa deve manter relações próximas com seus clientes mais inovadores, de maneira que possam determinar juntos o que vão querer em seguida.
3. Deve haver métricas e um procedimento para avaliar continuamente o progresso do projeto.
4. A empresa deve dar liberdade de ação suficiente, recursos substanciais para educar seus funcionários sobre tecnologias emergentes e usar equipes de funcionários de maneira que se tenha no grupo um conjunto de múltiplas habilidades.
5. Os empregados que forem bem-sucedidos em uma inovação devem ser celebrados e recompensados. A empresa também não deve punir as pessoas com muita rigidez por ideias que não deram certo. Tolerar os riscos e um determinado número de erros faz parte do espírito empreendedor. Aliás, aprender com os "erros ostensivos" pode ser a base para o próximo sucesso da empresa.
6. A empresa precisa ter um processo para difundir rapidamente as novas ideias entre os funcionários.

Lições de inovação aplicadas à Internet

O que o mundo da Internet pode nos dizer sobre essas "lições" anteriores? Para aplicar de maneira otimizada os conceitos deste capítulo, é interessante examinar as respostas e incursões no mundo on-line do *e-commerce*.

Os concorrentes on-line representam uma enorme ameaça aos participantes das indústrias estabelecidas porque eles mudaram as regras do jogo e começaram a operar a partir de um modelo de negócio radicalmente novo: menores exigências de trabalho humano no empreendimento, eficiência e velocidade inerentes à área, e acesso direto a consumidores e fornecedores. A ameaça óbvia desse novo modelo de negócio é simplesmente a *extinção*.

As empresas que não se mexerem rapidamente para entrar na Internet correm o risco de serem superadas por rivais que talvez nem existissem alguns anos atrás. Em um ramo da indústria após o outro, empresas novatas na Internet transformaram o modo como os negócios são feitos, conquistando uma participação de mercado equivalente ou superior às rivais maiores, tradicionais e bem estabelecidas.[78]

Essa é a natureza da *turbulência competitiva* no ambiente de alta tecnologia. As empresas que não agirem, apesar dos riscos, podem acabar cortadas. "Empresas grandes [estabelecidas e consolidadas] tendem a ser lentas para vislumbrar novos meios de fazer negócios — e igualmente hesitantes para tirar vantagens de tais situações. Uma grande vantagem das empresas em fase de implantação é a capacidade de reagir rapidamente às novas oportunidades".[79]

Apesar da ameaça de extinção provocada pelos novatos, os concorrentes estabelecidos têm a tendência de *subestimar a concorrência*. No começo, Jack Welch, da GE, zombou das ações da Net, chamando-as de "*wampum*"*, e Lou Gerstner, da IBM, disse que as empresas de Internet eram "vaga-lumes em uma tempestade": estavam brilhando por enquanto, mas acabariam se apagando.[80] E, todas as vezes que o modelo comercial de varejo mudou, um novo grupo de líderes emergiu, desde a Woolworth, na Main Street nos anos 1950, às lojas de departamento, como a Sears nos anos 1970, e às *superstores*, como Wamart e Costco na década de 1990.[81] Como afirmam Christensen e Tedlow,[82]

> Das quatro dimensões da missão do varejista — produto, preço, praça e tempo —, os comerciantes de Internet conseguem lidar com os três primeiros muitíssimo bem. Os produtos certos? Em categorias que variam de livros a produtos químicos, as lojas da Internet conseguem oferecer uma seleção de que nenhuma outra loja física é capaz. O preço certo? Os varejistas de Internet gozam de uma flexibilidade de margem incomparável. Para ganhar 125 por cento de retorno sobre o investimento em estoque, um comerciante de Internet como a Amazon.com, que consegue girar seu estoque 25 vezes por ano, precisa ganhar apenas 5 por cento em margens brutas. E o lugar certo? É aqui — no quesito lugar — que a Internet é mais revolucionária. A Internet, por sua natureza, é a negação da importância da localização. Qualquer um, a qualquer tempo, pode se tornar um comerciante global simplesmente fazendo uma página na rede. Com tantas vantagens, não é surpresa que o comércio eletrônico esteja atraindo tanta atenção.

Outro risco que as empresas enfrentam quando vão para o mercado on-line é a *canibalização* potencial das atuais formas de rendimentos. O atendimento on-line exige que a empresa esteja disposta a canibalizar sua própria rede de franquias ou a entrar em um processo de *destruição criativa*. Muitas vezes, o movimento inicial para um ambiente on-line resulta no decréscimo da receita bruta, dos ganhos e do preço das ações. Aliás, a decisão sobre quanto um negócio real deve investir no mundo on-line, com seus imensos custos iniciais e lucros apenas teóricos, é angustiante. "Para ir de A a C, B é o inferno", disse o vice-presidente de desenvolvimento comercial da Intel ao discutir investimentos em Internet. B é onde os ganhos brutos decaem e os lucros diminuem, mas não há meio de uma empresa grande ir para onde precisa estar no futuro sem passar por esse "vale da morte".

---

* *Wampum* é um termo informal da língua inglesa que significa "troco" ou "trocado sem grande importância".

Outro aspecto decorrente de adotar a destruição criativa é a disposição de arriscar as parcerias estabelecidas com distribuidores e varejistas. O maior impedimento identificado para as vendas on-line é justamente o *conflito com os canais* de venda já estabelecidos.[83]

De que outros modos o mundo da Internet dá exemplos de inovação? No mundo off-line, em que é difícil saber rapidamente quando uma parte do composto de marketing não está funcionando, as empresas acabam sendo mais lentas para aprender com os consumidores e mais morosas ainda para agir com base no que aprenderam. No mundo on-line isso é muito diferente. A Internet permite um *feedback* quase imediato dos consumidores e, consequentemente, ajustes rápidos. Os ciclos de aprendizado são muito mais curtos no mundo on-line que no off-line. As empresas que forem rápidas para experimentar, rápidas para aprender e velozes para se adaptar ganham. Aquelas que aprenderem mais rápido que as demais e continuarem aprendendo se manterão à frente. A passagem pelo ciclo de aprendizado cria um efeito de *feedback* positivo. Quanto mais uma empresa aprender e se adaptar, mais consumidores ganhará; quanto mais consumidores ganhar, mais rápido aprenderá a se adaptar.[84] Esse processo de aprendizado salienta o fato de que as empresas eficazes na Internet compreendem intuitivamente a noção de *marketing expedicionário*.

Na verdade, desde o começo, ser um pioneiro de mercado na Internet traduziu-se em imensas vantagens no tráfego do site e na valorização das ações. A Internet está intimamente vinculada à velocidade, mas, para ser rápida, uma empresa não pode, em hipótese alguma, querer fazer tudo. E mais: baseadas em um modelo de planejamento estratégico de competências-chave, as empresas devem buscar em fontes externas um (ou vários) aspectos para entrar no mundo on-line. Empresas que ajudam outras empresas a ir para esse mundo estão tendo aumentos monumentais em seus volumes.[85] O processo de design, hospedagem, manutenção, administração de e-mails, logística e distribuição podem levar as empresas muito além de suas capacidades.

Como exemplo final de conceitos de inovação no trabalho na área de Internet, quando a Toys "R" Us, um dos principais varejistas de brinquedos dos Estados Unidos, decidiu começar suas operações on-line, montou uma unidade separada no norte da Califórnia. A empresa havia decidido que, se o núcleo estivesse dentro de seu quartel-general, o processo ficaria mais lento e a inovação poderia ser comprometida.[86] Esse é o modelo clássico de um *skunk work*.

Apesar de as grandes empresas terem muitas obrigações em um ambiente on-line e de precisarem de estratégias diversas para lidar com elas, existem também vantagens importantes, como marcas conhecidas, orçamentos maiores e liderança comprovada. Tudo isso acaba sendo fonte de vantagens competitivas que muitas das empresas menores não têm.[87] As questões enfrentadas por pequenas empresas de alta tecnologia em fase de implantação são tratadas a seguir.

Desafios para pequenas empresas

Apesar das pequenas e microempresas raramente (ou nunca) serem acusadas de não ser inovadoras ou ágeis o bastante, as de alta tecnologia em fase de implantação também enfrentam um conjunto de dificuldades único, conforme mostra o Quadro 2.4. Uma das maiores preocupações

- Fontes de recursos
- Outros recursos
- Navegação em ambientes complexos

Quadro 2.4 — Questões de planejamento estratégico para empresas de alta tecnologia em fase de implantação (*start-ups*)

está em como montar a empresa antes que o volume de vendas e o fluxo positivo de caixa se materializem. Outras preocupações estão relacionadas à securitização de outros recursos e à maneira pela qual as pequenas empresas lidam com um ambiente de negócios complexo, consumidores exigentes e grandes concorrentes.

Preocupações com fundos

Pequenas empresas de alta tecnologia em fase de implantação têm três formas principais de financiar suas empreitadas:
- Amigos e família.
- Uso de recursos próprios ou fundação do negócio a partir dos ganhos com os primeiros clientes.
- Anjos e investidores de risco (em inglês, *venture capitalists*), abordados a seguir.

Gary Schneider é um empresário que conseguiu lidar de maneira bem-sucedida com os desafios de capital. Ele dedicou a vida ao desenvolvimento e marketing de um software que ajuda pequenos fazendeiros a otimizar a seleção do tipo de cultura — uma ideia que teve enquanto estudava agricultura e engenharia na Universidade do Arizona.[88] Depois de uma década refinando a ideia, Gary finalmente fundou sua empresa, chamada AgDecision, em 1996, para comercializar seu conceito. Para economizar, Gary foi seu próprio consultor de patentes, entregou à esposa a responsabilidade pelo marketing e pela administração, e não tirou salário. Para ganhar dinheiro, viajou muito fazendo trabalhos de consultoria. Enquanto procurava investidores, Gary e sua esposa vendiam um produto por vez, por meio de contatos próprios e de convenções de que participavam. Um dia, Gary telefonou para uma grande seguradora de colheitas, a American Agrinsurance, no Estado de Iowa. Um dos principais pesquisadores da empresa achou o produto interessante e dispôs-se a investir para financiar futuros desenvolvimentos do software.

Quando não são ricos nem têm parentes abonados, muitos empresários de alta tecnologia buscam fundos com investidores de risco. Uma área em que os Estados Unidos se sobressaem é na habilidade de fundar empresas inovadoras em estágio inicial. Segundo um estudo da Harvard Business School, um dólar investido em empreendimentos de risco rende entre três e cinco vezes mais patentes que um dólar gasto em P&D. É normal que as empresas precisem de capital de risco em seus ciclos iniciais de vida quando começam a comercializar suas inovações. Nesse estágio, o fluxo de caixa gerado internamente não costuma ser suficiente para manter o crescimento, e os bancos temem o risco de conceder novos empréstimos porque as empresas de alta tecnologia não costumam ter as garantias tradicionais. Por tudo isso, muitas empresas emergentes de alta tecnologia consideram a possibilidade de se aproximar de um investidor de risco.

Simplificando, capital de risco é o dinheiro investido em empresas emergentes e em fase de implantação que estejam crescendo rapidamente.[89] O capital é fornecido por investidores de risco, que costumam passar seus dias encontrando-se com líderes da indústria, com outros capitalistas de risco, ouvindo propostas de empresários animados e ponderando sobre o futuro da tecnologia.

Há dois tipos de investidores de risco: o formal e o informal. Os *investidores de risco formais* são investidores profissionais, como empresas de capital de risco e alguns bancos. Esses investidores frequentemente buscam empresas que já conseguiram ir além do estágio inicial, em que os riscos são maiores.

Os *investidores de risco informais* costumam ser conhecidos como "anjos". Provavelmente, são chamados assim não só por sua capacidade de salvar empresas, mas também por serem difíceis de encontrar. Os anjos geralmente são parte de uma rede informal de investidores que fica sabendo de empresas promissoras em fase de implantação por intermédio de conhecidos ou de amigos de amigos. No entanto, os anjos também podem funcionar como instituições profissionais. Eles têm recursos associados entre várias empresas para operações em comum, constroem *networks* explícitas e, quando investem, não demandam nada menos que um investidor formal, ou seja, querem um plano de negócios objetivo, claro e preciso, uma grande participação acionária e, muitas vezes, uma cadeira no conselho.

Quando os investidores de risco buscam empresas de alta tecnologia como oportunidades de investimento, olham para quatro fatores principais: administração, marketing, tecnologia/produto e retorno antecipado sobre o investimento. Os capitalistas de risco não investem simplesmente em um código de software superior ou em uma inovação tecnológica específica. Investem, na verdade, em pessoas talentosas com capacidade para transformar essa tecnologia em um produto que dê lucro.

Historicamente, no Brasil, a atuação dos investidores de risco (empresas e pessoas físicas) sempre foi tímida. A instabilidade da economia, as elevadas taxas de juros, a complexidade da legislação (principalmente a tributária e trabalhista) e a ausência de apoio formal e estruturado às atividades empreendedoras de alta tecnologia sempre constituíram obstáculos quase insuperáveis ao desenvolvimento de *start-ups*. Entretanto, esse cenário vem-se alterando nos últimos anos. O novo cenário econômico, a abertura dos mercados acelerada pela globalização e a conscientização da importância desse tipo de atividade para a sociedade brasileira têm servido como estímulo a diversos profissionais para se lançarem em empreitadas multissetoriais de alta tecnologia. Da indústria de telecomunicações ao agronegócio, já são dezenas de novas pequenas empresas que nasceram e prosperam sob a égide dessa nova era do Brasil. Em paralelo, as formas de financiamento também se multiplicaram. A seguir, na Figura 2.6, são apresentadas quatro delas.

Tipos de investimentos de capital de risco

Para cada estágio de desenvolvimento da ideia, projeto ou empresa existe um tipo adequado de investidor, indo desde o Investidor Anjo até os fundos de Private Equity. Da mesma forma, existem capitalistas especializados em cada setor da economia. Cabe ao empreendedor encontrar o investidor adequado ao seu tamanho e ao seu ramo de atuação.

Investidor Anjo
É uma pessoa física que financia o desenvolvimento de ideias inovadoras, muitas vezes ainda na cabeça do empreendedor. Outras fontes de recursos para empresas nascentes são os órgãos de fomento, como Finep, Sebrae, CNPq, FAPs (como o Faperj, Fapesp, Fapemig...), entre outros. Essas instituições normalmente fornecem recursos não reembolsáveis para inovação.

Capital Semente ou Seed Capital
É o investimento feito na fase inicial da empresa ou do projeto. Muitas vezes, são ainda apenas ideias inovadoras e não um empreendimento estruturado. O objetivo do capital semente é validar o modelo de negócios e dar os primeiros passos com a empresa.

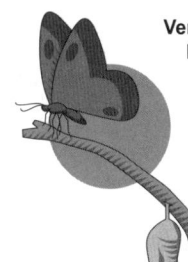

Venture Capital
Investimento que ocorre em empresas de pequeno e médio porte com grande potencial de crescimento. O Venture Capital financia as primeiras expansões e leva a empresa a novos patamares de mercado.

Private Equity
Os fundos de Private Equity investem em grandes empresas com faturamento na casa das dezenas ou centenas de milhões de reais. São companhias já consolidadas que normalmente utilizam mecanismos de alavancagem financeira e muitas vezes se preparam para abrir capital na bolsa de valores.

No Brasil, o mercado de Private Equity e Venture Capital está em crescimento acelerado desde o início da década. O mercado de Investidores Anjo e Capital Semente começou a dar seus primeiros passos, mas ainda é incipiente.

Figura 2.6 — Formas de financiamento para empresas de alta tecnologia

Fonte: *Desmistificando o capital de risco*: o que é, como funciona e como acessar o capital de risco para o seu negócio. Rio de Janeiro: Criatec, [s.d.]. p. 8-9. Disponível em: <http://www.fundocriatec.com.br/doc1/cartilha_criatec.pdf>. Acesso em: 7 maio 2011.

Para complementar, veja também um esquema com alguns dos principais investidores de risco no Brasil, Figura 2.7.

	Fomento	Capital Semente	Venture Capital	Private Equity
Principais players no Brasil	• Finep • CNPq • Fundações Estaduais de Amparo à Pesquisa (por exemplo, Fapesp, Faperj, Fapemig etc.)	• Gávea Angels • Confrapar • Semeia • Eccelera • Intel Capital (Intel) • Inovar Semente (Finep) • Fundo Novarum (JB Partners) • Fundo Criatec (BNDES)	• Axxon Group • CRP • DGF • Draxxer • Eccelera • Fir Capital • Jesse Irving Seligman • Rio Bravo • Votorantin novos negócios • BNDESPar	• Fir Capital • Investidor profissional • Pátria banco de negócios • Angra Partners • GP investimentos • Fama Investimentos • Pactual • Rio Bravo • BNDESPar

(Capital de risco abrange Capital Semente, Venture Capital e Private Equity)

Figura 2.7 — Principais investidores de risco no Brasil
Fonte: SAAD, Daniel. *Capital de risco*: guia prático da empresa nascente. [Campinas; Belo Horizonte; Bogotá; Cali]: Instituto Inovação, [2008]. p. 4. Disponível em: <http://inventta.net/wp-content/uploads/2010/07/capital_de_risco_guia_pratico_para_empresas_nascentes.pdf>. Acesso em: 7 maio 2011.

Por fim, é importante destacar que o mais comum é que os diversos tipos de capital estejam associados a negócios em diferentes estágios de desenvolvimento. A Figura 2.8 evidencia este aspecto.

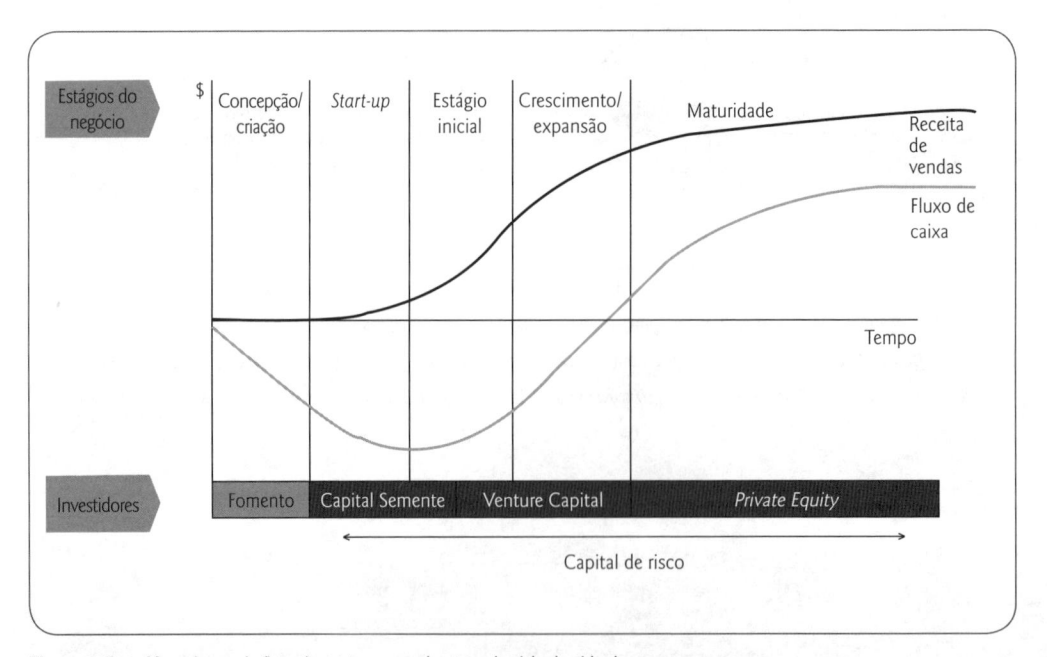

Figura 2.8 — Mecanismos de financiamento para cada etapa do ciclo de vida da empresa
Fonte: SAAD, Daniel. *Capital de risco*: guia prático da empresa nascente. [Campinas; Belo Horizonte; Bogotá; Cali]: Instituto Inovação, [2008]. p. 4. Disponível em: <http://inventta.net/wp-content/uploads/2010/07/capital_de_risco_guia_pratico_para_empresas_nascentes.pdf>. Acesso em: 7 maio 2011.

Outros recursos

As pequenas empresas de alta tecnologia em fase de implantação também precisam de assistência geral para ajudar a tirar seu negócio emergente do papel. As *incubadores de tecnologia* podem ser um bom recurso para muitas *start-ups*. Uma incubadora de negócios é uma ferramenta de desenvolvimento econômico criada para acelerar o crescimento e o sucesso de empresas empreendedoras, oferecendo uma ampla gama de recursos e serviços de apoio comercial. O principal objetivo dessa estrutura é produzir empresas de sucesso, que deixem o programa de incubação financeiramente viável e autossustentável. Fatores críticos para o conceito de uma incubadora são a administração *in loco*, que desenvolve e orquestra os negócios, o marketing e a gestão de recursos criados de acordo com as necessidades de cada empresa. As incubadoras também podem fornecer aos seus clientes acesso ao espaço ideal para se instalarem, contratos de *leasing* flexíveis, equipamentos e serviços básicos de escritório compartilhados, serviços de suporte de tecnologia e assistência na obtenção do financiamento necessário para o crescimento da empresa.[90] Esse conceito apresenta muitos benefícios. Dividir o espaço do escritório, por exemplo, permite que os empresários troquem ideias e que empreendedores inexperientes tenham acesso a consultores qualificados.[91]

Há diversas outras opções de assistência, tanto públicas como privadas, para pequenos negócios em busca de desenvolver novas áreas e mercados. Em um nível básico, as empresas em fase de implantação podem achar uma boa ideia entrar em contato com a Corporação Sênior de Executivos Aposentados (em inglês, Senior Corp of Retired Executives — Score), um grupo de voluntários que se disponibiliza a prestar consultoria a jovens empreendedores (www.score.org). Os voluntários fazem parte da Associação de Pequenos Negócios (em inglês, Small Business Association — SBA) e há escritórios locais da Score nos Estados Unidos inteiro. A natureza da especialização disponível pode ter especificidades geográficas, de modo que as empresas de alta tecnologia em fase de implantação poderão tirar melhor proveito dos serviços que estejam baseados em áreas com grande afluência de negócios de alta tecnologia. A SBA também oferece programas de garantia de empréstimos que poderão ser úteis para novos negócios (www.sba.gov).

No Brasil, as primeiras incubadoras surgiram nos anos 1980, quando, por iniciativa do então presidente do Centro Nacional de Desenvolvimento Científico e Tecnológico (CNPq), Lynaldo Cavalcanti, cinco fundações tecnológicas foram criadas: Porto Alegre (RS), Florianópolis (SC), Campina Grande (PB), Manaus (AM) e São Carlos (SP). Após a implantação dessa última, em dezembro de 1984, começou a funcionar a primeira incubadora de empresas no Brasil, e a mais antiga da América Latina, com quatro empresas instaladas. Ainda nessa década três outras incubadoras viriam a ser constituídas nas cidades de Campina Grande (PB), Florianópolis (SC) e Rio de Janeiro (RJ).

> Apesar da inauguração das primeiras incubadoras brasileiras, elas somente se consolidaram [...] a partir da realização do Seminário Internacional de Parques Tecnológicos, em 1987 [...]. Nesse mesmo ano, surgia [a] Associação Nacional de Entidades Promotoras de Empreendimentos de Tecnologias Avançadas (Anprotec), que passou a representar não só as incubadoras de empresas, mas todo e qualquer empreendimento que utilizasse o processo de incubação para gerar inovação no Brasil.[92]

Outra opção para pequenas empresas de alta tecnologia em fase de implantação que enfrentam problemas de restrição de recursos é formar parcerias com outras empresas que ofereçam recursos e habilidades complementares. Alianças estratégicas e parcerias estão no domínio do marketing de relacionamento, assunto do próximo capítulo.

Navegando em um ambiente complexo

Como as pequenas e médias empresas poderão manter-se à frente das rápidas mudanças tecnológicas, econômicas e de mercado? Há três requisitos para enfrentar esse desafio: velocidade, flexibilidade e orientação no tempo.[93]

Velocidade

À medida que o ritmo da inovação aumenta, o mesmo acontece com a velocidade com a qual a nova tecnologia é criada e a atual tecnologia se torna obsoleta. A velocidade de aprendizado importa: uma empresa que aprenda devagar pode se deparar com seu desempenho de inovação deteriorando-se rapidamente. Mas a velocidade de aprendizado é apenas uma peça do quebra-cabeça da velocidade. A rapidez em outros processos pode melhorar a eficiência e/ou a eficácia. Um processo rápido de desenvolvimento de produto pode reduzir o número de homens-horas necessários para o desenvolvimento e pode reduzir as chances de a empresa perder uma janela de mercado. Um processo de fabricação ágil reduz o investimento em matérias-primas, o processo de trabalho e os inventários de produtos acabados ao mesmo tempo que um rápido fornecimento agiliza o fluxo de caixa.

Flexibilidade

A estratégia, as competências e os produtos da pequena empresa devem manter-se alinhados ao cenário corrente, mantendo-se flexíveis o bastante para responder às mudanças de ambiente. A flexibilidade implica três coisas: a empresa tem de ser capaz de pressentir ou antecipar mudanças; deve ter uma pronta aceitação cultural para incorporar a mudança e ter as habilidades e competências necessárias para competir no novo ambiente.[94] Assim, a flexibilidade tem um aspecto cultural (por exemplo, a disponibilidade para mudar) e um elemento de competência para acontecer (por exemplo, ser capaz de mudar). Trata-se de um desafio muito difícil para as empresas menores, mas há alguns processos pelos quais a flexibilidade pode ser mantida, como:

- Desenvolver um sistema de informações de mercado capaz de monitorá-lo nas questões centrais para sua sobrevivência. Esse sistema abrange a habilidade da empresa de aprender sobre seus consumidores, concorrentes e membros do canal, e agir em eventos e tendências de mercados presentes e potenciais. Os processos para reunir, interpretar e usar as informações de mercado são frequentes, inter-relacionados, cuidadosos e proativos.[95]
- Monitorar os "consumidores da margem". Esses consumidores não fazem parte do principal mercado da empresa. As necessidades deles podem ser mais avançadas que aquelas dos membros do principal mercado ou eles podem demandar uma personalização do produto ou serviço para satisfazer às suas necessidades. Frequentemente, esse tipo de público fornece *insights* para mercados não explorados.

- Institucionalizar a orientação para o aprendizado. As empresas fortemente orientadas para o aprendizado estimulam seus funcionários a questionar as normas organizacionais que guiam a geração e a disseminação da inteligência e, dessa maneira, entendem melhor a causa e os efeitos de suas ações, podendo impedir e corrigir os erros em suas rotinas.[96]
- Fazer experiências de mercado de baixo custo.
- Estimular as tomadas de decisão descentralizadas com parâmetros claros.

Orientação no tempo

Uma das questões mais sérias enfrentadas pela alta administração das pequenas empresas no desenvolvimento de mercados é a necessidade de reconhecer novas oportunidades e agir sobre elas. E em nenhum lugar isso é mais importante que em empresas que competem por mercados sustentados em tecnologias. O desafio é particularmente maior para empresas menores e mais jovens, que costumam sofrer pela falta de experiência e de recursos acumulados.

Administrar a orientação no tempo é um dos meios de evitar esses problemas, uma vez que esta se relaciona à habilidade dos administradores em antecipar e entender eventos futuros, e em partilhar suas ideias com o resto da empresa. A antecipação, a disseminação e a interpretação partilhada devem produzir uma mudança proativa e coordenada.[97]

VISÃO DE MERCADO

Estratégia e cultura corporativa em empresas de alta tecnologia

José Ricardo Roriz Coelho

Presidente da Vitopel, diretor titular do Departamento de Competitividade e Tecnologia da Federação das Indústrias do Estado de São Paulo (Fiesp) e presidente do Instituto Paulista de Excelência em Gestão (Ipeg)

Uma das maiores preocupações das empresas que buscam a expansão de mercados, o desenvolvimento de novos produtos e a agregação de valor a suas atividades diz respeito aos processos gerenciais em torno dos quais seus objetivos são delineados. O planejamento estratégico em empresas de alta tecnologia deve focar principalmente a maximização de seus recursos em função das metas e de seu alcance em termos temporais. É a possibilidade de fazer que os recursos sejam bem aplicados a curto, médio e longo prazos a despeito de o mundo estar cada vez mais dinâmico e demandar das empresas respostas adequadas em tempos cada vez mais reduzidos.

As lideranças dessas empresas devem ser capazes de desenvolver equipes motivadas e envolvidas com diferentes atividades e que consigam, a partir de suas diferentes capacitações, entender com clareza qual é o objetivo principal da organização. Construir e disseminar uma missão com metas claras é o grande desafio de empresas dinâmicas, sendo capazes de acompanhar as mudanças constantes no ambiente externo e adaptá-las com rapidez às condições internas sem perder o norte de sua visão.

Mais do que da definição dos objetivos econômicos — taxa de lucro, quem são meus principais concorrentes, quais são meus melhores fornecedores, em quais mercados estou mais apto a ingressar ou a implantar programas de expansão —, as empresas não podem prescindir da clareza de seu plano estratégico e de seus planos de ação, com eficiente monitoramento de implementação. Nas empresas de alta tecnologia que não possuem uma missão de longo prazo e em cujas ações cotidianas de curto prazo não formulam nem aplicam programas de execução estruturados, as chances de a dinâmica própria do mercado concorrencial impedir seu avanço são elevadíssimas.

A capacidade da empresa de atender às necessidades de seus funcionários, clientes e consumidores, gerando um ambiente que favoreça alianças e que seja propício à constante busca de novas alternativas e soluções deve estar na premissa de sua missão. Isso é fundamental para que ela consiga gerar fluxos de receitas suficientemente robustos para superar os fluxos de custos e ainda permitir que clientes cada vez mais rentáveis sejam incorporados à sua carteira.

Independentemente de seu porte, as empresas não podem negligenciar as mudanças repentinas nos ambientes social, tecnológico e político, e perceber isso em todo o momento não pode ser feito de forma eventual ou em reuniões anuais com o grupo gerencial, mas de maneira sistemática e consistente no dia a dia da empresa. Uma forma de enfrentar as ameaças e tirar proveito das oportunidades que surgem em tempos de mudanças é incutir nas equipes e na estrutura organizacional políticas de ação flexíveis. Tornar a organização flexível implica manter uma estrutura sólida em torno de objetivos e metas empresariais ao mesmo tempo que favorece o contínuo ajuste das estruturas à sua volta.

Em setores de alta tecnologia, os líderes empresariais sabem que um bom posicionamento no mercado, seja por antecipação do bom gerenciamento de custos, seja por efeitos sinérgicos na rede de suprimentos ou fidelização dos clientes, permite a obtenção de vantagens competitivas futuras que serão manifestadas pela captura de *share* e de competências suficientemente fortes para induzir à adoção de determinados conceitos e produtos por seus clientes e consumidores.

Quanto maior o envolvimento e o conhecimento da empresa nas especificidades do setor em que atua, maior será a habilidade daquele que toma decisões de captar as variáveis socioculturais dos distintos cenários e nichos de atuação em que a empresa deve operar.

Como tomar decisões rápidas e adequadas? Este é o grande desafio! Se, no início do século, as empresas se expandiram por meio do processamento de recursos, agora o processamento é de recursos, conhecimento e tecnologias. A observação contínua do mercado e do ambiente externo à empresa e o estabelecimento de uma organização horizontal com missões e equipes orientadas refletem os desafios que os diretores e executivos enfrentam todos os dias. Grandes empresas, como Microsoft, IBM, HP e Google ocupam posições de liderança porque souberam aglutinar, em torno de sua missão, equipes competentes e que dialogam na mesma sintonia de ação.

Resumo

Este capítulo, o primeiro de três que abordam considerações internas da empresa que afetam o sucesso do marketing de alta tecnologia, apresenta e discute três tópicos abrangentes. Primeiro, discute-se o processo de planejamento estratégico em empresas de alta tecnologia, incluindo o desenvolvimento de estratégias a partir dos possíveis diferenciais competitivos oriundos do desenvolvimento e da posse de recursos e competências.

Em segundo lugar, fala-se das necessidades das grandes empresas em se manterem ágeis e flexíveis e não permitirem que suas competências-chave se transformem em entraves à inovação (rigidez). As empresas precisam aprender a lidar com a tensão que as inovações perturbadoras criam em suas organizações, o que é conhecido como o dilema do inovador. As estratégias e técnicas para manter o clima e a cultura de inovação incluem:

- Estar disposto a entrar em um processo de destruição criativa.

- Ter imaginação corporativa (usando os ciclos de vida da tecnologia para saltar para a tecnologia da próxima geração, escapando da tirania dos mercados atendidos, usando novas fontes de ideias e liderando os consumidores antes que eles próprios saibam para onde querem ir).
- Adotar o marketing expedicionário por meio de incursões rápidas no mercado, com o objetivo de aplicar o aprendizado obtido a sucessivas versões do produto.
- Manter uma cultura de inovação (permitindo que os campeões de produto floresçam, dando tempo e incentivos para a inovação e lançando mão do *skunk work*, se necessário).

Em terceiro lugar, discute-se a questão dos recursos necessários para pequenas empresas, a fim de que elas possam competir com sucesso no mercado. Foram abordados os conceitos de capital de risco, incubadoras e dimensões culturais e estratégicas. Na continuidade da abordagem de fatores internos que afetam o sucesso do marketing, o próximo capítulo examina o papel do estabelecimento de parcerias e alianças com importantes investidores.

Perguntas para debate

1. Dê uma visão geral do processo de planejamento estratégico em empresas de alta tecnologia. De que maneira ele difere dos processos de planejamento estratégico convencionais?
2. Quais são as principais questões a que a estratégia de uma empresa deve responder?
3. Quais são os requisitos para a vantagem competitiva?
4. O que são competências-chave? Dê um exemplo de competência-chave de uma empresa. Explique como seu exemplo se encaixa em cada um dos critérios de competência-chave.
5. Por que grandes empresas têm dificuldade de ser inovadoras?
6. Como as competências-chave podem se tornar um obstáculo à inovação (rigidez)? Dê um exemplo.
7. Quais são as causas do dilema do inovador?
8. O que é destruição criativa?
9. Como uma empresa pode alavancar de maneira eficaz sua dominância para se tornar inovadora?
10. Por que o desaprendizado é importante?
11. Quais são os quatro elementos da imaginação corporativa?
12. O que são ciclos de vida da tecnologia? Como as empresas podem usá-los para serem inovadoras? Dê um exemplo.
13. O que é marketing expedicionário? Quais são as implicações em termos de trazer produtos para o mercado?
14. Como uma empresa pode nutrir uma cultura de inovação?
15. O que é *skunk work*? Ele faz sentido para você? Sim ou não? Justifique.
16. Quem são os campeões de produto? Quais são as suas características? Quais são os prós e contras de assumir tal papel?
17. Quais são as questões enfrentadas por pequenas empresas de alta tecnologia em fase de implantação?

Glossário

Campeão de produto. Uma pessoa tão comprometida com uma ideia em particular que se dispõe a trabalhar incansavelmente para defendê-la, a trabalhar fora dos canais normais para atingi-la, e que aposta no sucesso futuro da ideia. Muitas vezes, campeões são iconoclastas, dissidentes ou guerreiros que se arriscam.

Ciclo de vida da tecnologia. Um gráfico que mostra que os investimentos relacionados à melhoria de desempenho feitos em uma tecnologia em particular costumam ser uma curva em forma de "S". As inovações radicais "pulam" ciclos de vida de tecnologia e iniciam uma nova curva em "S".

Competência-chave. Habilidades e capacidades comuns que apoiam a criação da vantagem competitiva de uma empresa; geralmente, são baseadas em conhecimento tácito, que é difícil de imitar.

Desaprendizado. O processo de trazer à tona conhecimentos e suposições que são a base da ação estratégica, testando sua validade e descartando aquelas que se tornaram barreiras às mudanças proativas.

Destruição criativa. A noção de que, para se manter viável, uma empresa precisa estar disposta a destruir a base de seu atual sucesso. Se uma empresa não se reinventar e inovar constantemente, verá sua participação de mercado ser tomada por concorrentes dispostos a fazê-lo.

Dilema do inovador. O conflito entre continuar a alocar recursos para servir aos atuais consumidores com produtos melhorados de maneira incremental e alocar recursos para desenvolver novos produtos que talvez interrompam os processos de operação dos atuais clientes.

Imaginação corporativa. É a característica da empresa que permite que sua cultura transpire criatividade, de modo que ela (1) esteja disposta a superar as hipóteses de preço-desempenho; (2) escape da tirania do mercado atendido; (3) use novas fontes de ideias para produtos inovadores; e (4) esteja disposta a levar os consumidores para onde eles querem ir.

Incubadora tecnológica. Uma ferramenta de desenvolvimento econômico concebida para acelerar o crescimento e o sucesso das empresas de tecnologia em fase de implantação, oferecendo uma grande gama de recursos e serviços de apoio comercial em um lugar que abrigue novos negócios por um breve período.

Lei de Moore. A cada 18 meses, aproximadamente, as melhorias tecnológicas dobram o desempenho de um produto sem aumentar seu preço. Dizendo de forma diferente, a cada 18 meses, as melhorias tecnológicas cortam pela metade o preço de determinado nível de desempenho.

Marketing expedicionário. Uma estratégia para o sucesso de novos produtos baseada em fazer vários minilançamentos em rápida sucessão e, aprendendo com cada investida no mercado, incorporar esse conhecimento a cada uma das tentativas, de modo que, com o tempo, a empresa acumule clientes leais e uma fatia maior de participação de mercado que as empresas que fizeram menos incursões.

Mercado. A arena onde a empresa compete. Um novo mercado é representado por consumidores subatendidos pelas atuais ofertas de mercado ou por segmentos antes não identificados. Ambos representam uma oportunidade para a empresa evitar a concorrência frontal.

Rigidez arraigada. Habilidades e competências incorporadas tão enraizadas que impedem a empresa de ver novas maneiras de fazer as coisas; pode incluir normas culturais, de dar *status* aos engenheiros em detrimento dos profissionais de marketing ou de dar preferência a tecnologias que já existem, e assim por diante.

Tirania do mercado atendido. Uma visão estreita sobre atender às necessidades dos atuais consumidores à custa da identificação de possíveis novos consumidores com novas necessidades.

Trabalhos proibidos (*skunk work*). Novas equipes de desenvolvimento que são isoladas ou removidas das operações normais da empresa para poder nutrir uma cultura inovadora que permita ao time pensar "fora da caixa".

Vantagem competitiva. É uma posição em que uma empresa consegue criar mais valor para os consumidores que seus concorrentes, ao mesmo tempo que obtém retorno pelo investimento. A vantagem competitiva requer a posse de bens tangíveis e intangíveis ou competências.

Notas

1. COOPER, L. Strategic marketing planning for radically new products. *Journal of Marketing*, n. 64, p. 1-16, jan. 2000; EISENHARDT, K.; BROWN, S. Patching: restitching business portfolios. *Harvard Business Review*, n. 77, p. 72--82, maio/jun. 1999.

2. RYANS, A. et al. *Winning market leadership.* Toronto: John Wiley & Sons Canada, 2000.

3. PORTER, M. E. *Vantagem competitiva*: criando e sustentando um desempenho superior. Rio de Janeiro: Campus, 1985.

4. FINE, C. *Clockspeed*: winning industry control in the age of temporary advantage. Reading, Mass: Perseus, 1998.

5. Baseado em uma entrevista com Robert Guezuraga, presidente do núcleo de Cirurgia Cardíaca, e Jan Shimanski, diretor-geral do núcleo de Biologia e Terapia, em 3 jun. 2003.

6. OHMAE, K. Getting back to strategy. *Harvard Business Review*, n. 66, p. 149-156, nov./dez. 1998.

7. HAMEL, G.; PRAHALAD, C. K. *Competing for the future*. Boston: Harvard Business School Press, 1994; KIM, W. C.; MAUBORGNE, R. Creating new market space. *Harvard Business Review*, n. 77, p. 83-93, jan./fev. 1999.

8. KIM, W. C.; MAUBORGNE, R. Op. cit., 1999.

9. SERWER, A.; GASHUROV, I.; KEY, A. There's something about Cisco. *Fortune*, p. 114-127, 15 maio 2000.

10. KERIN, R. A.; VARADARAJAN, P. R.; PETERSON, R. A. First-mover advantage: a synthesis, conceptual framework, and research propositions. *Journal of Marketing*, n. 56, p. 33-52, out. 1992.

11. BYRNES, N.; JUDGE, P. Internet anxiety. *Business Week*, p. 79-88, 28 jun. 1999.

12. BAYUS, B. L.; JAIN, S.; RAO, A. G. Too little, too early: introduction timing and new product performance in the personal digital assistant industry. *Journal of Marketing Research*, n. 34, p. 50-63, fev. 1997.

13. KIRKPATRICK, D. The online grocer version 2.0. *Fortune*, p. 217-222, 25 nov. 2002.

14. GOLDER, P. N.; TELLIS, G. J. Pioneer advantage: marketing logic or marketing legend? *Journal of Marketing Research*, n. 30, p. 158-171, maio 1993.

15. BOULDING, W.; CHRISTEN, M. First-mover disadvantage. *Harvard Business Review*, n. 79, p. 20-21, out. 2001.

16. SHANKAR, V.; CARPENTER, G. S.; KRISHNAMURTHI, L. Late mover advantage: how innovative late entrants outsell pioneers. *Journal of Marketing Research*, n. 35, p. 57-70, fev. 1998; Veja também ZHANG, S.; MARKMAN, A. B. Overcoming the early entrant advantage: the role of alignable and nonalignable differences. *Journal of Marketing Research*, n. 35, p. 413-426, nov. 1998.

17. HAMEL, G. Killer strategies that make shareholders rich. *Fortune*, n. 23, p. 70-84, jun. 1997.

18. Ibid.

19. Ibid.

20. Ibid.

21. DAY, G. S. The capabilities of market-driven organizations. *Journal of Marketing*, n. 58, p. 37-52, out. 1994; SRIVASTAVA, R. K.; SHERVANI, T. A.; FAHEY, L. Market-based assets and shareholder value: a framework for analysis. *Journal of Marketing*, n. 62, p. 2-18, jan. 1998; SRIVASTAVA, R. K.; SHERVANI, T. A.; FAHEY, L. Marketing, business processes, and shareholder value: an organizationally embedded view of marketing activities and the discipline of marketing. *Journal of Marketing*, n. 63, p. 168-179, 1999.

22. PRAHALAD, C. K.; HAMEL, G. The core competence of the corporation. *Harvard Business Review*, n. 68, p. 79-91, maio/jun. 1990.

23. GOMES, Lee. H-P to unveil digital camera and peripherals. *Wall Street Journal*, p. B7, 25 fev. 1997.

24. PRAHALAD, C. K.; HAMEL, G. Op. cit., 1990.

25. VOGELSTEIN, F. Mighty Amazon. *Fortune*, p. 60-67, 26 maio 2003.

26 BARNEY, J. Firm resources and sustained competitive advantage. *Journal of Management*, v. 17, n. 1, p. 99-120, 1991.

27 WIGGINS, R.; RUEFLI, T. Sustained competitive advantage: temporal dynamics and persistence of superior economic performance. *Organization Science*, v. 13, n. 1, p. 82-105, 2002.

28 COLLIS, D.; MONTGOMERY, C. A. Competing on resources: strategy in the 1990s. *Harvard Business Review*, n. 73, p. 118-128, jul./ago 1995; GRANT, R. M. The resource-based theory of competitive advantage: implications for strategy formulation. *California Management Review*, v. 33, n. 3, p. 114-135; WILLIAMS, J. R. How sustainable is your competitive advantage? *California Management Review*, v. 34, n. 3, p. 29-51, 1992.

29 COLLIS, D.; MONTGOMERY, C. A. Op. cit., 1995; GRANT, R. M. Op. cit., 1991.

30 GOLDER, P. N.; TELLIS, G. J. Op. cit., 1993.

31 BARNEY, J. Op. cit., 1991.

32 GRANT, R. M. Op. cit., 1991.

33 DAY, G. S.; WENSLEY, R. Assessing advantage: a framework for diagnosing competitive superiority. *Journal of Marketing*, n. 52, p. 1-20, abr. 1988.

34 COLLINS, J. C.; PORRAS, J. I. *Built to last*. Nova York: HarperBusiness, 1994.

35 DAY, G. S.; WENSLEY, R. Op. cit., 1988.

36 DESHPANDE, R.; WEBSTER JR., F. E. Organizational culture and marketing: defining the research agenda. *Journal of Marketing*, n. 53, p. 3-15, jan. 1989.

37 LEONARD-BARTON, D. Core capabilities and core rigidities: a paradox in managing new product development. *Strategic Management Journal*, n. 13, p. 111-125, 1992.

38 MCWILLIAMS, G. Schlumberger digs deeper. *Business Week*, p. 48-9, 27 jul. 1999.

39 CHRISTENSEN, C. M. *The innovator's dilemma*. Boston, MA: Harvard Business School Press, 1997.

40 SCHUMPETER, J. *Capitalism, socialism and democracy*. Nova York: Harper & Row, 1942.

41 SHANKLIN, W.; RYANS, J. *Essentials of marketing high technology*. Lexington, MA: DC Heath, 1987.

42 MOELLER, M. E-commerce may be one race Microsoft can't win. *Business Week*, 22 mar. 1999. Disponível em: <www.businessweek.com>.

43 CHANDY, R. K.; TELLIS, G. J. The incumbent's curse? Incumbency, size, and radical product innovation. *Journal of Marketing*, v. 64, n. 3, p. 1-17, 2000.

44 CHANDY, R. K.; PRABHU, J. C.; ANTIA, K. D. What will the future bring? Dominance, technology expectations, and radical innovation. *Journal of Marketing*, v. 67, n. 3, p. 1-18, 2003; SORESCU, A. B.; CHANDY, R. K.; PRABHU, J. C. Sources and financial consequences of radical innovation: Insights from pharmaceuticals. *Journal of Marketing*, v. 67, n. 4, p. 82-102, 2003.

45 CHANDY, R. K.; PRABHU, J. C.; ANTIA, K. D. Op. cit., 2003.

46 CHANDY, R. K.; TELLIS, G. J. Organizing for radical product innovation: the overlooked role of willingness to cannibalize. *Journal of Marketing Research*, n. 35, p. 474-487, nov. 1998.

47 SORESCU, A. B.; CHANDY, R. K.; PRABHU, J. C. Op. cit., 2003.

48 SAPORITO, B.; HADJIAN, A. Behind the tumult at P&G. *Fortune*, p. 74-807, mar. 1994.

49 BROWN, J. S. Research that reinvents the corporation. *Harvard Business Review*, n. 69, p. 102-111, jan./fev. 1991.

50 POTTS, M. Toward a boundaryless firm at general electric. In: KANTER, R. M.; STEIN, B. A.; JICK, T. D. *The challenge of organizational change*. Nova York: The Free Press, 1992. p. 450-455.

51 HAMEL, G.; PRAHALAD, C. K. Corporate imagination and expeditionary marketing. *Harvard Business Review*, n. 69, p. 81-92, jul./ago. 1991.

52 SHANKLIN, W.; RYANS, J. Op. cit., 1987.

53 COOPER, A.; SCHENDEL, D. Strategic responses to technological threats. *Business Horizons*, p. 61-69, fev. 1976.

54 SHANKLIN, W.; RYANS, J. Op. cit., 1987.

55 SHANKLIN, W.; RYANS, J. Op. cit., 1987, Capítulo 7.

56 Ibid.

57 LEONARD-BARTON, D.; WILSON, E.; DOYLE, J. Commercializing technology: understanding user needs. In: RANGAN, V. K. et al. (Orgs.). *Business Marketing Strategy*. Chicago: Irwin, 1995. p. 281-305.

58 HAMEL, G.; PRAHALAD, C. K. Op. cit., 1991.

59 MACDONALD, E.; LUBLIN, J. In the debris of a failed merger: trade secrets. *Wall Street Journal*, p. B1, mar. 1998.

60 Veja também o conceito de desperdício em GROSS, N.; COY, P.; PORT, O. The technology paradox. *BusinessWeek*, mar. 1995, p. 76-84.

61 HERBOLD, R. Inside microsoft: balancing creativity and discipline. *Harvard Business Review*, n. 80, p. 72-79, jan. 2002.

62 PRAHALAD, C. K.; HAMEL, G. Op. cit., 1990.

63 LEONARD-BARTON, D. Op. cit., 1992.

64 MEHTA, S. *Samsung's new play*. Disponível em: <www.fortune.com>. Acesso em: set. 2003.

65 THOMKE, S. Enlightened experimentation: the new imperative for innovation. *Harvard Business Review*, n. 79, p. 67-75, fev. 2001.

66 QUINN, J. Managing innovation: controlled chaos. *Harvard Business Review*, n. 63, p. 73-85, maio/jun. 1985.

67 BURGELMAN, R. Corporate entrepreneurship and strategic management: insights from a process study. *Management Science*, n. 29, p. 1.349-1.364, dez. 1983.

68 HUTT, M.; REINGEN, P.; RONCHETTO JR., J. Tracing emergent processes in marketing strategy formulation. *Journal of Marketing*, n. 52, p. 4-19, jan. 1988.

69 PINCHOT, G. *Intrapreneuring*: why you don't have to leave the corporation to become an entrepreneur. San Francisco, CA: Berrett-Koehler Publishing, 2000.

70 MAIDIQUE, M. Entrepreneurs, champions, and technological innovations. *Sloan Management Review*, n. 21, p. 59-70, primavera de 1980; veja também HOWELL, J. Champions of technological innovation. *Administrative Science Quarterly*, n. 35, p. 317-341, jun. 1990.

71 CHANDY, R. K.; TELLIS, G. J. Op. cit., 1998.

72 Ibid.

73 TABRIZI, B.; WALLEIGH, R. Defining next-generation products: an inside look. *Harvard Business Review*, n. 75, p. 116-124, nov./dez. 1997.

74 HAMEL, G.; PRAHALAD, C. K. Op. cit., 1991.

75 Ibid.

76 HAMEL, G. Op. cit., 1997.

77 MCGOSH, A. et al. Proven methods for innovation management: an executive wish list. *Creativity & Innovation Management*, n. 7, p. 175-193, dez. 1998.

78 BYRNES, N.; JUDGE, P. Op. cit., 1999.

79 ANDERS, G. Buying frenzy. *Wall Street Journal*, p. R6, R10, 12 jul. 1999.

80 BYRNES, N.; JUDGE, P. Op. cit., 1999.

81 HAMEL, G.; SAMPLER, J. The e-corporation. *Fortune*, p. 80-927, dez. 1998.

82 CHRISTENSEN, C. M.; TEDLOW, R. S. Patterns of disruption in retailing. *Harvard Business Review*, n. 78, p. 42-46, jan./fev. 2000.

83 HOF, R. The click here economy. *Business Week*, p. 122-128, 22 jun. 1998.

84 HAMEL, G.; SAMPLER, J. Op. cit., 1998.

85 SAGER, I. Go ahead, farm out those jobs. *Business Week e.biz*, p. EB35, 22 mar. 1999.

86 BYRNES, N.; JUDGE, P. Op. cit., 1999.

87 SAGER, I. Op. cit., 1999.

88 Selling a "killer app" is a far tougher job than dreaming it up. *Wall Street Journal*, p. B1, 13 abr. 1998.

89 MANDEL, M. The new economy. *Business Week*, p. 73-91, 31 jan. 2000.

90 National Business Incubation Association (NBIA). Athens, OH: NBIA, 2009. Disponível em: <www.nbia.org>. Acesso em: 7 maio 2011.

91 BRANSTEN, L. Seeking more high-tech home runs. *Wall Street Journal Interactive*, 15 out. 1999. Disponível em: <http:interactive.wsj.com>.

92 Texto adaptado do site oficial da Associação Nacional de Entidades Promotoras de Empreendimentos de Tecnologias Avançadas (Anprotec). Brasília: Anprotec, [s.d.]. Disponível em: <http://www.anprotec.org.br/publicacaoconhecas2.php?idpublicacao=80>. Acesso em: 7 maio 2011.

93 RIOLLI-SALTZMAN, L.; LUTHANS, F. After the bubble burst: how small high-tech firms can keep in front of the wave. *Academy of Management Executive*, v. 15, n. 3, p. 114-125, 2001.

94 MARKIDES, C. C. *All the right moves*: a guide to crafting breakthrough strategy. Cambridge, MA: Harvard Business School Press, 1999.

95 DAY, G. S. Op. cit., 1994.

96 BAKER, W. E.; SINKULA, J. M. The synergistic effect of market orientation and learning orientation of organizational performance. *Journal of the Academy of Marketing Science*, v. 27, n. 4, p. 411-428, 1999.

97 WEST III, G. P.; MEYERG, G. D. Temporal dimensions of opportunistic change in technology-based ventures. *Entrepreneurship: Theory & Practice*, v. 22, n. 2, p. 31-53, 1997.

Marketing de relacionamento: parcerias e alianças

CAPÍTULO 3

O marketing de relacionamento refere-se à criação e manutenção de relações de longo prazo com clientes e parceiros de negócios visando produzir resultados mutuamente positivos e nos quais todas as partes saiam ganhando. No ambiente de negócios de alta tecnologia existem diversos aspectos que demandam a construção de parcerias e alianças. Considerando-se o ciclo cada vez mais curto de desenvolvimento de novos produtos (em inglês, *time-to-market cycle*) e os elevados custos e riscos inerentes desse processo, as empresas devem considerar o desenvolvimento conjunto de produtos como uma possibilidade a ser explorada. As montadoras General Motors (GM) e a Toyota, por exemplo, uniram-se para desenvolver veículos movidos a combustíveis alternativos, encarando o desafio de produzir uma nova tecnologia de propulsão como uma batalha "não de fabricantes individuais, mas de alianças corporativas — e até mesmo transcontinentais".[1]

Além disso, a necessidade de apresentar soluções cada vez mais completas a um mercado cada vez mais exigente pode implicar a necessidade de inclusão de outros parceiros a fim de que se possam desenvolver partes específicas de um determinado produto. O desenvolvimento dos softwares de gestão integrada (em inglês, *enterprise resource planning* — ERP) é um bom exemplo. Usado para gerenciar, de maneira integrada, as diversas áreas da empresa (tais como produção, marketing, finanças e recursos humanos), as principais empresas da indústria de tecnologia da informação (TI) perceberam que havia necessidade de se estabelecer parcerias com outras empresas, detentoras de competências complementares, de modo a atender aos clientes com uma solução completa. A líder nesse segmento, a alemã SAP, trabalha com um número expressivo de parceiros a fim de complementar sua oferta de soluções integradas. E, conforme observado no Capítulo 1, a importante tarefa de estabelecer padrões de mercado requer a colaboração de outras organizações.

Este capítulo explora aspectos importantes na formação e na gestão de parcerias, alianças e outras relações que são vitais para o sucesso em mercados de alta tecnologia.

Parcerias e alianças

Tipos de parcerias

A sinergia em uma parceria pode levar ambas as partes a se tornarem mais competitivas por meio de situações de ganhos comuns ou até mesmo fortalecer essas empresas diante de terceiros. Por exemplo: cientistas e pesquisadores de grandes indústrias farmacêuticas acreditam que o livre acesso a uma base de informações sobre genética humana seja crucial para o modo como os medicamentos serão produzidos e testados no futuro. Assim, organizaram uma associação sem fins lucrativos, em que empresas tradicionalmente concorrentes trabalham juntas na elaboração desse mapeamento. Essa associação também vai se juntar a outros concorrentes — as empresas de biotecnologia —, que hoje lideram essa corrida. A ideia é armazenar todo o conhecimento em um banco de dados ao qual companhias farmacêuticas, pesquisadores acadêmicos e empresas de biotecnologia teriam acesso gratuito e igual. Executivos da indústria farmacêutica admitem que o progresso seria expressivamente mais lento se tivessem de trabalhar sozinhos, especialmente considerando a vantagem que as empresas de tecnologia já possuem.[2] Em 14 de abril de 2003, 16 grandes laboratórios uniram-se para divulgar a íntegra dos resultados do Projeto Genoma: o sequenciamento dos 3 bilhões de bases do DNA da espécie humana.

Uma grande variedade de diferentes tipos de parcerias pode ser formada em todos os níveis da cadeia produtiva, como mostra a Figura 3.1.[3]

Parcerias verticais

As empresas podem estabelecer *parcerias verticais* com integrantes de outros níveis da cadeia produtiva (fornecedores, distribuidores, clientes). As *relações com fornecedores* geralmente são criadas objetivando-se a eficiência de acesso a componentes e materiais. O estabelecimento de relações colaborativas construídas em torno de procedimentos comuns e do compartilhamento intensivo de informações significa que as operações dos fornecedores podem estar mais próximas de atender às necessidades do cliente. Além disso, o envolvimento precoce do fornecedor é muito útil no desenvolvimento de novos produtos que ajudarão a diferenciar a oferta do cliente em seu mercado. Por exemplo, uma empresa pode optar por firmar parcerias com fornecedores estratégicos, cuja experiência e conhecimento complementarão suas próprias forças no desenvolvimento de uma nova geração de tecnologia. Fabricantes de *chips* e de computadores estão trabalhando juntos para desenvolver uma nova geração de máquinas. Como os *chips* são matéria-prima estratégica para a fabricação desses equipamentos, trata-se de um exemplo de parceria vertical firmada entre fornecedor e OEM (em inglês, *original equipment manufacturer*).

As *parcerias com canais de distribuição* são usadas para aumentar a eficiência e a eficácia do acesso ao mercado. Por exemplo, relações de colaboração com canais de distribuição não apenas possibilitam uma vantagem competitiva no que diz respeito à implementação de programas de marketing, mas também se revelam um excelente meio para trazer informações de volta para o fabricante. As relações com intermediários nos canais de distribuição são abordadas no Capítulo 8.

```
┌─────────────────────────────────────────────────────────────────────┐
│                         Complementadores                            │
│                              ↕                                      │
│   Fornecedores  ↔  Fabricante (Empresa foco)  ↔  Distribuição  ↔  Clientes │
│                              ↕                         ↑_____↑
│                         Concorrentes                                │
└─────────────────────────────────────────────────────────────────────┘
```

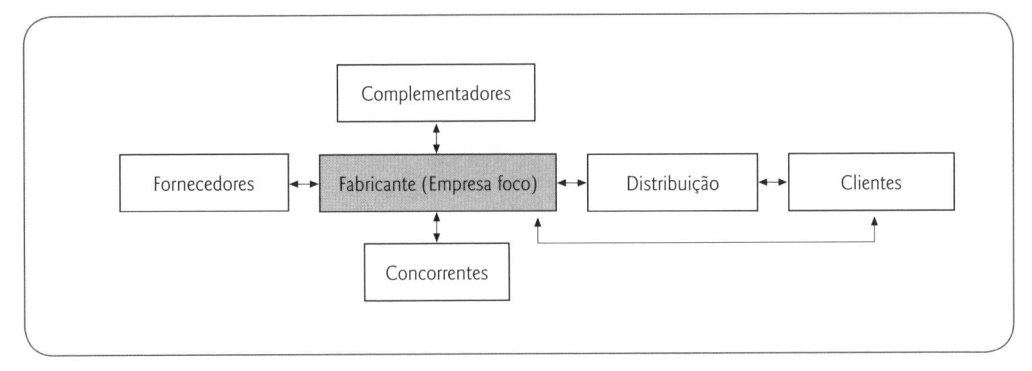

Figura 3.1 — Possíveis parceiros para alianças ao longo da cadeia de fornecimento

Por fim, o *relacionamento com o consumidor* — seja ele pessoa física ou jurídica que usará o produto em seus negócios — também pode ser vital em muitos mercados e, em particular, para os de alta tecnologia. Como precisam confiar nos consumidores para a realização de *beta test*[4] e a criação de ideias para inovações, as empresas que constroem relações próximas com seus clientes têm uma poderosa fonte de informações de mercado ao seu alcance. Além disso, o foco no estabelecimento de relações de longo prazo com cada consumidor aumenta as chances de se obter uma fonte de receita de longo prazo advinda das informações sobre o comportamento de compra perante uma determinada categoria de produtos.

Parcerias horizontais

Na arena da alta tecnologia, um tipo muito comum de parceria é aquela estabelecida entre duas ou mais empresas em um mesmo nível da cadeia produtiva. *Parcerias horizontais* normalmente são estabelecidas entre empresas que oferecem produtos para uso conjunto ou complementar ou até mesmo entre empresas concorrentes. No primeiro caso, quando tais associações oferecem ao cliente uma solução completa e integrada, são chamadas de *parcerias complementares*, e seus integrantes são chamados de *complementadores*.[5] Em 1997, a HP e a Kodak decidiram explorar juntas o mercado de fotografia digital. A parceria consistia no uso do processo de transferência térmica de cor, desenvolvido pela Kodak, para as impressoras HP. A IBM também tem uma série de parceiros desenvolvedores de *softwares*, com a finalidade de desenvolver *softwares* específicos para determinados aplicativos. Esse formato de parceria habilita cada um dos parceiros a manter a flexibilidade e a trabalhar focado em suas competências vitais, além de estimular a demanda por meio da inovação e da sinergia.

Empresas concorrentes também podem optar por estabelecer parcerias e unir forças. Os motivos, que são diversos, variam desde o desenvolvimento de uma nova geração de tecnologia ou de novos padrões, passando pela possibilidade de acesso a áreas do mercado a que uma empresa sozinha não conseguiria chegar, até o interesse em constituir um organismo mais forte contra outro concorrente. A *colaboração competitiva* entre empresas também é uma forma de aliança horizontal, já que essas companhias geralmente competem dentro do mesmo nível da cadeia produtiva. Outro nome dado a esse tipo de cooperação é *"coopetição"*,[6] em que as empresas competem em determinadas áreas e se unem em outras. Por exemplo, em meados dos anos 1980,[7] os analistas da indústria norte-americana de semicondutores previam que, por volta de 1993, sua participação de mercado nos Estados Unidos encolheria de 85 por cento para 20 por cento. Dada a ameaça oferecida pela concorrência da indústria japonesa, os fabricantes decidiram unir forças. Em 1987, o consórcio Semiconductor Manufacturing Technology (Sematech) foi formado por 14 fabricantes (incluindo Digital Equipment, IBM, Intel, NCR e Texas Instruments), além do governo norte-americano, e respondia por 80 por cento do mercado. Sua missão era levar a indústria norte-americana de semicondutores a uma posição de liderança global até meados dos anos 1990. Para atingir esse objetivo, o consórcio precisava garantir a execução de duas metas: aumentar a quantidade de *chips* produzidos a partir de uma única parte de silício e conseguir que cada um desses *chips* tivesse um desempenho melhor. Por meio desse arranjo, as empresas podiam aglutinar os recursos na briga pela recuperação do mercado perdido para os japoneses.

Um dos méritos do consórcio foi o de ter encontrado maneiras de aumentar o número de funcionalidades dos *chips*, mantendo o tamanho original, por meio da redução da largura das linhas dos circuitos embutidos em cada um deles. Onze das 14 empresas que originalmente integraram o Semantech concordaram em manter o consórcio por mais um período de cinco anos, o que demonstra terem considerado o investimento inicial válido. Mais ainda, em 2010, segundo o site oficial do consórcio Sematch, seus membros e parceiros ainda detinham mais de 50 por cento do mercado mundial de microprocessadores. Por outro lado, reconhece-se que muitas dificuldades tiveram de ser superadas. Para ilustrar a complexidade desse projeto e o compromisso do Estado com o desenvolvimento tecnológico do país, vale a pena dizer que o governo federal norte-americano precisou intervir fazendo que tradicionais leis antitruste fossem abrandadas nos anos 1980 e 1990 como meio de gerar maior colaboração. No Brasil, embora esse tipo de discussão não seja embrionária, os resultados práticos ainda se mostram tímidos quando comparados aos dos países emergentes.

O sistema de vínculos entre empresas pode ser bastante complexo. Não há uma regra geral. Em alguns casos, a empresa pode servir como fornecedora para algumas organizações, complementadora para outras e concorrente em outra situação. No mercado de gERPs, a alemã SAP e a norte-americana Oracle se destacam. A Oracle desenvolve bancos de dados que são elementos centrais de qualquer sistema de ERP. Nesse caso, a SAP é, ao mesmo tempo, cliente da Oracle — quando coopera para integrar esses dispositivos em seus aplicativos — e concorrente — quando compete com suas soluções completas no mercado de ERP. Em uma situação semelhante, a Oracle compete agressivamente com a Microsoft no mercado de bancos de dados, que oferece o SQL Server. Mas a Oracle tem de se unir à Microsoft para garantir que seu software se integre perfeitamente ao sistema operacional Microsoft. Tony Friscia, presidente da AMR, afirma: "Parte da Oracle considera a Microsoft o inimigo, e parte considera que o inimigo é a SAP. A parte que considera a Microsoft o inimigo precisa se relacionar com a SAP, e a parte que considera a SAP o inimigo precisa se relacionar com a Microsoft".[8]

Razões para o estabelecimento de parcerias

De um modo geral, parcerias são formadas para oferecer a uma empresa acesso a recursos e conhecimentos que, se desenvolvidos isoladamente, lhe custariam muito tempo ou dinheiro. Por meio das parcerias, as empresas conseguem ter *acesso a esses recursos de um modo mais eficiente*. A Cisco construiu sua organização cooperando ou investindo diretamente em empresas cuja tecnologia complementava sua linha de produtos. Por exemplo, reconheceu que precisava de experiência em fibra ótica e, em 1999, adquiriu por 6,9 bilhões de dólares a Cerent, uma empresa cujos produtos reduziam o custo de tráfego de voz e dados nesse meio. Atualmente, a Cisco mantém parcerias com Motorola, IBM, HP, EDS, KPMG e Microsoft, que trazem recursos complementares para atender às oportunidades surgidas com o crescimento da Internet.

Outra razão importante para o estabelecimento de parcerias é *a definição de padrões para as novas tecnologias*. A parceria entre a GM e a Toyota para compartilhar o conhecimento na pesquisa por carros elétricos movidos a bateria, célula de combustível ou híbridos foi iniciada com a expectativa de que, dado o tamanho das duas empresas, elas seriam capazes de definir o padrão técnico de combustível a ser adotado no futuro. No Capítulo 1, mencionou-se que os padrões da indústria resultam em uma arquitetura comum para bens oferecidos por diferentes empresas no mercado. Como resultado, os *consumidores ganham com a compatibilidade* entre vários componentes do produto e com a possibilidade de comparação entre eles dentro de uma mesma indústria. Na indústria de telecomunicações por celular, por exemplo, a compatibilidade permite que estações de base, roteadores e aparelhos móveis funcionem de maneira harmônica dentro das áreas de serviço.

A compatibilidade, obtida quando várias empresas diferentes produzem suas ofertas com base em um conjunto de princípios comuns de projeto, aumenta o valor percebido pelo consumidor na posse do produto. Primeiro, porque os padrões reduzem o medo, a incerteza e a dúvida do consumidor sobre qual tecnologia comprar. Isso pode ser particularmente útil no caso em que o valor do produto para o consumidor aumenta à medida que mais consumidores adotam produtos baseados na mesma tecnologia. Consequentemente, quanto mais consumidores adotarem produtos que partilham de um mesmo padrão tecnológico, maior valor será atribuído a cada um deles. Segundo, porque a disponibilidade de produtos complementares é, em grande parte, determinada pela base instalada de determinado produto. Os desenvolvedores de software, por exemplo, têm o máximo interesse em fazer aplicativos sobre as plataformas tecnológicas que tiverem maior penetração no mercado. Assim, os padrões garantem uma disponibilidade maior de produtos complementares e, consequentemente, aumentam o valor que o consumidor percebe do produto-base.

Razões para estabelecer parcerias ao longo dos estágios de ciclo de vida do produto

Como ilustra a Figura 3.2, o ciclo de vida de um produto é uma boa maneira de analisar os diferentes motivos para se firmarem parcerias, particularmente quando se trata do mercado de alta tecnologia.[9] É importante lembrar que, nesse caso, inovações em um produto não podem ser entendidas como a agregação de novas tecnologias que serão vendidas aos consumidores, enquanto inovações nos processos são novas tecnologias usadas nos processos comerciais e de fabricação.

Durante o estágio de *introdução* do ciclo de vida, há uma incerteza substancial envolvendo o produto. Como será discutido no Capítulo 6, as pessoas que compram nesse estágio são inovadores ou entusiastas de novas tecnologias, dispostos a assumir riscos expressivos. Como grupo de compra, os inovadores fazem poucas exigências, mas são muito criteriosos em relação a elas. Primeiro, querem um retrato preciso dos benefícios e das desvantagens da inovação. Graças ao seu papel de "abre-alas" do sistema, os inovadores têm a capacidade de minar as perspectivas de qualquer produto que reserve surpresas para eles. Segundo, quando têm um problema (e eles o terão por causa do estágio precoce de desenvolvimento), exigem acesso ao profissional técnico mais bem preparado da empre-

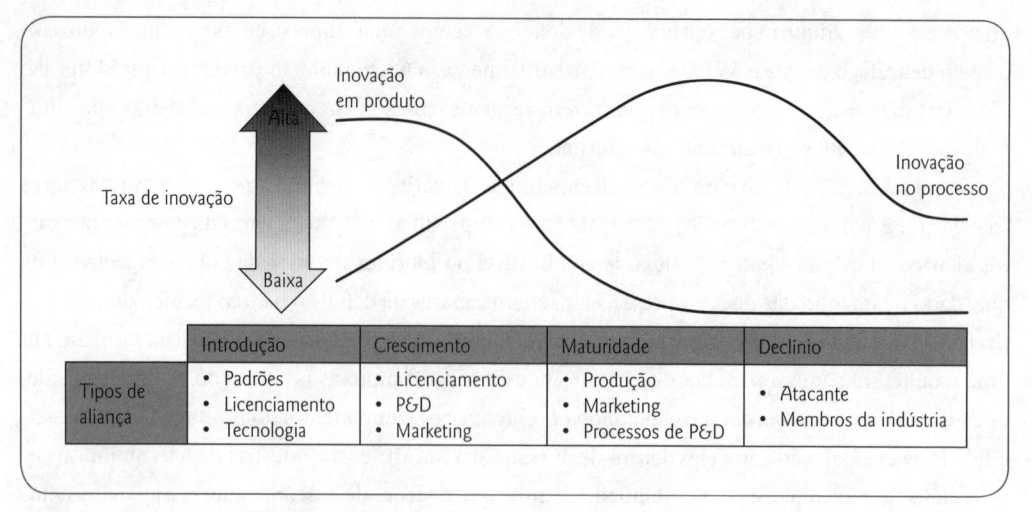

Tipos de aliança	Introdução	Crescimento	Maturidade	Declínio
	• Padrões • Licenciamento • Tecnologia	• Licenciamento • P&D • Marketing	• Produção • Marketing • Processos de P&D	• Atacante • Membros da indústria

Figura 3.2 — Ciclo de vida do produto, inovação e papel das alianças
Fonte: Utterback (1994); Roberts, Liu (2001).

sa para ajudá-los a encontrar a solução. Finalmente, querem ter acesso cedo à nova tecnologia e por um custo baixo. Frequentemente, dispõem-se a prestar serviços ao fabricante, funcionando como um usuário para testes (*beta tests*) das primeiras versões da nova tecnologia, antes que ela seja lançada massivamente. E eles se recusarão a pagar um preço alto para serem cobaias.[10]

Do ponto de vista da competição, pode haver uma concorrência direta menos intensa no estágio de introdução, mas há uma disputa entre os padrões tecnológicos. No estágio de surgimento da indústria de videocassete (VCR), por exemplo, havia dois padrões concorrentes: Betamax, concebida pela Sony, e VHS, desenvolvida pela Philips e pela Matsushita. Como as duas tecnologias eram incompatíveis, os videocassetes Betamax e VHS não eram concorrentes diretos, mas competiam para estabelecer um padrão na indústria. Disputa semelhante voltou a ocorrer no caso das mídias para gravação de vídeos em alta definição entre o padrão Blu-Ray e o HD-DVD. O término se deu em 2007 com a vitória do primeiro. Além disso, as barreiras de entrada tendem a ser mais baixas durante o estágio de introdução, já que ainda não foi estabelecida lealdade à marca, houve pouco aprendizado acumulado e ainda não foram feitos grandes investimentos em instalações fabris.

Desse modo, uma das principais razões para o estabelecimento de parcerias nessa etapa é que as alianças entre concorrentes potenciais são valiosas para se estabelecerem padrões. Nesse estágio, os executivos das empresas buscam acordos nos quais a empresa tenta licenciar sua tecnologia a outros fabricantes e concorrentes da indústria, com o objetivo de estabelecer aquela tecnologia como padrão. Como exemplo, pode-se citar que, em 2002, a Nokia começou a licenciar seu software para outros fabricantes de telefones celulares, contrariando sua orientação estratégica anterior. O objetivo era de poder reagir e concorrer com maior eficiência à entrada da Microsoft na tecnologia de telefones celulares e fazer de seu sistema o padrão da indústria.[11]

Finalmente, como é provável que a tecnologia do produto ainda não tenha atingido a maturidade, cabe aos concorrentes em potencial colaborar entre si para aprimorá-la de maneira que seja possível seguir na direção do próximo grupo de compradores estabelecido pelo processo de difusão. Durante o desenvolvimento da tecnologia de áudio digital usada nos reprodutores de CD, por exemplo, pelo menos quatro empresas estavam desenvolvendo projetos diferentes. Com o aprendizado acumulado na experiência dos videocassetes, a Philips contribuiu com um design superior, e a Sony forneceu o sistema de correção de erros. Essa aliança aumentou a força do padrão Philips-Sony e, 18 meses antes da introdução do produto no mercado, 30 empresas já haviam assinado acordos para licenciar aquela tecnologia.

Um dos sinais de que o ciclo de vida mudou da *introdução* para o *crescimento* é a consolidação de um projeto dominante como padrão da indústria. Em consonância com esse fato, as necessidades e os desejos dos consumidores tornam-se cada vez mais claros. Os compradores dessa fase são usuários precoces, para quem a tecnologia é importante apenas e tão somente se lhes der a oportunidade de obter um desempenho revolucionário. Graças ao potencial que os usuários precoces vislumbram, eles tendem a ser, entre os grupos que adotam inovações, os menos sensíveis ao preço. A falta de sensibilidade ao preço é compensada pelo fato de eles terem pressa de colher os benefícios da inovação antes que a janela de oportunidade se feche. Uma conclusão essencial é a de que o vendedor precisa administrar as expectativas dos usuários precoces, compreendendo suas metas e comunicando claramente como a inovação os ajudará a atingi-las.[12] A categoria dos usuários precoces é importante porque é grande o bastante para gerar um ganho significativo e frequentemente é muito lucrativa, dada sua baixa sensibilidade ao preço. Enquanto a inovação na tecnologia do produto é paulatinamente reduzida ao longo do estágio de crescimento, a tecnologia envolvendo o desenvolvimento de processos produtivos e comerciais fica cada vez mais relevante por causa da ênfase crescente em qualidade e eficiência.

No estágio de crescimento, os vencedores da corrida para estabelecer um padrão dominante licenciam sua tecnologia para os perdedores. Além disso, formam-se alianças de pesquisa e desenvolvimento para permitir que as empresas melhorem o projeto dominante e desenvolvam extensões do produto e novas características. Se o projeto dominante for controlado por uma empresa pequena, ou orientado para a tecnologia, seus executivos terão interesse em estabelecer uma aliança comercial com uma organização maior e bem estabelecida que tenha boa distribuição e outras competências de marketing. Essa estratégia é comum na indústria farmacêutica/biotecnológica.

No estágio da *maturidade*, o volume de vendas e ganhos é alto, mas sua taxa de crescimento diminui drasticamente. Os compradores são membros do mercado de massa. Esse tipo de comprador busca um motivo evidente para comprar. Eles usam um processo de decisão de compra racional para avaliar os benefícios relativos da inovação e costumam buscar uma melhoria quantificável e previsível no desempenho ou na produtividade quando comparada à solução anterior para aquela necessidade. Eles impõem uma forte pressão no preço. Para manter os lucros, os vendedores reforçam o controle de custo. A inovação relativa aos processos é dominante em relação à inovação de produto, e o estabelecimento de parcerias em pesquisa e desenvolvimento assume um papel de destaque.

Em 2001, por exemplo, a IBM, a Infineon Techonologies e a United Microelectronics formaram uma parceria de pesquisa e desenvolvimento para fazer circuitos integrados (semicondutores). A experiência combinada das três empresas foi antecipada para permitir um processo mais rápido de desenvolvimento da tecnologia, a um preço mais baixo para cada empresa. Jim Kupec, presidente mundial de marketing e vendas da United Microelectronics Corporation (UMC), explicou: "Com a experiência acumulada das empresas, acreditamos que o processo que desenvolvemos conjuntamente representará um novo padrão de qualidade na lógica de fabricação dos semicondutores."[13]

Também nesse estágio, muitas empresas formam alianças para direcionar a produção para outros fabricantes cuja competência central está na eficiência de produção. Usar parceiros externos (terceirização) é uma forma de maximizar a eficiência empresarial da cadeia produtiva, fazendo que cada empresa possa se concentrar nas atividades relacionadas às suas competências-chave. No caso em questão, esse processo permite ao fabricante-desenvolvedor focar seus recursos na concepção da próxima geração de uma tecnologia e ao terceirizado exercer suas habilidades de fabricação eficiente. Como na etapa de crescimento, as alianças de marketing são formadas com vistas aos novos mercados.

Uma das principais razões pela qual um produto inicia seu *declínio* é o desenvolvimento e a introdução de produtos baseados em novas tecnologias. Conforme é feita a transição da antiga para a nova tecnologia, os novos "entrantes" da indústria formam alianças de tecnologia e marketing para fazer frente aos participantes já presentes naquele setor. Como os atuais agentes muitas vezes têm dificuldades para desenvolver e introduzir uma nova tecnologia que cause a obsolescência ou canibalize sua atual fonte de rendimentos, essas empresas frequentemente acabam em posição de ter de licenciar a nova tecnologia de um novo concorrente. E então o ciclo recomeça. (Observe que esse estágio do ciclo é consistente com os conceitos de ciclo de vida da tecnologia, obstáculos culturais à inovação e destruição criativa apresentados no Capítulo 2.)

Graças aos seus benefícios ostensivos, as parcerias são frequentemente vistas como uma panaceia para todos os males ou o *modus operandi*-padrão para um modelo comercial bem-sucedido no mundo atual dos negócios. No entanto, apesar de tantas razões para firmar parceria, conforme resumido na Quadro 3.1, a orientação para fazê-lo deve levar em conta o fato de que a maioria das parcerias falha em atingir os objetivos estabelecidos por pelo menos um dos parceiros.[14] Além do risco de fracasso, há muitos riscos inerentes aos esforços de parceria. Essas realidades inequívocas da aliança estratégica salientam a necessidade de compreender integralmente tanto os riscos como os fatores que contribuem para o sucesso potencial e a estabilidade da relação.

Razões para se estabelecerem parcerias e alianças	Acesso a recursos e novas competências Ganhos de eficiência em custo Aceleração do tempo de introdução da tecnologia/do produto no mercado Acesso a novos mercados Definição dos padrões da indústria Desenvolvimento de inovações e novos produtos Desenvolvimento de produtos complementares Ganho de influência no mercado
Riscos no estabelecimento de parcerias e alianças	Perda de autonomia e controle Perda ou compartilhamento forçado de segredos comerciais Questões legais e preocupações antitruste Fracasso em atingir os objetivos
Fatores de sucesso	Interdependência Estrutura de governança apropriada Comprometimento Confiança Comunicação Culturas organizacionais compatíveis Resolução de conflitos de maneira integrada

Quadro 3.1 — Motivos, riscos e fatores de sucesso das parcerias e aliança

Riscos envolvidos na parceria

Apesar de as parcerias proporcionarem muitos dos benefícios mencionados anteriormente, as empresas enfrentam sérios impedimentos para atingi-los. Para quem está começando, o trabalho com outra empresa aumenta a complexidade do projeto. Mais séria ainda é a *perda potencial da autonomia e do controle* que acompanha um esforço de parceria. Quando há uma aliança entre empresas, as decisões precisam ser tomadas de maneira conjunta, e o sucesso do projeto torna-se, de certa maneira, dependente dos esforços do outro. Dividir o controle das tomadas de decisão é algo muito difícil para várias empresas que optam por esse caminho, e justamente pelo fato de que algumas nunca estarão preparadas para abrir mão de sua autonomia, suas parcerias fracassam (na pior das hipóteses) ou não funcionam de maneira eficiente (na melhor delas).

Alguns veem *a perda ou o compartilhamento de segredos comerciais* como o aspecto menos percebido, mas potencialmente mais arriscado das parcerias.[15] Apesar de as empresas sempre assinarem acordos de confidencialidade para prevenir de maneira ostensiva que os parceiros façam uso do que aprenderam um sobre o outro, os segredos partilhados são um dos perigos do jogo. Muitos especialistas recomendam muita cautela nesse sentido. Uma frase de um gestor ressalta bem isso: "Se eles fossem mesmo nossos parceiros, não tentariam absorver indiscriminadamente todas as nossas ideias de tecnologia que pudessem usar para seus próprios produtos. O que quer que aprendam conosco, usarão contra nós em todo o mundo em um momento mais à frente".[16] De fato, os gerentes de produto citam o vazamento de informações como o maior risco no desenvolvimento conjunto de um produto.[17]

O vazamento potencial de informações pode fazer que um dos parceiros aprenda as técnicas e o *know-how* do outro, o que pode ser-lhe muito valioso. Como a Oracle observa, "os parceiros que pegarmos atuando no mercado de nossos aplicativos principais deixarão de ser parceiros úteis"[18]. Apesar de haver a necessidade de aprender o máximo possível a respeito do parceiro para maximizar a eficácia e a eficiência da parceria, também é importante limitar a transparência e o vazamento de informações a fim de não diluir as potenciais vantagens competitivas da empresa.

Outro risco que as alianças estratégicas enfrentam é o de *questões legais e problemas antitruste*.[19] Lançamentos cooperados podem entrar em conflito com as leis antitrustes, especialmente quando envolverem empresas grandes. Os órgãos de defesa da concorrência lutam para descobrir o equilíbrio adequado entre proteger o bem-estar do consumidor e manter a competitividade em um mercado cada vez mais global. Por um lado, os riscos assumidos em parceria são necessários para se competir globalmente. Contudo, as relações de colaboração podem resultar em menor intensidade competitiva entre as empresas, o que potencialmente compromete o bem-estar do consumidor.

Em países com atuação de livre mercado, qualquer parceria que tiver o potencial direto ou indireto de afetar os preços é motivo de grande preocupação. Assim, as parcerias que afetem o acesso aos mercados ou a distribuição dos suprimentos provavelmente serão minuciosamente examinadas por causa de seu impacto indireto nos preços. Por sua vez, as parcerias que nascem porque as empresas não são capazes de conduzir o projeto sozinhas e criam algum bem comum no mercado certamente serão encorajadas. As parcerias focadas em pesquisas caras e em esforços de desenvolvimento, por exemplo, são fáceis de justificar. Outro fator envolve o impacto da parceria na participação de mercado. Se juntos os parceiros não controlarem mais de um dado percentual do mercado, é improvável que a parceria desperte preocupação. Como regra geral, a formação de oligopólios e cartéis deve ser vista como uma imperfeição do mercado e, como tal, constituem poderosos inimigos da eficiência econômica.

Por fim, o maior risco para qualquer parceria provavelmente é a realidade de que, na maioria dos casos, não se consegue atingir os objetivos estabelecidos por pelo menos um dos parceiros. Os motivos para esse fracasso podem ser atribuídos a um conjunto de fatores: culturas incompatíveis entre as duas empresas, falta de atenção e de recursos alocados na administração do relacionamento, falta de confiança nos motivos da outra parte ou na sua capacidade de entregar o combinado no acordo, entre outros. Todos os riscos envolvidos reforçam a necessidade de se entender os fatores que contribuem para o sucesso potencial e para a viabilidade da aliança.

Fatores de sucesso das parcerias e alianças

As parcerias eficazes caracterizam-se pela existência de elementos que são importantes em quase todas as relações de negócios, mas que, nesses casos, se apresentam de maneira mais intensa e em maior volume.[20] As alianças estratégicas bem-sucedidas têm, comprovadamente, as características apresentadas a seguir.

Interdependência

Para aumentar as chances de sucesso da parceria, as duas partes devem ser dependentes uma da outra em relação a algum recurso importante que seja valorizado e difícil de obter de outra forma. Partilhar dependências mútuas é a base de uma relação de troca na qual ambos os lados estão igualmente motivados para garantir o sucesso da aliança. Uma dependência desequilibrada ou assimétrica compromete a natureza da dualidade da relação e pode levar à exploração, deixando uma parte mais vulnerável que a outra. As parcerias com baixos níveis de interdependência sofrem com a falta de comprometimento.

Um caso especial de interdependência surge com parceiros de tamanhos muitos diferentes. Pesquisas realizadas mostraram que as parcerias entre empresas de tamanhos relativamente parecidos têm mais chances de ser bem-sucedidas do que aquelas entre parceiros de tamanhos muito diferentes.[21] No entanto, na área da tecnologia, é comum encontrar novatos envolvidos em parcerias com pessoas jurídicas tradicionais da indústria. Um caso típico ocorre quando a pequena empresa em fase de implantação tem uma tecnologia nova e atraente, ao passo que a empresa grande participa com os recursos necessários, o acesso aos mercados e a experiência em marketing e administração. Quando pequenas empresas se envolvem em parcerias com empresas grandes, os riscos aumentam, e é importante prestar especial atenção à governança da relação.

Estrutura de governança apropriada

As estruturas de governança são os termos, as condições, os processos e os sistemas usados para coordenar a interação entre duas empresas. Em um nível simples, essas estruturas podem ser *unilaterais* em sua natureza, o que garante a uma das partes a autoridade para tomar decisões, ou *bilaterais*, quando baseadas em expectativas mútuas sobre comportamentos e atividades.

Geralmente, a estrutura de governança deve ser ajustada ao nível de risco da parceria. Se um parceiro tem ativos que estão sob risco ou se a outra parte se comportar de maneira oportunista ou, ainda, se houver um alto nível de incerteza, é importante ter uma estrutura de governança que minimize esses perigos. Normalmente, as estruturas construídas sobre investimentos mútuos, de modo que ambas fiquem vulneráveis caso a parceria falhe, são uma forma de conseguir interdependência. Certamente, sempre há um último recurso — cabe à parte mais vulnerável poder confiar ou apoiar-se na reputação de seu parceiro.

Uma estrutura de administração baseada em normas bilaterais, incluindo expectativas para futuras interações (comprometimento), ações que objetivem os melhores interesses da parceria (confiança) e compartilhamento intenso de informações (comunicação) também oferecem uma solução razoável, conforme será apresentado nos próximos três fatores.

Comprometimento

O comprometimento, ou o desejo de manter a relação no futuro, é um elemento importante para o sucesso das alianças estratégicas. Parceiros comprometidos com a relação têm menos chance de tirar vantagem da outra parte ou de tomar decisões que possam prejudicar a viabilidade da relação a longo prazo. O comprometimento pode ser demonstrado por investimentos feitos na parceria, que sejam dedicados unicamente a ela. É importante que o comprometimento surja de uma sensação positiva e da apreciação pelas contribuições de ambas as partes, mais do que de sentimentos de desespero ou de necessidade financeira.[22] Quando a natureza do comprometimento entre as partes é obrigatória ou impositiva, o impacto na aliança será negativo.

Confiança

Confiança é a sensação de que, quando uma das partes estiver vulnerável, a outra tomará decisões que servirão aos melhores interesses da parceria e agirá com honestidade e benevolência. A confiança é necessária para a parceria funcionar, porque conduz a uma troca mais eficaz de informações, a uma disposição para alocar recursos escassos e importantes em um esforço conjunto e à sensação de que ambas as partes se beneficiarão no longo prazo.

Comunicação

A comunicação eficaz nas alianças estratégicas é absolutamente essencial para seu sucesso. Ela se caracteriza pela troca frequente de informações — mesmo as que possam ser consideradas proprietárias. Uma comunicação dessa natureza flui em ambas as direções, com os dois parceiros participando do fluxo de informações sobre suas necessidades e problemas potenciais. A qualidade da comunicação é vital em termos da credibilidade, e a comunicação precisa ser de alguma maneira estruturada, com alguém responsável pela manutenção das linhas de informação sempre abertas. Interações informais, não planejadas e que funcionem espontaneamente também são componentes importantes da comunicação.

Culturas corporativas compatíveis

Mesmo quando duas empresas têm habilidades complementares que podem ser úteis em uma parceria, é difícil atingir essas sinergias se houver conflito entre as culturas organizacionais das empresas envolvidas. Há quem suspeite, por exemplo, que um dos fatores que contribuiu para a dissolução da Taligent, a *joint venture* formada entre IBM e Apple, tenha sido as culturas muitos diferentes trazidas pelos funcionários de cada uma das empresas. Os funcionários da IBM não estavam acostumados a trabalhar em um ambiente aberto e sem hierarquia, ao passo que o pessoal da Apple ficou igualmente desconfortável em uma atmosfera mais formal.

Resolução de conflitos de maneira integrada e técnicas de negociação

Em qualquer relação na qual os resultados de uma das partes dependem, de alguma maneira, de ações e decisões da outra, haverá dificuldades. As relações da SAP com seus parceiros, por exemplo, têm sido de confronto em alguns casos. A empresa determinou: "selecionaremos uma variedade de parceiros para trabalhar. Se nossos parceiros tentarem passar por cima de nós, nós os esmagaremos".[23] Da mesma maneira, a Microsoft exerceu uma pressão coercitiva (embora indireta) sobre um de seus maiores e mais importantes parceiros, a Intel. Isso aconteceu quando a Microsoft ameaçou retirar o Windows 95 caso os fabricantes de computadores (isto é, maiores clientes da Intel) apoiassem os esforços de desenvolvimento de novos produtos da empresa de modo a comprometer a influência da Microsoft no mercado.[24] Nesse caso específico, o conflito surgiu por causa de objetivos estratégicos diferentes: a Intel pretendia concentrar-se em produtos inovadores que acabariam por convencer os consumidores existentes a comprar novos hardwares, ao passo que a Microsoft queria vender seus produtos para as máquinas já existentes.

Certo nível de conflito é até funcional porque indica que os problemas estão sendo identificados e discutidos, em vez de ignorados. Para determinar o futuro sucesso da aliança, as formas de abordagem de tais conflitos são mais importantes que o nível de conflito em si. As partes envolvidas precisam estar dispostas a resolver o conflito de maneira a permitir que ambas se beneficiem do resultado, que as necessidades de ambas sejam atendidas simultaneamente e que a solução seja mutuamente benéfica. Apesar de parecer um cenário ideal e pouco realista, muitas técnicas modernas de solução de problemas podem identificar situações que resultem em ganha-ganha e não em ganha-perde.

Em suma, o *espírito de cooperação* identificado nos fatores anteriormente citados sinaliza uma maior probabilidade de que parcerias e alianças sejam bem-sucedidas no futuro. No texto a seguir, Melissa Porter, da IBM, partilha suas ideias sobre a administração de alianças horizontais.

A ARTE DAS ALIANÇAS

Melissa Porter
Executiva de alianças globais para a indústria das telecomunicações IBM Corporation

Aliança (substantivo):
1) Vínculo ou conexão entre partes ou indivíduos.
2) Associação que vislumbra os interesses comuns de seus membros.
3) União por relação de afinidades.

Hoje, as empresas estão descobrindo que não podem ser onipresentes. Com isso, buscam outras organizações para formar alianças, com o objetivo de juntar forças e de se projetar em determinado segmento de mercado. Trabalhar em conjunto como um time, com cada um trazendo para a parceria suas habilidades e experiências, garante muito mais força no atendimento dos interesses dos consumidores.

Formar e administrar parcerias é uma arte, e não uma ciência. Juntar empresas diferentes e criar uma relação com potencial para durar é uma missão cheia de desafios. Quando uma empresa decide firmemente definir uma relação e estabelecer os princípios para ampliar o mercado, seus parceiros efetivos devem permitir que ela ofereça as melhores soluções possíveis para seus clientes. Quando entro em uma aliança pela primeira vez, é comum eu recomendar uma estratégia de "engatinhar-andar-correr": comece lentamente e consiga algum sucesso no trabalho conjunto. Isso criará o cenário propício para se estabelecer uma parceria bem-sucedida. Um dos lugares em que as alianças podem ser particularmente úteis é no serviço a consumidores que lidam com ambientes em permanente mudança. As empresas da área de telecomunicações, por exemplo, estão sendo desafiadas pelas muitas questões de um mercado efervescente em todo o globo. Confrontadas com a pressão de um mercado competitivo para reduzir custos, oferecer novos produtos e serviços e melhorar a administração de suas redes, muitas empresas de tecnologia agora precisam de soluções de TI para ajudá-las a competir com sucesso e de maneira radicalmente diferente em um ambiente voltado para o cliente. Ao firmar alianças com fabricantes de software para desenvolver essas soluções, a IBM está ajudando os provedores de serviços de telecomunicações no mundo inteiro a enfrentar o desafio da mudança.

A natureza dinâmica e complexa do mercado continuamente apresenta barreiras para as duas partes envolvidas na parceria. Na discussão sobre alianças, às vezes uso o termo "coopetição", que significa que, em certas instâncias, cooperamos com nossos parceiros e, em outras, competimos. Aumentar a cooperação entre as partes e oferecer uma estrutura de suporte permitirá uma parceria produtiva e de longo prazo.

A IBM respondeu à necessidade de manter relações fortes com seus parceiros, oferecendo desenvolvimento, marketing, vendas e apoio financeiro. Todos os anos, na conferência PartnerWorld, analisamos o andamento dos objetivos-chave com cada parceiro comercial e anunciamos novos produtos, programas e processos para fortalecer o vínculo. Uma mensagem consistente para nossos parceiros comerciais e "IBMers" é a de que estamos fortemente comprometidos a manter uma sólida relação com eles, e que a colaboração na oferta de soluções tornará cada um dos negócios ainda mais sólido. Na verdade, o percentual da receita total da IBM gerado por ganhos em negócios com parceiros aumentou muito nos últimos anos, sendo que nossos parceiros também têm reportado resultados semelhantes.

Um termo comum a toda a IBM, que ecoa tanto com parceiros como com os clientes, é sob encomenda (em inglês, *on demand*). Os negócios feitos dessa maneira conseguem oferecer respostas rápidas às solicitações dos consumidores, às oportunidades de mercado e às ameaças externas. Os provedores de serviços de telecomunicações, por exemplo, podem usar soluções *on demand* para aumentar seu valor e sua flexibilidade operacional.

A IBM conseguiu desenvolver um ecossistema de parceiros estratégicos capazes de compatibilizar os aplicativos das principais empresas de software com toda a linha da companhia (hardware e software). Como parte dessas alianças, os fabricantes de software independentes (em inglês, *independent software vendors* — ISV's) ganham acesso a novos clientes e a oportunidades por meio da extensa oferta de recursos da IBM em marketing, vendas e soluções. Ao mesmo tempo, as ISV's se comprometem com o aumento no uso das principais plataformas de serviço da IBM, bem como de *middleware* e serviços. Todos ganham.

Parcerias assim:
1) atingem de fato uma conexão entre partes que
2) atinge os interesses comuns dos membros e
3) são vistas como uma relação de qualidade!

A próxima seção aborda um tipo de relacionamento vital — aqueles com os clientes.

Relacionamento com os clientes

O *marketing de relacionamento com os clientes* refere-se ao desenvolvimento de relações fortes e duradouras com os clientes, com o objetivo de prover benefícios mútuos ou soluções ganha-ganha. Empresas que acreditam nessa filosofia reconhecem o valor de usar essa estratégia com o intuito de manter seus clientes satisfeitos e fazê-los voltar. O senso comum defende que o custo de reter um cliente é de apenas um quinto do custo de achar e captar novos. Essa ideia levou muitas empresas a mudar seu modo de administrar: de portfólio de produtos e serviços, passou-se a gerir um portfólio de segmentos e clientes. Assim, muitos negócios são agora gerenciados para maximizar o valor do cliente (em inglês, *customer equity*), que pode ser entendido como o valor presente líquido do fluxo de caixa associado a um cliente ou segmento em particular.

No entanto, administrar de modo a maximizar o valor entre os clientes não significa que todos os clientes atuais ou potenciais tenham igual peso ou valham esforços para serem mantidos. Por exemplo, quando perguntados quais eram seus clientes não lucrativos, os executivos de uma empresa da lista das 500 da *Fortune* responderam que não tinham clientes não lucrativos. No entanto, essa empresa não era lucrativa. Em uma lógica perversa, seus altos executivos pareciam afirmar que a empresa lucrava com todos os seus clientes, mas de fato destruía seu valor econômico no conjunto![25] Isso ilustra a importância de uma aproximação ativa, e não passiva, à administração do valor do cliente. Não é mais suficiente aos gestores oferecer o lugar-comum que diz que "os clientes são o nosso ativo mais importante". Administrar o valor dos clientes demanda atividades de marketing específicas para obtê-los, mantê-los e, por vezes, descartá-los. Esse tipo de gestão é um sistema orientado à geração de resultados no nível do consumidor ou do segmento de mercado. Primeiramente, descrevem-se os princípios usados para avaliar financeiramente as ações de conquista e manutenção do cliente. Na sequência, detalham-se as estratégias para alcançar esses objetivos.

Conceitualmente, a *decisão de conquista* do cliente é como a maioria das outras decisões de investimento. Como já foi escrito, o valor do cliente nada mais é do que o valor presente líquido do fluxo de caixa associado a um cliente ou a um segmento em particular. Seus maiores determinantes são o custo da conquista (saídas do fluxo de caixa) e o fluxo das receitas advindas dos clientes mantidos (entradas do fluxo de caixa). Os custos da conquista incluem fatores como descontos ou reembolsos, campanhas publicitárias, marketing direto e venda direta. Para computar os custos do investimento na conquista do cliente, o analista deve determinar: (1) o custo de marketing total para a campanha de conquista; (2) o número de *prospects* contatados durante a campanha; (3) o número desses *prospects* que se tornam clientes; e (4) o custo de conquista por novo cliente. O analista deve, então, (5) computar os ganhos com as primeiras compras desse novo cliente; e (6) subtrair o custo calculado no passo 4 dos ganhos calculados na etapa 5. A diferença é o investimento líquido de conquista por cliente.[26]

Dois pontos adicionais devem ser ressaltados. Em primeiro lugar, é altamente recomendável calcular o investimento líquido de conquista por cliente. Embora esse procedimento seja realista e de fácil execução para fabricantes de itens de alto valor agregado, como aparelhos de imageamento por ressonância magnética ou softwares de gestão do tipo ERP, talvez ele não seja razoável para muitos outros fabricantes de produtos de baixo custo e alto volume. No último caso, a análise deve ser feita no nível do segmento (e não individualmente), e o resultado a ser considerado é a média do investimento feito de conquista por cliente. Qualquer empresa interessada em desenvolver um sistema relativamente sofisticado para a gestão do valor de seus clientes deve adaptar sua contabilidade e seus sistemas de informação para coletar os dados apropriados. Tais bases são interativas, permitem uma apuração confiável do retorno sobre os investimentos de marketing e podem desvendar novas oportunidades para a empresa promover ações de venda (*cross-sell* e/ou *up-sell*).[27]

O cálculo do valor do cliente requer uma estimativa sobre o fluxo de lucro a ser gerado pelo cliente, o qual deriva tanto do lucro gerado pelo cliente no momento inicial (lucro-base) e de seu respectivo aumento à medida que ele transaciona mais com a empresa (lucro incremental) como também do lucro gerado a partir de vendas que ocorreram a partir da recomendação/indicação de clientes fiéis. Depois de estabelecida essa estrutura financeira, os valores devem ser trazidos ao valor presente com uma taxa equivalente ao custo de capital da empresa. Uma ilustração desse conceito é apresentada na Figura 3.3. Nesse momento, o analista deve subtrair do valor presente do lucro o investimento líquido na conquista do cliente. Se o resultado for positivo, a empresa deve cultivar a relação. Se for negativo, a equipe de marketing deve baixar seus custos para conquistar ou servir esse tipo de cliente ou, então, aumentar os preços para ele. Se essas ações fizerem o vendedor perder tais clientes, isso será aceitável.

Agora, consideremos a conquista do cliente e as estratégias de retenção mais a fundo. Essas estratégias não são apenas distintas; muitas empresas têm uma organização separada, responsável por formulá-las e executá-las.

Estratégia de conquista

A empresa pode optar por buscar uma estratégia de conquista ampla ou focada do consumidor. A AOL usou uma estratégia de conquista ampla, com sua distribuição em massa de softwares para a conexão à Internet. Com essa estratégia, a AOL conseguiu 500 mil novos clientes em um mês, durante o

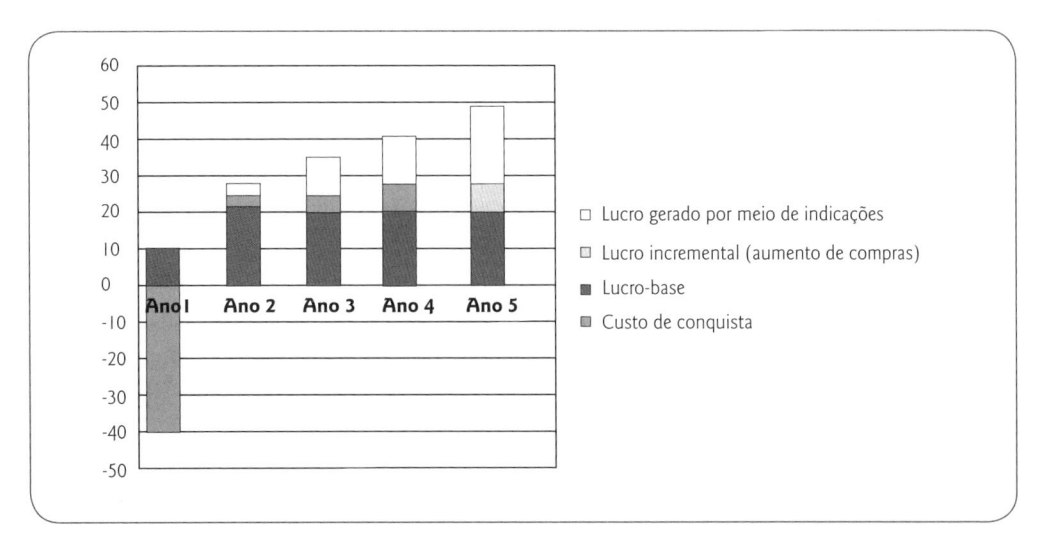

Figura 3.3 — Cálculo do valor de clientes

ano de 1997. No Brasil, estratégia semelhante foi adotada pelo portal UOL, que também obteve resultados satisfatórios.

Por outro lado, há menos empresas com habilidade de usar uma estratégia focada de conquista do consumidor, buscando de maneira seletiva os consumidores de maior potencial. A Dell usa uma estratégia desse tipo, baseada em seu sistema de vendas diretas que atraem compradores mais sofisticados. Apesar de ser mais difícil de administrar, essa estratégia tende a criar um maior valor do cliente, porque o perfil desse tipo de consumidor tem mais chances de se equiparar às características do mercado-alvo definido pela empresa. A seguir, apresentamos os seis passos-chave no processo de conquista do consumidor:[28]

1. **Segmentação.** A tradicional abordagem demográfica da segmentação de mercado costuma oferecer poucas informações úteis aos analistas de marketing que atuam em mercados de alta tecnologia. Tende a ser mais útil segmentar o mercado com base em como o produto é usado e no valor do produto nessa aplicação. Em vez de identificar grupos de consumidores homogêneos, a tarefa da pesquisa de mercado é identificar grupos de consumidores que utilizam o produto de maneira similar e atribuem valores similares a ele. A Gateway, por exemplo, identificou um segmento de usuários de computados relativamente pouco sofisticados, que podem ser encontrados em grandes lojas de varejo. No Brasil, algumas operadoras de celular também tiveram uma experiência análoga: descobriram que um segmento de profissionais liberais sem grande capacitação técnica (pedreiros, pintores, eletrecistas etc.) usava o aparelho celular pré-pago apenas para receber chamadas de empreiteiros e que os custosos esforços de marketing para incentivar uma maior recarga de créditos eram inócuos.

2. **Escolha do segmento (*targeting*).** Agora, o vendedor deve determinar em que segmentos deve concentrar seus esforços de construção de relacionamento. Essa função é influenciada por dois aspectos: a atratividade do segmento e a posição competitiva do vendedor naquele segmento. A atratividade é determinada por fatores relacionados ao próprio ambiente de negócios (taxa de crescimento do mercado, poder dos compradores, intensidade da competição etc.) e outros intrínsecos à natureza da empresa (necessidade do mercado *versus* portfólio de produtos da companhia, custos de troca etc.). Geralmente, quanto mais rápido um mercado estiver crescendo, menor o poder dos compradores, e quanto mais a concorrência for baseada na diferenciação em detrimento do preço, mais atrativo será o segmento. Ainda, como regra geral, quanto maior a complexidade do produto, mais importante serão os *inputs* do usuário, o desempenho e a qualidade do produto, e quanto mais altos forem os custos de troca, mais apropriado será o segmento para a construção de relacionamentos.

Os *custos de troca* são uma influência particularmente forte porque tornam caro ou arriscado para o consumidor migrar para os produtos de um concorrente. Os custos de troca podem surgir de investimentos que o consumidor tenha feito em equipamentos, procedimentos ou pessoas. Por exemplo, para implementar a troca eletrônica de dados entre empresas, o consumidor precisa comprar equipamentos adequados para acessar o computador do fornecedor. Em outro exemplo, fazer a troca de serviços on-line significa contratar um novo provedor de Internet, carregar um novo software e criar novos endereços de e-mail. Os custos de troca também estão associados ao risco de se fazer uma má escolha. Se uma compra for importante para a área de operações, se a marca não for conhecida ou se o produto for complexo, o custo de troca (risco) para o consumidor será percebido como elevado. Uma estratégia de marketing de relacionamento, em geral, faz mais sentido quando o consumidor enfrenta elevados custos de troca.

Os custos de troca também se relacionam com o fato de a compra estar ou não relacionada a determinada tecnologia (por exemplo, o sistema operacional da Microsoft) ou a um fornecedor específico (como uma solução da IBM). Nessas situações, os consumidores tendem a se manter fiéis por mais tempo, com consequente custo de troca maior. Por outro lado, as empresas que procuram um produto específico ou um vendedor em particular podem não estar tão comprometidas com uma determinada empresa. Se o consumidor puder comprar produtos similares de algum outro fornecedor, ou se seu contato de vendas for embora, esse consumidor considerará a mudança de sua conta para outro fabricante.

Conquistar uma *posição competitiva* requer que o vendedor desenvolva um profundo entendimento das necessidades entre compradores daquele segmento e conduza um levantamento honesto sobre se o vendedor tem ou não os recursos (tangíveis e intangíveis) para atender a essas necessidades.

3. **Comunicação e posicionamento.** Assim que uma empresa escolhe seu mercado-alvo, ela deve comunicar claramente qual é a oferta (e os benefícios) ao público-alvo. Quando uma empresa opta por uma estratégia de conquista ampla, a comunicação em massa é a abordagem mais recomendada em termos de custo-benefício. Muitas empresas de Internet ainda usam mídias de massa como televisão, revistas e outdoors para conseguir acessos a seus sites. Já para empresas que atuam em nichos ou segmentos específicos, as formas de comunicação mais focadas (mala direta, por exemplo) são mais adequadas.

   Posicionamento refere-se ao processo de criação de um conjunto de associações na mente do consumidor que objetivam a construção de uma imagem diferenciada e positiva do produto ou da empresa. Por meio dessas associações, o posicionamento estabelece as expectativas do consumidor sobre os benefícios do produto. Vale lembrar que a empresa precisa equilibrar cuidadosamente a promessa do produto em relação à sua capacidade de entrega. Frustrações advindas desse problema costumam ser fatais.

4. **Preço de compra.** A empresa pode precificar usando uma estratégia de desmatamento ou de penetração. Pela primeira abordagem, estabelece-se um preço inicial relativamente alto para atrair primeiro os consumidores menos sensíveis ao preço. Na abordagem de penetração, o preço inicial é relativamente baixo e tem como objetivo conquistar uma grande participação de mercado. Um dos problemas desta última abordagem está associado ao fato de que baixar os ganhos obtidos com as compras dos consumidores aumenta o investimento líquido na conquista do consumidor. Além disso, se a empresa descobrir que o preço está baixo demais, será muito difícil aumentá-lo. Uma maneira de administrar essa situação é usar descontos ou ofertas especiais para atrair os primeiros consumidores.

5. **Experimentação.** A experimentação do produto marca o ponto em que os consumidores migram da busca de alternativas/comparação para a realização efetiva da compra. É um momento delicado, porque os consumidores não costumam ter o compromisso da recompra, mas estão realmente avaliando o desempenho dele diante de suas expectativas. Se o produto fracassar em atender a essas expectativas, o consumidor provavelmente não voltará a comprá-lo, fazendo que o valor do cliente se torne negativo.

6. **Serviços de pós-venda.** A compra inicial é apenas o começo do ciclo. Especialmente no caso de muitos produtos complexos de alta tecnologia, o consumidor precisará de ajuda para compreender integralmente os benefícios do produto e, assim, evitar significativas dissonâncias pós-compra.

Relacionamento com clientes e estratégias de retenção

Reihartz e Kumar[29] argumentam que as estratégias de relacionamento devem ser ajustadas aos diferentes segmentos de mercado nos quais a empresa esteja atuando. Em vez de afirmar que clientes fiéis e de longo prazo são lucrativos, a pesquisa mostra que alguns consumidores fiéis podem ser mais dispendiosos para atender e podem exigir preços mais baixos que clientes não tão fiéis. No mínimo, a decisão de investir nas relações com eles precisa incluir uma avaliação de dois fatores: a lucratividade do cliente e a duração projetada de sua relação com a empresa. Esses autores[30] identificam quatro categorias de clientes e descrevem as respectivas abordagens para a gestão do relacionamento:

- *Amigos de verdade.* É o grupo de clientes com maior valor. São fiéis, altamente lucrativos e veem um bom equilíbrio entre as ofertas da empresa e as suas próprias necessidades. As relações orientadas para clientes nesse grupo devem primar pela construção de fortes laços — extensivos às áreas social, econômica, de serviços e técnica — com o o bjetivo de aumentar os benefícios para ambos os lados.[31] É comum que os integrantes dessa categoria tenham uma filosofia de negócios parecida com a da empresa: equilibram o poder no relacionamento; antecipam conflitos de interesse e desenvolvem processos de solução; e dão uma atenção substancial à percepção de custos e benefícios para ambas as partes.[32]

  O risco maior que se corre com relação a esse grupo é o do exagero, saturando-os com ações de marketing. Como eles já são leais, o exagero aumentará os custos desnecessariamente sem produzir nenhum resultado útil, como aumento do consumo. A empresa deve, sim, tentar estimular esses consumidores a fazer propaganda boca a boca e recompensá-los pela lealdade, dando-lhes um tratamento preferencial. Esse é o tipo de cliente que a empresa deve se empenhar para manter. A retenção concretiza-se mantendo a relação ativa e em um bom nível. Todas as relações podem se degradar. É essencial que ambas as partes sejam honestas uma com a outra. Embora possa haver obrigações contratuais, a relação estará condenada se não houver confiança mútua. A parte mais forte deve empenhar-se em administrar o poder com cautela. Uma relação deve ser mutuamente benéfica, e o exercício de poder pode produzir um desequilíbrio nos benefícios, prejudicando o futuro da relação. A empresa deve atualizar regularmente sua oferta e fazer continuamente perguntas que estimulem os clientes a relatarem problemas e fontes de insatisfação. As comunicações feitas de maneira aberta e frequente minimizam as chances de conflito e podem fazer a relação durar muito.

- *Borboletas.* É o segundo grupo mais valioso de clientes. Optam por relações transitórias ou de curto prazo e também podem ser altamente lucrativos. As borboletas são compradores que procuram sempre o melhor valor em determinado momento. O objetivo da empresa com esse grupo deve ser fazer o máximo de negócios possível, em pouco tempo, enquanto elas compram de determinada empresa. Apesar de ser tentador converter borboletas em amigos de verdade, essas tentativas raramente dão certo. Um erro bastante comum com relação a essa categoria é investir para retê-los ou recuperá-los depois de eles mudarem para outro concorrente. Além de tentar aumentar os custos de troca para esses clientes, a empresa deve impactá-los intensamente durante o período em que eles forem clientes ativos e, em seguida, fazer esforços de marketing depois da mais recente compra. Se esses esforços de acompanhamento não derem certo, é melhor parar de uma vez de investir nesse segmento.

- *Cracas.* É um grupo constituído por clientes muito leais e que desejam relações de longo prazo. No entanto, não é uma categoria muito lucrativa ou porque o tamanho e o volume de suas transações são muito baixos ou porque o custo de atendê-los é muito alto. Nesse sentido, esses clientes podem ser os mais problemáticos: assim como a craca que se fixa no casco dos navios, eles também podem gerar resistência ao deslocamento. No entanto, se bem administrados, podem ser lucrativos. A empresa deve tentar capturar uma fatia maior da participação nos negócios desses clientes. Se não, deve tentar aumentar as margens de lucro, seja elevando o preço para cobrir seus custos, seja impondo um controle rigoroso de custos. A verdade é que a empresa acabará perdendo muitos desses mariscos, mas isso será aceitável caso se trate de clientes não lucrativos.

- *Estranhos.* São os clientes orientados para as transações que tendem a focar o preço e não o valor da oferta. Eles se concentram na aquisição oportunista de produtos com preços altamente competitivos. Cada transação é tratada como um evento distinto. Essas transações caracterizam-se tipicamente pela comunicação limitada entre comprador e vendedor. Por causa dessa atitude na negociação, esse grupo tem o menor potencial de lucro. A empresa deve identificar esses clientes precocemente e não investir em marketing para eles. Da mesma maneira que esses consumidores tratam cada interação como uma transação a ser explorada para render o máximo de benefícios, o vendedor precisa ter lucro em cada uma delas.

VISÃO DE MERCADO

O fascínio pelas parcerias e pelos relacionamentos estratégicos
Paulo de Tarso Machado
Business Development — IBM Brasil

A intensa e significativa busca das empresas, tanto no mercado global como no local, por estabelecer parcerias e alianças estratégicas não está acontecendo por acaso. Para encarar as pressões da concorrência, manter uma boa vantagem no mercado e atender às novas demandas, muitas vezes não claramente reveladas de seus clientes cada vez mais exigentes, as empresas precisam somar forças, combinar suas competências, habilidades e experiências, por meio do desenvolvimento de relacionamentos que gerem real valor ao segmento em que atuam.

A criação desses relacionamentos e parcerias estratégicas não é mais uma opção, mas uma necessidade. O objetivo é fazer que as empresas se tornem mais inovadoras do que a imaginação dos clientes, desbravadoras por natureza, globalmente integradas, genuínas no que fazem e busquem avidamente a mudança. Não por acaso essas são as cinco características de que as organizações precisam para manterem-se competitivas no mercado, de acordo com o recente estudo da IBM, — The 2008 IBM global CEO study: the enterprise of the future.

Na expectativa recente de forte crescimento da economia brasileira, apesar de o cenário internacional não ser favorável, essas parcerias incluem desde fusões e aquisições (que movimentaram 184,8 bilhões de reais em 2010) e oferta pública inicial de ações (em inglês, initial public offering – IPO) até as alianças diferenciadas. Um exemplo de aliança diferenciada está na parceria da IBM com a SAP, somando forças, com o objetivo de apoiar seus clientes na busca por modelos inovadores de negócio e pela melhoria de seus processos, cobrindo desde consultoria de negócio, passando pela integração de sistemas e indo até o fornecimento de hardware e software.

Para realizar parcerias e alianças bem-sucedidas, as empresas precisam ter uma estratégia de negócio bem definida, avaliar com precisão os *gaps* atuais para a implementação dessa estratégia (ativos, competências, barreiras de mobilidade, entre outros) e definir um plano de ação para cobrir essas carências.

No contexto do desenvolvimento desse plano de ação os executivos devem analisar e decidir até que ponto serão necessários novos relacionamentos estratégicos com *players* de mercado para endereçar as lacunas existentes, e como as parcerias deverão ser executadas: qual o grau de integração demandado — da aquisição a uma aliança comercial diferenciada. Muitas vezes, até mesmo competidores precisarão ser parceiros em oportunidades específicas.

Estabelecer alianças bem-sucedidas, envolvendo muitas vezes diversas empresas, demanda de cada parceiro foco em suas especializações e, ao mesmo tempo, a integração das competências de todos os parceiros. Na prática, cria-se uma rede de negócios de alto valor agregado, que precisa ser facilmente acessível pelos clientes na hora adequada e no local certo. Os integrantes da rede de negócio aportam suas competências para que possam, de maneira complementar e criativa, entregar soluções para seus clientes.

Nas redes de negócio há uma interdependência entre os parceiros. Estratégias isoladas não funcionam mais. O desempenho de uma empresa fica, desse modo, cada vez mais associado à sua habilidade de influenciar os ativos fora de seu controle direto.

Na formação dessas parcerias estratégicas, a tecnologia não é apenas um componente — um hardware, um software ou mesmo um serviço isolado —, mas passa a ser parte crítica da estratégia de negócio das empresas a fim de que esses ecossistemas de negócio possam existir e gerar lucro compartilhado para todos os seus integrantes.

Essa nova dimensão estratégica da tecnologia no desenvolvimento de ecossistemas envolve duas perspectivas centrais: viabilizar a criação de novos modelos de negócio nos vários setores da economia, bem como fortalecer seu próprio segmento de mercado.

Na perspectiva da criação de novos modelos de negócio, vários exemplos têm surgido, tais como a parceria da IBM com o La Fenice, símbolo da música e do teatro do século XIX de Veneza. Após um segundo incêndio em 1996, a diretoria do La Fenice queria que o teatro se tornasse mais moderno e mais aberto para o mundo. A missão do La Fenice passou a ser transmitir ópera para um público global. Um acervo único, mais de 1 milhão de documentos, bem como as gravações das peças, estão agora disponíveis aos estudantes, apreciadores e pesquisadores por meio da Digital Sipario (Cortina Digital), tecnologia da IBM. Essa tecnologia permite ao público ter acesso à história do teatro, bem como às óperas ali realizadas, podendo fazer o download, compará-las e estudá-las. Dessa maneira, além daqueles que já conhecem o teatro, também um novo público está sendo formado e incentivado a ir conhecê-lo de perto. Note-se que um novo modelo de negócio foi criado por meio da tecnologia, tornando o La Fenice mais global.

Já na perspectiva de fortalecer o próprio segmento da tecnologia por meio da criação de ecossistemas, há também exemplos expressivos, tais como a rede de negócio criada pela IBM no setor de tecnologia. A própria IBM tem provido plataformas e outras competências que permitem aos seus *business partners* estabelecer parcerias diferenciadas ou mesmo a inovar. Atuando como catalisadora, a empresa promove o aumento da eficiência dos participantes da rede ao prover uma capacidade de criação de novos produtos e serviços entre os parceiros e permitir que eles respondam às rápidas mudanças de mercado. Por outro lado, os parceiros do ecossistema fornecem aplicativos, produtos e soluções complementares aos da IBM e possibilitam o atendimento integral das necessidades dos clientes que demandam soluções *end-to-end*.

A parceria da TOTVS e da IBM no lançamento de uma ferramenta de produtividade para as pequenas e médias empresas baseada na plataforma Linux, em 2007, exemplifica esse papel de catalisadora da IBM. Trata-se do Totvs Notes Integration (TNI), que traz o ERP da Totvs integrado com o IBM Lotus Notes 8, equipado com ferramentas de produtividade e colaboração. O objetivo dessa solução é compartilhar os dados do ERP com os aplicativos do Notes (planilhas, e-mails e documentos). O diferencial do TNI está no fato de ele ser baseado na plataforma Linux, oferecendo um ambiente de trabalho flexível, em padrões abertos, e acesso às ferramentas de escritório básicas. O mercado, até então, estava carente de soluções de produtividade integradas com Linux.

Esse exemplo de parceria mostra que o mercado brasileiro já está apto a desenvolver parcerias estratégicas com vistas à formação de ecossistemas de negócio.

A velocidade com que a expansão dessas redes de negócio devem se formar no mercado local dependerá da capacidade das empresas de transformar seu atual modelo de gestão, cujo foco é a melhoria daquilo que já fazem. Entretanto, para responder às pressões do mercado, crescer agressivamente e superar as expectativas de seus clientes, as empresas precisarão desenvolver estreitos relacionamentos colaborativos.

O desafio, portanto, passa pela mudança do modelo mental desenvolvido nos últimos anos — o de olhar para dentro — para um outro capaz de criar verdadeiras redes de negócios, em que cada empresa disponibilizará sua competência complementando as das demais. Somente assim as empresas brasileiras conquistarão seu espaço nesse complexo ambiente globalizado de negócios.

Uma empresa que aprendeu a segmentar sua base de clientes para fazer esforços específicos de relacionamento é a Tech Data, uma distribuidora norte-americana de computadores. Durante o declínio da indústria, em 2001, ela conseguiu se manter lucrativa graças aos seus esforços em implementar sofisticadas técnicas de gestão de relacionamento. Os clientes da Tech Data incluem grandes empresas, distribuidores menores e varejistas de informática. Para cada um deles, a empresa computa 150 custos de serviço, que variam do tamanho médio da compra às taxas de frete. Com base nesses dados, a empresa calcula os custos brutos e a margem de cada conta. O CEO Steven Raymund conseguiu convencer as *cracas* da Tech Data a fazer pedidos de maneira mais eficiente, colocando um pedido de um 1 milhão de dólares em vez de dez pedidos de 100 mil dólares, por exemplo, ou a negociação seria encerrada. Além disso, concordou em ligar os *amigos de verdade* diretamente ao sistema de estoque, como modo de fidelizar clientes orientados para a relação por meio de serviços de alto valor agregado.[33]

Como se verá, a gestão do relacionamento com os clientes tem implicações importantes para a distribuição, a precificação e as estratégias de comunicação e promoção. Esses assuntos são abordados nos capítulos 8, 9 e 10.

Resumo

Este capítulo explorou o papel das parcerias e alianças em mercados de alta tecnologia. Por causa da natureza dinâmica desse mercado, as empresas devem se dar conta de que não podem se isolar e de que é necessário formar parcerias em algum momento para serem eficazes em seus esforços de marketing. Para gerenciar as parcerias de maneira eficaz, é necessário entender a gama de opções disponíveis, os propósitos a que servem e os fatores de risco, bem como os de sucesso. Além disso, o foco nas relações com o cliente é consistente com a necessidade de a empresa ter uma orientação para o mercado, tema do próximo capítulo.

Perguntas para debate

1. Quais são os vários tipos de parceria que uma empresa pode formar? Dê um exemplo atualizado de cada um deles. Elabore uma cadeia de fornecimento para demonstrar a natureza da relação.
2. Quais são os vários motivos para uma empresa realizar parcerias? Como elas mudam ao longo do ciclo de vida do produto?
3. Quais são os riscos associados aos acordos de parceria? Como cada um deles pode ser atenuado?
4. Quais fatores estão associados ao sucesso das alianças estratégicas?
5. O que é marketing de relacionamento? De que maneira uma empresa pode medir o valor do cliente?
6. Quais são os dois tipos de estratégias de conquista que uma empresa pode buscar? Quais são os seis passos-chave no processo de conquista do cliente?
7. Enumere e descreva os vários tipos de custos de troca.
8. Em termos de estratégias de retenção, identifique as quatro categorias de clientes (baseadas em fidelidade e lucratividade) e as respectivas implicações mercadológicas de cada uma delas.

Glossário

Colaboração competitiva ("coopetição"). Ocorre quando empresas que normalmente competem em algum segmento do mercado unem forças para colaborar em alguns aspectos de seus negócios (por exemplo, no desenvolvimento de um novo produto). Geralmente, essas empresas concorrem no mesmo nível da cadeia produtiva.

Custos de troca. Custos em que um cliente incorre quando decide migrar para o produto de um concorrente. Os custos de troca podem ir de investimentos financeiros em equipamentos, procedimentos ou pessoas até a elementos intangíveis como a sensação de risco ou exposição.

Marketing de relacionamento. Conjunto de técnicas de administração que objetivam a formação de relações estreitas e de longo prazo com parceiros para obtenção de soluções comerciais com ganhos mútuos.

Parcerias complementares. Acontecem quando empresas que desenvolvem produtos usados conjuntamente se unem em algum aspecto de seus negócios (por exemplo, hardware e software). São chamados de complementadores.

Parcerias horizontais. São relações de confiança e comprometimento (chegando até a interdependência) entre empresas no mesmo nível da cadeia de valor que objetivam a obtenção de ganhos mútuos. Podem ser concorrentes ou empresas que fornecem produtos complementares.

Parcerias verticais. São relações de confiança e comprometimento entre empresas que estejam em diferentes níveis da cadeia produtiva (fornecedores, distribuidores, clientes), que objetivam a obtenção de ganhos mútuos.

Notas

1. BALL, J. To define future car, GM, Toyota say bigger is better. *Wall Street Journal*, p. B4, 20 abr. 1999.

2. LANGRETH, R. DNA dreams: big drug firms discuss linking up to pursue disease-causing genes. *Wall Street Journal*, 4 mar. 1999.

3. MORGAN, R.; HUNT, S. D. The commitment: trust theory of relationship marketing. *Journal of Marketing*, n. 58, p. 20-38, jul. 1994.

4. *Beta test* é o conjunto de procedimentos que objetivam testar o desempenho e a estabilidade de softwares com uma amostra do mercado-alvo para aquele produto. Também pode ser considerado um teste "*pré-release*".

5. BRANDENBURGER, A.; NALEBUFF, B. *Co-opetition*. Nova York: Currency/ Doubleday, 1996.

6. Id., ibid.

7. BROWNING, L. D.; BEYER, J. M.; SHETLER, J. C. Building cooperation in a competitive industry: Sematech and the Semiconductor Industry (Fórum Especial de Pesquisa: Cooperação Intra e Interorganizacional). *Academy of Management Journal*, n. 38, p.113-139, fev. 1995.

8. KIRKPATRICK, D. The E-Ware War. *Fortune*, p. 102, 7 dez. 1998.

9. UTTERBACK, J. M. *Mastering the dynamics of innovation*. Boston: Harvard Business School Press, 1994; ROBERTS, E. B.; LIU, W. K. Ally or acquire? How technology leaders decide. *Sloan Management Review*, n. 43, v. 1, p. 26-34, 1999.

10. MOORE, G. A. *Inside the tornado*. Nova York: HarperBusiness, 1999.

11. PRINGLE, D. Nokia signs accord with Samsung. *Wall Street Journal*, p. B6, 3 set. 2002.

12. MOORE, G. Op. cit.

13. Disponível em: <www-3.ibm.com/chips/news/2000/0127_infineon_umc.html> e <http://www-03.ibm.com/press/us/en/pressrelease/1898.wss>. Acesso em: 14 maio 2011.

14. MOHR, J.; SPEKMAN, R. Characteristics of partnership success: partnership attributes, communication behavior, and conflict resolution techniques. *Strategic Management Journal*, n. 15, p. 135-152, fev. 1994.

15. MCDONALD, E.; LUBLIN, J. In the debris of a failed merger: trade secrets. *Wall Street Journal*, p. B1, 10 mar. 1998.

16. HAMEL, G. Competition for competence and inter-partner learning with international strategic alliances. *Strategic Management Journal*, n. 12, p. 83-103, 1991.

17. LITTLER, D.; LEVERICK, F.; BRUCE, M. Factors affecting the process of collaborative product development. *Journal of Product Innovation Management*, n. 12, p. 16-32, 1995.

18. KIRKPATRICK, D. Op. cit., 1998.

19. MOHR, J.; GUNDLACH, G. T.; SPEKMAN, R. Legal ramifications of strategic alliances. *Marketing Management*, n. 3, v. 2, p. 38-46, 1994; GUNDLACH, G.; MOHR, J. Collaborative relationships: legal limits and antitrust considerations. *Journal of Public Policy and Marketing*, n. 11, p. 101-114, nov. 1992.

20. MOHR, J.; SPEKMAN, R. Op. cit.; MOHR, J.; SPEKMAN, R. Perfecting partnerships. *Marketing Management*, n. 4, p. 34-43, 1996.

21. DUTTA, S.; WEISS, A. M. The relationship betewwn a firm's level of technological innovativeness and Its Patterno of Partnership Agreements. *Management Science*, n. 43, p. 343-356, mar. 1997.

22. JUMAR, N.; HIBBARD, J.; STERN, N. *The nature and consequences of marketing channel intermediary commitment*. Cambridge: Marketing Science Institute, 1994.

23. KIRKPATRICK, D. Op. cit.

24. TAKAHASHI, D. Microsoft-Intel relationship has become contentious. *Wall Street Journal*, p. B1 e B5, 25 set. 1998.

25. SELDEN, L.; COLVIN, G. Will this customer sink your stock? *Fortune*, 30 set. 2002. Disponível em: <www.fortune.com>.

26 BLATTBERG, R. C.; GETZ, G.; THOMAS, J. S. Managing customer acquisition. *Direct Marketing*, n. 64, p. 41-55, 2001.

27 SOLOMON, M.; STUART, E. *Marketing*: real people, real choices. 3. ed. Upper Saddle River, NJ: Prentice Hall, 2002.

28 ANDERSON, J. C.; NARUS, J. A. Partnering as a focused market strategy. *California Management Review*, n. 33, v. 3, p. 95-113, 1991; BLATTBERG et al. Op. cit.

29 REINARTZ, W.; KUMAR, V. The mismanagement of customer loyalty. *Harvard Business Review*, n. 80, p. 86-95, jul. 2002.

30 Id., ibid.

31 ANDERSON, J. C.; NARUS, J. A. Op. cit.

32 DWYER, F. R.; SCHURR, P. H.; OH, S. Developing buyer-seller relationships. *Journal of Marketing*, n. 51, p. 11-27, abr. 1987.

33 TECH DATA. Clearwater, FL: Tech Data, 1994, 1995-2011. Disponível em: <www.techdata.com>. Acesso em: 14 maio 2011.

Orientação para o mercado e a interação marketing-engenharia (P&D) em empresas de alta tecnologia

CAPÍTULO 4

"Um homem voando em um balão de ar quente percebeu que estava perdido. Ele baixou a altitude e viu uma mulher lá embaixo. Descendo ainda mais o balão, ele gritou:

'Por favor, você pode me ajudar? Prometi a um amigo que o encontraria meia hora atrás, mas não sei onde estou.'

A mulher em terra respondeu: 'Claro. Você está em um balão de ar quente, pairando cerca de 10 metros acima deste campo. Você está entre 40 e 42 graus na latitude Norte e entre 58 e 60 graus na longitude Oeste.'

'Você deve ser engenheira', gritou o balonista.

'Sou sim', respondeu a mulher. 'Como você soube?'

'Bem', disse o balonista, 'tudo o que você me disse está tecnicamente correto, mas não tenho ideia do que fazer com a sua informação, e o fato é que continuo perdido.'

E então a mulher em terra disse: 'Você deve ser um gerente.'

'Sou sim', retrucou o balonista. 'Mas como você soube?'

'Bem', respondeu a engenheira, 'você não sabe onde está nem aonde está indo. Você fez uma promessa sem ter ideia de como vai cumpri-la e espera que eu resolva o seu problema. A verdade é que você está exatamente na mesma posição em que estava quando nos encontramos, mas agora, de alguma maneira, a culpa é minha.'"

EXTRAÍDO DA INTERNET

Um dos desafios mais difíceis para muitas empresas de alta tecnologia é, provavelmente, trazer para as suas operações uma filosofia de orientação para o mercado. Esse desafio é particularmente complexo porque a necessidade de superá-lo é significativamente menos óbvia do que, por exemplo, a necessidade de financiamentos ou de recursos adicionais. Empresas novas de alta tecnologia geralmente começam com uma grande ideia tecnológica que oferece melhorias para os modos já existentes de fazer alguma coisa. Se essa grande ideia tecnológica será realmente aceita pelos clientes é uma questão totalmente diferente. Pense nos muitos exemplos de tecnologias mais avançadas que nunca se tornaram, de fato, o padrão do mercado ou que perderam sua posição para rivais mais conhecidas, como os gravadores de videocassete de formato beta ou os navegadores Netscape.

A necessidade de que as empresas do ramo de alta tecnologia entendam seus clientes e sejam orientadas para o mercado é vital. Nenhuma informação "é mais importante para uma empresa com base em tecnologia do que aquela que vem do mercado, já que esse insumo transforma a ciência em produtos ou serviços comercializáveis".[1] A capacidade dos negócios com esse foco de facilitar o desenvolvimento de produtos inovadores é apoiada pela descoberta de Atahuene-Gima[2] de que "a orientação para o mercado está mais fortemente relacionada ao desempenho de novos produtos nos primeiros estágios do ciclo de vida destes do que nos seus últimos estágios [...]. Tal ambiente parece justificar mais inteligência de mercado e um maior compartilhamento de informações dentro da empresa". Existem evidências substanciais de uma forte relação entre a orientação para o mercado e a capacidade inovadora, e entre a orientação para o mercado e o sucesso de novos produtos.[3]

Frequentemente, porém, as empresas de alta tecnologia não dão o devido valor ao desenvolvimento de uma compreensão ampla e profunda sobre os clientes e suas necessidades, e, inclusive, chegam a suspeitar de profissionais e das táticas de marketing. No entanto, a necessidade de sólidas competências em marketing é, na realidade, mais importante para as empresas que são tecnologicamente fortes.[4] A capacidade de marketing tem um efeito positivo desproporcional na produtividade de pesquisa e desenvolvimento (P&D) em empresas de grande capacidade técnica. Quanto maior a competência tecnológica, maior o impacto do marketing na produtividade de P&D. Com certeza, as orientações para a tecnologia ou para o mercado não são mutuamente excludentes; em mercados incertos, uma empresa pode se beneficiar de ser simultaneamente orientada tanto para a tecnologia como para o cliente. Pesquisas já compararam o impacto da orientação para a tecnologia com a orientação para o cliente. Em mercados com um alto grau de incerteza, a orientação para o cliente (um conjunto de crenças que coloca a satisfação do cliente em primeiro lugar) tem uma influência positiva no desempenho comercial de uma inovação.[5]

Embora tipicamente as empresas menores não disponham de especialistas em marketing e, inclusive, desconfiem dessas táticas, a necessidade de que sejam orientadas para o mercado é vital *tanto para empresas grandes como para as pequenas.* Há um grande conjunto de pesquisas sobre o desenvolvimento da orientação para o mercado que se aplica a empresas de vários segmentos, e não apenas para as que são de alta tecnologia. No entanto, por causa das incertezas presentes nos mercados de alta tecnologia, a necessidade de orientação para o cliente pode ser ainda mais forte do que em contextos mais tradicionais.

Este capítulo aborda os fundamentos do que significa ser orientado para o mercado e também a importância vital das interações colaborativas entre o pessoal de *marketing* e o de P&D (ou Engenharia).

O que significa ser "orientado para o mercado"[6]

É importante observar que orientação para o mercado *não* é a mesma coisa que orientação para o marketing. A orientação para o marketing pode implicar uma influência desproporcional dos profissionais de marketing ou que as atividades de marketing sejam a origem da vantagem competitiva da empresa. Por outro lado, nas empresas orientadas para o mercado, não existe o domínio consistente de uma única área ou função organizacional. Na realidade, qualquer grupo pode assumir a liderança, desde que seus membros estejam comprometidos com a criação contínua de valor do cliente. E, embora as atividades de marketing possam ser a origem da vantagem competitiva, essa pode, com a mesma probabilidade, derivar de habilidades voltadas para o mercado nas áreas de P&D e desenvolvimento de produto. Uma empresa não será totalmente orientada para o mercado se a organização como um todo não estiver comprometida com a criação de valor para o cliente.

Como mostra a Figura 4.1, uma empresa orientada para o mercado enfatiza *a coleta, a disseminação e a utilização da inteligência de mercado* como base para a tomada de decisão.[7] Atividades de marketing orientadas para o cliente são essenciais para a coleta de informações a fim de diminuir a incerteza avassaladora com relação à demanda.

Primeiro, as empresas com essa orientação *coletam um vasto conjunto de informações* do mercado. A *inteligência de mercado* inclui a análise de informações advindas das necessidades do cliente, atuais e futuras, e do ambiente de negócios. A aquisição de informações pode ser feita por meio de SAC's (serviços de atendimento ao cliente), feiras, visitas, trabalho com usuários-chave ou algumas das ferramentas de pesquisa orientadas para alta tecnologia, discutidas no Capítulo 5.

Em segundo lugar, uma empresa orientada para o mercado *dissemina a informação* por toda a companhia. A disseminação eficaz incrementa o valor da informação ao viabilizar múltiplas perspectivas por parte de todos os membros da organização envolvidos e que podem ser afetados por elas ou utilizá-las. Os colaboradores devem poder fazer perguntas e aumentar ou modificar a informação, fornecendo novas percepções a quem a enviou. Por exemplo, para levar os novos produtos da concepção ao lançamento com mais rapidez e menos erros, "todas as interfaces funcionais (contatos) são importantes no processo de desenvolvimento do produto".[8] A eficácia nas interfaces é obtida por meio de maior ênfase nas "atividades multifuncionais (atividades que são da responsabilidade conjunta de várias funções dentro da empresa) [...], nas discussões multifuncionais e na troca de informações".[9]

Quando as organizações removem as barreiras funcionais que impedem o fluxo das informações, desde o desenvolvimento até a manufatura, as vendas e o marketing melhoram a sua capacidade de tomar decisões rápidas e de colocá-las em prática com eficácia. Por exemplo, a Andersen Consulting tem um *bulletin board* eletrônico interno no qual os consultores podem descrever os problemas que vêm encontrando e que outros podem já ter enfrentado e resolvido. O uso de um banco de dados com informações de mercado pode ser útil para tornar a informação disponível de maneira centralizada. Pessoas de várias funções e divisões dentro da organização devem partilhar informações entre si e dialogar sobre elas. O uso criterioso de tecnologia de informação pode efetivamente facilitar esse processo.

Outra abordagem comum para incentivar o compartilhamento de informações no processo de desenvolvimento é enviar pessoas de diferentes funções nas visitas aos clientes. Isso não só estimula o

Empresa orientada para o mercado

1. Coleta informações
   - Sobre clientes
   - Sobre concorrentes
   - Sobre tendências do mercado

2. Dissemina as informações por toda a empresa

3. Toma decisões de forma multifuncional com base no uso da informação

4. Coloca as decisões em prática de forma coordenada e com comprometimento

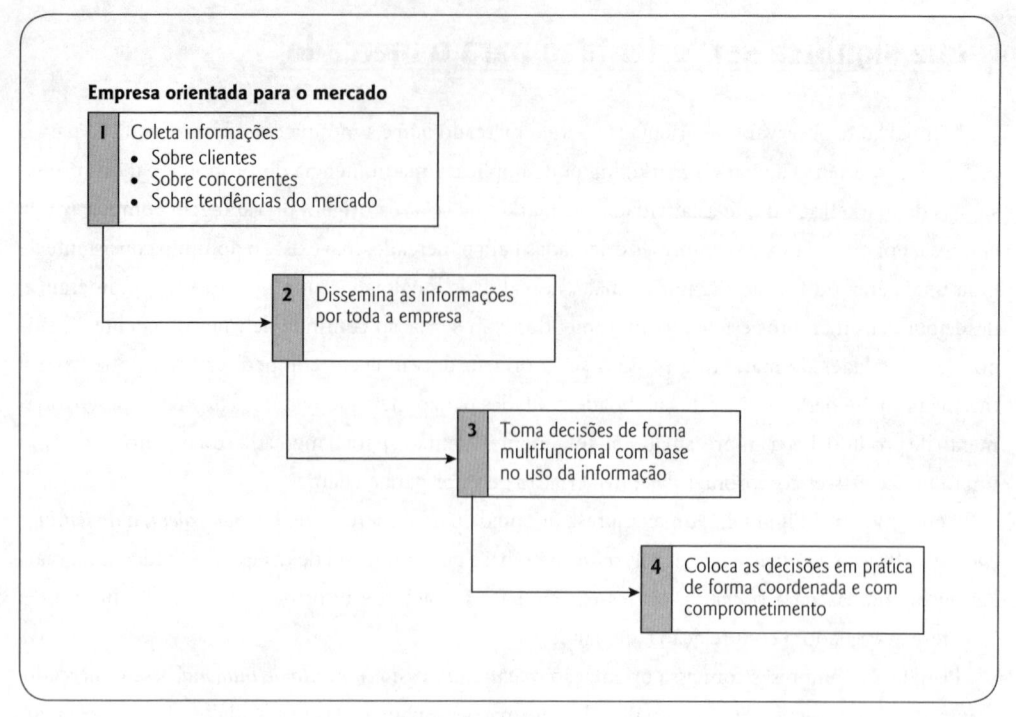

Figura 4.1 — O que significa ser orientado para o mercado?

compartilhamento de informações em tempo real como geralmente melhora a qualidade das informações coletadas.[10]

Em terceiro lugar, uma empresa orientada para o mercado *usa as informações* para tomar decisões. Para ter certeza de que todas as informações serão levadas em conta antes que uma decisão seja tomada, as organizações devem estabelecer fóruns para a troca de informações e discussões. Quando as decisões são tomadas de forma interfuncional e interdivisional, ocorre uma maior representação da informação e uma conexão mais íntima com as questões de mercado. Além disso, a tomada interfuncional de decisões implica que as pessoas envolvidas na *implementação* das decisões serão aquelas envolvidas na *tomada* dessas mesmas decisões — a ideia aqui é que uma pessoa envolvida na tomada de uma decisão estará mais comprometida com a sua implementação.

Por fim, a empresa orientada para o mercado coloca as decisões em prática de forma coordenada. Uma organização pode gerar e disseminar informações; no entanto, a menos que ela aproveite esses insumos em suas ações, nada será efetivamente concluído. A capacidade de resposta da empresa associada ao processo de inteligência de mercado implica selecionar mercados-alvo; desenvolver produtos/serviços que atendam às suas necessidades presentes e futuras; e produzir, distribuir e promover os produtos de forma a gerar tanto a satisfação como a lealdade do consumidor.[11] Todas as funções, em uma empresa orientada para o mercado — e não apenas o marketing —, participam da resposta às necessidades do mercado.

Essas são, portanto, as características das empresas que valorizam e se apoiam nas informações de mercado como orientação para a tomada de decisões estratégicas. Em sua essência, a *orientação* para o *cliente* ou para o *mercado* significa, simplesmente, coletar, partilhar e usar informações sobre o "mercado" (clientes, concorrentes, colaboradores etc.) para tomar decisões. Essa filosofia na abordagem da tomada de decisões requer uma gestão eficaz do *conhecimento* que reside nas várias áreas da empresa. A gestão do conhecimento é um conceito ainda mais amplo do que a orientação para o mercado, já que agrupa de maneira subordinada todos os modos de conhecimento que podem ter valor para a empresa. A *gestão do conhecimento* é o processo de criar, transferir, montar, integrar e explorar os recursos de conhecimento.[12] Ela requer a gestão proativa das bases de conhecimento da empresa e a utilização eficaz desse conhecimento para tomar boas decisões. Além disso, requer a derrubada de barreiras entre departamentos, funções e indivíduos, tanto dentro como fora da empresa, a fim de compartilhar e utilizar melhor as informações.[13]

Embora, intuitivamente, compartilhar o conhecimento faça sentido, na realidade isso representa uma mudança de paradigma nas fontes de vantagem competitiva dentro da empresa. No passado, a mão de obra e o capital eram os principais determinantes do lucro das empresas, mas o *know-how* vem se tornando, cada vez mais, a força geradora do lucro. Porém, a força da vantagem competitiva que vem do conhecimento será proporcional à capacidade de compartilhar e usar esse conhecimento, atravessando as fronteiras da empresa. Inclusive, alguns dizem que, para ser eficaz, a gestão do conhecimento requer uma organização de aprendizado e sem fronteiras que aproveite boas ideias vindas de funções distintas para usá-las em várias áreas. Entretanto, quando se trata de compartilhar e usar livremente informações, a realidade mostra que falar é mais fácil do que fazer.

Tornando-se orientado para o mercado

A lógica por trás da importância da orientação para o mercado é clara e as evidências de seu valor são inquestionáveis. Por que, então, não existem mais empresas capazes de se tornar orientadas para o mercado? A questão, em última instância, resume-se no fato de que muitas empresas não contam com as condições facilitadoras. Tais condições incluem, no mínimo: (1) defesa do conceito pela alta administração; (2) estrutura flexível e descentralizada; (3) um sistema de recompensas baseado no mercado.

Se a *alta administração* não estiver inequívoca e visivelmente comprometida com seus clientes, a empresa não conseguirá direcionar seus recursos para o desenvolvimento de soluções a fim de atender às suas necessidades e expectativas. Citando Michael Dell, CEO da Dell Computers: "Somos inexoravelmente focados no cliente. Aqui não existem atividades supérfluas. Uma vez que sabemos, diretamente de nossos clientes, de que eles precisam, trabalhamos intimamente com nossos parceiros e fornecedores para construir e expedir tecnologias relevantes a baixo custo. Nossos empregados têm um senso de propriedade quando trabalham diretamente com os clientes".[14]

Comportamentos orientados para o mercado prosperam em organizações *descentralizadas* e com estrutura flexível, com responsabilidades compartilhadas e amplos processos de comunicação lateral. Os membros dessas organizações reconhecem sua interdependência e estão dispostos a cooperar e partilhar as informações do mercado para sustentar a eficácia da própria empresa. A necessidade de partilhar informações de maneira eficaz na organização orientada para o mercado requer a eliminação das rígidas restrições burocráticas ao comportamento e ao fluxo de informações. O alto grau de incerteza dos mercados de alta tecnologia requer padrões de comunicação informais e de alta frequência entre as áreas para que a difusão das informações seja eficaz.

O *sistema de recompensas baseado no mercado* é o fator organizacional de maior impacto na orientação para o mercado.[15] Esse sistema é aquele que recompensa os empregados que geram e compartilham informações de mercado e que atingem altos graus de satisfação e lealdade do cliente. Empresas orientadas para o mercado aparentemente dão menos ênfase às vendas de curto prazo e às metas de lucratividade do que seus concorrentes mais voltados para os aspectos financeiros — ou internos.

Barreiras à orientação para o mercado

É muito fácil falar, da boca para fora, que uma empresa é orientada para o mercado. Entretanto, isso pode ser facilmente bloqueado pelas barreiras organizacionais. Antes de qualquer coisa, as pessoas frequentemente acumulam e escondem dados e informações para *proteger os seus domínios*, acreditando que o seu acesso e o controle fornecem poder e *status* dentro da empresa. A consequência lógica é que uma parte muito difícil da gestão do conhecimento e da orientação para o mercado é convencer as pessoas a compartilhar informações em vez de retê-las como meio de proteger sua posição na empresa.

Em segundo lugar, a *rigidez atrelada às competências centrais da empresa* pode impedir que informações de mercado sejam utilizadas na tomada de decisões. Como foi discutido no Capítulo 2, essa rigidez é uma camisa de força que inibe o aspecto inovador na empresa, podendo incluir hierarquias de status que dão preferência, por exemplo, aos entusiastas da tecnologia dentro de seus escalões, em prejuízo dos membros da organização voltados para o cliente. Essa preferência frequentemente resulta na descrença das informações sobre o mercado e os usuários — a menos que venham de alguém com *status* dentro da companhia.

Por exemplo, durante a fase de projeto da impressora Deskjet da HP, o pessoal de mercado testou os primeiros protótipos em shopping centers para avaliar a resposta dos usuários. E retornaram com uma lista de 21 alterações consideradas essenciais para o sucesso do produto. No entanto, os engenheiros aceitaram apenas cinco. Recusando-se a desistir, o pessoal de mercado conseguiu convencer os engenheiros a acompanhá-los aos testes nos shopping centers. Depois de ouvir dos próprios usuários o mesmo *feedback* — um *feedback* que eles haviam anteriormente rejeitado —, os projetistas voltaram à prancheta para incorporar outras 16 alterações solicitadas.[16] Infelizmente como o marketing muitas vezes não faz parte do rol de competências centrais de empresas orientadas para a tecnologia, as informações que esses analistas fornecem são ignoradas na fase de projeto — o que pode ter consequências muito negativas.

Outras barreiras que podem impedir uma empresa de ser orientada para o mercado são a *tirania do mercado atual* ("atendido"), discutida previamente no Capítulo 2, e a incapacidade da empresa em visualizar novas soluções para atender às demandas (atuais e futuras) dos consumidores.[17] Essas empresas sofrem de *miopia no marketing*, que é a tendência de se concentrar muito especificamente em atender às necessidades atuais dos clientes com uma dada tecnologia. Esse foco míope obscurece a possibilidade de que as necessidades do cliente se alterem com o passar do tempo e possam ser atendidas de maneiras radicalmente diferentes. Embora uma cultura orientada para o mercado necessite que a empresa peça informações e ouça os clientes, isso pode se tornar difícil quando eles mesmos não conseguem expressar claramente suas necessidades.

A Figura 4.2, a seguir, ilustra o relacionamento entre os facilitadores, as barreiras e os resultados da orientação para o mercado.

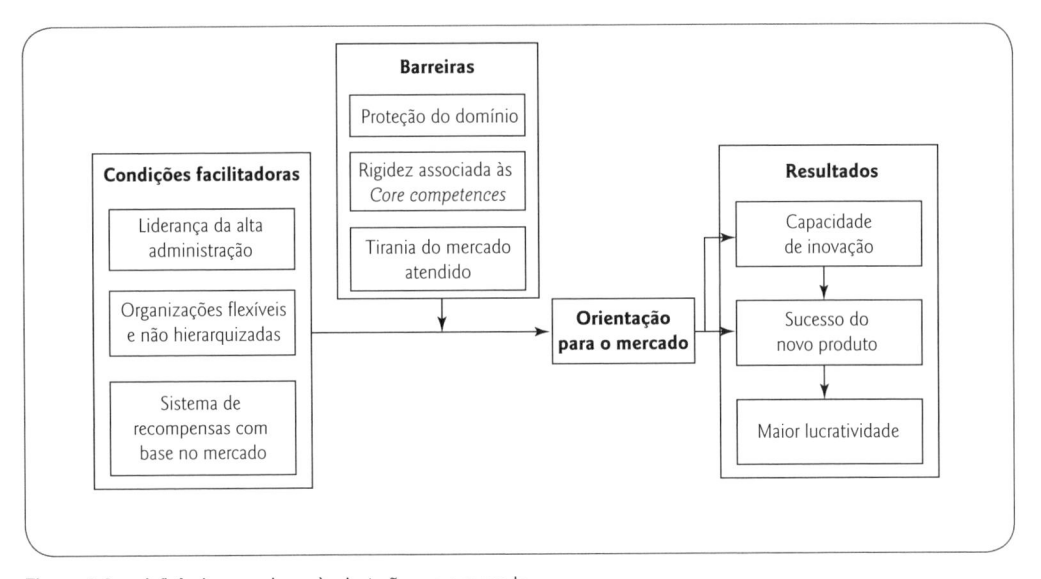

Figura 4.2 — Influências para chegar à orientação para o mercado

O lado negativo e oculto da orientação para o mercado

Mesmo que os clientes consigam expressar suas necessidades, alguns especialistas argumentam que ouvir o cliente pode nem sempre ser a "solução para todos os males", como os defensores da orientação para o mercado dizem que é.

Ouvir excessivamente e sem critério os clientes pode inibir as inovações, restringindo-as às ideias que eles próprios conseguem visualizar e expressar — o que pode levar a propostas seguras, porém insossas. Um artigo da revista *Fortune* sugere que a devoção obsessiva e até subserviente ao que o cliente diz foi tão longe que, em alguns casos, é melhor ignorar o próprio cliente.[18] Por que isso?

Primeiro, porque podem surgir problemas ao ouvir os clientes se eles, na realidade, derem aos pesquisadores de mercado informações ruins. Por exemplo, durante um projeto de pesquisa de mercado, os clientes podem dizer que adoram uma nova ideia de produto e depois não comprar o produto quando ele é lançado. A Spalding tentou comercializar "luvas de beisebol infláveis" que foram bem nos testes, mas não no mercado. Portanto, em alguns casos, o pessoal de marketing pode ter de ignorar as afirmações dos clientes quanto ao que eles querem.

Segundo, o pessoal de mercado pode ter de ignorar o *feedback* dos clientes sobre o que eles *não* querem. Por exemplo, as máquinas de fax e as entregas expressas de um dia para o outro estão entre os produtos que encontraram resistência inicial dos consumidores. Além disso, as pessoas diziam que jamais abandonariam os computadores *mainframe*. Um executivo de *marketing* da Motorola disse: "Nosso maior concorrente não é a IBM ou a Sony. É o jeito como as pessoas fazem as coisas atualmente".[19]

Terceiro, os clientes nem sempre conseguem expressar suas necessidades ou ao menos têm consciência delas. São as chamadas necessidades "latentes", que existem, mas ainda não foram percebidas. Quando uma empresa percebe e atende a essa necessidade, o cliente fica rapidamente encantado. Os administradores dizem que esse tipo de atendimento às necessidades tem uma qualidade "atraente": ele encanta e empolga o cliente, inspirando lealdade. Um exemplo simples é o Post-It da 3M. A necessidade do produto existia há muito tempo, mas só tomou forma quando ele passou a existir. Ele atendeu, pois, a uma necessidade latente, gerou um entusiasmo enorme e foi tremendamente bem-sucedido.

Portanto, em vista dessas considerações, faz-se a seguinte pergunta-chave: "Como pode uma empresa ser orientada para o mercado sem ficar excessivamente restrita ao que o cliente diz (tornando-se "fanática pelo *feedback*"[20]) ou deixa de dizer?".

Superando as possíveis armadilhas de ser orientado para o mercado

Uma maneira de ser orientado para o mercado sem ser dirigido pelo consumidor é dar mais ênfase ao comportamento do consumidor e menos ênfase ao que ele diz.[21] As melhores informações podem ser recolhidas pela observação do que os consumidores fazem em condições normais, naturais. Conhecida como *empathic design*, esse tipo de pesquisa é detalhadamente abordada no Capítulo 5.

Quando a empresa escolhe apoiar-se em grande parte no *feedback* do cliente, é importante alinhar o tipo de inovação sobre a qual ela está recebendo o *feedback*.[22] Em outras palavras, trata-se usar o modelo contingencial de *marketing* apresentado no Capítulo 1. No contexto da *inovação incremental*, apoiar-se no *feedback* do consumidor é importante e útil para o ajuste fino de um produto. Os clientes são proficientes para fornecer informações úteis que podem reforçar ou refinar uma tecnologia já existente. No entanto, no contexto de *inovações ou avanços radicais*, os clientes são menos proficientes no fornecimento de informações úteis. Eles têm uma "miopia" natural,[23] o que significa que, na coleta de dados do mercado e dos clientes, os informantes ficam restritos por seu contexto ou ambiente. Eles podem não ter consciência das últimas tendências em uso, além do que os usuários não conseguem ver o mundo pelos olhos de um inovador; eles não têm como saber que novas soluções a tecnologia pode oferecer. De fato, defendendo a observação do cliente para obter novos *insights*, alguns pesquisadores de marketing de alta tecnologia acreditam que o que os clientes *não conseguem* dizer pode ser exatamente o que é necessário para desenvolver novos produtos bem-sucedidos.[24]

Além disso, com a "tirania do mercado atendido", empresas que se concentram demais em seus clientes já estabelecidos podem ficar restritas quanto às estratégias e tecnologias que escolhem desenvolver. Por exemplo, os melhores clientes de uma empresa podem ser os últimos a aceitar uma tecnologia revolucionária. Nesse caso, as pessoas que adotam primeiro uma nova tecnologia são aquelas às quais a empresa presta menos atenção, e a inovação chegará de repente como um ataque surpresa.[25] Por essa razão, empresas de sucesso adotam o "foco no mercado futuro".[26] Além de voltar-se para os atuais clientes, uma empresa inovadora concentra-se também nos clientes futuros, demonstrando, com isso, uma visão bifocal.

Observe que os clientes que adotam uma tecnologia nova e radical estão tipicamente na margem de um mercado estabelecido ou, então, em um mercado inteiramente novo e emergente. Por exemplo, no início da década de 1980, a tecnologia do drive para disquetes de 5,25 polegadas estava em descompasso com a demanda dos clientes de computadores *mainframe* e minicomputadores, mas foi adotada pelo mercado emergente dos computadores pessoais *desktop*.[27] As empresas de drive para disquetes estabelecidas não falharam porque foram incapazes de desenvolver tecnologias inovadoras. Mais exatamente, como os clientes tradicionais não estavam interessados em novas tecnologias que não fossem dirigidas às suas necessidades imediatas, os líderes do setor não alocaram recursos para as novas tecnologias. Essa decisão permitiu que novos membros do setor ganhassem a liderança do novo mercado.

Ignorar o *input* do cliente direto pode ser difícil quando os pesquisadores de mercado e a linha conservadora da empresa recorrem a pilhas de pesquisas com os clientes para asfixiar ideias criativas. Mas quem acredita com fervor no valor de uma ideia — digamos, o defensor de um produto — consegue sobrepujar um oceano de céticos. Ser um visionário requer uma perspectiva bem informada do mercado, fé nas próprias ideias e nos produtos que dela resultam e um período de tempo realista para a perseverança. Deve-se, pois, perseverar tempo o bastante para dar à invenção uma oportunidade justa, mas não se deve insistir por tanto tempo a ponto de ignorar totalmente os sinais de fracasso iminente. Um executivo da HP-Compaq sugere que de 12 a 18 meses é um bom período "para ter uma boa ideia e avaliar se o que se está ouvindo é ceticismo superável ou pura e simplesmente falta de aceitação do mercado".[28]

Para que uma empresa seja realmente orientada ao mercado, essas características devem estar impregnadas por toda a empresa, começando de cima para baixo. Se isso realmente ocorrer, a cultura da organização atribuirá alto valor às informações vindas do mercado. A aquisição, o compartilhamento e a sua disseminação requerem confiança e uma comunicação colaborativa entre colegas de trabalho. Na arena da alta tecnologia, a colaboração próxima entre o pessoal de *marketing* e o de P&D/engenharia é especialmente vital.

Interação P&D-marketing

As empresas de alta tecnologia têm de interligar de maneira eficaz a área de pesquisa e desenvolvimento e os esforços de *marketing* a fim de serem bem-sucedidas.[29] Nesses mercados as firmas devem se destacar em três atividades: identificação de oportunidades, inovação de produtos e processos, e comercialização de produtos. Como uma das tarefas de marketing é ouvir o consumidor e definir um conjunto amplo de oportunidades, uma sólida competência nessa área implica que ela deve ser capaz de identificar uma ampla gama de mercados e aplicações para os clientes para a tecnologia inovadora. A voz que o *marketing* traz para o processo de inovação deve vir acompanhada do conhecimento fornecido pelo setor de P&D, a fim de desenvolver algo que esteja realmente voltado para as necessidades do cliente.

Uma interação P&D–marketing eficaz é importante sobretudo nos primeiros estágios de um projeto de desenvolvimento de produto.[30] O marketing deve conhecer as preferências do cliente e os produtos da concorrência que forem cruciais para resolver as questões de concepção e posicionamento. Como o setor de P&D tem a responsabilidade básica pela tradução da tecnologia em um projeto que atenda às necessidades do cliente, seu conhecimento também é crucial para solucionar tais questões. À medida que um projeto avança para os estágios de produção e comercialização, a engenharia de produto e a área de operações passam a superar P&D em importância, ao passo que, para o *marketing*, o foco muda da definição do produto para o desenvolvimento de um programa de comercialização.[31]

Similarmente às dificuldades para se tornarem orientadas ao mercado, as empresas de alta tecnologia também enfrentam barreiras para a integração P&D-marketing. Por exemplo, a seguir, algumas piadas sobre marketing feitas por engenheiros, extraídas da Internet:

- Pesquisa de mercado: é quando o pessoal de marketing vai até o setor de engenharia para saber no que ele está trabalhando.
- Marketing: é o que você faz quando seu produto não está vendendo.
- Um gerente de software, um gerente de hardware e um gerente de marketing estão dirigindo, a caminho de uma reunião, quando um pneu fura. Eles saem do carro para olhar o problema.

    O gerente de software diz: "Não posso fazer nada; isso é um problema de hardware".

    O gerente de hardware diz: "Quem sabe se desligarmos e ligarmos o carro novamente, o problema se resolverá sozinho".

    O gerente de marketing diz: "Olha, 75 por cento está funcionando — vamos mandar assim mesmo!"

- O que o pessoal de venda de produtos de alta tecnologia diz e o que eles querem dizer:

    Tudo novo: as peças não são intercambiáveis com o desenho anterior.

    Testado em campo: o fabricante não tem equipamento de teste.

    Revolucionário: é diferente de nosso concorrente.

    Avanço: finalmente encontramos um jeito de vender.

    Futurístico: não existe outro motivo para ter a aparência que tem.

    Característico: tem forma e cor diferente dos outros.

    Redesenhado: as falhas anteriores foram corrigidas, ou assim esperamos.

    Atendimento ao cliente em todo o país: pode ser devolvido na maioria dos aeroportos.

    Desempenho sem precedentes: nada que fizemos antes funcionava *desse* jeito.

Esse conflito já ultrapassou as fronteiras das organizações. Hoje, encontram-se referências irônicas até mesmo em mídias de massa, como em uma tirinha do Dilbert, personagem criado por Scott Adams, que pode ser acessada (em inglês) no link: http://dilbert.com/strips/comic/1993-12-14/.

Em função de seu papel vital no sucesso do marketing de alta tecnologia, esta seção fornece detalhes adicionais sobre a interação P&D-marketing. Primeiro, conforme mostrado na Figura 4.3, a natureza da interação interfuncional deve combinar efetivamente com a natureza da inovação (radical *versus* incremental). Segundo, as empresas devem entender as barreiras à interação. Finalmente, são abordadas estratégias para ultrapassar as barreiras à interação e, especificamente, para aumentar a comunicação entre o marketing e a engenharia.

Natureza da interação P&D-marketing: inovações radicais *versus* incrementais

Embora o ímpeto inicial para o sucesso em muitas empresas de alta tecnologia seja resultado de avanços técnicos importantes, uma transição bem-sucedida para se tornar orientada ao mercado requer que o *input* de marketing seja tanto ouvido como respondido. Administrar a interface P&D-marketing é vital para que a empresa tenha sucesso, à medida que o mercado evolui, passando da fase de ser orientado para a inovação para ser orientado ao cliente.[32] Embora a área de P&D tenha a ten-

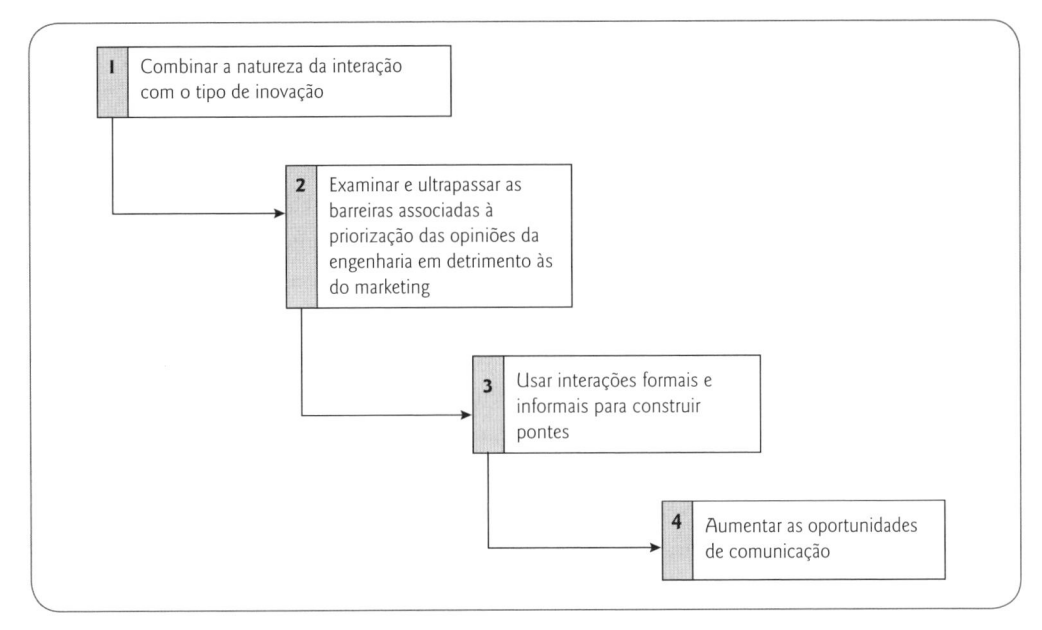

```
┌─────────────────────────────────────────────────────────────────┐
│  ┌─┬─────────────────────────────┐                              │
│  │1│ Combinar a natureza da      │                              │
│  │ │ interação com o tipo de     │                              │
│  │ │ inovação                    │                              │
│  └─┴─────────────────────────────┘                              │
│       │                                                         │
│       │   ┌─┬─────────────────────────────┐                     │
│       └──▶│2│ Examinar e ultrapassar as   │                     │
│           │ │ barreiras associadas à      │                     │
│           │ │ priorização das opiniões da │                     │
│           │ │ engenharia em detrimento às │                     │
│           │ │ do marketing                │                     │
│           └─┴─────────────────────────────┘                     │
│                │                                                │
│                │   ┌─┬─────────────────────────────┐            │
│                └──▶│3│ Usar interações formais e   │            │
│                    │ │ informais para construir    │            │
│                    │ │ pontes                      │            │
│                    └─┴─────────────────────────────┘            │
│                         │                                       │
│                         │   ┌─┬─────────────────────────┐       │
│                         └──▶│4│ Aumentar as             │       │
│                             │ │ oportunidades de        │       │
│                             │ │ comunicação             │       │
│                             └─┴─────────────────────────┘       │
└─────────────────────────────────────────────────────────────────┘
```

Figura 4.3 — Etapas para a interação eficaz P&D-marketing

dência de desempenhar um papel mais forte e influente nos avanços radicais e o marketing tenha um papel maior nos produtos incrementais, tanto para P&D como para o marketing ignorar a perspectiva que o outro traz para a mesa é um fato que contribui para o fracasso.

As pesquisas demonstram que uma maior interação P&D-marketing nas atividades de desenvolvimento técnico é mais necessária para *avanços radicais* do que para produtos incrementais.[33] Como as possibilidades para a aplicação da nova tecnologia tendem a ser, simultaneamente, não óbvias e muito numerosas, pode ficar difícil para a engenharia avançar sem o *feedback* do mercado. Portanto, para inovações radicais, boa parte dos esforços iniciais de interface entre P&D e marketing deve endereçar questões relacionadas ao tipo de atividade na qual a empresa deverá competir, quais são as possíveis oportunidades de mercado e quais são as prioridades para o desenvolvimento do mercado.[34] A interação interfuncional ajuda a determinar as características desejáveis do produto e a avaliar sua viabilidade em termos de engenharia.

Nas *inovações incrementais*, o setor de P&D deverá também participar ativamente no processo de planejamento de mercado, principalmente estabelecendo objetivos. A área de P&D pode garantir que o marketing não perca de vista a sua visão de produto. Já os profissionais de marketing podem oferecer parâmetros para os esforços de engenharia. Cedendo de ambos os lados, os membros da equipe podem chegar a um acordo quanto ao mercado-alvo, às prioridades, às expectativas e ao *timing*. Além disso, os esforços de P&D não terminam com o início das vendas; os engenheiros devem continuar ajudando com brochuras, pesquisas, gestão de preços, promoção de vendas, feiras e visitas aos clientes. Em se tratando de inovações incrementais, as pesquisas confirmam a importância da interação P&D--marketing no início do lançamento de novos produtos para dar direcionamento à comercialização, à criação dos planos de marketing e à operacionalização do lançamento.[35] Da mesma maneira, o marketing deve participar durante o período pré-comercialização, trazendo a voz do cliente e do mercado para o processo de desenvolvimento.

Barreiras à colaboração P&D-marketing

Apesar da necessidade crucial de uma colaboração eficaz P&D-marketing no desenvolvimento de produtos de alta tecnologia, administrar a realidade dessa interação é muito diferente.

Uma barreira importante à colaboração pode ser a própria cultura organizacional que respeita e valoriza os conhecimentos de engenharia mais do que os conhecimentos de marketing. O domínio da cultura de engenharia tem sido identificado como uma *core rigidity* em muitas empresas de alta tecnologia.[36] Nas empresas que têm uma cultura técnica dominante, os executivos de alto nível normalmente advêm da área de engenharia. A expectativa é que, com o tempo, eles venham a desenvolver uma orientação comercial e o entendimento do cliente. Esse tipo de cultura voltada para a tecnologia pode se traduzir em falta de valorização e respeito pelo pessoal de marketing. Obviamente, é muito difícil que o pessoal de marketing seja eficaz quando a visão que prevalece é a de que "a engenharia faz tudo e depois o marketing ajuda a vender".

O desdém por essa área também se manifesta quando a engenharia assume muitas tarefas que são tradicionalmente consideradas tarefas do marketing, como análise da concorrência, gestão de produto, e assim por diante. A cultura da engenharia reforça também o seu papel dominante e serve de justificativa para não ouvir o marketing.[37] Um dos motivos mais frequentes alegados pelos engenheiros para não usar as pesquisas de mercado ou o *input* dos consumidores é que "os clientes não sabem o que querem", ou que "o pessoal de marketing não entende o que está falando" (porque lhes falta o conhecimento técnico). Por exemplo, "o pessoal de marketing quer tudo já e sem custo — eles não têm noção de viabilidade — e querem um Cadillac que custe 5 mil dólares para amanhã".[38]

O pessoal de marketing e o de P&D tendem a ser diferentes em uma série de aspectos, como formação (*background*), metas, necessidades e motivação. Mais importante é que eles tendem a discordar em termos de valores, como ilustra o Quadro 4.1.[39] Essas diferenças, é claro, são generalizações e não se aplicam a todas as situações. No entanto, elas ilustram os motivos pelos quais o pessoal de marketing e o de P&D podem ter dificuldade para entender os objetivos e os processos de tomada de decisão uns dos outros.

Até a dinâmica espacial contribui para o problema: colocar o marketing e a P&D em áreas fisicamente diferentes nas instalações favorece ainda mais a falta de colaboração. No entanto, estudos constataram que, ao aumentar a interação P&D-marketing, a probabilidade de sucesso do projeto de desenvolvimento de um novo produto também aumenta.[40] Diante dessas barreiras, como se pode estruturar a interação P&D-marketing para melhorar a sua eficácia?

Chegando à integração P&D-marketing

Muitas empresas especificam uma série de sistemas formais e processos nos quais as equipes de marketing fornecem informações para as equipes de engenharia.[41] Por exemplo, durante fases específicas de revisão do projeto de desenvolvimento de um produto novo, o marketing oferece *input* na documentação dos requisitos e um entendimento das escolhas envolvidas na enorme quantidade dos atributos considerados. Além disso, durante o processo de planejamento anual, as equipes de marketing

	P&D	Marketing
Horizonte de tempo	Longo prazo	Curto prazo
Projetos preferidos	Avanços radicais	Melhorias incrementais
Tolerância à ambiguidade	Baixa	Alta
Estrutura departamental	Informal	Moderadamente formal
Orientação burocrática	Menos	Mais
Orientação aos outros	Permissiva	Permissiva
Lealdade profissional	À profissão	À empresa
Orientação profissional	Ciência	Mercado

Quadro 4.1 — Estereótipos de P&D e marketing

estimam os rendimentos e os lucros para seu segmento de mercado e indicam produtos e programas necessários para alcançar seus objetivos. Finalmente, o marketing se comunica com a engenharia pelo sistema de previsão de vendas.

Embora esses mecanismos formais ocorram na interação entre as áreas de P&D e marketing, eles não tendem a ser os principais meios pelos quais ela ocorre; na verdade, eles pouco contribuem no modo como o marketing influencia o processo. Essas medidas formais são, quase sempre, uma quimera, erigindo uma fachada de interação entre eles, mas fazendo pouco para que ela se torne produtiva. A questão é: como a interação P&D-marketing pode ser produtiva para a empresa? Há técnicas úteis, que se encaixam nas categorias de cooptação, cooperação, comunicação e conflitos construtivos, como ilustra a Figura 4.4.

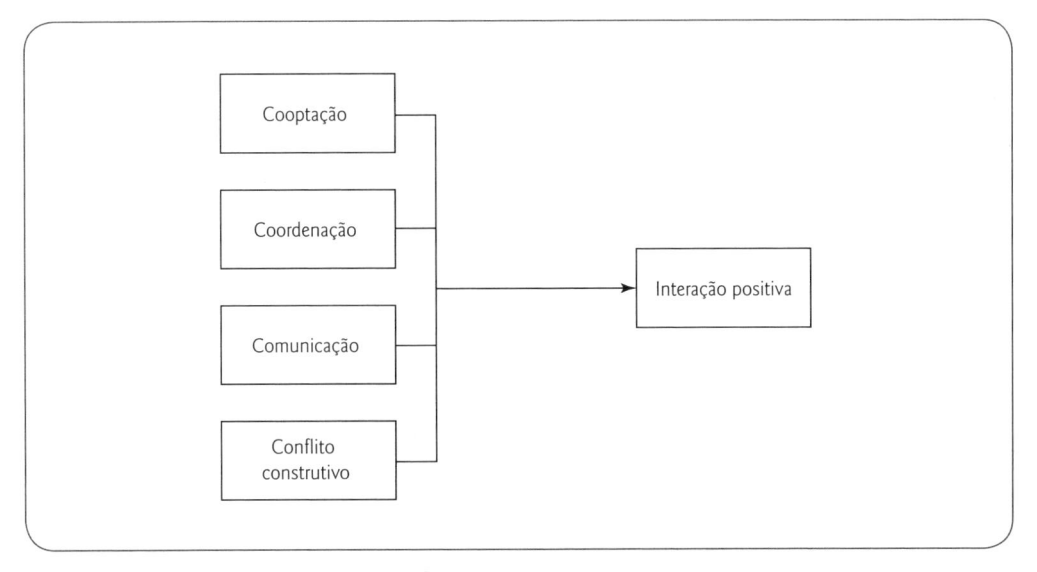

Figura 4.4 — Estratégias para melhorar a interação P&D-marketing

Cooptação

A estratégia de cooptação tem o objetivo de unir os interesses de P&D e marketing. John Workman,[42] em seu estudo sobre uma empresa de alta tecnologia, descobriu que profissionais de marketing eficientes usam determinados métodos para conquistar o apoio da área de P&D no processo de desenvolvimento de um produto. Entre eles, esses profissionais:

- usam redes de contato informais e constroem pontes para chegar à engenharia. Eles conhecem as pessoas certas e se mantêm próximos da área de P&D tanto física como burocraticamente;
- entendem os produtos e a tecnologia, o que dá a eles credibilidade com os engenheiros. Os engenheiros "não se importam em falar com o pessoal do marketing" quando eles sabem do que estão falando;
- não dizem a outras pessoas o que fazer, mas, sim, fazem perguntas, contam histórias e constroem um consenso entre as equipes;
- formam coalizões estratégicas, incluindo gerentes do alto escalão, que forçam mudanças às quais os engenheiros tendem a resistir. Porém, essa estratégia tem um preço: como ela pode acabar alienando o pessoal da engenharia, deve ser usada apenas em último caso nos problemas mais importantes;
- sabem que as menores melhorias em inovações podem ser particularmente importantes. "São os 5 por cento que não interessam à engenharia que podem produzir vendas cinco vezes maiores".[43] Em uma situação dessas, um pessoal de marketing eficiente assume o desenvolvimento ou procura parceiros externos para terminar a tarefa.

Cooperação

Baseados em uma extensa avaliação de pesquisas feitas nessa área, Griffin e Hauser[44] descobriram que as estratégias de cooperação a seguir aumentam a interação marketing-P&D.

- Colocar no mesmo local os departamentos de marketing e P&D para superar a barreira da separação física e encorajar a transferência de informação. Para que os benefícios desse arranjo sejam percebidos, ele deve ser complementado com técnicas que favoreçam a comunicação e a colaboração.
- Promover intercâmbios entre as funções, para que as equipes tenham uma ideia dos desafios que seus parceiros enfrentam. A movimentação de pessoal suaviza a distinção entre as equipes, tende a diminuir incertezas tecnológicas ou de mercado e reduz barreiras provenientes de diferenças de valores e linguagem.
- Desenvolver redes interfuncionais informais para incentivar uma comunicação aberta e proporcionar o contato do profissional com as funções da outra equipe.
- Criar uma estrutura e sistemas de informação que favoreçam a cooperação. Isso inclui responsabilidades e padrões de desempenho claros, descentralização das decisões, tolerância a falhas que não sejam resultado de planejamento ou execuções malfeitas e sistemas conjuntos de recompensas.

Mesmo com essas estratégias, a realidade é que a visão de mundo do marketing e da engenharia ainda são muito diferentes, o que pode resultar em mal-entendidos e conflitos de objetivos e soluções.[45] Quais seriam os fatores que afetam a capacidade de interação eficiente entre os grupos? A maioria dos especialistas aponta para a necessidade de intensificação da comunicação.

Comunicação

Um fator comumente estudado em busca de uma melhor interação P&D-marketing é a comunicação. Muitos argumentam que o simples aumento da *frequência da interação* entre as equipes ajuda a melhorar o entendimento e a harmonia entre as duas funções; aumenta sua habilidade em lidar com ambientes complexos e dinâmicos, e leva a um maior sucesso do produto. Na verdade, o uso de informações de mercado fornecidas por um gerente de marketing a gerentes de outras áreas (não só gerentes de P&D, mas também gerentes financeiros e de fabricação) exige um mínimo de interações (aproximadamente 125 interações no período de três meses).[46] Porém, comunicações frequentes demais podem prejudicar a percepção da qualidade das informações (mais de 525 interações no período de três meses). Portanto, o aumento da frequência da comunicação interfuncional pode ser justificado se o mínimo não houver sido atingido, mas o aumento da frequência nem sempre melhora a percepção da qualidade nem o uso da informação.

Esse estudo[47] também constatou que, quando disseminadas por *meios formais* (aqueles que são planejados e verificáveis), as informações do mercado são mais bem aproveitadas do que quando disseminadas por *canais informais*. Embora os canais informais, que são interações comunicativas espontâneas e não planejadas, possam fornecer maiores oportunidades para franqueza e esclarecimentos, as interações formais gozam de maior credibilidade.

Dois outros fatores que afetam a natureza da comunicação entre marketing e P&D são a presença de regras de compartilhamento de informações dentro da organização e o grau de integração entre os objetivos do marketing e os objetivos da engenharia (no caso, a conquista do objetivo do gerente de marketing dependeria de ações da engenharia, e vice-versa).[48]

Estudos indicam que os gerentes de empresas de alta tecnologia devem estabelecer políticas para encorajar as regras de compartilhamento das informações quando os responsáveis pelo marketing se identificam mais fortemente com a organização como um todo. Já quando os gestores de marketing se identificam mais fortemente com as funções específicas da área, deve-se lançar mão do estabelecimento de objetivos integrados (marketing-P&D). Porém, o risco da tentativa de influência coerciva aumenta no último caso.

Conflito construtivo

Outras pesquisas mostram que, quando o pessoal de marketing percebe que a interação é mais frequente, nota-se também um aumento nos conflitos com o pessoal de P&D; mas esses conflitos não resultam necessariamente em um relacionamento menos eficaz.[49] Na verdade, embora muitos estudos corroborem a necessidade de uma forte interação entre marketing e engenharia para o sucesso do desenvolvimento de novos produtos, quando esses relacionamentos tornam-se íntimos demais, o desejo de harmonia impede o surgimento de pontos de vista alternativos.[50] Quando o pensamento de grupo assume o comando, opiniões contrárias não são expressas e potenciais problemas deixam de ser enunciados, resultando em um desempenho mais baixo de produto. A verdadeira questão é como estruturar a colaboração entre as áreas de P&D e marketing para que ocorra uma interação frequente sem que haja a perda do "conflito construtivo". Formalizar os papéis dentro da equipe, dando a certos membros do grupo o papel de advogados do diabo, pode ser útil.

Uma advertência

Cada uma dessas ferramentas pode ajudar a melhorar o fluxo de informações entre o marketing e a área de P&D. Porém, a natureza da comunicação precisa permanecer ligada ao *entendimento do que o cliente quer e precisa*. Como a Figura 4.5 mostra no "Jogo da pedra", o marketing e a engenharia po-

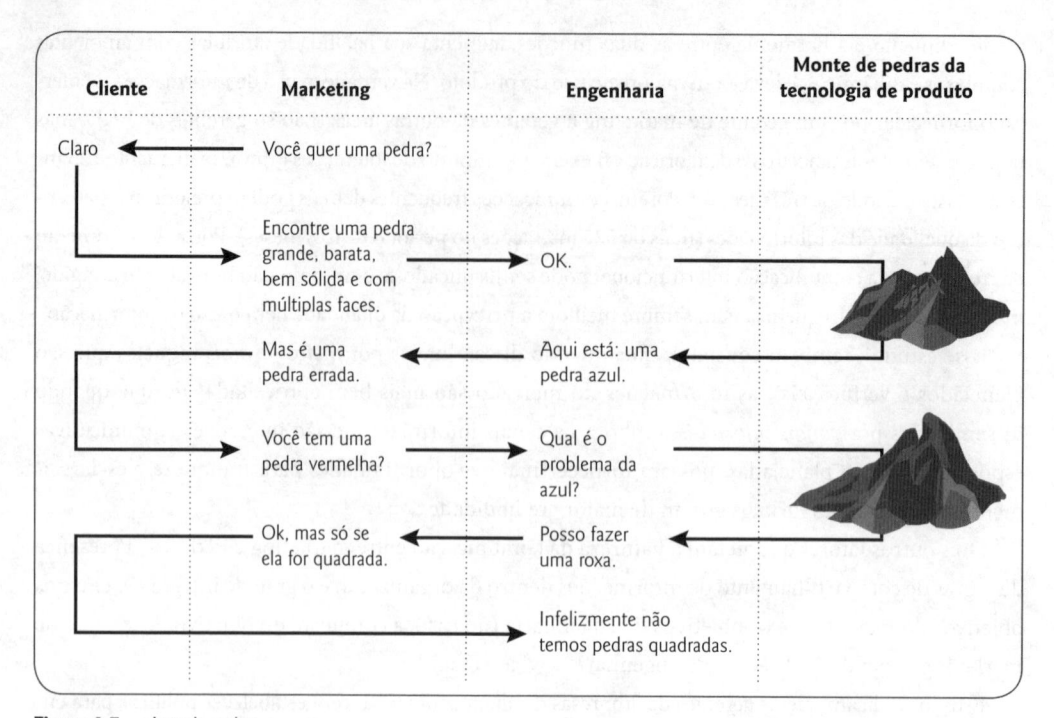

Cliente	Marketing	Engenharia	Monte de pedras da tecnologia de produto
Claro ←	Você quer uma pedra?		
↓	Encontre uma pedra grande, barata, bem sólida e com múltiplas faces. →	OK.	
↓	Mas é uma pedra errada. ←	Aqui está: uma pedra azul. ←	
↓	Você tem uma pedra vermelha? →	Qual é o problema da azul?	
↓	Ok, mas só se ela for quadrada. →	Posso fazer uma roxa. ←	
		Infelizmente não temos pedras quadradas.	

Figura 4.5 — Jogo da pedra

Fonte: Sotorage Technoloy Corporation, Louisville, Colorado.

dem pensar que estão fazendo um bom trabalho de interação, sem, na realidade, entender ou transmitir precisamente as necessidades do cliente no processo.

Por exemplo, uma empresa de planos de saúde adotou um novo sistema de gerenciamento dos registros de clientes. O novo sistema incluía um software personalizado do fornecedor que permitia à empresa personalizar telas e menus para seus atendentes, com base em determinados critérios e padrões de tratamento. Infelizmente, na adequação do software às suas necessidades, a empresa de planos de saúde encontrou uma série de problemas que exigiram um extenso retrabalho por parte do fornecedor do software. Para comunicar suas necessidades e preocupações, o pessoal da empresa de planos de saúde falava ou com uma pessoa de vendas ou com uma pessoa do atendimento ao consumidor, que, por sua vez, retransmitia os problemas para os engenheiros do software. A *filtragem* e a *recomunicação* das necessidades do cliente resultaram em vários mal-entendidos entre os engenheiros e o cliente. Apesar disso, o cliente não podia se comunicar diretamente com os engenheiros do software. E por que não? O vendedor do software alegou que "o custo do tempo dos engenheiros era alto demais para que ele fosse perdido em conversas com o cliente"!

Resumindo, a integração interfuncional entre o marketing e a área de P&D é um fator-chave para a difusão do conhecimento sobre cliente e mercado entre todos os membros de uma equipe de projeto em empresas de alta tecnologia. Essa integração assegura que o entendimento de necessidades, expectativas, desejos e comportamentos do mercado nos primeiros estágios do desenvolvimento de um produto constituam a base para soluções tecnológicas — soluções que são valorizadas pelos clientes. Essa difusão do conhecimento sobre clientes e mercados para a equipe de engenharia é intensificada quando se permite a ela ter um contato direto e frequente com clientes e outras fontes externas de informação. Como já foi discutido, a manutenção de uma forte conexão entre todas as áreas da empresa e o cliente faz parte do rol de características de organizações orientadas ao mercado.

VISÃO DE MERCADO

Orientação para o mercado e interação entre marketing e engenharia (P&D) em empresas de alta tecnologia: o caso Embraer

Horácio Aragonés Forjaz[51]
Vice-presidente de comunicação empresarial da Embraer

Introdução

A indústria aeroespacial, da qual a indústria aeronáutica constitui o segmento mais expressivo, reúne uma combinação de características altamente demandantes que a fazem especial e diferenciada.

Poucas indústrias no mundo embutem combinação de desafios tão formidáveis quanto a indústria aeronáutica: do emprego simultâneo de múltiplas tecnologias de vanguarda, passando pela mão de obra de elevada qualificação, pelas exigências de uma indústria global por natureza, à flexibilidade necessária para reagir a abruptas mudanças de cenário e grandes volumes de capital exigidos em sua operação.

A integração de duas culturas

As origens da Empresa Brasileira de Aeronáutica (Embraer) remontam à década de 1940, quando o governo brasileiro, com a criação do Centro Técnico da Aeronáutica (CTA), em 1946, seguido do Instituto Tecnológico de Aeronáutica (ITA), em 1950, deu início a um projeto estratégico de longo prazo, visando desenvolver a capacitação aeronáutica do País.

Vários programas experimentais de desenvolvimento de aeronaves tiveram lugar no CTA a partir da década de 1950, culminando com o programa do bimotor turboélice Bandeirante, a partir de 1965, e que viria dar origem à criação da Embraer, em 19 de agosto de 1969. Com o apoio do governo brasileiro, a empresa pôde transformar ciência e tecnologia em engenharia e capacidade industrial.

Ao longo das décadas seguintes, programas governamentais voltados à defesa e ao sucesso de sua linha de produtos para a aviação regional permitiram que a empresa estabelecesse uma sólida cultura de engenharia e alçasse significativo patamar tecnológico e industrial.

A acentuada crise financeira do início dos anos 1990, entretanto, fez que a empresa reduzisse consideravelmente o seu quadro de empregados, abandonasse o projeto do CBA 123 Vector e prolongasse o desenvolvimento do ERJ 145, culminando com a sua privatização, em 1994.

A partir desse momento decisivo, a Embraer iniciou um profundo processo de transformação cultural. Com base na integração de duas sólidas culturas, da engenharia e da indústria, acumulada em anos passados, e a empresarial, aportada por seus novos controladores e administradores, a Embraer pôde retomar o crescimento, impulsionada pelo projeto da família ERJ 145.

Orientação ao mercado

Como fruto da experiência acumulada em quase quatro décadas de atuação em um mercado competitivo, agressivo e sofisticado, a Embraer tem na busca da satisfação de seus clientes a mola mestra que impulsiona o desenvolvimento, a fabricação e o suporte aos produtos, com qualidade, desempenho e custos por eles requeridos.

Figura A — Primeiro Bandeirante produzido pela Embraer
Fonte: Embraer.

Esse é o foco comum para onde convergem os esforços dos profissionais que constituem a equipe da empresa, com a plena consciência de que na satisfação de seus clientes está a fonte de resultados e retorno de seus investidores e a base do crescimento futuro da empresa.

Na prática, ser "orientado para o mercado" significou mudança profunda de atitude por parte de cada colaborador, em todos os seus níveis: da alta administração, passando pela engenharia, àqueles que atuam na área industrial. A nova atitude permeia toda a organização e reflete-se na definição e na revisão de processos, no detalhamento das organizações e no estabelecimento de prioridades, e até na própria definição do negócio Embraer:

Figura B — CBA 123 em voo
Fonte: Embraer.

Figura C — ERJ 145 em voo
Fonte: Embraer.

O negócio da Embraer é satisfazer seus clientes do mercado aeronáutico e de defesa com soluções competitivas e inovadoras de elevado padrão tecnológico, atendendo à plena satisfação de suas necessidades, maximizando os resultados dos acionistas e promovendo o desenvolvimento de seus empregados e das comunidades em que atua.[52]

Reorientando-se ao mercado

Com foco no cliente e em suas necessidades é que a Embraer recém-privatizada readequou sua estrutura organizacional, primeiramente dotando suas áreas de negócio (de início, aviação comercial e defesa, posteriormente agregadas da aviação executiva e dos serviços aeronáuticos) da responsabilidade pelo completo *empresariamento do negócio*, significando não apenas a ação comercial entendida como marketing, vendas e apoio pós-venda, mas também o lançamento de novos produtos, a gestão de programas (desenvolvimento e produção) e a rentabilidade do negócio, sempre com foco no cliente.

Concomitantemente, foram agregadas novas competências em termos de pessoas, processos, ferramentas, que lhe permitiram monitorar e prever corretamente o mercado e suas tendências, e prover aos seus clientes o apoio técnico pós-venda requerido e desejado.

Embora disseminado em toda a empresa, esse esforço concentrou-se mais notadamente em duas vertentes principais:

1. **Suporte ao cliente.** Atividades, equipes e a organização de suporte ao cliente foram completamente reestruturadas, com foco no pleno e rápido atendimento. Equipes de atendimento foram criadas em diferentes áreas geográficas – fisicamente próximas ao cliente. Foi implantado o conceito de *account manager*, representante da empresa morando e convivendo nas instalações da linha aérea sob sua responsabilidade.

2. **Inteligência de mercado.** Competência até então inexistente na empresa; foram criadas, para cada negócio, equipes voltadas para o acompanhamento e a mensuração das tendências de mercado, de prospecção de novos produtos, sempre amparadas em frequentes interações com a base de clientes (reais e potenciais) em todo o mundo.

Estudos a respeito de possíveis novos produtos passaram a incorporar avaliações detalhadas e cuidadosas, tanto a partir de uma perspectiva panorâmica de evolução da economia, do segmento de mercado em questão, de tecnologias correlatas e suas tendências (avaliação *top-down*), como também o posicionamento com base em entrevistas face a face de parcela significativa de operadores do produto (avaliação *bottom-up*).

O lançamento de cada novo produto pela empresa passou a ser feito com base na preparação, na avaliação e na aprovação, pelo conselho de administração da empresa, de um *plano de negócios*, reunindo todos os aspectos pertinentes e necessários à tomada de decisão:

1. **Estudo de mercado.** Corroborado por pesquisas *bottom-up* e *top-down*, incluindo expectativa de *market share*.
2. **Especificação técnica do produto.**
3. **Análise econômico-financeira.** Origens e fundos, investimentos, equação financeira do programa e contribuição à curva de faturamento da empresa.

Barreiras ultrapassadas

Atender de forma satisfatória ao novo desenho organizacional da Embraer significou, para muitos, abdicar de hábitos e posturas arraigados em anos passados e que concentravam excessivo poder nas mãos da área de engenharia, que, se por um lado, era fortemente capacitada em termos de ferramentas e competências técnicas, por outro não dispunha efetivamente de meios (pessoas, processos e recursos) para acessar, interpretar e mensurar as legítimas aspirações do mercado e dialogar com elas.

Como todo processo de transformação cultural exigiu paciência, abertura, flexibilidade e férrea determinação dos envolvidos.

A interação marketing-engenharia (P&D)

Reside na intensa e frequente interação entre as áreas comerciais e de engenharia um dos pilares do sucesso de uma empresa aeronáutica. No caso da Embraer, essa interação está concentrada principalmente nas áreas de *inteligência de mercado* das organizações de negócio e de *projeto avançado*, que na presente estrutura organizacional da Embraer — e como reflexo direto da importância de corretamente pesquisar, definir e desenvolver a estratégia de *novos produtos* — reporta-se à área de planejamento estratégico e desenvolvimento tecnológico.

A área de projeto avançado de uma empresa aeronáutica líder em seu segmento de atuação, como é o caso da Embraer hoje, constitui verdadeiro laboratório de ideias em permanente ebulição, em que suas equipes constantemente investigam e avaliam novos conceitos de aeronaves, em face de novos direcionamentos oriundos das áreas de mercado, assim como do desenvolvimento de novas tecnologias.

A natureza da interação marketing-engenharia (P&D): inovações *radicais* versus *inovações incrementais*

Inovações radicais — os exemplos mais recentes, na Embraer vêm da família de jatos comerciais Embraer 170/190 e dos jatos executivos Phenom 100 e Phenom 300, que requerem expressivo engajamento não só das áreas de marketing e engenharia, mas também de produção, serviços pós-venda e demais organizações de apoio: tecnologia da informação (TI), recursos humanos etc.

A interação com o mercado é intensa, requerendo apurada visão *top-down* (muitas vezes nem mesmo os clientes têm condição de identificar a oportunidade), além de frequentes e extensas pesquisas de mercado realizadas conjuntamente por marketing e engenharia, um enorme trabalho de convencimento interno (em função dos riscos e volumes de recursos envolvidos), e, finalmente, a existência de um cliente lançador (*launch customer*) confiável.

Ou seja, em se tratando de inovações radicais, a natureza da relação marketing e engenharia ganha dimensões muito além do que seria processualmente "normal" e passa a ser um projeto de engajamento empresarial, com envoltória em toda a empresa.

No caso de inovações incrementais — na Embraer os melhores exemplos vêm do desenvolvimento de derivados do jato regional ERJ 145, para 50 passageiros: os modelos ERJ 135 (37 passageiros) e ERJ 140 (44 passageiros), assim como as versões LR (*long-range*) e XR (*extra-long-range*) do próprio ERJ 145 —, a relação *marketing* e engenharia tende a ser mais simples e "processualmente ordenada".

O envolvimento do cliente, e, por conseguinte, o debate acerca de novas ideias e melhorias, torna-se mais

Figura D — Embraer 170

Figura E — Embraer 190

Figura F — Phenom 100

Figura G — Phenom 300

contido e se dá a partir da base instalada de produtos. Os custos envolvidos e os riscos são marginais em face das oportunidades, com retornos consequentemente mais elevados.

A alta administração é envolvida, mas em um contexto de ratificação, e não de mérito da discussão em si. A prontidão tecnológica continua importante, mas as soluções em geral já são de pleno domínio da engenharia.

Barreiras à colaboração entre marketing e engenharia (P&D)

Os focos dessas atividades são de natureza intrinsecamente distinta; a prática do processo e seu sucesso são impulsionadores fortes para quebrar essas barreiras; a tendência à generalização de marketing encontra restrições fortes na finitude das soluções específicas de engenharia (o que é um bom balanço, desde que adequadamente administrado).

No caso da indústria aeronáutica, a formação técnica (engenharia) da equipe de inteligência de mercado é essencial para assegurar a boa interlocução nas duas pontas (clientes e engenharia).

A "intensidade" com que *inputs* de mercado são necessários para o bom andamento das atividades de engenharia tendem, se não muito bem administrados, a colocar o processo a perder (a solução dada via *advisory boards* e *steering groups,* no caso da família Embraer 170/190, veio muito a calhar à época).

Inovação tecnológica versus competitividade

É também na área de planejamento estratégico e desenvolvimento tecnológico da Embraer que se concentram as equipes dedicadas à pesquisa e ao desenvolvimento de *novas tecnologias,* essenciais ao projeto aeronáutico. A competitividade no setor aeronáutico é fortemente determinada pela capacidade das empresas de inovar, incorporando novas tecnologias aos produtos. Desse modo, as bases competitivas futuras se fundam nos compromissos presentes com o setor de P&D de novas tecnologias e novos produtos.

Levando em conta esse panorama do setor e a estratégia de crescimento e aprimoramento, a Embraer estabeleceu um plano de desenvolvimento tecnológico. Esse plano tem o objetivo de deixar disponível novas tecnologias para os próximos produtos que serão lançados, bem como de desenvolver e incorporar a esse processo as competências e ferramentas necessárias à concepção, ao projeto e à fabricação de produtos inovadores. É sobre essa base, com projetos criteriosamente selecionados e priorizados em função de seu potencial de agregação de valor para o cliente, que a Embraer está construindo sua competitividade futura.

Resumo

Este capítulo se concentrou especificamente nas duas últimas considerações internas para a eficiência do marketing de alta tecnologia: orientação de mercado e interação eficaz entre a área de marketing e P&D. Esses dois últimos blocos complementam o que foi estabelecido nos dois capítulos anteriores: marketing de relacionamento (alianças e parcerias), desafios de empresas pequenas, manutenção de uma cultura de inovação e o processo de tomada de decisões estratégicas para o estabelecimento de uma vantagem competitiva.

Muitos dos tópicos levantados nos três últimos capítulos tratam de cultura e estratégias organizacionais para que as empresas se tornem (ou se mantenham) inovadoras, valorizando as informações de mercado e permitindo que elas sejam compartilhadas de maneira interfuncional. Nesse sentido, os tópicos têm como denominador comum o fato de se alojarem dentro da própria empresa.

Os capítulos 5 e 6 abordam uma perspectiva diferente e se dedicam mais diretamente às questões relacionadas aos clientes: como os profissionais de marketing podem reunir informações sobre os consumidores, não apenas para desenvolver produtos bem-sucedidos, mas também para prever o tamanho do mercado para inovações e descobrir quais os problemas ou as dificuldades que os clientes enfrentam para adotar produtos de alta tecnologia.

Perguntas para debate

1. Quais são as características de uma organização orientada para o mercado?
2. Quais são as vantagens e os riscos de ser orientado para o mercado?
3. Quais passos a empresa precisa dar para ser mais orientada para o mercado?
4. Como a empresa sabe quando ouvir e quando ignorar o cliente?
5. Por que a interação P&D-marketing é tão importante para as empresas de alta tecnologia?
6. Quais são os obstáculos a essa interação?
7. Como os obstáculos a uma interação eficiente P&D-marketing podem ser superados?
8. Sob quais condições a orientação de mercado e a interação P&D-marketing são mais importantes?

Glossário

Gestão do conhecimento. Processo de criar, transferir, reunir, integrar e explorar o conhecimento.

Inteligência de mercado. Processo de tomada de decisões que passa pelo levantamento de informações sobre as necessidades expressas e latentes do cliente e sobre os objetivos, as estratégias, as vantagens e as capacidades dos competidores.

Interação P&D-marketing. Processo no qual a área de marketing e de engenharia (P&D) trabalham em regime de colaboração para entender as necessidades e expectativas do cliente, a fim de desenvolver bens e serviços que promovam uma troca efetiva de valor, sustentável no tempo. Ilustra a importância de P&D, e não apenas do marketing, ser orientado para o mercado.

Miopia em marketing. A empresa é coagida pelas perspectivas tradicionais e limitadas de clientes e negócios. É um ponto fraco comum em empresas que se dizem orientadas para o mercado.

Orientação para o mercado/cliente. Filosofia de negócio que enfatiza a reunião coletiva, a disseminação e a utilização da inteligência de mercado como base para a tomada de decisões.

Notas

1 LEONARD-BARTON, D. *Wellsprings of knowledge.* Boston: Harvard Business School Press, 1995.

2 ATAHUENE-GIMA, K. An exploratory analysis of the impact of market orientation on new product performance: a contingency approach. *Journal of Product Innovation Management,* n. 12, p. 275-293, 1995.

3 ATUAHENE-GIMA, K. Op. cit.; ATUAHENE-GIMA, K. Market orientation and innovation. *Journal of Business Research,* n. 35, v. 2, p. 93-104, 1996; DESHPANDE, R.; FARLEY, J. U.; WEBSTER JR., F. Corporate culture, customer orientation, and innovativeness in japanese firms: a quadrad analysis. *Journal of Marketing,* n. 57, p. 22-37, jan. 1993; HAN, J. K.; KIM, N.; SRIVASTAVA, R. K. Market orientation and organizational performance: is innovation a missing link? *Journal of Marketing,* n. 62, v. 4, p. 30-45, 1998; HURLEY, R. F.; HULT, G. T. M. Innovation, market orientation, and organizational learning: an integration and empirical examination. *Journal of Marketing,* n. 62, v. 3, p. 42-55, 1998; SLATER, S. F.; NARVER, J. C. Does competitive environment moderate the market orientation performance relationship? *Journal of Marketing,* n. 58, p. 46-55, jan. 1994.

4 DUTTA, S.; NARASIMHAN, O.; RAJIV, S. Success in high-technology markets: is marketing capability critical? *Marketing Science*, n. 18, v. 4, p. 547, 1999.

5 GATIGNON, H.; XUEREB, J. Strategic orientation of the firm and new product performance. *Journal of Marketing Research*, n. 34, p. 77-90, fev. 1997.

6 SHAPIRO, Benson. What the hell is "market oriented"? *Harvard Business Review*, n. 66, p. 119-125, nov./dez. 1988.

7 KOHLI, A. K.; JAWORSKI, B. J. Market orientation: the construct, research propositions, and managerial implications. *Journal of Marketing*, n. 54, p. 1-18, abr. 1990.

8 GUPTA, A. K.; RAJ, S. P.; WILEMON, D. L. A model for studying R&D –marketing interface in the product innovation process. *Journal of Marketing*, n. 50, p. 7-17, abr. 1986.

9 COOPER, R. G.; KLEINSCHMIDT, E. J. New product processes at leading industrial firms. *Industrial Marketing Management*, 20 (2), p. 137-148.

10 MCQUARRIE, E. F.; MCINTYRE, S. H. The customer visit: an emerging practice in business-to-business marketing. *Working paper*, n. 92-114, Cambridge, MA: Marketing Science Institute, 1992.

11 KOHLI, A.; JAWORSKI, B. Market orientation: the construct, research propositions, and managerial implications. *Journal of Marketing*, n. 54, p. 1-18, abr. 1990.

12 TEECE, D. J. Capturing value from knowledge assets: the new economy, markets for know-how, and intangible assets. *California Management Review*, n. 40, v. 3, p. 55-79, 1998.

13 MCWILLIAMS, G.; STEPANEK, M. Taming the info monster. *Business Week*, p. 170-172, 22 jun. 1998.

14 MEARS, Jennifer. Customer focus keeps dell productive. *Network World*, p. 51, 21 abr. 2003.

15 JAWORSKI, B.; KOHLI, A. Market orientation: antecedents and consequences. *Journal of Marketing*, n. 57, p. 53--70, jul. 1993.

16 Esse exemplo foi citado em LEONARD-BARTON, D. Core capabilities and core rigidities: a paradox in managing new product development. *Strategic Management Journal*, n. 13, p. 111-125, 1992.

17 LEONARD-BARTON, D.; WILSON, E.; DOYLE, J. Commercializing technology: understanding user needs. In: RANGAN, V. K. et al. (Orgs.). *Business Marketing Strategy*. Chicago: Irwin, 1995. p. 281-305.

18 JUSTIN, M. Ignore your customer. *Fortune*, p. 121-126, 1º maio 1995.

19 Ibid.

20 Ibid.

21 DEYOUNG, G. Listen, then design. *Industry Week*, p. 76--80, 17 fev. 1997; MARTIN, J. Op. cit.; LEONARD-BARTON et al. Op. cit.

22 CHRISTENSEN, C.; BOWER, J. Customer power, strategic investment, and the failure of leading firms. *Strategic Management Journal*, n. 17, p. 197-218, 1995.

23 LEONARD-BARTON, D.; WILSON, E.; DOYLE, J. Op. cit., 1995.

24 LEONARD-BARTON, D.; RAYPORT, J. F. Spark innovation through empathic design. *Harvard Business Review*, n. 75, p. 102-113, nov./dez. 1997.

25 BYRNES, N.; JUDGE, P. Internet anxiety. *Business Week*, p. 84, 28 jun. 1999.

26 CHANDY, R. K.; TELLIS, G. J. Organizing for radical product innovation: the overlooked role of willingness to cannibalize. *Journal of Marketing Research*, n. 35, p. 474-487, nov. 1998.

27 CHRISTENSEN, C.; BOWER, J. Op. cit., 1995.

28 MARTIN, J. Op. cit., 1995.

29 SONG, X. M.; PARRY, M. E. A cross-national comparative study of new product development processes: Japan and the United States. *Journal of Marketing*, n. 61, v. 2, p. 1-18, 1997.

30 OLSON, E. M. et al. Patterns of cooperation during new product development among marketing, operations and R&D: implications for project performance. *Journal of Product Innovation Management*, n. 18, p. 258-271, 2001.

31 WORKMAN, J. Marketing's limited role in new product development in one computer systems firm. *Journal of Marketing Research*, n. 30, p. 405-421, nov. 1993.

32 SHANKLIN, W.; RYANS, J. Organizing for high-tech marketing. *Harvard Business Review*, n. 62, p. 164-171, nov./dez. 1984.

33 SONG, X. M.; ZIE, J. H. The effect of R&D – manufacturing-marketing integration on new product performance in japanese and U.S. Firms: a contingency perspective. *Report Summary*, n. 96-117, Cambridge, MA: Marketing Science Institute, 1996.

34 SHANKLIN, W.; RYANS, J. Op. cit., 1984.

35 SONG, X. M.; ZIE, J. H. Op. cit., 1996.

36 LEONARD-BARTON, D. Op. cit., 1992.

37 KUNDA, G. *Engineering culture*: culture and control in a high-tech organization. Philadelphia: Temple University Press, 1992.

38 WORKMAN, J. Op. cit., 1993.

39 GRIFFIN, A.; HAUSER, J. Integrating R&D and marketing: a review and analysis of the literature. *Journal of Product Innovation Management*, n. 13, p. 191-215, 1996.

40 AYERS, D.; DAHLSTROM, R.; SKINNER, S. J. An exploratory investigation of organizational antecedents to new product success. *Journal of Marketing Research*, n. 34, p. 107-116, fev. 1997.

41 WORKMAN, John. Op. cit., 1993.

42 Ibid.

43 Ibid.

44 GRIFFIN, A.; HAUSER, J. Op. cit., 1996.

45 GUPTA, A. K.; RAJ, S. P.; WILEMON, D. L. A model for studying R&D –marketing interface in the innovation process. *Journal of Marketing*, n. 50, p. 7-17, abr. 1986; GRIFFIN, A.; HAUSER, J. R. Patterns of communication among marketing, engineering and manufacturing — a comparison between two new product teams. *Management Science*, n. 38, p. 360-373, mar. 1992.

46 MALTZ, E.; KOHLI, A. K. Market intelligence dissemination across functional boundaries. *Journal of Marketing Research*, n. 33, p. 47-61, fev. 1996.

47 Ibid.

48 FISHER, R. J.; MALTZ, E.; JAWORSKI, B. J. Enhancing. Communication between marketing and engineering: the moderating role of relative functional identification. *Journal of Marketing*, n. 61, v. 3, p. 54-70, 1997.

49 RUEKERT, R.; WALKER, O. Interactions between marketing and R&D departments in implementing different strategies. *Strategic Management Journal*, n. 8, p. 233-248, 1987.

50 AYERS, D.; DAHLSTROM, R.; SKINNER, S. J. Op. cit., 1997.

51 Texto preparado com base em notas e informações divulgadas pela Embraer em distintas oportunidades.

52 EMPRESA BRASILEIRA DE AERONÁUTICA (Embraer). São José dos Campos: Embraer, 2010. Disponível em: <http://www.embraer.com>. Acesso em: 22 maio 2011.

Pesquisa de marketing em mercados de alta tecnologia

CAPÍTULO 5

Como visto nos capítulos anteriores, os profissionais de marketing que trabalham com alta tecnologia enfrentam um paradoxo. Por um lado, os clientes encontram dificuldades em articular suas necessidades específicas; por outro, as empresas de alta tecnologia precisam sentir o pulso do mercado para aumentar suas chances de sucesso. Empresas de alta tecnologia bem-sucedidas não desenvolvem primeiro os produtos para depois se preocupar com o mercado, e calcular riscos não significa ignorar clientes. Empresas de alta tecnologia precisam incorporar informações sobre os clientes dentro do processo de desenvolvimento do produto, apesar das dificuldades inerentes e da tendência comum de desprezá-las.

Por exemplo, na área de empresas on-line, a Amazon.com construiu seu site com base na experiência de seus visitantes. Mas como as características de um site são fáceis de copiar, a capacidade de inovação da Amazon.com fez que ela identificasse meios originais de lidar com clientes e ultrapassasse seus concorrentes. "Perguntamos aos clientes o que eles querem", diz Jeff Bezos, CEO.[1] A Amazon.com estimula o *feedback*, usa o histórico de compras para identificar as preferências dos clientes, conduz grupos focais e coleta informações dos clientes de maneira não invasiva. Em função desse conhecimento superior do cliente, mesmo que haja outros sites com preços melhores, os consumidores procuram permanecer fiéis à empresa. Como disse uma consumidora, fazendo uma analogia bastante oportuna: "Sou bem casada; não me importa se os outros rapazes são bonitos".[2]

Em última análise, o que diferencia as empresas é o tipo de informação que elas recolhem dos clientes e com quem elas obtêm essas informações.[3] Este capítulo, então, concentra-se na coleta de informações em mercados de alta tecnologia e na aplicação de técnicas de pesquisa de marketing como teste de conceito, *conjoint analysis*, *empathic design*, programas de visita ao cliente, pesquisa de usuários líderes e desdobramento da função qualidade (em inglês, *quality function deployment* — QFD — uma ferramenta que liga o *input* do consumidor ao design do produto). Além disso, o texto fornece uma visão do conceito de inteligência competitiva aplicada a mercados de alta tecnologia. Por fim, uma previsão eficiente da demanda em mercados de alta tecnologia é essencial para a tomada de boas decisões.

Coleta de informações: ferramentas de pesquisa de marketing aplicadas a mercados de alta tecnologia

Ambientes de alta tecnologia são repletos de mudanças e incertezas. Os clientes sentem dificuldades em imaginar como a tecnologia pode atender a suas necessidades. Eles não conhecem as novas tecnologias disponíveis, nem como elas podem ser usadas para resolver seus problemas atuais. Eles podem, inclusive, desconhecer suas próprias necessidades. Além disso, nesse ambiente, as empresas precisam acelerar o processo de desenvolvimento de produtos, diminuindo o tempo entre a ideia e a introdução no mercado. Empresas de sucesso detêm conhecimento e o empregam na coleta de informações úteis para orientar suas decisões.

Como mostra a Figura 5.1, os métodos de pesquisa precisam estar alinhados ao tipo de inovação em desenvolvimento.[4] Isso é consistente com a teoria da contingência de mercado de alta tecnologia, apresentada no Capítulo 1. Para inovações incrementais, o desenvolvimento de novos produtos está alinhado com o mercado atual. As necessidades dos clientes geralmente são conhecidas e a pesquisa de marketing tradicional pode ajudar as empresas a entender essas necessidades. Na verdade, as técnicas de pesquisa de marketing tradicionais são mais eficientes quando um produto ou serviço é bem compreendido pelo cliente ou quando o cliente está familiarizado com soluções possíveis por causa de experiências similares em outros contextos. Técnicas de pesquisa de marketing tradicionais, como grupos focais, *surveys*, testes de conceitos, estudos baseados em *conjoint analysis* e testes de mercado, podem ser úteis para combinar características de novos produtos com as necessidades do cliente. Embora se abordem alguns desses aspectos, leitores interessados em se aprofundar nessas e em outras ferramentas de pesquisa de marketing devem consultar uma literatura específica da área. Existem excelentes fontes disponíveis.[5]

Porém, ferramentas-padrão de pesquisa de marketing normalmente não abordam novos usos e benefícios, além de serem menos eficientes quando o cliente não tem familiaridade com o produto pesquisado. Consequentemente, para avanços radicais ou mercados que mudam rapidamente, pode ser que as técnicas-padrão de pesquisa de marketing não forneçam informações úteis. No outro extremo, em que soluções técnicas precedem as necessidades do cliente, a pesquisa de mercado pode consistir, em grande parte, de intuição direcionada. Especialistas no ramo podem ser úteis, e a criação de diferentes cenários futuros pode ser usada para guiar uma decisão baseada na intuição.[6]

No meio-termo (entre a inovação incremental e a radical), técnicas úteis incluem visitas ao cliente, *empathic design*, pesquisa com usuários líderes, QFD e testes do protótipo.

```
                    Surveys
                    Teste de conceito                                    Intuição sobre o mercado
                    Estudos baseados em
                    conjoint analysis

                              Visitas ao cliente
                              Empathic design
                              Usuários líderes
                              QFD
                              Teste do protótipo


                                                          Inovações radicais
    Inovações incrementais                                (solução técnica precede
    (necessidades conhecidas)                             necessidade do cliente)
```

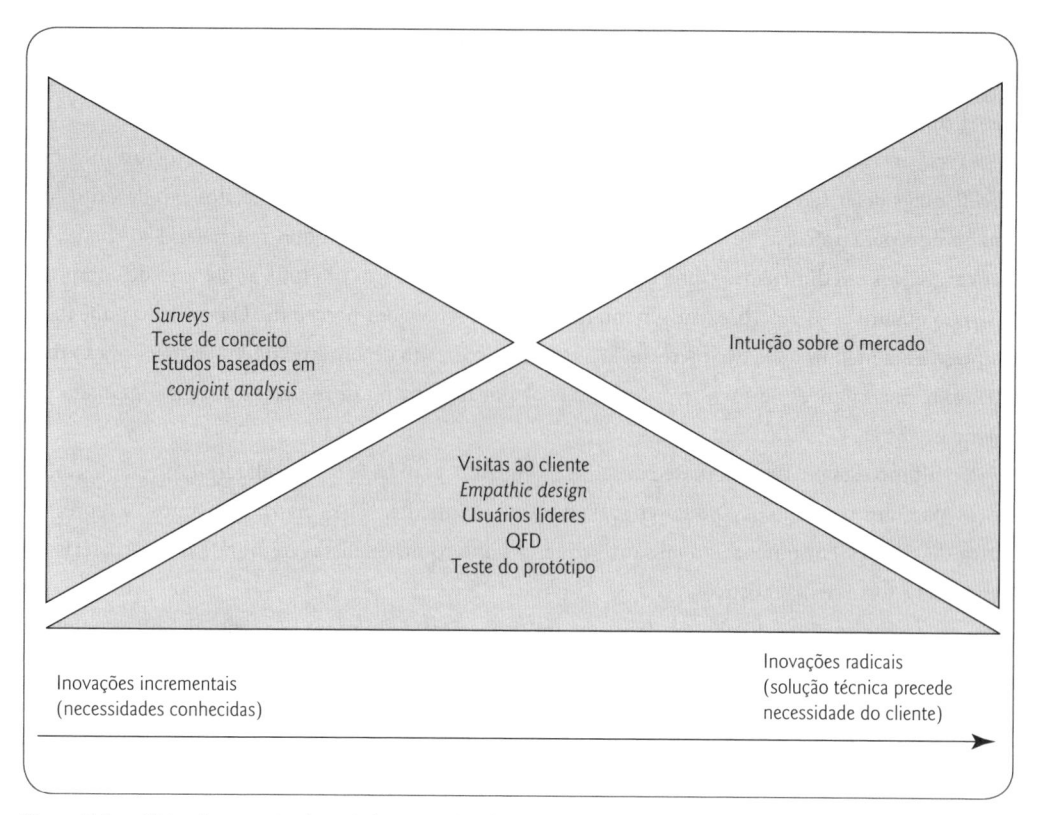

Figura 5.1 — Alinhando a pesquisa de marketing com o tipo de inovação

Fonte: Adaptado de LEONARD-BARTON, D.; WILSON, E.; DOYLE, J. Commercializing technology: understanding user needs. In: RANGAN, V. K. et al. (eds.). *Business marketing strategy*. Chicago: Irwin, 1995. p. 281-305. Reimpresso com permissão das empresas McGraw-Hill.

A Figura 5.1 também retrata o fluxo do presente capítulo, em que primeiro são consideradas as ferramentas tradicionais de pesquisa de marketing, mais apropriadas para identificar oportunidades para inovações incrementais ou gerenciar produtos já existentes. Depois, discorre-se sobre ferramentas que podem ser úteis para providenciar *insights* de oportunidades para avanços radicais.

Teste de conceito (prova de conceito)

Um dos maiores desafios enfrentados pela equipe de desenvolvimento de novos produtos (DNP) é a seleção de conceitos. O processo começa com a geração de ideias de um produto que vá ao encontro das necessidades de um cliente. Muitos conceitos de produtos devem ser considerados, uma vez que apenas uma baixa porcentagem se mostra lucrativa.[7] Além disso, manter várias opções de conceito para um produto, deixando a definição para uma fase mais tardia do processo, permite uma flexibilidade de resposta ao mercado. Ademais, a tecnologia muda e pode até encurtar o tempo total de seu desenvolvimento.[8] Abordagens comuns à geração de ideias incluem as várias técnicas de observação que discutiremos: *brainstorming*, em que colaboradores, desde engenheiros e pessoal do marketing até o pessoal de vendas e de produção, são guiados por meio de uma série de exercícios criativos para gerar novas ideias de produtos; *grupos focais*, em que membros do mercado-alvo são levados a pensar quais tipos de produtos e serviços diferentes poderiam satisfazer suas necessidades; e *entrevistas em profundidade*, em que representantes do público-alvo participam de entrevistas particulares longas e não dirigidas sobre suas necessidades e potenciais soluções para elas.

O *teste de conceito* (ou prova de conceito), em seguida, avalia as ideias em seus estágios iniciais e decide quais delas são boas o suficiente para serem desenvolvidas. Esses conceitos são descritos em um ou dois parágrafos, às vezes com um nome e um preço; assim, clientes potenciais são chamados para avaliá-los em dimensões como o interesse em experimentar o produto, a intenção de compra, a visão do quanto ele é "único/exclusivo" no mercado e qual o valor percebido. O resultado pode dar à empresa uma melhor ideia do interesse do cliente, e o conceito do produto pode ser aprimorado para melhorar suas chances de sucesso antes de passar por uma prova de conceito completa e potencialmente preditiva.

No último estágio, o número de conceitos é reduzido, com base nos resultados dos estágios anteriores, para um conjunto que pode ser avaliado profundamente. Nessa etapa, uma amostra representativa de clientes em potencial analisa o pequeno número de finalistas, responde a uma bateria de perguntas e fornece diagnósticos.

Esse procedimento é geralmente feito em um site seguro da Internet por causa de sua velocidade, conveniência e flexibilidade.[9] A *conjoint analysis*, que discutiremos a seguir, é quase sempre usada nesse estágio. O objetivo é que a empresa consiga concentrar os recursos limitados de pesquisa e desenvolvimento (P&D) e de marketing em um ou dois conceitos que tenham maiores probabilidades de sucesso no mercado.

Conjoint analysis

Na *conjoint analysis*, solicita-se que as pessoas pesquisadas emitam julgamentos sobre suas preferências na combinação de atributos de um produto (como preço, marca, velocidade, garantia, serviços técnicos etc.) envolvendo vários níveis (como preço alto ou baixo, marca *premium* ou popular etc.). O objetivo básico é determinar os *tradeoffs* ("escolhas excludentes") dos atributos que os respondentes fariam dentro do intervalo de variação fornecidos. Por exemplo: entre dois produtos com as mesmas características, um consumidor pode preferir ter garantia, mas é sensível ao preço. A *conjoint analysis* auxilia a inferir se, em média, o cliente estaria disposto a aceitar uma garantia menor por um preço mais baixo ou se a garantia é essencial apesar de um preço levemente maior. A *conjoint analysis* consegue cumprir essa função estimando qual é o valor de cada atributo com base nas escolhas feitas pelos pesquisados quando são variados de maneira sistemática. O valor da *conjoint analysis* reside na atenção que essa técnica dá às especificidades de cada oferta e em como as várias características de um produto se encaixam de maneira a fornecer, juntas, uma oferta completa.

Um dos primeiros passos da elaboração de uma *conjoint analysis* é o desenvolvimento de um conjunto de atributos e de seus respectivos intervalos de variação de modo que caracterizem adequadamente a gama de opções sobre o produto. Grupos focais, entrevistas com clientes e com especialistas da própria empresa são algumas das fontes usadas para estruturar o conjunto de atributos e os níveis que darão um rumo à continuidade do estudo. Assim, o analista pode desenvolver uma série de perfis que cubram toda a gama de atributos especificados no estudo. E os respondentes podem, então, apontar suas preferências em cada perfil. Essa preferência pode ser decomposta em utilidade (valor) de cada nível do atributo e sua importância relativa.[10] Os resultados oriundos dessa análise são utilizados no desenvolvimento de novos produtos e em decisões relativas ao seu posicionamento.

Programas de visitas ao cliente

Quando implementado corretamente, um *programa de visitas ao cliente*, ou seja, um programa sistemático de visitas aos clientes feitas com uma equipe multidisciplinar que procure entender as necessidades do cliente, também pode fornecer *insights* significativos e gerar benefícios para os profissionais de marketing que trabalham com alta tecnologia.

A ideia de usar a visita ao cliente como pesquisa de mercado foi desenvolvida como resposta aos desafios enfrentados por gerentes de vários segmentos. A visita ao cliente é mais que uma ferramenta para estreitar o relacionamento com um consumidor; ela oferece uma série de benefícios, como os relacionados a seguir:

- *Comunicação face a face*. O desenvolvimento de produtos inéditos beneficia-se com a capacidade única da comunicação pessoal, facilitando a transmissão de informações complexas, ambíguas e originais.
- *Pesquisa de campo*. Fazer a pesquisa no local onde o cliente tem seu negócio permite à equipe ver o produto em funcionamento, falar com seus usuários reais e entender melhor o papel do produto dentro do esquema operacional geral do cliente.
- *Conhecimento em primeira mão*. Todos tendem a acreditar primeiro em seus próprios olhos e ouvidos. Quando profissionais-chave conhecem os problemas e as necessidades da fonte mais confiável do processo — o cliente —, a receptividade é maior.
- *Conversação interativa*. A capacidade de elucidar, acompanhar, mudar de marcha e gerar *insights* surpreendentes e inesperados torna as interações mais profundas.
- *Inclusão de múltiplos tomadores de decisões*. Muitos produtos de tecnologia são comprados por grupos de pessoas, e as visitas aos clientes permitem que várias necessidades e desejos de todos os envolvidos sejam comunicados.

Para que todas essas vantagens se tornem reais, as visitas ao cliente precisam ser mais que apenas falar com pessoas. Bons programas de visita ao consumidor podem revelar novas informações que exerçam um impacto nos produtos e serviços oferecidos aos clientes. Vejamos a seguir como as visitas ao cliente podem ser estruturadas para maximizar os benefícios.

1. Deixe os engenheiros frente a frente com os clientes. É vital que equipes multidisciplinares participem do programa de visita ao cliente. Enviar apenas o pessoal de marketing para conduzir as visitas torna a colaboração interfuncional improvável, e o marketing pode acabar perdendo credibilidade com o pessoal-chave da área técnica. A equipe que participa da visita deve ser composta pelas pessoas que usarão as informações. Ela deve incluir, no mínimo, um engenheiro, um representante do marketing do produto e o gerente da conta. Para que as equipes interfuncionais funcionem bem em visitas a clientes é preciso que haja um bom trabalho de equipe entre a engenharia e o marketing.

Para que o programa de visita ao cliente seja bem-sucedido, ele deve fazer parte da cultura corporativa e ser adotado entusiasticamente pela equipe técnica. Gerentes de P&D que dizem "Vá ver os clientes pessoalmente" ou "Leve a equipe de projeto para visitar o cliente" são essenciais para a transmissão da atitude apropriada. Enviar apenas o pessoal do marketing na visita ao cliente não substitui o comprometimento de toda a organização em entender os consumidores. Finalmente, levar apenas executivos de alto nível nas visitas faz que o pessoal de outra empresa se pergunte se o interesse no cliente é real ou só fachada.

2. Visite diferentes tipos de clientes. De maneira ideal, as equipes devem visitar vários clientes para conseguir mais do que uma leitura idiossincrática das necessidades do consumidor. A tendência comum nesses programas é restringir as visitas apenas às contas nacionais. Embora a visita a clientes nacionais possa resultar em uma maior satisfação desses clientes, o alcance de mercado da empresa pode diminuir caso ela caia na armadilha de desenvolver produtos que atendam apenas a um número cada vez menor de clientes. Frequentemente, as maiores perspectivas e surpresas provêm de fontes atípicas, como clientes de concorrentes, clientes globais, lideranças perdidas, usuários líderes, membros de canais de distribuição ou clientes "internos" dos próprios funcionários da empresa. Conselhos de clientes também são importantes fontes de informação. Eles são tipicamente projetados para obter retornos, compartilhar perspectivas e construir relacionamentos mais fortes com os clientes. Eles oferecem uma possibilidade de sinergia a partir da ação em grupo.

3. Saia da sala de reuniões. Uma vez que é comum os clientes não perceberem e não conseguirem verbalizar suas necessidades específicas, é importante ouvir e observar o que eles fazem. Esse aspecto é especificamente importante para empresas que tendem a convidar os clientes às suas próprias instalações. Recebendo seus clientes em visitas às suas instalações, a empresa pode cortar custos e economizar tempo no programa de visitas ao cliente, mas deixa o cliente em um papel passivo, pois, normalmente, ela apenas exibe seus produtos e dá ao cliente um tratamento VIP.

4. Aproveite todas as oportunidades de fazer perguntas. Programas de visitas ao cliente não são úteis apenas para o desenvolvimento de novos produtos, mas também para estudos de satisfação do cliente, identificação de novos segmentos de mercado e uma infinidade de outros aspectos. Estas são algumas perguntas interessantes a serem feitas:

- Se você pudesse modificar qualquer coisa neste produto, o que seria?
- Que aspecto de seu negócio não o deixa dormir à noite?
- O que nós fazemos particularmente bem ou mal em relação à concorrência?
- O que nós fazemos particularmente bem ou mal em relação às suas expectativas?

5. Conduza visitas programáticas. Uma abordagem sistemática que inclua entre 15 e 40 visitas aprofundará o entendimento, que pode ir bem além do que umas poucas visitas esparsas podem oferecer. É importante coordenar essas visitas de modo que os clientes não se sintam confusos e irritados com uma série de visitas ao acaso de diferentes divisões e setores da empresa. Registre prontamente e revise as visitas ao cliente usando um banco de dados central. Rever todos os perfis mantidos em um banco de dados central permite que a empresa perceba tendências, defina segmentos, identifique problemas e vislumbre oportunidades.[11]

Empathic design

O processo do uso das ferramentas do *empathic design* é muito similar à noção de visita ao cliente. Ser orientado para o mercado no setor de alta tecnologia significa que a observação dos clientes (o que eles fazem) é frequentemente mais útil no desenvolvimento de inovações do que fazer perguntas diretas (o que eles dizem que fazem). O *empathic design*, ou a investigação contextual, na terminologia da Microsoft, é uma técnica de pesquisa baseada na ideia de que os usuários podem não conseguir articular suas necessidades claramente. Ele se concentra no entendimento das necessidades do usuário por meio da empatia (aproximação/imersão) com o seu mundo, em vez da verbalização direta sobre suas necessidades.[12] Por exemplo, usuários podem ter desenvolvido "*workarounds*" — modificações para contornar situações de uso que são inconvenientes, mas que se tornam tão habituais que o próprio usuário não as percebe. Ou pode ser que os clientes não consigam vislumbrar como a nova tecnologia pode ser usada. Baseado na antropologia e na etnografia, o *empathic design* permite que o profissional de marketing desenvolva um entendimento do ambiente atual do usuário, a fim de que ele possa extrapolar a evolução desse ambiente no futuro e imaginar as necessidades que a tecnologia poderá vir a satisfazer.[13]

Insights do *empathic design*

A observação dos clientes pode ajudar a entendê-los quando eles encontram dificuldades em articular suas necessidades. Por exemplo, observar o cliente usando o produto permite ao profissional de marketing identificar:[14]

- **Gatilhos de uso.** São as circunstâncias que levam a pessoa a usar determinado produto ou serviço. Por exemplo, quando a HP observou seus clientes usando o assistente digital pessoal (em inglês, *personal digital assistant* — PDA) da marca, descobriu que o motivo que a empresa considerava como principal para que as pessoas usassem o PDA — o uso de planilhas eletrônicas — era fortemente reforçado pelo uso do aparelho como agenda.
- **Como os usuários lidam com ambientes de trabalho imperfeitos e necessidades não articuladas.** Por exemplo: quando os engenheiros de uma fábrica de equipamentos de laboratório visitaram um cliente, perceberam que o equipamento emitia um cheiro desagradável quando usado para determinadas funções. Os clientes estavam tão acostumados com o cheiro, que nunca haviam mencionado o fato. Em resposta, a empresa acrescentou uma coifa ventiladora à sua linha de produtos, que se tornou um diferencial atrativo em relação aos produtos dos concorrentes.

  Outro exemplo do uso do *empathic design* mostra como os usuários lidam com ambientes de trabalho imperfeitos e necessidades não articuladas: a equipe de design da Divisão de Ferramentas Elétricas da Ingersoll-Rand usou a observação dos clientes para melhorar o design de seus produtos. Em uma visita às fábricas, onde suas ferramentas eram usadas, a equipe descobriu que metade das pessoas que usavam a chave inglesa em uma linha de montagem de automóveis eram mulheres, que normalmente têm mãos menores que os homens e, por esse motivo, encontravam dificuldade para segurar a ferramenta apropriadamente. Assim, a equipe desenvolveu uma chave inglesa com apoios de mão reguláveis em dois níveis, ainda mais fácil de ser segurada por causa do uso de plástico emborrachado. Inesperadamente, a chave inglesa desenvolvida fez sucesso no Japão, onde as mãos das pessoas são geralmente menores que nos Estados Unidos.[15]
- **Diferentes situações de uso.** Quando o pessoal da equipe de desenvolvimento da Intuit's observou os clientes usando seu software, o Quicken, descobriu que muitos donos de pequenas empresas o usavam para a contabilidade, revelando um mercado importante no qual a Intuit's começou, desde então, a investir mais especificamente.

- **Personalização de produtos ignorados pelo pessoal do marketing.** Por exemplo: ao estudar o uso de bips e celulares, os pesquisadores observaram indivíduos dando códigos específicos de seus bips para amigos, ou para detectar chamadas indesejadas. Com base nessa observação, as empresas criativamente implementaram o filtro em telefones celulares.
- **A importância de atributos intangíveis que nem mesmo os clientes conseguem articular.** Eles incluem cheiros e sensações que frequentemente não são mencionados em levantamentos tradicionais.

As técnicas de *empathic design* exploram as capacidades tecnológicas de uma empresa em seu sentido mais amplo. Os observadores têm o conhecimento do que a empresa é capaz ou não de fazer; quando esse conhecimento é combinado com a necessidade do cliente, as capacidades existentes da organização podem ser redirecionadas para novos mercados.

Apenas uma observação: as técnicas de *empathic design* não substituem a pesquisa de mercado, mas contribuem para o fluxo de ideias que justificam testes adicionais antes do comprometimento com um projeto.[16]

Processo para a condução do *empathic design*

Leonard-Barton e Rayport[17] mostram um processo de cinco passos para a condução do *empathic design*:

1. Observação. Na primeira etapa para o empreendimento de um estudo de *empathic design*, os pesquisadores devem elucidar os seguintes pontos:

- *Quem deve ser observado?* Embora a resposta lógica seja "os clientes", frequentemente não clientes, clientes de clientes ou um grupo de indivíduos que cumpram alguma tarefa coletivamente podem fornecer informações úteis.
- *Quem deve conduzir a observação?* Diferentes bagagens e percepções levam pessoas diferentes a perceber detalhes muito diversos quando observam a mesma situação. Consequentemente, é melhor usar uma pequena equipe interdisciplinar para conduzir estudos de observação. Seus membros devem ter a mente aberta, ser curiosos e entender o valor da observação. Por isso, será útil contratar etnógrafos treinados para ajudar no estudo. Além do mais, como aprendemos no capítulo anterior, aqueles que conhecem as possibilidades de uma tecnologia em particular quase sempre *não* são aqueles que entram em contato com os clientes (que sabem o que precisa ser feito). Consequentemente, o processo de condução do *empathic design* requer uma colaboração interfuncional dos departamentos de marketing e P&D.
- *Que comportamento deve ser observado?* É importante observar o cliente/usuário em um ambiente o mais natural possível. Embora algumas pessoas acreditem que a observação modifica o comportamento das pessoas (o que é, provavelmente, inevitável), algumas alternativas a ela são experimentos em laboratórios altamente artificiais ou *focus group*, que também têm suas limitações. A ideia, neste caso, é reunir novos tipos de *insights* que não seriam possíveis por intermédio de outras técnicas de pesquisa.

2. Captura de dados. No segundo passo do processo, os pesquisadores precisam estabelecer um modo de registrar as informações. A maior parte dos dados de projetos de *empathic design* é recolhida por meios visuais, auditivos e sensoriais. Portanto, fotografias e vídeos podem ser ferramentas úteis na captura de informações que se perdem nas descrições verbais, como disposições espaciais.

Enquanto técnicas-padrão de pesquisa se apoiam em uma sequência de questões, o *empathic design* faz poucas perguntas e prefere explorar, de maneira bem aberta, por que as pessoas estão fazendo determinada coisa. Os pesquisadores podem querer saber quais problemas são encontrados pelo usuário durante a atividade observada.

3. Reflexão e análise. No terceiro passo, os diferentes membros da equipe, com outros colegas, revisam as observações contidas nos dados capturados pelo grupo. O objetivo é identificar todas as necessidades e os possíveis problemas do cliente.

4. Brainstorming em busca de soluções. No quarto passo, o *brainstorming* é utilizado para transformar as observações em ideias para soluções.

5. Desenvolvimento de protótipos de soluções possíveis. No quinto passo, os pesquisadores precisam considerar mais concretamente como as soluções possíveis podem ser implementadas. Quanto mais radical é a inovação, mais difícil fica entender como deve ser sua aparência e como ela deve funcionar. Os pesquisadores podem estimular uma comunicação útil criando alguns protótipos da ideia. Esses protótipos, por causa de sua concretude, podem esclarecer o conceito para a equipe de desenvolvimento, permitir *insights* de pessoas que não faziam parte do grupo e estimular reações e discussões com clientes em potencial. Simulações e interpretação de papéis (em inglês, *role playing*) podem ser protótipos úteis quando uma representação tangível do produto não pode ser feita.

Cada vez mais, empresas de alta tecnologia, como HP, IBM, Motorola e Intel usam o *empathic design* para incrementar suas práticas de pesquisa de marketing tradicional. Essas empresas contratam cientistas sociais, antropólogos e psicólogos para ajudá-las a descobrir como as pessoas usam produtos. Com a observação de clientes em seu ambiente de trabalho e outros locais com os quais estão familiarizados, a técnica de pesquisa ajuda a diminuir a distância entre o que as pessoas dizem que fazem e o que elas realmente fazem. Etnógrafos tendem a estudar um número relativamente menor de sujeitos, escolhidos com grande cuidado, buscando grandes *insights*, e não dados estatísticos.

Exemplo[18]

De que maneira a Intel descobre o modo como os clientes trabalham e usam equipamentos eletrônicos? Como esse conhecimento ajuda a Intel a projetar produtos mais eficientes no futuro? A Intel contratou uma equipe de "etnógrafos de design" formada por oito pessoas, que vai até os clientes e os observa em seu ambiente familiar. O objetivo é descobrir como os clientes agem dentro de seu ambiente cotidiano, para que essa informação possa ser usada mais tarde no desenvolvimento de produtos mais eficientes.

No início, a cultura corporativa dentro da Intel — particularmente o pessoal de P&D — não levou os etnógrafos a sério. Na verdade, sua presença era um reconhecimento de que o PC tinha deficiências e, na cultura da Intel, esse reconhecimento gerou uma animosidade da parte dos outros funcionários da empresa. Mas, segundo o ex-presidente da Intel, Andy Grove, quando os engenheiros projetavam aquilo que acreditavam ser o desejo do consumidor, a taxa de sucesso era de apenas 20 por cento. Por exemplo, Grove acredita que a Intel não teria desperdiçado milhões de dólares com o videofone

Proshare, lançado pela empresa no início da década de 1990, se tivesse feito mais pesquisas etnográficas. A qualidade do vídeo era baixa, espasmódica e não sincronizada com o som. A Intel adorou o produto, porque ele exigia uma força computadorizada significativa baseada nos microprocessadores. Mesmo assim, os consumidores o detestaram, porque a falta de sincronia resultava em falhas quando a pessoa mexia a cabeça.

Por isso, a Intel começou a usar o *empathic design* em vários ramos de atividade, com diferentes grupos de consumidores, para conseguir novos *insights*. Por exemplo, sua equipe de design observou pessoas trabalhando na indústria de salmão no litoral do Alasca. A equipe tentava descobrir de que maneira tecnologias como os localizadores guiados por satélite poderiam substituir os helicópteros no monitoramento de barcos pesqueiros. Outros *insights* surgiram a partir da observação de empresários. Observando seu horário frequentemente abarrotado, a equipe de design verificou que eles precisavam de uma ferramenta que pudesse armazenar todas as mensagens e os números de telefone normalmente escritos em Post-its, um tipo de organizador eletrônico que reconhecesse a escrita à mão.

Será que o fato de ser observada muda o comportamento da pessoa? A equipe da Intel descobriu que a maioria das pessoas adora ser observada e baixa a guarda enquanto é estudada pelos pesquisadores. E os etnógrafos são mestres em fazer as pessoas se sentirem confortáveis sob observação. Por exemplo, um membro da equipe da Intel passou centenas de horas com adolescentes em seus quartos, usando fitas de vídeo para catalogar seus comportamentos e pertences, desde roupa suja a pôsteres. Seu objetivo era recolher mais informações sobre seu estilo de vida e qual tipo de tecnologia os atrairia. Alguns de seus *insights* foram: adolescentes deveriam poder enviar fotografias instantaneamente aos amigos, de telefones para computadores e para telas planas que funcionariam como porta-retratos. Eles também precisavam de computadores de bolso para poderem informar seus pais sobre mudanças de horário quando estivessem fora de casa. A conclusão é que o que torna o produto um sucesso é o que o usuário faz com ele, mais do que o que o produto pode fazer.

Usuários líderes

Outra técnica de pesquisa útil em ambientes de alta tecnologia é a pesquisa do usuário líder.[19] Usado para gerar ideias para avanços radicais, o processo recolhe informações tanto sobre as necessidades como sobre as soluções das principais lideranças do mercado-alvo de uma empresa e de mercados que enfrentam problemas semelhantes de maneira mais extrema. Os tipos de clientes que tendem a inovar são *usuários líderes* — clientes que estão à frente nas tendências do mercado e têm necessidades que vão além das necessidades do usuário médio.[20] Usuários líderes podem enfrentar determinadas necessidades durante meses ou anos antes que a maior parte do mercado esteja em posição de se beneficiar de maneira significativa da obtenção de soluções para essas necessidades. Em alguns casos, os usuários líderes podem acabar desenvolvendo suas próprias soluções, as quais o pessoal de marketing pode, por sua vez, comercializar para outros usuários. A Figura 5.2 mostra onde os usuários líderes estão em relação ao mercado-alvo mais amplo. Pesquisas sobre usuários líderes[21] mostram que muitos produtos são inicialmente pensados e alguns protótipos chegam a ser desenvolvidos pelos próprios usuários, e não pelos fabricantes. Por exemplo, a Tabela 5.1 mostra que, em uma grande parcela das indústrias, o número de inovações concebidas pelos usuários é bastante elevado.

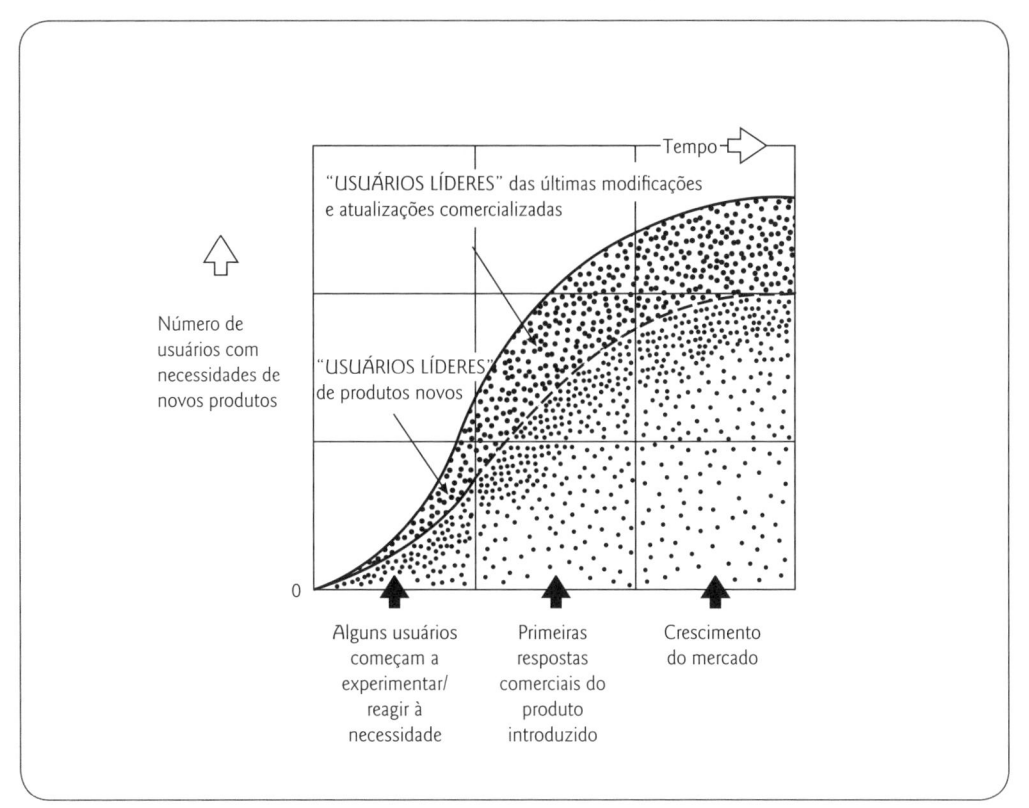

Posição esquemática de um usuário líder no ciclo de vida de um produto, processo ou serviço novo. Usuário líder (1) encontra a necessidade mais cedo e (2) espera altos benefícios. (As maiores expectativas de benefícios estão indicadas com o sombreamento mais escuro.)

Figura 5.2 — Usuários líderes

Fonte: HIPPEL, E. von. Lead users: a source of novel products concepts. *Management Science*, n. 32, p. 791-805, jul. 1986.

A solução de problemas pelo usuário líder pode aplicar-se a produtos preexistentes cujos usos não foram previstos pelo fabricante. Ou usuários líderes podem desenvolver produtos completamente novos para preencher suas necessidades. Por exemplo: a Lockheed Martin foi pioneira em uma técnica de usinagem durante o desenvolvimento de estruturas de titânio para aeronaves; a inovação foi comercializada mais tarde por uma empresa de ferramentas de usinagem que sofisticou a ferramenta da Lockheed.[22] Outros usuários líderes podem não ter conseguido desenvolver uma solução, embora tivessem consciência da necessidade. É a experiência com o problema que torna a visão do usuário líder tão valiosa. A pesquisa do usuário líder transforma o difícil trabalho de criação de produtos resultantes de avanços radicais na tarefa sistemática de identificar os usuários líderes em cada mercado/segmento e aprender com eles. A equipe de desenvolvimento procura ativamente rastrear usuários líderes promissores e adaptar suas ideias às necessidades dos consumidores. Os dados de usuários líderes consistem no exame das soluções que eles encontraram para resolver seus problemas.

Digamos que um fabricante de automóveis quisesse projetar um sistema de freios inovador.[23] Ele poderia tentar identificar usuários que tenham uma forte necessidade de freios melhores — como equipes de corrida, ou em um campo tecnológico mais avançado, em que os usuários têm uma necessidade ainda maior de frear rapidamente, como na indústria aeroespacial. Na verdade, como os aviões

	Percentual de produtos desenvolvidos por		
	Usuário	Fabricante	Outros
Indústria da computação	33%	67%	
Indústria química	70%	30%	
Montagem eletrônica	11%	33%	56%*

* Inovações feitas por fornecedores.

Tabela 5.1 — Inovações desenvolvidas por usuários líderes

Fontes: Adaptado de HIPPEL, E. von. Lead users: a source of novel products concepts. *Management Science*, n. 32, p. 791-805, jul. 1986; HIPPEL, E. von; THOMKE, S.; SONNACK, M. Creating breakthroughs at 3M. *Harvard Business Review*, p. 47-57, set./out. 1999.

militares precisam parar antes do fim da pista, o sistema de freios antitravamento (em inglês, *antilock braking system* — ABS) foi primeiramente desenvolvido na indústria aeroespacial.

Eric von Hippel defende o uso de um processo de quatro passos para incorporar os usuários líderes na pesquisa de marketing. O processo deve ser conduzido por uma equipe multidisciplinar que inclui os departamentos técnico e de marketing. Ele pode ser lento, já que cada passo leva entre quatro e seis semanas para ser implementado, e o processo completo pode demorar de quatro a seis meses para ficar pronto.[24]

1. Identificar tendências de mercado/técnicas importantes. Usuários líderes definem-se por estar à frente do mercado em determinada dimensão importante, que pode mudar com o tempo. Portanto, antes de conseguir identificar usuários líderes, é necessário identificar a tendência de mercado na qual esse usuário tem uma posição de liderança. "Não se pode especificar onde está a liderança de um mercado-alvo sem antes entender a principal tendência no centro desse mercado".[25]

A identificação das tendências é um aspecto-padrão na maioria dos cursos de marketing. No contexto do planejamento estratégico, as empresas empreendem uma avaliação do ambiente externo onde operam, examinando oportunidades e ameaças competitivas, econômicas, reguladoras, físicas (naturais), globais, socioculturais, demográficas e tecnológicas. Por exemplo, na 3M, a empresa determinou que uma tendência essencial na indústria médica, particularmente nos países emergentes, era a necessidade de encontrar métodos de controle de infecções baratos durante cirurgias.

2. Identificar e questionar usuários líderes. Clientes que são primeiramente afetados por tendências significativas quase sempre enfrentam necessidades de processos e produtos antes dos outros dentro do mercado. Assim, eles podem estar em posição de perceber relativamente melhor o benefício advindo da solução dessas necessidades do que os outros. Nos mercados B2B, os fabricantes geralmente têm um melhor entendimento de seus clientes-chave do que em mercados consumidores. Portanto, o conhecimento pessoal pode localizar usuários líderes nessa área. Na indústria de bens de consumo, por sua vez, pesquisas são indicadas para a identificação de usuários líderes nos diversos segmentos. Em termos práticos, a regra consiste em localizar aqueles que inovam ativamente para solucionar problemas presentes na vanguarda de um mercado.

Para rastrear usuários líderes de maneira mais eficiente, as equipes de desenvolvimento podem usar entrevistas por telefone ou a rede de contatos para falar com especialistas que estejam na liderança do mercado-alvo.[26] Pessoas com interesses reais em qualquer tópico tendem a conhecer outras pessoas que podem saber ainda mais que eles. Tais pessoas são profissionais de pesquisa, podem ter escrito artigos sobre o tópico ou apresentado pesquisas em conferências. Essa rede pode levar a equipe até os usuários na vanguarda do mercado-alvo (como mostrou a Figura 5.2). Também é importante usar a rede para identificar usuários líderes em mercados que enfrentam problemas semelhantes, mas de modos diferentes e mais intensos, como no exemplo sobre o sistema de freios das aeronaves.

Usuários líderes podem não estar entre os clientes regulares de uma empresa; eles podem ser clientes de um concorrente ou estar fora da indústria. Além do mais, se o usuário líder já solucionou o problema, pode deixar de articular a necessidade dessa solução; portanto, as pesquisas podem ser improdutivas para identificá-lo. Em uma situação como essa, o uso do *empathic design* na identificação de usuários líderes pode ser uma saída particularmente interessante.

Um último problema em relação a selecionar e falar com usuários líderes está associado com sua disposição para compartilhar informações. Em um estudo de usuários líderes dedicado a melhorar o serviço de relatórios de crédito, uma equipe encontrou pelo menos dois grandes usuários de tais serviços que haviam desenvolvido processos avançados para relatórios de crédito on-line. Um dos usuários não queria discutir detalhes porque o serviço era visto como uma vantagem competitiva significativa. O outro disse: "Nós só desenvolvemos esse serviço porque precisávamos desesperadamente dele — ficaríamos felizes se vocês desenvolvessem um serviço semelhante que pudéssemos comprar".[27] Se um cliente hesitar em falar, é melhor não prosseguir com a entrevista por causa de problemas de propriedade intelectual.

3. Desenvolver os avanços radicais. A equipe pode iniciar essa fase promovendo um *workshop* que inclua vários usuários líderes em diversas áreas, assim como um bom número de representantes de diferentes setores da empresa (marketing, engenharia, produção etc.). Durante o *workshop*, o grupo reunirá *insights* e experiências para fornecer ideias para as necessidades da empresa patrocinadora.[28]

Muitos usuários participam apenas pelo desafio intelectual. Como eles tendem a vir de outros campos e indústrias, geralmente não se preocupam com a perda de vantagens competitivas em sua área de atuação. Além disso, transferindo seu conhecimento para um fornecedor (voluntariamente ou por meio de licenças), eles podem continuar a se concentrar em suas próprias áreas de competência e desenvolver um fornecedor para transformar a ideia em produto. Por outro lado, pode haver usuários líderes que não queiram participar por entenderem que a vantagem adquirida é significativa para sua posição competitiva.

É raro uma empresa simplesmente adotar a inovação de um usuário líder "da maneira como ela está". Pelo contrário, as informações adquiridas com certo número de usuários líderes e fomentadores da própria empresa levam a adaptações e modificações. A equipe precisa avaliar o potencial de comercialização das ideias que emergem do *workshop* e como elas podem se encaixar nos interesses da empresa.

4. Projetar os dados do usuário líder para um mercado mais amplo. Não há como presumir que o usuário líder de hoje será semelhante aos usuários que comporão a maior parte do mercado de amanhã. As empresas precisam avaliar como os dados do usuário líder se aplicarão aos usuários típicos, em vez de simplesmente incorporar a transferência de tais dados de maneira direta. Fazer o protótipo da solução e pedir a uma amostra de usuários típicos que o avaliem é uma maneira de conseguir dados para fazer a projeção. A equipe deve apresentar suas recomendações aos gerentes sêniores baseada na determinação de como o novo conceito se encaixa nas necessidades de um mercado-alvo mais amplo. Essa apresentação deve incluir evidências dos motivos que levariam o consumidor a adquirir o novo produto.

Quais são alguns dos benefícios do método de usuários líderes?[29] Em último caso, ele permite que a empresa recolha e use informações de uma maneira diferente, o que leva a novos *insights*. Além disso, como o processo envolve uma equipe multidisciplinar da organização, ninguém terá motivos para se sentir como um soldado solitário forçando mudanças. O processo faz que essas equipes se relacionem de maneira mais próxima com clientes de ponta e com outras fontes de informação. Mas o método de usuário líder não é uma panaceia para as dificuldades de pesquisa no desenvolvimento de produtos resultantes de avanços radicais. Sem apoio corporativo adequado, equipes capacitadas e tempo, o processo pode ser malsucedido.

Além de usar o *empathic design* e o processo do usuário líder para entender as necessidades do cliente e inovar de forma disruptiva (busca de soluções radicais), as empresas de alta tecnologia também precisam fazer escolhas entre as especificações e a funcionalidade do produto durante seu processo de concepção. Uma ferramenta de pesquisa útil que incorpora a orientação do cliente nas decisões do projeto é o desdobramento da função qualidade.

Desdobramento da função qualidade (QFD)

O *desdobramento da função qualidade* (QFD) é uma ferramenta usada pela engenharia que, primeiro, identifica os requisitos do cliente (por meio de visitas ao cliente, *empathic design*, trabalho com usuários líderes etc.) e, depois, mapeia esses requisitos dentro do processo de planejamento do produto.[30] A ideia básica é usar a voz do cliente no processo de desenvolvimento do novo produto para assegurar uma correlação precisa entre as necessidades do cliente e as especificações do produto.[31] O processo prioriza e assegura que todas as decisões do projeto levem em conta a importância desses requisitos sob a perspectiva do cliente. O resultado é que se chega a um produto novo que fornece um valor superior ao mercado, por intermédio de uma equipe de projeto que conhece as necessidades do usuário final. Essa técnica pressupõe uma colaboração íntima entre o marketing, a engenharia e os clientes.

A implementação do QFD é um processo de vários estágios, que inclui:[32]

- **Ouvir a voz do cliente.** Identificar as necessidades do cliente em suas próprias palavras, por meio do programa de visita ao cliente ou *empathic design*, considerando os benefícios que eles esperam do produto. *Grosso modo*, dez ou 12 clientes representarão 80 por cento ou mais das necessidades de todos os clientes (presumindo-se um segmento de mercado relativamente homogêneo). Os benefícios e atributos desejados podem ser pesados ou priorizados para ajudar a equipe de desenvolvimento do produto nas escolhas para o design (por exemplo, optar pela velocidade do processador em detrimento do preço, no caso de chips de computador).[33]

- **Ouvir a percepção do cliente sobre produtos concorrentes.** Pesquisas com clientes podem ser usadas para descobrir se os produtos disponíveis no mercado preenchem as necessidades dos clientes. Esses dados são importantes para a identificação de falhas ou oportunidades no mercado.
- **Transformar o *insight* do cliente em requisitos específicos do projeto.** Chamada às vezes de desdobramento das exigências do cliente, a ideia, nessa etapa, é identificar os atributos do produto que podem ir ao encontro das necessidades do cliente. É importante entender a natureza inter-relacionada dos atributos. Por exemplo: embora queiram processadores mais rápidos, clientes também querem preços mais baixos. Este passo é, às vezes, chamado de *matriz da qualidade*, ou a abordagem de planejamento que conecta as exigências do cliente, dados competitivos e parâmetros de projeto.

Diagrama de Kano

No centro do processo há uma ferramenta-chave para a QFD, conhecida como modelo de Kano (ou dimensões/diagrama de Kano). O *modelo de Kano* (Figura 5.3) fornece uma representação gráfica da natureza da relação entre a presença de certos atributos no produto e a satisfação ou insatisfação do cliente.

O gráfico da Figura 5.3 mostra três tipos de atributos. Atributos linearmente relacionados à satisfação do cliente são considerados atributos *unidimensionais* da qualidade; o aumento do desempenho desses atributos leva a um aumento linear da satisfação do cliente. Esses atributos são tipicamente conhecidos e verbalizados pelo cliente. Por exemplo, em um laptop, o aumento da duração da bateria levaria, provavelmente, a um aumento previsível na satisfação.

As relações dos dois outros tipos de atributos com a satisfação não são lineares. Os *atributos obrigatórios* da qualidade precisam estar presentes para que o cliente se sinta satisfeito. Embora a *falta* desse tipo de atributo esteja exponencialmente relacionada à insatisfação do cliente, o aumento do nível desse atributo não aumenta a satisfação do cliente com o produto. Além disso, esses atributos são tão essen-

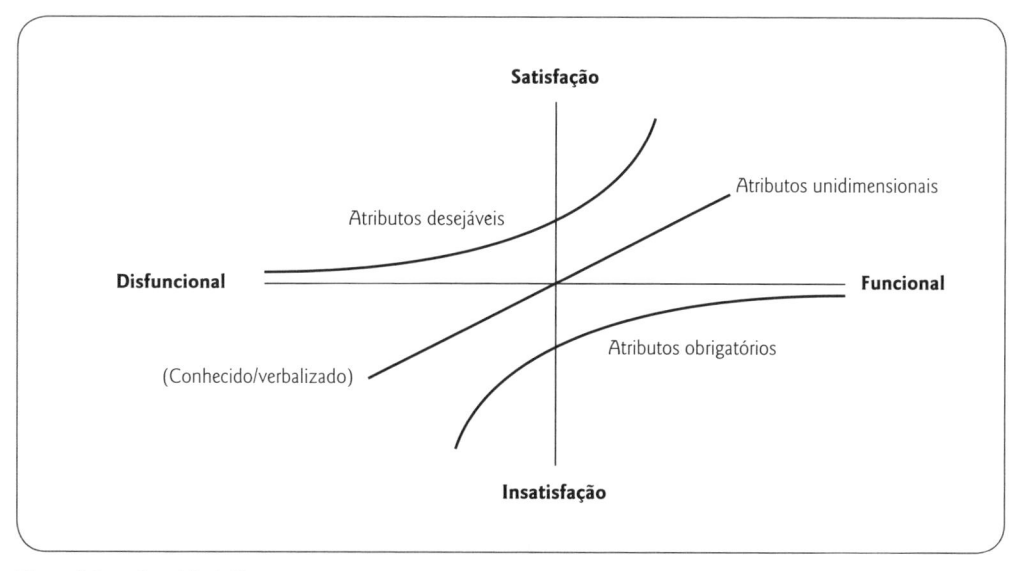

Figura 5.3 — O modelo de Kano

Fonte: Adaptado de KANO, N.; TSUJI, S.; SERAKU, N.; TAKERHASHI, F. *Miryokuteki hinshitsu to atarimae hinshitsu* (Attractive quality to must-be quality). Tokyo: Japanese Society for Quality Control (JSQC), 1984.

ciais à funcionalidade do produto que podem não chegar a ser verbalizados explicitamente pelo cliente. Por exemplo, na indústria de laptops, o computador precisa ser imune a pancadas e sacudidas. Se o *laptop* falha todas as vezes que sofre um movimento mais brusco, o cliente fica terrivelmente insatisfeito. Por outro lado, alocar recursos significativos para aumentar a resistência do laptop provavelmente não aumentará de maneira considerável a satisfação da maioria dos usuários do produto.

A última categoria é a dos *atributos desejáveis*, que têm uma relação exponencial com a satisfação. Quando não está presente, não causa insatisfação ao cliente. Entretanto, sua presença produz uma reação extremamente favorável. Esses atributos encantam o cliente, trazendo o fator "Uau!" para a experiência do consumidor ao usar o produto. Geralmente, o cliente não é capaz de verbalizar esses atributos e, portanto, eles têm de ser descobertos por meio das técnicas já mencionadas (*empathic design* e usuários líderes). Seguindo o exemplo anterior, o fator "Uau!" pode ser, por exemplo, um laptop que tenha seu tamanho reduzido para ser carregado no bolso, mas que na hora de ser usado possa se expandir. Muitos especialistas em inovação de produtos acreditam que empresas que sabem identificar os atributos que encantam o consumidor estão destinadas ao sucesso.

Mais do que culminar em uma solução de projeto específica, o processo de QFD revela pontos de atrito no processo de concepção. Ele permite que a equipe de desenvolvimento do produto chegue a um consenso quanto aos problemas e às opções do projeto, baseie a solução das contrapartidas nas necessidades efetivas dos clientes e melhore o processo de colaboração entre marketing, produção e engenharia.[34] Um estudo constatou que o uso do QFD reduz o tempo de design em 40 por cento e seu custo em 60 por cento, ao mesmo tempo que melhora sua qualidade.[35] Há muitos seminários disponíveis para a elaboração desse processo e várias empresas de pesquisa que podem ajudar em sua implementação. Aos leitores interessados recomenda-se uma bibliografia adicional.[36]

QFD e TQM

O QFD surgiu do movimento de gestão da qualidade total (em inglês, *total quality management* — TQM) na produção e está intimamente ligado à noção de orientação para o mercado. O paradigma da gestão da qualidade total baseia-se originalmente na noção de uso do processo para criar valor para o cliente. A criação de valor exige excelência em quatro áreas-chave:[37]

1. *Excelência com o cliente.* Saber o que o cliente quer e encantá-lo com atributos desejáveis são marcas essenciais da excelência com o cliente.

2. *Excelência na gestão do ciclo de desenvolvimento.* Encurtar o tempo que a empresa leva para chegar ao mercado é essencial na criação de valores. Quando o processo é mais longo que o esperado, os gastos são maiores. Porém, o mais importante é que, quando o tempo necessário é maior que o esperado, a perda de uma parte do mercado contribui ainda mais para o excesso de gastos e declínio do lucro. Embora seja uma condição necessária para a excelência, a rapidez não é por si só suficiente: a empresa precisa ter a capacidade de atingir as exigências do cliente com precisão. Como as necessidades e expectativas do cliente em mercados de alta tecnologia mudam rapidamente, um tempo de ciclo menor assegura uma correlação maior com a qualidade — da maneira que ela é entendida pelo cliente.

Vale recordar a noção de marketing expedicionário: empreendendo uma série de incursões rápidas e de baixo custo no mercado, a empresa descobre as necessidades do cliente e calibra suas ofertas continuamente; a combinação de velocidade e aprendizado aumenta as chances de sucesso. Um dos fatores-chave que afeta o tempo de ciclo é a *complexidade* de características e funcionalidade do produto. Como mostra a Figura 5.4, no empenho para chegar ao mercado rapidamente, as empresas podem, inicialmente, desenvolver um produto com uma combinação de atributos relativamente básica, contanto que eles excedam o nível de qualidade obrigatório e estejam no desejado espaço de qualidade unidimensional. À medida que a empresa for entregando versões adicionais do produto ao mercado, incrementará o produto e se aproximará do limiar da qualidade atrativa. Guy Kawasaki refere-se a essa vontade de comercializar uma versão inicial do produto com características básicas como a regra número dois para revolucionários: "Não se preocupe, seja ruim".[38] Embora sua retórica seja um tanto inflamada, o que ele quer dizer é que, em alguns casos, é aceitável não buscar a perfeição, mas visar o mínimo de aceitação do mercado com a primeira geração de um novo produto radical. Essa mensagem não significa que a empresa deva introduzir produtos que não se preocupem com atributos-chave na escolha do cliente (o que o colocaria abaixo do nível de qualidade aceitável), mas que ela deve agir rapidamente no mercado, com um nível de qualidade aceitável. O exemplo mais atual é o lançamento dos computadores *tablets*. Embora eles, em sua grande maioria, ainda tenham muito que ser melhorados em termos de software e hardware, diversas versões já estão disponíveis no mercado. E, a cada semestre, uma nova "onda" de *gadgets* invade o mercado com novas funcionalidades.

Embora essa receita possa parecer contraintuitiva, faz sentido no mercado pelo menos por dois motivos. Primeiro, muitas empresas de alta tecnologia falharam porque, ao se aterem a combinações complicadas de atributos de produtos — que muitas vezes exigem tempo de projeto, testes e depuração bem maiores do que havia sido inicialmente projetado —, viram as necessidades dos clientes mudarem ou foram vencidas pelos concorrentes com produtos semelhantes ou produtos que atendessem às necessidades dos clientes de maneiras diferentes.

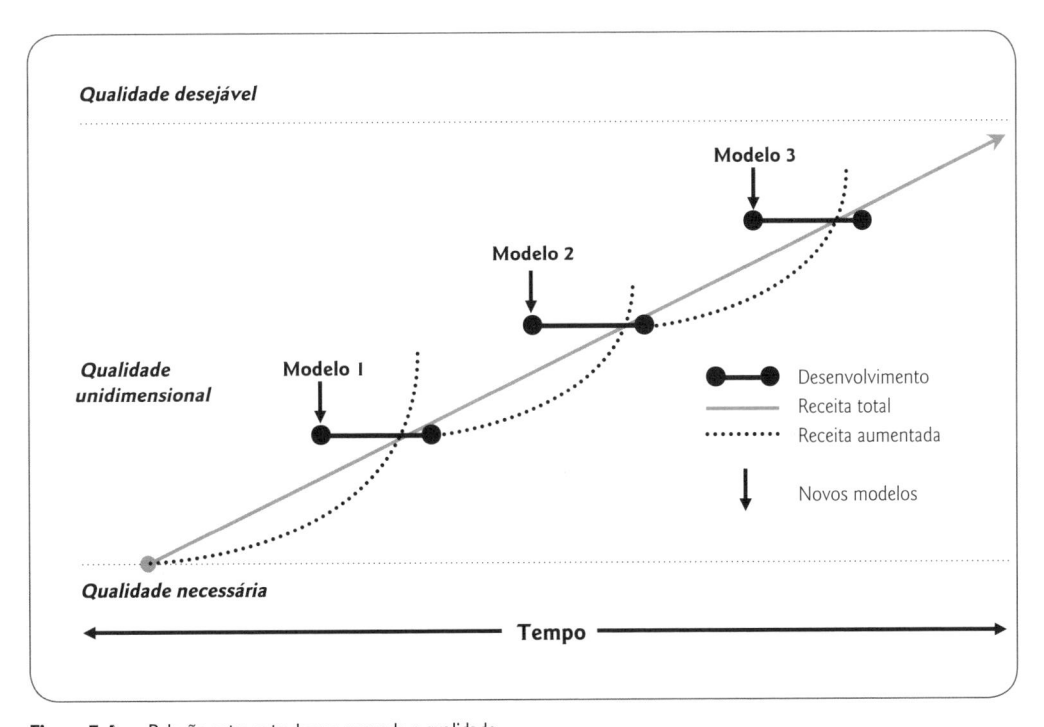

Figura 5.4 — Relação entre entradas no mercado e qualidade

Fonte: Reimpresso com a permissão de Storage Technology Corporation, Louisville e Colorado.

Segundo, muitos clientes de alta tecnologia se deparam com a mudança dos custos, ou seja, a intenção de chegar rapidamente ao mercado faz que a empresa consiga uma base de clientes para atualizações e versões posteriores. Portanto, a empresa continua trabalhando para incrementar suas características e funcionalidade, guiada de perto pelo *input* do marketing. As empresas precisam assegurar que sua primeira incursão no mercado seja rápida e que tenha, pelo menos, a qualidade obrigatória; ao longo do tempo, extensões adicionais do produto poderão almejar a qualidade desejável.

Uma última observação sobre a excelência na gestão do ciclo de desenvolvimento: empresas que se concentram no tempo devem perceber que apenas introduzir o produto rapidamente no mercado não é suficiente. O tempo de ciclo que realmente importa é o necessário para a aceitação do mercado.[39] Para acelerar o tempo da aceitação do mercado, é vital envolver os clientes nos primeiros estágios de desenvolvimento do produto mantendo um diálogo contínuo. Novas tecnologias tornam essa possibilidade cada vez mais viável.

3. *Excelência de custo.* A excelência de custo consiste em fornecer valor ao cliente com o mínimo de custo. Parcerias com fornecedores são meios úteis de trabalhar com esse tipo de problema.

4. *Excelência cultural.* A excelência cultural refere-se ao alinhamento dos objetivos individuais e organizacionais para responder às condições de negócios; os objetivos organizacionais precisam ser mantidos de maneira a capitalizar as oportunidades do mercado. Uma cultura de inovação, discutida no Capítulo 2, é uma maneira de conseguir excelência cultural. A engenharia e o marketing também devem estar integrados e se concentrarem no valor para o cliente.

Teste de protótipos

O protótipo é um modelo de produto ou serviço. Como modelo, o protótipo pode fornecer apenas os elementos essenciais do produto final, ignorando elementos menores ou puramente de apoio. O primeiro *teste de protótipo* é feito para avaliar as especificações técnicas do projeto. Se o protótipo não atende a essas especificações, ajustes apropriados são necessários. Quando atende às especificações, o protótipo pode, então, ser avaliado por clientes potenciais.

Teste da versão beta

As versões beta de novos produtos são versões pré-lançamento que a empresa fornece para os clientes testarem. Em um *teste beta*, o cliente concorda em dar à empresa um retorno sobre a primeira versão de um produto novo, para que este possa ser melhorado antes de seu lançamento comercial. Por exemplo: a Symantec fornece uma ampla gama de softwares de segurança para conteúdo e rede e ferramentas de soluções para indivíduos, empresas e prestadores de serviços. O Programa de Testes Externos da Symantec foi projetado para demonstrar primeiras versões de softwares em uma ampla diversidade de equipamentos e usuários reais. Os participantes do Programa de Testes Externos recebem a primeira versão do software, roteiros de teste e documentação para revisão e teste. Espera-se que os participantes permaneçam ativos durante o ciclo de vida do projeto e que comuniquem seus problemas e dúvidas aos membros da equipe da Symantec.[40] Outro exemplo de teste beta no campo dos softwares de Internet, e de fácil participação de uma ampla gama de usuários, é o navegador Chrome, do Google. A empresa deixa disponível a nova versão para todos aqueles que quiserem testá-la. A Figura 5.5 a seguir apresenta essa realidade.

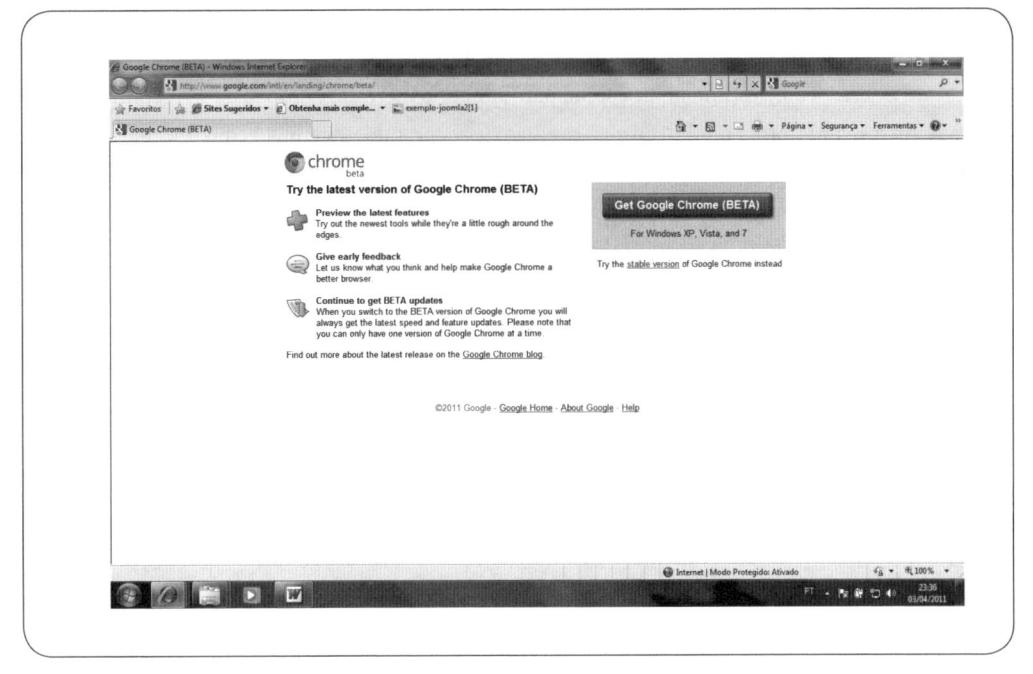

Figura 5.5 — Teste beta do navegador Chrome, do Google
Fonte: GOOGLE CHROME. Santa Clara, CA: Google, 2011. Disponível em: <http://www.google.com/intl/en/landing/chrome/beta>. Acesso em: 3 abr. 2011.

Reunindo inteligência competitiva

Outro elemento vital no arsenal de informações do profissional de marketing de alta tecnologia é a *inteligência competitiva*, que é o conjunto de técnicas e ferramentas que permite reunir, organizar e analisar dados e informações sobre os concorrentes: quem são, quais são seus produtos, suas estratégias de marketing e suas prováveis reações às estratégias de marketing de outras empresas no mercado. Uma inteligência competitiva eficiente fornece um conhecimento sólido do mercado, de clientes e concorrentes, reações rápidas e estratégias superiores baseadas na identificação de ameaças e oportunidades.[41] A inteligência competitiva fornece à empresa um sistema de alerta que a ajuda a se precaver contra desastres. Na verdade, "a essência da gestão competitiva inteligente é uma ação que precede seu tempo óbvio".[42]

Para que os programas de inteligência competitiva funcionem, eles têm de atingir a forma de pensar e as decisões das pessoas cujas ações afetam de maneira mais significativa o resultado — ou seja, a alta administração. Além disso, programas de inteligência competitiva eficientes são muito mais que a mera observação passiva do mercado (isto é, monitoramento competitivo); empresas que conseguem ler os sinais do mercado adquirem uma competência profunda para entender a concorrência. Para isso, elas devem julgar seguro desafiar o *status quo*, trazer perspectivas externas e agir de maneira não convencional.

Por exemplo, em 1985 a Motorola iniciou um estudo das estratégias de negócios de empresas japonesas na Europa. Naquela época, os executivos da Motorola-Europa não viam sinais de investidas do

Japão na Europa. A ausência desse avanço não parecia combinar com as características dos rivais japoneses. Então, por meio da coleta de inteligência competitiva, a Motorola descobriu que os japoneses planejavam dobrar seu investimento de capital para ganhar o mercado europeu de semicondutores. O resultado foi que a Motorola modificou sua estratégia, procurando uma união com seus parceiros europeus e afastando os rivais japoneses.[43]

Pode ser difícil reunir inteligência competitiva em mercados de alta tecnologia. Às vezes, possíveis concorrentes que estão fora do ramo são esquecidos. Porém, o Capítulo 2 esclarece como os recém-chegados a um setor são quase sempre pioneiros em tecnologia inovadora. Ou seja, as empresas precisam monitorar segmentos correlatos para detectar ações de concorrência.

A Internet teve um efeito radical no modo como os profissionais de marketing buscam as informações necessárias.[44] Por exemplo, o serviço de notícias do Google Groups (www.groups.google.com) traz ofertas de emprego postadas em grupos específicos de usuários, incluindo detalhes sobre hardwares e softwares com os quais os candidatos devem estar familiarizados. A natureza geográfica de tais postagens também pode render *insights* para possíveis expansões. Para intensificar seu poder de comunicação com possíveis clientes, funcionários e outras partes intervenientes, as empresas colocam grande quantidade de informação nesses sites. Algumas informações estão disponíveis para qualquer um que se disponha a procurá-las, tornando a coleta de informações de concorrentes mais possível que nunca, incluindo:

- listas de clientes e consumidores;
- informações detalhadas sobre produtos e preços, assim como especificações do produto e dados técnicos;
- especificidades sobre objetivos e estratégias de negócios;
- planejamento de novos produtos e esforços de P&D;
- procura extensiva de funcionários que pode destacar uma nova ênfase no mercado;
- detalhes sobre processos de fabricação e esforços de controle de qualidade;
- estruturas organizacionais da empresa e informações biográficas de gerentes;
- informações completas sobre locais de negócios, distribuidores e centros de serviço;
- informações sobre parcerias e alianças.

É interessante apontar que existem diferenças culturais entre os países acerca do modo como a inteligência é vista. Nos Estados Unidos, a inteligência é frequentemente associada ao exército, com conotações de atividade obscura e secreta. Em outros países, como o Japão, a transferência de inteligência por meio de redes sociais é uma parte integrante da sociedade. E, em Israel, por exemplo, a maioria dos altos executivos já serviu no exército. Dada a maior receptividade e aceitação das atividades de coleta de inteligência em outros países, as empresas norte-americanas podem, provavelmente, aprender lições muito úteis sobre como tratar as atividades da inteligência competitiva de maneira mais estratégica.

A desvantagem de *reunir* inteligência competitiva é o *envio* de sinais competitivos. Na verdade, algumas empresas tentam, de maneira proativa, emitir sinais para concorrentes de mercado por uma variedade de mecanismos.[45] Por exemplo, anunciar previamente um produto ou anunciar a intenção da empresa de lançar um produto futuramente é um expediente muito usado e pode servir para se antecipar aos concorrentes, fazendo que o consumidor adie sua decisão de comprar. As empresas podem enviar sinais competitivos dividindo informações com contatos na indústria, clientes ou distribuidores; a informação acaba sendo disseminada no mercado.

Além disso, sabe-se que as empresas emitem deliberadamente diversas informações no mercado para confundir os concorrentes. Como foi atestado por um gerente:

> [Nós tentamos] manter os concorrentes desprevenidos quanto ao verdadeiro aspecto das nossas especificações, quando elas serão anunciadas e qual será nosso preço. Sempre temos três ou quatro histórias no mercado e, assim, as pessoas não conseguem saber qual é a correta até anunciarmos o produto formalmente.[46]

Portanto, as empresas precisam examinar cuidadosamente a informação competitiva recebida do mercado e tentar avaliar sua precisão. Além de pesquisar clientes e concorrentes, empresas de alta tecnologia enfrentam a perspectiva assustadora da estimativa de demanda por novos produtos.

Prevendo a demanda dos clientes[47]

Prever vendas futuras de produtos de alta tecnologia é difícil por vários motivos. Os métodos quantitativos normalmente se apoiam em dados históricos, mas, em muitos casos, essa informação simplesmente inexiste, o que é a realidade dos produtos radicalmente novos. Além disso, os dados obtidos por meio de técnicas tradicionais podem ter valor questionável, dado que é difícil para o cliente articular suas preferências e expectativas quando não há base para o entendimento da nova tecnologia.

Embora seja difícil recolher informações dos clientes em mercados de alta tecnologia, fazer uma previsão específica de vendas pode ser equivalente a olhar uma bola de cristal. O emprego dessa "técnica" para o desenvolvimento de previsões de vendas de produtos de alta tecnologia é, no melhor dos casos, impreciso, e no pior, errado. "Os gerentes sabem pouco sobre previsões de vendas de produtos, e nada sobre a sua introdução".[48] Por exemplo:[49]

- Reagindo contra o uso da tecnologia de áudio em filmes mudos (por volta de 1927), Harry M. Warner, um dos fundadores da Warner Bros., perguntou: "Quem no mundo gostaria de ver os atores falando?".
- Mais tarde, um colega da mesma área, Darryl Zanuck, chefe da 20th Century Fox Films, em 1946, previu que "[...] [a] televisão não permanecerá mais que seis meses no mercado. As pessoas logo se cansarão de ficar paradas olhando para uma caixa de madeira todas as noites".
- Ken Olsen, presidente e fundador da DEC Corporation, disse em 1977: "Há poucos motivos para que um indivíduo tenha um computador dentro de casa".

Entretanto, os profissionais de marketing não devem se assustar com o desafio. Há ferramentas disponíveis para ajudá-los a lidar com essa importante questão. E, como a tarefa é repleta de incertezas e fontes de erros, o uso de um processo sistemático para desenvolver a previsão é mais importante que nunca.

Métodos de previsão

Ferramentas de previsão podem ser categorizadas em quantitativas e qualitativas.[50] As ferramentas quantitativas básicas incluem médias móveis, amortecimento exponencial e análise regressiva. Como já foi mencionado, uma vez que elas se apoiam em dados históricos — que são frequentemente inexistentes em um mercado de alta tecnologia novo —, as ferramentas quantitativas podem não estar disponíveis nesses mercados. Os métodos de previsão qualitativos, como o Delphi, e métodos morfológicos podem ser mais aplicáveis. Leitores interessados em ferramentas tradicionais de previsão podem utilizar as excelentes fontes disponíveis.[51]

O *método Delphi* é, provavelmente, o método qualitativo mais comum. De acordo com esta técnica, um grupo de especialistas é convocado para responder a perguntas específicas do tipo "Quando um novo produto ganhará uma aceitação geral?". Esses especialistas devem ser mantidos separados, para que seus julgamentos não sejam influenciados. As respostas à pergunta inicial são enviadas de volta aos participantes, que são convidados a sofisticar o próprio julgamento e comentar as outras previsões, a fim de alcançar um consenso. O anonimato do grupo permite um debate aberto.[52]

Embora esse método tenha limitações, incluindo a falta de avaliação de confiabilidade e uma potencial sensibilidade aos especialistas selecionados, essas limitações também podem ser aplicadas — possivelmente até com mais ênfase — a outras estimativas subjetivas. A seleção dos especialistas também exige uma atenção cuidadosa. Especialistas da área em geral, incluindo usuários líderes, podem oferecer seu conhecimento como uma referência útil em relação às previsões geradas internamente pela empresa.

Outra ferramenta de previsão útil em mercados de alta tecnologia é o uso de *dados análogos* para fazer inferências sobre a nova tecnologia.[53] A ideia básica é usar os dados sobre outro produto atualmente no mercado, ou que já tenha sido lançado, para prever o padrão de crescimento esperado do novo produto. Por exemplo: para prever as vendas de aparelhos de televisão de alta definição (HDTV), as previsões podem ser baseadas no histórico de bens de consumo similares, como a televisão em cores ou gravadores de videocassete. Na seleção dos produtos análogos, é essencial o estabelecimento de uma conexão lógica entre eles. Por exemplo: os dois produtos servem a uma necessidade semelhante ou partilham outras características importantes? Também devem ser levados em consideração os fatores ambientais e as condições do mercado que podem afetar de maneira única o padrão de crescimento de vendas de um novo produto. Então, com base nas vendas dos produtos análogos, o uso do julgamento intuitivo traça um padrão esperado de vendas do novo produto.

Essa técnica só é válida se realmente houver uma analogia. O grau de analogia apropriado depende da conexão lógica entre os produtos envolvidos. Por exemplo, na previsão da demanda de PDAs, também conhecidos como computadores de bolso, possíveis produtos análogos podem incluir computadores pessoais e telefones celulares.[54] O grau de conexão lógica entre esses produtos análogos e os computadores de bolso depende das semelhanças dos atributos que importam ao consumidor na hora da compra e em fatores de negócio que contribuem para o sucesso do produto. Atributos importantes incluem suporte técnico, facilidade de uso e considerações sobre forma/design do produto. Fatores de comercialização essenciais incluem considerações sobre distribuição, marca e opções de modelos. Com base na consideração desses fatores, a Handspring, empresa precursora dos PDAs, concluiu que ambos os produtos serviam como referências úteis, mas nenhum deles sozinho era totalmente análogo de maneira apropriada.

Modelo de Bass

Um dos modelos quantitativos mais utilizados para se elaborar previsão de vendas de novos produtos é o modelo de Bass. Esse modelo, baseado na curva "S" de difusão de inovações (Figura 5.6), é

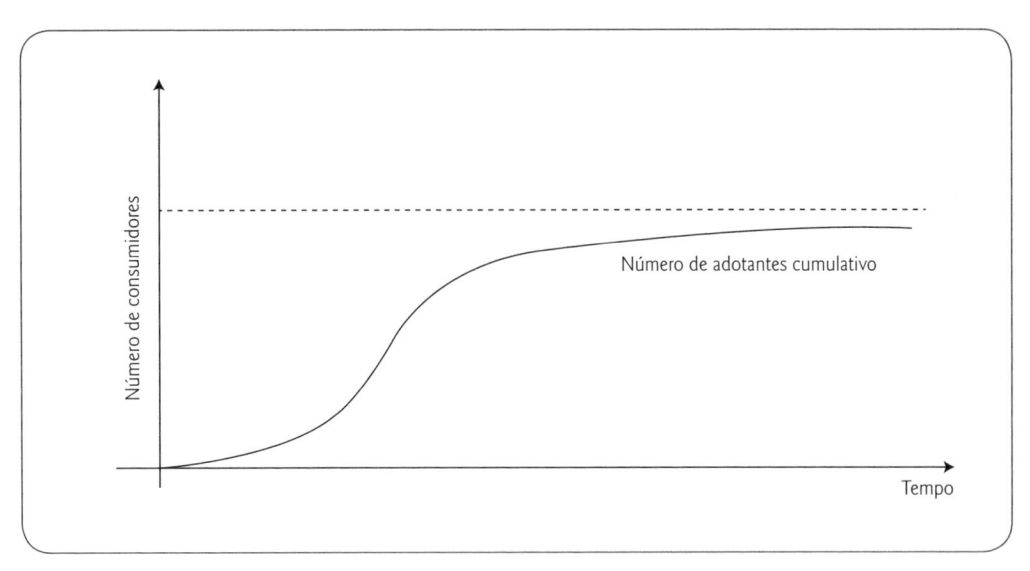

Figura 5.6 — Curva "S" de Difusão da Inovação

construído sob duas hipóteses básicas. A primeira é que os potenciais consumidores são influenciados pelo que veem ou ouvem nos meios de comunicação (influência externa) ou pelo que veem ou ouvem de formadores de opinião (influência interna).

Matematicamente, a equação que descreve o modelo é dada por:

$$F(t) = \frac{1 - e^{-(p+q)t}}{1 + \frac{q}{p} e^{-(p+q)t}}$$

onde:

$F(t)$ é a função que descreve o comportamento dos adotantes cumulativo em termos percentuais.

p é o coeficiente de inovação (influência externa).

q é o coeficiente de imitação (influência interna).

Como exemplo, apresenta-se a seguir o comportamento do modelo de Bass com o coeficiente de inovação (p) igual a 0,01 e o de imitação (q) de 0,4 (Figura 5.7).

Para facilitar a visualização do comportamento da curva ao se variarem os dois coeficientes, um de cada vez, foram construídos dois gráficos, apresentados nas figuras 5.8 e 5.9.

A observação dos gráficos permite que se conclua que conforme se aumenta o coeficiente de inovação (ou imitação), mantendo-se o coeficiente de imitação (ou inovação) constante, acelera-se a adoção da inovação.

Técnicas adicionais também podem ser úteis para previsões de vendas de produtos de alta tecnologia. A técnica da *aceleração da informação* (AI) baseia-se na representação virtual de novos produtos para ajudar no desenvolvimento de novos produtos e previsões.[55] Tais representações são mais vivas e realistas que as descrições de conceitos tradicionais e mais baratas que o uso de protótipos. Portanto, elas podem fornecer um meio-termo entre as tradicionais descrições de conceitos e um protótipo físico. O retorno dos clientes é obtido pelo uso da representação virtual da ideia do novo produto.

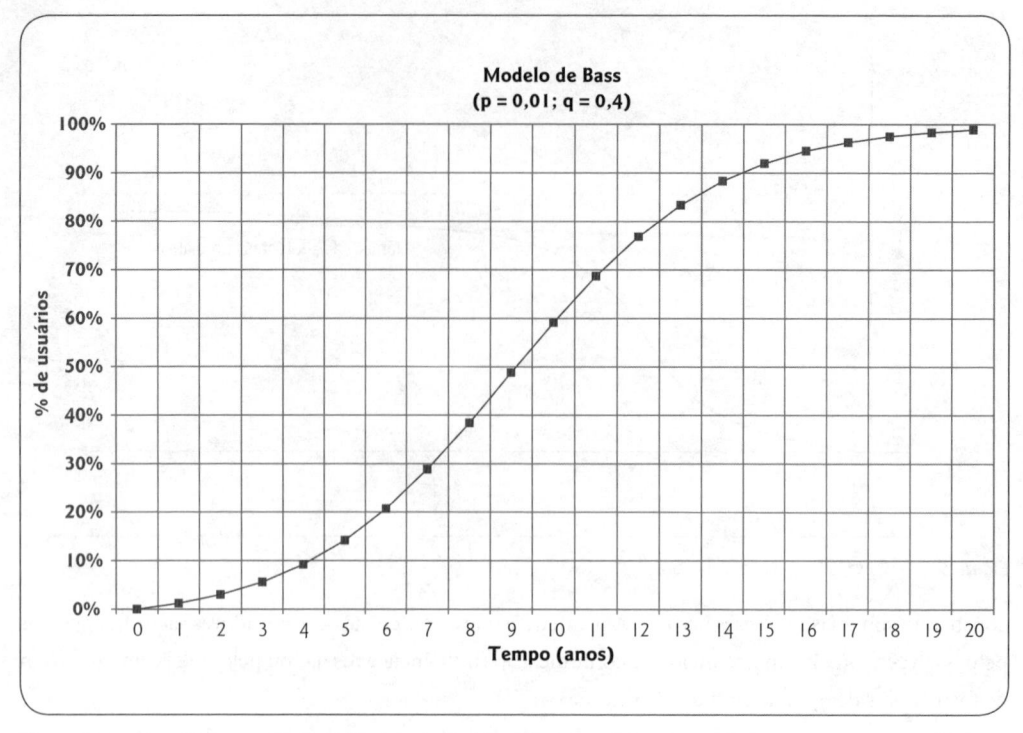

Figura 5.7 — Exemplo da curva "S" de difusão da inovação do modelo de Bass ($p = 0,01$; $q = 0,4$)

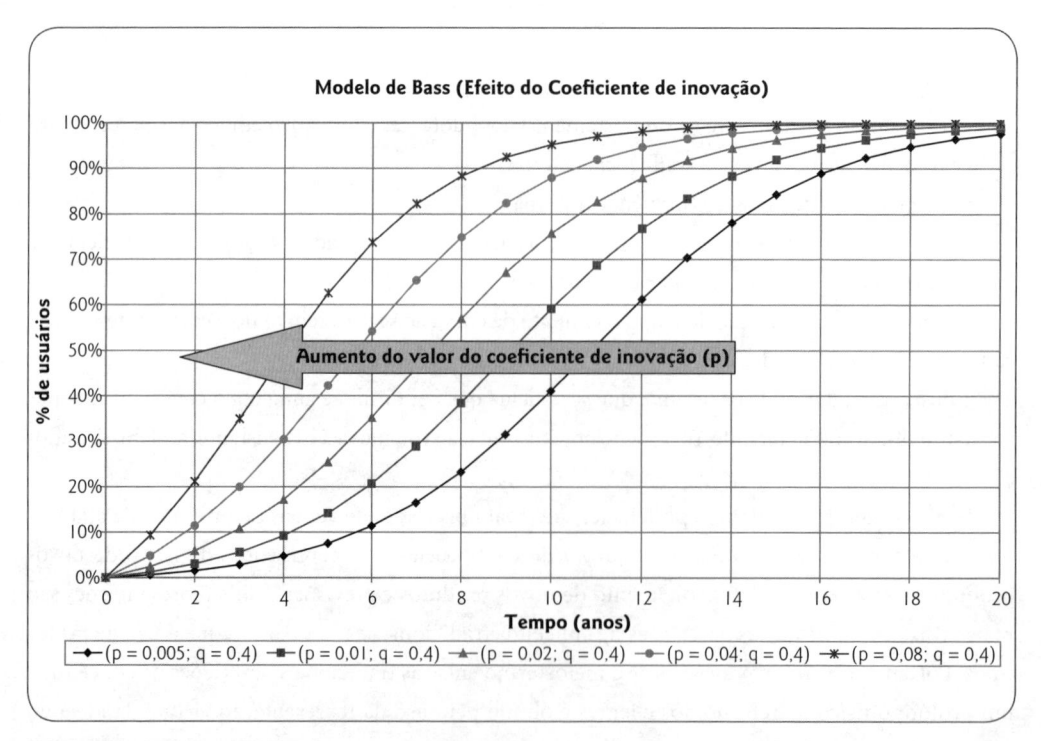

Figura 5.8 — Efeito do coeficiente de inovação no modelo de Bass

Modelo de Bass (Efeito do Coeficiente de imitação)

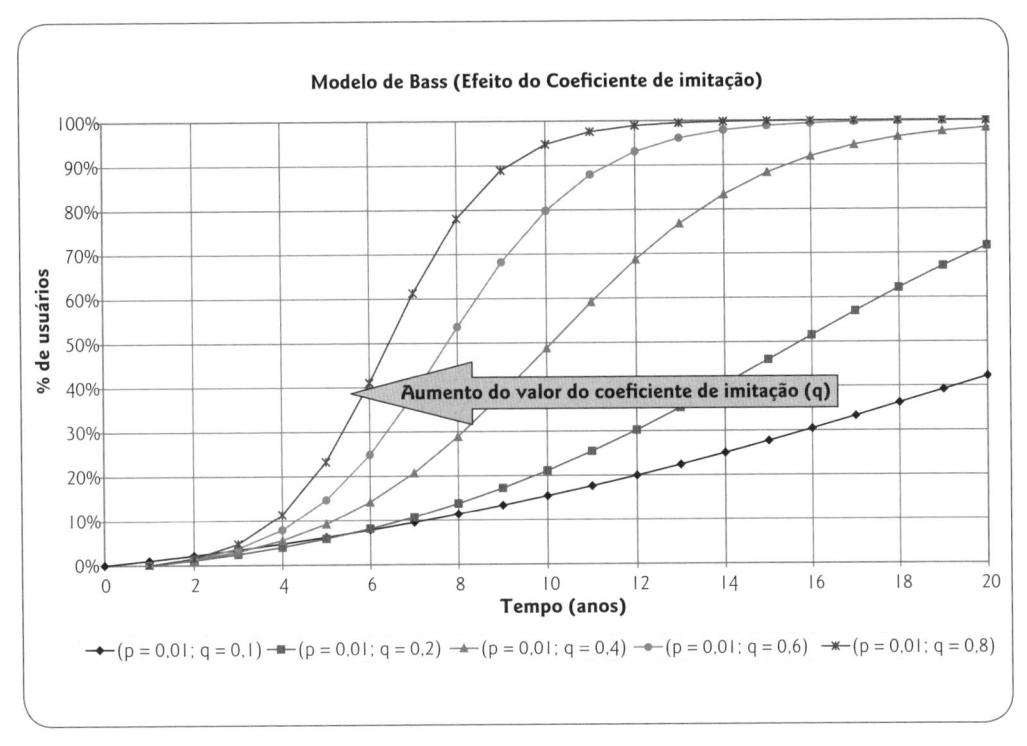

[Gráfico: % de usuários vs Tempo (anos), mostrando curvas para (p = 0,01; q = 0,1), (p = 0,01; q = 0,2), (p = 0,01; q = 0,4), (p = 0,01; q = 0,6), (p = 0,01; q = 0,8), com seta indicando "Aumento do valor do coeficiente de imitação (q)"]

Figura 5.9 — Efeito do coeficiente de imitação no modelo de Bass

Além disso, a criação de uma representação virtual gera vários outros benefícios. Primeiro, para simular um ambiente futuro, a equipe precisa concordar com as implicações dele. Isso força a equipe a definir cuidadosamente os clientes-alvo e os benefícios centrais do produto no início do processo. Outras questões trazidas à tona são:

- A infraestrutura necessária ao uso do produto (por exemplo, postos de recarga para veículos elétricos).
- Tecnologia exigida para futuras gerações da inovação (por exemplo, tecnologia de novas baterias para veículos elétricos).
- Estimativas competitivas de novas entradas no mercado.
- Alternativas disponíveis à nova tecnologia (por exemplo, veículos elétricos híbridos que combinam motores a combustão e elétricos).

Para simular um produto, a equipe precisa planejar toda a linha de produtos (incluindo *vans*, carros esportivos, sedans etc.) e o reaproveitamento de produtos existentes.

Outras considerações sobre previsões

Qualquer que seja o método ou a combinação de métodos utilizados, o responsável pela previsão precisa se assegurar de que suas predisposições não influenciem na estimativa em decorrência do desejo de sucesso da tecnologia. Fomentadores de alta tecnologia quase sempre inflam as previsões de sucesso futuro, e "uma vez que suas declarações sobre potenciais técnicos são frequentemente confundidas com previsões de marketing precisas, negócios e investidores desavisados quase sempre sofrem".[56] Pesquisadores de marketing podem minimizar esses equívocos estudando compradores potenciais de uma nova tecnologia, que têm menos em jogo com seu sucesso. Mas isso, infelizmente, não é feito com a regularidade desejável porque o grupo de clientes/usuários potenciais pode ser difícil de ser alcançado, tornando uma pesquisa de marketing precisa cara e demorada.[57]

Outro problema com a previsão de novas tecnologias é a "intercompetição entre as tecnologias já existentes e as novas tecnologias que atuam no mesmo mercado".[58] Embora o Capítulo 2 tenha abordado a "praga do mercado", na qual empresas existentes minimizam a ameaça competitiva apresentada pela nova tecnologia, novos começos também sofrem uma maldição: o superentusiasmo. No desenvolvimento da previsão de sucesso de uma nova tecnologia, os gerentes precisam considerar a posição de mercado entrincheirada dos concorrentes já estabelecidos. A principal vantagem da tecnologia estabelecida é que ela já tem um mercado desenvolvido, com canais de distribuição e consumidores leais. E também apresenta processos e volumes de produção mais altos. Todos esses fatores permitem que as tecnologias já estabelecidas sejam comercializadas dentro de uma estratégia de liderança de custos, empurrando os preços para baixo e ajudando-as a manter, ou até mesmo aumentar, sua participação no mercado.[59] Para evitar previsões imprecisas por causa desse problema, os profissionais precisam considerar todas as vantagens das tecnologias já estabelecidas e, no mínimo, controlar o entusiasmo pelo sucesso da inovação enquanto estimam quando a nova tecnologia alcançará a tecnologia já existente.

Muitas vezes, os tomadores de decisão confiam pouco nas previsões acerca de determinada tecnologia, e essa falta de confiança pode gerar indecisões ou más decisões. Nesse caso, o que precisa ficar claro, de antemão, é que uma boa previsão não é aquela que se tornará (ou não) realidade, mas aquela que foi construída à luz de método racional e estruturado, abastecido de informações de qualidade e em quantidade suficiente.

VISÃO DE MERCADO

A inteligência de mercado como fator de sucesso nas empresas de alta tecnologia
Deoclides F. de Souza Filho
Gerente de análise de mercado da Alcatel-Lucent Brasil

Empresas de alta tecnologia. Vamos dividi-las em dois grupos? O primeiro é o das empresas que vendem seus produtos para os consumidores finais, e o segundo, o das empresas que fornecem equipamentos, softwares e serviços para as primeiras. Falando especificamente do mercado de serviços de telecomunicações, as empresas do primeiro grupo são aquelas que fornecem serviços de telefonia fixa e móvel, Internet, TV Digital e comunicação de dados. No segundo grupo estão as empresas que fornecem tudo o que é necessário — produtos e serviços — para que as empresas do primeiro grupo tenham a infraestrutura apropriada para a prestação dos serviços a que elas se propõem.

Diferente do que ocorre com as empresas que fornecem tecnologia de ponta para o consumidor final, as empresas que atuam no segundo grupo têm um número pequeno de clientes — as operadoras de serviços de telecomunicações, principalmente, e algumas grandes empresas (privadas ou estatais) que demandam esse tipo de tecnologia — e, consequentemente, apresentam uma necessidade específica de compreensão de seu mercado. Assim, as ferramentas de pesquisa de marketing tradicionalmente usadas nos mercados de alta tecnologia são adaptadas para atender a essas necessidades.

A Alcatel-Lucent, típica representante do segundo grupo de empresas, faz uso dessas ferramentas de maneira sistematizada e constante, com o objetivo de manter a empresa focada nos mercados que possibilitem obter um crescimento rentável e sustentável, de conduzir às adaptações necessárias (ao portfólio, ao cliente, ao país etc.) para fortalecer o posicionamento da empresa, de fornecer perspectivas inteligentes e aplicáveis de longo prazo sobre os principais motivadores do mercado e de criar e alavancar ações internas de inteligência de mercado.

Na Alcatel-Lucent, a inteligência de mercado é um pré-requisito importante para o pensamento estratégico. Ela é composta de quatro áreas: análise de mercado, que faz a avaliação dos mercados presentes e futuros — incluindo mercados em que a empresa não tem presença atualmente — e projeta as tendências com base na situação atual, extrapolando novas tendências que rompem os limites vigentes; análise competitiva, que avalia a posição de mercado dos concorrentes, suas diretrizes estratégicas e suas atividades por região; análise de clientes, que visa entender as forças que moldam a evolução do mercado de provedores de serviços de telecomunicações e antecipar seu impacto nos modelos de negócio e gastos decorrentes; e análise do usuário final, que busca entender as tendências e as dinâmicas que levam à adoção de novos serviços pelos usuários de telecomunicações.

A inteligência de mercado é uma atividade colaborativa entre os principais atores dentro da empresa. É preciso primeiro reconhecer que essa atividade ocorre não só dentro do departamento dedicado a ela, mas, sobretudo, que ela permeia toda a empresa. O departamento responsável por essa atividade tem como valor adicionado a função de integrar a perspectiva do ponto de vista corporativo com os elementos vindos dos principais detentores de informação na empresa. Difunde, assim, o conhecimento sobre os segmentos de mercado, os clientes, os concorrentes e os usuários finais. Disponibiliza internamente à corporação os documentos que contêm as análises feitas, como na área de análise competitiva, análises estratégicas sobre os concorrentes, análise competitiva orientada a produtos/serviços/soluções, análise competitiva específica por clientes e análise competitiva dos programas de marketing. Na Alcatel-Lucent, esse departamento tem um escopo amplo para busca de informações, que abrange: os mercados tradicionais de telecomunicações, com seus clientes e concorrentes; os mercados de corporações e de prestação de serviços; os mercados adjacentes, tais como mídia digital e Internet; e a segmentação por área geográfica, com uma granularidade que reflete a organização da empresa.

Para atingir seus objetivos com a inteligência de mercado, a Alcatel-Lucent estabeleceu um processo que tem como etapa fundamental a coleta de dados, a qual é feita a partir de dados de campo e de dados publicados. A coleta de dados de campo é obtida de várias fontes. A primeira a considerar é a equipe de vendas, que regularmente alimenta a base de dados dos clientes com os pedidos executados e com os pedidos futuros, sobre um período de 12 meses à frente, mensalmente atualizados, mantendo, assim, uma estimativa dinâmica da demanda.

Além de acompanhar os pedidos dos clientes, é necessário manter um banco de dados organizado com o desempenho dos equipamentos fornecidos e dos serviços prestados, inclusive por concorrentes, identificando, dessa maneira, a necessidade de expansão da rede e de atualização tecnológica, ou mesmo de substituição por desempenho insuficiente. Esse é um papel adicional da equipe de engenharia de campo.

Faz-se também uso constante dos dados coletados em reuniões profissionais, com os clientes, em eventos externos (seminários, *workshops* e congressos) e em agências regulatórias e criadores de normas técnicas, em que se discutem as tendências tecnológicas do setor.

Todas essas informações são essencialmente provenientes do pessoal interno. Para fazer uma análise crítica do que foi obtido por essas fontes, costuma-se encomendar pesquisas, ou adquirir relatórios prontos, das empresas de pesquisa de mercado.

Para a coleta de dados publicados, as principais fontes utilizadas são: a imprensa, da qual se obtém, por exemplo, informações sobre contratos assinados, planos de investimento dos clientes e projetos de expansão dos concorrentes em uma determinada área geográfica; as agências governamentais e regulatórias, por meio de

> documentos publicados e de respostas às consultas públicas, que são feitas para a implantação de uma nova regulamentação; os analistas de mercado, que produzem relatórios sobre o mercado de telecomunicações com avaliações financeiras e de desempenho dos vários setores do mercado; e os clientes e concorrentes, por meio dos relatórios financeiros publicados para atender à legislação no caso das empresas que têm ações cotadas na bolsa de valores.
>
> Por fim, os dados são compilados e catalogados, e produzem-se os documentos com as diversas análises citadas, que serão o suporte para a formulação da estratégia da empresa, com o objetivo de alinhar os planos de abordagem do mercado. Assim, o departamento de inteligência de mercado fornece a base para que as unidades operacionais executem essa estratégia, desenvolvendo planos de ação operacionalizáveis, monitorando sua evolução, reagindo e ajustando os planos quando ocorrem mudanças nas tendências de mercado ou nas prioridades estratégicas. Fica, portanto, evidente que uma boa atividade de inteligência de mercado se torna um fator importante, se não indispensável, para o sucesso de empresas que atuam em mercados de alta tecnologia.

Resumo

Um ponto-chave a ser aprendido com este capítulo é a necessidade premente de coletar dados e informações de modo diligente e assíduo do mercado. Além das informações sobre os concorrentes, os profissionais de marketing de alta tecnologia precisam trabalhar com clientes — para entendê-los, manter um diálogo contínuo, estudá-los e incorporar suas necessidades ao desenvolvimento de produto e ao processo de marketing. Às vezes, clientes de empresas de alta tecnologia acabam frustrados e infelizes, o que é, por si só, uma ameaça à saúde da economia de alta tecnologia. Profissionais técnicos acreditam que os usuários geralmente não sabem o que querem e, quando sabem, todos querem coisas diferentes. Apesar disso, os usuários são os clientes; o profissional de desenvolvimento deve estar consciente de que sua missão é encantar o cliente, responder às suas necessidades e prevê-las em seus projetos.[60]

O próximo capítulo dará mais um passo na direção do entendimento do cliente e explorará questões relacionadas à decisão de adotar produtos de alta tecnologia.

Perguntas para debate

1. Usando a teoria da contingência do Capítulo 1, identifique como as técnicas de pesquisa de marketing devem ser adequadas ao tipo de inovação para assegurar maior sucesso e *insight*.
2. O que é teste de conceito e como ele é usado por profissionais de marketing de alta tecnologia?
3. O que é *conjoint analysis* e como os profissionais de marketing de alta tecnologia a usam para incrementar o processo de desenvolvimento do produto?
4. O que é um programa de visita ao cliente e quais os benefícios que ele oferece? Quais são os elementos que o tornam bem-sucedido?
5. O que é *empathic design*? Que *insights* ele pode gerar? Quais são os passos do processo?
6. Quais são as semelhanças e diferenças entre as visitas ao cliente e o *empathic design*?
7. Quem são os usuários líderes? Quais são os quatro passos no processo de aproveitamento dos usuários líderes na pesquisa de mercado?

8. O que é QFD? Como o modelo de Kano gera *insights* sobre as necessidades do cliente? Quais são as quatro características necessárias para o QFD?
9. O que são teste de protótipo e teste beta? Quais são suas diferenças?
10. Enumere alguns fatores complicadores na aquisição de inteligência competitiva em mercados de alta tecnologia.
11. Quais são as ferramentas úteis para previsões em mercados de alta tecnologia?

Glossário

Conjoint analysis. Técnica de pesquisa de marketing na qual os participantes fazem julgamentos sobre suas preferências na combinação de atributos; assim, ferramentas estatísticas podem ser usadas para estimar o valor de cada atributo, e a empresa pode usar essa informação na concepção e no desenvolvimento do novo produto.

Desdobramento da função qualidade (QFD). Ferramenta de engenharia que identifica os requisitos do cliente e os mapeia/implementa durante o processo de desenvolvimento de um produto.

Empathic design. Técnica de pesquisa baseada no entendimento das necessidades do usuário por meio da observação do cliente em vez de métodos de perguntas tradicionais (grupos em foco, pesquisas).

Inteligência competitiva. Conjunto de técnicas e ferramentas que permite reunir, organizar e analisar dados e informações sobre os concorrentes (quem são eles, quais são seus produtos, estratégias de marketing e reações prováveis às estratégias de marketing de outras empresas no mercado).

Modelo de Kano. Representação gráfica da natureza da relação entre a presença de determinados tipos de atributos no produto e a satisfação ou insatisfação do cliente. "Qualidades obrigatórias" são aquelas cuja falta causa um decréscimo exponencial na satisfação do cliente. As "qualidades desejáveis" são aquelas que encantam o cliente e, quando presentes, há um aumento exponencial da satisfação do cliente.

Programa de visitas ao cliente. Programa sistemático de visitas ao cliente feitas por uma equipe interfuncional com o intuito de entender as necessidades do cliente, o modo como ele usa os produtos e seu ambiente.

Teste beta. Processo de avaliação no qual o cliente recebe a primeira versão de uma nova tecnologia, com o intuito de dar um retorno ao desenvolvedor para que ele possa aprimorá-la antes do lançamento comercial.

Teste de conceito. Processo de avaliação das primeiras ideias para determinar quais delas são boas o suficiente para serem desenvolvidas.

Teste de protótipo. Avaliação do modelo de um produto desejado que contenha as características essenciais do produto e ignore as secundárias. O primeiro teste de um protótipo avalia se ele vai ao encontro de suas especificações técnicas, e o segundo compara o protótipo com as expectativas do cliente.

Usuários líderes. Clientes que enfrentam necessidades meses ou anos antes que a maior parte do mercado esteja em posição de se beneficiar significativamente com a solução dessas necessidades. Em alguns casos, os usuários líderes chegam a desenvolver soluções para suas necessidades, que podem ser comercializadas pelos profissionais de marketing.

Notas

1. BROWN, E. 9 Ways to win on the web. *Fortune*, p. 112-124, 24 maio 1999.

2. Ibid.

3. HIPPEL, E. von; THOMKE, S.; SONNACK, M. Creating breakthroughs at 3M. *Harvard Business Review*, p. 47-57, set./out. 1999.

4. LEONARD-BARTON, D.; WILSON, E.; DOYLE, J. Commercializing technology: understanding user needs. In: RANGAN, V. K. et al. (Eds.). *Business marketing strategy*. Chicago: Irwin, 1995. p. 281-305.

5. CHURCHILL, G.; IACOBUCCI, D. *Marketing research*: methodological foundations. Fort Worth, TX: South-Western College Publisher, 2001.

6. LEONARD-BARTON, D.; WILSON, E.; DOYLE, J. Op. cit., 1995.

7. STEVENS, G. A.; BURLEY, J. 3,000 raw ideas = 1 commercial success! *Research-Technology Management*, p. 16-27, maio/jun. 1997.

8. IANSITI, M. Shooting the rapids: managing product development in turbulent environments. *California Management Review*, n. 38, v. 1, p. 37-58, 1995.

9. Para obter um exemplo, acesse: CONFIRMIT. Oslo, Norway: Confimity, [s.d.]. Disponível em: <http://survey.confirmit.com>.

10. As fontes a seguir contrastam a *conjoint analysis* com a noção mais simplista de *teste conceitual* e explica a *conjoint analysis* de maneira clara e detalhada: MOORE, W. Conjoint analysis. In: PESSEMIER, E. *Product planning and management*: designing and delivering value. Nova York: McGraw-Hill, 1992; GREEN, P.; KRIEGER, A. Evaluating new products. *Marketing Research*, n. 9, v. 4, p. 12-21, 1997; e DOLAN, R. Analyzing consumer preferences. *Harvard Business Review*. 9. reimp. 1999. p. 599-112.

11. MCQUARRIE, E. Taking a road trip. *Marketing Management*, n. 3, p. 9-21, 1995; MCQUARRIE, E. *Customer visits*: building a better market focus. Beverly Hills, CA: Sage Publications, 1993.

12. LEONARD-BARTON, D.; WILSON, E.; DOYLE, J. Op. cit., 1995.

13. LEONARD-BARTON, D.; RAYPORT, J. F. Spark innovation through empathic design. *Harvard Business Review*, p. 102-113, nov./dez. 1997.

14. Ibid.

15. NUSSBAUM, B. Hot products. *Business Week*, p. 54-57, 7 jun. 1993.

16. LEONARD-BARTON, D.; RAYPORT, J. F. Op. cit., 1997.

17. Ibid.

18. TAKAHASHI, D. Doing fieldwork in the high-tech jungle. *Wall Street Journal*, p. B1 e B22, 7 out. 1998.

19. HIPPEL, E. von. Lead users: a source of novel product concepts. *Management Science*, n. 32, p. 791-805, jul. 1986; HIPPEL, E. von; THOMKE, S.; SONNACK, M. Op. cit., 1999; URBAN, G. L.; HIPPEL, E. von. Lead user analyses for the development of new industrial products. *Management Science*, n. 34, p. 569-582, maio 1988.

20. HIPPEL, E. von; THOMKE, S.; SONNACK, M. Op. cit., 1999.

21. HIPPEL, E. von. Users as innovators. *Technology Review*, n. 80, p. 3-11, jan. 1978.

22. HIPPEL, E. von. Op. cit., 1986.

23. HIPPEL, E. von; THOMKE, S.; SONNACK, M. Op. cit., 1999.

24. Ibid.

25. Ibid.

26. Ibid.

27. Ibid.

28. Primeiro, a 3M pediu aos presentes que assinassem um acordo garantindo direitos de propriedade intelectual à empresa por quaisquer ideias que resultassem do *workshop*.

29. HIPPEL, E. von; THOMKE, S.; SONNACK, M. Op. cit., 1999.

30. CENTER FOR QUALITY MANAGEMENT. *Concept Engineering*, Cambridge, MA, 1995.

31. GRIFFIN, A.; HAUSER, J. R. The voice of the customer. *Marketing Science*, v. 12, p. 1-27, 1993; HAUSER, J. R.; CLAUSING, D. The house of quality. *Harvard Business Review*, n. 66, p. 63-73, maio/jun. 1988.

32. CENTER FOR QUALITY MANAGEMENT. Op. cit., 1995.

33. A *conjoint analysis* é outra forma de determinar o valor que os consumidores atribuem a características, atributos ou benefícios para melhor entender possíveis trocas.

34. GRIFFIN, A.; HAUSER, J. Patterns of communication among marketing, engineering, and manufacturing: a comparison between two new product teams. *Management Science*, n. 38, p. 360-373, mar. 1992.

35. HAUSER, J. R.; CLAUSING, D. Op. cit., 1988.

36. CLARK, K.; WHEELWRIGHT, S. *Managing new product and process development*. Nova York: Free Press, 1992.

37. Muito desse material é baseado nas ideias de Don Kleinschnitz, chefe de qualidade e ex-vice-presidente de qualidade corporativa da Storage Technology Corporation.

38. KAWASAKI, G.; MORENO, M. *Rules for revolutionaries*. Nova York: Harper Business, 1999.

39 MCKENNA, R. Real-time marketing. *Harvard Business Review*, p. 87-95, jun./ago. 1995.

40 SYMANTEC. Mountain view, CA: Symantec, 1995-2011. Disponível em: <http://www.symantec.com/corporate>. Acesso em: 29 maio 2011.

41 GILAD, B. Competitive intelligence: what has gone wrong. *Across the Board*, p. 32-36, out. 1995.

42 Ibid.

43 Ibid.

44 YOVIVICH, B. G. Browsers Get peek at rivals' secrets. *Marketing News*, p. 1 e 6, 10 nov. 1997; GRAEF, J. Using the internet for competitive intelligence. *CIO Magazine*, 1996. Disponível em: <www.cio.com/CIO/arch_0695_cicolumn.html>; BORT, J. Watching rivals on the net. *Denver Post*, p. C1, 16 fev. 1996.

45 MOHR, J. The management and control of information in high-technology firms. *Journal of High-Technology Management Research,* n. 7, p. 245-268, 1996.

46 Ibid.

47 Essa seção foi escrita juntamente com informações compiladas por Tom Disburg.

48 Will It fly. *Wall Street Journal*, p. A1, 19 abr. 1998.

49 Os exemplos seguintes vieram de uma apresentação de Rajesh Chandy, professor de marketing, na University of Minnesota.

50 LEVARY, R. R.; HAN, D. Choosing a technological forecasting method. *Industrial Management*, n. 37, p. 14, jan./fev. 1995.

51 MAKRIDAKIS, S.; WHEELWRIGHT, S. C.; MCGEE, V. E. *Forecasting:* methods and applications. Nova York: John Wiley, 1997; KRESS, G.; SNYDER, J. *Forecasting and market analysis techniques*. Westport, CT: Greenwood Publishing Group, 1994.

52 KRAJEWSKI, L.; RITZMAN, L. P. *Operations management, strategy and analysis.* 6. ed. Upper Saddle River, NJ: Prentice-Hall, 2002.

53 WEISS, A. *Hitchhiker's guide to forecasting.* Disponível em: <www.marketingprofs.com>.

54 Esse exemplo baseia-se em uma apresentação de Donna Dubinsky, CEO da Handspring Technologies para a Conferência de Verão dos Educadores da Associação Americana de Marketing, São Francisco, ago. 1999.

55 URBAN, G. et al. Information acceleration: validation and lessons from the field. *Journal of Marketing Research*, n. 34, p. 143-153, fev. 1997.

56 BRODY, H. Great expectations: why technology predictions go awry. *Technology Review*, n. 94, p. 38, jul. 1991.

57 Ibid.

58 STEVENSON, M. J. Advantages of incumbent technologies. *Electronic News*, n. 44, p. 8, 20 jul. 1998.

59 Ibid.

60 WILDSTROM, S. They're mad as hell out there. *Business Week*, p. 32, 19 out. 1998.

Comportamento do consumidor no mercado de alta tecnologia

CAPÍTULO 6

A *BusinessWeek* declara:

> Enquanto o mercado consumidor de tecnologia aumenta, empresas que vendem produtos que vão desde telefones celulares e computadores a softwares e serviços pela Internet têm pontos cegos surpreendentes em relação a seus clientes e suas motivações.[1]

Para desenvolver estratégias de marketing eficazes, as empresas precisam ter um entendimento sólido de como e por que o consumidor toma a decisão de comprar produtos de alta tecnologia. Por exemplo, pegue o caso de uma grande empresa que queira comprar um software de gestão integrada (em inglês, *enterprise resource planning* — ERP) para ajudá-la a administrar uma variedade de diferentes funções e aplicações de negócios.[2]

Implementar um ERP de maneira eficaz exige que a empresa elimine a mentalidade que mantém cada área funcional isolada da outra ("feudos organizacionais"). Quando diferentes áreas funcionais operam de maneira autônoma, os objetivos podem não se integrar bem. Por exemplo, o pessoal de vendas pode ser recompensado em volume, o pessoal de operações, no custo dos produtos e de acordo com as especificações, e assim por diante. O sucesso do planejamento ERP depende da interação e da colaboração entre as funções, de modo que cada uma delas trabalhe em direção a objetivos comuns.

Além disso, esses programas não são baratos. A instalação do sistema ERP em uma empresa da *Fortune 500* pode custar dezenas de milhões entre pagamento de licença para *rollouts* globais, despesas adicionais com consultoria, que normalmente ficam entre uma e três vezes o valor da licença, além de investimentos em computadores e redes. Devem ser abordadas questões como interface do aplicativo, compatibilidade ("ligar e rodar"), interoperabilidade entre sistemas díspares, dimensionamento no âmbito da empresa e conexão entre os aplicativos novos e antigos no sistema. A duração do processo pode levar de um a três anos ou mais. Os fornecedores desses softwares precisam ter um entendimento íntimo das operações, das preocupações e dos processos de decisão de seus clientes para vender seus produtos de maneira eficiente.

As empresas precisam ter em mente pelo menos três questões essenciais para avaliar o que faria o cliente comprar seus produtos, como mostra a estrutura organizacional da Figura 6.1. O marketing precisa concentrar-se nas seguintes questões.

- O que influencia a decisão de compra do cliente? O que o motiva a realizar ou não a compra?
- Quem é o comprador em potencial? Há categorias de compradores predispostos a adotar determinadas inovações antes de outras? De que maneira os mercados de alta tecnologia podem ser segmentados?
- O que influencia o momento de decisão de compra do cliente? Será que ele tende a adiar a compra ou evitar novas gerações da tecnologia, na expectativa de opções melhores em um futuro próximo?

Para começar a entender o comportamento do comprador de tecnologia, modelos básicos de comportamento dos consumidores, seja ele final (caso do B2C) ou empresarial (B2B) como os apresentados na Figura 6.2, podem ser úteis. Embora muitas empresas tenham concluído que, no caso de produtos e serviços de alta tecnologia, os modelos de comportamento do consumidor convencional "não se aprofundam o suficiente",[3,4] outras acreditam que o processo de compra descrito nessa figura é adequado para entender o perfil geral do comportamento do comprador em mercados de alta tecnologia.[5]

Nos tópicos seguintes, desenvolve-se um entendimento do consumidor baseado em seu comportamento de adoção de novas tecnologias. O capítulo começa com uma visão geral do processo de compra. Segue-se, então, uma discussão sobre as diferentes categorias de clientes, derivadas dos modelos de adoção tradicional e de difusão de inovações. O capítulo prossegue com as adaptações ao mercado, pautadas na noção de que há um "abismo" entre o usuário entusiasta e os outros públicos que

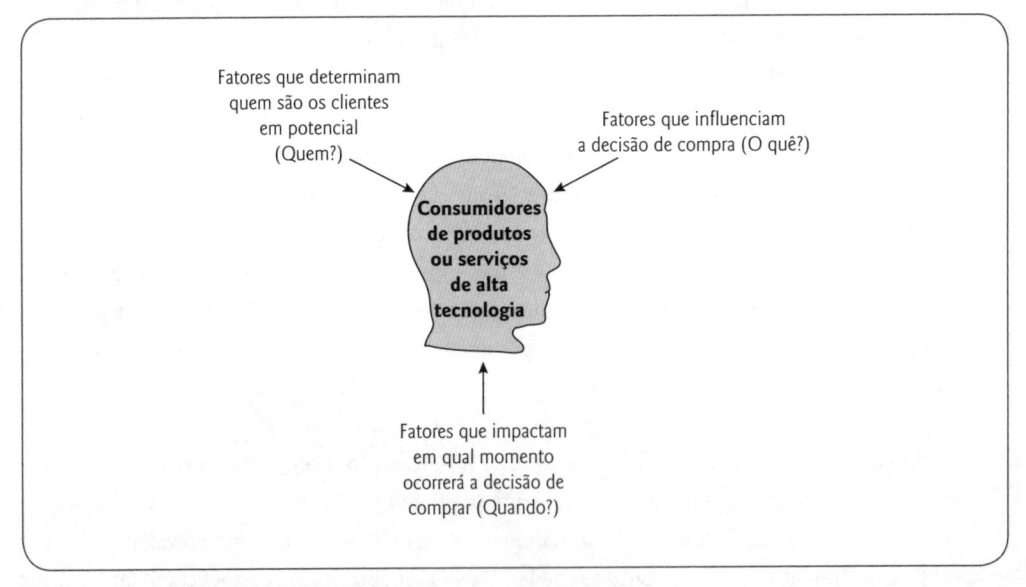

Figura 6.1 — Entendendo consumidores dos mercados de alta tecnologia

costumam comprar mais tarde. A seguir, a partir dos segmentos de mercado identificados, é apresentado um processo para identificar oportunidades atraentes e viáveis em mercados de alta tecnologia. O último tópico trata das complicações nas tomadas de decisão do consumidor de alta tecnologia que nascem do desejo de evitar a obsolescência.

Decisão de compra do cliente

Processo de decisão de compra do cliente

Identificação do problema

Como mostra a Figura 6.2, o processo de compra começa quando o comprador identifica uma necessidade ou um desejo, a partir de um problema ou uma oportunidade. Esse momento pode ser estimulado interna ou externamente. Um exemplo de estímulo interno é o reconhecimento de um obstáculo para o bom desempenho de um processo. Já a veiculação de uma propaganda pode fornecer um estímulo externo, bem como um *insight* dado por um usuário de vanguarda ou por reclamações de clientes.

Busca de informações

Nesse estágio, o comprador procura ativamente por informações sobre como solucionar o problema. Esse processo frequentemente toma a forma de identificação de alternativas para sua solução. O comprador pode utilizar diversas fontes: pessoais (como amigos ou colegas), comerciais (como propaganda ou fornecedores), públicas (como a Internet ou anúncios em publicações de negócios) ou experimentais (como o exame do produto). Particularmente, para que distribuidores ou varejistas de produtos de alta tecnologia escolham um produto, as feiras internacionais, como a Comdex (http://www.comdex.com) ou a International Consumer Electronics Show (http://www.cesweb.org), ou nacionais, como a Futurecom (http://www.futurecom.com.br), são importantes fontes de informação sobre novos produtos e tecnologia de ponta. A quantidade de informação necessária varia de acordo com a categoria do produto e o tipo do consumidor.

Avaliação das alternativas

A avaliação das alternativas segue a estrutura proposta por Everett Rogers.[6] Da perspectiva do cliente, adotar uma nova tecnologia é uma decisão de alto risco e provoca ansiedade. As fontes de incerteza tecnológica e de mercado fazem que o cliente tenha medo de tomar uma má decisão, envolven-

Figura 6.2 — Estágios do processo de compra

do mudança de custos, necessidade de treinamento, e assim por diante. A compreensão dos fatores que influenciam a decisão de compra do cliente é vital. As características que influenciam uma escolha potencial por uma inovação são apresentadas no Quadro 6.1 e discutidas a seguir. Profissionais de marketing que atuam em mercados de alta tecnologia precisam estar aptos a expressar sua visão de como seus produtos endereçam cada um desses fatores.

1. Vantagem relativa	Relação custo-benefício da escolha da nova tecnologia
2. Compatibilidade	Até que ponto adotar e usar a inovação se baseia no modo existente de fazer as coisas e em normas culturais padrão
3. Complexidade	Dificuldade de uso do novo produto
4. Capacidade de teste	Até que ponto o novo produto pode ser testado em bases limitadas
5. Capacidade de comunicar os benefícios do produto	Facilidade e clareza com a qual os benefícios de ter e usar o novo produto podem ser comunicados aos clientes em perspectiva
6. Capacidade de percepção dos benefícios do produto	Como os benefícios de usar o novo produto podem ser percebidos pelo consumidor e quão facilmente outros clientes podem perceber os benefícios adquiridos pelo consumidor que já adotou o produto

Quadro 6.1 — Seis fatores que afetam a decisão de compra do cliente

1. Vantagem relativa. A vantagem relativa diz respeitos aos benefícios da escolha da nova tecnologia em relação aos custos. Além do preço de compra da nova tecnologia, a ambiguidade desse tipo de produto pode levar a uma preocupação emocional, um tipo de custo psíquico. O cliente sentirá medo, terá incertezas e dúvidas sobre (a) se a tecnologia gerará os benefícios prometidos e (b) se o cliente terá habilidade e capacidade necessárias para aproveitar esses benefícios.

Muitos empresários que atuam em mercados de alta tecnologia acreditam que suas invenções são o que há de mais sensacional e revolucionário para o mundo. Porém, o fator da vantagem relativa sugere que não é suficiente a fé de seu inventor em que o produto seja o melhor; a melhoria deve ser prontamente percebida pelo cliente, e, monetariamente, sua adoção tem de valer a pena.

Por exemplo, alguns questionam se a televisão de alta definição (HDTV) realmente proporciona uma vantagem relativa percebida pela maioria dos consumidores. Inicialmente, a vantagem relativa foi discutida em termos da melhor resolução que o formato digital proporciona. O custo dos primeiros aparelhos variava entre dois mil e três mil dólares, e os consumidores se perguntaram se precisavam mesmo assistir a seus programas favoritos em um aparelho com resolução melhor, pagando por isso um preço tão alto em relação aos aparelhos comuns. Quando essa preocupação se juntou ao fato de que as emissoras de televisão estavam emitindo apenas uma parte de sua programação no novo formato digital, a vantagem relativa do consumidor desapareceu.

2. Compatibilidade. A compatibilidade refere-se à extensão na qual os clientes precisam adotar novos comportamentos ao adquirir e usar a inovação. A compatibilidade com os meios já existentes de fazer as coisas e com as normas culturais pode acelerar a escolha e a difusão da inovação. Produtos incompatíveis com o modo-padrão de fazer as coisas requerem mais tempo para atingir seu potencial e mais aprendizado do profissional de marketing. Especialmente em mercados de alta tecnologia, os problemas de compatibilidade se manifestam em termos de oferecimento de interfaces para sistemas legados (por exemplo, entre novos computadores tipo desktop e *mainframes* mais antigos em que os dados são armazenados) e em termos de compatibilidade com produtos complementares (digamos, entre a HDTV e o conteúdo da programação ou entre o TiVo e videocassetes que os espectadores já possuem).

3. Complexidade. A complexidade refere-se à dificuldade de uso do novo produto. Muitos produtos complexos têm adoção e taxas de difusão mais lentas quando comparados a produtos menos complexos. Profissionais de marketing deveriam se perguntar como simplificar seus produtos, e se o seu nível de complexidade é absolutamente necessário, em termos de exigência dos clientes.

4. Capacidade de teste. A capacidade de pôr à prova é a extensão na qual o novo produto pode ser testado em bases limitadas. Essa capacidade reduz o risco percebido pelos compradores potenciais. Este é um grande problema, uma vez que muitos produtos novos ou inovações são entendidos como complexos ou incompatíveis com tecnologias mais antigas. Produtos novos que podem ser testados por um tempo limitado sem compromisso ou ser testados em módulos são, geralmente, adotados mais rapidamente que produtos que exigem compra irrevogável ou que são indivisíveis.

5. Capacidade de comunicar os benefícios do produto. A probabilidade de o cliente comprar o produto é influenciada pela facilidade com a qual os benefícios do produto podem ser comunicados aos compradores em potencial. Aqui, há dois problemas pertinentes a mercados de alta tecnologia. Primeiro, é difícil transmitir para o cliente os benefícios de vários produtos de alta tecnologia. Tome-se o exemplo da HDTV: o que uma maior qualidade de resolução realmente significa em termos de benefício ao consumidor?

Segundo, muitos profissionais de marketing tendem a usar termos técnicos ao falar sobre o produto. Esse tipo de comunicação concentra-se tipicamente nas características e especificidades do produto, em vez do benefício real para o cliente. Por exemplo, em 2009, novos chips de computadores foram lançados pela gigante Intel, operando a 3,33 gigahertz (GHz), 8 mega de cache, com uma *bus interface* (ou seja, velocidade de transferência de dados) em megabits por segundo (mbps), e ofereciam possibilidades animadoras em termos de capacidade operacional. Mas o que tudo isso significava para o consumidor? Simplesmente velocidade. No entanto, da perspectiva da maioria dos consumidores, a resposta foi "não muito". O aumento da velocidade forneceu apenas melhorias imperceptíveis para a maioria dos aplicativos existentes.[7]

6. Capacidade de percepção dos benefícios. A capacidade de percepção refere-se a, primeiro, como os benefícios do uso do novo produto podem ser percebidos pelo consumidor, e, segundo, quão facilmente outros clientes podem perceber os benefícios adquiridos pelo consumidor que já adotou o produto. Será que a melhor resolução da HDTV é realmente perceptível ao expectador médio? Será que a imagem mais nítida realmente se sobressai quando comparada a televisores tradicionais? Mais ainda: será que outros clientes percebem os benefícios recebidos pelos usuários da nova tecnologia? Em produtos usados em ambientes *públicos*, e naqueles nos quais os *benefícios são claramente perceptíveis*, a probabilidade de compra é maior.

Esses fatores precisam ser avaliados pelo inventor de novos produtos para que ele entenda a velocidade com a qual seu produto pode decolar no mercado. Embora pareçam ilusoriamente simples, esses fatores são obstáculos cruciais que os profissionais de marketing precisam superar. Eles precisam educar os compradores de maneira que superem o fator "FUD" (em inglês, *fear, uncertainty* e *doubt* — medo, incerteza e dúvida), além de realçar seus benefícios. Como as inovações radicais não se conectam facilmente com as expectativas dos compradores, abordagens de marketing tradicionais — que presumem que o consumidor entende a utilidade do produto e sabe como avaliar suas características — são frequentemente insuficientes.

Insights sobre esses fatores podem ser adquiridos pelo envolvimento do cliente no processo de desenvolvimento do novo produto e de clientes inovadores que podem adotar o produto antes e fazer uma avaliação das ideias de produtos novos. Se uma ideia nova não for bem recebida pelos inovadores, sinal vermelho. Mesmo se a ideia nova for bem recebida pelo inovador, isso não é uma garantia de sucesso. Porém, um produto novo raramente sobrevive sem inovadores empolgados.

Decisão de compra

Durante o estágio de avaliação, o comprador forma opiniões sobre o desejo quanto a diferentes alternativas. No estágio da compra, o consumidor chega a um acordo com o fornecedor selecionado sobre os termos de compra, incluindo: escopo da oferta, preço, condições de pagamento e entrega.

Avaliação pós-compra

Nesse estágio, o comprador avalia se o produto alcançou seu potencial. Questões como as seguintes vêm à mente do consumidor:

- Consegui aprender a usar a nova tecnologia?
- A tecnologia cumpriu com os benefícios prometidos?
- Houve custos ocultos para o uso do produto?

Essas questões pós-compra (e potencial arrependimento do comprador) ganham importância no caso de compradores de tecnologia. Por exemplo, no caso das instalações ERP, já mencionadas, muitas implementações caras foram descartadas porque após anos tentando configurar os processos organizacionais para colher os benefícios, as empresas ficaram frustradas. Elas perceberam muitos gastos ocultos, como treinamento, personalização, integração de dados entre o antigo e o novo sistema etc. Em uma situação como essa, é vital que o fornecedor seja diligente no acompanhamento, assegurando que a empresa e o produto cumpram suas promessas, e que essa fase do processo seja positiva — particularmente, se o fornecedor espera contar com o depoimento do cliente na propaganda boca a boca.

Para estimar a taxa de adoção e a difusão da inovação, o inventor precisa se colocar na posição da maioria dos possíveis usuários do produto, e não se basear em sua própria familiaridade e facilidade com o uso da tecnologia. Ele também não pode se deixar cegar pela empolgação e pela facilidade com a qual os primeiros consumidores talvez usem o produto.

É vital entender quais clientes podem ser os primeiros a adotar a nova tecnologia. No caso da Internet móvel, os melhores clientes de uma empresa podem ser os últimos a abraçá-la, caso ela represente uma ruptura com suas rotinas e procedimentos ou porque essa tecnologia pode não providenciar o serviço e o desempenho que o cliente prefere. Por outro lado, se uma empresa ignora as pessoas que a adotam primeiro, a inovação pode surgir repentinamente, como um ataque de assalto.[8] Além disso, embora possa haver um mercado precoce para um produto, os inovadores normalmente não são representativos dos clientes "típicos". Portanto, é essencialmente importante entender as diferentes categorias de consumidores em termos de sua preferência pela adoção precoce e o que contribui para a diferença entre os primeiros a adotar uma nova tecnologia e a relutância do mercado principal.

Categorias de adoção[9]

As categorias de adotantes discutidas nos modelos tradicionais incluem inovadores, adotantes precoces, primeira maioria, maioria tardia e retardatários. Inovadores, adotantes precoces e primeira maioria adotam uma inovação *antes* do tempo médio de adoção, ao passo que a maioria tardia e os retardatários a adotam *após* o tempo médio de adoção. Com base em seu amplo estudo de pesquisas na área, Rogers descobriu que os adotantes mais precoces (inovadores, adotantes precoces e primeira maioria) tendem a ser mais jovens e mais instruídos; a ter maior mobilidade social ascendente, maior capacidade de lidar com mudanças e incertezas, e maior exposição em meios de comunicação interpessoal e de massa que os adotantes tardios (maioria tardia e retardatários).[10]

Geoffrey A. Moore adaptou a teoria da difusão e adoção da inovação para a compra de produtos de alta tecnologia. Sua adaptação está exposta na Figura 6.3. Uma descrição resumida de cada uma das categorias é apresentada a seguir.

Inovadores

O mercado precoce de produtos de alta tecnologia abrange *entusiastas por tecnologia*, pessoas que apreciam a tecnologia por si mesma e que são motivadas pela ideia de serem agentes de mudança dentro de seu grupo de referência. Seu interesse em novas ideias os tira de seu restrito círculo de iguais e os coloca em um amplo círculo de inovadores. Eles estão dispostos a tolerar os problemas iniciais que podem acompanhar uma inovação que está chegando ao mercado e a desenvolver soluções provisórias para esses problemas. Moore acredita que os entusiastas procuram um preço mais baixo em troca de testes alfa — e beta — de novos produtos. Na indústria da computação, esses entusiastas pela tecnologia frequentemente trabalham com o pessoal técnico da empresa para localizar e reparar problemas. Embora a renda vinda desse público não seja grande, ele é um público-chave para acessar o grupo seguinte.

Adotantes precoces

Na categoria seguinte, a dos adotantes precoces, estão os *visionários* no mercado. Eles procuram adotar e usar a nova tecnologia para alcançar uma ruptura *revolucionária* no intuito de ganhar uma grande vantagem competitiva em seus ramos de atividade. Essas pessoas são atraídas por projetos de alto risco e grandes recompensas, e, como preveem grandes ganhos em vantagem competitiva ao adotar a nova tecnologia, não são muito sensíveis ao preço. Em geral, clientes do mercado precoce exigem soluções personalizadas e respostas rápidas, bem como vendas e suporte altamente qualificados. A competição ocorre tipicamente entre categorias de produtos (por exemplo, entre DVDs e CDs) no primeiro nível de demanda. A comunicação entre possíveis clientes adotantes atravessa os limites empresariais e profissionais.

| Inovadores | Adotantes precoces | Primeira maioria | Maioria tardia | Retardatários |

| Entusiastas por tecnologia | Visionários | Pragmáticos | Conservadores | Céticos |

Descrição das categorias de clientes

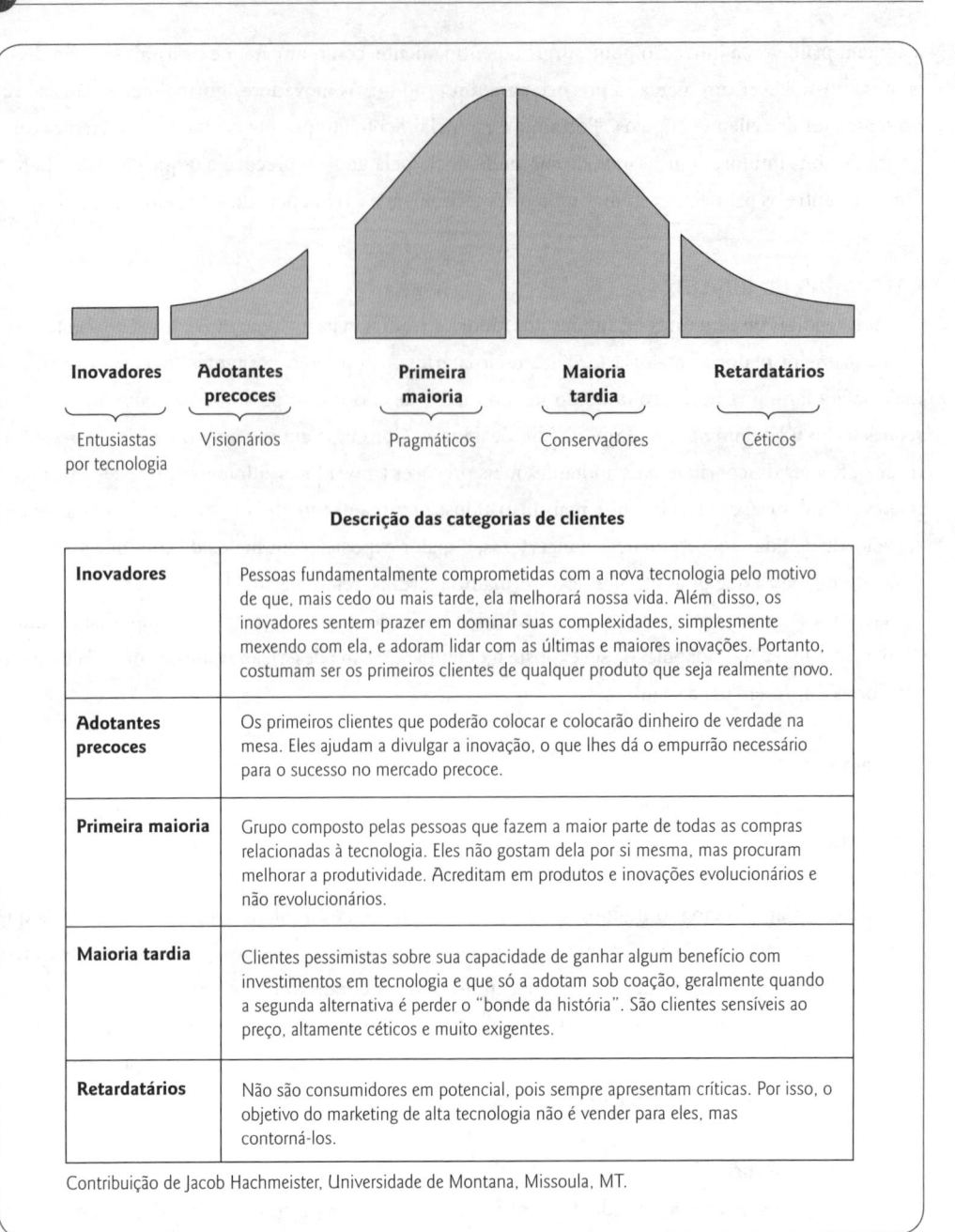

Inovadores	Pessoas fundamentalmente comprometidas com a nova tecnologia pelo motivo de que, mais cedo ou mais tarde, ela melhorará nossa vida. Além disso, os inovadores sentem prazer em dominar suas complexidades, simplesmente mexendo com ela, e adoram lidar com as últimas e maiores inovações. Portanto, costumam ser os primeiros clientes de qualquer produto que seja realmente novo.
Adotantes precoces	Os primeiros clientes que poderão colocar e colocarão dinheiro de verdade na mesa. Eles ajudam a divulgar a inovação, o que lhes dá o empurrão necessário para o sucesso no mercado precoce.
Primeira maioria	Grupo composto pelas pessoas que fazem a maior parte de todas as compras relacionadas à tecnologia. Eles não gostam dela por si mesma, mas procuram melhorar a produtividade. Acreditam em produtos e inovações evolucionários e não revolucionários.
Maioria tardia	Clientes pessimistas sobre sua capacidade de ganhar algum benefício com investimentos em tecnologia e que só a adotam sob coação, geralmente quando a segunda alternativa é perder o "bonde da história". São clientes sensíveis ao preço, altamente céticos e muito exigentes.
Retardatários	Não são consumidores em potencial, pois sempre apresentam críticas. Por isso, o objetivo do marketing de alta tecnologia não é vender para eles, mas contorná-los.

Contribuição de Jacob Hachmeister, Universidade de Montana, Missoula, MT.

Figura 6.3 — As categorias de adotantes

Fonte: Adaptado de MOORE, G. A. *The product adoption curve in crossing the chasm, marketing and selling technology products to mainstream customers.* Nova York: Harper Collins, 1991. Copyright © 1991 by Geoffrey A. Moore. Reimpresso com a permissão de Harper Collins Publishers Inc.

Vamos dar um exemplo desse mercado precoce na indústria de carros elétricos. Os adotantes precoces de carros elétricos na Califórnia pagaram quase 25 por cento a mais no *leasing* dos carros em 1998 do que as pessoas que fizeram o *leasing* um ano depois. Esses visionários estavam dispostos a arcar com o preço mais alto e as adversidades decorrentes de serem adotantes precoces. Para os adotantes precoces de carros elétricos, as adversidades apareceram na forma dos poucos postos de recarga de baterias e a capacidade de quilometragem limitada (145 quilômetros entre as recargas). Os visionários estavam dispostos a aceitar essas inconveniências em troca de benefícios psicológicos e palpáveis.[11]

Primeira maioria

O grupo seguinte, que já entra no mercado principal, é composto pelos *pragmáticos*, a primeira maioria. Em vez de procurar mudanças revolucionárias, o grupo é motivado por mudanças evolucionárias para conseguir um aumento de produtividade em suas empresas. São pessoas avessas a rupturas em suas operações, e, assim, querem aplicações experimentadas, serviços confiáveis e resultados.

Geralmente, os pragmáticos querem reduzir os riscos ao adotar uma nova tecnologia, e portanto, seguem três princípios:[12]

1. "Quando for a hora de mudar, mudaremos todos juntos." Este princípio é o motivo pelo qual a adoção aumenta tão rapidamente nesse ponto do processo de difusão, causando uma demanda esmagadora.
2. "Na hora de escolher um fornecedor que nos leve a um novo paradigma, vamos escolher o mesmo." Isso obviamente determina qual empresa se tornará líder no mercado.
3. "Quando a transição começar, quanto mais cedo terminar, melhor." É por isso que este estágio é muito veloz.

Da perspectiva do marketing, essas pessoas provavelmente não comprariam uma nova solução de alta tecnologia sem a referência de um colega confiável. E, para um pragmático, quem seria um colega confiável? Outro pragmático. Não um visionário ou um entusiasta, que tem uma visão diferente da tecnologia. Obviamente, a necessidade de referência de um pragmático é uma situação sem escapatória para se vender para esse grupo: como fazer o pragmático comprar, se o primeiro deles não compra sem a referência de outro pragmático? Mesmo assim, os pragmáticos são os baluartes ou defensores do mercado principal.

Maioria tardia

Os *conservadores* da maioria tardia são avessos ao risco e tímidos com a tecnologia; eles são muito sensíveis ao preço e precisam de soluções pré-montadas e à prova de problemas. Sua motivação para comprar tecnologia é ficar no mesmo patamar com os concorrentes, e quase sempre contam com um único consultor confiável para ajudá-los com a tecnologia.

Retardatários

Finalmente, os retardatários são *céticos* em relação à tecnologia e apenas querem manter o *status quo*. Eles tendem a não acreditar que a tecnologia pode melhorar a produtividade e estão inclinados a bloquear a compra de qualquer uma que seja nova. Sua única motivação para a compra é a percepção de que todas as outras alternativas são piores e que a justificativa para os custos é absolutamente sólida.

Essas categorias de adotantes se encaixam em uma curva normal (gaussiana). Embora, na maioria das vezes, a empresa prefira atingir os inovadores ao lançar um novo produto, em alguns casos, pode valer mais a pena mirar diretamente na maioria em vez de nos inovadores. Valerá mais a pena para a empresa mirar na maioria:[13]

- Quando a propaganda boca a boca é pouco eficiente.
- No caso de indústrias de bens de consumo (em vez de situações B2B).
- Quando a margem de lucro declina lentamente com o tempo.
- Quanto mais longo for o período de aceitação do novo produto no mercado.

Cada categoria de adotantes tem características únicas. Moore coloca o grau dessas diferenças como lacunas entre cada grupo dentro do mercado.[14] Essas lacunas representam as dificuldades potenciais que cada grupo terá em aceitar um novo produto quando ele é apresentado da mesma maneira para a categoria posterior. Cada uma das lacunas representa uma possibilidade de o marketing perder o impulso e a transição para o segmento seguinte, impedindo-o de ganhar a liderança decorrente do sucesso no mercado principal. As diferenças entre o mercado precoce (inovadores/adotantes precoces) e o mercado principal (primeira maioria) são mais pronunciadas que as diferenças entre as outras categorias e, portanto, exigem uma atenção especial.

Cruzando o abismo[15]

A maior lacuna entre as categorias de adotantes fica entre o mercado precoce (inovadores/adotantes precoces) e o mercado principal (primeira maioria, maioria tardia e retardatários). Essa profunda divisão representa a transição mais formidável e implacável no processo de adoção e difusão do produto. O *abismo* é o precipício entre os visionários (adotantes precoces) e os pragmáticos (primeira maioria, mercado principal), e deriva das diferenças essenciais entre os dois grupos. Os visionários enxergam os pragmáticos como lentos, ao passo que os pragmáticos acham os visionários perigosos. Os visionários pensam grande e gastam muito; já os pragmáticos são prudentes e querem permanecer dentro dos limites de expectativas e orçamentos razoáveis. Os visionários querem ser os primeiros a trazer novas ideias ao mercado, e os pragmáticos querem continuar devagar e sempre. O abismo nasce porque o mercado precoce fica saturado antes de o mercado principal se sentir pronto para adotar a inovação. Assim, não há para quem vender.

O que contribui para o abismo, e como ele pode ser superado? A natureza da estratégia de marketing de uma empresa para vender para os visionários é diferente do marketing necessário para o sucesso com os pragmáticos. Muitas empresas não entendem essa diferença e não conseguem fazer as mudanças necessárias em suas estratégias.

Estratégias para o mercado precoce: marketing para visionários

Como já foi mencionado, os visionários exigem produtos personalizados e suporte técnico. Como a personalização para vários visionários pode empurrar a empresa para múltiplas direções de mercado, o custo de suporte para esse grupo pode ser alto. Porém, para o início de uma nova tecnologia, vender para esses visionários representa o fluxo de caixa inicial da empresa. Portanto, dada a demanda dos visionários e a necessidade de fluxo de caixa, há muita pressão, tanto para apoiar sua necessidade de personalização como para lançar antes produtos para esses clientes. Assim como a personalização pode empurrar a empresa para múltiplas direções de mercado com um alto custo, a liberação precoce de um produto pode ser um fracasso total se ele não for testado adequadamente.

Nesse ponto, o objetivo do profissional de marketing da empresa é estabelecer sua reputação. No início de uma nova tecnologia, o momento da venda para o mercado precoce é animador e energizante. O produto é frequentemente o foco: a engenharia e a P&D desempenham um papel essencial, e o talento e a visão são acolhidos com entusiasmo. A empresa tenta desenvolver a *melhor tecnologia* possível para o mercado desejado.

O abismo

Entretanto, o encanto se perde quando a empresa assume mais clientes visionários do que pode aguentar, dado o alto grau de personalização e suporte que eles exigem. Ainda não há pragmáticos querendo comprar o produto, provavelmente por falta de referências que para eles seriam confiáveis. Assim, a receita para de crescer ou chega mesmo a diminuir. O objetivo do profissional de marketing deve ser minimizar o tempo no abismo. Quanto mais tempo a empresa passar no abismo, maior a probabilidade não sair de lá.

Uma implicação do abismo diz respeito ao relacionamento com capitalistas e investidores de risco. A falta de conhecimento sobre a existência do abismo pode criar uma crise. Pessoas essenciais podem ficar desiludidas, e a gerência, desacreditada. Os investidores podem abandonar o processo no momento exato em que é necessário mais financiamento para que o produto consiga alcançar o mercado principal. O desaparecimento de produtos de sucesso no mercado precoce pode ser explicado pela existência desse abismo.

O abismo na Internet é quase sempre descoberto quando a empresa toma a decisão de instalar um canal de compras on-line — muitas vezes em detrimento dos canais de distribuição preexistentes. Por causa dessa canibalização, as vendas podem chegar a diminuir em curto prazo após a instalação de um canal on-line. Como declarou o vice-presidente de desenvolvimento de negócios da Intel ao discutir investimentos na Internet: "No caminho do ponto A ao C, o ponto B é um inferno". B é o local onde a receita cai e os lucros diminuem, mas simplesmente não há como as grandes empresas alcançarem seus objetivos futuros sem passar por isso.[16]

Marketing para os pragmáticos

Em contraste com o marketing para visionários, que estão dispostos a tolerar alguma limitação no produto e desejam suprir as peças que faltam, o marketing para o mercado principal exige que o fornecedor assuma total responsabilidade pela integração do sistema. Essa necessidade exige o desenvolvimento de uma *solução completa, de ponta a ponta* para as necessidades do cliente, ou seja, o *produto integral*. Identificar o produto integral requer uma análise exaustiva do que é necessário para corresponder aos motivos pelos quais o cliente compra o produto. Perguntar o que mais o cliente quer, da perspectiva do sistema, sinaliza possíveis alterações no custo e na exposição. Por exemplo, na indústria da computação, o produto integral inclui hardware, software, periféricos, interfaces e conectividade, instalação e treinamento, serviço e suporte. Na condução de negócios eletrônicos pela Internet, o produto integral inclui design e hospedagem do site no servidor, conexão com a Internet, segurança, transações financeiras e, dependendo do propósito, gerenciamento de relacionamento com o cliente.

O trabalho da empresa durante a fase do abismo é ou desenvolver ou criar parcerias que ajudem a providenciar uma solução integral aos primeiros clientes do mercado principal. Em vez de desenvolver a "melhor solução possível", o objetivo aqui é desenvolver a *melhor solução possível*. Esse é um conjunto de habilidades diferentes das exigidas para o sucesso no mercado precoce. Agora, a equipe de P&D, em vez de basear o desenvolvimento em soluções de engenharia, precisa trabalhar lado a lado com parceiros e aliados em uma abordagem orientada para o projeto. Para muitos, isso é bem menos animador que perseguir o brilho tecnológico e requer um trabalho duro em relação a compatibilidades, padrões etc. Além disso, esse período pode exigir que os engenheiros visitem os clientes para observá-los em ação. O serviço ao cliente é um componente essencial para atravessar o abismo. Nesse ponto, o objetivo do fornecedor é produzir receita.

Outra estratégia crucial para cruzar o abismo e ir ao encontro das necessidades do mercado principal é simplificar, em vez de adicionar novas características ao produto. Fabricantes de aparelhos tendem a tornar os novos modelos maiores e mais complicados — mas não necessariamente melhores — bem na época em que o mercado principal compraria o produto se ele fosse mais simpático ao usuário. Por exemplo, o Microsoft Internet Explorer 8.0 acertou em *não* se concentrar em rupturas dramáticas. Pelo contrário, ele se concentrou em "pequenos avanços que tornassem o uso da Internet mais simples para o usuário médio não técnico".[17]

A comunicação entre os clientes pragmáticos no mercado principal tende a ser vertical, ou seja, a ocorrer dentro dos limites industriais e profissionais (em vez de horizontal, ou seja, ultrapassando os limites industriais, como acontece no mercado precoce). Pesquisas recentes mostram que um maior nível de comunicação entre os adotantes do mercado precoce e os adotantes do mercado principal é um fator-chave para atenuar a queda brusca de vendas durante o abismo.[18]

A competição entre os fornecedores ocorre em uma única categoria de soluções ou oferta de produtos. E, na verdade, os pragmáticos querem ver as propostas e ofertas de produtos dos concorrentes antes de tomar uma decisão. A competição, para o pragmático, é um sinal de legitimação da nova tecnologia. Esses clientes normalmente exigem algum tipo de padrão industrial para tentar minimizar os riscos.

Empresas bem-sucedidas no mercado principal complementam sua competência no desenvolvimento tecnológico inicialmente forte com competências igualmente fortes em parcerias e capacidades colaborativas. Parceiros frequentemente impulsionam a expansão, assim como a capacidade da empresa em interagir com os parceiros é um fator essencial para o sucesso, conforme já discutido no Capítulo 3.

A SAP, fabricante de um ERP, fez um excelente trabalho identificando uma solução para tornar o produto integral e criar uma série de parcerias para desenvolvê-lo. A empresa desenvolveu um "mapa de soluções" para cada um dos 17 mercados verticais, incluindo automotivo, mídia, de petróleo e gás, e de utilidades públicas, para citar alguns. Os mapas identificaram cada função em cada indústria, especificando onde o software da SAP já oferecia uma solução, onde produtos dos parceiros eram necessários e onde a SAP poderia preencher as lacunas posteriormente. Em essência, esse mapa de soluções funcionou como um mapa de tecnologia da SAP, correspondendo de perto aos passos e às necessidades do desenvolvimento de produtos de alta tecnologia (ver Capítulo 7). Além disso, em termos de parcerias, a SAP reconheceu prontamente que precisava de pequenos fabricantes, mas estes estavam hesitantes em participar da parceria. Eles questionavam durante quanto tempo seu investimento em desenvolver produtos de sua própria empresa com base em um produto da SAP seria viável, ou se, em última instância, a SAP conseguiria entrar naquele mercado. Por isso, para instigar a parceria com pequenos fabricantes, a SAP teve de garantir que não invadiria o espaço dos parceiros em um período de dois a três anos. (Apesar disso, a SAP e seus parceiros experimentaram alguns conflitos. Por exemplo, ao trabalhar com o i2, a empresa anunciou que entraria no lucrativo negócio do i2 de softwares para cadeias de fornecimento, e a parceria morreu.) O desafio dos pequenos fabricantes era participar da parceria com peças-chave de mercado (como o Oracle ou o PeopleSoft da SAP) como um selo de aprovação, para que elas fossem consideradas uma opção viável para grande parte dos clientes que estavam entre as empresas da *Fortune 500* (os pragmáticos do mercado principal). Os pequenos fabricantes tiveram de mostrar às empresas da *Fortune 500* que seus produtos funcionavam bem com as instalações ERP já existentes nessas empresas.

As parcerias geralmente giram em torno de questões de poder.[19] No mercado precoce (entusiastas e visionários), o poder está nas mãos dos provedores de tecnologia e integradores de sistema (empresas que unem produtos de diferentes fornecedores para criar uma solução integrada para as necessidades de um cliente). Essas empresas (provedores de tecnologia e integradores de sistema) decidem quem querem como parceiros. No processo de cruzar o abismo e chegar ao mercado precoce dos pragmáticos, o poder fica centralizado nas mãos da empresa que efetivamente escolheu o cliente-alvo, entendeu o motivo que o levará a comprar e projetou o produto integral. No mercado pragmático, o líder de mercado e seus parceiros são os detentores do poder. Nos mercados tardios (conservadores do mercado principal), o poder está nas mãos dos canais de distribuição ou das empresas que oferecem uma distribuição melhor do produto.

A empresa de alta tecnologia só se estabelece no poder quando se firma no mercado principal. Como ter sucesso quando o mercado principal decola é explicado no segundo livro de Geoffrey A. Moore, *Inside the tornado* (Dentro do furacão),[20] no qual o autor mostra três fases distintas: a pista de boliche, o tornado e a "rua principal".

A pista de boliche

A *pista de boliche* é o período no qual o novo produto ganha aceitação em alguns nichos dentro do mercado principal, mas ainda não alcançou uma aceitação geral e difundida. Durante esse estágio de desenvolvimento, o mercado ainda não é grande o suficiente para suportar vários participantes. A empresa bem-sucedida se estabelecerá como líder de mercado. Uma das melhores maneiras de se tornar líder de mercado é seguir a estratégia do "produto integral" e usar as parcerias para criar um padrão de mercado *de fato*.

O tornado

O *tornado* é o período no qual o mercado em geral se volta para a nova tecnologia. Ele é guiado pelo desenvolvimento de uma "aplicação matadora", ou seja, uma aplicação da tecnologia baseada em uma estrutura universal, atraente para um mercado de massa e altamente comercializável. Por exemplo, o DVD *player* até recentemente foi o produto de consumo eletrônico com crescimento mais rápido da história. Em 2002, suas vendas aumentaram 39 por cento, e seu nível de penetração nos lares norte-americanos aumentou em 35 por cento. De modo similar, a Internet exibiu uma decolagem rápida. Em um período de três anos, ela se tornou um centro de comércio para 90 milhões de pessoas. Em contraste, o rádio levou 30 anos para alcançar a marca de 60 milhões de usuários, e a televisão precisou de 15 anos para isso.[21]

Um grande número de clientes novos entrando no mercado em um período curto pode congestionar o sistema de fornecimento existente. Durante esse estágio, as empresas têm uma imensa oportunidade de desenvolver seus canais de distribuição. Na verdade, quando a empresa alcança esse estágio do ciclo, precisa concentrar-se na excelência operacional: fazer que seus produtos cheguem ao consumidor aparando todas as arestas de criação, distribuição, instalação e adoção de seu produto integral. Normalmente, isso é mais bem-feito quando se aumenta o sistema interno de maneira a lidar com o grande volume de trabalho.

Uma advertência importante em relação ao tornado: não aposte em evitar um tornado. Quando um líder de mercado começa a se desenvolver, mesmo que não seja sua empresa, é importante mudar os esforços para seguir o líder emergente.

Como já foi discutido, competir efetivamente no tornado exige habilidades de parceria. Moore atenta para o número de questões que devem ser tratadas, e uma das mais importantes é: como lidar com o líder de mercado, "um gorila" dentro do tornado, e continuar inteiro?[22] A resposta é sustentar apenas inovação suficiente para ficar fora do alcance do líder de mercado. Em outras palavras, não tente ultrapassar o líder de mercado criando o próximo grande *hit*. Faça o suficiente para se manter estável, mas não a ponto de ameaçar o gorila — ou ele o esmagará!

Rua principal

A *rua principal* diz respeito ao período no qual o grande crescimento do mercado de primeira maioria/pragmático se estabiliza. Esse período pós-desenvolvimento do mercado ocorre quando a infraestrutura de base para a tecnologia subjacente foi disposta, e o objetivo agora é alimentar seu potencial. Em vez de se concentrar na geração de vendas para novos clientes, a empresa precisa vender extensões de seus produtos para seus clientes de base atuais a fim de ser competitiva. Acima de tudo, é importante enfatizar a excelência operacional e a intimidade com o cliente, em vez da liderança do produto.

Marketing para conservadores

Finalmente, para que haja sucesso contínuo no mercado principal, a empresa de alta tecnologia também precisa alcançar o mercado conservador. Isso exige tornar o produto ainda mais simples, barato, confiável e conveniente, além de, possivelmente, dividir a linha de produtos em componentes mais simples. Da perspectiva da engenharia, esse é um anátema de seu bom funcionamento. Em vez de adicionar características mais interessantes e surpreendentes, os engenheiros devem fazer o oposto. Como isso é estranho ao desenvolvimento de produtos em empresas de alta tecnologia, muitas companhias acabam perdendo o dinheiro de clientes conservadores.

Resumindo, cruzar o abismo requer estratégias de marketing diferentes das utilizadas no mercado precoce. O produto integral é o fator crítico para cruzar o abismo com sucesso e chegar ao mercado principal, mas manter o produto integral é caro e exige tempo. Moore argumenta que a empresa de alta tecnologia precisa escolher um segmento-chave de mercado para colocar recursos e concentrar esforços. Correr atrás de muitos segmentos de mercado ao mesmo tempo resulta em uma dispersão de recursos e impede a empresa de construir uma reputação forte dentro desse segmento.

A escolha do cliente: segmentando mercados e escolhendo alvos

Um dos problemas mais importantes com o qual a empresa de alta tecnologia se depara é a escolha de um mercado no qual mirar e investir sua promissora nova tecnologia. Mesmo assim, as escolhas que parecem óbvias de fora são raramente claras no momento da decisão. Por exemplo, o cofundador da Intel, Gordon Moore, rejeitou uma proposta da década de 1970 sobre um computador caseiro construído com base em um microprocessador da época. Ele não viu nada de útil na ideia e por isso não pensou duas vezes. Em uma lista de usos possíveis para seu chip 386 — escrita antes do computador pessoal (em inglês, *personal computer* — PC) da IBM, a Intel omitiu o computador pessoal, pensando na automação industrial, em processamento de transações e telecomunicações.[23]

A ideia por trás da segmentação do mercado e seleção de alvos é identificar um ou mais grupos de clientes que compartilham necessidades e características de compra semelhantes, e que corresponderão à oferta da empresa. Direcionar os esforços do marketing para um alvo específico é mais eficaz e eficiente do que tentar alcançar ao acaso o máximo possível de clientes na esperança de que alguns deles se interessem e correspondam à empresa.

Como mostra o Quadro 6.2, a segmentação do mercado inclui quatro passos:

1. Dividir o mercado em grupos com base em variáveis que distinguam, de maneira significativa, necessidades, escolhas e hábitos de compra dos clientes.
2. Descrever o perfil do cliente dentro de cada segmento.
3. Avaliar a atratividade dos vários segmentos e eleger um mercado-alvo.
4. Posicionar o produto dentro do segmento selecionado.

Quadro 6.2 — Passos do processo de segmentação

1. Divida os clientes possíveis em grupos, baseados em características importantes que distinguem os grupos de clientes em termos das escolhas que fazem e dos motivos pelos quais compram. Para consumidores, as bases de segmentação tradicionais incluem:

- Variáveis demográficas, como idade, renda, gênero, ocupação, e assim por diante.
- Variáveis geográficas, como localização geográfica, rural *versus* urbana, e assim por diante.
- Variáveis psicográficas ou valores e crenças do consumidor que afetam seu estilo de vida e, portanto, o comportamento de compra, como a orientação para um estilo de vida saudável, ser atualizado tecnologicamente, preocupado com o meio ambiente etc.
- Variáveis comportamentais relacionadas a categorias específicas do produto, como:
  - Frequência/volume de uso do produto (ou seja, uso intensivo do produto em comparação com uso eventual. Em inglês, os termos empregados são "*heavy use*" e "*light use*").
  - Benefícios desejados do produto (ou seja, facilidade de uso).
  - Ocasião do uso (uso em casa comparado ao uso no trabalho).

2. Faça um perfil do cliente em cada segmento, descrevendo o cliente "típico" dentro de cada segmento. Um estudo compilado pela consultoria em tecnologia Forrester Research Inc., em conjunto com o grupo NPD, oferece um exemplo dos passos 1 e 2.[24] O estudo identificou dez segmentos-chave por meio da combinação entre a demografia tradicional e comportamentos relacionados à tecnologia. Intitulado "Tecnográficos", o estudo questionou 131 mil consumidores acerca de suas motivações, hábitos de compra e capacidade financeira para adquirir produtos tecnológicos. Os dez segmentos estão descritos na Figura 6.4.

Os *insights* fornecidos pelos segmentos tecnográficos influenciam o modo como as empresas de tecnologia fabricam, vendem e entregam produtos. Vamos, por exemplo, considerar dois casais:

- Marcos e Bianca Guedes, com 46 e 44 anos, respectivamente, de Cascavel, Paraná. Bianca é secretária administrativa de uma cooperativa de produtos agrícolas, e seu marido é supervisor de manutenção. O casal tem dois filhos, de 10 e 8 anos de idade. Eles têm um PC comprado três anos atrás e não possuem conexão com a Internet. O casal está considerando um *upgrade*, uma vez que seus filhos querem jogos mais rápidos que sua máquina antiga pode suportar.

Seu *status* e sua renda familiar são indicadores claros, que os colocariam como compradores de tecnologia promissores. Porém, a Forrester Research diz que esses fatores são ilusórios e que qualquer empresa de tecnologia que procurasse lançar produtos para os Guedes jogaria dinheiro fora. Seu estudo tecnográfico classifica a família como *tradicionalista* — compradores orientados para a família, que estão relativamente bem, mas não acreditam que valha a pena comprar atualizações ou outros apare-

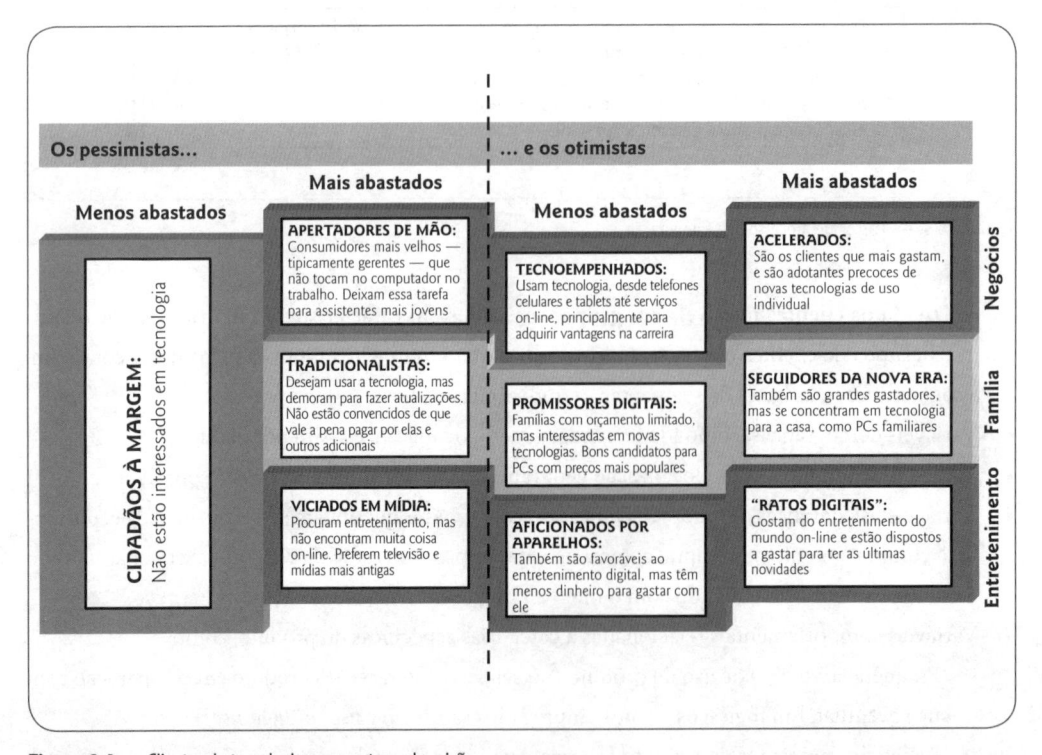

Figura 6.4 — Clientes de tecnologia: segmentos e descrição

Fonte: Adaptado de JUDGE, P. Are the tech buyers different? *BusinessWeek*, p. 64-66, 26 jan. 1998.

lhos tecnológicos. O fator-chave do seu perfil é o PC de três anos, um ancião para os padrões tecnológicos. Os tradicionalistas levam muito tempo para fazer atualizações, o que os torna uma parte pouco fértil do mercado tecnológico.

- Carol e Carlos Silva, com 46 e 53 anos, respectivamente, de Brasília, DF. Carol é gerente de serviços de uma grande operadora de serviços de telecomunicações, e seu marido é contador; o casal tem três filhos em idade escolar, dois *smartphones* e três PCs. Carlos trabalha on-line.

Embora semelhantes aos Guedes em termos de *status* e renda familiar, os Silva são classificados como *acelerados*, usando computadores e outros aparelhos individualmente, no trabalho e na vida familiar. Por isso, as empresas de tecnologia deveriam achar desejável mirá-los como alvo.

3. Avalie e selecione um mercado-alvo. Após identificar os segmentos significativos do mercado e entender os consumidores dentro de cada um desses segmentos, o terceiro passo da segmentação exige que a empresa avalie a atratividade dos vários segmentos para estreitar a escolha do segmento-alvo. Seguem quatro critérios importantes a serem usados na avaliação de cada segmento:

- **Tamanho.** Avaliar o volume potencial de vendas dentro de cada segmento é necessário para identificar quais são os segmentos maiores. Deve-se tomar cuidado para não cometer o erro de basear a estimativa do tamanho apenas pelo número de consumidores porque o que conta é seu volume de compra. Segmentos com menor número de pessoas podem ter maior poder aquisitivo. Por exemplo, a regra 80-20 diz que, em qualquer categoria, 80 por cento das compras são realizadas por apenas 20 por cento dos clientes.
- **Crescimento.** Também é necessário estimar a taxa de crescimento dos diversos segmentos para avaliar sua possível atratividade. Os segmentos que crescem em tamanho são atraentes por, pelo menos, dois motivos. Primeiro, o crescimento significa que a empresa pode capitalizar as necessidades dos clientes e crescer com o mercado. Segundo, o crescimento significa que, em vez de roubar clientes de outras companhias, a empresa pode conseguir novos clientes entrando no mercado.
- **Nível de competição.** Avaliar o nível da intensidade da competição dentro de cada segmento ajuda a empresa a identificar os custos de escolha de cada um deles. Um alto número de concorrentes ou mesmo um baixo número de empresas fortes em determinado segmento podem representar um grande risco para uma nova empresa. A questão não é tanto se a tecnologia da nova empresa é melhor, mas sim o que os concorrentes farão para defender sua base de clientes.
- **Capacidade da empresa em preencher as necessidades daquele segmento.** Finalmente, a empresa precisa conhecer bem suas competências e forças para determinar se tem a capacidade de preencher as necessidades de um segmento em particular. Embora uma parceria possa suprir algumas deficiências, a realidade é que os clientes procurarão empresas que ofereçam o conjunto exato de produtos que sirva às suas necessidades.

Geofrey A. Moore refere-se à seleção do mercado-alvo como identificação de uma *cabeça de ponte*, ou um único mercado-alvo a partir do qual a empresa pode ir ao encalço do mercado principal.[25] Uma boa cabeça de ponte exige que os clientes tenham um único e essencial motivo para comprar que se encaixe com as capacidades de produção da empresa. Uma variedade de motivos para a compra e sua atratividade relativa às diferentes categorias de adotantes incluem o seguinte:

- A compra da nova tecnologia proporciona ao cliente uma grande vantagem competitiva em um domínio anteriormente indisponível em um mercado essencial. Esse motivo de compra é difícil de quantificar em termos de custo-benefício, pois, embora apelativo ao visionário, é intragável para pragmáticos e conservadores.
- A compra da nova tecnologia melhora radicalmente a produtividade em um já bem compreendido fator crítico de sucesso, e não há alternativa para alcançar um resultado comparável. Esse motivo é que tem mais apelo para o pragmático porque a economia de custos pode ser quantificada normalmente com recursos monetários incrementais.
- A compra da nova tecnologia reduz os custos operacionais totais de maneira visível, verificável e significativa. Este é o motivo que tem o maior apelo aos consumidores em função da economia financeira. Porém, os fatores de risco da nova tecnologia podem ser altos demais para os conservadores, e a estrutura em torno do produto integral pode não estar suficientemente desenvolvida para convencer os conservadores a comprar o produto.

Moore acredita que apenas o segundo motivo representa uma boa escolha para cruzar o abismo porque responde diretamente às preocupações dos pragmáticos em gerar receitas incrementais a partir de investimentos em tecnologia. O problema é a capacidade da empresa em oferecer esse motivo de compra ao cliente.

A cabeça de ponte deve fornecer oportunidades claras de entrada nos segmentos adjacentes. Para usar a analogia do pino de boliche, a cabeça de ponte é o primeiro pino, e os segmentos adjacentes são os pinos imediatamente atrás da cabeça de ponte. O objetivo do modelo do pino de boliche é se aproximar de novas oportunidades de mercado, usando o conhecimento sobre tecnologia ou sobre os segmentos como uma alavanca. Como ilustra a Figura 6.5, os pinos adjacentes compreendem tanto (1)

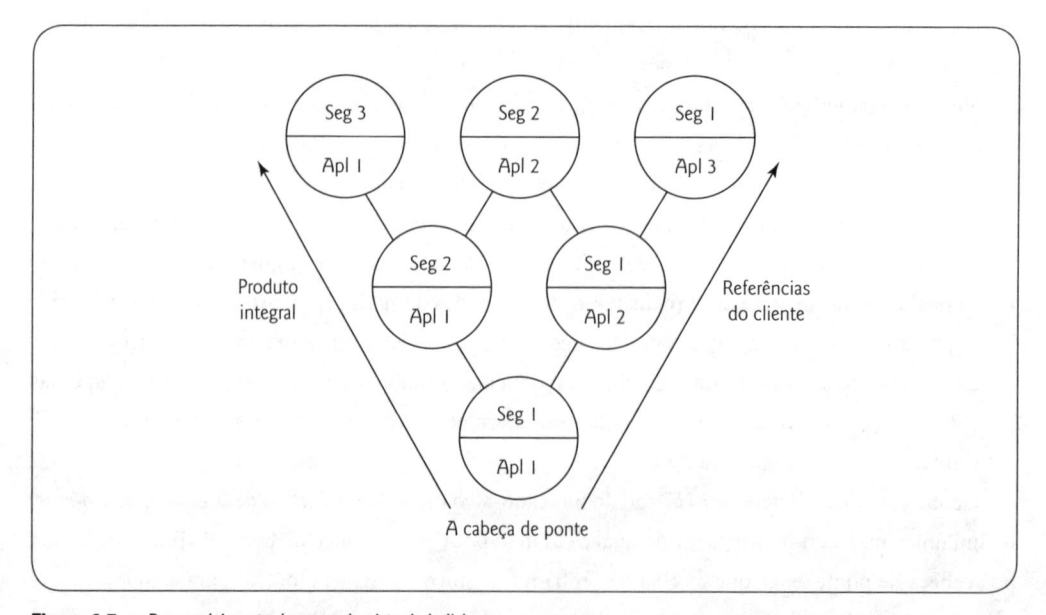

Figura 6.5 — Desenvolvimento do mercado pista de boliche
Fonte: MOORE, G. A. *Inside the tornado.* New York: Harper Business, 1995.

novos segmentos para os quais a empresa vende aplicativos existentes como (2) segmentos já desenvolvidos dentro dos quais a empresa vende novos aplicativos.

Esses segmentos adjacentes podem ser "derrubados" mais facilmente por causa do boca a boca entre os clientes dos dois segmentos ou da similaridade de necessidades do produto integral. Na verdade, a definição de produto integral deve ser feita dentro dos limites de um único mercado-alvo porque as necessidades serão relativamente comuns dentro desse mercado; mas elas podem ser significativamente diferentes entre os segmentos. Além disso, o segmento deve ser apreendido em um curto período.

Muitas empresas de alta tecnologia cometem o erro de tentar atrair muitos segmentos de mercado logo no início. Elas ficam entusiasmadas com o potencial de suas inovações em vários tipos de segmentos e não se dispõem a limitar suas oportunidades potenciais de mercado. Elas também querem evitar a aposta em um segmento errado indo atrás de vários. Essas empresas acabam dispersando tanto seus recursos que não conseguem ser efetivas em nenhum dos segmentos e, consequentemente, falham. A empresa deve avaliar implacavelmente as oportunidades. A verdade é que o sucesso em um único segmento pode ser o catalisador do sucesso em outros segmentos.

Algumas empresas também acham benéfico entrar mais profundamente em um segmento desenvolvendo produtos e serviços relacionados ao aplicativo original. O pacote de produtos e serviços compreende uma solução total mais direcionada à necessidade do cliente. O exemplo clássico é o desenvolvimento do pacote Office pela Microsoft, que complementa seu sistema operacional. As operadoras de Telecom Vivo, Claro e TIM também fazem um bom trabalho vendendo serviços de dados. Hoje, elas possuem uma grande base de clientes que pagam um valor maior para usar os serviços de sua rede nacional. A popularidade do envio de torpedos e fotos é o carro-chefe do serviço de dados. Vale lembrar que uma estratégia de penetração no mercado pode manter a empresa concentrada em um segmento, permitindo que os concorrentes levem a melhor em outros.

4. Posicione o produto dentro do segmento. O quarto e último passo do processo de segmentação é criar uma posição de mercado significativa para a nova tecnologia. A posição no mercado é a *imagem* do produto *na cabeça do cliente, em relação aos concorrentes*, em atributos de importância crítica. Há vários aspectos importantes para essa definição.

Primeiro, uma posição de mercado baseia-se na percepção do consumidor. Afinal, é o cliente quem tomará a decisão de comprar (ou não comprar) a nova tecnologia, e o que importa é o que o cliente acha da nova tecnologia. O fato de a empresa concordar ou não com a percepção do cliente é totalmente irrelevante. A questão é fazer a empresa se comunicar com os clientes de maneira a criar a posição de mercado desejada.

Segundo, uma posição de mercado sempre se estabelece em relação aos concorrentes. Muitas novas empresas de alta tecnologia acreditam não ter concorrência, e consideram sua inovação tão radical que nenhuma outra empresa poderia produzir nada nem remotamente semelhante. Embora isso possa ser tecnicamente verdadeiro, a realidade do consumidor é que ele sempre tem outras opções (ou seja, concorrência). O cliente pode preferir continuar agindo da maneira antiga, ou mesmo não fazer nada. É por isso que o posicionamento de um novo produto é geralmente alcançado por meio do foco em como a nova tecnologia se encaixa dentro das categorias de mercado existentes tendo como referência a tecnologia antiga que está sendo substituída (ou seja, produto concorrente).

É difícil ser bem-sucedido se o marketing do produto viola o esquema categórico do mercado, porque isso cria confusão tanto para os consumidores como para o canal de varejo.[26] Se o produto for posicionado como algo totalmente novo, os varejistas não saberão (a) se ele é algo que devem adquirir ou (b) em qual departamento colocar o produto. Consequentemente, os consumidores não saberão onde encontrar o produto. Além disso, se ele for apresentado como algo completamente novo, os clientes pragmáticos não poderão comparar produtos, porque não saberão com o que comparar. A empresa pode ter de colaborar com os rivais que também oferecem a nova tecnologia para superar a tecnologia anterior com sucesso.

Quando a nova tecnologia é adotada pelos clientes e começa a se difundir no mercado, a concorrência dentro da nova tecnologia se desenvolve. Estratégias de posicionamento relativo devem, então, fazer referência implícita à competição das marcas (ou seja, demanda seletiva). Finalmente, nos últimos estágios do processo de adoção, o líder de mercado precisa criar novos produtos que canibalizarão seus produtos antigos.[27] Como resultado, o posicionamento terá de fazer referência à versão anterior do produto bem como à concorrência.

O último tópico deste capítulo sobre o processo de tomada de decisão e preocupações do cliente fala sobre as estratégias do consumidor para evitar a obsolescência. Esse desejo exige que os profissionais de marketing de alta tecnologia gerenciem de maneira proativa opções de atualização para o cliente.

Estratégias do cliente para evitar a obsolescência

Profissionais de marketing de alta tecnologia são abençoados (amaldiçoados?) com melhorias rápidas e significativas (revolucionárias), que resultam em "pontos de inflexão" ou descontinuidades tecnológicas no mercado. O fluxo contínuo de gerações de produtos melhorados e atualizados torna os investimentos do cliente nas gerações anteriores obsoletos, mesmo quando esses investimentos ainda são perfeitamente funcionais para uso.[28] Por exemplo, microchips de computadores apresentam um ritmo constante de gerações melhoradas disponíveis no mercado mesmo quando os clientes ainda estão usando as gerações anteriores. Na verdade, como foi apontado na discussão sobre o ciclo de vida da tecnologia no Capítulo 2, gerações sucessivas tendem a aparecer quando a curva de vendas da geração atual ainda está subindo e poderia continuar subindo por algum tempo.[29]

Nos mercados de alta tecnologia, os clientes precisam tomar decisões importantes sobre se e quando adotar uma nova geração de tecnologia. Em casos extremos, os clientes podem "pular", ou deixar de comprar toda uma geração de tecnologia, antecipando a chegada de uma inovação ainda melhor em um futuro próximo. O comportamento de *pular*, baseado na expectativa de uma melhora iminente, pode causar um resfriamento das vendas do produto atual.[30] O cliente pensa: "Se eu esperar para comprar amanhã, o produto não será apenas mais barato; ele será melhor".

Essencialmente, a realidade da tomada de decisão do cliente cria para a empresa a tensão entre providenciar uma tecnologia de ponta a partir de novas gerações de produtos e das expectativas do cliente e o medo da obsolescência. Investimentos do cliente em equipamentos de uma geração anterior criam um "rastro do passado". Portanto, os profissionais de marketing precisam gerenciar a superfície de contato entre esses *sistemas legados* e as gerações mais novas. Além disso, as decisões do pessoal de marketing acerca do lançamento de uma nova geração e da retirada da geração antiga se tornam igualmente significativas com o salto sobre as gerações. Eles precisam encontrar uma maneira de ajudar o cliente a migrar de uma geração a outra.

Decisão de migração do cliente

O que afeta a decisão do cliente em adotar a nova geração de tecnologia? A *expectativa do cliente em relação ao ritmo e à magnitude da melhoria* no mercado desempenha um grande papel na decisão de adotar. Especificamente, o cliente forma uma expectativa em relação ao ritmo e à magnitude das melhorias no desempenho e quanto à diminuição de preço. O cliente precisa pesar o valor dos produtos existentes e o valor das novas ofertas, bem como das chegadas futuras. Quando o produto melhora rapidamente e de maneira significativa, o antigo provérbio sobre começar pelo maior preço (depenar aqueles que compram primeiro) e depois abaixá-lo para instigar compras tardias pode não se sustentar.[31] Em geral, quanto maior a melhoria esperada do produto ou diminuição esperada do preço, maior a propensão do cliente em postergar a compra. Além disso, se o cliente já comprou, então quanto maior a melhoria do produto e a diminuição do preço das gerações sucessivas, maior o arrependimento do cliente — especialmente dos adotantes precoces.

A necessidade de gerenciar opções de atualizações pode ser especialmente sensível para clientes empresariais, que frequentemente enfrentam uma lacuna entre a vida tecnológica útil de um produto (em muitos casos, inferior a três anos) e sua vida contábil (para fins de depreciação, costuma ser de cinco anos para bens duráveis). A corrida para o mercado acelera a demanda do cliente por soluções de baixo custo que gerem benefícios "novos e melhorados" sem arruinar totalmente a versão antiga. Atualizações permitem que os clientes empresariais protejam seus investimentos em tecnologia nessas circunstâncias.

Atualizações para negócios são particularmente importantes para orientar as despesas com tecnologia. O gasto em tecnologia feito por clientes empresariais/empreendedores é vital para os fabricantes de hardware e software de computadores pessoais porque esses compradores, no mercado corporativo, permitem que os fabricantes sobrevivam às baixas margens de lucro do volumoso mercado de PCs caseiros. Mas alguns compradores corporativos decidiram que os cálculos de preço/desempenho não garantem a compra da geração seguinte de computadores apenas por frações de aumento de velocidade. Como a maior parte das empresas pode perceber que a tecnologia usada é viável, o que motiva outra rodada de compras de nova tecnologia é um verdadeiro avanço radical, ou "aplicativo matador" que convença os compradores de que vale a pena gastar o dinheiro.

Um exemplo é o uso da tecnologia Wi-Fi, que permite ao usuário navegar na Internet com uma conexão sem fio. Com a difusão dessa tecnologia, as empresas decidiram investir na atualização de seus parques de informática, demandando novos hardwares e softwares. Adicionalmente, a posse de dispositivos adaptados para o Wi-Fi aqueceu a demanda por conexões de banda larga, abrindo caminho para a próxima geração de serviços pela Internet.[32]

Opções de migração dadas pelos profissionais de marketing

Os profissionais de marketing precisam ajudar os clientes a administrar as transições entre as gerações. Uma maneira de fazer isso é oferecer um *caminho de migração*, ou seja, séries de atualizações que ajudem a transição do cliente entre as gerações.[33] As várias opções de migração baseiam-se *no grau em que as opções de transição do cliente são mais restritas ou expandidas*.

1. Retirar do mercado a geração antiga assim que a nova é lançada, sem nenhuma assistência à base instalada (conjunto de clientes existentes que adotaram a geração de tecnologia anterior). A falta de peças ou serviços para esses clientes força-os a decidir migrar antes do que gostariam.

2. Retirar do mercado a geração antiga assim que a nova é lançada, mas oferecer assistência para a migração, que pode vir na forma de ajuda técnica, compra baseada em troca, compatibilidade com as entradas antigas e similares. Os clientes podem fazer a atualização e manter a versão antiga ou migrar para a nova versão mais tarde.

3. Vender a geração antiga e a nova juntas durante um tempo, antes de a geração antiga ser retirada do mercado. Os clientes podem continuar com a versão A instalada, migrar para a geração B ou ignorar totalmente a geração B (pular) e ir direto para a C.

4. Vender as duas gerações enquanto o mercado desejar e fornecer assistência à migração da base instalada.

Com base em um modelo de opções desenvolvido por Grenadier e Weiss,[34] a escolha do caminho de migração feita pela empresa é afetada pelos fatores a seguir, apresentados no Quadro 6.3.

Percepção do cliente	Implicação no comportamento do cliente	Implicação no caminho de migração
Cliente espera um avanço rápido da tecnologia	Está disposto a esperar o preço diminuir	Profissional de marketing deve providenciar assistência à migração
Cliente espera mudanças de grande magnitude nos avanços em tecnologia	Reconhece que uma atualização suave é improvável; portanto, esperar para comprar um modelo mais antigo com preços mais baixos pode resultar em obsolescência	Caminho de migração menos essencial porque a tecnologia mais recente torna qualquer caminho disponível obsoleto
Cliente sente-se ansioso para tomar uma decisão	Precisa sentir que suas decisões são seguras	Profissional de marketing deve providenciar um caminho de migração e, possivelmente, vender o modelo novo e o antigo juntos durante um período

Quadro 6.3 — Considerações e opções de migração

Expectativa do ritmo dos avanços

Quando o cliente espera avanços rápidos, embora pequenos, vale a pena para a empresa aumentar as opções. Clientes que querem mudanças rápidas tendem a esperar que o preço da nova versão diminua e que seus eventuais problemas sejam resolvidos. Esses clientes também podem ignorar totalmente uma geração, esperando uma versão futura.[35] Tanto essa espera como o salto são mitigados pela assistência à migração. Sem essa assistência, as empresas verão suas receitas balançar violentamente.

Expectativa da magnitude dos avanços

Em contraste à rapidez, os clientes que esperam avanços significativos na tecnologia reconhecem que atualizações suaves são simplesmente impossíveis. Em tal situação, poucos clientes estão dispostos a esperar para comprar uma versão mais antiga do produto com preço reduzido, uma vez que ele ficará obsoleto. Essencialmente, há menos a ganhar em manter abertas as opções aos clientes. Como resultado, quando os clientes antecipam grandes descontinuidades entre as gerações, a empresa pode escolher não oferecer assistência à migração. Mesmo que a empresa ofereça, a realidade é que os investimentos já feitos pelo cliente serão perdidos.

Incerteza do cliente

Quando o cliente sente medo, incerteza e dúvida sobre suas expectativas, a situação justifica a assistência à migração. A empresa pode escolher vender o produto novo e o antigo para encorajar clientes com versões ainda mais antigas a migrar para o próximo passo.

Qualquer decisão de oferecer atualizações deve levar em conta as complexidades do gerenciamento das relações na cadeia de fornecimento:

Fornecedor → Fabricante original do equipamento (em inglês, *original equipment manufacturer* — OEM) → Membros do canal → Clientes

A receita das atualizações frequentemente flui para outros membros do canal (por exemplo, o fornecedor, no caso de atualização de chips, ou fabricantes, no caso de componentes adicionais) e é menor do que a receita de vendas de unidades totalmente novas. As atualizações também podem acabar substituindo a venda de novos produtos. Então, as implicações da receita e possíveis conflitos com outros membros da cadeia de fornecimento precisam ser monitorados cuidadosamente, qualquer que seja a decisão.

VISÃO DE MERCADO

A ubiquidade da tecnologia

Leandro Cruz de Paula

Diretor comercial para América Latina — Microsoft Advertising

Guardo com muito carinho, em um quarto da minha casa, uma herança de meu avô. Por dentro, cheia de válvulas; por fora, protegida por uma madeira escura e trabalhada em estilo clássico, a Vitrola foi comprada em 1952 e tinha como grande vantagem incorporar duas bandejas para discos de vinil, com agulhas de cerâmica, e um rádio com várias faixas de frequência. Apesar de nascido quase duas décadas depois, ainda me lembro de quão divertido era ligar o rádio e girar aquele enorme botão marrom, meio duro para mãos pequenas, mas que possibilitava, em dias de céu limpo, captar sinais de rádio tão distantes, com locutores falando línguas difíceis de decifrar. Meu avô era eloquente ao contar que já havia ouvido alemão naquele rádio. Nunca descobri se ele realmente tinha captado uma rádio da Alemanha ou se tinha ouvido chiados tão indecifráveis que serviram de combustível para levar sua imaginação até o hemisfério Norte.

Esse equipamento é um móvel grande e pesado, com uma chave para trancar suas portas como se fosse um armário, mantendo incautos destreinados afastados. Foi assim que a maioria de nós cresceu, vendo as principais tecnologias como um mundo à parte, somente acessível aos iniciados. Computadores, por muito tempo, ficaram em salas geladas separadas do resto do mundo por vidros. Esse paradigma mudou. O que se vê hoje é a chamada ubiquidade, a presença de tecnologia em quase tudo o que conhecemos. E as gerações mais jovens estão tão acostumadas com isso que já nem entendem direito essa classificação que convencionamos chamar de tecnologia.

Recentemente, a divisão de serviços on-line da Microsoft realizou uma pesquisa em 16 países para entender como a geração de jovens de 10 a 20 anos lida com a tecnologia. Foram realizados vários *focus group*, reuniões com consumidores para discutir os assuntos a serem pesquisados, e a reação à primeira pergunta foi igual em todos os países da amostra. Ao serem questionados sobre como interagiam com a tecnologia, os jovens ficavam mudos, sem entender a que se referia aquele termo. A moderadora então era obrigada a exemplificar, citando tocadores de MP3, celulares e computadores. Nesse momento, tudo ficava claro: "Ah, essas coisas!". E a discussão passava a correr solta, cheia de exemplos e experiências comuns entre os participantes.

Essa reação é sintomática de uma nova era. Uma era em que a tecnologia não está mais trancada dentro de suntuosos móveis de madeira, mas disponível nos nossos bolsos, nos painéis de nossos carros, na porta de nossas geladeiras ou até mesmo na mesa em que apoiamos nosso copo de vinho.

Quando Geoffrey A. Moore escreveu o livro *Crossing the chasm* (Cruzando o abismo), em 1991, o tema marketing para produtos de tecnologia era um terreno tão inóspito que garantiu o sucesso de vendas, transformando o título em uma leitura obrigatória. Várias das teorias de Moore regem a dinâmica do mercado de produtos de tecnologia até hoje e são usadas como referência para planejamentos estratégicos e lançamentos de produtos.

Porém, no novo paradigma da ubiquidade, produtos antes não tecnológicos passam a incorporar inovações que poderão se tornar padrão ou cair no abismo. Nesse cenário, o consumidor está conectado com seus pares de uma forma multimídia que permite a rápida disseminação de informações, tornando o ciclo de adoção de novas tecnologias um movimento muito mais acelerado e sem fronteiras. Se antes as empresas de tecnologia faziam questão de guardar seus grandes segredos, restringindo o número de engenheiros envolvidos nos projetos, boa parte delas atualmente faz exatamente o contrário, autorizando e incentivando suas melhores cabeças a manter blogs em que trocam ideias com internautas dos quatro cantos do mundo.

Os consumidores agora não apenas consomem os produtos; eles também participam de sua concepção, da comunicação e até do suporte a outros usuários. Toda essa interação pode levar um lançamento ao sucesso ou ao fracasso. A mesma pesquisa que citei anteriormente identificou que os jovens são atraídos pelas novidades para usá-las como moeda de inserção social. Se um conteúdo visto na Internet não pode ser compartilhado, então não vale para nada. Ser o primeiro a contar uma novidade faz o jovem ser popular. Controlar o ciclo de adoção das novas tecnologias se tornou uma tarefa cada vez mais difícil. Basta uma fagulha no lugar certo para a informação disseminar, seja ela boa ou ruim para a empresa.

Empresas tradicionais por saber guardar seus segredos e ser hábeis em controlar o ciclo de adoção vêm aprendendo a dura custa essa nova dinâmica. Veja o caso do iPhone e sua limitação de funcionamento na operadora móvel AT&T. Não tardou muito para consumidores brasileiros e de outras partes do mundo descobrirem como alterar o sistema para funcionar em outras operadoras. E os que descobriram isso antes tiveram seus 15 bytes de fama, ao ter uma informação em primeira mão para contar a seu grupo de amigos.

Vivemos a era do *small brother*, termo cunhado pela revista *Wired* para descrever o poder que tecnologias simples e baratas, como as câmeras digitais embutidas em celulares, exercem na sociedade moderna. Não precisamos mais nos preocupar com a vigilância do *big brother*, mas com a capacidade e a velocidade de dispositivos cada vez mais velozes e poderosos. Nessa nova dinâmica, o poder está nas mãos do indivíduo comum, capacitado por tecnologias baratas e acessíveis a produzir e difundir conteúdo.

As empresas que descobriram isso estão adaptando suas estratégias para considerar a incontrolável participação dos consumidores como elemento fundamental no lançamento de suas inovações. Produtos e marcas são assunto em redes sociais, fóruns, blogs e chats, quer a empresa queria, quer não. Ao entrar nesse ambiente usando as mesmas ferramentas, as empresas aproximam-se de seus mercados, acessando pontos de influência que antes só eram possíveis de consumidor para consumidor. Entendendo que não é possível controlar, mas que é necessário participar, as empresas ajudam o consumidor a limpar o chiado da comunicação e a aumentar a potência de seus transmissores e receptores.

Resumo

Este capítulo forneceu uma visão profunda acerca de questões relacionadas à decisão de compra do cliente: o que afeta essa decisão, as diferentes categorias de adotantes, a segmentação do mercado e seleção de um alvo atraente e as estratégias do cliente para evitar a obsolescência. Os profissionais de marketing precisam entender a posição do mercado em termos de adoção de uma nova tecnologia e os fatores que têm maior influência na decisão de compra na onda seguinte de adotantes. Isso só pode ser alcançado com uma pesquisa de mercado eficiente e o processo de segmentação. A estratégia de marketing da empresa deve ser projetada para se voltar às necessidades do cliente do(s) segmento(s) de mercado selecionado(s).

Perguntas para debate

1. Quais são os estágios do processo de compra? Quais são as implicações para a estratégia de marketing em cada um desses estágios?
2. Que fatores influenciam a adoção potencial de uma inovação? Quais são as implicações de cada um dos fatores para os profissionais de marketing de alta tecnologia?
3. Quais são as categorias de adotantes e suas características? Quais são as estratégias de marketing apropriadas para cada uma delas?
4. O que é o abismo? Compare as estratégias de marketing necessárias para o mercado precoce e para o mercado principal e estabeleça o contraste entre elas. E para os conservadores?
5. Quais são as três fases do mercado pragmático (de *Inside the tornado*)?
6. Quais são os quatro passos da segmentação do mercado?
7. Que *insights* sobre a segmentação do mercado são oferecidos pelo estudo tecnográfico?
8. O que torna uma cabeça de ponte boa?
9. O que é posicionamento do produto e como uma inovação deve ser posicionada?
10. Quais são os problemas no entendimento das estratégias do cliente para evitar a obsolescência? Quando um caminho de migração deve ser oferecido?
11. Como o conhecimento do comportamento do cliente em mercados de tecnologia levam a *insights* no marketing? Dê exemplos.

Glossário

Abismo. A grande lacuna entre o mercado precoce (inovadores e adotantes precoces) e o mercado principal (primeira maioria, maioria tardia e retardatários) no processo de adoção e difusão.

Base instalada. Clientes que compraram gerações anteriores de uma tecnologia em particular.

Cabeça de ponte. Um único mercado-alvo a partir do qual se persegue o mercado principal. Uma boa cabeça de ponte exige que os clientes tenham um motivo apelativo e essencial para comprar.

Caminho de migração. Ferramentas de marketing (atualizações, estratégias de preço etc.) para ajudar o cliente a migrar de uma geração anterior para uma nova geração.

Produto integral. Uma *solução completa* daquilo que é necessário para preencher os motivos que levam o cliente a comprar. Por exemplo, na indústria da computação, o produto integral inclui hardware, software, periféricos, interfaces e conexão, instalação e treinamento, serviço e suporte.

Salto. Comportamento de compra em que o cliente ignora produto baseado na expectativa de melhorias iminentes e que pode causar um resfriamento na venda dos produtos atuais.

Sistemas legados. Investimentos em tecnologia anterior.

Notas

1 JUDGE, P. Are tech buyers different? *BusinessWeek*, p. 64-66, 26 jan. 1998.

2 KIRKPATRICK, D. The e-ware war. *Fortune*, p. 102-112, 7 dez. 1998.

3 JUDGE, P. Op. cit., 64-66.

4 Os leitores que tiverem interesse talvez queiram ler o livro de Allan Reddy, *The emerging high-tech consumer*: a market profile and marketing strategy implications. Westport, CT: Quorum Books, 1997.

5 Também é importante observar que há quem creia que não há algo como consumidor de alta tecnologia e que os consumidores fazem a decisão de compra de produtos de tecnologia da mesma forma que o fazem para qualquer outro produto. Ver CAHILL, D.; WARSHAWSKY, R. The marketing concept: a forgotten aid for marketing high-technology products. *Journal of Consumer Marketing*, n. 10, p. 17-22, 1993; CAHILL, D.; THACH, S.; WARSHAWSKY, R. The marketing concept and new high-tech products: is there a fit? *Journal of Product Innovation Management*, n. 11, p. 336-343, set. 1994.

6 ROGERS, E. *Diffusion of innovations*. Nova York: Free Press, 1983. (4. ed. ed. 1995).

7 WILDSTROM, S. Pentium III: enough already? *BusinessWeek*, p. 23, 22 mar. 1999.

8 BYRNES, N.; JUDGE, P. Internet anxiety. *BusinessWeek*, p. 79-88, 28 jun. 1999.

9 Muito do material dessa seção deriva de MOORE, G. A. *Crossing the chasm*: marketing and selling technology products to mainstream customers. Nova York: Harper Collins, 1991. (Edição revista, 2002); ROGERS, E. *Diffusion of innovations*. Nova York: Free Press, 1983. (4. ed., 1995).

10 MOORE, G. A. Op. cit., 1991. (Edição revista, 2002); ROGERS, E. Op. cit., 1983. (4. ed., 1995).

11 MCKIM, J. Recharging ahead. *Missoulian*, p. GI, 25, out. 1998.

12 MOORE, G. A. *Inside the tornado*. Nova York: Harper Business, 1995.

13 MAHAJAN, V.; MULLER, E. When is it worthwhile targeting the majority instead of the innovators in a new product launch? *Journal of Marketing Research*, n. 34, p. 488-495, fev. 1998.

14 MOORE, G. A. Op. cit., 1991. (Edição revista, 2002).

15 A maior parte das informações desta seção deriva de MOORE, G. A. Op. cit., 1991. (Edição revista, 2002).

16 BYRNES, N.; JUDGE, P. Internet anxiety. *BusinessWeek*, p. 79-88, 28 jun. 1999.

17 MOSSBERT, W. New Microsoft browser adds some nice details for simpler use of web. *Wall Street Journal*, p. B1, 18 mar. 1999.

18 GOLDENBERG, J.; LIBAI, B.; MULLER, E. Riding the saddle: how cross-market communications can create a major slump in sales. *Journal of Marketing*, n. 66, p. 1-16, abr. 2002.

19 MOORE, G. A. Op. cit., 1995.

20 Id., ibid.

21 HOF, R. The click here economy. *BusinessWeek*, p. 122-128, 22 jun. 1998.

22 Leitores interessados na ideia dos gorilas de mercado podem buscar referências em MOORE, G. A. *The gorilla game*: picking winners in high technology. Nova York: Harper Collins, 1999.

23 GROSS, N.; COY, P.; PORT, O. The technology paradox. *BusinessWeek*, p. 76-84, 6 mar. 1995.

24 JUDGE, P. Are tech buyers different? *BusinessWeek*, p. 64-66, 26 jan. 1998.

25 MOORE, G. A. Op. cit., 1991. (Edição revista, 2002).

26 MOORE, G. A. Op. cit., 1995.

27 Id., ibid.

28 JOHN, G.; WEISS, A.; DUTTA, S. Marketing in technology intensive markets: towards a conceptual framework. *Journal of Marketing*, n. 63, p. 78-91, 1999. (Edição especial).

29 NORTON, J. A.; BASS, F. Diffusion theory model of adoption and substitution for successive generations of technology intensive products. *Management Science*, n. 33, p. 1.069-1.086, 1987.

30 WEISS, A. The effects of expectations on technology adoption: some empirical evidence. *Journal of Industrial Economics*, n. 42, p. 1-19, dez. 1994.

31 DHEBAR, A. Speeding high-tech producer, meet the balking consumer. *Sloan Management Review*, p. 37-49, 1996.

32 GREEN, H. Wi-Fi means business. *BusinessWeek*, p. 86-92, 28 abr. 2003.

33 JOHN, G.; WEISS, A.; DUTTA, S. Marketing in technology intensive markets: towards a conceptual framework. *Journal of Marketing*, n. 63, p. 78-91, 1999. (Edição especial).

34 GRENADIER, S.; WEISS, A. Investments in technological innovations: an options pricing approach. *Journal of Financial Economics*, n. 44, p. 397-416, 1997.

35 WEISS, A. The effects of expectations on technology adoption: some empirical evidence. *Journal of Industrial Economics*, n. 42, p. 1-19, dez. 1994.

Desenvolvimento de produtos e questões gerenciais em mercados de alta tecnologia

CAPÍTULO 7

O processo de desenvolvimento de produtos em ambientes de alta tecnologia se apoia em muitos dos conceitos usados em ambientes mais tradicionais. Por exemplo, as empresas precisam se preocupar com os diferentes modos de classificar um produto. A classificação mais comum em produtos de alta tecnologia (ver Capítulo 1) coloca as inovações em um âmbito contínuo que vai do incremental ao radical. Lembre-se de que inovações incrementais são continuidades de métodos ou práticas existentes e podem envolver extensões de produtos que já estão no mercado; eles são evolucionários em vez de revolucionários. As inovações radicais, ou de ruptura, empregam novas tecnologias na solução de problemas, e, fazendo isso, frequentemente criam mercados totalmente novos. Inovações radicais representam novas maneiras de se fazer alguma coisa. Para o sucesso na comercialização de inovações, seus diferentes tipos precisam ser administrados de maneiras também diferentes. No Capítulo 1, identifica-se essa noção como o modelo de contingência para o marketing de alta tecnologia.

Gerentes de produtos também contam com a noção do ciclo de vida dos produtos, que é diferente em um ambiente de alta tecnologia. O ciclo de vida da tecnologia (ver Capítulo 2) é a relação entre os investimentos em uma tecnologia fundamental de um produto e sua razão preço-performance. Normalmente essa relação faz uma curva em forma de S: investimentos iniciais em uma nova tecnologia podem apresentar melhorias modestas na razão preço-performance do produto, mas, após algum tempo, investimentos adicionais mostram uma melhora drástica nessa relação, que, em algum momento posterior, começa a diminuir. É importante notar que o ciclo de vida da tecnologia ajuda os gerentes a entender que, quando uma nova tecnologia entra no mercado, as tecnologias nova e antiga vão competir durante um período até que a nova supere a antiga. O ciclo de vida da tecnologia permite que, em um ambiente de alta tecnologia, o gerente de produto preveja quando novas tecnologias superarão as preexistentes e ressalte a necessidade de se estar sempre na vanguarda. Por exemplo, quando o ciclo de vida da tecnologia da telefonia móvel analógica se aproximou do fim, as operadoras empreenderam esforços para fazer que seus assinantes mudassem para uma linha digital.

Classificações de inovações, ciclo de vida da tecnologia e adoção e difusão de inovações são apenas três dos conceitos de gerenciamento de produtos usados pelos profissionais de marketing de alta tecnologia. Com quais outras questões eles deveriam se preocupar? Este capítulo aprofunda-se de maneira muito mais específica em outras ferramentas de gestão e desenvolvimento de produtos usadas no ambiente de alta tecnologia. Uma questão importante é o monitoramento das tendências da tecnologia e seu uso como guia de desenvolvimento para a empresa. Outra é decidir como desenvolver a tecnologia. As empresas precisam escolher entre desenvolver a nova tecnologia internamente, conforme seus próprios recursos e capacidades, ou então, como uma alternativa, elas podem fazer uma parceria com outras empresas para desenvolvê-la. A parceria permite que a empresa tenha acesso a outras habilidades e recursos, que podem acelerar o tempo de desenvolvimento e diminuir os custos.

Profissionais de marketing também devem considerar até onde se deve desenvolver a tecnologia antes de colocá-la à venda no mercado. Por exemplo, a empresa pode decidir colocar à venda um *know-how* básico (por exemplo, por meio de uma transferência de tecnologia ou combinação de licenças), ou desenvolver um produto totalmente novo (ver Capítulo 6), anunciando e vendendo um produto pronto para uso. A decisão sobre até onde o produto deve ser desenvolvido em relação à sua forma final não é precisa e exige considerações. Outra questão importante é *quando* lançar o novo produto. O momento de entrada do marketing é tão importante que normalmente é decidido em nível corporativo. As vantagens e desvantagens de ser pioneiro ou seguidor são discutidas no Capítulo 2.

Outras questões sobre gerenciamento/desenvolvimento de produtos em ambientes de alta tecnologia discutidas neste capítulo incluem:

- Como a empresa deve conceber a arquitetura de seu produto, incluindo sua abordagem em relação a modularidade, plataformas e derivados?
- Como a empresa deve usar equipes interdisciplinares no processo de desenvolvimento do novo produto?
- Em que momento e como a empresa deve interromper os investimentos e o desenvolvimento de um novo produto quando seu sucesso parece questionável?
- Quais são as questões particulares envolvidas no desenvolvimento de serviços relacionados à tecnologia?
- Como os direitos de propriedade intelectual devem ser controlados?

Desenvolvimento de tecnologia

Nos últimos 50 anos, o mundo vem sendo varrido por uma "onda digital". Os serviços analógicos usam sinais variantes contínuos do mundo real como *input* (como pressão, som ou calor) e os convertem em sinais elétricos, como corrente e voltagem. Durante o processo de conversão, há uma leve perda de sinais ou distorção. Já os equipamentos digitais usam como *input* sinais elétricos codificados na linguagem binárias (0 e 1), que, por sua vez, são manipulados e transmitidos de maneira rápida e eficiente. Além disso, sistemas digitais têm maior velocidade e precisão que sistemas analógicos. Em indústrias tão diversas, como a automóveis, computadores, música, cinema, televisão e telecomunicações, a mudança para a tecnologia digital produziu maior qualidade para o consumidor e grandes oportunidades e desafios para as empresas de tecnologia. Na indústria de telefones celulares, por exemplo, a Motorola perdeu a liderança de mercado para a Nokia em meados da década de 1990, em parte, porque demorou para fazer a transição de celulares analógicos para digitais.

A transição de dispositivos analógicos para digitais ressalta a necessidade que as empresas de alta tecnologia têm de monitorar as tendências da tecnologia. Uma ferramenta importante, usada para monitorar essas tendências e gerenciar sistematicamente os recursos de uma empresa, é o *mapa de tecnologia*, que define o fluxo de novos produtos, incluindo tanto os incrementais como os de ruptura, que a empresa se compromete a desenvolver em determinado período. As empresas mais bem-sucedidas em definir a nova geração de produtos usam o mapa para forçar decisões sobre projetos novos, em meio às incertezas tecnológicas e de mercado encontradas em mercados de alta tecnologia.[1] O uso de um mapa de tecnologia pode promover a coesão e o comprometimento com os planos de desenvolvimento de um novo produto, além de ser útil para esclarecer possíveis fontes de confusão, para alocar recursos e promover trocas entre vários projetos. É importante frisar que os mapas de tecnologia não são permanentes: eles precisam, sim, ser atualizados e revistos regularmente. Portanto, em vez de ser uma ferramenta que inibe inovações, cegando a empresa, o mapa de tecnologia pode e deve servir como um projeto flexível para o futuro, sendo atualizado e revisado regularmente.

Capon e Glazer mostram os seguintes passos para o desenvolvimento e gerenciamento dos recursos de tecnologia[2] (veja Figura 7.1).

1. **Identificação de tecnologias.** A identificação de tecnologias exige a elaboração de um inventário do *know-how* da empresa para descobrir suas ideias mais valiosas. O *know-how* de tecnologia pode ser encontrado em produtos, processos e práticas de gerenciamento. Embora a maior parte das empresas consiga identificar facilmente a tecnologia que forma a base de seus produtos, é mais difícil identificar uma tecnologia que possa ter valor fora da empresa. Porém como as rotinas de "melhores práticas" estão se tornando mais comuns — por exemplo, habilidades superiores em gerenciamento da qualidade total, comércio eletrônico, serviços a clientes e similares — esse *know-how* organizacional e administrativo também se tornou um trunfo gerador de renda. Por exemplo, a IBM na gestão Gerstner identificou a tecnologia de fabricação de um microprocessador e serviços de consultoria como novas fontes de renda. Nesse estágio, a empresa está mais preocupada com suas tecnologias atuais.

2. **Tomar decisões sobre o acréscimo de outras tecnologias.** A identificação da tecnologia do passo 1 pode ressaltar as fraquezas da estratégia da empresa, identificando áreas que precisam de tecnologia adicional em sua plataforma e sugerindo decisões sobre como adicioná-las. Acréscimos de tecnologia surgem quando a empresa, por meio do processo de identificação de tecnologia, percebe áreas onde gostaria de ter competência ou produtos para melhorar suas ofertas. Isso deve incluir considerações explícitas sobre tecnologias disruptivas, fora do portfólio atual da empresa, para que ela possa escapar da tirania do mercado atendido (veja Capítulo 2).

```
┌─────────────────────────────────────────────────────────────────────┐
│                                                                     │
│                         ┌─ 1  Identificação da tecnologia ─┐        │
│                                                                     │
│   ┌─ Gerenciamento contínuo ─┐         ┌─ Decisões sobre acréscimos de tecnologia necessários ─┐
│     • Modularidade                       • Desenvolvimento interno (fazer)
│     • Plataformas e derivados            • Aquisição externa (comprar)
│   4 • Equipes                         2  • Parceiro para "codesenvolvimento"
│     • "Projetos matadores"
│     • Serviços em desenvolvimento
│     • Questões de propriedade intelectual
│                                                                     │
│                         ┌─ 3  Decisão sobre "o que vender" ─┐       │
│                              • Licença versus comercialização total │
└─────────────────────────────────────────────────────────────────────┘
```

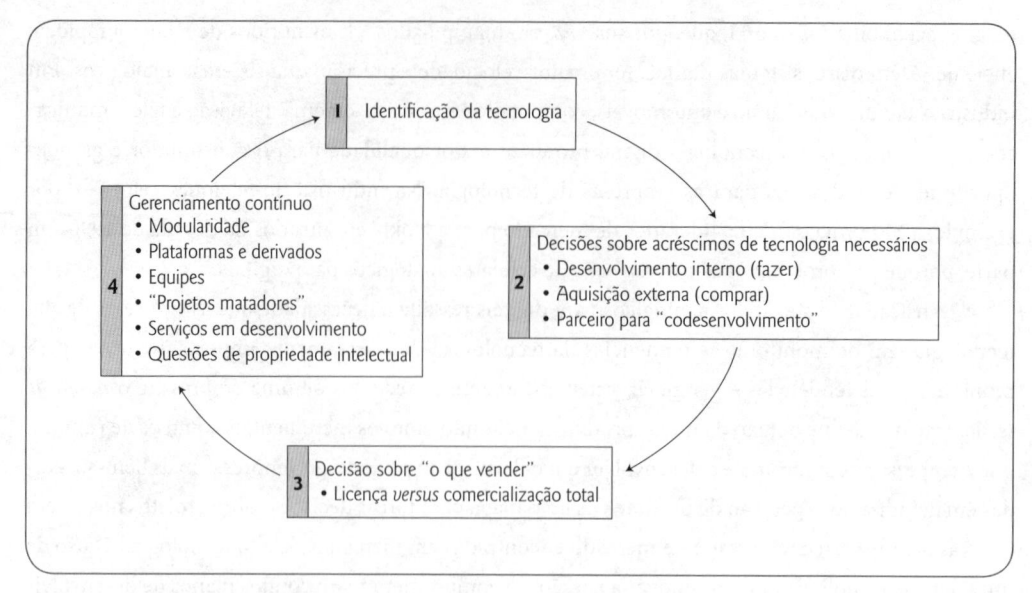

Figura 7.1 — Mapa de tecnologia

A empresa pode, então, escolher adicionar essas habilidades ou esses produtos por meio de desenvolvimento interno, aquisição externa (comprar de outra empresa que tenha a tecnologia ou a licença desejada) ou parceria. A decisão sobre como obter as competências e os produtos necessários também é conhecida como decidir entre "fazer ou comprar". "Fazer" se refere à decisão de contar com o desenvolvimento interno de novos produtos e "comprar" se refere à decisão de adquirir externamente os direitos de um novo produto desenvolvido por outra empresa.

A questão-chave sobre como adquirir uma nova tecnologia é conhecida como *risco de desenvolvimento*. Às vezes é melhor perseguir o *desenvolvimento interno* (ou seja, fazer o produto) se:

a. a área de P&D está próxima das habilidades desejadas;
b. a empresa deseja manter a investida tecnológica confidencial;
c. a cultura da empresa adota a crença de que a única tecnologia boa é a desenvolvida internamente.

Em alguns casos, o setor de P&D interno pode ficar mais barato que a aquisição externa. Questões pertinentes ao desenvolvimento interno já foram discutidas nos capítulos 2, 3 e 4; por exemplo, ideias sobre a interação P&D-marketing, defensores de produtos e assim por diante.

Por outro lado, a *aquisição externa* (ou seja, comprar o produto) faz sentido se:

a. outra empresa já desenvolveu a tecnologia e a aquisição pode economizar tempo e esforço;
b. a empresa não tem as habilidades necessárias para desenvolver a tecnologia desejada;
c. a empresa prefere que terceiros assumam os riscos antes de participar no desenvolvimento;
d. a empresa quer estar próxima de um concorrente cuja nova tecnologia é potencialmente ameaçadora;
e. a empresa quer obter a tecnologia para produtos que possam usar nomes de marca e canais de distribuição, entre outros, já existentes.

No meio-termo, a empresa pode decidir por um relacionamento colaborativo para o desenvolvimento de um novo produto. A aliança entre empresas concorrentes ou que podem fornecer peças complementares para o produto é uma solução frequentemente usada. As questões particulares sobre o gerenciamento dessas alianças são discutidas no Capítulo 3.

Em 1990, a Boeing lançou o desenvolvimento do 777, sua principal plataforma para um novo produto desde o 747 em 1969. Como resultado do passo 1 (identificação da tecnologia), ela percebeu a necessidade de um novo processo de tecnologia: um software para o design em 3-D. Com pouca experiência no desenvolvimento de softwares, a Boeing escolheu, no passo 2 (decisões sobre acréscimos de tecnologia), comprar um aplicativo para design em 3-D desenvolvido para projetar caças franceses. A Boeing iniciou uma parceria com a IBM para melhorar o software e fazer que ele pudesse ser usado por quase todas as outras 30 empresas colaboradoras da empresa no desenvolvimento e fornecimento de componentes estruturais, sistemas e equipamentos para o novo jato.[3]

3. **Tomar decisões sobre comercialização, licenças e assim por diante.** Após adquirir ou desenvolver o *know-how* desejado de tecnologia, a empresa enfrenta a decisão da comercialização. Aqui, uma questão essencial é o *risco do marketing*. A empresa precisa decidir exatamente até onde deve ir o processo de desenvolvimento antes de anunciar e vender o produto. Essa questão será explorada na próxima seção, "A decisão sobre 'o que vender'". Por exemplo, a Boeing ou a Embraer vende aeronaves, que são produtos finais, prontos para o uso. Porém, não competem no transporte aéreo de cargas ou passageiros. Se uma empresa decide comercializar sua tecnologia, também surgem questões relativas ao momento certo de entrar no mercado (ou seja, ser pioneiro ou seguidor).

4. **Gestão em andamento.** Finalmente, a empresa precisa gerenciar ativamente sua base de ativos tecnológicos, incluindo o desenvolvimento de produtos derivados e o uso de plataformas de produto, quando interromper projetos de desenvolvimento de novos produtos, gerenciamento de propriedade intelectual e assim por diante. No projeto 777 da Boeing, foi negociado um contrato individual com cada grande fornecedor, para especificar a posse das inovações desenvolvidas em parceria.[4] A Boeing procurou, deliberadamente, compartilhar os custos e riscos de desenvolvimento dos produtos com os fornecedores que, por sua vez, não tinham outros clientes para os sistemas especializados desenvolvidos. Assim, a Boeing preservou os direitos de propriedade intelectual do 777, embora tenha permitido que os fornecedores mantivessem a posse dos componentes que eles haviam produzido.

Essas questões serão discutidas mais à frente neste capítulo.

A decisão sobre "o que vender"

Em uma empresa de alta tecnologia, ou a tecnologia *é* o produto (por exemplo, em uma empresa que licencia propriedade de tecnologia) ou *dá origem* ao produto (por exemplo, em uma empresa que escolhe comercializar produtos baseada em uma nova tecnologia).[5] Empresas que inovam no campo tecnológico se deparam com uma decisão única: vender o próprio conhecimento ou licenciá-lo para uso? Devem comercializar totalmente a ideia – marketing, distribuição e vendas de uma solução completa, inclusive serviços e suporte? Ou, uma vez que o produto pode ser "decomposto" em subsistemas e componentes, devem fabricar e vender esses subsistemas e componentes na base de *fabricantes de equipamento original* (em inglês, *Original Equipment Manufacturer – OEM*)? Essencialmente, a decisão sobre o que vender se resume à questão básica sobre como transformar *know-how* em receita.

Opções possíveis

Como será discutido a seguir, a empresa pode escolher entre vender em um *continuum* que vai desde o *know-how*, passando por "prova de conceito", componentes prontos para uso em OEMs, produtos ou sistemas finais prontos para o uso, até uma gama de serviços que forneçam soluções completas, de ponta a ponta, às necessidades do cliente.

A decisão se baseia em uma dimensão fundamental: as despesas que o cliente terá, além dos custos de aquisição iniciais para obter os benefícios da compra focada.[6] Por exemplo, podem ser gastos recursos para o produto em si, para a compra de itens complementares, serviços e treinamento, os quais podem ser componentes necessários para a obtenção do benefício pretendido pelo produto. Afinal, clientes que compram o *know-how* devem gastar mais recursos para converter os benefícios do uso do produto em dinheiro do que aqueles que compram o produto completo e todos os serviços de suporte auxiliares apenas pelo preço de compra.

Vender ou licenciar apenas o *know-how*

A venda do *know-how* exige do cliente o maior gasto de fundos após a transação para converter o benefício pretendido em dinheiro. Por exemplo, empresas químicas podem vender (ou licenciar) os direitos de uma molécula específica para produtores do ramo.

Vender a "prova de conceito"

A venda pode incluir um protótipo ou uma planta-piloto para mostrar que o *know-how* pode funcionar. Vender nesse estágio de desenvolvimento diminui a incerteza do comprador com relação à tecnologia.

Vender produtos ou sistemas finais com todos os componentes essenciais, "na caixa", prontos para uso, para clientes

Por exemplo, fabricantes de computadores vendem ao cliente computadores prontos para o uso.

Vender solução completa de ponta a ponta

Essa solução de produto completo entrega os benefícios pretendidos diretamente para o cliente, sem necessidade de gastos adicionais ou itens complementares. Por exemplo, além de vender hardware e software, a IBM entrou no negócio de serviços de computação, no qual fornece servidores, softwares e consultorias indispensáveis para qualquer empresa que queira ter um ambiente digital seguro e funcional como parte da solução de seu empreendimento.

Qual decisão faz sentido?

Os fatores que influenciam na decisão da empresa sobre o que vender para gerar receita estão na Figura 7.2 e serão discutidos a seguir.

Nestas condições...	a empresa deveria...				
	Know-how	"Prova de conceito"	Componentes	Produto completo	Solução completa de "produto integral"
• A tecnologia não se encaixa na missão corporativa da empresa. • Os recursos financeiros da empresa são insuficientes para explorar a tecnologia. • A janela de oportunidades é pequena e a empresa não consegue evoluir rápido o suficiente. • O potencial de mercado é menor que o esperado. • O negócio pode não ser lucrativo para a empresa. • Permitir que outras empresas tenham acesso à tecnologia é a ação mais apropriada. • A gama de tecnologias em um mercado é muito variada.	Vender	Vender	Vender		
• Mercado caracterizado por "externalidades de rede".	Licenciar				
• Componentes incompatíveis com padrões da indústria.				Comercializar	Oferecer solução completa
• Oferecer a tecnologia para os concorrentes pode encorajar a padronização da tecnologia da empresa na indústria. • A empresa pode ter habilidade em alguns segmentos de mercado, mas não em outros (ou seja, doméstico, mas não internacional, ou consumidor, mas não industrial). • Grandes compradores corporativos exigem uma segunda fonte.	Licenciar			Comercializar	

a O *continuum* baseia-se nas despesas que o cliente terá, além dos custos iniciais de aquisição para obter os benefícios da compra.

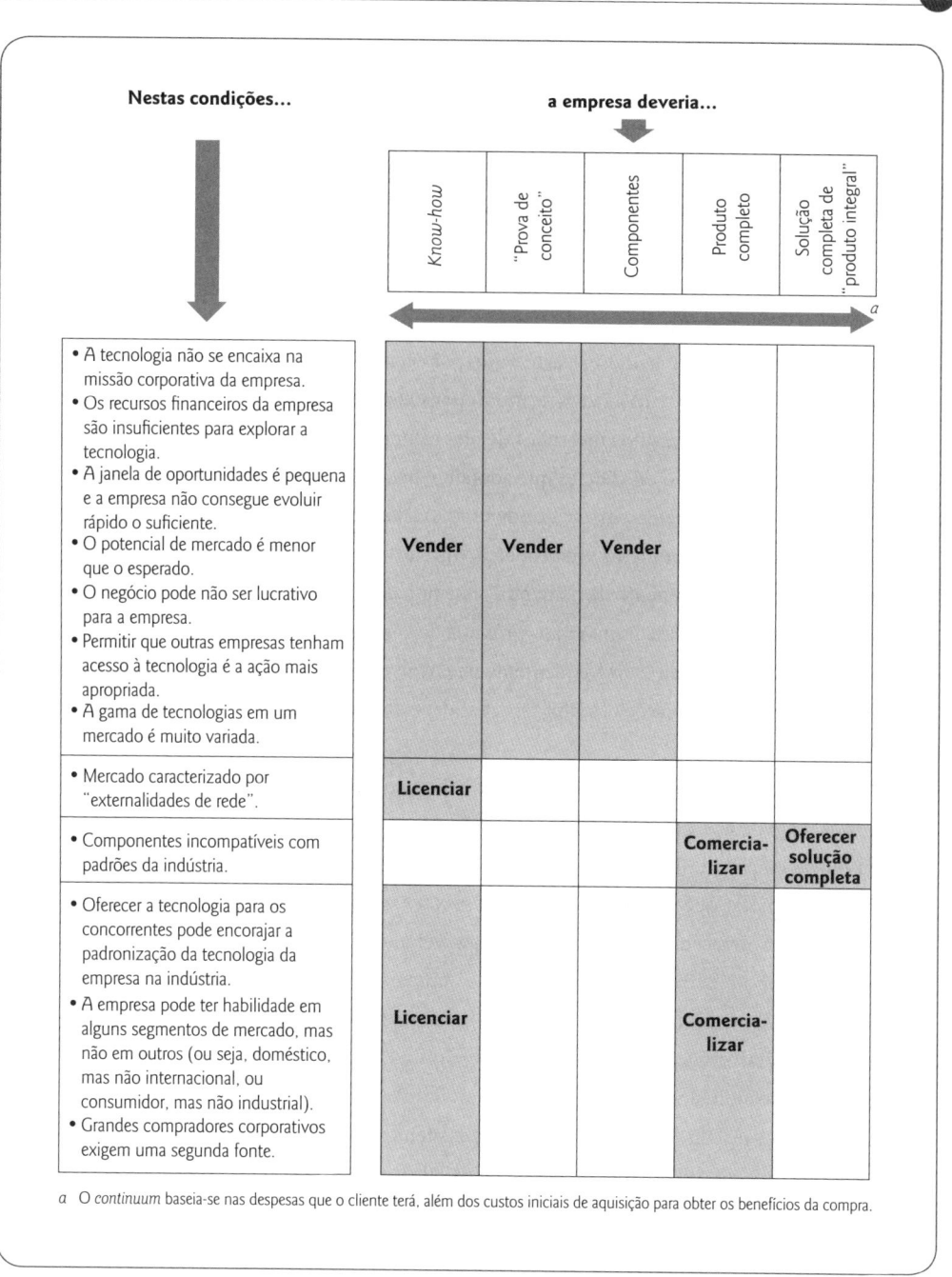

Figura 7.2 — O que vender

Em geral, a empresa deve procurar *vender o know-how* quando[7]:
- a tecnologia não se encaixa na missão corporativa da empresa;
- os recursos financeiros da empresa são insuficientes para explorar a tecnologia;
- a janela de oportunidades é pequena, e a empresa não consegue evoluir rápido o suficiente;
- o potencial de mercado é menor que o esperado.

- o negócio pode não ser lucrativo para a empresa;
- a permissão que outras empresas tenham acesso à tecnologia é a ação mais apropriada;
- a gama de tecnologias no mercado é muito variada.

Nesse último caso, é difícil para a empresa acompanhar todas as tecnologias relevantes de todos os componentes ou subsistemas de um produto final. Assim, a empresa pode achar que, dentro do *continuum*, é desejável competir com produtos mais próximos do nível do *know-how* do que com o produto completo.[8] Isso significa que as indústrias de alta tecnologia experimentam um movimento em direção à "componentização".

Permitir a outras empresas o acesso à tecnologia (por exemplo, por meio de acordos de licenciamento) faz sentido quando o mercado é caracterizado por externalidades da rede. Lembre-se de que, no Capítulo 1, descreve-se que muitos mercados de alta tecnologia são caracterizados por uma situação onde quanto maior o número de clientes que adotam e usam determinada inovação, maior seu valor para todos os usuários. Por exemplo, o valor de um portal de Internet (tanto para clientes como para empresas ligadas ao portal) aumenta em proporção direta ao número de usuários do portal. Conhecido como "retorno sobre o aumento da demanda", esse tipo de externalidade de rede tende, de um lado, a favorecer uma posição no *continuum* mais próxima de vender o *know-how*.[9]

Mas, de outro lado, o *know-how* frequentemente envolve um conhecimento implícito que dificulta sua avaliação e comercialização. Portanto, essa realidade empurra a empresa na direção da venda do produto final.

Porém, a melhor estratégia pode ser procurar aplicação e padronização mais amplas de uma tecnologia (por meio de acordos de licenciamento) para desencorajar a produção de tecnologias substitutas por outras empresas. A venda do *know-how* da tecnologia é essencial em tal estratégia.[10]

É importante notar que as empresas tendem *a vender mais na direção do nível de produto final do continuum* quando oferecem componentes incompatíveis com os padrões da indústria. Geralmente, os clientes querem ter a possibilidade de misturar e combinar componentes compatíveis. A pouca compatibilidade no âmbito das tecnologias relevantes aumenta os custos do cliente para montar um sistema aceitável. Em tal situação, vender o *know-how* ou componentes individuais é difícil, e vender componentes novos e melhorados é mais difícil ainda. Por exemplo, imagine uma inovação de um fabricante de discos de computadores. Se os *drives* existentes forem incompatíveis com o novo disco, o inovador terá de, de alguma maneira, persuadir os fabricantes de *drives* a produzir e comercializar *drives* compatíveis. Assim, empresas que fabricam produtos incompatíveis em vez de produtos de acordo com os padrões do mercado podem preferir se posicionar mais próximas do usuário final, de maneira a oferecer um pacote completo para o cliente.[11]

Uma empresa que prefira competir perto do nível de usuário de sistema final do *continuum* com um sistema ou produto incompatível com os padrões do mercado enfrenta graves consequências.[12] Veja as dificuldades da Apple Computer para competir com o duopólio "Wintel" (Windows-Intel). A ênfase da Apple em seus próprios padrões em vez dos padrões construídos em volta da plataforma Wintel tornou a concorrência extremamente difícil para os que desenvolveram hardware e software terceirizados. A Sun Microsystems também enfrentou problemas semelhantes.

Finalmente, as empresas devem tanto comercializar como licenciar tecnologia quando:

- oferecer a tecnologia para os concorrentes pode encorajar a padronização da tecnologia da empresa na indústria;
- a empresa pode ter habilidade em alguns segmentos de mercado, mas não em outros (doméstico, mas não internacional, ou consumidor, mas não industrial);
- grandes compradores corporativos exigem uma segunda fonte.[13]

Historicamente, em vez de vender ou licenciar *know-how*, a maioria das empresas procurou vender a partir do nível mais próximo do usuário final. Por exemplo, receita de *royalty* (do licenciamento de direitos do *know-how*) não é, historicamente, uma fonte de renda principal, se comparada à receita da venda de produtos agregados. Na verdade, em muitas indústrias, as receitas de *royalty* são menores que as próprias despesas de P&D.[14] Porém, cada vez mais empresas de alta tecnologia estão obtendo receita a partir de vários níveis do *continuum* "o que vender", por exemplo, comercializando sua tecnologia em alguns mercados e vendendo ou licenciando em outros.[15]

Um dos motivos pelos quais empresas de alta tecnologia tendem hoje a vender mais que apenas produtos ou componentes é que, no ambiente de alta tecnologia, o crescimento corporativo sustentável em longo prazo depende do desenvolvimento e da influência contínuos da tecnologia da empresa. Para maximizar a taxa de retorno do investimento em tecnologia, a empresa precisa planejar a exploração de todas as suas tecnologias no mercado. Essas tecnologias podem, mas não necessariamente devem, ser incorporadas aos próprios produtos e serviços da empresa. Assim, a estratégia de *marketing* de uma empresa pode – e provavelmente deve – incluir a venda de tecnologias ou um *royalty*.[16]

Por exemplo, a Texas Instruments, que anteriormente dependia da venda de componentes de produtos finais, recentemente obteve uma receita maior das licenças do que de todas as suas outras operações.[17] Outro exemplo de empresa que consegue gerar receita em diferentes pontos do *continuum* é a Canon, que vende simultaneamente subsistemas de impressoras para OEMs tanto para a Hewlett--Packard como para a Apple, e impressoras a laser prontas para o uso para consumidores finais.

Uma última questão relacionada à pergunta "o que vender" diz respeito a *mercados internacionais*. Em muitos casos, a transferência de tecnologia para outros países pode ocorrer no padrão *turnkey deals*,[18] no qual uma empresa transfere os direitos (por exemplo, por meio de uma licença) para usar sua tecnologia em outra empresa. A decisão de transferir tecnologia para produtores potencialmente com custos menores precisa considerar seus efeitos nos planos de fabricação da própria empresa. Muitos países em desenvolvimento desejam agregar valores a seus recursos naturais. O Brasil, por exemplo, quer vender aço, e não minério de ferro, e tem a capacidade de exportar aço de maneira relativamente barata porque possui as matérias-primas essenciais. No longo prazo, os efeitos de tal decisão não podem ser ignorados.

Considerações sobre a transferência de tecnologia[19]

Um dos grandes obstáculos para o processo de transferência de tecnologia é estabelecer um valor realista e preciso para a tecnologia a ser transferida. Muitos métodos foram desenvolvidos para esse processo, e eles são mencionados em publicações da Association of University Technology Managers (AUTM). Inventores frequentemente superestimam o valor de suas inovações e subestimam os riscos de investimento envolvidos na compra da invenção. Por exemplo, muitos inventores não entendem que podem ser necessários mais de 200 milhões de dólares e que pode levar de sete a dez anos para se desenvolver uma droga ou uma vacina, sem nenhuma garantia de que ela será aprovada pelo marketing, ou que, caso aprovada, tenha sucesso comercial. Portanto, uma das questões mais difíceis da transferência de tecnologia é avaliar a invenção. A participação na AUTM fornece uma rede de colegas que podem ser consultados sobre os termos controversos em um acordo em negociação.

Uma segunda questão-chave no processo de transferência de tecnologia é a proteção dos direitos de propriedade intelectual, tanto para o inventor como para a empresa que licenciou ou comprou o produto. É improvável que uma empresa faça os gigantescos investimentos necessários para o desenvolvimento do produto sem que tenha garantido um período de exclusividade para recuperar o investimento e ganhar um retorno justo. Não patentear uma invenção reduz em muito o incentivo para a empresa investir em seu desenvolvimento, o que pode retardar ou impedir a aplicação da tecnologia para uso público. É importante notar que, se o inventor fizer uma "oferta de venda" antes de solicitar uma proteção de patente, o fato pode impedir que ele a obtenha, caso o pedido tenha sido feito em um período posterior a um ano após a invenção ser posta à venda.[20] Sob essa luz, instituições que anunciam as tecnologias disponíveis para licenciamento devem tomar precauções extremas para não destruir a "novidade" de uma invenção, bem como a possibilidade de que ela seja patenteada. Uma maneira barata de prevenir isso é fazer uma "Solicitação de patente provisória" antes de fazer qualquer tentativa de atrair interessados. Essa medida protegerá os direitos de patente norte-americanos e estrangeiros por um ano, no qual a patente deverá ser solicitada para que a proteção continue.

Independente de onde a empresa escolha vender dentro do *continuum*, o desenvolvimento de produtos e inovações de alta tecnologia necessita de enormes investimentos de P&D. Para maximizar esses investimentos, a empresa de tecnologia precisa projetar cuidadosamente a arquitetura de seus produtos, lidando com questões como modularidade do produto, plataforma de produtos e derivados. Isso nos leva ao quarto passo do processo de desenvolvimento de tecnologia, o gerenciamento de tecnologia/produto em andamento, e as subquestões do gerenciamento de plataformas e derivados.

Arquitetura do produto: modularidade, plataformas e derivados

Modularidade

Modularidade é construir um produto complexo a partir de subsistemas menores que podem ser projetados independentemente e, mesmo assim, funcionar como um conjunto.[21] A modularidade em um projeto exige que a informação seja desmembrada em componentes visíveis e ocultos. A informação visível consiste em projetar regras sobre como os subsistemas devem funcionar juntos. A informação oculta consiste em como projetar cada subsistema independentemente, seguindo as regras visíveis do funcionamento com outros subsistemas. Empresas diferentes podem assumir a responsabilidade por cada um dos módulos, assegurando que seus esforços coletivos criarão valor para o cliente. Empresas de várias indústrias, como de automóveis, computadores e softwares, usam a modularidade por causa dos seus muitos benefícios. Cada empresa fornecedora pode se concentrar em um módulo e torná-lo melhor, acelerando assim a taxa de inovação na indústria. A empresa que estiver executando as regras visíveis (a empresa-arquiteta) consegue os melhores subsistemas por causa da concorrência entre as empresas fornecedoras. E os clientes têm a possibilidade de misturar e combinar os módulos para preencher suas necessidades específicas. Porém, a modularidade exige que a empresa-arquiteta tenha um conhecimento profundo de cada subsistema para que as regras do projeto possam ser especificadas antecipadamente.

A modularidade reduz a incerteza no projeto do produto e torna a operação mais previsível para a empresa de tecnologia. Com isso, pesquisas mostram que a modularidade resulta na padronização do produto, diminui os obstáculos para a entrada de concorrentes e traz mais acréscimos do que inovações radicais.[22] Para uma ruptura significativa no desempenho do produto, os componentes e subsistemas individuais precisam ser altamente independentes ou integrados. Mas uma estratégia de produto integrado apresenta maiores riscos porque uma mudança em um único componente afeta todos os outros e o produto como um todo. Parece prudente ter uma estratégia de produto integrado nos primeiros estágios do ciclo de vida, quando o desempenho é importante para o cliente. Mais tarde, quando o cliente precisar de mudanças, por conveniência, flexibilidade e preço, pode ser usada uma estratégia de modularização.

A indústria de softwares apresenta um bom exemplo de modularidade do processo de desenvolvimento de um produto.[23] Os subsistemas na maioria dos softwares incluem subsistemas de acesso a arquivos, edição, formatação de gráficos e impressão, todos com interfaces internas de subsistema e uma interface gráfica de usuário. No mundo dos softwares, as interfaces são particularmente importantes, e seu projeto e sua evolução podem resultar em sistemas de vida longa e dominação de mercado. Por exemplo, a Microsoft guia de maneira eficaz as inovações de milhares de empresas de software independentes por ter desenvolvido e promovido mecanismos de interface padronizados que permitem que diferentes programas se comuniquem dentro de um ambiente computadorizado distribuído. A compatibilidade resultante, ou *interoperabilidade*, reduz, para o cliente, o tempo de aprendizado de cada pacote e permite o compartilhamento de dados. Além disso, ao estabelecer o padrão de uma indústria, a Microsoft permite que outras empresas construam módulos que operem dentro do Windows. O desenvolvimento desses produtos de terceiros reforça o padrão, e, mesmo assim, a Microsoft não divide os custos de desenvolvimento ou marketing. Essas empresas independentes de terceiros se tornam, além de produtores de softwares, defensores do Microsoft Windows.

Plataformas e derivados

Uma *plataforma de produto* é uma arquitetura comum, baseada em um único projeto e uma tecnologia de base. Novas plataformas de produtos apresentam benefícios de performance melhorada e envolvem investimentos significativos em comparação às plataformas existentes e são, por esse motivo, também chamadas de produtos de "próxima geração". Uma plataforma de produto pode ser compartilhada por uma série de produtos *derivados* que atendem às necessidades específicas de clientes.[24] Os produtos derivados incluem diferentes modelos, marcas ou versões da plataforma de produto que pretendem preencher lacunas de performance entre as plataformas de produto. Por exemplo, cada geração de processadores da Intel, como o Dual Core, é uma plataforma de produto que compartilha a mesma tecnologia de base. Porém, o Dual Core-M é um derivado do processador de dois núcleos para dispositivos móveis. Cada empresa precisa de um mapa de tecnologia ou uma estratégia de produto que abranja suas várias plataformas e derivados.

Por que usar uma estratégia de plataforma e derivados?

Há pelo menos dois motivos para o uso de uma estratégia de plataforma e derivados em mercados de alta tecnologia. O primeiro remete a uma das características comuns dos mercados de alta tecnologia — os custos da primeira unidade. Os profissionais de marketing de alta tecnologia normalmente enfrentam uma situação em que os custos de produção da primeira unidade são muito altos em relação aos custos de sua reprodução.[25] Por exemplo, o custo da cópia de um DVD é insignificante se comparado ao custo de contratar especialistas para produzir o conteúdo do primeiro. Essa característica dos mercados de alta tecnologia torna uma estratégia de plataforma de produto muito atraente. Se os custos incrementais de desenvolvimento de produtos derivados são relativamente pequenos comparados à plataforma de produto, fazer proliferar versões de um mesmo projeto para alcançar vários segmentos, acrescenta receita à empresa.

Como mostra a Figura 7.3, um segundo motivo para usar uma estratégia de plataforma e derivados é o fato de que a introdução de um produto fruto de uma inovação radical cria, inevitavelmente, "lacunas" no mercado.[26] Essas lacunas ficam evidentes na migração do cliente da antiga para a nova tecnologia. É importante destacar que a empresa não deve ignorar essas lacunas que podem permitir que os concorrentes desenvolvam estratégias de preenchimento desses espaços e possivelmente tirem a empresa do mercado que ela própria criou.

É vital que a empresa entenda quem está comprando os produtos atualmente no mercado e por que, para poder formar um julgamento sobre as lacunas que serão criadas por uma nova plataforma de produto. Depois, a empresa precisa preencher as lacunas com derivados, que podem ser versões do

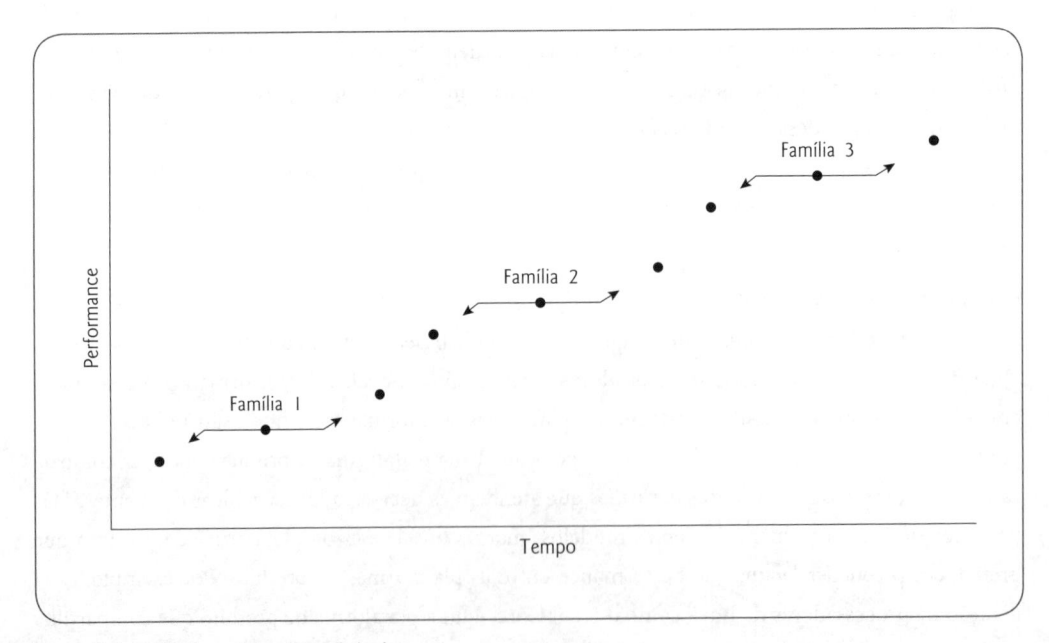

Figura 7.3 — Plataforma de produto e derivados

modelo anterior com novas características ou versões não tão desenvolvidas dos novos produtos. A estratégia guia as necessidades dos futuros clientes enquanto fornece um caminho de migração para clientes atuais do produto mais antigo para o mais novo.[27]

A Intel é mestre em preencher as lacunas criadas pela introdução de uma nova plataforma de produtos.[28] Como mostra a Figura 7.4, a empresa introduziu derivados para "preencher lacunas" tanto no "*low end*" como no "*high end*" de seus produtos. Por exemplo, só no caso da família Pentium, a Intel introduziu o chip Pentium em velocidades de 60 a 66 MHz em março de 1993; e, depois, foi sucessivamente lançando versões mais rápidas que chegaram a mais de 3.4 GHz. Cada lançamento envolveu um corte de preço que tornou possível a redução de custos. Além disso, a empresa também desenvolveu versões compactas do chip para os mercados de laptops e notebooks. Portanto, a Intel preencheu rapidamente todas as lacunas de performance, preço e aplicativos criados pelo Pentium e se antecipou à concorrência. Similarmente, quando a empresa introduziu sua nova plataforma de chip Pentium Pro, preencheu os nichos de mercado criados por aquele chip. E o chip Pentium Pro funcionava com os aplicativos de software projetados para os antigos chips Pentium, fornecendo um caminho de migração para os clientes. Em 1997, a empresa cobriu a lacuna no mercado de multimídia introduzindo a tecnologia MMX para áudio, vídeos e gráficos.

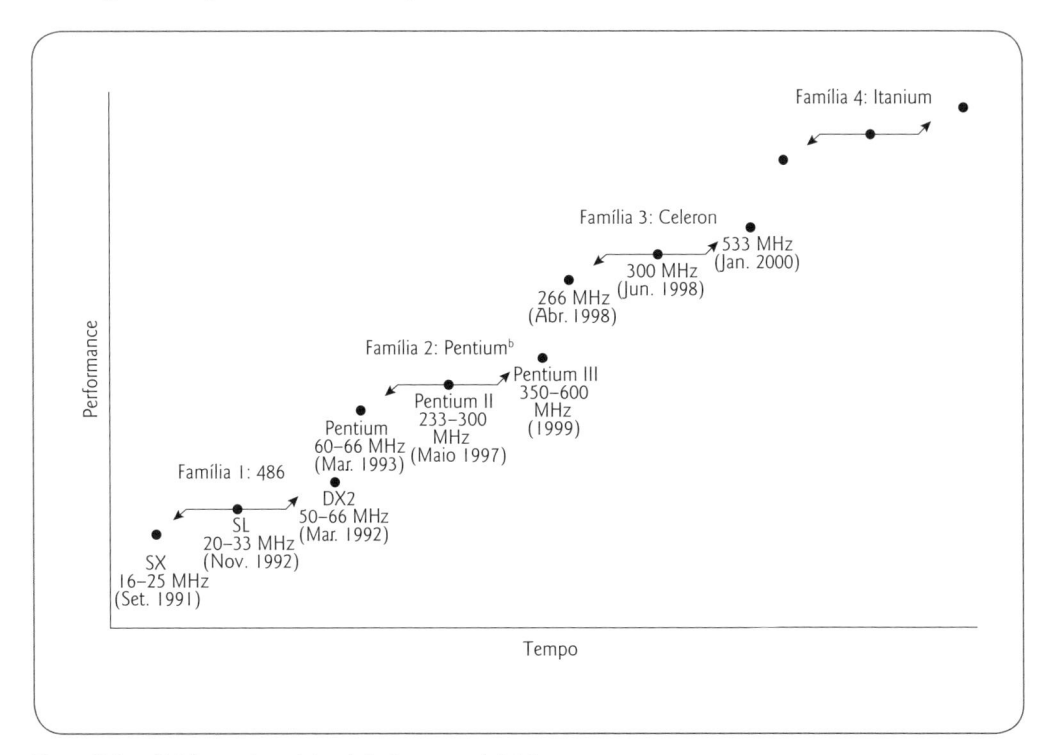

Figura 7.4 — Plataformas de produto e derivados no caso da Intel[a]

a Sumário simplificado de informações de 2000 disponíveis no site da Intel (http://www.intel.com/pressroom/kits/processors/quickreffam.htm).

b Não são mostradas as séries: MMX e XEON.

Uma estratégia de produtos que abranja plataformas e derivados pode ser integrada ou modular. Se for modular, a empresa pode convidar outros participantes da indústria para desenvolver derivados. Isso pode exigir padrões de especificação de interoperabilidade. Às vezes, o governo ou a indústria propõem padrões vitais para o sucesso de novas tecnologias (Capítulo 1).[29]

Tomando decisões sobre plataformas e derivados

Então, como saber qual é a plataforma comum apropriada, passível de ter versões desenvolvidas em múltiplos derivados de maneira barata e lucrativa?[30] Em vez de projetá-la para maximizar seu apelo a um segmento específico, a plataforma deve ser projetada para o nível mais alto do mercado usuário e deve incorporar o máximo possível das características desejadas por esse segmento.[31] Embora o nível mais alto não seja representativo do mercado como um todo, é mais provável que os grandes custos fixos de desenvolvimento sejam recuperados ao se desenvolver um projeto com os atributos desejados pelo segmento "disposto a pagar". Subsequentemente, a empresa pode vender versões do produto a preços muito mais baixos por um custo incremental modesto. É a *subtração* de características que promove um custo incremental mais baixo, e não o acréscimo de novas características "*high end*".

Essa recomendação é consistente tanto com a noção de cruzar o abismo como com o processo de usuário de vanguarda. Ao cruzar o abismo, produtos desenvolvidos para inovadores e entusiastas normalmente incorporarão características tecnologicamente mais avançadas do que as versões desejadas pelos conservadores. Do mesmo modo, como os usuários de vanguarda tendem a ser mais sofisticados, desenvolver produtos com *input* para eles pode resultar em produtos tecnologicamente mais avançados. Independentemente disso, antes de aprofundar o desenvolvimento desses subsistemas, os projetistas precisam fazer um estudo cuidadoso da necessidade dos usuários e incorporar as descobertas em iniciativas de engenharia.[32] A *conjoint analysis* pode ser uma ferramenta útil para estimar as características desejadas na plataforma (Capítulo 5).[33]

A determinação sobre quão melhor cada nova versão deve ser, o intervalo entre o lançamento das versões e o posicionamento de cada versão em relação à outra são questões complexas que devem ser consideradas. Além disso, como ajudar OEMs e usuários finais a gerenciar suas escolhas de migração (como foi discutido no Capítulo 6) deve fazer parte dessas decisões.

Equipes de desenvolvimento de novos produtos

O Capítulo 2 discutiu o papel do defensor do produto no início do processo de desenvolvimento de um novo produto, especialmente no caso de inovações radicais. Porém, na maioria das situações, o defensor do produto precisará recrutar e cultivar uma equipe para a concretização da ideia de desenvolvê-lo.

A maioria das empresas de tecnologia organiza o desenvolvimento de novos produtos por meio de *equipes multidisciplinares de desenvolvimento de produto*. É amplamente aceito que o produto apresenta melhor qualidade e faz sucesso no mercado quando as equipes de desenvolvimento integram indivíduos de diferentes áreas funcionais (como marketing, P&D, manufatura, engenharia e compras).

O resumo de uma pesquisa[34 35] sobre a performance de equipes de novos produtos pode ser visto na Figura 7.5. Os resultados obtidos incluíram a qualidade e nível de inovação dos produtos resultantes das equipes de novos produtos. O nível de inovação é negativamente relacionado à qualidade do produto, reforçando a observação comum de que alguns produtos resultantes de inovações radicais apresentam "problemas" (falhas ou problemas operacionais) no início. A performance de equipe é afetada pelas características da equipe, do cliente e da empresa que desenvolve o produto. Entre as características da equipe, a habilidade de compartilhar a informação entre seus membros resulta em um produto de maior qualidade. Além disso, o desenvolvimento de uma identidade global da equipe e o encorajamento para assumir riscos resultam em um maior nível de inovação do produto. A influência do cliente no processo de desenvolvimento do produto resulta em um produto de maior qualidade, assim como a orientação qualitativa do responsável pelo desenvolvimento do produto. Finalmente, o monitoramento do progresso da equipe pela gerência sênior resulta em um maior nível de inovação.

Sistemas de recompensa eficientes são usados para motivar o comportamento individual e de equipe, melhorando o desempenho do grupo. Duas questões gerenciais importantes que dizem respeito a recompensar a equipe são: (1) como distribuir as recompensas entre os membros da equipe e (2) quais os critérios usados para recompensar a equipe. Há duas maneiras de distribuir as recompensas dentro da equipe.

Recompensar a equipe como um grupo. Nesse caso, a recompensa pode ser ou distribuída *igualmente* entre todos os membros da equipe ou de maneira diferente, tendo como base a *posição* ou o

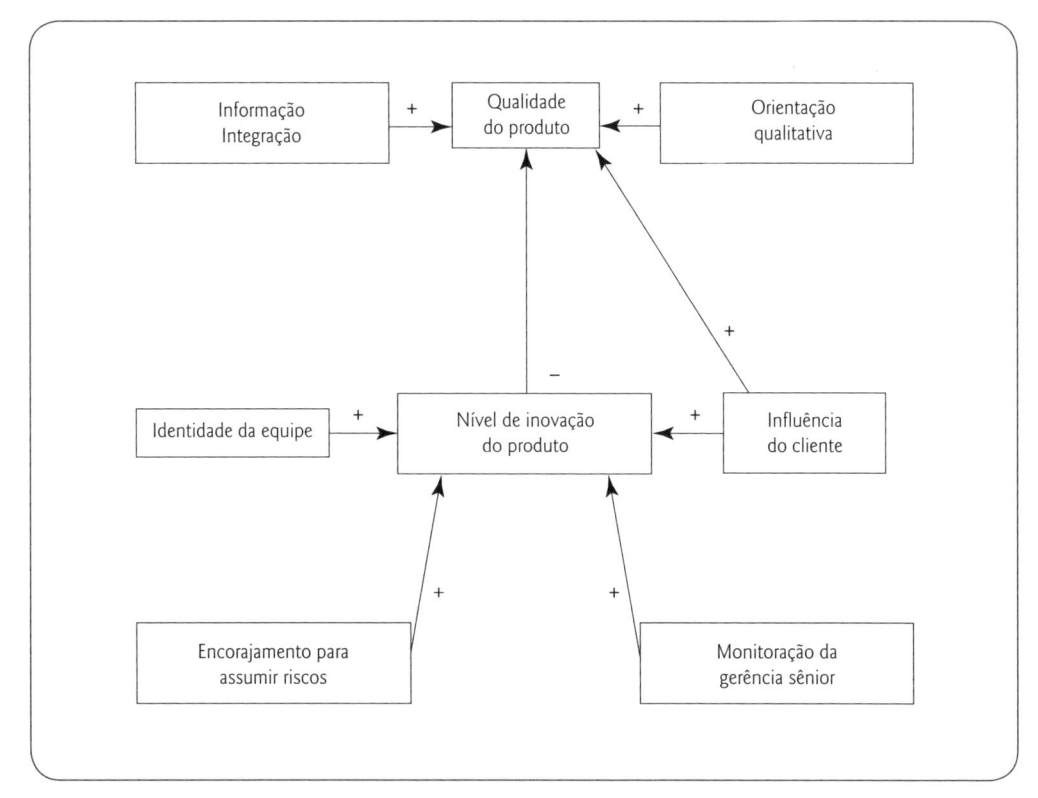

Figura 7.5 — Desempenho de equipes de novos produtos

status dentro da organização. Pesquisas mostram que quando é fácil avaliar a performance do indivíduo, a recompensa baseada na posição é positivamente relacionada à satisfação dos membros da equipe. Quando é difícil avaliar a performance individual, recompensas idênticas são negativamente relacionadas à satisfação dos membros da equipe.[36] Isso significa que, quando a performance individual é difícil de ser avaliada, nem a recompensa distribuída igualmente nem a baseada na posição funcionam de maneira satisfatória. Assim, as empresas de tecnologia devem investir em sistemas de monitoramento e procedimentos para medir melhor a performance individual dentro das equipes.

Recompensar a performance individual dos membros da equipe. Os membros da equipe podem receber recompensas individuais *baseadas no processo* ou *baseadas em resultados*. Recompensas baseadas no processo são aquelas ligadas a procedimentos ou comportamentos (por exemplo, conclusão de determinadas fases do projeto de desenvolvimento do produto). Recompensas baseadas em resultados são aquelas ligadas à lucratividade do projeto. A performance da equipe pode ser medida por critérios *externos* (como velocidade de colocação no mercado, permanência dentro do orçamento e do cronograma, inovação, qualidade do produto e performance no mercado) ou por critérios internos (como performance dentro da equipe e satisfação dos membros do grupo). Em projetos longos e complexos de desenvolvimento de produtos, as recompensas baseadas em resultados são positivamente relacionadas à performance da equipe, ao passo que as recompensas baseadas no processo são negativamente relacionadas à performance do grupo.[37] Os planos de opções de compra de ações para funcionários são usados por empresas de tecnologia como uma maneira específica de recompensar a longo prazo, com base em resultados, as performances individual e de equipe.

Nos últimos anos, a Apple lançou vários produtos inovadores de sucesso no mercado, como o iMac em 1998, o PowerBook G4 Titanium em 2001, o iPhone em 2007 e o IPad em 2010. A empresa mantém várias equipes diferentes trabalhando em novos produtos. Desde o início, um dos grupos mais essenciais é a equipe de projeto de engenharia de hardware. Essa equipe tinha dois líderes em 2001, Jon Rubinstein, 46 anos, engenheiro elétrico, e Jonathan Ive, 36 anos, um designer industrial britânico, além de outros membros.[38] Durante o desenvolvimento do PowerBook G4 Titanium, Ive e seus projetistas de produto testaram vários tipos de materiais para revestir o *laptop*, desde alumínio até aço inoxidável. Rubinstein e seus engenheiros de produto rejeitaram algumas sugestões alegando que umas eram muito caras e outras difíceis de aplicar. Por fim, ambos os responsáveis e suas equipes decidiram que o titânio era a melhor escolha, pois era fino, leve e durável. A equipe seguiu um processo de desenvolvimento de cinco fases, incluindo um rigoroso estágio conceitual, no qual os objetivos do produto foram cuidadosamente examinados e discutidos. Steve Jobs, cofundador e CEO da Apple, ia frequentemente a essas reuniões, motivando e fornecendo uma estratégia de produto clara. O processo altamente racionalizado e a implementação de mapas de tecnologia resultaram em uma maior velocidade de lançamento de produto, reduzindo esse tempo de 24 meses para algo entre 12 e 18 meses.

Um alerta sobre questões relacionadas a "matar" o desenvolvimento de um novo produto[39]

A decisão sobre quando interromper o desenvolvimento de um produto que não vai bem no mercado é extremamente difícil. É frequente que gerentes tendam a se manter firmes e comprometidos com seus projetos, mesmo com aqueles que emitem sinais que estejam fracassando; tal situação é quase sempre chamada de "dinheiro bom em busca de ruim". Tomadores de decisões têm preferências fortes que afetam as decisões de "parar". Defensores do produto e entusiastas são otimistas convictos sobre a futura viabilidade de seus projetos. Além disso, como se envolvem pessoalmente com eles, tendem a perseverar a todo o custo. Essa dimensão de comprometimento é um grande problema na introdução de novos produtos. Por que isso acontece?

Gerentes que tendem a acreditar que podem controlar as incertezas em seu favor continuam a aumentar o comprometimento com tais projetos. Para justificar suas decisões, tentam fazer que os dados caibam em suas expectativas em relação ao novo produto. Se o tomador de decisão for altamente positivo em relação ao novo produto, tenderá a confirmar essa hipótese procurando dados que apoiem essa decisão. Por exemplo, é mais provável que o gerente reúna informações consistentes com suas crenças anteriores (positivas), tenda a interpretar informações neutras como positivas, chegando inclusive a ignorar ou distorcer informações negativas para dar suporte ao desejo de que o novo produto seja bem-sucedido. Na verdade, ele pode chegar a interpretar uma informação negativa como positiva! Pesquisas recentes mostram que a distorção de informações negativas em positivas ocorre duas vezes mais do que o contrário.

Essas tendências são um dos motivos pelos quais melhorar a informação que pode afetar a decisão de retirar um produto do mercado não resulta nessa retirada. Na verdade, pedir para os gerentes estabelecerem e se comprometerem com uma regra de interrupção é simplesmente ineficaz. À luz dessas complicações, os gestores devem tentar fazer o seguinte:

1. é claro que uma mudança de direção não será feita a menos que os gerentes estejam a par do problema. Então, o reconhecimento do problema exige que os gerentes atentem à possibilidade de um retorno negativo. Porém, à luz da confirmação da tendência previamente apontada, tal reconhecimento pode ser extremamente difícil;[40]
2. gerentes também devem reexaminar a estratégia previamente escolhida, tanto para esclarecer a magnitude do problema como para possivelmente redefinir o problema. Isso é igualmente difícil em virtude do conflito de informações e da diferença de opiniões. Alguns investidores têm um interesse fixo em manter o *status quo*, ao passo que outros exercem pressão para mudar a direção;[41]
3. gerentes devem procurar uma alternativa para o curso da ação, tentando obter indícios independentes do problema e identificando possíveis novas ações. A criatividade é vital para identificar uma larga gama de opções, e a empresa deve criar uma cultura que encoraje o questionamento aberto.[42] O entusiasmo dos defensores pode ser contagioso, e liderar uma equipe com fé cega no sucesso é perigoso. Portanto, pode ser uma boa ideia, desde o início, manter pessoas contrárias ou céticas na comissão de revisão. Da mesma maneira que uma equipe de desenvolvimento de um

novo produto precisa de um defensor do produto, a equipe também precisa de um "contrário", alguém que consiga interromper o processo baseado em indícios concretos e objetivos;[43]

4. gerentes devem preparar os principais envolvidos para uma mudança iminente e tentar administrar as impressões. Tentativas ativas de remover o projeto do núcleo da empresa poderá ajudar nesse estágio;[44]

5. Boulding, Morgan e Staelin sugerem que os gerentes devem desacoplar a decisão de retirar o produto dos investimentos feitos no projeto. Idealmente, essa decisão exige o uso de outro tomador de decisão para retirar o produto;[45]

6. como alternativa, a empresa pode usar uma regra de interrupção desenvolvida anteriormente, baseada em informações disponíveis na época do início do projeto ou da decisão de lançar o produto. Porém, se a empresa tenta atualizar essa regra baseada em informações novas e factuais, disponíveis no momento da decisão de interromper o projeto, ela provavelmente não será eficiente, pois poderá estar contaminada pelas tendências já apontadas. Um procedimento mais eficaz para reduzir a dimensão do comprometimento retira informações "fora do jogo" ligadas àqueles com um firme interesse no projeto e apresenta uma decisão baseada em referências estabelecidas anteriormente a comprometimentos incrementais ao projeto.[46]

Desenvolvendo serviços como parte da estratégia de produtos de alta tecnologia

O processo de desenvolvimento de serviços oferece desafios diferentes do processo de desenvolvimento de produtos concretos. Muitas empresas envolvidas em desenvolvimento, fabricação e distribuição de produtos de alta tecnologia voltaram-se para o setor de serviços como modo de aumentar o fluxo de receitas. Por exemplo, em 2001 a IBM gastou 100 milhões de dólares para desenvolver serviços de treinamento, consultoria e suporte para sistemas operacionais Linux (note que o sistema operacional em si, baseado em sistema operacional de fonte aberta, é gratuito). Da mesma maneira, revendedores e distribuidores de equipamentos de alta tecnologia voltaram-se para a área de treinamentos e outros serviços para melhorar suas estreitas margens de lucro em hardware.

A Figura 7.6 esquematiza as possibilidades de oferta combinada entre produtos e serviços em indústrias de alta e baixa tecnologia.

Na célula 1, uma empresa que venda um produto de alta tecnologia tangível como hardware ou bens eletrônicos, pode aumentar suas vendas de produto com receita de serviços, como no exemplo da IBM. Há várias maneiras de fazer isso. Primeiro, a empresa pode oferecer serviços de consultoria juntamente com a venda de produtos. Esse é um dos motivos-chave que levaram empresas de alta tecnologia a comprar (ou tentar comprar) algumas das maiores empresas de consultoria do mundo. Por exemplo, a IBM comprou a Price Waterhouse Coopers and Lybrand para aumentar a gama de serviços de consultoria de tecnologia. É claro que, com os problemas que a indústria de auditoria enfrentou no início do século XXI, é imperativo que os serviços de consultoria da empresa tenham credibilidade, e não atuem simplesmente como uma força semelhante à de vendas cujo único objetivo é encontrar

```
                    "Alta tecnologia"
           ┌──────────────────┬──────────────────┐
           │                  │                  │
           │        1         │        2         │
           │                  │                  │
 Produto   ├──────────────────┼──────────────────┤  Serviço
           │                  │                  │
           │        3         │        4         │
           │                  │                  │
           └──────────────────┴──────────────────┘
                    "Baixa tecnologia"
```

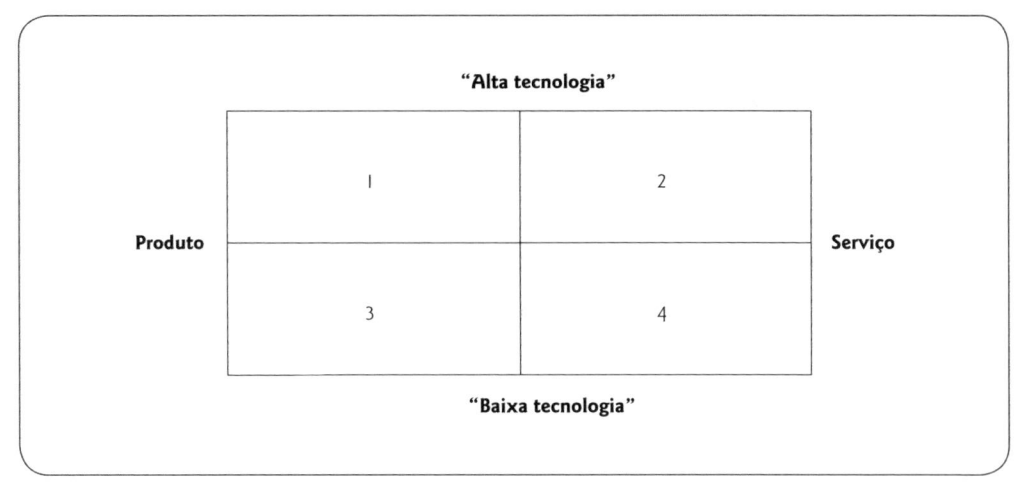

Figura 7.6 — Interseção entre tecnologia e serviços

meios de vender mais produtos da empresa. Outro exemplo dessa estratégia é uma empresa que ofereça um smartphone que possua capacidade de processamento de textos e planilhas, GPS e câmera digital, que também pode oferecer a capacidade de gerenciar e analisar os dados recolhidos pelo aparelho continuamente via rede 3G, como a performance de uma equipe de vendas em tempo real. Segundo, a empresa que vende produtos de alta tecnologia pode oferecer contratos de treinamento, assistência técnica e manutenção para complementar a receita das vendas de produtos.

Ambas as estratégias podem fornecer à empresa um fluxo contínuo de receitas após a compra do produto. Na verdade, o foco do relacionamento a logo prazo com o cliente sugere que aumentar as vendas de produtos com a receita de serviços pode ser a melhor estratégia para muitas empresas. As questões essenciais que devem ser consideradas pela empresa a respeito da interseção entre serviços e tecnologia são:

- A empresa tem funcionários suficientes na área de serviço? Eles estão treinados apropriadamente para gerenciar de maneira eficaz as perguntas e necessidades do cliente?
- Será que a empresa pode desenvolver proficiência nesses serviços sem perder suas competências centrais em inovação e desenvolvimento de produtos?

Na célula 2, estão as empresas que oferecem serviços de alta tecnologia. Elas podem contratar empresas de consultoria que avisem os clientes sobre a implementação de soluções de tecnologia, assim como fornecedores de serviços que ofereçam serviços de outras fontes para clientes empresariais (como computação em nuvem). Além disso, algumas dessas empresas de serviços de "alta tecnologia" precisam de produtos para concretizar seus serviços. Um exemplo é o uso de estações de trabalho CAD/CAM por uma empresa de engenharia ou arquitetura para fornecer projetos a seus clientes. As questões que devem ser consideradas são:

- Será que o pessoal de atendimento técnico consegue se comunicar de maneira fácil com os clientes?
- As tecnologias de base usadas para fazer o atendimento são confiáveis em termos de tempo? (Considerando que serviços de provedor para lojas eletrônicas precisam assegurar acesso aos compradores 24 horas por dia, 7 dias por semana.)

- A empresa investe continuamente em atualizações para manter tecnologia de ponta?
- A empresa investe adequadamente em treinamento para estar em posição de vanguarda?

Na célula 3, para empresas que oferecem produtos mais tradicionais, questões relacionadas à interseção entre serviços e tecnologia incluem a adoção de tecnologias para melhorar o atendimento ao cliente ou tornar a cadeia de suprimentos mais eficiente. Por exemplo, o uso de aparelhos de leitura óptica de códigos de barra no varejo para que os consumidores possam verificar seus bens ajudam a melhorar o atendimento ao cliente e reduzir custos. Como outro exemplo da célula 3, empresas que oferecem produtos tradicionais (como tênis Nike) precisam contar com soluções de tecnologia para ficar lado a lado com os maiores e mais importantes concorrentes no quesito suprimento de pontos de venda. Por exemplo, a Nike gastou 500 milhões de dólares em um sistema de gerenciamento da cadeia de suprimentos da SAP para automatizá-la.

Finalmente, na célula 4, empresas que oferecem serviços de "baixa tecnologia" também precisam usar a tecnologia como parte de sua estratégia de entrega do serviço. Muitas indústrias de serviços tradicionais — sem serviços intensivos em P&D — são afetadas por inovações tecnológicas. O movimento pelas tecnologias de autoatendimento, por exemplo, permitiu que muitas indústrias automatizassem operações que anteriormente exigiam um trabalho intenso.[47] O uso de caixas eletrônicos e do Internet Banking são exemplos na área bancária. Outro exemplo é a adoção de testes de DNA para prender e condenar criminosos, uma melhoria em relação ao antigo trabalho do investigador, *à la* Sherlock Holmes.

Esses exemplos das células 3 e 4 evidenciam outra dimensão-chave na interseção entre tecnologia e serviços: é o cliente que usa a tecnologia (ou seja, uma solução externa de tecnologia de "atendimento ao cliente") ou são os funcionários da empresa que usam a tecnologia para ganhar eficiência nos processos de negócios (isto é, uma solução interna de tecnologia)?

No caso de soluções externas de tecnologia de "atendimento ao cliente", as questões essenciais são:
- Os clientes estão confortáveis usando a tecnologia do autoatendimento? Eles foram treinados para usá-la de maneira eficaz? Ela fornece um valor real ou eles sentem que a empresa está apenas empurrando custos de serviço indiretos, forçando-os a fazer o que os clientes esperavam que a empresa fizesse por eles? Os clientes sentem falta do contato humano em suas interações com a empresa?
- Os clientes têm acesso à tecnologia necessária para fazer o autoatendimento (eles têm, por exemplo, acesso à Internet)?
- Quais são os outros elementos do produto integral (ou solução de ponta a ponta) que a empresa precisa oferecer para tornar sedutor o valor da proposta?

No caso das soluções internas de tecnologia, as questões essenciais são:
- Os funcionários desejam acolher a nova tecnologia? Eles foram treinados apropriadamente?
- Os processos internos foram readequados de maneira que a eficiência da solução tecnológica possa ser concretizada?

Características únicas de serviços: implicações

Independente da interseção específica entre tecnologia e serviços, por natureza própria, a área de serviços tem características essenciais que tornam seu marketing particularmente desafiador.

Intangibilidade

Em primeiro lugar os serviços são *intangíveis*, ou seja, eles não podem ser tocados nem examinados antes da decisão de compra e gasto do consumidor. Mais que isso, o cliente de um serviço não leva para casa um bem tangível. Em outras palavras, a intangibilidade exacerba a ansiedade que o cliente pode experimentar em uma decisão de compra de alta tecnologia. O papel do marketing aqui é reduzir a sensação de risco da alta tecnologia por meio de demonstrações do produto, experiências gratuitas, garantias de recebimento do dinheiro de volta, garantia estendida, treinamento ou suporte técnico.

Inseparabilidade

Segundo, a produção de um serviço (quando o fornecedor provê o serviço) não pode ser separada de seu consumo (quando o cliente recebe o serviço). Por exemplo, quando uma empresa de alta tecnologia treina um cliente na implementação de sua nova tecnologia, o cliente recebe simultaneamente a experiência do serviço. Nesse sentido, a *inseparabilidade* significa que a empresa não consegue produzir/inventariar o bem antes da demanda do cliente. Assim, pode haver altos e baixos na demanda. Uma maneira de lidar com isso é configurar as operações de serviços de maneira flexível ou por meio de escalas. Outros provedores de serviço podem ser contratados durante os períodos de pico e dispensados nos períodos de baixa. Por exemplo, varejistas on-line podem acrescentar representantes para suprir o aumento de chamadas e pedidos durante as temporadas de compras no Natal. Outra maneira de gerenciar a natureza perecível dos serviços é cobrar por eles de maneira que o cliente tenha um incentivo para usá-los durante os períodos de baixa demanda. Isso acontece, por exemplo, no caso de operadoras de telefones celulares, que fornecem determinada quantidade de minutos de ligações durante os dias da semana mediante uma taxa mensal e uma quantidade ilimitada de ligações gratuitas na madrugada e nos finais de semana. A inseparabilidade também significa que a qualidade de cada serviço pode variar consideravelmente, de ocasião para ocasião, e de funcionário para funcionário. Por exemplo, o pessoal de SAP designado para administrar a cadeia de suprimentos da Nike pode variar em experiência e habilidades de comunicação com o cliente em relação aos designados para administrar a cadeia de suprimentos de softwares da Intel. O potencial para a inconsistência na área significa que as empresas que possuem serviços como parte de sua estratégia de marketing *devem* treinar o pessoal de atendimento ao cliente, para que haja um nível de consistência e confiabilidade independente da equipe designada para o atendimento.

Como esta seção esclarece, entender a relação entre ambientes *hi-tech* e serviços é uma peça importante para a estratégia de marketing de alta tecnologia e requer atenção especial para as características únicas da área de serviços.

Proteção de propriedade intelectual

Empresas de alta tecnologia vivem em um ambiente caracterizado por inovações frequentes, altas taxas de mortalidade, prioridade em pesquisa e desenvolvimento, competição árdua na corrida pelo mercado e parcerias com empresas que podem ser potenciais concorrentes. Em tal ambiente, o gerenciamento da informação sensível é particularmente crítico.[48] O gerente de uma empresa de alta tecnologia resumiu a questão:

> O ciclo de vida dos produtos é muito curto e o período de desenvolvimento, muito longo. Isso cria uma situação na qual ter o conhecimento é extremamente valioso. Se um dos nossos concorrentes adquirir informação, consegue uma vantagem e vai responder com ofertas de produtos e/ou serviços de uma maneira mais rápida que se não a tivessem.[49]

A informação é fundamental para o sucesso e para a vitalidade de uma empresa, mas seu potencial de vazamento pelas alianças estratégicas, trocas de funcionários e poucas informações sobre procedimentos de segurança de informação é uma ameaça real. Preocupações sobre a propriedade intelectual e a proteção de segredos de negócios são importantes em várias indústrias. Porém, elas são essenciais em indústrias de alta tecnologia, onde é mais provável que a base para a vantagem competitiva seja um *know-how* tecnológico superior. A Business Software Alliance e o IDC publicaram, em 2011, o *8º Estudo Anual da Indústria de Software*, no qual é relatado que o valor mundial de software não licenciado atingiu, em 2010, a marca de 58,8 bilhões de dólares. A Tabela 7.1 a seguir lista também os 30 países onde a taxas de pirataria são as maiores e menores. Ladrões de propriedade intelectual são especialmente comuns nas indústrias de tecnologia atuais, em que os bens mais preciosos podem ser armazenados em um disco ou compartilhados pela Internet.

A informação é uma faca de dois gumes para as empresas de alta tecnologia. Por um lado, como já foi discutido em capítulos anteriores, elas desejam coletar e utilizar informações — que incluem informações sobre seus concorrentes — para ganhar vantagem competitiva. Por outro, cada empresa quer que sua informação permaneça apenas sua e que seus limites sejam impenetráveis para os esforços de outras para recolher sua inteligência. A proteção da informação pode ser particularmente crucial quando as alianças estratégicas falham.[50] Como a empresa deve gerenciar essa situação, que requer, ao mesmo tempo, tanto aberturas como restrições no compartilhamento de informações? O conhecimento das várias estratégias de proteção da propriedade intelectual é vital.

A indústria de alta tecnologia está cheia de sagas de empresas que abriram processos contra a violação dos direitos de propriedade intelectual. Em 1997, a Digital e a Intel abriram uma série de processos uma contra a outra. Primeiro, a Digital processou a Intel, acusando-a da violação de patente de um chip da Digital chamado Alpha. A Intel contra-atacou, exigindo que a Digital devolvesse informações confidenciais, recebidas como cliente, sobre chips que ainda seriam lançados, como o Merced, que havia sido desenvolvido em conjunto com a HP. A Intel alegou que a Digital estava abusando de informações confidenciais.[51] Depois, a Digital entrou com outro processo, acusando a Intel de usar o monopólio para prejudicar a Digital, ao exigir a devolução de seus documentos técnicos. A Digital argumentou que o pedido de devolução dos dados confidenciais sobre seus chips feitos pela Intel deixaria a empresa estagnada na corrida tecnológica em sua capacidade de desenvolver produtos para a próxima geração de chips.[52] A Digital devolveu as informações sobre o Merced porque decidiu não investir em produtos para o chip, mas se recusou a devolver qualquer outro documento que a Intel também houvesse fornecido para outros fabricantes dos computadores.

Maiores taxas de pirataria		Menores taxas de pirataria	
Geórgia	93%	Estados Unidos	20%
Zimbábue	91%	Japão	20%
Bangladesh	90%	Luxemburgo	20%
Maldova	90%	Nova Zelândia	22%
Iêmen	90%	Austrália	24%
Armênia	90%	Áustria	24%
Venezuela	88%	Suécia	20%
Bielorrússia	88%	Bélgica	25%
Líbia	88%	Finlândia	25%
Azerbaidjão	88%	Suíça	26%
Indonésia	87%	Dinamarca	26%
Ucrânia	86%	Alemanha	27%
Sri Lanka	86%	Reino Unido	27%
Iraque	85%	Canadá	28%
Paquistão	84%	Holanda	28%
Vietnã	83%	Noruega	29%
Argélia	83%	Israel	31%
Paraguai	83%	Cingapura	34%
Nigéria	82%	África do Sul	35%
Camarões	82%	Irlanda	35%
Zâmbia	82%	República Tcheca	36%
Guatemala	80%	Emirados Árabes Unidos	36%
El Salvador	80%	Taiwan	37%
Bolívia	80%	França	39%
Quênia	79%	Coreia do Sul	40%
Botsuana	79%	Portugal	40%
Costa do Marfim	79%	Ilhas de Reunião (França)	40%
Nicarágua	79%	Hungria	41%
Montenegro	79%	Eslováquia	42%
China	78%	Porto Rico	42%

Tabela 7.1 — Trinta maiores e menores taxas de pirataria em 2010

Fonte: Eight Annual BSA Global Software Piracy Study. Disponível em: <http://portal.bsa.org/globalpiracy2010/index.html>.

A *propriedade intelectual* se refere a trabalhos originais que são, essencialmente, criações do intelecto. O sistema legal dos Estados Unidos protege os direitos do criador em desfrutar dos resultados econômicos de suas criações desde a introdução da Constituição em 1789 (Artigo 1, Seção 8). No

Brasil, vige a Lei da Propriedade Industrial (Lei n. 9.279/96), a Lei de Software (Lei n. 9.609/98) e a Lei n. 11.484/07. A propriedade intelectual é um termo amplo, que se refere, de modo geral, a uma coleção de direitos para vários tipos de informação, incluindo invenções, projetos, materiais e assim por diante. Na área empresarial, a propriedade intelectual pode incluir, além de criações de pesquisa e desenvolvimento, informações gerais de negócios que a empresa desenvolveu no curso de sua existência, necessárias na manutenção de sua propriedade para permanecer competitiva.

As empresas dispõem de várias opções para proteger informações de sua propriedade que formem a base de sua vantagem competitiva: patentes, copyrights, marcas registradas e segredos comerciais.[53] A seguir, cada uma delas será brevemente resumida. Entretanto, é importante destacar que nesse tema há muitas especificidades de cada país. O texto a seguir se baseia na realidade norte-americana, referência internacional nesse campo. Caso o leitor queira aprofundar seu conhecimento sobre esse assunto, os autores recomendam uma pesquisa no *site* do Instituto Nacional da Propriedade Industrial (INPI) (http://www.inpi.gov.br).

Patentes

A concessão de *patente* confere ao(s) dono(s) o direito de impedir que outros fabriquem, usem, ponham à venda ou vendam as invenções patenteadas normalmente durante 20 anos a partir da data do preenchimento do pedido de patente que, nos Estados Unidos, feita pelo U.S Patent and Trademark Office (USPTO) e, no Brasil, pelo Instituto Nacional da Propriedade Industrial (INPI). O objeto patenteável inclui qualquer "máquina, artigo ou manufatura e composição de substância novos e úteis, ou qualquer melhoria nova e útil proveniente do objeto."[54 55]

Como foi apontado anteriormente, a patente dá ao(s) inventor(es) o *direito de impedir*. É um equívoco comum acreditar que a concessão de patente confira um direito positivo de fabricar, usar ou vender a invenção, quando, na verdade, ela dá apenas o direito de *impedir*, normalmente por meio de uma ação legal. No ambiente de negócios de alta tecnologia, essas disputas judiciais são relativamente comuns. A Figura 7.7 ilustra bem esse fato.

É também outro equívoco comum achar que a concessão de patente de uma invenção limite o uso posterior de sua tecnologia para beneficiar a espécie humana. Por exemplo, a declaração frequente: "Não vou patentear isso porque quero que a invenção seja disponibilizada gratuitamente para todos". Pelo contrário, há exemplos clássicos nos quais a decisão de não procurar a proteção de patentes atrasou a introdução de uma nova tecnologia benéfica à sociedade. Por exemplo quando a falta da proteção impede a empresa de licenciar o *know-how* de uma tecnologia por não ter garantias dos direitos à renda proveniente desse *know-how*.

Uma invenção só é patenteável se preencher três requisitos: ela precisa ser útil, nova e não óbvia. Como preencher esses três requisitos? Para preencher o requisito de *utilidade*, a invenção precisa funcionar como o previsto e fornecer algum benefício para a sociedade. Exemplos de invenções sem utilidade incluem aquelas que entram em conflito com princípios científicos conhecidos, como a máquina de moto-contínuo que viola as leis da termodinâmica, ou as excessivamente perigosas, como armas nucleares. Exemplos de invenções para as quais o requisito da utilidade normalmente não é um obstáculo são aquelas que pertencem à área mecânica e elétrica. Para invenções no campo químico e

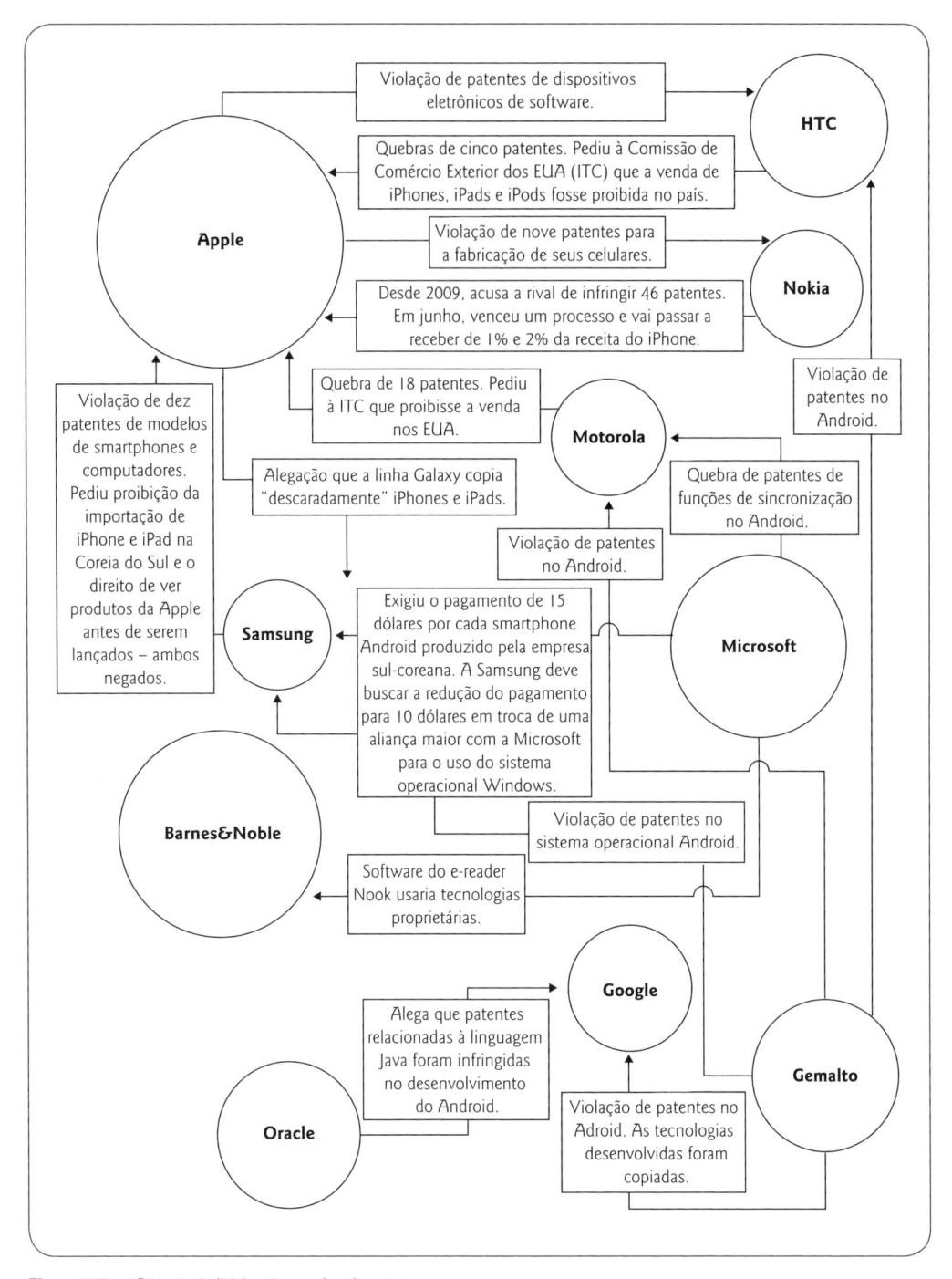

Figura 7.7 — Disputas judiciais sobre quebra de patentes
Fonte: *O Sul*, Porto Alegre, 19 jul. 2011.

biotecnológico, o requisito da utilidade pode gerar alguma preocupação, e aquele que pede a patente precisa especificar um uso significativo para qualquer componente químico, sequência de nucleotídeos ou de proteínas.

O requisito da *novidade* é preenchido quando não há nenhuma divulgação pública ou documento literário anterior — por exemplo, preenchimento de patente publicado, patente, artigo de periódico, publicação de conferências ou resumos — que descrevam, explicitamente ou de maneira inerente, cada aspecto da invenção. Se uma única publicação escrita que descreva a invenção for encontrada ou se puder ser demonstrado que a invenção já era conhecida ou usada por outros, dentro dos Estados Unidos, ela não é considerada nova.

O requisito da *não obviedade* significa que não há, na literatura anterior, nenhuma sugestão implícita ou explícita sob a matéria do objeto a ser patenteado. Para determinar se o objeto preenche o requisito da não obviedade, devem ser combinados preceitos de várias referências literárias. Se os preceitos, quando considerados coletivamente, mostrarem ou sugerirem a invenção, ela não é patenteável.

No Brasil, o órgão oficial declara que, além dos três requisitos descritos anteriormente, a invenção também deve ser provida de suficiência descritiva, ou seja, com um conjunto de dados e informações que caracterizem por inteiro a matéria e seu funcionamento.

A obtenção da patente é um processo caro e de procedimento complexo. Quase sempre, é feita uma avaliação de possibilidade de patente antes da preparação ou do preenchimento do pedido (seja pelo inventor ou por um advogado de patentes em nome do inventor), para determinar — até o limite do possível — se a ideia é nova e não óbvia. A avaliação é feita por meio de uma busca em vários bancos de dados, incluindo bancos de dados de patentes, como os disponíveis em <www.uspto.gov/patft/index.html> e em bancos de dados de literaturas relevantes no campo da invenção. Dois sites de busca úteis são o <http://www.ncbi.nlm.nih.gov/pubmed> e o <http://www.scirus.com>. No Brasil, pode-se consultar o site <http://pesquisa.inpi.gov.br/MarcaPatente/jsp/servimg/servimg.jsp?BasePesquisa=Patentes>. A avaliação pode ser feita por meio da determinação da falta de referências ou combinação de referências que ensinem ou sugiram a invenção. Antes de preparar ou registrar o pedido de patente, é importante confirmar com os inventores se a ideia não foi revelada a ninguém. Se o inventor já expôs a ideia, tanto oralmente como por escrito, ela pode não ser considerada nova e, portanto, a patente não será garantida.

Tipo de pedidos de patente

Nos Estados Unidos, há dois tipos de pedidos de patentes: o pedido de patente provisória e o pedido de utilidade. O de patente provisória é requerido no USPTO mediante uma taxa[56] e, por definição, tem validade de apenas um ano. Durante esse período, o pedido permanece sem ser avaliado por um examinador de patentes. Um ano após o pedido, ele precisa ser refeito como pedido de utilidade (veja o tipo seguinte de pedido de patente) para evitar que seja classificado como "em situação de abandono". O benefício da patente provisória é que o inventor tem um ano para pesquisar mais a invenção e obter fundos de investidores para desenvolver a ideia. Fazer o pedido de patente provisória também garante uma "data de pedido" também conhecida como "data de prioridade".

Como alternativa, se o inventor não precisar de mais tempo para pesquisa nem para obter fundos de investidores para o desenvolvimento, ou se estiver ansioso para conseguir a patente, pode fazer o pedido de *patente de utilidade*, pagando a taxa de aproximadamente mil dólares. (Certas taxas cobradas pelo U.S. Patent and Trademark Office são reduzidas em 50 por cento para as chamadas "pequenas entidades", isto é, para qualquer pessoa, organização sem fins lucrativos e pequena empresa que não tenha cedido, concedido, transferido ou licenciado qualquer direito à invenção para uma entidade com mais de 500 pessoas e não tenha a obrigação de nenhuma dessas ações.)

O pedido será encaminhado a um examinador, que apresentará um relatório inicial sobre a possibilidade da patente. Se essa decisão não for favorável, o requente pode fazer emendas com reivindicações ou submeter observações por escrito acerca do relatório desfavorável para o examinador. Depois, o examinador emitirá a decisão sobre a possibilidade de patente. Se ela for favorável, a patente está garantida e será publicada pelo USPTO (ver Figura 7.7). Se a decisão do examinador for desfavorável e o pedido de patente for negado, o requerente pode apelar da decisão para uma banca formada por três pessoas, o Board of Patent Appeals and Interferences. Alternativamente, o pedido pode ser refeito com as reivindicações adicionadas.

No Brasil, o processo é equivalente. As informações detalhadas, no formato de perguntas e respostas, estão disponíveis no site <http://www.inpi.gov.br/menu-esquerdo/patente/perguntas-frequentes/Perguntas%20frequentes-new-version-new-version#3>.

Desvantagens do uso de patentes

Embora a patente forneça o benefício óbvio de dar a seu dono, ou a qualquer licenciado, o direito de impedir que outros fabriquem e usem ou pratiquem a invenção, há algumas desvantagens em seu uso como meio de proteção da propriedade intelectual. Uma desvantagem potencial é que, para obter uma patente, deve-se fornecer uma descrição total da invenção no momento do pedido no USPTO. Nos Estados Unidos, assim como em outros países, os pedidos de patente são publicados em um prazo de 18 meses a partir da data do pedido, tornando a informação disponível ao público antes da concessão da patente. Isso dá aos concorrentes a possibilidade de conhecer a propriedade intelectual da empresa antes de sua concessão. Portanto, como as patentes são informações públicas, há riscos ligados a esse modo de proteção. Um estudo constatou que, em quatro anos, 60 por cento das inovações patenteadas haviam sido "inventadas" por outras empresas.[57] Os concorrentes também podem fazer projetos a partir da invenção, modificando aspectos menos importantes para evitar a violação de patente.

Outra desvantagem é o encargo do dono da patente para impô-la, ou seja, ficar de olho nos concorrentes para saber se eles não estão violando sua patente. Também é frequente que a imposição seja alvo de processos, um empreendimento caro. Além disso, uma patente sob processo pode ser declarada inválida diante do tribunal, uma vez que ela confere uma presunção, mas não uma garantia de validade.

Mudanças na lei de patentes: uma visão da legislação norte-americana

A lei de patente, assim como a lei de copyright e de marca registrada, se preocupa em encorajar a criatividade, assegurando ao inventor, ou autor, no caso da lei de copyright, o direito exclusivo à sua descoberta. A lei procura equilibrar o direito do público em geral às informações úteis de uma nova descoberta com o direito do inventor de se beneficiar de seu trabalho. Recentemente, a balança vem pendendo a favor dos donos da propriedade intelectual, em parte por causa da pressão de empresas com portfólios valiosos de propriedade intelectual.[58]

Até o fim da década de 1990, as informações empresariais e outras informações de *know-how* não eram patenteáveis: as patentes para métodos empresariais foram proibidas. Porém, em 23 de julho de

1998, o Federal Circuit Court of Appeals (Tribunal de Apelações) sustentou que um método empresarial que use uma fórmula matemática pode ser patenteado, contanto que preencha os três critérios tradicionais para proteção legal (utilidade, novidade e não obviedade).[59] Em particular, o Signature Finacial Group, com sede em Boston, conseguiu uma patente para um software de processamento de dados único, que corta os custos de se fazer cálculos numéricos.[60]

Essa decisão refletiu uma mudança importante no pensamento legal e gerou muita controvérsia. Os críticos afirmam que os poucos que têm a patente de um método empresarial tornarão lenta a disseminação de inovações comerciais valiosas, em detrimento da sociedade. Embora os métodos sejam patenteáveis, a maioria das ideias não é. A linha tênue entre métodos e ideias permitiu que os métodos empresariais fossem patenteados.

Com a mudança nos antecedentes legais que permitiu que métodos fossem patenteados, a USPTO foi inundada por pedidos de patentes de métodos empresariais em comércio eletrônico, na esperança de que tais patentes pudessem dar uma vantagem competitiva a algumas empresas. Entre as patentes de comércio eletrônico estava a pedida pela CyberGold Inc. por um sistema que premiava a pessoa que clicasse em uma propaganda. Outra patente foi a da Princeline, por ser a primeira empresa a inovar o sistema de comércio eletrônico guiado pelo comprador. Foi concedida uma ampla patente sobre um método de leilão de bens e serviços pela Internet.[61] A Amazon.com recebeu uma patente para seu carrinho de compra de um clique e a Barnes & Noble foi impedida de usar um carrinho de um clique em seu site. Há quem desconfie que o campo da medicina pode receber uma onda de novas patentes, não apenas em métodos de tratamento, mas também no gerenciamento de processos de pacientes e reclamações.

Os críticos alegam que esses métodos são tão comuns que não deveriam ser patenteáveis. As patentes precisam ser novas, mas alguns acreditam que patentes de Internet recém-adquiridas não são novas. Esses críticos argumentam que a mera transferência de uma técnica de marketing para a Internet não constitui necessariamente uma novidade.[62] As patentes também devem ser não óbvias, mas, como há tanta gente usando estratégias semelhantes na Internet, os críticos dizem que elas não podem ser consideradas não óbvias.

Além disso, historicamente, as patentes foram criadas para proteger o bem comum fornecendo um incentivo à inovação. Porém, há quem acredite que a concessão de patentes para os modelos comerciais da Internet não protegem o bem comum; pelo contrário, ela cria lucros protegidos para poucos em detrimento de muitos,[63] resultando na opressão ineficiente de uma área com tanto potencial de rendimentos econômicos. Será que essas patentes agem como um incentivo à inovação? Em muitas indústrias, os custos de desenvolvimento e lançamento de um novo produto no mercado são enormes e justificam a proteção. Porém, na Internet, frequentemente os custos não são tão altos quanto, por exemplo, uma droga nova ou um processo de fabricação.

A maior questão em decidir se vale a pena patentear métodos empresariais da Internet pode ser o valor financeiro de tal proteção. Com a rapidez das mudanças tecnológicas, algumas patentes podem se tornar obsoletas no momento em que são concedidas (normalmente de dois a três anos após o pedido).

Outras considerações sobre patentes e concorrência

Fora do domínio da Internet, embora algumas decisões legais recentes sugiram que grandes empresas recebem o benefício da dúvida em relação à propriedade intelectual, outras decisões sugerem que o bem-estar do consumidor e as práticas do comércio justo são mais importantes.[64] Por exemplo, o acordo da Intel com a Federal Trade Commission, em 1999, forçou a Intel a abrir uma concessão-chave: ela não poderia mais reter dados vitais sobre seus produtos de clientes com disputas de patentes. As regras que dizem respeito tanto à Intel como à Microsoft indicam que o governo pode impor condições sobre o modo como a empresa pode ou não usar sua propriedade intelectual. Para diminuir a fiscalização do governo, a Intel licenciou sua tecnologia de interface para outras empresas. A Microsoft permitiu que a Dell Computer deletasse o ícone do browser da Microsoft de alguns computadores pessoais.

Alguns especialistas alertam que, se o detentor da patente não consegue controlar totalmente sua propriedade, pode prejudicar sua inovação. Porém, outros acreditam que quanto mais abertas forem as informações de propriedade intelectual, impedindo que os detentores do monopólio abusem de sua força advinda da propriedade intelectual, maiores serão as chances de os inventores experimentarem e inovarem cada vez mais.

Copyrights

Os copyrights são semelhantes às patentes na proteção de uma criação e dos direitos exclusivos de reprodução e distribuição do material registrado por seu dono. Porém, o copyright protege a forma ou a maneira como a ideia é expressa, e não a ideia em si. O copyright é útil não apenas para criações artísticas (música, literatura), mas também para produtos como softwares vendidos em massa (o que dificulta a proteção da informação). Para esses produtos, embora seja o conceito inerente ou a capacidade genérica que forneça a origem à expressão do produto, apenas a representação tangível da ideia pode receber o copyright.

Portanto, como as leis de copyright não oferecem proteção à ideia em si, as ideias materializadas no trabalho criativo podem ser usadas livremente por terceiros. Por exemplo, a ideia de um programa que gerencie finanças não está sujeita à proteção do copyright; porém, o código de programa do Quicken, um software em particular, está protegido pelo copyright. Assim, embora copiar o Quicken sem permissão constitui violação das normas de copyright, leis anteriores sugerem que escrever um novo programa que cumpra as mesmas tarefas não seria uma violação[65] — a menos que o método tenha sido patenteado.

A violação ocorre quando alguém que não é o dono do copyright usa algum dos direitos exclusivos de detenção do copyright, normalmente reprodução e distribuição não autorizadas do trabalho protegido. O tempo de validade do copyright, para autores individuais, é de 70 anos após a morte do autor. Caso o leitor queira conhecer maiores detalhes a respeito da legislação brasileira, os autores sugerem a leitura da Lei n. 9.160, de 19 de fevereiro de 1998, que dispõe sobre o tema e pode ser encontrada em <http://www.planalto.gov.br/Ccivil_03/Leis/L9610.htm>.

Conseguir uma proteção de copyright é realmente muito fácil. O copyright existe a partir do momento que o trabalho é criado, sem qualquer ação formal por parte do autor. Embora haja um procedimento de registro, ele não é necessário para a obtenção da proteção de copyright. Porém, o registro fornece benefícios caso a autoria do copyright venha a ser questionada. A não ser que esteja registrado, um processo de violação de direitos de copyright não pode ser aberto.

Embora as informações na Internet sejam de domínio público, os donos não desistiram dos copyrights. Eles devem identificar o material sujeito à proteção de copyright usando um alerta que pode ser ou a palavra "copyright" ou o símbolo © seguido pelo ano em que o trabalho foi publicado pela primeira vez e o nome do dono do copyright. Além disso, é aconselhável colocar um aviso explícito da proibição da cópia ou uma explicação de até onde o trabalho pode ser copiado.[66] Existem sistemas digitais que ajudam os proprietários a encontrar material roubado em uso na Internet. A identificação de imagens binárias (em inglês, *fingerprinting binary images* – FBI) implanta identificadores exclusivos em imagens on-line. A Internet pode ser vasculhada em busca desses identificadores, e os transgressores podem ser encontrados. Agentes de software ou "robôs de Internet" (*Web crawlers*) também podem procurar material protegido na Internet.[67]

Marcas registradas

Funcionando frequentemente como índice de qualidade, marcas registradas são palavras, nomes, símbolos ou dispositivos usados por fabricantes para identificar seus produtos e distingui-los de outros. Elas fornecem proteção contra concorrentes inescrupulosos que querem se aproveitar dos clientes e da reputação previamente estabelecida por uma empresa por meio de ações que confundem, enganam ou iludem clientes na identificação do produtor dos bens.[68] Se o produto não foi patenteado, outra empresa ainda pode copiar e vender um produto semelhante, contanto que os consumidores não fiquem confusos sobre quem o está produzindo. Portanto, marcas registradas não oferecem proteção contra tais situações.

Segredos comerciais

A proteção de segredos comerciais nos Estados Unidos evoluiu quando a lei comum dos 50 estados foi padronizada, em 1979, no Ato de Uniformização de Segredos Comerciais. A lei estabeleceu regras para a concorrência justa entre as empresas no que diz respeito à informação proprietária. Os segredos comerciais são definidos, em termos gerais, como qualquer informação concreta que:

- seja útil para a empresa (fornecendo uma vantagem econômica ou que tenha valor comercial);
- seja geralmente desconhecida (secreta);
- não seja facilmente determinável pelos meios apropriados;
- forneça uma vantagem sobre os concorrentes que não conhecem ou não usam a informação.

A empresa necessita ter uma descrição precisa de seu segredo comercial, de modo que o tribunal o reconheça como válido. A definição de um segredo comercial não significa que outras pessoas ou concorrentes não possuem ou não "descobriram" a informação de maneira independente, mas sim que ela não é comumente conhecida. Além disso, para ser protegida como segredo comercial, a informação precisa ter gerado custos para ser desenvolvida pelo dono, e a empresa deve manter um programa rigoroso para proteger a informação que forma a base de seu sucesso.

Portanto, segredos comerciais são, de modo geral, definidos por todas as formas de informação financeira, empresarial, científica, técnica, econômica ou de engenharia que incluam padrões, planos, compilações, dispositivos de programas, fórmulas, projetos, protótipos, métodos, técnicas, procedimentos ou códigos, sejam elas tangíveis ou intangíveis, ou armazenadas fisicamente, eletronicamente, por meio de fotografia ou escrita.[69] Exemplos de segredos comerciais podem incluir fórmulas de produtos, projetos, processos de fabricação, listas de clientes, planos para novos produtos, planos de propaganda, dados de custos e preços, declarações financeiras, informações de funcionários, e análises de concorrentes.

A proteção de segredos comerciais baseia-se na premissa de que a informação de propriedade privada é geralmente compartilhada apenas por partes que têm um acordo de segredo entre si. A violação dessa relação de confiança indicaria a brecha e as bases para a intervenção legal. Portanto, muitas empresas se protegem indicando ao tribunal suas relações confidenciais por meio de uma série de obrigações contratuais com parceiros comerciais.

Obrigações contratuais que dizem respeito à informação de propriedade privada

Acordos de não divulgação (também conhecidos como acordos de confidencialidade ou de direitos de propriedade privada) estabelecem a natureza do segredo e indicam que ambas as empresas conhecem a informação e esperam que a informação não seja usada ou divulgada sem permissão. A empresa pode pedir que funcionários, clientes e fornecedores assinem tais acordos que definem a propriedade da informação e a responsabilidade em protegê-la.

Acordos de não concorrência especificam os direitos de um funcionário que deixe a empresa no que diz respeito a futuras oportunidades de emprego. Tais contratos frequentemente especificam um período e limites territoriais dentro dos quais o funcionário fica proibido de trabalhar com um concorrente ou abrir uma empresa que concorra diretamente com o ex-empregador. Portanto o acordo de não concorrência impede o signatário de competir com a empresa durante determinado período em determinado território. (Os tribunais consideraram muitos desses acordos restritivos; portanto, é preciso tomar cuidado com sua redação.)

Cláusulas de concessão de invenções (e de posse de copyright) são assinadas pelo funcionário, que concede à empresa o direito de todas as invenções desenvolvidas por ele durante o período do vínculo empregatício e, às vezes, por algum tempo após o vínculo. Novamente, esses acordos especificam o papel e os direitos à informação do funcionário em relação ao empregador. É importante que a empresa saiba que o funcionário pode manter e usar livremente os conhecimentos ou as habilidades gerais desenvolvidas no trabalho.

Esses três tipos de acordos legais são feitos para proteger a empresa da perda de segredos comerciais. Na verdade, na era da informação, as empresas tentam cada vez mais manter para si seu bem mais importante: o conhecimento que está na cabeça do funcionário. A questão de quem é o dono do conhecimento que está na mente de uma pessoa é cada vez mais importante. O conhecimento e a propriedade intelectual vêm se tornando cada vez mais importantes que o capital físico, e as empresas são forçadas a tomar medidas cada vez mais extraordinárias para proteger esse capital intelectual.

Quem possui o conhecimento: o empregador ou o funcionário?[70]

Quase tudo que uma pessoa cria, desenvolve ou constrói enquanto está na folha de pagamento de uma empresa pode ser considerado propriedade do empregador. A menos que a pessoa prove que a ideia ou lista foi desenvolvida pessoalmente e não como parte do produto do trabalho na empresa, ela pertence à companhia.

A *doutrina da divulgação inevitável* reconhece que pessoas com informações competitivas importantes podem, no decorrer de um novo trabalho, usar a informação de seus ex-empregadores. Assim, a tendência dos tribunais é pedir que o ex-funcionário permaneça algum tempo fora da indústria em questão, até que a informação não seja mais tão importante. Por exemplo, o presidente da DoubleClick, uma empresa que vende espaço para propaganda na Internet desde 1996, descobriu que dois de seus funcionários-chave estavam planejando abrir sua própria empresa, a Alliance Interactive Network. Como eles tinham conhecimento de informações altamente importantes sobre preços e estratégias de produtos, bancos de dados e planos para projetos futuros, a empresa conseguiu uma medida judicial que proibia que os dois funcionários vendessem ou colocassem propaganda na Internet em um período de seis meses.

As empresas podem se proteger de funcionários que deixam a companhia e que podem comercializar suas informações por meio dos seguintes passos:

- fazer que o funcionário assine um acordo de não concorrência e uma declaração de não aliciamento (concordando em não aliciar clientes da empresa durante ou após a sua partida). Um acordo desses deve ser o mais minucioso possível a respeito de geografia e tempo de validade;
- insistir para que o funcionário devolva todos os documentos e discos da empresa antes de deixá-la;
- fazer uma entrevista minuciosa com o funcionário antes de sua saída para verificar se ele desenvolveu segredos comerciais da empresa. Fazer que o funcionário confirme a obrigação de mantê-los confidenciais. Deve haver uma terceira pessoa nessa entrevista para servir como testemunha.

As perspectivas do funcionário estão apontadas no Quadro 7.1 a seguir:

Funcionários que estão deixando a empresa podem querer considerar as seguintes questões ao assinar um pacto de não concorrência.	Mesmo que a pessoa não consiga evitar o acordo de não concorrência, há o que fazer nesse meio-tempo. Trabalhar em uma área relacionada pode fornecer novas capacidades e conhecimentos úteis, mantendo o nível de habilidades atual e aumentando a rede de contatos. Por exemplo, uma pessoa deixa uma empresa, enfrenta um período de um ano em que não poderá trabalhar para um concorrente e terá de renunciar a qualquer software que tenha desenvolvido durante o tempo de trabalho. Violar o acordo pode custar sua rescisão contratual (vários milhões em dinheiro). Então, no ano em que estiver fora do mercado de trabalho, a pessoa pode entrar em contato com possíveis clientes para sua nova ideia de negócios e pedir para que eles compartilhem seus desejos e suas necessidades futuras. Quando o período do acordo de não concorrência expirar, esses contatos podem ajudar a fundamentar um novo produto de sua empresa ou de outra.
1 É importante negociar termos aceitáveis antes de assiná-lo, por exemplo, encurtando a duração do acordo ou diminuindo o território coberto. Também é possível negociar "saídas" ou trabalhos específicos e lugares onde a cláusula não se aplica.	
2 É importante gerenciar a partida, de maneira que o empregador tenha menos probabilidades de acusar o funcionário de concorrência injusta. Mesmo que o funcionário seja inocente, pode não parecer assim quando a pessoa fica até mais tarde no escritório ou leva documentos para casa após assinar um pedido de demissão.	
3 Tanto funcionários como empregadores devem saber que alguns estados podem invalidar essas cláusulas. Por exemplo, a Flórida, nos EUA, não reconhece a validade de acordos de não concorrência para contratantes independentes.	

Quadro 7.1 — Considerações para o funcionário ao assinar acordos de não concorrência

Fonte: LANCASTER, H. How to loosen grip of a noncompete pact after breakup. *The Wall Street Journal*, p. B1, 17 fev. 1998. Wall Street Journal. Eastern Edition [Staff Produced Copy Only] by Hall Lancaster. Copyright 1998 by Dow Jones & Co Inc. Reproduzido com a permissão de Dow Jones & Co Inc. no formato textbook via Copyright Clearance Center.

Patentes ou segredos comerciais?

Muitas informações comerciais não estão qualificadas para receber a proteção de patente (porque não preenchem a definição de objeto patenteável, não são novas ou são óbvias). Ou mesmo quando a informação está qualificada para uma proteção de patente ou copyright, pode ser preferível o *status* de segredo comercial. Por exemplo, um segredo comercial pode ser protegido enquanto a empresa conseguir impedir que ele se torne amplamente conhecido. Em contraste, a patente tem um período de validade de 20 anos após a data do pedido e se torna disponível para uso público após esse período. Assim, para muitas empresas, classificar e tratar a propriedade intelectual como segredo comercial é a melhor maneira de gerenciar esses bens. A comparação entre segredo comercial e lei de patente está resumida na Tabela 7.2.

Finalmente, em virtude de seu valor, os segredos comerciais são frequentemente alvo de ladrões de outros países e empresas. O Ato Contra a Espionagem Econômica de 1996 torna o roubo de segredos comerciais um crime federal. A lei proíbe o roubo e o uso, quaisquer que sejam, de segredos comerciais de outros e torna ilegal o recebimento ou a posse de segredos comerciais quando há o conhecimento prévio de que eles foram roubados ou apropriados indevidamente. O Ato se aplica a condutas ocorridas nos Estados Unidos, cometidas por cidadãos e empresas norte-americanos ou estrangeiros. Ele também se aplica a casos ocorridos fora dos Estados Unidos quando o criminoso é um cidadão norte-americano, estrangeiro residente ou organização pertencente a ou controlada substancialmente por um cidadão ou empresa norte-americanos. Qualquer pessoa pega roubando segredos comerciais para

	Segredo comercial	Patente
Protege	Um segredo	Um descobrimento público
Duração	O tempo que a informação permanecer em segredo.	Vinte anos a partir da data do pedido.
Direitos de propriedade	Previne uso não autorizado por uma pessoa que adquiriu o segredo inapropriadamente.	Impede que outros fabriquem, usem, ofereçam à venda ou vendam.
Alcance	Não protege em caso de engenharia reversa ou caso alguém tenha a mesma ideia.	Protege a invenção e seus equivalentes.
Faz sentido quando	O segredo não se qualifica para a proteção de patente, isto é, uma maneira de fazer negócios. O ciclo de vida do produto é curto, isto é, um chip de computador com vida de um ano e meio a dois anos. A proteção de patente é difícil de se fazer cumprir ou seria limitada. Por exemplo, um processo ou método de se fazer um chip de computador. O segredo não é detectável no produto. Por exemplo, a composição da Coca-Cola.	O produto tem vida longa no mercado. Por exemplo, uma droga ou composição farmacêutica. O produto pode ser descoberto por meio de engenharia reversa. A política da empresa é "patentear", por motivos que incluem: • a importância do portfólio de patente para financiadores; • mobilidade de funcionários; • crescimento profissional de funcionários por meio de publicações, apresentação de pesquisa em conferências. A proteção de patente é executável.

Tabela 7.2 — Segredo comercial *versus* proteção de patente

um governo, empresa ou agente estrangeiro, pode pegar até 25 anos de prisão e pagar uma multa entre 250 mil e 10 milhões. Além de espionagem econômica estrangeira, a lei também mira norte-americanos que roubam informações secretas de uma empresa em benefício de outra. A punição máxima individual é de 15 anos de prisão ou multa de 250 mil; para a empresa, multa de 5 milhões.

Gerenciando a propriedade intelectual[71]

Nas atuais empresas de alta tecnologia bem-sucedidas, o gerenciamento da propriedade intelectual é uma competência central. Como os ativos intelectuais, e não físicos, são a principal fonte de vantagem competitiva, o desbloqueio dessa força oculta desses ativos é frequentemente um fator-chave de sucesso. Um estudo relatou que 67 por cento das empresas norte-americanas falham em explorar os bens tecnológicos e deixam que mais de 35 por cento das tecnologias patenteadas acabem no lixo porque não há uso imediato em seus produtos. Mesmo assim, o gerenciamento ativo da propriedade intelectual é vital porque:

- patentes podem se transformar em fonte de renda (por exemplo, por meio de licenciamento);
- patentes podem ser reformuladas para atrair capital novo e transmitir sua posse de maneira mais atraente para investidores.

Além de ajudar as empresas a proteger sua tecnologia e seus métodos empresariais, as patentes podem ajudar a empresa a gerenciar sua linha de produtos. A força potencial das patentes pode ajudar a empresa a estabelecer prioridades de P&D. Por exemplo, a Hitachi tenta desenvolver apenas os produtos nos quais há patentes que podem ajudá-la a estabelecer uma dominância no mercado. Além disso, uma estratégia de patentes pode ajudar a empresa a reagir às mudanças no mercado de maneira eficaz, adquirindo ou formando parcerias com empresas que tenham dos direitos de patente de desenvolvimentos importantes.

Cada uma dessas questões aponta para a realidade de que os direitos de propriedade intelectual precisam ser considerados de maneira estratégica no processo de gerenciamento de produtos, e não relegado apenas ao âmbito das firmas de advogados.

Resumo

Este capítulo cobriu uma ampla gama de tópicos que precisam ser entendidos para o desenvolvimento e gerenciamento eficientes de produtos e serviços de alta tecnologia. Organizado em torno da estrutura dos passos do processo de desenvolvimento/gerenciamento da tecnologia, o capítulo mostrou meios de administrar os produtos da empresa de maneira a maximizar seus sucessos. O primeiro passo é fazer um inventário de todo o *know-how* (produto, processo, gerenciamento) da empresa e descobrir como usar esse *know-how* para criar e entregar um valor para o cliente. Se há "furos" na tecnologia identificados no primeiro passo, o passo seguinte é descobrir qual é a melhor maneira de adquirir essas tecnologias, seja desenvolvendo-as, comprando-as no mercado ou formando parcerias para seu desenvolvimento. O próximo passo é decidir como a oferta de produtos da empresa vai gerar renda, seja por meio do licenciamento da tecnologia ou da comercialização de produtos para o usuário final. O último passo é o gerenciamento do processo de desenvolvimento do novo produto, incluindo decisões sobre arquitetura do produto (modularidade, plataformas e derivados), o gerenciamento das equipes multidisciplinares de desenvolvimento de produtos, os critérios para a interrupção de desenvolvimento de projetos, uma estratégia de serviços para complementar a oferta de produtos e o gerenciamento das questões de propriedade intelectual.

Perguntas para debate

1. O que é um mapa de tecnologia? Quais são os quatro passos envolvidos no gerenciamento de recursos tecnológicos?
2. Quais são os diferentes caminhos de desenvolvimento de produtos que a empresa pode seguir? Por que a empresa escolheria um desenvolvimento interno ou a aquisição externa?
3. Qual é a dimensão subjacente do *continuum* "o que vender"? Quais são os fatores que influenciam na decisão da empresa sobre o que vender?
4. A indústria de aparelhos móveis vai se desenvolver por um caminho semelhante ao da indústria de computadores pessoais? Quais empresas serão, provavelmente, as mais rentáveis no futuro?
5. O que é modularidade? Quais são os prós e contras de seguir um caminho modular no projeto de produtos?
6. O que é uma plataforma de produto? Quais são as vantagens para aqueles que a desenvolvem? E para os usuários?
7. Escolha e pesquise uma empresa de tecnologia de sua escolha. Avalie a estratégia de produtos dessa empresa em termos de seu mapa de tecnologia, incluindo plataformas e derivados. Você enxerga alguma oportunidade de desenvolvimento de novos produtos?
8. Por que as empresas de tecnologia usam equipes interfuncionais para o desenvolvimento de novos produtos? Quais recompensas ou incentivos devem ser usados para melhorar a performance da equipe?
9. Quais problemas uma empresa de alta tecnologia enfrenta ao tomar a decisão de interromper o desenvolvimento de um produto?
10. Tome a organização onde você trabalha ou estuda como exemplo. Em qual célula da Figura 7.6 você a colocaria quanto à interseção entre tecnologia e serviços? Quais são os papéis da tecnologia e dos serviços na oferta de produtos? A tecnologia está sendo usada para propósitos internos ou externos? Quais são os problemas que a organização enfrenta para aumentar a eficiência da cadeia de suprimentos ou aumentar o valor para o cliente?
11. Quais são os três critérios para se patentear uma inovação? Quais são os passos do processo da concessão de patentes?
12. O que você acha do uso de patentes em mercados altamente inovadores? Eles encorajam ou reprimem as inovações?
13. Quais são as três maneiras de sinalizar uma relação de negócios confidencial?
14. Quais são os passos que a empresa pode dar para impedir que funcionários que deixem a empresa levem com eles informações comerciais?
15. Quais são os prós e contras do uso de patentes *versus* segredos comerciais para proteger a propriedade intelectual?

Glossário

Acordo de não concorrência. Um contrato que proíbe o funcionário de trabalhar com um concorrente ou abrir uma empresa que concorra diretamente com o ex-empregador por determinado período após sua saída.

Acordo de não divulgação. Um contrato que estabelece o segredo comercial como sendo da empresa e proíbe o signatário de usar ou divulgar a informação sem permissão.

Cláusula de concessão de invenções. Um acordo assinado pelo funcionário, que concede à empresa o direito de todas as invenções desenvolvidas por ele durante o período do vínculo empregatício, e, às vezes, por determinado tempo após o vínculo.

Copyright. Protege a *forma ou maneira* na qual a ideia é expressa, e não *a ideia em si*; ele é semelhante à patente na garantia de proteção de uma criação e dos direitos exclusivos de reprodução e distribuição do material com copyright.

Derivados. Produtos gerados a partir de uma plataforma de tecnologia comum que incluem mais ou menos características para se tornarem mais sedutores para determinados segmentos de mercado.

Equipe multidisciplinar de desenvolvimento de produto. Uma equipe de projeto composta de membros representativos de diferentes funções ou departamentos da organização responsável pelo desenvolvimento de um novo produto.

Fabricante de equipamento original (OEM). Empresas que compram componentes ou sistemas de fornecedores e os integram ao processo de fabricação de um produto final, como um computador.

Inseparabilidade dos serviços. A produção de um serviço (o momento em que a empresa está fornecendo um serviço) não pode ser separada do consumo do serviço (quando o cliente recebe o serviço).

Intangibilidade dos serviços. Os serviços não podem ser tocados nem examinados anteriormente pelo consumidor.

Mapa de tecnologia. Define o fluxo de novos produtos, incluindo tanto os de ruptura como os derivados (melhoras incrementais baseadas na nova tecnologia), que a empresa se compromete a desenvolver em determinado período. As empresas mais bem-sucedidas em definir a nova geração de produtos usam o mapa para forçar decisões sobre projetos novos, em meio às incertezas tecnológicas e de mercado encontradas em mercados de alta tecnologia.

Marcas registradas. Palavras, nomes, símbolos ou dispositivos usados por fabricantes para identificar seus produtos e distingui-los de outros; quase sempre servem como índice de qualidade; fornecem proteção contra concorrentes inescrupulosos que querem se aproveitar dos clientes e da reputação previamente estabelecida por uma empresa por meio de ações que confundem, enganam ou iludem clientes na identificação do produtor dos bens. Marcas registradas não oferecem proteção contra a cópia e venda de produtos não patenteados, contanto que os consumidores não fiquem confusos sobre quem está produzindo determinado produto.

Modularidade. Construir um produto complexo a partir de subsistemas menores que podem ser projetados de maneira independente e mesmo assim funcionar como um conjunto.

Patente. Uma forma de proteção de propriedade intelectual; a concessão de patente confere ao(s) dono(s) o direito de impedir que outros fabriquem, usem, ponham à venda ou vendam as invenções patenteadas por um período de normalmente 20 anos a partir da data do preenchimento do pedido de patente. O objeto patenteável inclui qualquer máquina, artigo ou manufatura e composição de substância ou processo. Uma invenção só é patenteável caso preencha três requisitos: ela deve ser útil, nova e não óbvia.

Pirataria de softwares. A pirataria de softwares é a cópia e distribuição de material protegido por copyright sem a permissão do dono.

Plataforma de produto. Uma arquitetura comum, baseada em um único projeto e em uma tecnologia a partir da qual uma série de produtos derivados pode ser desenvolvida e produzida de maneira eficiente.

Programa de informação de propriedade privada. Políticas e procedimentos de uma empresa para proteger informações de propriedade privada, que incluem marcar documentos importantes, cópia, distribuição, segurança, envio e estoque. Precisa estar em ordem para promover a proteção de segredos comerciais.

Propriedade intelectual. Um termo extenso que se refere, de modo geral, a um conjunto de direitos sobre vários tipos de informação, incluindo invenções, projetos, materiais e assim por diante. Na área empresarial, a propriedade intelectual pode incluir não apenas criações de pesquisa e desenvolvimento, mas também informações empresariais gerais, que a empresa desenvolveu em sua existência, necessárias para manter sua competitividade. Simplificando, a propriedade intelectual é um trabalho original criado basicamente pelo cérebro.

Segredo comercial. Qualquer informação útil para a empresa (isto é, que forneça uma vantagem econômica), geralmente desconhecida, dificilmente verificável por meios apropriados e que fornece uma vantagem sobre concorrentes que desconhecem a informação. Segredos comerciais são, de modo geral, definidos por todas as formas de informação financeira, empresarial, científica, técnica, econômica ou de engenharia que incluam padrões, planos, compilações, dispositivos de programas, fórmulas, projetos, protótipos, métodos, técnicas, procedimentos ou códigos, sejam elas tangíveis ou intangíveis; ou armazenadas fisicamente, eletronicamente, por meio de fotografia ou escrita.

Notas

1 TABRIZI, B.; WALLEIGH, R. Defining next-generation products: an inside look. *Harvard Business Review*, p. 116-124, nov./dez. 1997.

2 CAPON, N.; GLAZER, R. Marketing and technology: a strategic coalignment. *Journal of Marketing*, n. 51, p. 1-14, jul. 1987.

3 COHEN, I. Philip Condit and the Boeing 777: from design and development to production and sales. In: 2000 NORTH AMERICAN CASE RESEARCH ASSOCIATION (NACRA), San José, CA., out. 2000.

4 Id., ibid.

5 CAPON, N.; GLAZER, R. Op. cit., 1987.

6 JOHN, G.; WEISS, A.; DUTTA, S. Marketing in technology intensive markets: towards a conceptual framework. *Journal of Marketing*, n. 63, p. 78-91, 1999. (Edição especial).

7 CAPON, N.; GLAZER, R. Op. cit., 1987.

8 JOHN, G.; WEISS, A.; DUTTA, S. Op. cit., 1999.

9 Id., ibid.

10 FORD, D.; RYAN, C. Taking technology to market. *Harvard Business Review*, n. 59, p. 117-126, mar./abr. 1981.

11 JOHN, G.; WEISS, A.; DUTTA, S. Op. cit., 1999.

12 Id., ibid.

13 CAPON, N.; GLAZER, R. Op. cit., 1987.

14 THUROW, L. Needed: a new system of intellectual property rights. *Harvard Business Review*, p. 95-103, set./out. 1997.

15 CAPON, N.; GLAZER, R. Op. cit., 1987.

16 FORD, D.; RYAN, C. Op. cit., 1981.

17 CAPON, N.; GLAZER, R. Op. cit., 1987.

18 FORD, D.; RYAN, C. Op. cit., 1981.

19 Nossos agradecimentos a Jon A. (Tony) Rudbach, diretor de transferência de tecnologia da University of Montana, Missoula, MT, por sua ajuda na primeira edição com o material para essa área. Para mais informações, veja STEELE, T.; SCHWENDIG, W. L.; JOHNSON, G. The technology innovation act of 1980, ancillary legislation, public policy, and marketing: the interfaces. *Journal of Public Policy and Marketing*, n. 9, p. 167-182, 1990.

20 UNITED STATES OF AMERICA. United States Court of Appeals for the Federal Circuit. Pfaff v. Wells Electronics, Inc. – 525 U.S. 55 (1998). Syllabus n. 97-130. Apelante: Pfaff. Apelada: Wells Electronics, Inc., Relator: J. Stevens. 6 out.-10 nov. 1998. (Segunda audiência, 525 U.S. 1094 [1999]). Disponível em: <http://supreme.justia.com/us/525/55/case.html>. Acesso em: 11 jun. 2011.

21 BALDWIN, C. Y.; CLARK, K. B. Managing in an age of modularity. *Harvard Business Review*, p. 84-93, set./out. 1997.

22 FLEMING, L.; SORENSEN, O. The dangers of modularity. *Harvard Business Review*, p. 20-21, set. 2001.

23 MEYER, M.; SELIGER, R. Product platforms in software development. *Sloan Management Review*. v. 40, n. 1, p. 61-75, 1998.

24 TABRIZI, B.; WALLEIGH, R. Op. cit., 1997.

25 JOHN, G.; WEISS, A.; DUTTA, S. Op. cit., 1999.

26 TABRIZI, B.; WALLEIGH, R. Op. cit., 1997.

27 MEYER, M.; SELIGER, R. Op. cit., 1998.

28 TABRIZI, B.; WALLEIGH, R. Op. cit., 1997.

29 FORD, D.; RYAN, C. Op. cit., 1981.

30 SHAPIRO, C.; VARIAN, H. Versioning: the smart way to sell information. *Harvard Business Review*, p. 106-114, nov./dez. 1998.

31 JOHN, G.; WEISS, A.; DUTTA, S. Op. cit., 1999.

32 MEYER, M.; SELIGER, R. Op. cit., 1998.

33 MOORE, W. L.; LOUVIERE, J. J.; VERMA, R. Using conjoint analysis to help design product platforms. *Journal of Product Innovation Management*, n. 16, p. 27-39, jan. 1999.

34 SETHI, R. New product quality and product development teams. *Journal of Marketing*, v. 64, n. 2, p. 1-14, 2000.

35 Id. Cross-functional product development teams, creativity, and the innovativeness of new consumer products. *Journal of Marketing Research*, v. 38, n. 1, p. 73-86, 2001.

36 SARIN, S.; MAHAJAN, V. The effect of reward structures on cross-functional product development teams. *Journal of Marketing*, v. 65, n. 2, p. 35-54, 2001.

37 Id., ibid.

38 TAM, P.-W. Designing team helps shape apple computer's fortunes. *Wall Street Journal Online*, 18 jul. 2001.

39 Exceto onde estiver anotado, essa seção foi tirada de BOULDING, W.; MORGAN, R.; STAELIN, R. Pulling the plug to stop the new product drain. *Journal of Marketing Research*, n. 34, p. 164-176, fev. 1997.

40 KEIL, M.; MONTEALEGRE, R. Cutting your losses: extricating your organization when a big project goes awry. *Sloan Management Review*, p. 55-68, primavera 2000.

41 Id., ibid.

42 Id., ibid.

43 ROVER, I. Why bad projects are so hard to kill. *Harvard Business Review*, p. 48-56, fev. 2003.

44 KEIL, M.; MONTEALEGRE, R. Op. cit., 2000.

45 BOULDING, W.; Morgan, R.; STAELIN, R. Op. cit., 1997.

46 Id., ibid.

47 Veja, por exemplo, MEUTER, M. L.; OSTROM, A. L.; ROUNDTREE, R. I.; BITNER, M. J. Self-service technologies: understanding customer satisfaction with technology-based service encounters. *Journal of Marketing*, n. 64, p. 50, jul. 2000; BITNER, M. J.; Ostrom, A. L.; MEUTER, M. L. Implementing successful self-service technologies. *The Academy of Management Executive*, n. 16, p. 96-109, nov. 2002.

48 MOHR, J. The management and control of information in high-technology firms. *Journal of High-Technology Management Research*, n. 7, p. 245-268, outono 1996.

49 Ibid.

50 MACDONALD, E.; LUBLIN, J. In the debris of a failed merger: trade secrets. *Wall Street Journal*, p. B1, 10 mar. 1998.

51 YOU SANK MY BATTLE CHIP!, *Time*, p. 47, 9 jun. 1997.

52 TAKAHASHI, D.; AUERBACH, J. Digital flies antitrust suit against Intel. *Wall Street Journal*, p. B5, 24 jul. 1997.

53 Nossos sinceros agradecimentos aos esforços e às ideias de Judy Mohr, J.D., Ph.D., Perkins Coie LLP, Menlo Park, Califórnia, por seu aconselhamento técnico sobre as seções que tratam de propriedade intelectual neste capítulo.

54 Antes de 8 de junho de 1995 (a data efetiva da legislação GATT-TRIPS), a manutenção de uma patente norte-americana era de 17 anos após a data de registro da patente. A participação norte-americana nos Acordos Uruguaios (em inglês, Uruguay Round Agreements) incluiu um Acordo de Aspectos Relacionados ao Comércio de Propriedade Intelectual (em inglês, Trade-Related Aspects of Intellectual Property – TRIPS) que harmonizava o termo de patente norte-americano com o do resto do mundo, substituindo o termo de 17 anos após o pedido de registro da patente para 20 anos após a data da concessão. Como resultado, a lei atual para pedidos de concessão de patente preenchidos antes

de 8 de junho de 1995 é o maior entre ou (1) 17 anos após a data da registro; ou (2) 20 anos medidos entre a data do pedido e a primeira utilização registrada. Para pedidos feitos depois de 8 de junho de 1995, o termo de patente vale por 20 anos contados a partir do primeiro pedido de registro.

55 35 U.S.C. 101 Inventions patentable – Patent Law.In: *Manual of patent examining procedure* (MPEP). 8. ed. Washington, DC: United States Patente and Trademark Office, ago. 2001. (Última revisão: jul. 2010). Disponível em: <http://www.uspto.gov/web/offices/pac/mpep/documents/appxl_35_U_S_C_101.htm>. Acesso em: 11 jun. 2011.

56 Os valores indicados em dólar refletem as taxas que passaram a vigorar em 1º de novembro de 2003. As taxas são aumentadas periodicamente; a tabela de taxas atuais pode ser obtida em *How to pay fees*. Washington: United States Patente and Trademark Office, 2010. Disponível em: <http://www.uspto.gov/main/howtofees.htm>. Acesso em: 11 jun. 2011.

57 MANSFIELD, E.; SCHWARTZ, M.; WAGNER, S. Imitation costs and patents: an empirical study. *Economic Journal*, n. 91, p. 907-918, 1981.

58 UPDIKE, E. What's next: a patent for the 401(k)? *BusinessWeek*, p. 104-106, 26 out. 1998.

59 UNITED STATES OF AMERICA. United States Court of Appeals for the Federal Circuit. *State Street Bank & Trust Co. v. Signature Financial Group, Inc., 149 F.3d 1368, (CAFE 1998)*. Apelante: State Street Bank & Trust Co. Apelada: Signature Financial Group. Relator: Michel. 23 jul. 1998.

60 UPDIKE, E. Op. cit., 1998.

61 Id., ibid.

62 FRANCE, M. A net monopoly no longer? *BusinessWeek*, p. 47, 27 set. 1999.

63 GURLEY, J. W. The trouble with Internet patents. *Fortune*, p. 118-119, 19 jul. 1999.

64 GARLAND, S.; REINHARDT, A. Uncle Sam's balancing act: patent rights vs. competition. *Business Week*, p. 34-35, 22 mar. 1999.

65 STAVISH, S. Copyrights on the Internet... Protecting yourself. *Advertising and Marketing Review*, p. 6, jan. 1997.

66 Id., ibid.

67 MORRIS, G. E. Protecting intellectual property on the Internet. *Advertising and Marketing Review*, p. 24, jan. 1997.

68 STERN, L.; EOVALDI, T. *Legal aspects of marketing strategy*. Upper Saddle River, NJ: Prentice Hall, 1984.

69 SHAPIRO, B. Economic espionage. *Marketing Management*, p. 56-58, primavera 1998.

70 As informações desta seção foram tiradas de LENZNER, R.; SHOOK, C. Whose Rolodex is it, anyway? *Forbes*, p. 100-104, 23 fev. 1998.

71 RIVETTE, K.; KLINE, D. Discovering new value in intellectual property. *Harvard Business Review*, p. 54-66, jan./fev. 2000.

Canais de distribuição e gestão da cadeia de suprimentos em mercados de alta tecnologia

CAPÍTULO 8

Representando empresas e participantes envolvidos no fluxo do produto, do fornecedor de matéria-prima ao consumidor, os canais de distribuição são uma importante ferramenta nos mercados de alta tecnologia. Os fabricantes devem gerenciar tanto o fluxo de produtos entre a manufatura e o consumo como as diferentes relações entre empresas nos vários estágios de produção. A Figura 8.1 retrata um apanhado das várias cadeias de suprimentos e opções que podem ser usadas para produtos de alta tecnologia.

As atividades dos canais de distribuição incluem a tradicional logística — controle de estoque, transporte, processamento de pedidos, armazenagem e decisões que serão tomadas acerca do manejo dos materiais — bem como as atividades destinadas a estruturar e gerenciar as relações dos elos da cadeia de distribuição.

Os canais de distribuição podem ser ineficientes porque os fornecedores, assim como os fabricantes e os distribuidores, frequentemente trabalham confrontando-se, às vezes por terem metas e objetivos desalinhados que não permitem pensar em termos sistêmicos em prol de soluções para problemas comuns. Canais de distribuição eficientes permitem à empresa identificar redundâncias e ineficiências no sistema, para desenvolver relações e alianças com participantes-chaves e para atingir tanto vantagens nos custos como melhorar a satisfação do cliente. Alguns membros do canal podem exercer as funções de modo mais eficiente do que outros; um bom canal de distribuição preenche as necessidades dos clientes da maneira mais eficaz e eficiente possível. O objetivo do gerenciamento desse canal é lidar com os vários processos de logística e distribuição para prover valor ao consumidor de maneira efetiva e eficaz.

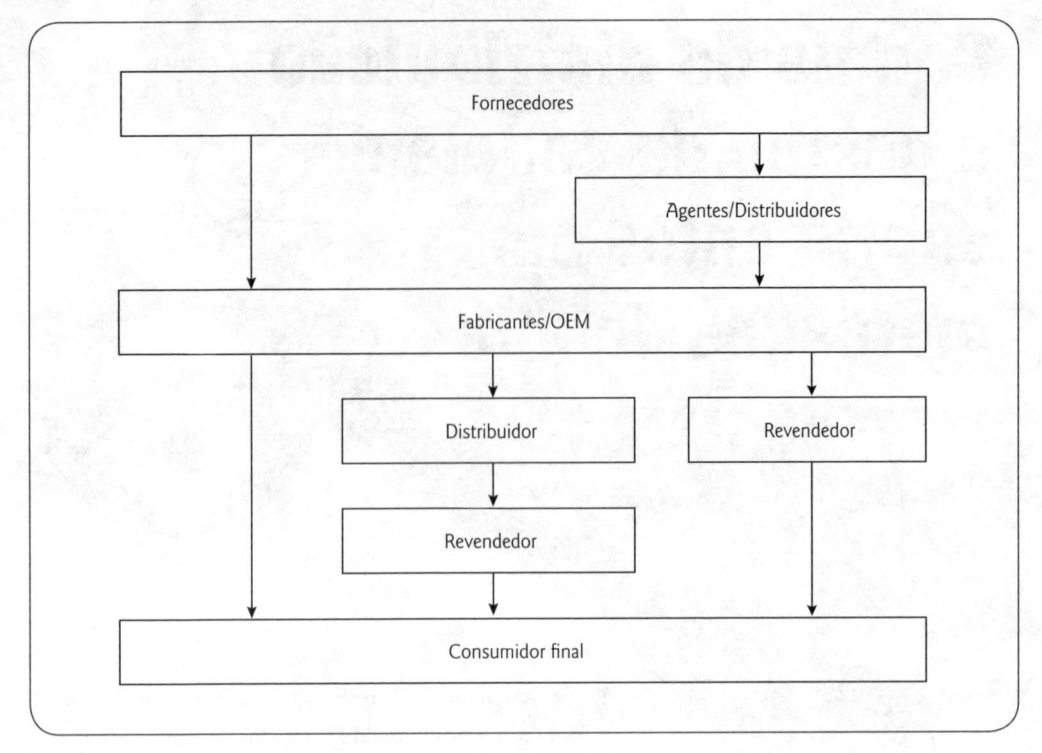

```
┌─────────────────────────────────────────────────┐
│                   Fornecedores                  │
└─────────────────────────────────────────────────┘
           │                    │
           │                    ▼
           │         ┌──────────────────────┐
           │         │ Agentes/Distribuidores│
           │         └──────────────────────┘
           │                    │
           ▼                    ▼
┌─────────────────────────────────────────────────┐
│                  Fabricantes/OEM                │
└─────────────────────────────────────────────────┘
              │                    │
              ▼                    ▼
     ┌──────────────┐       ┌──────────────┐
     │ Distribuidor │       │  Revendedor  │
     └──────────────┘       └──────────────┘
              │
              ▼
     ┌──────────────┐
     │  Revendedor  │
     └──────────────┘
              │
              ▼
┌─────────────────────────────────────────────────┐
│               Consumidor final                  │
└─────────────────────────────────────────────────┘
```

Figura 8.1 — Opções de cadeias de suprimento em mercados de alta tecnologia

Novas tecnologias são, hoje, um grande incentivo quando se trata de redesenhar os canais de distribuição e as cadeias de suprimentos. Por exemplo, em uma parceria de logística com a UPS baseada em propriedade de software, a Motorola redesenhou radicalmente seu processo de distribuição, eliminando múltiplas entregas e reduzindo o tempo de entrega em 75 por cento. Ela consolidou produtos de oito fábricas asiáticas de semicondutores entregando diretamente na porta de seus clientes nos Estados Unidos, com tempo de processamento de apenas sete dias entre a confecção do pedido e a entrega. A parceria de logística permitiu à Motorola fornecer aos consumidores de seus produtos originais um nível superior de qualidade, controle de custos e entrega.[1]

Membros do canal também podem ser utilizados como parceiros de marketing, desempenhando um papel no estabelecimento da marca do produto para o usuário e oferecendo serviços ao consumidor. Um estudo feito pelo Gardner Group[2] constatou que, quando os consumidores vão aos revendedores procurando assistência, 77 por cento não têm uma marca específica escolhida. Desses consumidores que não têm a marca favorita predeterminada, revendedores dizem que aproximadamente 90 por cento compram a marca recomendada pelo vendedor. E, ainda que o consumidor tenha uma marca previamente escolhida, os revendedores afirmam que mudam a marca predeterminada para uma marca alternativa em 53 por cento dos casos. Portanto, os canais de distribuição não são apenas mecanismos para atender a um pedido, mas também uma importante ferramenta para a consolidação da identidade de uma marca e sua preferência no mercado. Os parceiros do canal são utilizados para atender às necessidades dos clientes, desenvolver soluções, conversar com os clientes e prover serviços.

Em grande parte, os responsáveis pelo marketing em mercado de alta tecnologia enfrentam questões de distribuição similares àquelas enfrentadas pelos responsáveis pelo marketing em contextos mais convencionais. Ainda que este capítulo forneça uma sucinta revisão das estratégias básicas de canais, ele vai primeiramente abordar a gestão de algumas das complexidades dos canais de distribuição em mercado de alta tecnologia. Essas complexidades surgem do alto valor de muitos produtos tecnologicamente sofisticados, do ritmo rápido de evolução do marketing, da facilidade com que muitos produtos de alta tecnologia podem ser pirateados e da necessidade de manutenção das vendas e do suporte de serviços. Outras complexidades surgem da inclusão da Internet como um novo meio de distribuição.

Este capítulo começa com uma breve revisão de problemas básicos no projeto e na gestão dos meios de distribuição. Em seguida, aborda questões específicas dos mercados de alta tecnologia. A terceira parte do capítulo trata da inclusão da Internet como um novo meio de distribuição. O capítulo avança com uma visão ampla acerca da distribuição para incluir aspectos da gestão e dos recursos da cadeia de suprimentos e termina explorando como as indústrias e organizações empresariais mudaram suas estratégias e seus processos para capitalizar as possibilidades da Internet.

Aspectos do projeto e da gestão de canais de distribuição

Canais de distribuição existem para executar funções vitais na conclusão de trocas de marketing. Seja providenciando escolhas para os consumidores na quantidade e na variedade que eles desejam, fornecendo serviços e outras funções facilitadoras (crédito, treinamento, instalações etc.), proporcionando a comunicação com o usuário final, e assim por diante, essas funções são necessárias para uma troca bem-sucedida entre vendedor e comprador. Para desenhar um canal de distribuição, as empresas devem encarar as seguintes decisões ou questões, mostradas no Quadro 8.1.[3]

1. Considerações sobre objetivos dos canais, restrições e ambiente externo

As empresas têm uma série de necessidades que devem ser consideradas quando estruturam e desenham um canal de distribuição. As necessidades dos consumidores e seus hábitos de compras são algumas das considerações mais importantes. Quantidade adquirida, conveniência da localização, ve-

---

1. Considerações sobre objetivos, restrições e ambiente externo
2. Escolha da estrutura do canal: direto *versus* indireto
3. Escolha do tipo de intermediário
4. Penetração/cobertura: número de intermediários
5. Gerenciamento do canal
    a. Seleção e recrutamento de intermediários do canal
    b. Controle e coordenação
    c. Consideração dos aspectos legais
6. Avaliação do desempenho

Quadro 8.1 — Aspectos da gestão e do design dos canais de distribuição

locidade de entrega, variedade de produtos e serviços são fatores a serem levados em conta. A estrutura do canal usado pelos concorrentes e as características dos produtos também devem ser examinadas.

2. Escolha da estrutura do canal: direto *versus* indireto

A estrutura de um canal direto é aquela em que um fabricante vende diretamente ao consumidor, por exemplo, com sua própria força de venda por meio de lojas da própria companhia ou da Internet, cujo papel é explicado detalhadamente mais à frente neste capítulo. O canal indireto é aquele em que um fabricante usa algum tipo de intermediário para levar ao mercado, vender e entregar produtos aos consumidores. Canais diretos ou indiretos não são mutuamente excludentes, pois uma empresa pode usar uma combinação deles para levar seus produtos aos consumidores. As combinações entre canais diretos e indiretos são conhecidas como canal híbrido ou canal duplo.

A realidade mostra que a maioria das empresas normalmente transita entre os dois tipos de canais, tanto o direto como o indireto, para atingir sua base de consumidores. Elas podem usar uma força direta de vendas para alguns consumidores, usar canais intermediários para outros e também ter um comércio eletrônico, como um site. Principalmente quando uma empresa utiliza um canal híbrido, seu gerenciamento é bem complexo. Uma das complexidades é que canais indiretos estão sujeitos a uma menor autoridade de gerenciamento do que canais diretos, o que pode gerar problemas de controle. Além disso, se diferentes tipos de canais competem por consumidores, isso pode aumentar o conflito entre seus vários membros. Essas complexidades são abordadas na seção sobre a inclusão de novos canais.

Algumas pessoas argumentam que, quando se utiliza um canal direto, o intermediário pode ser eliminado e o preço do produto pode baixar. Entretanto, um exame cauteloso do papel subjacente de um canal de distribuição mostra a falácia desse pensamento. Ainda que intermediários possam ser eliminados, suas funções — providenciar opções de escolha para os consumidores na quantidade e variedade que eles desejam, fornecer serviços e outras funções facilitadoras, comunicar-se com o consumidor final e daí por diante — não podem. Se uma empresa optar pela utilização de um canal direto, tanto o fabricante como o consumidor devem assumir a responsabilidade por essas funções. E, em ambos os casos, ainda que o preço do produto possa baixar, os custos para um ou para outro canal aumentam, por causa do aumento de funções executadas.

3. Escolha do tipo de intermediário

Se uma empresa escolhe um canal indireto, ela pode usar diferentes tipos de intermediários. Distribuidores normalmente compram diretamente dos fabricantes e revendem para outros intermediários, tais como revendedores de varejo e atacado, os quais, por sua vez, revendem ao consumidor final. Por exemplo, a Tech Data Corporation, com sede em Clearwater, na Flórida, distribui uma variedade de produtos de TI e serviços que atingem desde pequenos revendedores até grandes corporações. Revendedores que normalmente operam em âmbito local têm uma relação mais próxima com o consumidor final, oferecendo serviços e produtos que combinam com suas necessidades.[4] Muitos revendedores de produtos de alta tecnologia são denominados revendedores de valor agregado (em inglês, *Value-Added Resellers* — VARs) que compram produtos de uma ou mais companhias de alta tecnologia e agregam valor por meio de suas próprias habilidades, geralmente colocando no mercado um pacote de soluções para mercados verticais específicos (ou seja, específicos para o segmento).

Revendedores *inbound* versus revendedores *outbound* são outros termos utilizados para identificar membros dos canais no ambiente da alta tecnologia. Revendedores *inbound* têm, tipicamente, uma loja de varejo, e seus consumidores primários são os indivíduos que adentram esses pontos comerciais atraídos por técnicas tradicionais de propaganda e meios de promoção. Revendedores *outbound* têm uma força de vendas que visita os consumidores, normalmente onde o consumidor está instalado (o revendedor pode ou não ter uma loja).

Dependendo do tipo de produto de alta tecnologia que está sendo vendido, muitos caminhos intermediários tradicionais do setor de varejo podem exercer papel de canal. Comerciantes de massa, "*category killers*[5]" pequenas lojas familiares e franquias (como RadioSchak) podem também fazer parte da estratégia de distribuição de uma empresa.

4. Penetração/cobertura: número de intermediários

Se uma empresa utiliza um canal indireto, ela deve decidir quantos intermediários usar em cada região ou território. Uma escolha importante (em inglês, *tradeoff*) é aquela entre o grau de cobertura e o grau de concorrência dentro da marca. As empresas normalmente desejam que a cobertura do mercado seja a maior possível e, consequentemente, que a venda ocorra por meio do maior número possível de intermediários. Ainda que tal decisão possa permitir maior penetração no mercado, isso tem um custo. Quando uma empresa tem muitos revendedores em qualquer área, cada revendedor concorre com outros em seu território. Se tal concorrência acontece entre marcas e produtos diferentes no comércio (concorrência intermarcas), ela pode ser saudável. Entretanto, se essa concorrência ocorre entre revendedores da mesma marca de um mesmo fabricante (concorrência intramarca), ela pode causar problemas.

Revendedores concorrendo entre si para vender a mesma marca normalmente confiam na concorrência de preço. Isso não só pode ser perigoso para a reputação do fabricante e da qualidade percebida no mercado, como também os próprios revendedores acabam com uma margem menor de vendas desses fabricantes. Como resultado, é difícil para eles manter o nível de serviços e treinamento que um produto de alta tecnologia requer. Então, penetração demasiada pode, na verdade, gerar problemas no longo prazo, quando um produto não é mantido nem valorizado pelos canais intermediários ou pelo consumidor final da maneira que a empresa deseja. Assim, no momento de decidir o grau de cobertura em um mercado, a empresa deve manter o equilíbrio entre cobertura moderada e cobertura demasiada (que favorece a concorrência intramarca). Restrições verticais ou territoriais, nas quais um distribuidor recebe direitos exclusivos para um território em particular, podem ser recursos para inibir a concorrência intramarca.

5. Gestão dos canais

A gestão dos canais inclui as atividades permanentes que uma empresa utiliza para manter os relacionamentos e um desempenho eficaz no decorrer do tempo.

a. Seleção e recrutamento de intermediários do canal. Uma vez que a estrutura do canal está decidida, a empresa deve atrair e recrutar intermediários para seus produtos. Comparecer a feiras de negócios pode ser uma estratégia útil, bem como utilizar campanhas de mala direta, publicidade eficaz e relações públicas ou, ainda, venda pessoal.

b. Controle e coordenação. Dependendo do tipo de intermediação, muitos membros do canal se interessam em criar uma identidade e uma posição para suas lojas no mercado local. Os fabricantes normalmente têm menos interesse em qual loja em particular o consumidor escolhe para comprar seus produtos, contanto que o consumidor escolha a sua marca em vez da marca concorrente. Dada essa discrepância entre os objetivos dos fabricantes e dos membros do canal, os fabricantes devem utilizar mecanismos de coordenação para gerenciar, orientar e monitorar as atividades de seus revendedores. É válido lembrar do Capítulo 3, em que foi abordada a discussão acerca das estruturas unilaterais e bilaterais de governança ou os termos, as condições, os sistemas e os processos utilizados para gerenciar as interações que ocorrem entre dois parceiros. Ferramentas similares podem ser utilizadas para guiar e gerenciar o comportamento dos intermediários do canal.[6]

Ferramentas de *controle impositivo* (*unilateral*) consistem da habilidade de um dos membros do canal de criar regras, dar instruções e, efetivamente, impor decisões sobre o outro. Tal controle pode surgir da posse (via integração vertical) do canal membro ou da autoridade adquirida por meio da decisão formal centralizada de marketing (tal como no sistema de franquias). Controle formal e manutenção concentram-se em comportamentos desejados e resultados e, quando aliados à autoridade, realinham os interesses dos parceiros e as atividades para garantir os resultados desejados. Controle impositivo pode também surgir do poder de uma parte sobre a outra. É importante ressaltar que a situação de poder unilateral não significa uma relação exploradora; o poder pode ser usado de maneira benevolente também. Como uma ferramenta de governança; o poder fornece a base para administrar e gerenciar a troca de relações.

Mecanismos de *controle bilateral* originam-se em atividades, interesses ou colocações conjuntas de ambos os membros do canal. Uma importante forma de controle bilateral envolve normas de relacionamento ou expectativas compartilhadas em relação às atitudes e aos comportamentos dos membros dos canais, no trabalho conjunto para atingir objetivos mútuos. O espírito de tais sentimentos reflete-se em um compromisso de flexibilização e adaptação às incertezas do mercado, divisão dos benefícios e encargos, compartilhamento de informações, comunicação de colaboração, e assim por diante. Essas normas estabelecem um ambiente social no qual atitudes e comportamentos individuais são desencorajados em favor da busca do interesse mútuo.

Além disso, interdependência e compromisso servem também como base efetiva de controle para um canal bilateral. A interdependência cria incentivos que regulam e motivam a conduta de cada uma das partes. A dependência compartilhada (alta simetria) conduz a relacionamentos de canal mais flexíveis e de longo prazo. Nesses relacionamentos, a necessidade (e o poder) de um do outro (ou sobre o outro) modera as inclinações para a busca de interesses próprios e motiva comportamentos que beneficiem os dois.

A confiança ou a crença conjunta dos parceiros de que cada um vai agir no melhor interesse da parceria pode também prover coordenação bilateral. A confiança mútua pode fazer que haja redução de motivos para conflitos, melhoria de desempenho e satisfação para a troca. A confiança mútua alivia o medo de que uma das partes possa agir de maneira oportunista contra a outra. Se as partes confiarem uma na outra, cada uma terá confiança na integridade e confiabilidade da outra esperando que aja de modo responsável no intuito de preservar sua relação de troca.

Além disso, ferramentas jurídicas também podem ser utilizadas para controlar uma relação. Restrições verticais, distribuição exclusiva e ferramentas similares podem ser usadas para motivar e alinhar o comportamento dos participantes do canal.

c. Consideração dos aspectos legais. Duas questões legais têm recebido mais atenção nos canais de distribuição de alta tecnologia, a saber, a venda casada e os acordos de venda exclusiva.

- A *venda casada* ocorre quando um fabricante condiciona a venda de um produto de grande procura à de outro. Entre outras coisas, o Departamento de Justiça dos Estados Unidos acusou a Microsoft de condicionar a venda de seu sistema operacional a seu navegador de Internet, em 1997. A venda casada também ocorre na maneira de descontos em produtos desde que eles sejam comprados conjuntamente com outros produtos da mesma empresa.[7]
- *Acordos de venda exclusiva* restringem o revendedor a ter apenas os produtos de um único fabricante. Aparentemente, tais acordos são colocados para fornecer serviços adequados, mas implicações antitrustes surgem se grandes companhias usam sua predominância para restringir o acesso dos consumidores aos produtos concorrentes.

6. Avaliação de desempenho

É importante ser capaz de acessar o desempenho dos vários canais e de seus membros. Questões sobre eficiência normalmente orientam a escolha de canais com determinado tipo de estrutura em vez de outra. De acordo com a Dataquest,[8] o custo da venda por meio de canais vai de 10 por cento dos custos de venda, gerais e administrativos de uma empresa, no caso de um canal VAR (*Value-Added Resseler*), passando por 11,5 por cento para um canal *Value-Added Dealer* (VAD) e até 18 por cento para um canal de varejo (que necessita de desenvolvimento de mercado, fundos para publicidade, retorno etc.).

Em termos de seleção e avaliação de determinados intermediários, tanto indicadores de desempenho quantitativos como qualitativos são pertinentes.[9] Indicadores quantitativos podem incluir volumes de vendas movimentados por meio de um intermediário em particular ou na fatia de mercado do fabricante, no território relevante do intermediário. Indicadores qualitativos podem incluir a satisfação e o comprometimento do vendedor com o fabricante e a vontade do vendedor de coordenar-se com as atividades do programa nacional do fabricante.

O Quadro 8.2 identifica uma variedade de indicadores de desempenho de canais.

Contribuição do revendedor aos lucros do fornecedor
Contribuição do revendedor às vendas do fornecedor
Contribuição do revendedor ao crescimento
Competência do revendedor
Conformidade do revendedor
Adaptabilidade do vendedor
Lealdade do vendedor
Satisfação do comprador com o revendedor

Quadro 8.2 — Indicadores de desempenho de canais
Fonte: KUMAR, N.; STERN, L.; ACHROL, R. Assessing reseller performance from the perspective of the supplier. *Journal of Marketing Research*, n. 29, p. 238-55, maio 1992.

Considerações sobre canais em mercados de alta tecnologia

Como essas questões de projeto e gerenciamento dos canais se desenvolvem em mercados de alta tecnologia? Em virtude do alto valor de muitos produtos tecnologicamente sofisticados, e por causa do ritmo rápido de evolução do mercado, os responsáveis pelo marketing de alta tecnologia enfrentam sérios desafios para minimizar o número de produtos em estoque no canal. O preço médio de venda de produtos de TI tem baixado, colocando pressão na lucratividade da venda. Então, fabricantes procuram o canal de maior eficiência de custo para levar seus produtos ao mercado. Como mencionado previamente, diferentes tipos de canais indiretos possuem custos diferentes. Além disso, o advento da Internet como canal distribuidor para produtos de alta tecnologia mudou a natureza da relação entre os membros dos canais e os fabricantes. O projeto e a gestão dos canais devem tratar das características do ambiente externo para produtos de alta tecnologia, mostradas na Figura 8.2. As implicações dessas características nos canais de distribuição são tratadas aqui.

Fronteira difusa entre elos da cadeia de suprimentos

Em ambientes de alta tecnologia, a linha entre fornecedores e membros dos canais vem se tornando mais difusa e menos precisa. A Dell Computer costumava ser uma revendedora de impressoras, escâneres, computadores de mão e câmeras digitais da Hewlett-Packard (HP). Quando a Dell anunciou que começaria a vender a sua própria marca de impressoras para seus consumidores, a HP percebeu a ação como sua maior ameaça competitiva. Assim, a HP terminou seu relacionamento de oito anos com a Dell, uma cliente importante.[10]

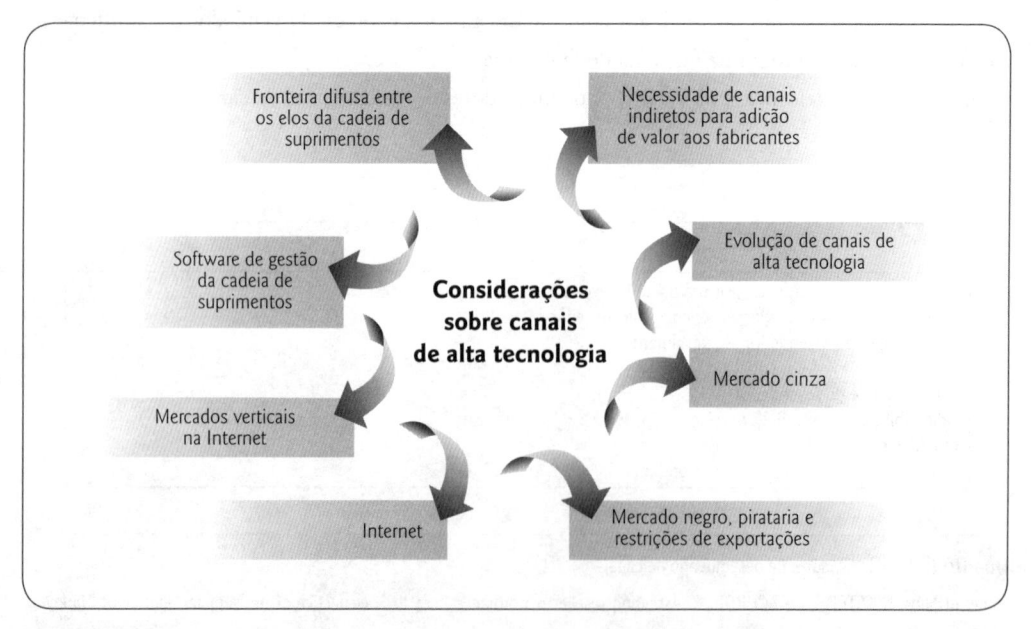

Figura 8.2 — Considerações sobre canais e suprimentos em mercados de alta tecnologia

Em um nível diferente na cadeia de suprimentos (aquela entre um fornecedor e seus consumidores fabricantes de equipamentos originais — em inglês, *Original Equipment Manufactures* — OEM), um fenômeno similar está acontecendo. As relações entre a Intel e computadores OEM têm sido turbulentas por conta das preocupações legítimas das OEM de que a Intel de repente deixe de se contentar em ser apenas um distribuidor de chips, para entrar no mercado de computadores. O fato de a Intel estar fabricando e vendendo placas-mãe completas (uma montagem parcial de circuitos integrados que pode ser "despejada" dentro de um gabinete de computador e vendida como produto final) dá algum crédito a esse receio. Consumidores e fornecedores agora têm o potencial de se tornar concorrentes.[11]

Necessidade de canais indiretos para adição de valor aos fabricantes

Tradicionalmente, produtos caros e complexos de alta tecnologia eram vendidos do fabricante para o distribuidor, deste para o varejista e, por fim, deste para o consumidor final. Mas hoje muitas empresas estão mudando para um modelo de venda direta. Antes de sua fusão com a HP, em 2002, a Compaq havia mudado de uma proporção de 98 canais tradicionais de venda para cada dois de venda direta em 1998, para uma média de 80 para 20 em 1999.[12] Com o modelo de vendas diretas aumentando e se tornando mais popular para computadores e produtos de rede, parceiros de distribuição que desempenhavam papéis estratégicos nos primórdios da indústria estão lutando por maneiras de agregar valor a suas posições na cadeia de suprimentos.[13] Como observado anteriormente, alguns membros do canal estão procurando por funções tradicionalmente oferecidas por outros parceiros dos canais, tais como fabricantes e varejistas. Duas novas estratégias são a "montagem no canal" e colocalização.

Na "*montagem no canal*", os fabricantes enviam produtos semiacabados aos distribuidores, que, por sua vez, os configuram de acordo com os requisitos dos clientes e completam a produção antes de os entregar. As vantagens são a personalização e o tempo utilizado para a execução dessa tarefa para o consumidor. Ainda que os revendedores também montem, a função está passando cada vez mais para os distribuidores que possuem armazéns mais espaçosos para fazer, com maior eficiência, produtos sob medida, de acordo com os pedidos, reduzindo o tempo e as despesas.

> Em vez de tentar prever a demanda estocando grandes quantidades de produtos que podem se tornar obsoletos, estratégias estão evoluindo para a construção de produtos cuja real demanda é conhecida. Parceiros dos canais agora entregam exatamente o que é necessário na hora em que é necessário.[14]

Outro exemplo é a Pinacor Inc., distribuidora no Arizona, que tem parceria com a Lucent Technologies para realizar a configuração final, o teste e a distribuição de um sistema de telecomunicações. A parceria reduziu o prazo entre concepção e lançamento do produto de entre 30 e 45 dias para dez dias. A maior rapidez aumentou as possibilidades do distribuidor de competir com sucesso pelas vendas. Alguns acreditam que a estratégia de "montagem no canal" é ainda complicada demais para que múltiplos parceiros possam montar os produtos em várias localidades e que, em última instância, o modelo direto será mais eficiente, com um local de montagem para cada região.

Em outra estratégia para aumentar o valor dos canais indiretos, a *colocalização* determina que os funcionários do distribuidor possam trabalhar desde o interior da planta do fabricante, até a entrega de modelos (produtos) completos de grande demanda, para revendedores e para consumidores finais. A colocalização pode eliminar de sete a dez dias do ciclo de entrega. Grandes distribuidores, como Ingram Micro, Merisel e Tech Data, fizeram uma parceria com a International Business Machines (IBM) e começaram seus esforços de colocalização. Tanto a colocalização como a "montagem no canal" colocam a personalização sob um mesmo teto.

Ainda que comprar, empacotar e vender hardware e software sejam importantes para os revendedores, diante das margens de lucro cada vez menores na venda de produtos eles vêm sendo forçados a fornecer serviços. As margens do hardware são de apenas 1 a 8 por cento, mas as margens dos serviços são de 17 a 35 por cento.[15] Serviços para ajudar clientes a se atualizar rapidamente com relação às tecnologias são vitais. Consumidores desejam soluções para seus problemas e, como resultado, mais e mais revendedores estão entrando em território tipicamente ocupado por consultores. Revendedores estão fornecendo mais serviços aos clientes, como suporte técnico, manutenção de produtos, design e instalação de redes, e implementando soluções complexas em software.

A evolução dos canais de alta tecnologia

O tipo de canal que uma empresa usa normalmente muda no decorrer do ciclo de vida de uma tecnologia,[16] como mostra a Figura 8.3. Quando novas tecnologias surgem no mercado, as estratégias de vendas naturalmente se concentram em OEMs, produtores independentes de softwares e integradores, enquanto os produtos procuram obter apoio e presença no segmento. Uma vez que a tecnologia se estabelece no mercado e o alvo muda para os adotantes precoces da tecnologia, VARs tecnicamente astutos incluem os integradores como um importante canal de venda. VARs e adotantes precoces determinam se uma nova tecnologia deve marcar a sua presença no mercado. E, para alavancar a eficiência total dos canais indiretos, fabricantes trabalham com distribuidores para expandir seu alcance e aumentar sua base de VARs.

Assim que a tecnologia atinge sua capacidade crítica e entra em uma fase de grande crescimento, um canal tradicional de distribuição se faz necessário. Distribuidores nacionais, VADs e varejistas tradicionais (como grandes lojas de computadores) servem, todos, para aumentar a cobertura em um mercado crescente. Nesse ponto do ciclo de vida da tecnologia, o membro precoce do canal (por exemplo, os VARs) pode mudar para novas tecnologias e oportunidades, enquanto ainda mantém sua presença na tecnologia atual como uma conveniência para sua base de clientes.

Uma vez que a tecnologia atinja a maturidade como tecnologia-padrão, o ciclo de distribuição muda de novo, e canais de venda em massa se tornam cada vez mais importantes. Quando a tecnologia atinge o nível de maturidade, constata-se o aumento do uso de varejistas de massa, bem como o aumento do mínimo de lojas de eletrônicos de consumo e de produtos para escritório.

Claro que há exceções no modelo descrito aqui. Alguns produtos podem obter sucesso inicialmente por um canal de varejo. Por exemplo, se o produto tem uma aplicação em ambiente doméstico, então os fornecedores devem vendê-lo onde esse consumidor compra, o que é tipicamente uma loja de varejo ou Internet. Ou, se o mercado consiste de consumidores empresariais com base instalada de tecnologia existente, os consumidores podem ter dor de cabeça tentando migrar para uma nova tecnologia e podem ser mais conservadores exigindo uma venda mais personalizada.

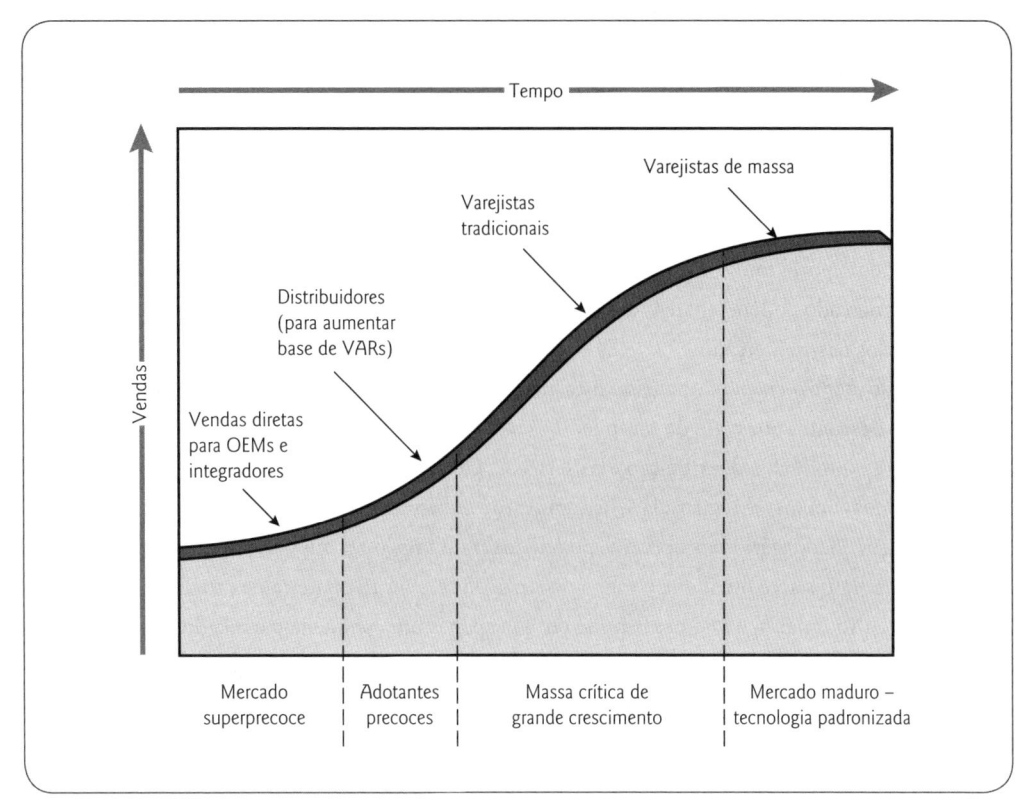

Figura 8.3 — Evolução dos canais de alta tecnologia

Geoffrey Moore acredita que um canal de vendas diretas é o mais eficaz para estimular a demanda por um novo produto e atravessar o abismo.[17] Mas ele argumenta que volume e previsibilidade da receita determinam se um modelo de venda direta é sequer viável. Sustentar um simples consultor de vendas requer uma tendência de vendas de cerca de 500 mil dólares a muitos milhões de dólares, dependendo da quantidade de suporte pré ou pós-venda necessário. Para uma cota de 1,2 milhão de dólares por ano, o vendedor deve fechar no mínimo 100 mil dólares por mês. Se o ciclo de vendas é de seis a nove meses e se a média de fechamento é de uma para cada duas oportunidades, então de 12 a 18 fechamentos de 100 mil dólares devem estar em vias de conclusão a todo o momento, ou deve-se contar com um número menor para vendas significativamente maiores.[18]

Um modelo de canal de vendas no varejo pode ser também bem-sucedido para o mercado principal, mas não é o ideal para atravessar o abismo. Um canal de vendas no varejo não estimula a demanda (ele é melhor para situações em que os consumidores estejam procurando por um canal para preencher a demanda) e não ajuda a desenvolver o produto total.[19]

Entendendo os mercados cinza

Ao controlar e gerenciar os canais de distribuição, os fabricantes querem ter certeza de que os canais que eles utilizam vão atingir o segmento adequado com a combinação de produtos e serviços que cada um deles deseja. Há casos, entretanto, em que alguns membros do canal, melhor do que vender produtos e promover os produtos da empresa para legítimos consumidores, podem vendê-lo para distribuidores não autorizados ou mercados. Por exemplo, se um fabricante oferece descontos para grandes volumes, um distribuidor pode se sentir obrigado a comprar uma grande quantidade para tirar vantagem do desconto; entretanto, em vez de vender esses produtos mais tarde a revendedores e consumidores legítimos, os distribuidores podem redirecionar os produtos a distribuidores não autorizados, exportadores ou outros mercados. Como alternativa, se um grande diferencial de preço existe entre mercados exportadores (por causa de, digamos, tarifas ou outras condições), intermediários do canal de um mercado podem tentar tirar vantagem do diferencial do preço e vendê-lo a distribuidores não autorizados nesses mercados.

Conhecido como *mercado cinza*, essa distribuição não autorizada refere-se à venda desses produtos com grandes descontos por meio de revendedores não aprovados pelo fabricante[20] e resulta em falta de controle sobre o produto, a distribuição e os serviços. É considerada infração legal para uma empresa vender produtos com marca registrada sem a aprovação do fabricante. No caso de mercados internacionais, os serviços alfandegários apropriados podem taxar ou impedir a importação de bens infratores.[21]

Ainda que alguns acreditem que o mercado cinza oferece outra maneira de movimentar produtos por meio de outro canal — e realmente pode ser que apenas uma pequena parcela do total das vendas seja desviada —, ele pode causar sérios problemas. Membros legítimos dos canais podem ficar confusos e aborrecidos por causa da vantagem injusta que os distribuidores não autorizados obtêm comprando e vendendo com preços mais baixos. Tanto os legítimos pontos de venda como a própria força de vendas da empresa podem perder negócios para o mercado cinza. Os vendedores desse mercado normalmente não fornecem as vendas e os serviços de seus distribuidores autorizados. Por sua vez, os distribuidores legítimos perdem sua motivação para vender os produtos da empresa. Em alguns casos, os produtos das empresas podem acabar competindo por meio de diferentes canais, baixando o preço. No fim, a repercussão negativa pode afetar a marca da empresa e sua posição no mercado.

Causas

Para tratar da questão do mercado cinza, uma empresa deve ter um entendimento consistente de suas causas principais. Como demonstrado no Quadro 8.3, a causa mais frequentemente citada dos mercados cinza é a *política de preços da empresa*.[22] Os fabricantes tendem a estruturar cronogramas de descontos favorecendo os grandes pedidos, o que leva os distribuidores e consumidores a comprar mais do que podem vender ou utilizar (a chamada compra futura) para depois revender o que sobra para revendedores não autorizados. O problema pode se exacerbar caso distribuidores e consumidores tenham de se comprometer com as compras antecipadamente, com cláusulas punitivas em caso de cancelamento dos pedidos. Ainda que os fabricantes tenham fortes motivos de produção para tais condições, elas contribuem para o problema dos mercados cinza.

Uma segunda causa para que apareça essa arbitragem de preços surge dos *diferenciais em taxas de câmbio nos mercados internacionais*. Chamado de importação paralela,[23] esse tipo de mercado cinza ocorre quando bens que seriam destinados a um país são desviados para uma rede de distribuidores não autorizados que então os importa em outro país. A globalização tem feito aumentar esse tipo de mercado cinza.

Causas	Soluções
Políticas de desconto no preço para grandes volumes	Eliminar as vendas para as fontes do mercado cinza
Diferenças nas taxas de câmbio	Eliminar o problema de arbitragem: política de preço único
Custos de estrutura diferentes para cada revendedor	Aumentar a cobertura no mercado
Distribuição altamente seletiva	Reunir informação sobre o problema dos mercados cinza
Produtores executando muitas funções de marketing	Instituir medidas internas de avaliação de desempenho
Políticas externas inconsistentes	

Quadro 8.3 — Causas e soluções para o mercado cinza

Uma terceira causa advém das diferenças entre estruturas de custos dos revendedores.[24] Por exemplo, revendedores que oferecem serviço completo tendem a incluir funções como propaganda, demonstração de produtos, serviços de suporte no pós-venda, e assim por diante. O marketing do mercado cinza pode se aproveitar dessas funções de graça. Revendedores também podem utilizar produtos como líderes de perdas, vendendo a preço de custo ou, ainda, abaixo para atrair movimento. Táticas de líderes de perdas são comuns dentro do mercado cinza em produtos de marcas populares. Revendedores *full-service* procuram por produtos de marcas conhecidas para que eles desempenhem um papel bem diferente em seu negócio — o produto deve gerar lucro suficiente para cobrir os custos associados aos serviços completos oferecidos.

Em quarto lugar, mercados cinza podem ser abastecidos quando *fornecedores praticam políticas de distribuição altamente seletivas*. Restrições territoriais, vendas exclusivas etc. podem diminuir a competição dentro da mesma marca, mas podem atrair revendedores não autorizados para o mercado se a demanda for forte.[25]

Em quinto lugar, mercados cinza também podem surgir quando *fabricantes atingem um nível de função de marketing* que poderia ser fornecido por revendedores *full-service*. Quando tais serviços são disponibilizados pelo fabricante, o risco ao comprar de revendedores que oferecem o mínimo de serviços é diminuído. Além disso, a propaganda agressiva feita pelos fabricantes pode estimular uma maior demanda e melhorar a imagem da marca, tornando os compradores menos dependentes da reputação dos revendedores.[26]

Em sexto lugar, políticas inconsistentes e incompatíveis no que diz respeito aos departamentos do próprio fabricante podem contribuir para o problema do mercado cinza.[27] Gerentes de fábricas podem enxergar o mercado cinza como algo positivo quando ele contribui para que a fábrica opere a plena capacidade. O pessoal de vendas pode deixar passar a atividade dos mercados cinza se o volume contribuir para a cota em seu território. Tais problemas dificultam uma solução ideal para o problema dos mercados cinza.

Soluções

À luz das causas, as soluções são muitas e variadas. Primeiramente, uma empresa pode usar numeração serial em seus produtos para rastrear a fonte de unidades vendidas para o mercado cinza. A empresa pode, então, suspender o infrator, pois tem justificativa legal para tanto. Ainda que a empresa possa perder algumas vendas no curto prazo, ela pode vender mais unidades por meio dos revendedores autorizados e mitigar a derrocada dos preços. Tal medida manda uma mensagem muito forte de comprometimento para o canal de distribuição autorizado. Entretanto, essa solução pode ser custosa em termos de tempo e trabalho administrativo para identificar os vendedores transgressores. Além disso, deixar de fornecer para uma rede de distribuição pode ser satisfatório para os vendedores autorizados, mas pode, na verdade, deixar de fornecer para um mercado em que a empresa pode ter alguma vantagem em termos de competição.[28]

Uma segunda solução é eliminar a fonte da arbitragem de preços e *oferecer uma política de valor único sem descontos por quantidade*.[29] Essa estratégia, ainda que útil em eliminar uma das causas principais do problema, anula oportunidades de diferenciação de preço entre diferentes tipos de consumidores que possuem diferentes custos de transação e recebem benefícios diferentes do produto. Ela não recompensa os revendedores grandes, que oferecem serviço completo na rede e que podem ter outras opções.

Uma terceira solução é *procurar maior penetração no mercado*,[30] equilibrando o potencial de atração de distribuidores não autorizados com uma distribuição restrita contra o aumento da concorrência intramarca advinda de distribuição demasiadamente intensa. Acima de tudo, é importante obter *informação sobre a extensão do mercado cinza* no sistema de distribuição, faixas de preço coordenadas e *medidas de desempenho consistente*.

Mercados negros, pirataria e restrições de exportação

Falsificações de alta qualidade também são um problema endêmico na indústria de alta tecnologia. Dada a estrutura de custos de cada unidade, na qual o custo de produção da primeira é elevado (por causa de investimentos em pesquisa e desenvolvimento) em relação às unidades subsequentes, cópias pirateadas de software e itens correlatos podem ser feitos com relativa facilidade e sem custos. Em 2002, a taxa global de pirataria de software era de 39 por cento e nos Estados Unidos, de 23 por cento. A perda de receita decorrente chegava a 13 bilhões de dólares em todo o mundo e 2 bilhões de dólares somente nos Estados Unidos.[31] Um estudo sobre o impacto econômico do software pirata em 57 países constatou que uma redução de 10 por cento na taxa de pirataria global poderia ajudar no crescimento do setor de tecnologia de informação em 15 por cento. Especificamente na China, seu setor de TI poderia crescer cinco vezes, ao passo que na Rússia poderia dobrar.[32]

Além de estar atenta aos problemas potenciais da falsificação, a estratégia de venda das empresas de produtos de alta tecnologia, tais como satélites, deve estar atenta também às *restrições de exportação*. Por exemplo, fabricantes de chips precisam de autorização para vender microprocessadores em determinados países, como para as antigas repúblicas da União Soviética e a China. A venda de produtos de uso duplo — itens não militares com aplicações militares, como equipamentos ópticos de precisão, sensores térmicos e aparelhos de GPS diferenciais — é restrita em alguns países. Até quando produtos restritos são vendidos legalmente, problemas podem surgir.

Em 1994, a McDonnell Douglas vendeu para a China ferramentas de máquinas para um centro de usinagem civil em Pequim e, em seguida, descobriu que as ferramentas haviam sido desviadas para um complexo militar. O Departamento de Comércio do governo norte-americano aplicou uma multa de 2,12 milhões de dólares contra a McDonnell Douglas após uma investigação de seis anos por violação das leis federais de exportação.³³ Outros itens vendidos à China legalmente incluem computadores para a Academia Chinesa de Ciências que poderiam ser utilizados em projetos de fusão nuclear.

A companhia norte-americana de satélites Loral contratou a China para lançar seu satélite de comunicações em órbita utilizando o foguete chinês Long March. Entretanto, no lançamento, na província de Sichuan, em fevereiro de 1996, o foguete explodiu. Um comitê de especialistas aeroespaciais ocidentais investigou a explosão e enviou por fax seu relatório para o governo chinês. Uma investigação subsequente do governo dos Estados Unidos concluiu que esse *feedback* técnico pode ter ajudado a China a melhorar a precisão de seu programa de mísseis e foguetes, e que a Loral havia se envolvido em sérias violações do controle de exportação. A Loral concordou em pagar uma multa de 20 milhões de dólares após uma investigação de quatro anos, a maior multa já imposta a uma empresa norte-americana baseada na Lei de Controle de Exportação de Armas.³⁴

O propósito das regras contra a venda de tecnologia é proteger os interesses norte-americanos fora de seu território. Mas a política é repleta de problemas. Alguns especialistas da indústria dizem que é impossível evitar que os bens vendidos a países amigos acabem em países com acesso restrito. Bill Calder, porta-voz da Intel, diz: "Nós enviamos chips para milhares de distribuidores ao redor do mundo, que podem vendê-los a esses países. Há um desencontro nisso".³⁵ Além disso, alguns acreditam que o controle na verdade enfraquece a posição dos Estados Unidos como líder de tecnologia. Por exemplo, a participação dos Estados Unidos no mercado de satélites caiu de 73 por cento em 1999 para 53 por cento em 2000; e as empresas francesas, alemãs e canadenses ficaram com os contratos que as firmas norte-americanas não poderiam cumprir por causa das restrições de importação.³⁶ Outros acreditam que ter países como a China usando tecnologia norte-americana, em vez de restringir o acesso a tais produtos, pode, na verdade, servir aos interesses estratégicos dos Estados Unidos — porque assim os Estados Unidos já conheceriam a tecnologia utilizada. Além disso, restrições rígidas conduzem esses países a utilizar outros fornecedores, o que pode levar-lhes ainda mais informações.

Fabricantes de bens de alta tecnologia devem estar atentos a questões acerca das restrições das exportações para garantir que seus canais de distribuição trabalhem dentro da legalidade. E os fabricantes devem adotar passos proativos para evitar a falsificação de seus produtos.

Acrescentando novos canais: a Internet

Provavelmente, um dos maiores desafios que as empresas encontram em seus canais de distribuição é lidar com as mudanças trazidas pela Internet. A divisão médica da HP tem um caso para ilustrar isso. Essa divisão usava 500 representantes de vendas e dezenas de distribuidores para vender mais de 1 bilhão de dólares em equipamentos por ano ao redor do mundo.³⁷ O modelo de vendas utilizado era o de interação face a face para criar uma relação com o consumidor e demonstrar o produto. Entretanto, mudanças no campo da saúde forçaram as cadeias de hospitais a ganhar em eficiência. Uma das maneiras pelas quais elas fizeram isso foi aumentando as compras pela Internet, permitindo a aquisição de aparelhos de ultrassom a eletrodos sem qualquer contato com um vendedor. A HP, então, viu-se em um dilema: deveria oferecer ao consumidor o canal que ele desejava e, fazendo isso, arriscar perder sua força de vendas tradicional e seus distribuidores? Ou deveria manter os membros de seu canal felizes e arriscar perder consumidores para concorrentes que oferecessem o que eles queriam? Um meio-termo seria utilizar uma combinação dos canais tradicionais e de vendas pela Internet. Mas isso também podia levar a um conflito entre os fabricantes e varejistas tradicionais.

Companhias que acrescentaram um canal de vendas pela Internet aos seus distribuidores já existentes descobriram que, com múltiplos canais buscando clientes, inevitavelmente os conflitos surgem, já que vários canais tentam atrair o mesmo cliente simultaneamente. Além disso, os consumidores podem se confundir e não gostar se tanto o fabricante como seus distribuidores oferecerem o mesmo produto, normalmente com diferentes preços e condições. A situação é outro exemplo de *coopetição*: fabricantes querem cooperar com seus parceiros de canais para atingir o(s) segmento(s) do mercado que o parceiro atinge, mas também fazem concorrência, quando atuam diretamente on-line. Grandes vendedores de varejo podem forçar seus fornecedores a evitar a Internet, deixando claro para eles que, quando um fornecedor escolhe vender seus produtos, ele é visto mais como um concorrente do que como parceiro. Mesmo nos casos em que a empresa concorda em evitar a Internet, seus produtos ainda podem acabar lá se o mercado cinza existir.

A *desintermediação* trata da situação na qual uma companhia adiciona um canal de distribuição que deixa de lado intermediários existentes em favor de um modelo de venda direto. Existem três fatores estratégicos para se levar em consideração nessa situação.
- A inclusão de um canal de Internet vai gerar renda extra ou canibalizar as vendas existentes?
- Como o conflito que a inclusão da Internet gera pode ser efetivamente controlado?
- Como pode um modelo de canal híbrido ser usado para acrescentar estrategicamente um canal de Internet?

A Compaq tem um caso que ilustra esses fatores estratégicos.

Experiência da Compaq[38]

Em 1998, antes de sua fusão com a HP, a Compaq decidiu que deveria lançar um site para concorrer com a Dell Computer. A Compaq tentou equilibrar as necessidades do vendedor tradicional de computador com a urgência competitiva de fornecer produtos aos compradores da Internet. Para evitar conflitos com seus canais de distribuição, ela criou uma linha de computadores Prosignia, exclusivamente direcionada para empresas, com vendas apenas pela Internet. A empresa voltou-se apenas a pequenos e médios negócios, que não eram o foco primário dos vendedores, e criou uma maneira de os vendedores lucrarem com a referência na Internet. Então, o que deu errado?

Os revendedores receberam a entrada da Compaq na Internet não como uma maneira de atrair clientes de sua rival Dell, mas como um sinal da indiferença da Compaq em relação a seu papel. O fato de a Compaq também ter diminuído o número de distribuidores na América do Norte de 39 para quatro contribuiu para essa percepção. As razões dadas para tais cortes eram o custo de manutenção de inventário nos revendedores — custos que os concorrentes que usam o modelo direto, como a Dell, nunca têm. O fato de a Compaq também ter começado a lidar de maneira mais rígida com seus revendedores on-line não serviu de consolo para seus revendedores tradicionais. Por exemplo, os revendedores da Compaq atuando exclusivamente na Internet, que vendiam a linha de PCs domésticos, tiveram de aderir às regras do preço mínimo anunciado e oferecer serviços de manutenção. E seus cinco revendedores corporativos autorizados para vendas on-line também tiveram de seguir regras específicas para vender PCs em seus próprios sites. Apesar disso, representantes e outros revendedores sentiram-se desprestigiados pela estratégia de vendas direta pela Internet e por linha de negócios concorrente e deixaram de vender *qualquer* computador da Compaq. Portanto, ainda que os revendedores de computadores pessoais estivessem insatisfeitos com esse novo canal, a Compaq argumentava que, para ser competitiva, tinha de ter seu próprio site, vendendo computadores a preços baixos diretamente para pequenas empresas e pessoas físicas.

Gerando renda extra ou canibalizando as vendas existentes

Uma questão importante para qualquer companhia que esteja abrindo um canal on-line é se ele cria uma nova proposta de valor para o usuário final ou se simplesmente cria uma estrutura de distribuição on-line mais eficiente.[39] Canais com propostas de valor mais claramente delineadas são mais propensos a atrair novos segmentos de consumidores e, portanto, estarão menos sujeitos a canibalizar a receita existente e mais propensos a gerar vendas adicionais. Por exemplo, algumas empresas descobriram que a presença na Internet leva a marca a consumidores que elas não alcançavam por meio das lojas tradicionais de varejo. E, em alguns casos, o canal de Internet simplesmente canibaliza o canal de vendas existente. Esse é o motivo pelo qual, por exemplo, a Internet tirou dos tradicionais agentes de viagem as vendas de passagens aéreas: a simples compra pela Internet não aumenta o número de viagens ou de passagens compradas. Por outro lado, a Internet encorajou mais investidores individuais a comprar e vender ações e fundos mútuos do que era feito por meio de corretores. A facilidade do acesso e a possibilidade da transação on-line criaram uma nova proposta de valor. Esse é o motivo pelo qual a frequência e o número de transações aumentaram.

Quais fatores predizem se um canal de Internet vai levar a um aumento nas vendas em vez de canibalizar as vendas existentes? O esquema na Figura 8.4 propõe uma análise de fatores críticos que devem ser considerados.

No caso da Compaq, os compradores claramente desejavam tirar vantagem da eficiência que o pedido on-line permitia e, nesse sentido, queriam um canal pela Internet. A Compaq imaginou que atrairia novos consumidores oferecendo uma linha exclusiva de computadores direcionada apenas para pequenas e médias empresas (que não é o foco primário dos revendedores). O que aparentemente faltou na avaliação da Compaq para a estratégia de seu canal foi o retrocesso em sua relação com seus revendedores tradicionais. Como Jap e Mohr[40] observam, o uso efetivo da Internet se dá em função de os parceiros de negócios envolvidos terem uma relação ou de concorrência ou de maior colaboração.

Quando os fabricantes acrescentam um novo canal on-line com o objetivo de atingir novos consumidores, tais esforços normalmente se voltam contra eles quando a relação com os membros de seus canais de venda existentes se torna mais adversária. No caso da Compaq, havia uma longa história de relação competitiva com seus revendedores tradicionais. Ao negligenciar essa relação, a Compaq não previu a reação de seu canal já existente, apesar do planejamento minucioso. Claramente, ao adicionar um canal de Internet, uma companhia deve levar em consideração sua relação com os canais existentes.

```
                    ┌─────────────────┐
                    │ Os consumidores │   Não    ┌──────────────┐
                    │ desejam um canal├─────────▶│ Não introduza│
                    │  de Internet?   │          │  a Internet  │
                    └────────┬────────┘          └──────────────┘
                             │ Sim
                             ▼
                    ┌─────────────────┐
                    │  Qual é o foco  │
                    │   do canal de   │
                    │    Internet?    │
                    └────────┬────────┘
         Fornecer serviços  ╱ ╲  Atrair novos
         a consumidores    ╱   ╲  consumidores
           existentes     ╱     ╲
                         ▼       ▼
              ┌──────────────┐ ┌──────────────┐
              │ A companhia  │ │ A companhia  │
   ┌────────┐ │ pode ser mais│ │ é capaz de   │          ┌──────────────┐
   │  Não   │ │ rentável     │ │ gerar renda  │   Não    │ Não introduza│
   │introduza│◀┤(cortar custos)│ │ extra ofere- ├─────────▶│  a Internet  │
   │a Internet│ │em serviços ou│ │cendo um novo │          └──────────────┘
   └────────┘ │ gerar mais   │ │canal de      │
        Não  │ renda ofere- │ │Internet?     │
             │ cendo um novo│ └──────┬───────┘
             │ canal de     │        │ Sim
             │ Internet?    │        ▼
             └──────┬───────┘ ┌──────────────────┐
                    │ Sim     │ Estude os detalhes│
                    ▼         │ da estratégia de  │
           ┌──────────────┐   │   distribuição    │
           │ Como é a     │   └──────────────────┘
           │ relação entre│
           │ a empresa e  │
           │ os membros   │
           │ existentes?  │
           └──────┬───────┘
        Colaborativa ╱ ╲ Competitiva
                   ╱   ╲
                  ▼     ▼
    ┌──────────────────┐ ┌──────────────────┐
    │ Estude os detalhes│ │ Negocie incentivos│
    │ da estratégia de  │ │ para cooptar      │
    │   distribuição    │ │ membros existentes│
    └──────────────────┘ └─────────┬────────┘
                                   ▼
                         ┌──────────────────┐
                         │Estude os detalhes│
                         │da estratégia de  │
                         │  distribuição    │
                         └──────────────────┘
```

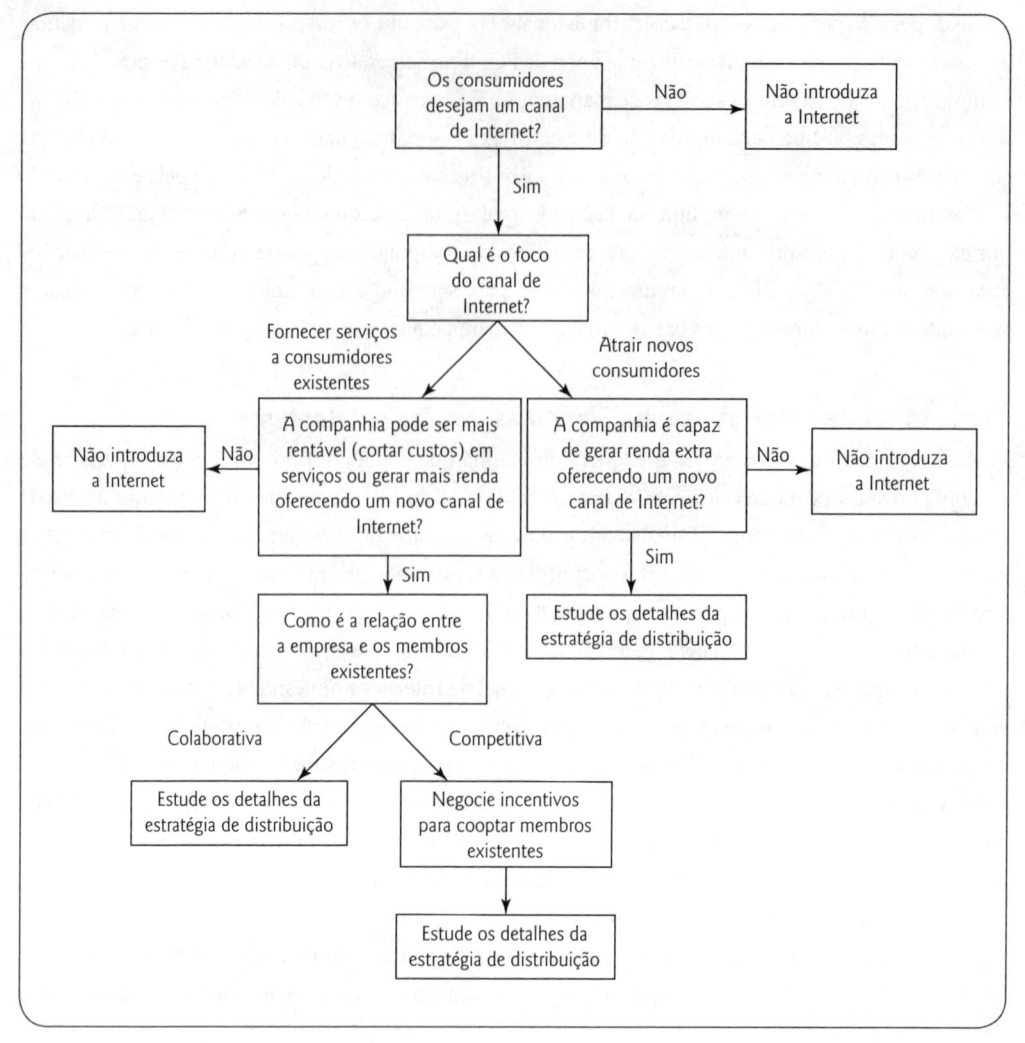

Figura 8.4 — Adicionando um canal de Internet

Considerações adicionais ao se adicionar um canal on-line

Os detalhes adicionais de uma estratégia de distribuição (veja a Figura 8.4) incluem o seguinte:[41]

- A companhia vende, no momento, produtos por meio de um catálogo?
- Os produtos da companhia são simples por natureza (não requerem configuração, não são integrados com produtos de outros fabricantes)?
- O processo de vendas é claro e sem necessidade de consulta?
- Os produtos são de fácil instalação e manutenção?
- A companhia tem infraestrutura suficiente para manter as vendas diretas (atendimento dos pedidos, devoluções, serviço ao consumidor etc.)?
- Os consumidores normalmente sabem o que querem e quando estão prontos para comprar ou recorrem a terceiros para informações sobre os produtos concorrentes e sobre as vantagens do produto?
- A companhia pretende promover o site o suficiente para atrair compradores?

Se uma companhia consegue responder sim às sete perguntas, então um canal de vendas pela Internet faz sentido. Se, no entanto, a resposta para qualquer uma dessas questões for "não", então o modelo de vendas on-line pode ser problemático. (Note, no entanto, que algumas empresas, como a Dell Computers, obtêm sucesso, apesar da complexidade de seu produto, da necessidade de produtos de outras companhias e de um nível moderado de complexidade de instalação).

Em muitos casos, quando uma companhia escolhe acrescentar um canal de Internet, o conflito com os canais existentes pode existir. O Quadro 8.4 mostra maneiras pelas quais as empresas podem evitar ou gerenciar conflitos quando confrontadas com essa situação.

Evitando conflitos

1. **Use sites para disseminar apenas informações sobre produtos.** Por exemplo, a 3M lista centenas de produtos em seu site, mas normalmente não fornece nenhuma maneira de executar os pedidos diretamente. Isso é feito deliberadamente apor causa da preocupação com os membros de seu canal. Essa solução utiliza a Internet apenas para disseminar informação e utiliza outros canais para executar a função de vendas.
2. **Utilize a rede apenas para gerar indicações; direcione potenciais compradores diretos para o revendedor mais próximo ou para o site do revendedor.** Os fabricantes automotivos dos Estados Unidos são proibidos por lei de vender seus carros diretamente ao consumidor. No site da Ford, por exemplo, um consumidor pode informar seu CEP e achar o revendedor mais próximo no qual pode obter o produto. Infelizmente, essa abordagem não aproveita a vantagem de a Internet cortar os custos do sistema.
3. **Utilize sites apenas para ofertas limitadas.** Por exemplo, em seu site, a Sharper Image vende mercadorias que estão em excesso ou fora de linha. A Compaq também tentou vender exclusivamente linhas de produtos dedicados apenas às vendas on-line.
4. **Aceite pedidos apenas de pequenos consumidores; direcione grandes pedidos aos revendedores.** Por exemplo, a Jackson Products, uma companhia de St. Louis, Missouri, nos Estados Unidos, que fabrica óculos de proteção e materiais para soldagem, vende produtos pela Internet,

---

Evitando conflitos com os canais existentes
1. Utilize sites para disseminar apenas informações sobre produtos
2. Utilize a rede apenas para gerar indicações; direcione potenciais compradores diretos para o revendedor mais próximo ou para o site do revendedor
3. Utilize sites apenas para ofertas limitadas
4. Aceite pedidos apenas de pequenos consumidores; direcione grandes pedidos aos revendedores
5. Lance um site sem publicidade

Gestão de conflitos com os canais existentes
1. Mantenha os preços do site do fabricante alinhados com os dos canais tradicionais
2. Dê aos revendedores uma participação nas vendas pela Internet
3. Melhore o fluxo de informação
4. Siga as etapas para administrar os canais híbridos

Quadro 8.4 — Gestão de transição para a Internet

mas compradores on-line que querem mais de mil dólares em mercadorias são direcionados a um distribuidor.[42] Uma variação dessa estratégia é fazer vendas on-line em regiões geográficas onde não seja possível a compra por meio de revendedores.

5. **Lance um site sem publicidade.** Muitas companhias que usam o comércio eletrônico não o promovem separadamente por dois motivos. Primeiramente elas querem evitar o conflito com os revendedores existentes fora da rede. Em segundo lugar, essas companhias podem querer que a maioria de seus clientes venha de revendedores de fora da Internet para que eles sejam mais bem atendidos em termos de manutenção.

Gerenciando conflito

Aproveitar mais a eficiência em distribuição que a Internet pode oferecer em detrimento de outros canais pode levar a conflitos, mas pode ser a única opção viável. Não apostar na Internet para evitar conflitos entre os canais de distribuição pode ameaçar a sobrevivência do negócio no longo prazo. Canibalizar ativamente seus próprios canais de distribuição, ainda que tradicionalmente seja considerado um mal a ser evitado, é condizente com a ideia de destruição criativa.[43] Realmente, as novas capacidades que a Internet permitiu ameaçam as fundações de muitos negócios — e não apenas em distribuição. Por exemplo, para a Eastman Kodak, adotar a imagem digital significa minar seus investimentos especializados em produção, processamento e distribuição de filme de sais de prata. As unidades de negócio de internet da General Electric (GE) eram citadas como "destrua-o-seu-negócio.com".[44] A destruição criativa no mundo on-line significa, em essência, sobreviver pelo suicídio. Para poder competir com as empresas que são puramente pontocom, companhias já estabelecidas tiveram de deixar o estilo tijolo e argamassa e adotar a estratégia *tijolos e cliques*, oferecendo um canal on-line (cliques) para aumentar sua existência como negócio off-line (tijolos). Companhias que tomaram decisões baseadas em apenas manter a paz com seus canais de distribuição existentes provavelmente não sobreviverão no novo mundo. Como dizem os especialistas, canibalize antes que não reste mais nada de valor para canibalizar.[45]

Nesse sentido, algumas empresas querem ser mais agressivas na utilização da Internet como canal de distribuição, mas adotam uma ou mais das seguintes estratégias como maneira de administrar o conflito mais ativamente (em vez de apenas tentar evitá-lo):

1. **Mantenha seus preços on-line equivalentes aos preços off-line:** por exemplo, a HP lançou seu site para que grandes hospitais pudessem comprar on-line. Os preços on-line eram cuidadosamente alinhados com aqueles de outros canais de venda.

2. **Dê uma participação de cada venda na Internet para vendedores e representantes**, independentemente de eles terem ou não participado na criação dessa venda. Na HP, pedidos on-line geram comissões para os representantes de vendas que normalmente seriam responsáveis por aquele cliente. A Compaq pagava aos revendedores uma "taxa de agente" para direcionar os negócios on-line. Ainda que essa estratégia possa parecer contraintuitiva, ela, na realidade, reforça a estrutura de compensação em favor do sucesso do novo canal.[46] Embora novos canais sejam acrescentados para aumentar a eficiência de custo da cobertura, é pouco provável que o novo contribua com um grande percentual de receita em curto prazo. Em vez disso, é importante aliviar as preocupações dos membros do canal cujos consumidores estejam migrando. Se essas questões não forem levadas em conta, o sucesso do

novo canal pode ser sabotado por seus próprios membros. No Brasil, vale citar o exemplo da construtora Tecnisa, incorporadora pioneira no uso da Internet como canal de vendas. Nesse modelo de negócios, o corretor off-line e o corretor on-line auferem as mesmas comissões de vendas.

3. **Melhore o fluxo de informações com os revendedores.** Softwares de gerenciamento de canais estão disponíveis e permitem individualizar a informação para revendedores específicos de tal maneira que preços, principais produtos e promoções podem ser comunicados de forma mais eficiente e eficaz. Além disso, a previsão mais correta pode ser melhorada pelo aperfeiçoamento do fluxo de comunicação entre os membros do canal e o fabricante.

De qualquer maneira, em vez de adicionar novos canais, sem uma visão clara de uma arquitetura para entrar no mercado — o que pode internamente criar conflitos e problemas de motivação, além de confundir os consumidores — os gerentes devem conceber e gerenciar os sistemas de canais estrategicamente para obter vantagens competitivas.[47] Finalmente, as sinergias que podem ser encontradas na oferta simultânea de produtos por meio tanto do canal tradicional como da Internet podem ser superiores tanto para os canais "tijolo e argamassa" como para aquelas de Internet pura (companhias que possuem apenas um site, mas nenhuma loja física, como a Amazon.com). Esses canais de "tijolos e cliques" são integrados (ou harmonizados) no sentido de que os consumidores podem pedir os produtos on-line e utilizar a loja física para efetuar devoluções, por exemplo. Lembre-se de que combinações de canais diretos (como a Internet) e canais indiretos (como os VARs ou outros intermediários) são tratados como canais híbridos.

Passos para o gerenciamento de um canal híbrido

Os objetivos de um canal híbrido são (1) aumentar a cobertura de mercado (2) mantendo a relação custo-benefício. O aumento da cobertura e os custos menores podem criar uma vantagem competitiva para empresas que saibam como implementar e gerenciar canais híbridos com eficiência. Os passos-chave para implementar e gerenciar um canal híbrido são os seguintes:[48]

1. **Identifique o segmento-alvo.** Consumidores podem ser atingidos com base em tamanho, região geográfica, produtos adquiridos ou hábitos de compras e necessidades.
2. **Delineie as tarefas ou funções que devem ser executadas na venda para esses segmentos.** As tarefas incluem atividades como geração de produtos líderes, qualificação de prospectos de vendas, atividades de pré-venda, serviços de pós-venda e suporte e gerenciamento de contas.
3. **Disponibilize o melhor (mais eficiente e eficaz) canal para essas tarefas.** Os vários canais, ferramentas e métodos que podem ser utilizados incluem gerenciamento nacional de contas, vendas diretas, telemarketing, mala direta, lojas de varejo, distribuidores, vendedores VAR, Internet etc. Nem todos os canais devem executar todas as tarefas; em vez disso, os canais devem combinar-se para otimizar os custos e a cobertura relativa às tarefas que estão executando para os vários segmentos de consumidores.

Esse modelo é o conhecido modelo contingencial, demonstrado na Figura 8.5. A ideia é que nenhum canal pode ser usado com seu desempenho máximo. Em vez disso, o tipo de canal usado deve ser adaptado para as tarefas de que cada segmento de consumidor (ou mercado-alvo) necessita. Apenas por meio de uma adaptação efetiva das tarefas do canal apropriado ao canal usado para executar as tarefas é que o ótimo desempenho vai acontecer.

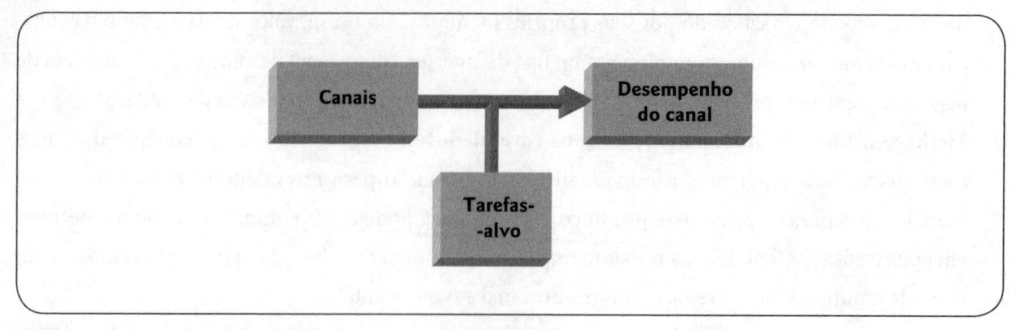

Figura 8.5 — Abordagem contingencial no desenvolvimento de canais híbridos

Outra maneira de olhar para esse modelo é como uma grade que alinha as várias tarefas executadas pelos diferentes canais nos vários segmentos de consumidores.[49] Por exemplo, a grade na Tabela 8.1 mostra que, para determinada empresa, a mala direta foi desejável para gerar *leads* de venda em três segmentos de consumidores, com base em seu tamanho (pequeno, médio e grande). Uma vez gerados os *leads*, assistentes de telemarketing executam a tarefa de qualificação dos líderes para médios e grandes consumidores, mas os pequenos consumidores são direcionados a um canal de varejo para as tarefas seguintes. Pré-vendas e atividades de fechamento de vendas para grandes contas são, então, executadas por uma força de vendas diretas, enquanto os assistentes de telemarketing executam essa função para os consumidores médios. O gerenciamento das contas ativas é também alocado com base no tamanho do consumidor.

Canais \ Tarefas	Geração de *leads*	Venda qualificada	Pré-venda	Fechamento da venda	Serviços de pós-venda	Gerenciamento de contas
Gerenciamento de contas nacionais						G
Vendas diretas			G	G		G
Telemarketing		G M	M	M	G M	M
Mala direta	G M P					P
Vendas no varejo		P	P	P		
Distribuidores						
Revendedores – VAR						

P Pequenos clientes   **M** Clientes médios   **G** Grandes clientes

Tabela 8.1 — Grade: alocando as tarefas aos canais
Fonte: MORARITY, R.; MORAN, U. Grade de alocação de tarefas aos canais de gestão de sistemas híbridos de *marketing*. *Harvard Business Review*, nov.-dez. 1990. Impresso com a permissão da *Harvard Business Review*. Copyright © 1990 pela Harvard Business School Publishing Corporation; todos os direitos reservados.

Como exemplo desse sistema funcionando, a Xerox utilizava restrições de produtos quando entrava no mercado de copiadoras pessoais. Ela vendia maquinário médio e grande por meio de uma combinação de canais diretos e distribuição por vendedores e máquinas *low-end* exclusivamente por meio de seus canais de varejo (lojas de eletrodomésticos e aparelhos eletrônicos, mercados de massa etc.).

O gerenciamento efetivo de um canal híbrido requer três considerações adicionais:

- Os gerentes devem *compreender a magnitude de um conflito potencial*. Sem renda em conflito, os revendedores podem tornar-se complacentes e não perseguir suas metas com eficiência. Por outro lado, com conflito demais, efeitos disfuncionais podem distrair os membros dos canais de executar seu trabalho com clareza e entusiasmo. Uma indicação é de que, se houver mais do que 10 a 30 por cento do rendimento de uma empresa em conflito entre múltiplos canais, isso gera uma quantidade disfuncional de conflito e pode resultar em *feedback* negativo tanto dos consumidores como do pessoal de marketing.[50]
- Após entender a magnitude do conflito, devem ser estabelecidos *limites e indicações claros para o gerenciamento do conflito*, baseando-se em a quem pertence cada consumidor.[51] Conforme indicado no modelo de canal híbrido, os consumidores podem ser delineados por seu tamanho, tamanho do pedido, processo de decisão, ramo ou geografia; como alternativa, as empresas podem restringir o conflito com base na linha de produtos (pequeno, médio e grande alcance). O uso dessa heurística para identificar quais canais podem atingir quais consumidores mantém o nível de conflito dentro de limites funcionais e administráveis.
- Finalmente, questões de compensação e de comunicações são vitais e devem ser consideradas. Os canais existentes devem ser compensados pela perda potencial de lucro que é desviada para o novo canal ou o novo canal pode ser sabotado. A comunicação com todos os membros do canal (novos e velhos) sobre a lógica por trás da estratégia pode ir longe se o foco for mantido nos objetivos reais.

Assim como na maioria das questões em marketing, é de vital importância manter o consumidor em mente. Quais benefícios o canal oferece ao consumidor? Como a Internet pode ser usada para aumentar o valor para o consumidor, tanto pelo canal como pelo modelo de venda direta? Atuar diretamente pela Internet pode funcionar para determinadas companhias, mas complexidades inerentes podem significar que uma abordagem meio-termo também pode ser parte da resposta.

Ampliando a visão: de canais de distribuição para cadeia de suprimentos

Canais de distribuição delineiam o fluxo de produtos após deixarem o fabricante, por meio dos vários intermediários e instituições que agregam valor pelo caminho, até o consumidor final. As considerações da cadeia de suprimentos ampliam o foco para incluir não apenas a distribuição do produto até o consumidor, mas também o gerenciamento logístico dos componentes e as peças utilizados no processo de fabricação de um produto específico. Enquanto os canais de distribuição estão preocupados com o nível dos estoques e serviços aos consumidores nos canais, *a gestão da cadeia de suprimentos* preocupa-se em combinar a entrada de suprimentos e outros materiais utilizados em cada estágio do processo de fabricação à demanda real exibida pelos consumidores no mercado.

Novamente, dadas as características dos produtos de alta tecnologia, as empresas estão muito preocupadas com uma cadeia de suprimentos eficiente. Por exemplo, quando a Intel viu a vida útil de seus microprocessadores passar de oito anos na série 386 em 1985 para menos de um ano e meio com o Pentium II Xeon em 1998, percebeu que necessitava de um estoque menor.

> Quando o produto está se desvalorizando tão rapidamente, eu devo enviá-lo ao preço de hoje, não de amanhã, e preciso saber a quantidade correta de novo material para construir no dia certo. Nosso produto, grama a grama, vale mais do que platina, e o custo do estoque é um número acima de qualquer coisa que você possa imaginar.[52]

Então, a Intel adotou um software de gestão integrada (em inglês, *Enterprise Resource Planning* — ERP) da SAP, para gerenciar o que antes era gerenciado por quatro sistemas separados. O novo sistema lidava com pedidos dos Estados Unidos, do Japão, da Ásia e da Europa, e os reunia. Ele permitiu à Intel entender onde seu estoque estava em determinado dia e rastrear pedidos e seus custos. O sistema era integrado para lidar com peças e materiais chegando de fornecedores e produtos a caminho dos consumidores. Ele reorganizou a logística da Intel, focando três novos armazéns próximos a aeroportos críticos. Direcionar as remessas internacionais por meio desses três pontos permitiu à Intel garantir que as fábricas de seus fornecedores funcionassem a plena capacidade, ou próximo disso.

A nova cadeia de suprimentos reduziu o estoque de bens de oito semanas em 1995 para quatro semanas em 1998. Desde então, a Intel pode ver seu estoque em qualquer lugar do mundo, comprometer-se com um cliente e entregar em três dias. O sistema reduziu o ciclo de fabricação do chip e usava links eletrônicos para os consumidores (fabricantes de computadores pessoais) para reduzir o tempo de estoque. Por exemplo, o sistema é ligado eletronicamente aos cinco maiores fabricantes de computadores pessoais. O software automaticamente aciona um novo envio quando o estoque do cliente chega a quatro dias de capacidade. O estoque do cliente pode chegar ao equivalente para apenas um dia antes que um novo carregamento chegue. Isso corta pela metade o tempo em que os consumidores armazenam estoque precioso. Na essência, esse sistema substitui o estoque pela informação. E com sua capacidade de sentir o mercado, links com as cadeias de lojas que são os maiores clientes dos fabricantes de PCs, colocam o sistema em um nível mais próximo do consumidor final.[53] Conforme pode ser lido no quadro abaixo, um especialista nessa área fala do contínuo desenvolvimento no gerenciamento dessa complexa cadeia de suprimentos para o chip Intel Centrino, usado para equipar dispositivos com Wi-Fi.

O DESENHO DA CADEIA DE SUPRIMENTOS DE ALTA TECNOLOGIA

Wade Sikkink
Gerente de programa de terceirização
Intel Corporation, Hillsboro, Oregon, Estados Unidos

O gerenciamento das cadeias de suprimentos para produtos novos, de desenvolvimento rápido, é um desafio. Quando realizado em um ambiente terceirizado, onde a companhia terceiriza a produção, a fabricação de produtos de alta tecnologia — a realidade da fabricação de alta tecnologia hoje — é ainda mais desafiante. Foi a situação que encontramos na Intel quando aumentamos a produção dos módulos sem fios usados na plataforma de tecnologia móvel Intel Centrino.

O ciclo de vida de produtos de alta tecnologia vem diminuindo progressivamente, o que significa que os ciclos de produção estão cada vez mais apertados, tanto durante o lançamento do produto quanto no fim de sua vida. Também, os dias de estáveis e confiáveis previsões dos grandes fabricantes originais já se foram. A demanda muda constantemente, causando uma pressão enorme na cadeia de suprimento de materiais para suportar as necessidades dos consumidores sem assumir nenhum risco desnecessário, ou incorrer em responsabilidade desnecessária. O objetivo do gerente da cadeia de suprimento de materiais é formar parcerias com outras divisões dentro da companhia para desenhar uma cadeia de suprimentos completa da matéria-prima até o consumidor final que encontre todos os objetivos dos níveis de serviço, de disponibilidade, flexibilidade e custos.

Inicialmente, no lançamento do Intel Centrino, havia um grande grau de incerteza para a cadeia de suprimentos. Como um conceito de produto inteiramente novo, ninguém tinha certeza absoluta sobre como o produto seria aceito no mercado. Nossa abordagem normal para o gerenciamento da cadeia de suprimentos não havia sido testada nesse ambiente incerto e precisava de aperfeiçoamento. Então, nossa equipe trabalhou em áreas funcionais para determinar os objetivos das cadeias de suprimentos, listando os esforços de procura, planejamento, operações, *outsourcing* e telemarketing.

A plataforma de tecnologia móvel Intel Centrino consistia em três peças: processador móvel Intel Pentium 4 Processador-M, Chipset Intel 855 e adaptador Intel Pro-wireless LAN miniPCI. Nossa área específica de responsabilidade era a fabricação do adaptador Intel Pro-wireless LAN miniPCI. Determinamos, então, uma meta de alto nível para garantir que nossa parte nunca impedisse que um carregamento saísse para um consumidor. Em outras palavras, disponibilidade era nosso objetivo principal. Nós então desenvolvemos metas secundárias para as preocupações comuns da cadeia de suprimentos, como flexibilidade e custo.

Uma meta de alta disponibilidade pode ser atingida por intermédio da fabricação de uma grande quantidade do produto, muito acima do que a empresa imagina vender. Entretanto, fazendo isso, é grande a probabilidade de a empresa ter de sucatear um estoque volumoso quando o produto chegar ao final da sua vida útil. Isso não é eficiente e não tem eficiência de custo. Nosso desafio era proporcionar grande disponibilidade, mas ao mesmo tempo minimizar o estoque obsoleto.

Desenhando a cadeia de suprimentos, nossa equipe decidiu começar pelo fim do canal (consumidor) e trabalhar para trás. Poderíamos atender às necessidades do consumidor mais imediato com um estoque de bens acabados. Entretanto, bens acabados representam o maior nível de exposição de custos de estoque. Para limitar a exposição a esse custo, fizemos uma análise dos níveis de demanda e do provável intervalo de tempo, ao nível SKU (unidades de estoque).* Determinamos um nível de estoque de bens acabados e localizações nos canais para suportar melhor as demandas mais altas com o máximo de estoque mais próximo ao consumidor. Para as unidades de estoque remanescentes, usamos níveis de estoque baixos e bancamos uma porcentagem maior de pedidos com produtos recém-fabricados direto da fábrica. Na sequência, observamos o estoque de componentes na fábrica e na linha. Considerando custo, tempo, número de fornecedores e condições gerais da indústria, determinamos um nível de estoque para cada componente, em que ponto da linha ele deveria ser pego e quando ele deveria passar de um estágio para o outro.

Em última instância, por meio do desenho inteligente de uma cadeia de suprimentos, pudemos produzir todos os produtos previstos, assim como lidar com pedidos especiais e dobrar nossa saída sem perder um único carregamento para nenhum cliente. Para a equipe, nosso sucesso foi o resultado de manter o foco no consumidor e uma grande colaboração, ultrapassando as barreiras internas da organização.

*Análise do nível SKU ou do nível de unidade de estoque significa analisar a demanda para produtos individuais comprados pelos consumidores. Por exemplo, na indústria de cereais, isso significa analisar a venda para cada um dos tipos de *cereais com a marca Kellogs* e para os diferentes tamanhos de embalagens.
Intel, Intel Centrino e Intel Pentium são marcas registradas da Intel Corporation ou suas subsidiárias nos Estados Unidos e outros países.

Gerenciamento efetivo da cadeia de suprimentos[54]

Novamente, seguindo o modelo contingencial para um marketing eficiente de alta tecnologia, uma estratégia eficiente de cadeia de suprimentos adapta o tipo de inovação (incremental *versus* descoberta) ao tipo de cadeia de suprimentos necessária. Uma cadeia de suprimentos pode servir a duas funções:

- Função física, convertendo material bruto, transporte de bens etc.
- Funções de mediação de mercado, garantindo que a variedade de produtos que chega ao mercado seja a mesma que os consumidores desejam.

Os custos aumentam quando a oferta excede a procura ou quando a oferta é menor do que a procura (o custo de oportunidade de vendas perdidas ou clientes insatisfeitos). Como a matriz na Tabela 8.2 mostra, a combinação apropriada entre o foco do canal de suprimento e o tipo de inovação é imperativa.

Para produtos *incrementais,* mais funcionais — ou aqueles com atributos estáveis, previsíveis, longos ciclos de vida e pequenas margens —, a mediação do mercado é relativamente fácil. Por causa de os produtos terem uma longa história e não mudarem significativamente, combinar o produto com as necessidades do consumidor pode ser simples. Em vez de focar os esforços na flexibilidade e na leitura dos sinais do mercado, as empresas podem focar a gestão dos custos físicos. Elas podem gerenciar o fluxo de informação dentro da cadeia entre seus participantes para coordenar atividades. A coordenação íntima entre fornecedores e distribuidores normalmente oferece as maiores oportunidades para cortar o tempo de espera e estoque.

Funções da cadeia de suprimentos	Incremental	Avanço radical
Função física	☆	0
Função de mediação de mercado	0	☆

Tipos de inovação

☆ Combinação adequada de tipo de produto com a função da cadeia de suprimentos.
0 Combinação inapropriada.

Tabela 8.2 — Combinando o tipo de inovação às funções da cadeia de suprimentos
Fonte: FISCHER, M. What is the right supply chain for your product? *Harvard Business Review*, p. 105-16, mar.-abr. 1997. *Harvard Business Review*, mar.-abr. 1997. Impresso com a permissão da *Harvard Business Review*. Copyright © 1997 pela Harvard Business School Publishing Corporation. Todos os direitos reservados.

Para produtos inovadores (demanda imprevisível, curto ciclo de vida), entretanto, as empresas devem ler os sinais precoces do mercado para reagir rapidamente e coletar informações cruciais para os participantes da cadeia. Uma empresa deve conhecer onde posicionar seu estoque e sua capacidade de produção para poder reagir diante de determinada demanda. Para esses produtos inovadores, as questões principais são velocidade e flexibilidade mais do que custos baixos. O desafio primário é responder à incerteza. A incerteza, por sua vez, pode ser reduzida com dados e sistemas de informação, com um modelo de produção sob encomenda ou com a fabricação mais próxima do momento em que a demanda se materializar. *Para produtos inovadores, o retorno dos investimentos na responsividade da cadeia de suprimentos é maior do que o retorno dos investimentos em eficiência*. Melhoras na responsividade resultam em economizar com menos quebras de estoque e remarcações.

Por exemplo, pense em um produto tipicamente inovador com uma margem de contribuição de 40 por cento contra uma taxa média de quebra de estoque de 25 por cento. A contribuição para lucro e *overhead* que se perde em decorrência dos *stock-outs* é enorme: 40 por cento × 25 por cento = 10 por cento das vendas — uma quantia que normalmente excede os lucros antes das taxas. Consequentemente, o ganho econômico da redução dos *stock-outs* e excesso de estoque é tão grande que investimentos inteligentes na responsividade do canal de suprimentos vão sempre se pagar. Esse é o motivo pelo qual, por exemplo, a Compaq escolheu produzir uma grande variedade de circuitos de curto ciclo de vida em sua própria fábrica em vez de os terceirizar para um produtor asiático mais barato; a produção local permitiu à empresa uma flexibilização maior e menores prazos de entrega. Observe que essa lógica não se aplica a produtos funcionais. Com uma margem de contribuição de 10 por cento e uma média de quebra de estoque de 1 por cento, a contribuição perdida para o lucro e *overhead* soma apenas 0,1 por cento.

As mudanças no canal de distribuição para produtos de informática, incluindo a montagem no canal e colocação, fornecem bons exemplos da mudança de uma cadeia de suprimentos fisicamente eficiente para outra mais normalmente focada na mediação de mercado. Ainda que o giro do estoque seja uma medida familiar, o mercado exige cada vez mais responsividade.

A Dell é uma sofisticada praticante do gerenciamento da cadeia de suprimentos. Funcionários em sua principal fábrica de desktops em Austin, Texas, selecionam os pedidos feitos on-line e por telefone. Eles decidem quais computadores devem ser montados nas duas horas seguintes, passam esses pedidos para a fábrica e pedem materiais dos fornecedores, que são entregues dentro de 90 minutos. Os trabalhadores da fábrica desembalam os suprimentos assim que eles chegam e montam kits para cada computador. Correias transportam cada kit para uma célula montadora, onde um operário monta o computador, normalmente dentro de três minutos. O computador é então testado e carregado com software, pronto para o envio. Dessa maneira, a fábrica produz 650 computadores por hora em cada uma de suas linhas de produção. Um único desktop pode ser montado, testado e enviado duas horas após o pedido, e qualquer pedido pode ser atendido em até cinco dias.[55] Essa produtividade fenomenal vem com o menor custo da indústria. A Dell tem de custos fixos 11,5 centavos de cada dólar de vendas, comparados com 16,5 centavos da Gateway e 22,5 centavos da HP.[56]

O sistema de gerenciamento da cadeia de suprimentos da Dell dá a ela uma tremenda flexibilidade de preços no mercado. Não é incomum encontrar, no mesmo dia, preços diferentes para o mesmo laptop Dell, ao se logar em seu site nas diferentes áreas, como, por exemplo, para pequenos negócios, serviços de saúde, governo. Os preços também variam de um dia para o outro. Os mais de 5 mil vendedores da Dell continuamente coletam informação dos consumidores sobre seus planos de compra e ofertas competitivas. Os fornecedores também atualizam constantemente a Dell sobre seus custos. O preço real para um determinado segmento leva em consideração a sensibilidade do cliente ao preço, custos de fornecedores e considerações competitivas.

Vendendo computadores diretamente pela Internet e construindo as máquinas por pedido, a Dell está mais perto de seus consumidores e pode medir a sensibilidade aos preços. Os 25 principais fornecedores da Dell fornecem atualizações regulares de seus custos e preços, o que permite à empresa prever os custos de cada componente com vários meses de antecedência. Os fornecedores devem participar na redução de preços iniciada pela Dell. Por meio de portais da Internet, cada fornecedor pode ver os pedidos e a posição de estoque da empresa. Todas essas informações permitem à Dell e a seus fornecedores evitarem a superprodução e potenciais faltas de materiais.[57]

Tendências no gerenciamento de cadeias de suprimentos

A Internet vem tendo um grande impacto para melhorar a gestão das cadeias de suprimentos. Ela permite uma maior eficiência em três áreas do canal de suprimentos.[58] Primeiro, a divisão de informações entre fornecedores e consumidores ajuda a combinar melhor os suprimentos com a demanda. Segundo, a Internet permite aos fornecedores aumentar seu alcance e encontrar novos consumidores a baixo custo. Terceiro, preços dinâmicos, como nos leilões, ajudam os fornecedores a limpar o estoque e os clientes a adquirir produtos e serviços a baixo custo. Três tendências em que as empresas de alta tecnologia confiam para ganhar essa eficiência são a participação no mercado vertical, o uso de software de gerenciamento da rede de suprimentos e a terceirização.

Mercados verticais na Internet

Mercados verticais eletrônicos, sites de troca ou *mercados eletrônicos* são sites específicos para um setor que fornecem soluções para negócios desde o comércio eletrônico (vendas de produtos) até o compartilhamento de documentos, apresentação de contas, procura de pedidos, negociações de contratos e serviços de crédito. Essas centrais utilizam soluções de comércio eletrônico em muitos pontos da cadeia de suprimentos para estabelecer ligações entre fornecedores, consumidores, fabricantes e até concorrentes. Por exemplo, a Covisint é um mercado vertical ou site de troca que une fornecedores e consumidores do ramo de fabricação de automóveis com a visão de aumentar a eficiência da cadeia de suprimentos. As soluções de negócios oferecidas podem aumentar ou criar valor aperfeiçoando, otimizando e eliminando as redundâncias de processos existentes ou tradicionais que são usados em um determinado setor.

Entretanto, o desempenho dos mercados verticais de empresa para empresa — ou B2B — vem sendo, no mínimo, duvidoso. Suas primeiras versões eram sites de troca públicos abertos para qualquer empresa (compradora ou vendedora) que quisesse participar e se dispusesse a pagar uma mensalidade. O número desses sites B2B públicos passou de um pico de cerca de 1.500 no ano 2000 para cerca de 700 em 2002.[59] A razão principal foi a falta de um relacionamento off-line com compradores e vendedores, necessária para criar massa crítica. A segunda versão dos sites B2B on-line foram consórcios patrocinados por algumas das grandes empresas do setor. Por exemplo, a Covisint foi cofundada pela Ford, General Motors e Daimler-Chrysler. Entretanto, esses consórcios de indústrias também estão enfrentando um problema de massa crítica por causa da falta de confiança de outros participantes do setor que não estão afiliados ao B2B. Esses sites tendem a favorecer compradores que podem facilmente comparar os preços de diferentes fornecedores. O terceiro estágio na evolução desses sites de troca é o surgimento de *trocas particulares*, e elas parecem ser as mais promissoras para o futuro.[60] Companhias como a Dell convidam seus parceiros de confiança a juntar suas redes privadas on-line para que todas as partes se beneficiem da eficiência da cadeia de suprimentos.

Como os mercados de troca públicos permitem a fácil concorrência baseada no preço (utilizando ações reversas e precificação dinâmica, por exemplo), elas são adequadas para transações de curto prazo de *commodities* entre empresas. (Tais ferramentas podem enfraquecer seriamente as relações mais colaborativas, de confiança, nas quais as partes podem trabalhar visando a um horizonte de longo prazo para desenvolver inovações conjuntamente ou abrir novos mercados.) Inversamente, como as trocas privadas permitem compartilhar informações sensíveis e a abertura de novas linhas de negócios com parceiros confiáveis (digamos, atingindo novos segmentos de consumidores), elas são mais indicadas para relações de colaboração. Em relações mais colaborativas (diferentes das relações de curto prazo orientadas para uma determinada transação), as empresas podem ter mais confiança de que sua informação e seu conhecimento não serão usados de maneira desleal por seus parceiros de negócios. Como o conhecimento do uso dos sites de troca on-line para relacionamentos no canal de suprimentos é vital para os profissionais de marketing de alta tecnologia, eles serão abordados em maior profundidade ainda neste capítulo.

Software de gestão da cadeia de suprimentos

Com o advento de uma tecnologia de informação cada vez mais sofisticada, as empresas vêm utilizando novos programas de software para redesenhar seus processos de negócios. Conhecidos como ERPs, esses softwares empresariais compõem um segmento da indústria voltado a empresas que querem usar tecnologia para melhorar todas as suas principais funções corporativas, incluindo fabricação, finanças, vendas, marketing, recursos humanos, gerenciamento da cadeia de suprimentos e a administração dos dados por trás do comércio eletrônico. Programas ERP eram originalmente focados na automação de processos de negócios e não no uso estratégico de informação. Agora, eles funcionam como um sistema nervoso eletrônico para as operações comerciais, rastreando pedidos, contas a receber, produtos, armazenamento, estoque, contabilidade, fornecedores, consumidores — qualquer coisa de interesse para uma maior eficiência do processo de negócios.

Os programas de gerenciamento da cadeia de suprimentos são um subconjunto dos softwares ERP e reúnem os dados de fabricação, estoque e fornecedores para criar uma imagem unificada dos elementos que entram na construção de um produto.

O gerenciamento da cadeia de suprimentos costumava ser administrado com links proprietários EDI entre os fornecedores e os consumidores OEM. Agora, os softwares baseados na Internet, mais baratos, são mais populares. Com o aumento da velocidade e da imprevisibilidade no meio da alta tecnologia, previsões acuradas, disponíveis pelo uso desse software, aumentaram em importância.[61]

Ainda que os softwares de gerenciamento de cadeia de suprimentos que façam a previsão, e que a mediação de suprimentos e da demanda sejam importantes em termos de eficiência, eles poderiam criar confusão em relacionamentos tradicionais de cadeia de suprimentos. Por exemplo, vendedores tradicionais de peças podem tornar-se obsoletos em uma época de comunidades virtuais on-line e redes verticais. Os antigos fornecedores de apenas uma fonte podem ter de enfrentar uns aos outros em leilões. Por enquanto, resta conciliar essas questões no ainda emergente mundo do gerenciamento da cadeia de suprimentos on-line.

Terceirização

Outra tendência é a terceirização de todo o processo de fabricação para os fornecedores em um nível mais alto na cadeia de suprimentos. Há poucos anos, muitas empresas de alta tecnologia terceirizaram a produção para fabricantes contratados em países de menor custo. Por exemplo, a Flextronics International, sediada em Cingapura, fabrica produtos como roteadores Nortel, consoles X-Box, da Microsoft, e celulares Sony-Ericsson na China, no México e em outros países.[62] Na verdade, no outro extremo, a HP terceirizou completamente sua produção e já não fabrica mais nenhum de seus produtos de informática.

A tendência da terceirização é particularmente pronunciada em indústrias tecnológicas por causa de seu curto ciclo de vida e do aumento na concorrência global. A Intel pode gerenciar efetivamente sua cadeia de suprimentos para sua família de produtos Centrino em um ambiente terceirizado.

Ainda que uma tendência-chave no gerenciamento da cadeia de suprimentos seja a terceirização da produção, outras funções também são afetadas pelo fenômeno da terceirização. As empresas norte-americanas estão realocando um grande número e vários tipos de funções para países estrangeiros, incluindo as centrais de atendimento, análise de estoque, contabilidade, devolução de impostos e processamento de reclamações de seguro — e, ainda, programação de software e outros empregos tecnológicos. Claramente, essa tendência é alimentada pela necessidade de se baixarem os custos em uma economia global, lenta e competitiva. Mas há desvantagens também. Se ocorrer uma greve ou operação tartaruga na costa oeste dos Estados Unidos, a cadeia de suprimentos de muitas companhias norte-americanas poderá ser interrompida, porque os produtos enviados da China e de Taiwan não chegariam a seu destino a tempo. Similarmente, a epidemia de gripe aviária em muitos países asiáticos fez que muitos executivos deixassem de viajar para encontrar fornecedores e consumidores, causando atrasos na cadeia de suprimentos. Portanto, os benefícios de menores custos em função da terceirização em outros países devem ser pesados contra a perda de controle sobre a cadeia de suprimentos.

E-business e comportamento organizacional

Como mostra a Figura 8.6, esta seção do capítulo explora como as indústrias e organizações empresariais mudaram suas estratégias e seus processos para capitalizar as possibilidades da Internet.

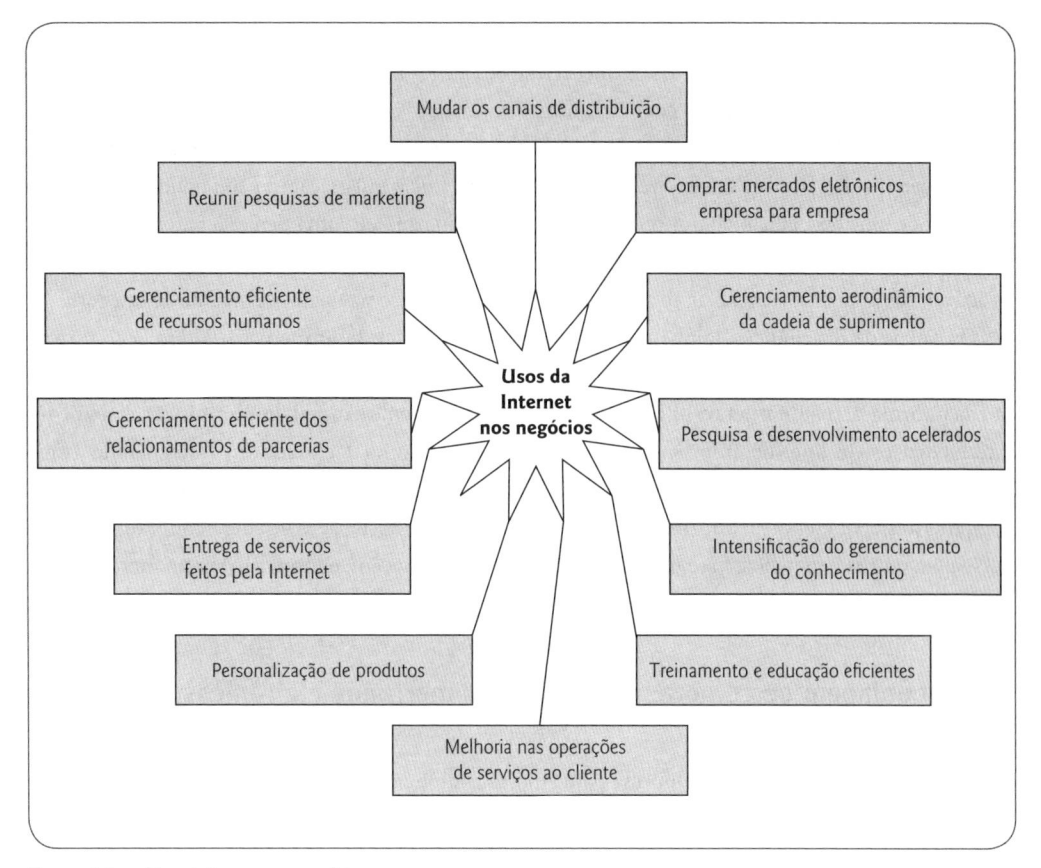

Figura 8.6 — Usos da Internet nos negócios

Usos da Internet nos negócios:
- Mudar os canais de distribuição
- Comprar: mercados eletrônicos empresa para empresa
- Gerenciamento aerodinâmico da cadeia de suprimento
- Pesquisa e desenvolvimento acelerados
- Intensificação do gerenciamento do conhecimento
- Treinamento e educação eficientes
- Melhoria nas operações de serviços ao cliente
- Personalização de produtos
- Entrega de serviços feitos pela Internet
- Gerenciamento eficiente dos relacionamentos de parcerias
- Gerenciamento eficiente de recursos humanos
- Reunir pesquisas de marketing

Mudar os canais de distribuição

O primeiro benefício da Internet foi fomentar um contato direto entre a empresa e o cliente sem a necessidade de canais intermediários, um fenômeno chamado *desintermediação*. A desintermediação permite, potencialmente, que a empresa chegue até o consumidor de maneira mais fácil e mais barata. Isso aconteceu extensivamente na indústria de viagens, em que as companhias aéreas continuam desviando das agências de viagem e permitindo que o cliente compre suas passagens diretamente no site da empresa. Portanto, a Internet desafia os intermediários a considerar cuidadosamente como podem agregar valor para o cliente. Alguns intermediários estão tentando se reinventar. Intermediários tradicionais se consolidam oferecendo melhores serviços próprios.

Na área de logística e distribuição, apareceu um novo tipo de intermediário, chamado *gerente de categoria* on-line. Eles são atacadistas off-line que se expandiram e oferecem serviços para varejistas on-line em categorias específicas de produtos. Veja o caso da CircuitCity. Suas lojas off-line oferecem entre 500 e 3 mil títulos de CDs, DVDs e vídeos. Porém, os compradores da CircuitCity.com contam com 55 mil títulos, incluindo itens antigos e de pouca saída. Por isso, a CircuitCity fez um acordo com a Alliance Entertainment Corporation, que é uma atacadista de produtos de entretenimento cuja base fica em Coral Springs, Flórida, e que mantém um estoque de 28 mil metros quadrados. Ela tem um site personalizado para a CircuitCity para esses produtos. A CircuitCity controla o preço de varejo no site. Quando o cliente faz um pedido, a Alliance faz o processamento, envia o produto para o endereço do cliente, em um pacote com a marca da CircuitCity, e cobra da CircuitCity apenas o valor do frete.[63] Para varejistas on-line como a CircuitCity, os benefícios de um gerente de categoria on-line incluem investimento mínimo no estoque, propriedade da relação com o cliente e terceirização eficiente do processamento do pedido e entrega pelo gerente de categoria on-line. Para o cliente, a parceria fornece uma experiência on-line completa. O gerente de categoria on-line recebe uma taxa única pela integração do comércio eletrônico no site, além de uma taxa adicional por produto enviado. A Amazon tem uma parceria parecida com o Ingram Book Group para livros. Esses exemplos demonstram como todos os lados saem ganhando e como os atacadistas podem se beneficiar ao adotar o comércio eletrônico na forma de gerente de categoria.

Os canais de distribuição também são afetados pela Internet de um terceiro modo, a criação de toda uma nova classe de intermediários, em um fenômeno chamado *reintermediação*. Como a explosão da informação na Internet resultou em um mercado ineficiente e difícil de administrar, esses novos intermediários on-line, ou infomediários, são necessários como facilitadores, funcionando como agentes, ajudando pessoas a reunir e decifrar a vasta quantidade de informação na Internet, unindo compradores e vendedores, e fornecendo valor por meio da oferta de conselhos confiáveis, serviço pessoal ou outros benefícios. Esse uso da Internet de intermediação de informações em mercados on-line transformou a função de compra em várias empresas.

Nova abordagem de compra: utilização dos mercados eletrônicos de empresa para empresa

Os intermediários on-line de empresa para empresa, também conhecidos como net markets, eixos de empresa para empresa, mercados eletrônicos ou trocas on-line, têm uma história interessante e evoluíram nas seguintes dimensões:
- Afiliação.
- Foco da indústria.
- Privado *versus* público.
- Modelo de empresa.

A *afiliação* mostra se a troca on-line é independente, aliada aos compradores ou aos vendedores. As *trocas independentes*, que não eram afiliadas nem ao comprador nem ao vendedor, foram as primeiras versões dos mercados empresa para empresa on-line.

O *foco da indústria* diz se o mercado serve às necessidades de uma indústria específica ou oferece bens e serviços de várias indústrias. Ele pode ser:
- *Vertical*, ou específico a uma indústria, que oferece soluções para um setor específico.
- *Horizontal*, ou funcional. Eixos que fornecem bens e serviços de várias indústrias.

Ambos os tipos unem compradores e vendedores e facilitam a troca sem tirar o rótulo do produto. Os primeiros modelos de receita tendiam a se basear na propaganda ou cobravam taxas e porcentagens da transação. Porém, a maior parte dessas trocas independentes não alcançou uma massa substancial e elas faliram por vários motivos. Os vendedores relutavam em dar uma parte da margem de lucro ao infomediário. Eles também se preocupavam com a exposição dos preços e especificações dos produtos aos concorrentes. Os compradores desconheciam ou não queriam confiar em novos intermediários que ainda não haviam sido testados. As trocas independentes tendiam a ter um conhecimento insuficiente do domínio específico e não contavam com relacionamentos off-line para motivar a adesão de um número suficiente de compradores e vendedores. Com o tempo, esses sites de troca acabaram fechando, foram adquiridos ou transformados em fornecedores ou softwares de troca.

A segunda interação das trocas entre empresas promoveu a ascensão daquelas que eram patrocinadas por empresas líderes da indústria, chamadas *consórcios* ou coalizões. Consórcios iniciados por compradores, como o Covisint para a aquisição de peças automotivas, foram inicialmente patrocinados por empresas como a Ford, a General Motors e a Daimler-Chrysler. Outro exemplo na área de bens de consumo é o Transora, inicialmente patrocinado pela Coca-Cola, a Procter and Gamble e a Colgate-Palmolive, entre outros. Esses consórcios têm força para atrair fornecedores para seus sites para diminuir os custos de aquisição da empresa compradora. Eles também têm o conhecimento do domínio específico e relacionamento com as indústrias. Mas não são bem-sucedidos em atrair um número grande de compradores, além dos patrocinadores originais. Isso acontece porque os compradores potenciais desconfiam que os patrocinadores usarão sua influência para conseguir um tratamento preferencial dos fornecedores no site. Como os compradores são concorrentes em suas indústrias, a falta de confiança entre eles age como uma barreira para a adesão ao consórcio.

Um dos formatos mais comuns de mercado entre empresas é o *leilão inverso*. Diferente de um leilão comum, no qual os *compradores* dão lances cada vez mais altos para levar o produto, no leilão inverso, os *vendedores* oferecem preços cada vez menores para obter o direito de fornecer o bem procurado para o comprador (ganham os lances menores). A Freemarkets.com é um exemplo desse tipo de mercado de empresa para empresa, em que os compradores colocam suas necessidades específicas em leilão e os vendedores competem pelo negócio. Esse modelo favorece o comprador que consegue preços mais baixos para os suprimentos necessários. Estudos mostram que o leilão inverso é eficiente na procura de mercadorias. Porém, uma preocupação essencial é o *impacto a longo prazo no relacionamento entre comprador e fornecedor*. Até que ponto o uso do leilão inverso pode corroer esse relacionamento? Será que a diminuição de preços pode acabar levando o fornecedor à falência? O impacto a longo prazo para o fornecedor ainda está para ser visto.[64]

Em virtude de preocupações como essa, um terceiro tipo de interação dos eixos empresa para empresa é a *troca privada* (ou rede virtual privada). Nessa versão, um grande comprador convida um grupo confiável de fornecedores e parceiros para colaborar em uma *extranet* segura. As extranets permitem que fornecedores, distribuidores e clientes consigam visualizar dados de maneira restrita e segura. Diferente das trocas entre empresas públicas, não há partilha de informações entre partes desconhecidas, e o comprador mantém o controle de sua cadeia de suprimento.

Outro exemplo: em agosto de 2002, o Walmart disse a seus fornecedores que eles teriam de começar a enviar e receber dados pela Internet. Em setembro de 2003, mais de 98 por cento das trocas da empresa com fornecedores foram feitas pela Internet, por meio do AS2, um software da iSoft, a qual fica em Dallas. O AS2 é um sistema de troca eletrônica de dados (em inglês, *Electronic Data Interchange* — EDI), muito mais barato e fácil de implementar que o EDI proprietário da década de 1960. A Coty Inc., fabricante de cosméticos e fragrâncias que depende do Walmart em 30 a 40 por cento de suas vendas, instalou o AS2 por cerca de 22 mil dólares. Em seis meses o software praticamente se pagou, uma vez que os custos de ligações de longa distância da Coty foram reduzidos em cerca de mil a 5 mil dólares por mês.

As previsões dizem que as trocas privadas continuarão a crescer nos comércios eletrônicos entre empresas, por causa de seu potencial de concretizar a eficiência da cadeia de suprimentos.[65]

Gerenciamento otimizado da cadeia de suprimentos

Muitas empresas usam a Internet como um meio para gerenciar sua cadeia de suprimentos ou o fluxo de produtos entre seus fornecedores e a fábrica, e, em último caso, para canais intermediários e clientes. Isso permite que a empresa rastreie as vendas de tempos em tempos, consiga um retorno instantâneo do cliente, mantenha o mínimo de estoque necessário e simplifique transações caras e complexas. A Internet está fazendo imensas mudanças na cadeia de suprimento, facilitadas por ferramentas de softwares que automatizam o fluxo de informação. Esses softwares aguçam a visão que a empresa tem da movimentação de peças e produtos na cadeia de suprimentos e, assim, ela pode ter uma ideia melhor do estoque disponível e das mudanças da demanda. Uma nova iniciativa de *e-business* na distribuição é o projeto Auto-ID Center, uma parceria entre o Massachusetts Institute of Technology (MIT), a Gillette, o Walmart e outros 85 varejistas e fabricantes.[66] Seu objetivo é colocar microchips de identificação de radiofrequência (em inglês, *Radio-Frequency Idetification* — RFID) em todos os produtos, de lâminas a refrigerantes, e rastreá-los por meio de uma rede inteligente. Cada item será rastreado do momento em que deixa a fábrica até ser retirado da prateleira e escaneado por um comprador. Quando os suprimentos estiverem acabando nas prateleiras, um sinal será enviado através de ondas de rádio para um computador central, que poderá avisar o balconista que é hora de reabastecer as prateleiras. O sistema também consegue monitorar o estoque da loja e enviar um alerta ao fabricante avisando quando for hora de enviar um novo carregamento para a loja. O Walmart está trabalhando com seus fornecedores na colocação de um chip RFI em todas as suas caixas e estrados. Esse sistema ajudará a reduzir os produtos fora de estoque, assim como a "redução" (perda de produtos por causa de furtos ou problemas na cadeia de suprimentos). Os analistas calculam que o Walmart pode economizar 8,35 bilhões de dólares por ano com o chip.[67] Contudo, os fornecedores terão de se sujeitar aos custos adicionais da adoção do chip. Em dezembro de 2003, cada chip custava cerca de 2 dólares. A previsão é de que, quando esse preço diminuir para 1 centavo por chip, o RFI se torne indispensável na distribuição para o varejo.

VISÃO DE MERCADO

Gestão do ecossistema de canais em mercados de alta tecnologia
Ricardo Santos
Diretor Regional de Desenvolvimento de Negócios para a América Latina da Cisco Systems

Este texto aborda a gestão de canais de distribuição e sua importância para o sucesso das empresas que atuam no mercado brasileiro de alta tecnologia, com ênfase no alinhamento dos programas de marketing para canais com a estratégia empresarial de continuidade dos negócios.

Nesse ambiente, em que se trabalha intensamente com as variáveis de inovação tecnológica, grande competitividade e alterações rápidas do comportamento de compra do usuário, um dos principais desafios é fazer que as ações de marketing de canais sejam capazes de gerar negócios e agregar rentabilidade em todos os elos da cadeia de valor — desde o fornecedor até o usuário final — e, ainda assim, manter a competitividade e a atratividade da solução proposta. Mais do que isso, a experiência mostra que se deve ampliar o conceito de gestão de canais com foco no fluxo de produtos até o usuário final para a gestão de um *ecossistema de canais de valor agregado*.

Neste modelo, os fornecedores não estão apenas preocupados com a eficiência da distribuição de seus produtos até o cliente final, mas principalmente com o valor que ele recebe ao longo das etapas intermediárias até formar uma solução final, tornando-a mais adequada às necessidades e exigências de satisfação dos clientes finais — garantindo um crescimento sustentado de longo prazo.

Conceito de ecossistema de canais

O termo *ecossistema de canais* remete-nos à ideia de redes interligadas de negócios. Trata-se de um conceito que visa à criação de um círculo virtuoso de identificação de negócios, tornando o processo de geração de demanda mais efetivo. Por exemplo, fazer que fornecedores tradicionais de soluções de tecnologia interajam com ISVs (*Independent Software Vendors*) e que estes, por sua vez, também conectem seus negócios a empresas com foco em revenda de equipamentos ou em consultorias de modo a gerar mais valor e mais negócios.

Nesse modelo, as empresas não são vistas como pertencentes a uma indústria de maneira isolada, mas sim como personagens coparticipantes nos quais se cruzam vários segmentos complementares.

À medida que determinada indústria cresce e amadurece, os *players* que compõem esse ecossistema se especializam em segmentos específicos, aumentando o valor e a qualidade dos seus produtos. No limite, essa especialização leva os diferentes *players* a se tornarem dependentes uns dos outros para sobreviver e crescer à medida que se complementam em termos de potencialidades e ofertas. Conclusão: com soluções de valor agregado mais completas, toda a indústria prospera.

Ecossistema de canais para produtos e serviços de alta tecnologia

Na indústria de alta tecnologia, como no caso de TI e Telecom, esse fenômeno não é exceção. A maturidade dessa indústria tem gerado uma intrincada rede de relacionamentos bastante saudável para seus participantes. Nesse ambiente, as empresas cooperam e competem entre si para produzir produtos e serviços que atendem a uma variedade impressionante de necessidades de automação, interoperabilidade e controles de processos de negócios. Como exemplo, na indústria das telecomunicações, e dos provedores de serviços em particular, os benefícios desse ecossistema são enormes. Em uma era de competição sempre crescente, o ecossistema de equipamentos, software e serviços de telecomunicações dão às operadoras uma tremenda variedade de escolha para aplicações, configurações e dispositivos para compor novas soluções e, também, executar suas ações de "*time to market*" de maneira mais rápida e mais eficiente.

Outro exemplo está na indústria de TI. Já vai longe o tempo em que poucos grandes fabricantes de *mainframe* praticamente montavam todo o seu portfólio de oferta. Nessa época, os clientes tinham de comprar soluções proprietárias dessas empresas e, por consequência, dominavam a indústria. É bom lembrar que, nos primeiros tempos do PC, esse modelo de verticalização também foi adotado, porém, à medida que a indústria de computação evoluiu, esse modelo também entrou em colapso. Por quê? Principalmente por conta da dificuldade desse modelo em atender às expectativas de inovação requerida pelos clientes, além de preços mais acessíveis e serviços diferenciados.

Hoje em dia, a maioria dos segmentos da indústria de TI, de PCs e *networking* até fornecedores de sistemas aplicativos, são baseados no *mix* de competição e cooperação.

Impacto da Internet no ecossistema de canais para produtos e serviços de tecnologia

Durante os últimos anos, um ecossistema mais amplo tem emergido com o advento da Internet, trazendo serviços e produtos ao mercado com velocidades cada vez maiores. O ecossistema de canais, sob o impacto da Internet, é baseado em uma total liberdade de plataformas tecnológicas. Nesse modelo, é difícil encontrar um único fornecedor dominando o mercado. Na verdade, podem-se encontrar dezenas — e até centenas — de empresas cooperando e competindo entre si para assegurar que soluções sejam desenvolvidas e empacotadas para os clientes — por condições financeiras competitivas.

Esse novo mundo representa uma mudança significativa na forma como a indústria opera, comparando-a com sua forma de alguns anos atrás. Os principais benefícios que os integrantes do ecossistema buscam estão centrados na habilidade e capacidade que seus parceiros possam ter de configurar rapidamente soluções de qualidade a preços competitivos para os clientes, quebrando antigos paradigmas de fidelidade de marca, exclusividade de contratos com fabricantes, entre outros.

Análise de oportunidades e desafios gerados pelo ecossistema de canais

Conforme encaramos os canais como um ecossistema interligado e interdependente para a geração de negócios, constatamos que isso significa uma mudança significativa no modo com que os programas de desenvolvimento de canais devem operar. Ao elaborar o modelo de canais e executar o processo de seleção e escolha dos parceiros do ecossistema, o desafio maior aparentemente está em lidar com aquilo que é o ideal e aquilo que está disponível e é realidade.

Existem desafios e oportunidades a serem enfrentados. Elencamos aqui alguns daqueles que certamente geram maior impacto na criação e execução de programas de marketing para desenvolvimento de canais:

- **Maior inovação:** em um ecossistema de negócios, as empresas participantes constantemente aprendem e crescem a partir dos sucessos e forças dos demais. Isso tende a levar a maior variedade de produtos e uma qualidade melhor. Tipicamente, é esperado que se aumente em muito a probabilidade de surgirem novas aplicações para nichos em mercados-alvo específicos.
- **Maior competição:** os participantes de um ecossistema de negócios não somente cooperam, mas também competem diretamente. Do ponto de vista dos grandes fabricantes de TI e das grandes operadoras de telecom, esse pode até ser um fato positivo, à medida que estas venham a integrar a solução final e vários fornecedores passem a competir (preço, qualidade, funcionalidade, serviços, etc) para serem o principal fornecedor nesta operação.
- **Maior interoperabilidade e autosseleção:** por definição, um ecossistema de negócios ideal tende a seguir uma plataforma de tecnologia que lhe permita ser aberto ou semiaberto, isto é, permitindo que qualquer empresa do canal possa desenvolver novos produtos ou serviços. Quanto mais independente de uma única plataforma, maior e mais saudável será o ecossistema de canais quando observado sob o prisma da competitividade, inovação e potencial de crescimento. É importante notar que esse cenário também tende a aumentar a pressão sobre participantes do ecossistema de canais que venham a ter baixo desempenho comercial e qualidade percebida sofrível. Possivelmente, essas células serão naturalmente eliminados do ecossistema ao longo do tempo.
- **Desafio da escolha certa:** quanto maior for a oferta ou as possíveis combinações de soluções que grandes fabricantes e operadoras possam ter, maior também será o desafio da eficácia das escolhas de investimentos em parcerias e ações conjuntas. Cada nova parceria traz consigo um gasto operacional importante de aprendizado, treinamento das equipes, integração técnica etc. É enorme o desafio da escolha certa de quais novas tecnologias e aplicações devem ser adotadas para se manter à frente da concorrência (ou retomar a dianteira) e valorizar o portfólio de soluções oferecidas.

Uma vez definido modelo de canais, as políticas de operação e fluxo dos ativos, é chegada a hora de montar a proposta de valor para os canais. Fornecedores têm uma diversidade de variáveis a considerar no momento de operar por meio de canais indiretos. Tais variáveis passam por necessidades dos clientes, forma de compra desses clientes, conveniência, entrega, variedade, qualidade percebida e serviços agregados.

Diferentes tipos de canais apresentam diferentes níveis de custos e rentabilidade ao fornecedor da tecnologia.

> Como em mercados de alta tecnologia se trabalha intensamente com as variáveis de inovação tecnológica e alterações rápidas do mercado, há sempre o desafio do gerenciamento de altos volumes de estoque no canal e também de se manter o preço médio, ambos em função da volatilidade da demanda. Lembramo-nos de que a incerteza inerente às variáveis do mercado de alta tecnologia inibem qualquer ineficiência de acúmulo de estoques em qualquer etapa da cadeia de valor. Além disso, a característica técnica do comprador desse tipo de produto e serviço exige também um alto grau de sofisticação e qualidade na prestação de serviços ao cliente.
>
> **Conclusão**
> Os programas de marketing de canais devem concentrar-se no potencial de geração de valor que um ecossistema é capaz de prover aos clientes, em vez de manter seu foco em apenas construir e gerenciar arquiteturas voltadas prioritariamente ao fluxo de produtos e serviços do fornecedor ao cliente. Por meio de um modelo baseado em regras claras e transparentes, recursos sob medida alocados ao canal e ações coordenadas e rentáveis é possível construir uma proposta de valor clara a todo o ecossistema de atendimento das necessidades dos clientes.

Resumo

Este capítulo apresentou uma visão e conhecimentos gerais sobre algumas questões pertinentes à elaboração e ao gerenciamento dos relacionamentos na cadeia de suprimentos e distribuição no ambiente de alta tecnologia. Dadas as características do ambiente de alta tecnologia, as empresas estão testemunhando o esmaecimento das fronteiras entre os membros da cadeia de suprimentos, e canais indiretos estão mudando para agregar mais valor. O capítulo também abordou a maneira como os canais de alta tecnologia se desenvolvem à medida que uma inovação se torna disseminada, as causas e soluções para os problemas dos mercados cinza, preocupações quanto à pirataria e restrições de exportação.

A Internet vem tendo impacto significativo nos canais de distribuição; por isso o capítulo desenhou uma estrutura de decisões para integrar a Internet dentro de canais de distribuição já existentes. Além dos canais de distribuição, também é visível o impacto da Internet na otimização do estoque em toda a cadeia de suprimentos, usando softwares sofisticados, como os de ERP. Outras tendências no gerenciamento da cadeia de suprimentos e que vêm ajudando a torná-las mais eficientes são o uso de mercados eletrônicos verticais ou sites de trocas de bens e serviços, e a terceirização de muitas funções de negócios, incluindo fabricação, desenvolvimento de softwares e serviços ao consumidor.

Perguntas para debate

1. Quais são as seis questões básicas no projeto e gerenciamento de um canal de distribuição?
2. Quais são os vários tipos de intermediários normalmente usados em canais de alta tecnologia?
3. Qual é a natureza da escolha entre o grau de cobertura e o grau de competição dentro da marca?
4. Quais ferramentas podem ser utilizadas para controle e coordenação dos membros do canal?
5. O que é venda casada? Quais são suas implicações legais?
6. O que é um arranjo de venda exclusiva? Quais são suas implicações legais?
7. Como o desempenho de um canal pode ser medido?
8. Como e por que a linha divisória entre fornecedores e membros do canal vem desaparecendo?

9. No que consistem as estratégias de "montagem no canal" e "colocalização"? Por que elas vêm sendo usadas em canais de alta tecnologia?
10. Qual é o padrão de evolução típico para um canal de alta tecnologia?
11. O que é o mercado cinza? Por que ele é um problema? Quais são suas causas e soluções?
12. Qual é o propósito das restrições às exportações?
13. Quais fatores são usados para se avaliar se um canal de Internet vai canibalizar as vendas existentes ou levar a mais vendas?
14. Quais são alguns dos passos intermediários no gerenciamento de transição para um canal de Internet?
15. Qual é a origem do conflito em um canal híbrido? Como ele pode ser mais bem gerenciado?
16. Quais são os objetivos de um canal híbrido? Quais são os passos-chave em sua implementação e em seu gerenciamento?
17. O que é o gerenciamento de um canal de suprimentos? Como as funções de uma cadeia de suprimentos deve se combinar ao tipo de inovação?
18. O que são mercados eletrônicos verticais? Como eles são usados no gerenciamento de uma cadeia de suprimentos?
19. O que é ERP? Como os programas de gerenciamento da cadeia de suprimentos funcionam?
20. Quais são os prós e contras da terceirização da cadeia de suprimentos?

Glossário

Acordos de vendas exclusivas. Acordo que restringe um vendedor a oferecer os produtos de apenas uma empresa; implicações antitrustes surgem se grandes companhias utilizarem sua predominância para restringir o acesso dos consumidores aos produtos dos concorrentes.

Canais híbridos ou canais duplos. Combinação dos canais diretos e indiretos utilizados por uma empresa.

Colocalização. Estratégia em que os empregados do distribuidor trabalham desde as plantas dos fabricantes até a entrega final de produtos tanto para revendedores como para usuários finais.

Concorrência entre marcas. Competição entre diferentes marcas ou fabricantes no mercado.

Concorrência intramarca. Competição entre vendedores do fabricante da mesma marca.

Controle bilateral. Controle que se origina em atividade, interesses ou colocações combinadas de ambos os membros do canal e incluem normas de relacionamento (expectativas compartilhadas a respeito das atitudes e comportamentos no trabalho conjunto para atingir objetivos comuns) como flexibilidade, divisão mútua de benefícios e obrigações, compartilhamento de informações etc.; confiança, interdependência e compromissos combinados.

Controle impositivo. Controle que reside na habilidade de um dos membros do canal de desenvolver regras, dar instruções e efetivamente impor decisões a outrem; inclui posse (via integração vertical), tomada de decisões formais centralizadas (digamos, como em franquias), controle e monitoramento ou o poder de uma parte sobre a outra.

Desintermediação. Trata-se da adição de um canal de distribuição on-line que passa ao largo de intermediários existentes em favor do modelo da venda direta.

Gestão da cadeia de suprimentos. Trata da gestão dos processos que permitem a disponibilidade de materiais e serviços necessários para as operações de uma organização para poder entregar produtos e satisfazer seus clientes. Inclui gerenciamento de estoque, armazenagem, distribuição e transporte com fornecedores, dentro da organização e para os consumidores.

Integrador de sistemas. É um tipo de revendedor que gerencia grandes ou complexos projetos de informática, normalmente criando soluções personalizadas para consumidores juntando ou revendendo diferentes marcas de equipamento.

Mercado cinza. Mercado formado por distribuidores não autorizados de bens com preços promocionais por meio de revendedores não associados ou sancionados pelo produtor; resulta em falta de controle sobre o produto, distribuição e serviços.

Mercados eletrônicos verticais. São sites específicos para a indústria que fornecem soluções que abrangem desde comércio eletrônico para compartilhamento de documentos, cobrança, acompanhamento de pedidos, negociação de contratos e serviços de crédito. Essas centrais utilizam soluções de comércio eletrônico em muitos pontos da cadeia de suprimentos para criar ligações entre fornecedores, consumidores, fabricantes e até concorrentes.

Montagem no canal. Estratégia em que os fabricantes enviam produtos semifinalizados para os distribuidores que fazem sua configuração de acordo com a especificação do cliente e completam a produção antes de enviar os produtos. A vantagem é a personalização e a velocidade de entrega para os clientes.

Restrições de exportação. Restrições impostas por alguns governos que proíbem as empresas de vender certos produtos para países específicos pelo interesse nacional.

Revendedor agregador de valor. São intermediários menores do canal que compram produtos de um ou vários fabricantes de alta tecnologia e agregam valor a ele, por meio da integração com suas próprias habilidades, para atingir as necessidades de seu público-alvo.

Revendedores *inbound*. Revendedores que normalmente possuem uma frente de loja, e seus principais consumidores primários são os pessoalmente atraídos pela propaganda tradicional e meios promocionais.

Revendedores *outbound*. Revendedores que têm força de vendas, que procuram os consumidores, normalmente onde estes estão (o revendedor pode ou não ter uma frente de loja).

Software de gestão integrada/planejamento de recursos empresariais (ERP). Software que viabiliza a reorganização dos processos de negócios e funções, incluindo fabricação, finanças, vendas, marketing, recursos humanos, gerenciamento da cadeia de suprimentos e a análise de dados para manter o comércio eletrônico e/ou para melhorar a eficácia e a eficiência da organização.

Tijolos e cliques. Um negócio que ofereça tanto o mercado físico via lojas de varejo (tijolos) como um canal on-line (cliques) para os seus consumidores.

Venda casada. Venda realizada quando um fabricante faz a venda de um produto de grande demanda condicionada à venda de um segundo produto.

Notas

1 MANAGING Customers As Assets. *Fortune*, Seção especial de anúncios, p. S4, 29 maio 1995.

2 *How Technology Sells*. Jericho, NY: Dataquest, Gartner Group e CMP Channel Group, CMP Publications, 1997.

3 STERN, L.; STURDIVANT, F. Customer-driven distribution systems. *Harvard Business Review*, p. 34-41, jul./ago. 1987. Essa seção apresenta os elementos básicos do desenho e da gestão do canal; a intenção não é fornecer todas as ferramentas para a tomada de decisão e trocas enfrentadas

no processo de esquematização de um canal de distribuição, e sim fornecer a base para o desenvolvimento de questões particulares encontradas nos canais de distribuição para produtos de alta tecnologia. Mais detalhes estão disponíveis em COUGHLAN, A.; ANDERSON, E.; STERN, L. *Marketing channels*. 2. ed. Upper Saddle River, NJ: Prentice Hall, 2001.

4 BRIONES, M. Resellers hike profits through service. *Marketing News*, n. 33, p. 1, 14, 15 fev. 1999a.

5 Empresas que apresentam o sortimento mais amplo e dominante em categorias específicas de produtos. (N. do T.)

6 MOHR, J.; PAGE, C.; GUNDLACH, G. *The governance of inter-organizational exchange relationships*: review and state-of-the-art assessment. (Paper) — University of Montana, Missoula, MT, 1999.

7 FRANCE, M. Are corporate predators on the loose? *BusinessWeek*, p. 124-6, 23 fev. 1998; STREMERSCH, S.; TELLIS, G. J. Strategic bundling of products and prices: a new synthesis for marketing. *Journal of Marketing*, v. 66, n. 1, p. 55-72, jan. 2002.

8 *How Technology Sells*, 1997.

9 KUMAR, N.; STERN, L.; ACHROL, R. Assessing reseller performance from the perspective of the supplier. *Journal of Marketing Research*, p. 238-53, 29 maio 1992.

10 TAM, P. Hewlett Packard discontinues printer-sales deal with Dell. *Wall Street Journal Online*, 24 jul. 2002.

11 LINE BLURS BETWEEN SUPPLIER AND SUPPLIED. *Computer Retail Week*, 6 out. 1997.

12 BRIONES, M. What technology wrought: distribution channel in flux. *Marketing News*, v. 33, p. 1, 15, 1º fev. 1999b.

13 Id., Ibid.

14 Id., Ibid.

15 BRIONES, M. Op. cit., 1999.

16 *How Technology Sells*, 1997.

17 MOORE, G. *Crossing the chasm*: marketing and selling technology products to mainstream customers. Nova York: HarperCollins, 1991. cap. 7. (Edição revisada, 2002).

18 Id., Ibid., p. 173.

19 MOORE, G. Op. cit., 1991.

20 DUHAN, D.; SHEFFET, M. J. Gray markets and the legal status of parallel importation. *Journal of Marketing*, n. 52, p. 75-83, jul. 1988; COREY, E. R.; CESPEDES, F. V.; RANGAN, V. K. *Going to market*: distribution systems for industrial products. Boston: Harvard Business School Press, 1989. cap. 9. (The Gray Market Dilemma).

21 MYERS, M.; GRIFFITH, D. Strategies for combating gray market activity. *Business Horizons*, p. 2-8, nov./dez. 1999.

22 COREY, E. R.; CESPEDES, F. V.; RANGAN, V. K. Op. cit., 1989.

23 DUHAN, D.; SHEFFET, M. J. Op. cit., 1988.

24 COREY, E. R.; CESPEDES, F. V.; RANGAN, V. K. Op. cit., 1989.

25 Id., Ibid.

26 Id., Ibid.

27 Id., Ibid.

28 Id., Ibid.

29 Id., Ibid.

30 Id., Ibid.

31 EIGHTH Annual BSA Global Software Piracy Study. Filadélfia, PA: International Planning and Research Corporation (IPR), jun. 2003.

32 EXPANDING Global Economies: the benefits of reducing software. [S.l.]: IDC, 23 abr. 2003.

33 COMMERCE Department Imposes $2.12 Million Civil Penalty on McDonnell Douglas for Alleged Export Control Violations. Washington, DC: U.S. Department of Commerce, [s.d.]. Disponível em: <http://usinfo.state.org/regional/ea/uschina/charms.htm>. Acesso em: 14 nov. 2001.

34 U.S. Customs Probes into Satellite Manufacturer Results in Record $20 Million. Washington, DC: U.S. Customs Service, [s.d.]. Disponível em: <http://usinfo.state.org/regional/ea/uschina/charms.htm>. Acesso em: 10 jan. 2002.

35 COHEN, A. When companies leak. *Time*, p. 44, 7 jun. 1999.

36 GAY, L. U.S. satellite controls have backfired. *Missoulian*, 1º jun. 2000, p. A7.

37 ANDERS, G. Some big companies long to embrace web, but settle for flirtation. *Wall Street Journal*, p. A1, A13, 4, nov. 1998.

38 MCWILLIAMS, G. Dealer loses? *Wall Street Journal*, p. R20, 12 jul. 1999; USEEM, J. Internet defense strategy: cannibalize yourself. *Fortune*, p. 121-34, 6 set. 1999.

39 KUMAR, N. Internet distribution strategies: dilemmas for the incumbent. *Mastering Information Management*, p. 6-7, 15 mar. 1999.

40 JAP, S.; MOHR, J. J. Leveraging internet technologies in B2B relationships. *California Management Review*, v. 44, n. 4, p. 24-38, 2002.

41 KIRSNER, S. Channel concord: the web isn't just for alienating partners anymore. *CIO Web Business*, p. 32-4, 1º nov. 1998.

42 Id., Ibid.

43 USEEM, J. Internet defense strategy: cannibalize yourself. *Fortune*, p. 121-34, 6 set. 1999.

44 Id., Ibid.

45 Id., Ibid.

46 MORIARTY, R.; MORAN, U. Managing hybrid marketing systems. *Harvard Business Review*, p. 146-55, nov./dez. 1990.

47 Id., Ibid.

48 Id., Ibid.

49 Id., Ibid.

50 Id., Ibid.

51 Id., Ibid.

52 BROWN, S. Wresting new wealth from the supply Chain. *Fortune*, p. 204X, 9 nov. 1998.

53 Id., Ibid.

54 Exceto onde anotado, esta seção foi retirada de FISHER, M. What is the right supply chain for your product? *Harvard Business Review*, p. 105-16, mar./abr. 1997.

55 PIMANTAL, B. Dell's big sell. *San Francisco Chronicle Online*, 13 abr. 2003.

56 MCWILLIAMS, G. Dell fine-tunes its PC pricing to gain an edge in slow market. *Wall Street Journal Online*, 8 jun. 2001.

57 Id., Ibid.

58 JAP, S.; MOHR, J. J. Op. cit., 2002.

59 DAY, G. S.; FEIN, A. J.; RUPPESBERGER, G. Shakeouts in digital markets: lessons from B2B exchanges. *California Management Review*, v. 45, n. 2, p. 131-150, 2003.

60 HARRIS, N. Private exchanges may now allow B2B commerce to thrive after all. *Wall Street Journal Online*, 16 mar. 2001.

61 GROSS, N. Leapfrogging a few links. *BusinessWeek*, p. 140-2, 22 jun. 1998.

62 ENGARDIO, P. Weathering the tech storm. *Business Week Online*, 5 maio 2003. (Entrevista com o CEO da Flextronics, Michael E. Marks).

63 SECHLER, B. Behind the Curtain. Reportagem especial sobre *e-commerce*. *Wall Street Journal*, 15 jul. 2002.

64 JAP, S. An exploratory study of the introduction of online reverse auctions. *Journal of Marketing*, n. 67, p. 96-110, jul. 2003.

65 ZIMMERMAN, A. To sell goods to Walmart, get on the net. *Wall Street Journal*, 16 mar. 2001

66 KEENAN, F. If supermarket shelves could talk. *Business Week*, 31 mar. 2003. Disponível em: <http://www.businessweek.com/print/magazine/content/03_13/b3826049.htm?mz>.

67 BOYLE, M. Walmart keeps the change. *Fortune*, n. 46, 10 nov. 2003.

Considerações sobre precificação em mercados de alta tecnologia

CAPÍTULO 9

O ambiente de preço de alta tecnologia

Quais forças influenciam as decisões de precificação em mercados de alta tecnologia? Como mostra a Figura 9.1, as forças são variadas e vigorosas. Muitas empresas que atuam nesse mercado podem achar interessante optar por um alto nível de preços a fim de recuperar seus investimentos em pesquisa e desenvolvimento (P&D), além de sinalizar a alta qualidade do produto. No entanto, muitos fatores conspiram para empurrar os preços para baixo.

As empresas de alta tecnologia se defrontam com um ambiente caracterizado por ciclos de vida de produto cada vez mais curtos, com o inevitável ritmo acelerado de mudança e possível obsolescência dos produtos. A Lei de Moore[1] opera inexoravelmente: a cada 18 meses, aproximadamente, melhorias na tecnologia duplicam a performance do produto, sem incremento de preço. Colocando de outra maneira, a cada 18 meses, aproximadamente, melhorias na tecnologia diminuem os preços pela metade, para o mesmo nível de performance. Portanto, é inevitável a introdução de versões de produto com uma relação melhor entre preço e performance, criando uma pressão de achatamento nos valores pelos quais esses bens são comercializados.

Além disso, conforme identificado no Capítulo 1, as externalidades da rede e os custos da primeira unidade operam dentro do mercado. Vale recordar que as externalidades da rede ocorrem quando o valor do produto aumenta à medida que aumenta o número de usuários; alguns exemplos incluem o telefone, os portais da Internet e outros. Os custos da primeira unidade referem-se a situações nas quais o custo de produção da primeira unidade é muito alto em relação ao custo de produção das unidades subsequentes. Por exemplo, os custos de impressão e distribuição de um CD-ROM são mínimos em comparação ao custo de contratação de programadores e especialistas

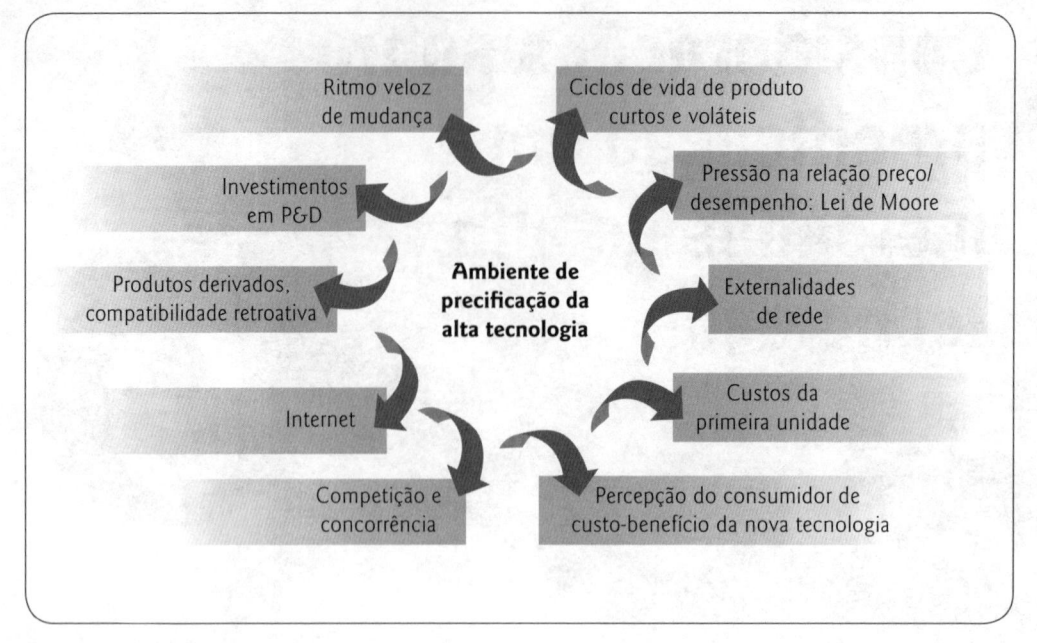

Figura 9.1 — O ambiente de precificação da alta tecnologia

Elementos do ambiente de precificação da alta tecnologia:
- Ritmo veloz de mudança
- Ciclos de vida de produto curtos e voláteis
- Pressão na relação preço/desempenho: Lei de Moore
- Externalidades de rede
- Custos da primeira unidade
- Percepção do consumidor de custo-benefício da nova tecnologia
- Competição e concorrência
- Internet
- Produtos derivados, compatibilidade retroativa
- Investimentos em P&D

para desenvolver o conteúdo gravado. Ambos os fatores criam pressão para se adquirir uma massa crítica de usuários por meio de estruturas de preço baixo.[2]

Além disso, a percepção do cliente quanto à relação custo-benefício da nova tecnologia também afeta a estratégia de preço, e a insegurança daquele pode causar atrasos na adoção do produto. Por exemplo, como as empresas lançam versões novas e melhoradas uma atrás da outra, os consumidores podem adiar a compra na esperança (ou no receio?) de que os preços caiam e a performance melhore substancialmente.[3] Por exemplo, a adoção inicialmente lenta da Internet de banda larga nos Estados Unidos é explicada em parte por seu alto preço. Em uma situação dessas, o pessoal de marketing pode ter de baixar agressivamente o preço de novas tecnologias para reduzir possíveis custos de troca, para oferecer condições especiais nos upgrades ou para instigar os clientes a trocar uma aplicação da concorrência.[4]

O efeito da insegurança do consumidor na compra complica-se ainda mais com as considerações sobre upgrade abordadas no Capítulo 6: a percepção que o cliente tem da defasagem de performance entre a geração mais antiga e a mais nova em relação ao custo do upgrade tem influência marcante no comportamento de compra. Por causa dessa ansiedade, o marketing pode ter de baixar o preço de futuras gerações, a fim de encorajar o upgrade.

Outros fatores complicadores incluem o fato de que empresas de alta tecnologia têm de afastar a concorrência. Além do mais, a Internet permitiu a ambos, consumidores e clientes organizacionais, a capacidade de comparar preços e negociar pelo preço mais baixo, em um grau inédito até agora. Questões de compatibilidade retroativa (com versões mais antigas do produto), suporte para os produtos existentes, mudanças nos padrões operacionais, precificação de derivados do produto, e assim por diante, têm de ser todas consideradas na estratégia de precificação.

Mesmo nos contextos convencionais de marketing, a precificação é uma decisão muito complexa. Essa panorâmica da precificação no ambiente de alta tecnologia mostra que ela é duplamente complexa para produtos e serviços de alta tecnologia. Como nos anteriores, este capítulo não aborda os aspectos básicos da precificação (como cálculo do *payback*, retorno do investimento, ponto de equilíbrio, curvas de experiência, *leasing*, licitação pública, elasticidade de preço, estratégias de penetração e de desnatamento etc.). Os leitores interessados devem consultar outras fontes para aprender os aspectos básicos. O que este capítulo aborda é como tomar decisões de precificação que incorporam e abordam muitas das complicações do contexto de alta tecnologia mencionadas anteriormente. Começamos examinando os três principais fatores que todo profissional de marketing deve sistematicamente considerar ao estabelecer preços: custo, concorrência e cliente.

Os três C's da precificação

Os três C's da precificação — custo, concorrência e cliente — são análogos a um banco de três pernas, como mostra a Figura 9.2. Bancos com apenas duas pernas se desequilibram e provavelmente tombam. Da mesma maneira, estabelecer preços considerando apenas um ou dois dos três C's resulta em uma situação instável. Uma estratégia firme de precificação deve se basear na consideração sistemática dos três fatores.

Custo

O custo fornece um piso abaixo do qual o profissional de marketing geralmente não deve precificar. Empresas que adotam uma posição de preços baixos não devem fazê-lo a menos que tenham, no mercado, uma vantagem de custo incomparável e improvável de desaparecer com as futuras gerações de tecnologia. Por exemplo, uma vantagem de custo baseada na economia de escala decorrente de grandes volumes de vendas da tecnologia existente pode não se traduzir em vantagem de custo quando uma nova geração de tecnologia surgir.

Uma empresa que baseia seus preços principalmente em sua própria estrutura de custo (isto é, em um *markup*,[5] *cost-plus*,[6] meta de retorno) muitas vezes deixa de reconhecer o impacto que fatores de mercado têm na lucratividade. Negligenciar o impacto do mercado na precificação e na lucratividade pode ser um erro fatal nos mercados de alta tecnologia, nos quais as considerações de mercado são tão importantes.

Figura 9.2 — Os três C's da precificação

Concorrência

A concorrência fornece um parâmetro básico para comparação de preços. Uma empresa pode deixar a concorrência estabelecer preços e depois estabelecer o seu em um nível mais baixo, igual ou superior aos dos concorrentes, dependendo de sua posição no mercado. Por exemplo, enquanto a Dell procura se posicionar como líder em preços baixos, a Apple procura se diferenciar com produtos inovadores e preços altos.

No cenário de alta tecnologia, uma empresa que lança uma inovação radical no mercado frequentemente (e erroneamente) acredita que, como sua inovação é tão revolucionária, "não existe" concorrência. No entanto, essa crença não é necessariamente verdadeira do ponto de vista do consumidor, uma vez que este pode sempre escolher não adotar uma nova tecnologia e resolver seus problemas por meio de soluções anteriores (que fornecem o parâmetro de concorrência para as inovações radicais). De fato, um executivo da Motorola disse: "Nosso maior concorrente não é a IBM ou a Sony, mas sim o modo como as pessoas atualmente fazem as coisas".[7]

Cliente

A percepção dos clientes quanto a valor fornece o teto acima do qual o marketing não deve elevar os preços, visto que os clientes simplesmente pesam os benefícios de uma compra contra o seu custo. Os profissionais de marketing na área de alta tecnologia frequentemente têm dificuldade para entender completamente a percepção do cliente quanto a custos e benefícios. A empresa inovadora pode achar a nova tecnologia tão atraente, tão sofisticada ou tão "revolucionária" que presume que seus benefícios são óbvios para os usuários. Da mesma maneira, a empresa inovadora pode não entender a percepção do cliente quanto aos custos.

Os benefícios do produto podem incluir:[8]

- **Benefícios funcionais**. Aspectos utilitários que podem ser atraentes para engenheiros ou entusiastas de tecnologia.
- **Benefícios operacionais**. Confiabilidade e durabilidade do produto e sua capacidade de aumentar a eficiência para o cliente.
- **Benefícios financeiros**. Condições de financiamento, opções de *leasing* e outros. Para clientes empresariais, o produto ajuda a melhorar a receita ou o lucro?
- **Benefícios pessoais**. Satisfação psicossocial de ser um adotante precoce comprando uma marca bem conhecida para evitar riscos e colhendo recompensas profissionais por tomar boas decisões de compras organizacionais.

Da mesma maneira, os custos que um cliente percebe são diversos e podem incluir:[9]

- **Custos financeiros.** Preço pago, transporte, instalação e outras coisas mais.
- **Custos não financeiros.** Risco de fracasso do produto, de obsolescência ao tornar obsoleto um equipamento anterior ou produtos correlatos (por exemplo, fitas VHS que não funcionam em um novo aparelho de DVD), de entrega atrasada, de mudança nos custos etc. Para produtos B2B, custos não financeiros podem incluir tempo de parada da fábrica para reparo e manutenção do maquinário.

O *custo total de propriedade* (ou *custo do ciclo de vida*) é uma maneira de analisar os custos do cliente, pois reflete a quantia total que este gasta para obter e usar um produto ou serviço. O custo total de propriedade inclui o preço pago pelo produto (inclusive taxas de financiamento), bem como os custos de entrega ou instalação, custos de manutenção e reparo do produto, custos de energia para que o equipamento funcione, suprimentos e outros custos operacionais, *no decorrer da vida do equipamento*. Em 2002, o custo total de propriedade de um computador pessoal corporativo foi estimado em 6,4 mil dólares por ano, incluindo hardware, software, instalação, treinamento, manutenção, infraestrutura e suporte.[10] Usar o custo total de propriedade na estratégia de precificação pode ajudar uma empresa a posicionar seus produtos com relação aos da concorrência e mostrar que o custo total de propriedade de um produto é mais baixo que o do concorrente pode ser um benefício atraente para o cliente — apesar de o preço do produto ser inicialmente mais caro.

O sistema operacional Linux oferece aos clientes uma economia semelhante no custo total de propriedade. Por exemplo, Jeffrey Birnbaum, diretor da área de informática da divisão de títulos institucionais da Morgan Stanley, decidiu em 2003 substituir 4 mil servidores de alta potência, que funcionavam com softwares tradicionais da Microsoft ou da Sun, por máquinas mais baratas que operavam com Linux (um sistema operacional grátis de fonte aberta). Ele projetou que em cinco anos a economia resultante da mudança seria de 100 milhões de dólares![11]

Em resumo, uma avaliação sólida dos custos, da concorrência e dos clientes é vital para se estabelecer uma estratégia bem-sucedida de precificação. Concentrar-se apenas nos custos pode ser miopia e gerar problemas; da mesma maneira, concentrar-se na concorrência pode ser difícil nos mercados de alta tecnologia, quando a competição por uma inovação radical for pautada pelo atual padrão de comportamento do cliente. Ambas as desvantagens, em focar apenas os custos ou a concorrência, apontam para a importância de considerar a perspectiva do cliente na precificação. Considerar a perspectiva do cliente na precificação força o profissional de marketing a perceber que os custos da empresa para fabricar um produto e seus investimentos em P&D são relativamente sem importância para o valor percebido pelo cliente. Além disso, a tendência do cliente é de não dar tanta importância aos custos da empresa quanto ao custo que ele próprio vai ter para comprar e utilizar o produto. Iridium, o serviço de telefonia sem fio internacional via satélite lançado pela Motorola e por seus parceiros em 1998, fracassou em parte por causa do preço do aparelho telefônico, que era de 3 mil dólares, e do preço da ligação, que passava de 3 dólares por minuto. Com esses preços, apenas 15 mil usuários fizeram assinaturas, em vez dos esperados 500 mil.[12] O serviço, mais tarde, pediu falência.

Por causa da importância da orientação ao cliente quanto à precificação e dos benefícios do marketing de alta tecnologia serem focados no cliente, essa perna do banco merece atenção especial.

Precificação orientada para o cliente

Passos da precificação orientada para o cliente[13]

A fim de precificar produtos com base no valor que os clientes percebem, os profissionais de marketing podem recorrer aos passos mostrados no Quadro 9.1.

> 1. Entender exatamente como o cliente vai usar os produtos de uma empresa.
> 2. Focar os benefícios que os clientes obtêm usando o produto.
> 3. Calcular todos os custos relevantes para o cliente e entender como um cliente compara custos contra benefícios na tomada de decisão de compra.

Quadro 9.1 — Passos da precificação orientada para o cliente

1. **Uma empresa precisa entender exatamente como o cliente vai usar seus produtos.** A precificação orientada para o cliente requer que o profissional de marketing entenda completamente como os clientes aplicam e usam os produtos que compram da empresa. Cada uso final de um produto pode ter uma análise diferente de custo-benefício. Por exemplo, um cliente que compra um programa Quicken de impostos para uma empresa pequena de preparação de declarações e consultoria atribuiria ao produto um valor diferente que uma pessoa que comprasse o mesmo programa para fazer sua declaração de renda pessoal. Por causa das várias maneiras como os consumidores usam os produtos, o marketing pode ter de segmentar baseado no uso (ocasional) final.

   No mercado empresarial, tais segmentos de uso final são chamados de *mercados verticais*. A ideia é examinar como diferentes segmentos de clientes em diferentes setores usam um produto e precificar de acordo. Por causa dos diferentes requisitos para a sua solução ponta a ponta (ou total), os clientes nos diferentes mercados verticais avaliam os custos e benefícios de um produto específico em termos de um sistema completo de utilização, e não somente em termos de uma parte isolada. Por exemplo, se uma empresa pequena decide usar uma solução com base na Internet para os seus processos comerciais (por exemplo, administração da relação com os clientes, gestão da rede de suprimento, serviços ao cliente e cobrança), ela precisa ter também um provedor de serviços de Internet, um serviço de hospedagem e suporte técnico (seja *in-house* ou externo). A avaliação da relação custo-benefício do serviço de hospedagem na Internet não pode, na realidade, ser considerada isoladamente do valor total a ser obtido com o processo de negócios baseado na Internet. E, obviamente, nos aplicativos críticos os clientes perceberão um valor maior. Portanto, empresas como a IBM poderiam cobrar taxas mais altas pela utilização de um serviço Linux em um ambiente de *e-business* corporativo do que em uma universidade pública.

2. **A empresa deve manter o foco nos benefícios que os clientes recebem usando seus produtos.** Os vários tipos de benefício que um cliente pode obter já foram discutidos e incluem benefícios funcionais, operacionais, financeiros e pessoais. Na análise dos benefícios, a empresa não deve cair na armadilha de concentrar-se nas características do produto em detrimento dos benefícios. Um exemplo familiar é que a pessoa que compra uma broca de três quartos de polegada não quer a broca, mas a *capacidade* de perfurar buracos de três quartos de polegada. Os clientes compram benefícios, não características. As empresas de alta tecnologia, frequente e erroneamente, destacam a estilosa feitiçaria técnica de suas invenções e têm dificuldade para identificar os verdadeiros benefícios que os clientes usufruem. Além disso, os benefícios que o pessoal técnico/de desenvolvimento acredita que são atraentes frequentemente confundem ou não têm uma importância clara para os clientes. Concentrar-se nas necessidades do cliente é uma boa maneira de vencer esse problema.

Por exemplo, no marketing de computadores, os anúncios frequentemente colocam termos como *megahertz, megabytes, resolução em pixels* e coisas do gênero. Embora os clientes possam saber que números mais altos nessas categorias são presumivelmente melhores, eles talvez não saibam o que "performance melhorada" realmente proporciona. Falar em termos de velocidade de processamento (menos tempo de espera para que as funções sejam realizadas), maior capacidade de memória (para o tamanho cada vez maior dos programas de software) e maior nitidez da tela pode ajudar os clientes a entender o que eles estão comprando.

Outro exemplo de compreensão dos benefícios para o cliente é o refinamento da estratégia de precificação da RightNow Technologies, que oferece uma solução de software para automatizar a prestação de serviços ao cliente pela Internet. Funcionários de apoio ao consumidor podem custar a uma empresa, em média, de 100 a 150 mil dólares em salários, benefícios e equipamentos. A pergunta era: quanto dinheiro por mês o produto da RightNow consegue economizar para as empresas por conta do fato de menos telefonemas chegarem ao centro de atendimento ao cliente? Com base nos cálculos típicos de volume de chamadas de clientes, a empresa calculou que seus clientes estavam economizando entre milhares e centenas de milhares em dinheiro. Em vez de licenciar o produto por 15 mil dólares por ano (preço inicial), a empresa elevou o preço para entre 35 mil e 50 mil dólares por ano. Quantificar a proposição de valor para os clientes permitiu que a estratégia de precificação fosse baseada em uma lógica sólida — tanto para os clientes como para a empresa.[14]

3. **A empresa deve calcular os custos do cliente**, inclusive de compra de produto e outros custos relevantes (discutidos anteriormente), incluindo transporte, instalação, manutenção, treinamento e custos não financeiros, além de *entender como o cliente compara os custos e os benefícios em sua decisão de compra.*

Por exemplo, ao considerar a compra de uma televisão de alta definição (HDTV), com custos superiores a 2,5 mil reais em média, os profissionais de marketing destacam com muita intensidade a proporção entre a altura e largura da tela e a maior resolução da imagem. Uma perspectiva de precificação orientada para o cliente perguntaria:

- Como ou por que os clientes usariam esse produto?
- Quais os benefícios tangíveis que o cliente recebe das características da proporção entre a altura e a largura da tela e maior resolução da imagem?
- Além do preço de compra, quais são os custos que o cliente percebe?

Clientes que compram o produto para assistir à televisão em casa, por satisfação pessoal, provavelmente darão um valor aos atributos de maneira diferente dos bares de esporte e de outros negócios cujas vantagens competitivas envolvem assistir a programas de televisão. Para o cliente doméstico, o benefício tangível de uma maior resolução pode não ser tão nítido (o trocadilho é proposital). Além do preço de venda, os clientes podem ter de considerar o preço de obsolescência das TVs que eles já têm e o "custo" de que não são muitos os programas são transmitidos no formato digital nos primeiros estágios do ciclo de vida do produto. Portanto, na comparação custo-benefício, muitos clientes domésticos típicos podem achar difícil justificar um preço tão alto.

Um exemplo do terceiro passo no cenário B2B está nas instalações corporativas de Wi-Fi. Em 2003, o custo de instalar um *hotspot*[15] Wi-Fi em uma empresa era de mil dólares. Os custos de manutenção e instalação acrescentavam mais 3 mil dólares. No entanto, os saltos de produtividade decorrentes da capacidade de partilhar dados instantaneamente a qualquer momento e em qualquer lugar foi o motivo pelo qual a United Parcel Service (UPS) equipou seus centros de distribuição espalhados pelo mundo com essa tecnologia a um custo de 120 milhões de dólares. Por outro lado, a expectativa da empresa era obter um ganho de 35 por cento em produtividade em seus carregadores e embaladores, já que seria possível escanear os volumes com a informação ficando instantaneamente disponível e partilhada na rede UPS.

Implicações de precificação orientada para o cliente

As implicações desses passos na precificação orientada para o cliente devem ajudar os profissionais de marketing da seguinte maneira. Primeiro, essa análise ajuda o marketing a perceber que as considerações de preço não devem ser feitas depois que um produto é desenvolvido e está pronto para a comercialização, mas sim, no início do seu processo de desenvolvimento. Tratar o preço como uma variável do projeto ajuda a empresa a entender as alternativas relevantes de custo-benefício envolvidas para o cliente.[16] Lembre-se de que a *conjoint analysis* (Capítulo 5) é uma ferramenta útil nesse sentido. Muitas empresas adotam uma perspectiva de precificação orientada para o cliente no início do processo de concepção e depois desenvolvem o produto em torno do ponto relevante de precificação. Por exemplo, a Hewlett-Packard, em sua incursão inicial no mercado de fotografia digital em meados da década de 1990, fez pesquisas mostrando que mil dólares era o preço máximo que os consumidores estavam dispostos a pagar por um escâner e uma impressora digital para fotografias. Como resultado, a HP trabalhou sua análise de preço partindo do ponto de valor do consumidor, voltando pelo canal de varejo, subtraindo a margem dos varejistas e chegando a um *custo-alvo* que a HP teria de atingir em projeto e fabricação do produto. A empresa em seguida elaborou o *sourcing*[17] e a fabricação em torno desse custo-alvo. Da mesma maneira, no exemplo da TV de alta definição, trabalhar de modo mais diligente com outros agentes da indústria envolvidos desde o início do processo de concepção do "produto total", o que incluiria considerações de programação, pode ajudar a colocar os pratos da balança a favor de mais benefícios em comparação aos custos.

Além disso, essa análise mostra que *diferentes clientes em diferentes segmentos valorizarão o mesmo produto de maneiras diferentes*. Os preços devem corresponder tanto à percepção de valor do cliente como ao custo para atender a determinada conta de cliente. Entender que diferentes clientes atribuem valores diferentes ao produto e que clientes diferentes requerem níveis diferentes de serviço significa que a lucratividade gerada pelas contas dos diferentes clientes pode variar muito — e afetar diferencialmente a lucratividade da empresa. A precificação orientada para o cliente requer que as empresas administrem seus clientes com base nos lucros, e não apenas nas vendas.[18] Empresas de alta tecnologia devem estar sintonizadas com os custos de atender a clientes e preencher pedidos que possam variar significativamente, dependendo dos requisitos de suporte de vendas, engenharia de projeto ou de aplicativos e integração de sistemas. Os custos para atender ao cliente podem incluir pré-venda (por exemplo, visitas de vendas, engenharia de aplicativos), produção, distribuição e serviços pós-vendas. Infelizmente o preço pago por um cliente, em particular, geralmente não corresponde aos custos para atender àquele cliente.

Com a adoção de práticas de custeio baseadas em atividades[19] e softwares de gestão de relacionamento com clientes (em inglês, *Customer Relationship Management* — CRM), hoje é possível para as empresas rastrearem sua lucratividade no nível de cada cliente individual. Isso pode fornecer *insights* mais úteis a uma política de preços do que a análise de lucratividade no nível de segmento. Por exemplo, com base em um estudo sobre os clientes de um provedor de serviços de alta tecnologia norte-americano, uma pequena empresa de vendas pelo correio dos Estados Unidos, um varejista de alimentos francês e uma casa alemã de corretagem direta, Reinartz and Kumar constataram que os clientes fiéis podem ter um custo de atendimento maior e pagar menos do que os novos clientes.[20] Se os clientes fiéis revelarem-se não lucrativos, os preços podem ter de ser reajustados para cima.

Essa implicação de uma visão de precificação orientada para o cliente (que foca não apenas as vendas, mas os lucros) é condizente e reforça as estratégias de gestão do relacionamento com os clientes identificados no Capítulo 3. Conforme observado nesse capítulo, uma implicação-chave para a precificação é: *as empresas devem rastrear a lucratividade das diferentes contas de clientes*.

Analisando a lucratividade das contas de clientes, uma implicação que surge é que *as empresas podem decidir não atender certos clientes*[21] — a menos que existam razões para mitigar esse fato (por exemplo, o valor vitalício de determinada conta é provavelmente positivo ou produtos e serviços auxiliares podem ser vendidos a um nível lucrativo). Na Tech Data, distribuidora de componentes e acessórios para computador, a rentabilidade do cliente é calculada por meio de custeio com base em atividades e análise de 150 custos, inclusive de frete, tamanho médio do pedido e margem bruta da conta. "Aprendemos como calcular o custo de atender a cada cliente", diz o CEO Steve Raymund, "e isso nos permitiu ganhar dinheiro nas épocas de vacas magras". Clientes não lucrativos são identificados e encorajados a fazer seus pedidos de maneira mais eficiente ou procurar outro fornecedor. Por exemplo, em vez de dez pedidos de 100 mil dólares cada, um cliente menor pode ser encorajado a fazer um único pedido de 1 milhão de dólares. Depois que a Tech Data passou a usar essa abordagem, a empresa diminuiu suas despesas para 3,5 por cento das vendas, em comparação com a média do setor, que é de 5 por cento.[22] Da mesma maneira, usando vastos *data warehouses* sobre os clientes, além de software e hardware sofisticados, a FedEx dividiu seus clientes em "bons", "ruins" e "feios", no que diz respeito à lucratividade.[23] Os clientes bons (lucrativos) são cuidadosamente monitorados e têm *follow-up* regular do atendimento a clientes para evitar deserções. Dos maus clientes, que gastam muito, mas custam muito para atender, podem ser cobrados preços mais altos. E os clientes feios, que não gastam muito e são caros de atender, não são alvo de qualquer comunicação do marketing.

Precificação do serviço pós-venda

Muitos fabricantes de produtos duráveis de alta tecnologia obtêm uma receita significativa dos serviços pós-vendas. Conforme discutido no Capítulo 7, os serviços têm o potencial de fornecer margens melhores e diferenciação competitiva para os vendedores. A precificação dos serviços é um desafio extraordinário, porque os benefícios são muitas vezes intangíveis para os clientes, e às empresas faltam dados quanto aos custos unitários de produção. O resultado é que muitas empresas acabam precificando os contratos de serviço por meio da intuição. Algumas recorrem à precificação uniforme com base em uma percentagem fixa do preço de venda do equipamento, uma técnica simplista demais, já que os custos de serviço podem variar conforme a acessibilidade do cliente, a idade do equipamento, as condições de uso e de operação. Em outro extremo, algumas empresas têm uma série atordoante de cláusulas contratuais especiais, negociadas com cada cliente. Portanto, empresas de tecnologia podem acabar perdendo dinheiro com serviço.

Uma abordagem melhor e consistente com as etapas da precificação orientada para o cliente é estabelecer preços para os serviços, com base em uma segmentação cuidadosa dos requisitos do cliente. As necessidades do cliente geralmente incluem um ou mais dos seguintes serviços: suporte técnico, treinamento, manutenção, tempos de resposta, reposição de peças, disponibilidade fora do expediente e serviços adicionais. A McKinsey Consulting Company constatou que os clientes de serviços da maioria das empresas encaixam-se em uma de três categorias:[24]

- **Clientes com necessidades básicas** querem um nível-padrão de serviços, com verificações básicas e manutenção periódica.
- **Clientes que evitam riscos** querem evitar contas altas, mas não dão tanta importância ao tempo de resposta.
- **Clientes que seguram as mãos** precisam de um alto nível de serviços, frequentemente com resposta rápida e confiável, e estão dispostos a pagar por esse privilégio.

Os três tipos de abordagem da precificação de serviços, que abrangem as três categorias de clientes, são contrato de preço fixo, tempo e material, e cobertura total. Na base dessa segmentação faz sentido oferecer aos clientes com necessidades básicas um contrato com preço fixo, bem definido e limitado. Já os clientes que seguram as mãos ficarão satisfeitos em investir em um contrato de cobertura total. Aqueles que evitam riscos podem ser mais bem atendidos com uma combinação de preço fixo mais a opção de adicionais de tempo e material. Esse tipo de estratégia de precificação de serviços, baseada nas necessidades do cliente e nos custos do fornecedor, tem chance de gerar uma rentabilidade maior do que as alternativas mais simplistas ou mais complicadas.

O paradoxo da tecnologia

Um dos fatores mais significativos que o marketing de alta tecnologia enfrenta é provavelmente o ritmo rápido da queda dos preços. A concorrência força a baixa de preços em produtos que vão desde chips semicondutores até PC's acabados; o nível dessa queda chega a 20 por cento — ou até mais — ao ano.[25] Essa situação exige um significativo aumento no volume de produção e vendas apenas para que a empresa mantenha sua receita, isso para não falar em lucratividade. A queda do preço pode ajudar uma empresa a vender mais unidades — alguns acreditam que a demanda para recursos digitais é quase infinitamente elástica[26] — e volumes cada vez maiores podem permitir mais reduções de preços. Mas o ciclo está cada vez mais rápido e as empresas têm de se apressar para acompanhar o ritmo.[27]

Conhecido como o *paradoxo da tecnologia*,[28] as empresas podem prosperar no momento em que seus preços estão baixando rapidamente desde que saibam como crescer em um ambiente dessa ordem. No mínimo, a situação requer um crescimento exponencial no mercado, de modo que o aumento do volume seja mais rápido que a queda do preço. No entanto, em seu extremo, a tecnologia é virtualmente grátis, e as empresas não podem contar com o volume para obter lucro quando estão literalmente distribuindo o produto de graça. Preços extremamente baixos e até a oferta grátis são atraentes para a maioria tardia que pode ser difícil de atingir. Por exemplo, somente uma oferta muito boa vai interessar quem ainda não tem acesso on-line e não tem um PC. Mas o custo de fechar essas vendas tem um impacto grande no resultado.

O que as empresas podem fazer para prosperar quando os preços estão caindo assim rapidamente?

Soluções para o paradoxo (de precificação) da tecnologia

Obviamente uma das implicações do paradoxo da tecnologia é que as empresas de alta tecnologia têm de saber como *manter os custos caindo mais depressa que os preços*. Além disso, a questão de como ser competitivo quando a tecnologia é grátis requer um novo paradigma para a lucratividade. As empresas devem redefinir valor em uma economia baseada no custo da primeira unidade. Em um ambiente assim, não existe um conjunto fixo de regras, já que o valor pode ser encontrado por meio de várias soluções.[29] Por exemplo, algumas empresas prosperam cobrando a mais por seus produtos (por exemplo, a Intel e a Microsoft). Outras conseguem ganhar dinheiro vendendo produtos como *commodities* (por exemplo, os drives de discos). Mas, no meio termo, as empresas têm de ter criatividade em relação às suas estratégias de preço, como sugerem as soluções no Quadro 9.2. Como foi tão eloquentemente publicado na revista *Fortune*, "à medida que os preços baixos minam as margens de lucro já restritas, quem quiser ser o líder em computadores tem de dominar alguns riscos novos — e as iniciativas têm pouco a ver com a venda de PC's".[30]

As empresas de tecnologia devem ainda envidar todos os esforços para evitar que fiquem empatadas fabricando produtos que são commodities. Os mercados de *commodities* forçam as empresas a acompanhar a dinâmica da oferta e procura, e o poder de precificação se dissolve completamente. Por exemplo, a Lucent Technologies não fabrica mais aparelhos de telefone que se tornaram uma *commodity*; ela agora oferece soluções de rede.[31] Quando produtos transformam-se em "quase *commodities*", as empresas têm de se concentrar em oferecer aos clientes algo que proporcione valor acima e além do que a concorrência está oferecendo. Isso pode incluir a customização (por exemplo, o modelo Dell), contratos de manutenção e suporte técnico 24 horas ou uma marca forte (Capítulo 10). A *customização em massa*, ou atendimento do mercado de massa com produtos feitos sob medida para clientes individuais, pode ser uma fonte atraente de vantagem competitiva e traz o conhecimento dos gostos e das preferências individuais dos clientes. A Amazon.com levou essa estratégia para o mundo pela Internet.

1. Eliminar ineficiências de custo.
2. Evitar os mercados de *commodities*.
3. Agilidade e rapidez na colocação de produtos no mercado.
4. Encontrar novas aplicações para os produtos.
5. Desenvolver relacionamentos de longo prazo com os clientes.

Quadro 9.2 — Soluções para o paradoxo da tecnologia

As empresas precisam também ter agilidade e rapidez. Se uma empresa não consegue chegar ao mercado a tempo, pode perder sua chance de lucrar porque o nível de preço pode ter mudado.[32] Portanto, os engenheiros devem se concentrar menos na *melhor solução possível* e mais na *melhor solução possível no menor tempo possível.*[33] Em um mercado no qual os preços caem rapidamente, desenhos e sistemas eficientes são provavelmente menos importantes do que colocar o produto no mercado rapidamente. Como observamos no Capítulo 5, Guy Kawasaki coloca o seguinte conselho como a regra número 2 para os revolucionários: "Não se preocupe, seja ruim".[34] Essa retórica inflamada quer dizer que, na primeira geração de um produto radicalmente novo, às vezes é aceitável esforçar-se não para obter a perfeição, mas um nível mínimo para aceitação no mercado.

Além disso, *as empresas podem procurar novas aplicações para seus produtos*. Por exemplo, a Intel vem ativamente cultivando parcerias com uma grande variedade de empresas, inclusive fabricantes de brinquedos, de automóveis, de eletrodomésticos, entre outros, para expandir o mercado e uso de seus *chips*.

Por fim, em vez de estar na venda de hardware ou de software, *uma verdadeira fonte de valor está no desenvolvimento de um relacionamento de longo prazo com os clientes*. Quando o custo de fabricação de uma ou mais unidades é negligenciável (custo da primeira unidade), a meta da empresa deixa de ser uma margem de lucro grande em cada produto vendido e passa a ser a construção de relacionamentos com os clientes. As empresas de telecomunicações vêm reconhecendo isso e recorrendo ao marketing com bancos de dados sofisticados para vender aos clientes, por meio do modelo de um único ponto de contato, toda uma gama de serviços de telecomunicações, incluindo ligações locais, de longa distância, serviços de Internet, de redes *wireless* e soluções para comércio móvel (*m-commerce*). Outras empresas reconhecem isso deixando de se concentrar nas vendas de hardware e software para fornecer serviços contínuos, que são uma fonte sustentável de receita — e vantagem competitiva. Por exemplo, a IBM vem sendo cada vez menos uma fornecedora de equipamentos de computação e *software* e cada vez mais uma fornecedora de serviços relacionados à tecnologia da informação (TI).

As empresas conseguem justificar preços extremamente baixos de produtos ou, em casos extremos, a sua distribuição gratuita, quando isso permite construir um relacionamento forte com o cliente que estabelece o seguinte:

- **Firmar-se no mercado** com um grande número de clientes é uma estratégia viável quando a atenção do cliente é a *commodity* mais valiosa. Tentar obter uma "participação na mente" dos clientes faz parte de uma economia de alta tecnologia, voltada para a atenção, baseada na escassez de tempo do consumidor.[35] Em uma *economia voltada para a atenção*, considera-se que a atenção do consumidor é mais valiosa do que o dinheiro que ele paga pelo produto. As metas são crescer rápido, atraindo atenção suficiente do cliente e adquirindo conhecimento sobre os hábitos de compra do consumidor. Como o tempo do consumidor é escasso e a tecnologia torna-se cada vez mais cara em termos de tempo para dominá-la, as empresas podem prender a atenção oferecendo produtos fáceis de usar, emocionantes ou ambos.

Firmar-se no mercado por meio de um número grande de consumidores foi apenas uma das justificativas da Amazon para sua estratégia de obtenção de clientes. Ela procura desenvolver um conhecimento personalizado dos gostos e das preferências de cada indivíduo e, depois, capitaliza esse conhecimento, tornando-se a principal fornecedora de produtos e serviços correlatos.

- **Base de clientes estabelecida que comprará produtos e serviços adicionais.** Uma forma de montar uma base de serviços estabelecida é o que se chama no marketing tradicional de *precificação de produto cativo*. A ideia básica é que uma empresa pode ser altamente lucrativa oferecendo de graça a base ou a fundação do produto para ganhar dinheiro com os adicionais necessários para tornar o produto útil. Por exemplo, a Nintendo estabeleceu um modelo de negócios no qual os consoles seriam oferecidos de graça ou abaixo do custo aos consumidores para incentivar as vendas de jogos. Virtualmente toda a renda da Nintendo vem da venda e das licenças dos softwares de jogos.[36] As empresas de telefonia celular subsidiam o preço dos aparelhos e ganham direito com as contas mensais das ligações.

Outra forma dessa estratégia (estabelecer uma base de clientes que comprará produtos adicionais) é *focar o produto total*, ou seja, o conjunto de itens necessários para que o cliente tenha um sistema que funcione com tranquilidade. Por exemplo, a Gateway Computers reconheceu que o PC é apenas o "habilitador" de todas as atividades que acontecem em torno do próprio conjunto de serviços.[37] E a margem típica de 5 por cento em um PC de 1,5 mil dólares gera apenas 75 dólares de lucro. Por isso a Gateway tomou uma medida importante e ampliou seu marketing para o produto total; ela faz um pacote com software, manutenção, serviços, periféricos (impressoras e escâneres) e serviço de Internet. Os clientes podem pagar por esse pacote com o passar do tempo, por meio de créditos, e podem futuramente comprar uma nova máquina, na base de troca.

Do grátis ao pago

Uma desvantagem de oferecer produtos grátis é que essa estratégia pode criar a percepção de que o produto oferecido de graça pode não ter grande valor. Além disso, quando o cliente se acostuma com algo grátis, dificilmente vai querer pagar por ele mais tarde. Para o marketing, isso pode tornar mais difícil empatar receita e despesa e tornar-se lucrativo. Durante o *boom* da Internet, muitas empresas, como a FreePC, distribuíram de graça computadores a clientes que concordaram em assistir às propagandas. Todas elas fecharam. Comerciantes on-line, como a Webvan, prometeram entrega gratuita aos consumidores se eles adquirissem mais de 50 dólares em compras. A Webvan teve de alterar o valor mínimo para 75 e, depois, para 100 dólares, para empatar os custos, mas acabou de qualquer maneira encerrando suas atividades. Portais como Yahoo e MSN atraíram usuários com o e-mail grátis para depois vender espaço para anunciantes. Em retrospecto, hoje sabemos que tais políticas de preço podem ser prejudiciais às empresas em sua busca pela lucratividade. O desafio para muitas empresas de alta tecnologia é como convencer os clientes acostumados ao "grátis" a pagar taxas por conteúdo, software e serviços.

Considerações sobre antitruste e preços grátis

Além de ter consciência do impacto negativo no valor percebido, as empresas também devem estar atentas para implicações antitrustes no que diz respeito a ofertas grátis ou de preço baixo. Por causa da existência de aspectos externos à rede, existe um incentivo tremendo para dar produtos de alta tecnologia, como softwares, por exemplo, para construir uma base estabelecida. E como existe uma tendência forte dos consumidores de aderir a determinado padrão, quando uma empresa atinge a liderança decisiva em um ramo como o dos computadores, é quase impossível para as rivais destroná-la. Nessas condições, é provável um ótimo retorno de preços predatórios. Além disso, afastando os possíveis concorrentes, empresas que têm fama de praticar preços predatórios consideram mais barato conquistar novos mercados.[38] Isso é particularmente eficaz nos mercados de alta tecnologia, porque há um fluxo contínuo de novos produtos. Em virtude dessas questões, alguns especialistas acreditam que o mercado de software é perfeito para a precificação predatória.[39] Mas onde fica a linha divisória entre a precificação eficaz de produtos de alta tecnologia e a precificação predatória?

O caso da Microsoft

Empresas grandes têm de ter consciência de que, quando oferecem produtos ou serviços grátis, estão sujeitas a um exame mais minucioso quanto a práticas anticompetitivas do que as empresas pequenas. Por exemplo, como outras empresas, a Microsoft tem recorrido à estratégia de oferecer produtos grátis para roubar fatias de mercado de seus concorrentes. Ela fez pacotes juntando produtos grátis, como o seu navegador de Internet e várias partes de seus lucrativos softwares para empresas (compactadores de discos, firewalls, administradores de Internet e análise de banco de dados) a produtos já existentes.[40] Estaria a Microsoft meramente atendendo às necessidades do cliente? E será a indústria do software tão dinâmica que qualquer posição dominante será sempre curta?

Um teste utilizado para avaliar o impacto anticompetitivo das práticas comerciais é o seu efeito nos preços. No caso da Microsoft, uma questão era se a empresa acabou elevando os preços a níveis acima do mercado para colher os benefícios de ser uma predadora. Alguns acreditam que a resposta a essa pergunta seja "sim"; o preço que ela cobrou dos fabricantes de PCs pelo sistema operacional Windows dobrou entre 1991 e 1998, e a empresa também tornou mais rígidos os termos das licenças de uso para clientes corporativos.[41]

O Departamento de Justiça dos Estados Unidos constatou, em novembro de 1999, que a Microsoft usou sua posição dominante no mercado para "marretar a concorrência".[42] O tribunal verificou que ela incorporou o navegador Internet Explorer ao Windows apenas para vencer a Netscape, oprimindo a concorrência e causando a morte de inovações que teriam "realmente beneficiado os consumidores". E seus pacotes, na realidade, vieram às expensas do desempenho de seus próprios produtos; a inclusão do navegador de Internet no Windows 98 diminuiu a velocidade do sistema operacional, aumentando a probabilidade de uma queda do sistema e facilitando a entrada de vírus nos computadores por meio da Internet.[43]

A lição que fica do caso da Microsoft é que as empresas devem considerar sua posição no mercado (em termos de monopólio potencial), antes de recorrer a qualquer estratégia de marketing e, particularmente, à precificação.

O efeito da Internet nas decisões de precificação[44]

Outro fator que exerce uma pressão descendente nos preços é a Internet, pois ela cria *transparência de custo* que permite aos compradores encontrar mais facilmente informações sobre os custos e preços do fabricante, colocando-os em uma posição mais vantajosa para a escolha dos produtos. Por exemplo, por meio da Internet, os clientes ficam mais bem armados com informações sobre características e benefícios, uma vez que estão mais bem informados sobre como avaliar o valor. A Internet torna a busca de um comprador mais eficiente, na medida em que *leilões reversos* nos quais os fornecedores fazem ofertas cada vez mais baixas para obter o direito de fornecer produtos a um fabricante permitem que os clientes identifiquem os preços mínimos pelos quais os fabricantes estão dispostos a vender seus produtos ou serviços. Além disso, em virtude da transparência das informações de preços on-line, alguns acreditam que a Internet torna mais difícil para uma empresa adotar estratégias de preço diferenciadas para mercados diversos — algo que era feito normalmente no passado nos mercados internacionais. E a frequência cada vez maior de preços baixos e ofertas grátis na Internet torna os clientes mais sensíveis aos preços.

À luz desses desafios, o que as empresas podem fazer para vencer as pressões descendentes? O *escalonamento de preços* é a prática de oferecer produtos e serviços derivados de uma mesma plataforma a preços variados, para atender às necessidades dos diferentes tipos de clientes. Por exemplo, o serviço de banda larga da Internet está disponível a velocidades e preços mais baixos para clientes residenciais e a velocidades e preços mais altos para empresas. Alternativamente, a estratégia de *preços por pacotes*, na qual a empresa oferece duas ou mais mercadorias como pacote por um preço único, pode tornar mais difícil para os compradores inferir os custos do fabricante. Os combos de banda larga, televisão a cabo e telefonia são um exemplo acabado dessa prática.

A melhor maneira de mitigar a pressão descendente que a Internet faz nos preços é, provavelmente, manter um fluxo regular de *inovações* que permitam a uma empresa evitar a concorrência de preços. Por exemplo, as inovações constantes dos serviços da e-Bay, como alertas, compras de preço fixo e pagamento eletrônico à conveniência, dão aos clientes motivos para pagar mais.

Em contraste com a pressão descendente nos preços que a Internet exerce, alguns argumentam que a Internet e as estratégias de marketing on-line podem, na realidade, proporcionar às empresas a oportunidade de cobrar preços mais altos.[45] A *precificação dinâmica* usa os dados sobre os hábitos de compra do cliente para ajustar os preços em tempo real na Internet, e isso permite que uma empresa identifique as preferências do cliente e avalie até que ponto determinados clientes podem ser sensíveis aos diferenciais de preço.[46] Os sistemas de precificação na Internet (baseados em softwares e análises sofisticadas de dados) andam de mãos dadas com o *datamining* e com as técnicas de marketing um a um, que permitem mirar os clientes individuais em compasso com a sua rentabilidade e volume.

A última seção deste capítulo aborda outras questões complementares da precificação, pertinentes ao mercado de alta tecnologia.

Considerações adicionais de precificação

O papel da precificação, em qualquer mercado, é transferir direitos do produto para o comprador, em troca de alguma forma de pagamento. Produtos de alta tecnologia têm valor graças ao *know-how* que eles contêm. Lembre-se, do Capítulo 7, que receitas podem ser geradas vendendo-se o *know-how* de várias maneiras; as empresas podem vender o próprio *know-how*, componentes para o fabricante do equipamento original, sistemas completos prontos para o uso ou podem operar um *bureau* de serviços, fornecendo aos clientes soluções completas e descomplicadas (como faz a IBM com as suas soluções para negócios eletrônicos e hospedagem de *sites*).

Graças à natureza intrínseca do *know-how*, na massa contínua de "o que vender", pode ser difícil precificar os produtos de alta tecnologia em níveis diferentes. Uma empresa pode precificar a transferência completa de direitos, caso em que o comprador adquire o produto e todo o seu *know-how*, e pode operá-lo sem restrições, ou utilizar licenças extremamente limitadas que especificam volume, tempo e objetivo da utilização.[47] A questão, para a empresa, é *como maximizar os lucros escolhendo a quantidade "certa" de direitos de propriedade a serem transferidos*. Nesta seção, as seguintes opções são rapidamente examinadas: venda total comparada às licenças, restrições das licenças para um único usuário comparado a múltiplos usuários, pagamento por utilização comparado à precificação de assinaturas e *leasing*.

Venda total de *know-how* comparada às licenças de utilização[48]

A venda total de *know-how* presume que o valor presente líquido da tecnologia no decorrer do horizonte relevante de tempo será estimado. No entanto, diante da incerteza tecnológica, é difícil avaliar o valor da tecnologia na época da transferência, de modo que pode ser difícil consumar a venda direta de tecnologia. Por outro lado, as licenças de curto prazo requerem uma estimativa de valor em áreas específicas de utilização, o que pode ser estimado com mais facilidade. Em comparação à transferência total de direitos — pelos quais o comprador presumivelmente pagará mais — as licenças de curto prazo podem reduzir o fluxo de receita. No entanto, por causa do alto grau de incerteza tecnológica nos mercados de alta tecnologia, o que torna difícil atribuir valor ao *know-how*, as empresas podem preferir recorrer a licenças de curto prazo. Embora as licenças de curto prazo geralmente resultem em uma receita menor do que a da venda total do *know-how*, é mais fácil atribuir valor a elas e realizá-las, pois, em vez de subvalorizar o *know-how*, elas geram um fluxo garantido de receita para períodos e utilizações específicas.

Restrições das licenças

Para muitos produtos tecnológicos, principalmente os softwares, pessoas físicas obtêm uma licença de uso do produto, que às vezes são fornecidas de graça para uso on-line durante determinado período. Por exemplo, alguns softwares disponíveis para download oferecem às pessoas físicas utilização gratuita por um período de teste de até 30 dias e, depois disso, para a assinatura seria cobrada uma taxa mensal. Quando se cobra uma taxa por uma licença, condições adicionais podem ser estabelecidas, inclusive restrições quanto à transferência de titularidade, período de uso, número de usuários permitidos ou número de aparelhos nos quais o software pode ser utilizado. Por exemplo, em 2003, os termos da licença de uso da Apple iTunes Music Store para download de músicas a 0,99 dólares por título permitiam exportar, queimar e copiar músicas, apenas para uso pessoal e não comercial, além da utilização da música em três computadores autorizados pela Apple, a qualquer tempo.

No licenciamento de produtos tecnológicos — principalmente *softwares* — para pessoas jurídicas, uma questão importante da precificação é se a empresa deve usar a mesma política das licenças para pessoas físicas ou oferecer uma licença de site para múltiplos usuários. Geralmente a licença de site, com desconto para múltiplos usuários, é mais vantajosa para clientes pessoas jurídicas do que a licença para pessoas físicas.

A política-padrão de precificação em uma empresa de software para pessoas jurídicas é cobrar uma taxa única de licenciamento para o site, fornecendo uma versão específica do software. A Microsoft adotava essa política, oferecendo aos seus clientes pessoas jurídicas o direito de escolher se e quando desejavam o upgrade para uma nova versão. Se optassem pelo upgrade, teriam de pagar por uma nova licença para o site. Em outubro de 2001, a Microsoft mudou sua política. Para o Licensing 6.0, exigia que os clientes assinassem um contrato de dois a três anos no qual, além da taxa única de licenciamento para o site, as empresas clientes teriam de pagar assinaturas anuais adicionais, recebendo em troca upgrades e suporte grátis (esse é um exemplo de pacote, veja a seção a seguir). Essa estratégia provocou uma reação negativa entre os executivos responsáveis pela área de informática dos clientes da Microsoft, fazendo que muitos deles migrassem para o sistema Linux Open Source (fonte aberta), no intuito de evitar as taxas pesadas.[49]

Pay-per-use[50] *versus* preço por assinatura[51]

Uma consideração adicional para a precificação de serviços baseados em tecnologia é se o cliente deve pagar pela utilização ou pagar uma taxa de assinatura. Os *planos de assinatura* cobram uma taxa única, independente do uso, por um determinado período — por exemplo, uma mensalidade ou anuidade. Se a tecnologia é nova e estranha ao consumidor, o *pay-per-use* (também chamado de *micropagamento*) estimula a experimentação com menor risco. No entanto, à medida que os consumidores tornam-se mais familiarizados com a tecnologia, além de certo volume de uso, o plano de assinatura torna-se mais vantajoso.

Para estabelecer o preço de uma assinatura, é preciso considerar o impacto no consumo. Existem alguns indícios de que uma parcela total alta, tal como uma anuidade paga antecipadamente, pode ter impacto negativo no consumo e resultar em uma utilização menor.[52] Portanto, parcelas mensais podem funcionar melhor como lembretes para utilização da tecnologia do que as taxas anuais.

Pacotes de preços

Como foi citado anteriormente, um *pacote* é a venda de dois ou mais produtos independentes, em um pacote com desconto, sem que haja qualquer integração entre os produtos.[53] A vantagem para o consumidor é criada por meio do desconto em comparação com a soma dos preços dos produtos em separado. Um conjunto de softwares como o Microsoft Office é um pacote de preços que oferece mais vantagens ao consumidor do que comprar Word, PowerPoint, Excel e Outlook separadamente. Existem dois tipos de pacotes de preços: puros e mistos. A estratégia de precificação da Microsoft para o Office é um exemplo de *pacote misto*: vendem-se tanto o pacote como seus componentes separadamente. O pacote misto permite a cobrança de níveis diferenciados de preço, conforme o segmento de mercado. Um *pacote puro* é aquele que uma empresa vende a um preço fixo, sem opção de compra de seus componentes individualmente. Isso faz sentido quando os produtos que formam o pacote são complementares ou quando a empresa quer aumentar o volume ou a participação de um ou mais produtos no pacote. Os pacotes puros são também chamados de "venda casada" pelos economistas e advogados e requerem cautela, porque podem ser considerados ilegais para empresas que têm um grande poder de mercado e quando uma fatia substancial do comércio está em jogo. Os tribunais podem julgar uma "venda casada" ilegal se o pacote tiver efeito prejudicial aos compradores ou se diminuir a concorrência no mercado. Essa foi a principal acusação contra a Microsoft em seu processo antitruste movido pelo Departamento de Justiça dos Estados Unidos (ver "O caso da Microsoft" neste capítulo).

Leasing

Outra opção para precificação nos mercados de alta tecnologia é oferecer *leasing* aos clientes. Esse assunto é explorado a seguir por um dos sócios da Babcock and Brown, uma das principais corretoras de *leasings*. Observe o texto a seguir.

CONSIDERAÇÕES SOBRE *LEASING* NO CENÁRIO DA ALTA TECNOLOGIA

Leonard Shavel
Sócio da Barbcock and Brown, Greenwich, Connecticut

Minha empresa é uma financeira especializada em financiamentos de longo prazo de bens de capital de grande escala. Em nossa atividade, normalmente assessoramos os compradores de grandes bens de capital, como redes de telecomunicações e satélites, na obtenção de *leases* para o financiamento dessas aquisições. Com menos frequência somos contratados pelos fornecedores de equipamentos que procuram financiamentos vantajosos, como incentivo para a compra de equipamento; esses fornecedores podem também simplesmente nos contratar para auxiliar seus clientes, de modo que eles, como fornecedores, não tenham de arcar com o financiamento.

Seja contratados pelo comprador ou pelo fornecedor, nós:
- identificamos e avaliamos para o cliente as várias alternativas de financiamento que podem se aplicar ao tipo e uso de seu equipamento;
- realizamos a transação, colocando os componentes de débito e/ou patrimônio junto com os investidores;
- facilitamos todo o processo por meio da negociação dos termos e do fechamento da documentação.

Como assessores financeiros, nossa participação na decisão de compra de nossos clientes, no que diz respeito a escolher determinada tecnologia, limita-se apenas à questão de como um determinado tipo de equipamento pode ser financiado. Mas a tecnologia tem o seu papel. Um exemplo seria a montagem de redes de *personal communications service* (PCS)[34], na década de 1990, por várias das principais empresas de telecomunicações desmembradas da Bell Company. Em duas transações distintas, fomos contratados para providenciar um financiamento de *leasing* de baixo custo para os principais componentes das redes (especificamente, para as centrais de comutação para a rede móvel, centrais de comutação e estações transmissoras/receptoras). Embora a forma de financiamento (*leasing* internacional) fosse a mesma, os clientes escolheram tecnologias diferentes para suas redes (tecnicamente, TDMA ou acesso múltiplo por divisão de tempo [em inglês, *time division multiple access*] e CDMA,

acesso múltiplo por divisão de código [em inglês, *Code Division Multiple Access*]), e elas tinham de ser avaliadas. No fim, ambas as tecnologias revelaram-se passíveis de um financiamento atraente, mas os investidores tinham de ser convencidos do valor futuro e da utilidade dos sistemas, antes de comprometerem-se com o seu financiamento.

Na maioria dos casos, nosso envolvimento começa após a seleção do fornecedor. Exceções seriam: (a) quando a decisão do cliente de comprar determinado ativo depende da disponibilidade de financiamento atraente ou (b) quando estamos representando um fornecedor em concorrência que pretende criar uma vantagem competitiva por meio do financiamento. Essas situações surgem do fato de que o usuário de um equipamento frequentemente consegue extrair um financiamento vantajoso de seu fornecedor, como incentivo para uma compra grande ou sem precedentes. Para um fornecedor, o financiamento pode ser usado como diferencial dos outros fabricantes e equipamentos similares, como forma de manter o nível de preço desejado diante da concorrência, ou ambos.

Como contratados do setor de alta tecnologia, nossa experiência com as empresas de telecomunicações pode ser muito instrutiva. Dado o ritmo de modernização e expansão das indústrias de telecomunicações (mídia, voz, dados), vem ocorrendo um crescimento tremendo na compra de nova tecnologia digital por essas empresas, precipitando, por sua vez, a demanda no setor financeiro — e em nossa empresa — para fornecer financiamentos inovadores. Em geral, podemos dividir as empresas de telecomunicações com as quais trabalhamos em duas categorias:
1. Empresas bem estabelecidas com um balanço sólido e bom crédito no mercado, que usam seus ativos recém-adquiridos e altamente valorizados para obter os financiamentos mais vantajosos (em termos de custo, uso eficiente de benefícios fiscais e/ou tratamento contábil favorável).
2. Empresas que estão começando e que precisam levantar dinheiro da maneira que puderem e para as quais

uma estrutura baseada no patrimônio pode ser um meio de atrair investidores que, de outra maneira, não assumiriam o risco dos negócios da empresa.

Exemplos de nossos clientes que se encaixam no primeiro grupo são empresas como Immarsat (satélites), Telenor (equipamento de comutação de telefonia) e TCI (conversores digitais), todas companhias consideradas bons investimentos que poderiam financiar suas compras de equipamentos de várias maneiras (inclusive por meio de seu próprio fluxo de caixa operacional), mas que conseguiram baixar o custo de aquisição e propriedade dos respectivos ativos por meio de *leases* nacionais e internacionais. Essas empresas bem estabelecidas frequentemente partilham os seguintes objetivos:

- gerar poupança por meio de benefícios fiscais;
- minimizar o impacto no balanço e os riscos de indenização associados à participação dos investidores;
- manter a flexibilidade operacional, incluindo a capacidade de substituir e/ou trocar equipamentos com o tempo.

Essas empresas também veem seus financiamentos baseados no patrimônio como meio de desenvolver relacionamentos com novas fontes de capital.

A segunda categoria (empresas novas que precisam de financiamento) teve um crescimento excepcional da década de 1990, dada a criação de novas tecnologias de telecomunicações e oportunidades de negócios. Somente nos Estados Unidos existem muitos exemplos de empresas jovens que foram as primeiras a comercializar novas tecnologias: Echostar e USSB (transmissão direta de televisão via satélite), Sprint PCS e PrimeCo. (telefonia celular), Sirius e XM Radio (rádio via satélite). Recorrendo ao financiamento estruturado, empresas como essas puderam obter financiamento muito antes (na maioria dos casos, antes do início das operações comerciais) do que obteriam de outra maneira. A forma típica tem sido ou débito de longo prazo assegurado pelo equipamento tão valorizado ou *venture leasing*, no qual quem financia obtém garantias do beneficiário em troca da exposição ao crédito não qualificado.

A principal consideração para os investidores nesses financiamentos baseados no patrimônio é: "Terei um patrimônio de valor para vender e consequentemente recuperar uma boa parte de meu investimento, mesmo que a administração dessa empresa não seja bem-sucedida?". Satélites e redes de telefones celulares, embora não sejam tão fungíveis quanto aeronaves e trens, tornaram-se reconhecidamente portadores desse valor, independentemente do plano de negócios específico. Com a retrospectiva dos últimos três anos, sabemos hoje que esse pressuposto nem sempre é bom. Muitos investidores em satélites e equipamentos de telecomunicações de novas tecnologias acabaram com um patrimônio virtualmente sem valor, por causa de planos de negócios que falharam e supercapacidade.

Talvez o maior risco associado a obter financiamentos estruturados é não se chegar a um fechamento. São transações complexas que envolvem duas partes ou mais, às vezes em jurisdições diferentes, cada uma buscando atingir resultados que podem estar em conflito direto com os da outra. O arrendatário (ou seja, a parte que está comprando o equipamento) pode querer obter uma taxa de *leasing* muito baixa em virtude de certos pressupostos favoráveis do arrendador (investidor). A alocação de risco associada a esses pressupostos pode ser o aspecto mais trabalhoso da transação e que às vezes leva a um impasse. Com isso em mente, aconselhamos as empresas a abordar essas transações em período oportuno e tendo, sempre que possível, outras alternativas.

VISÃO DE MERCADO

Precificação como fator estratégico

Carlos Fernando Nogueira

Diretor de Inteligência de Negócios da Vivo (2001-2008)

Lançar um novo produto ou serviço é tão excitante que não há como não ser envolvido por esse processo criativo. É muito boa a sensação de ser "Criador". Mão na massa, torná-lo amigável, percebido como útil, elegível pelo público-alvo e disponível nos locais adequados são grandes desafios, com solução muitas vezes aberta. São definições cuja abrangência desafia mesmo os mais experientes. Afinal, é algo novo, algo que não reproduz, necessariamente, alguma experiência anterior. As receitas de sucesso podem não funcionar até mesmo por um detalhe.

Não bastasse a novidade em si, a velocidade com que as próximas chegam traz ainda mais dimensões a este conjunto de decisões. Quanto tempo teremos para exibi-lo com o status de novidade? Quando aparecerão os concorrentes, os clones ou mesmo as novas formas de fazer o mesmo, contudo mais bem favorecidas por novas tecnologias? Essas complexas decisões, perversamente, ainda interagem. Desnatar um mercado pode atrair concorrentes, pelas grandes margens possíveis. Em um mundo de economia globalizada, não desnatá-lo pode não resolver esse problema, pois há alguém o fazendo em outro ponto do planeta... o concorrente virá logo.

O preço assume assim alguns papéis muito importantes

1. *O habilitador.* Classicamente, o preço habilita o seu *target*, colocando uma barreira na altura certa: a máxima que ele respeita. Sendo assim, quanto mais caro possível, melhores os resultados unitários, em troca da velocidade de adoção, que, por sua vez, adia o fluxo de caixa total, desestimula os canais e inibe o efeito de rede que, para algumas soluções, é simplesmente crítico, como no clássico exemplo dos aparelhos de fax. Vale lembrar que a necessidade de amortização dos investimentos necessários ao desenvolvimento também pressiona para a velocidade do fluxo de caixa antecipado.

2. *O posicionador.* Que tipo de consumo se espera para esse produto ou serviço? Algo exclusivo ou consumido por impulso? Que efeitos essa escolha terá para a marca "guarda-chuva"? Como o meu concorrente, previamente posicionado, competirá? Essas dúvidas e escolhas trazem consequências importantes para o negócio como um todo. Em marcas com posicionamento *premium*, a identificação de atributos que suportem ou permitam preços consistentes com a marca são essenciais. A alavanca de aceleração da adoção deixará de ser o preço, ao menos como o seria para uma marca "branca", sem dúvida. Hoje, marcas como Sony, Samsung e Philips, entre outras, têm competidores desconhecidos em muitos mercados, porém com produtos de capacidades comparáveis (sem se entrar em méritos de qualidade, design e serviços pós-venda). O que traria para tais marcas a prática de preços semelhantes aos de uma empresa que não investe em comunicação, em atendimento, em seus funcionários etc.?

3. *O gestor do ciclo de vida dos clientes.* Se relermos o início do texto, sentiremos a sensação inebriante que um novo lançamento traz. Várias histórias a escrever sobre uma folha em branco. Como serão os cartazes nos pontos de venda, a publicidade, a educação dos usuários... dos usuários? Isso mesmo. Fica muito fácil esquecer-se dos clientes, aqueles que por nos escolherem nos tornam uma empresa de sucesso (e vice-versa). Que armadilha! Nessa, cai a grande maioria. É ela que gostaria de aprofundar.

Produtos e serviços que preveem a relação que terão com seus clientes, ou os de suas empresas, são absolutas exceções. Um grande esforço trará à nossa memória as empresas que se preparam para uma relação que não se finde no primeiro encontro no ponto de venda (exceto pelos "indesejados" contatos para assistência técnica ou problemas na prestação do serviço). E é justamente o preço que tem a capacidade de atuar com maior eficácia ao longo do ciclo de vida dos clientes, é ele que permite a degustação com menores riscos, oferece uma relação estável, adequada aos padrões de consumo (em volume e frequência), agrada em uma situação de incerteza da continuidade da relação, concedendo algum desconto, contrai-se para permitir uma "nova" degustação agora de outra solução. Enfim, faz que a decisão de "*investimento*" e de *permanência* dos clientes seja facilitada.

Mas, para a utilização dessas alavancas, é necessário planejar, vislumbrar o caminho que se deseja que os clientes tomem e imaginar as opções que poderemos oferecer a eles. Uma maneira interessante de concretizar esses conceitos está na comparação das dinâmicas das soluções de telefonia móvel e de internet. A telefonia móvel, apesar de ter sido uma inovação em algum momento, não foi assim tratada, por ser uma concessão historicamente iniciada em monopólios com uma grande demanda reprimida à espera. Em função disso, a trajetória de agressividade da oferta foi contida pelo ambiente, monopolista e regulado. Abstraindo esse efeito perverso aos consumidores, observa-se uma evolução das ofertas que permitiu uma sequência (não terminada ainda) de concessões sucessivas de benefícios aos clientes, sem que isso afetasse drasticamente a rentabilidade dos *players*, que tem até crescido.

Nesse mesmo setor, e em curvas de adoção que têm alguma semelhança, vemos a evolução das ofertas de Internet de banda larga, uma inovação que almejou conquistar rapidamente a massa crítica de clientes. Talvez pela armadilha das inovações, o portfólio evoluiu rapidamente para "*flat rates*" (cobrança de valor fixo por uso ilimitado), restando poucas evoluções para essa oferta, ao menos para os já aderentes. Para os novos e futuros "usuários", as práticas sucessivas de preços menores os habilita ao serviço, *canibalizando* as receitas dos anteriores, como dura contrapartida. Recente e finalmente, surgiram também as ofertas por uso diário, que permitirão que mais camadas acessem o serviço, com menores efeitos corrosivos aos "usuários" anteriores. Para estes, podemos ver que pelo menos o passo em direção à oferta atual, de "*flat rates*" de uso mensal, existirá.

Como teria sido a evolução da penetração de Internet se este caminho tivesse sido pensado sob o ponto de vista do ciclo de vida dos clientes? Uma indicação pode vir dos portfólios das operadoras de telefonia móvel, nos quais encontramos planos de entrada (como os pré-pagos), planos de transição (como os pós-pagos com controle de gastos) e planos para clientes estáveis (planos pós-pagos em diversas configurações). A esses todos diversas ofertas podem ser acopladas gradualmente, como pacotes de serviços e de tráfegos específicos. Para que se complicar com um portfólio complicado? Para ter ofertas acessíveis às diversas camadas do mercado e às fases do ciclo de vida que terão. Assim fez o melhor e maior dos Criadores!

Resumo

Este capítulo abordou aspectos de destaque da precificação em ambientes de alta tecnologia. Após examinar muitos fatores que criam um ambiente de precificação complexo, o capítulo apresentou uma visão geral dos 3 C's da precificação (custo, concorrência e clientes), uma estrutura para os aspectos que devem ser considerados simultaneamente antes de se estabelecer preços. Por causa da importância vital da orientação para o cliente no cenário de alta tecnologia, o capítulo mergulhou um pouco mais nas considerações sobre precificação orientada para o cliente. O caso é analisar a lucratividade de clientes individuais e revisar a precificação com base no resultado dessa análise. O marketing de alta tecnologia deve dar atenção especial à precificação de serviços pós-venda.

Um dos fatores mais significativos que o marketing de alta tecnologia enfrenta é o declínio inexorável dos preços com o passar do tempo; por isso foi dada atenção especial às estratégias que geram receita à luz do declínio dos preços. Empresas que conhecem as estratégias, para o que se tornou conhecido como "o paradoxo da tecnologia", podem se tornar lucrativas apesar da queda dos preços. As estratégias e soluções oferecidas para o paradoxo da tecnologia não são, no entanto, isentas de desvantagens, e profissionais de marketing astutos equilibram preocupações com a legislação antitruste e reputação da marca com suas estratégias de preço. A prática de oferecer de graça conteúdo e serviços nos primeiros tempos da Internet criou no consumidor expectativas a que o marketing de alta tecnologia não pode mais atender. A tendência agora é começar a cobrar por conteúdo e serviço para migrar do grátis para o pago.

Como em outros capítulos deste livro, atenção especial foi dada também ao efeito da Internet nas estratégias de precificação. Como a Internet oferece o que se conhece como "transparência de custo" para os compradores, eles passaram a ter um entendimento melhor dos custos do fabricante. Ferramentas para lidar com as estratégias de preço à luz da transparência de custo foram abordadas. O uso de estratégias de precificação dinâmica também foi explorado.

Finalmente, considerações especiais sobre precificação, como venda de *know-how*, licenciamento, *pay-per-use*, precificação de assinaturas, pacotes de preços e *leasing* foram abordadas. Por muitas razões, as decisões de precificação são muito complexas, mas, apesar dessa dificuldade, os profissionais de marketing devem sistematicamente avaliar as questões envolvidas a fim de minimizar os riscos de erro. É importante lembrar que é difícil garantir o sucesso.

Perguntas para debate

1. Quais são alguns dos fatores complicadores da precificação no ambiente de alta tecnologia?
2. Quais são os 3 C's da estratégia de precificação? Descreva a importância de cada um.
3. Quais são os custos e benefícios relativos na compra de um produto de alta tecnologia, da perspectiva do cliente?
4. O que é o custo total da propriedade? Qual é sua implicação na precificação?
5. O que é precificação orientada para o cliente? Quais são as etapas da precificação orientada para o cliente? Quais são as implicações de entender essa abordagem da precificação?
6. Quais são as várias opções para a empresa precificar serviços pós-venda?
7. O que é o paradoxo da tecnologia na precificação? Quais são as cinco estratégias que uma empresa pode usar para manter-se lucrativa, apesar das pressões descendentes nos preços ou até produtos grátis?
8. Como pode uma empresa justificar a oferta de produtos grátis? Quais são as várias estratégias para lucrar nessa situação?
9. Quais são as possíveis desvantagens da solução de oferecer preços baixos para obter relacionamentos com os clientes? Que lição se pode aprender com o caso dos preços baixos da Microsoft?
10. O que é transparência de custo? Como as empresas podem abordá-la em sua estratégia de precificação?
11. O que é precificação dinâmica?
12. Quando uma empresa pode usar as seguintes estratégias de precificação?
    - Venda direta de *know-how* comparada ao licenciamento.
    - Licenças para um só usuário comparadas a licenças para várias usos.
    - Precificação *pay-per-use* comparada à precificação de assinaturas.
    - Pacotes de preços.
    - *Leasing*.

Glossário

Custo total de propriedade (ou custo do ciclo de vida). A quantia total de dinheiro gasto por um cliente, a fim de ter um produto ou usar um serviço, inclui o preço pago pelo bem (inclusive as taxas de financiamento) e também os custos de entrega ou instalação, os custos de manutenção e reparo do produto, o custo da energia para que o equipamento funcione, suprimentos e outros custos operacionais no decorrer da vida do equipamento.

Custo-alvo. Quando o mercado é dado como certo e as margens de lucro desejadas são deduzidas do preço que os clientes estão dispostos a pagar, a empresa chega ao custo-alvo. Engenharia, desenvolvimento de produto e operações devem então disponibilizar o produto ou serviço a esse custo-alvo.

Economia da atenção. A atenção do consumidor é muitas vezes mais valiosa do que o dinheiro pago pelo produto.

Escalonamento de preços. É a oferta de diferentes versões de um produto-base ou serviço-base com vários níveis de preço que atendam às diferentes necessidades do consumidor.

Leilão reverso. Formato de leilão on-line no qual fornecedores fazem ofertas de preços cada vez mais baixos a fim de "ganhar" o direito de fornecer a uma empresa.

Pacote de preços. A oferta para venda de dois produtos em um pacote, por um preço único.

Paradoxo da tecnologia. As empresas podem prosperar exatamente quando os preços estão caindo mais depressa.

Personalização em massa. Uso de tecnologia (tanto para comprar como para produzir bens) para personalizar produtos geralmente fabricados em massa, a fim de atender aos gostos e às preferências de um consumidor individual.

Precificação de produto cativo. Estratégia de fornecer de graça um produto-base que requer o uso de um produto adicional e ganhar dinheiro nos bens complementares necessários para que o produto seja útil.

Precificação dinâmica. Uso de softwares sofisticados que permitem a análise de dados sobre os hábitos de compra dos consumidores para se ajustar os preços em tempo real.

Transparência de custo. Compradores têm informações sobre os custos e preços do fabricante, o que gera uma vantagem na decisão de compra.

Notas

1   Essa frase foi cunhada por Gordon Moore, cofundador da Intel, na indústria de semicondutores.

2   SMITH, M. F.; SHIBA, I.; LANCIONI, R.; FORMAN, H. Role of market turbulence in shaping pricing strategy. *Industrial Marketing Management*, p. 637-649, 28 nov. 1999.

3   DHEBAR, A. Speeding high-tech producer, meet the balking consumer. *Sloan Management Review*, v. 37, n. 2, p. 37-49, 1996.

4   SMITH, M. F.; SHIBA, I.; LANCIONI, R.; FORMAN, H. Op. cit., 1999.

5   Termo usado em marketing para indicar quanto do preço do produto está acima de seu custo de produção e distribuição. (N. T.)

6   Termo usado em marketing para indicar custos diretos de desenvolvimento mais *overhead*. (N. T.)

7   MARTIN, J. Ignore your customer. *Fortune*, p. 122, 1º maio 1995.

8   SHAPIRO, B.; JACKSON, B. Industrial pricing to meet customer needs. *Harvard Business Review*, n. 56, p. 119--127, nov./dez. 1978.

9   Id., ibid.

10 ORR, T. Reducing total cost of PC ownership. *White Paper*, 11 jul. 2002. Disponível em: <http://www.nextbend.com/TCO.htm>. Acesso em: 11 jul. 2002.

11 GREENE, J. The Linux uprising. *BusinessWeek*, p. 78-86, 3 mar. 2003.

12 QUENTIN, H. Iridium plans to cut prices, alter marketing strategy. *The Wall Street Journal*, p. B9, 22 jun. 1999.

13 SHAPIRO, B.; JACKSON, B. Op. cit., 1978.

14 RYAN, R. *Entrepreneur America*: lessons from inside Rob Ryan's high-tech start-up boot camp. New York: Harper Business, 2001.

15 Nome dado aos locais onde há cobertura do serviço de Internet sem fio por meio da tecnologia Wi-Fi. (N. do T.)

16 SHAPIRO, B.; JACKSON, B. Op. cit., 1978.

17 Identificação, avaliação, negociação e configuração de novos produtos e/ou fornecedores. (N. T.)

18 SHAPIRO, B.; RANGAN, V.; MORIARTY, R.; ROSS, E. Manage customers for profits (not just sales). *Harvard Business Review*, n. 65, p. 101-108, set./out. 1987; MYER, R. Suppliers-manage your customers. *Harvard Business Review*, p. 160-168, nov.-dez. 1989.

19 COOPER, R.; KAPLAN, R. S. Profit priorities from activity based costing. *Harvard Business Review*, v. 69, n. 3, p. 130--136, maio/jun. 1991.

20 REINARTZ, W.; KUMAR, V. The mismanagement of customer loyalty. *Harvard Business Review*, v. 80, n. 7, p. 86-94, jul. 2002.

21 BISHOP, S. The strategic power of saying no. *Harvard Business Review*, p. 50-61, nov./dez. 1999.

22 CRUZ, M. Tech data adds pricing tiers. *Computer Reseller News*, 7 maio 2001.

23 JUDGE, P. C. Do you know who your most profitable customers are? *BusinessWeek*, 14 set. 1998. Disponível em: <http://www.businessweek.com/1998/37/b3595144.htm>. Acesso em: 24 jun. 2011.

24 BUNDSCHUH, R. G.; DEVZANE, T. M. How to make after-sales service pay off. *The McKinsey Quarterly*, v. 4, n. 1, p. 142-155, 2003. Disponível em: <http://www.mckinseyquarterly.com/article_print.asp?ar=1343&L2=16&L3=19&srid=17&gp=0>. Acesso em: 24 jun. 2011.

25 WYSOCKI, B. Even high-tech faces problems with pricing. *The Wall Street Journal*, p. A1, 13 abr. 1998.

26 GROSS, N.; COY, P.; PORT, O. The technology paradox. *BusinessWeek*, p. 76-84, 6 mar. 1995.

27 MCDERMOTT, D. Cost-consciousness beats pricing power. *The Wall Street Journal*, p. A1, 3 maio 1999.

28 GROSS, N.; COY, P.; PORT, O. Op. cit., 1995.

29 Id., ibid.

30 KIRKPATRICK, D. Old PC dogs try new tricks. *Fortune*, p. 186-187, 6 jul. 1998.

31 MCDERMOTT, D. Op. cit., 1999.

32 KIRKPATRICK, D. Op. cit., 1998.

33 Id., ibid.

34 KAWASAKI, G.; MORENO, M. *Rules for revolutionaries*. New York: Harper Business, 1999.

35 GROSS, N.; COY, P.; PORT, O. Op. cit., 1995.

36 Id., ibid.

37 KIRKPATRICK, D. Op. cit., 1998.

38 FRANCE, M.; HAMM, S. Does predatory pricing make Microsoft a predator? *BusinessWeek*, p. 130/132, 23 nov. 1998.

39 Id., ibid.

40 Id., ibid.

41 Id., ibid.

42 COHEN, A. Microsoft enjoys monopoly power. *BusinessWeek*, p. 61-69, 15 nov. 1999.

43 FRANCE, M.; HAMM, S. Op. cit., 1998.

44 Esta seção foi retirada de SINHA, I. Cost transparency: the net's real threat to prices and brands. *Harvard Business Review*, p. 3-8, mar./abr. 2000.

45 KOCH, J. Are prices lower on the Internet? Not always! *Business Horizon*, p. 47-52, jan./fev. 2003.

46 KEENAN, F. The price is really right. *BusinessWeek*, p. 62--67, 31 mar. 2003.

47 JOHN, G.; WEISS, A.; DUTTA, S. Marketing in technology intensive markets: towards a conceptual framework. *Journal of Marketing*, n. 63, p. 78-91, 1999. Special issue.

48 Id., ibid.

49 KOCH, C. Showdown at 6.0 Corral. CIO, p. 1, 15 mar. 2003.

50 No sistema *pay-per-use* (pague para usar) o cliente paga apenas pelos serviços efetivamente utilizados. (N. do T.)

51 JOHN, G.; WEISS, A.; DUTTA, S. Op. cit., 1999.

52 GOURVILLE, J.; SOMAN, D. Pricing and the psychology of consumption. *Harvard Business Review*, p. 90-96, set. 2002.

53 STREMERSCH, S.; TELLIS, G. Strategic bundling of products and prices: a new synthesis for marketing. *Journal of Marketing*, v. 66, n. 1, p. 55-72, jan. 2002.

54 Serviço de telefonia sem fio semelhante ao celular, às vezes chamado de *celular digital*. (N. do T.)

Comunicação em mercados de alta tecnologia: ferramentas para a construção e manutenção do relacionamento com o cliente

CAPÍTULO 10

> "Se os sistemas operacionais dirigissem as companhias aéreas, a Linux Air teria sido fundada por um grupo de visionários, que teria construído os aviões e os balcões de embarque e pavimentado as pistas de pouso e decolagem. Eles cobrariam uma pequena taxa para cobrir os custos de impressão da passagem, mas você também poderia imprimi-la em sua própria casa. Quando os passageiros embarcassem no avião, cada um deles receberia uma poltrona, quatro parafusos, uma chave inglesa e uma conexão para um manual na Internet. Após ser instalada, a poltrona seria muito confortável. O avião decolaria e pousaria na hora certa, sem um único problema, e as refeições servidas durante o voo seriam maravilhosas. Mas, ao tentar contar para os clientes de outras companhias aéreas sobre sua fantástica viagem, eles não conseguiriam passar da fase da poltrona: 'Você teve de fazer o que com a poltrona?'"
>
> RETIRADO DA INTERNET

Ter propaganda e promoção sólidas é importante tanto nos mercados de alta tecnologia quanto nos mercados tradicionais. Algumas das ferramentas-chave que podem ser utilizadas para isso incluem propaganda tradicional (tanto na mídia de massa como em jornais), feiras, promoções de vendas (concursos, incentivos etc.), relações públicas (patrocínios de eventos etc.), publicidade (artigos em jornais), Internet, marketing direto (mala direta, telemarketing) e vendas pessoais. Os profissionais de marketing de alta tecnologia devem dispor de um manual que abarque as questões e ferramentas básicas de propaganda e promoção (P&P). Além de cobrir o básico da P&P, este capítulo se aprofunda em questões nas quais os profissionais de marketing precisam prestar atenção particular — ferramentas que quase sempre passam despercebidas ou não são usadas em toda sua amplitude.

Por exemplo, engenheiros e pessoal da área técnica frequentemente depreciam o papel importante que a propaganda pode desempenhar no processo de conhecimento e valorização de uma marca. E o medo, a incerteza e a dúvida quase sempre afetam a decisão de compra do cliente. Em tal situação, o cliente conta com a heurística, ou seja, um conjunto de métodos empregados para a resolução do problema, para ajudá-lo a tomar decisões mais fáceis e seguras. Um desses métodos é a procura de uma marca sólida. Muitas empresas de alta tecnologia, como portais da Internet e comunidades on-line, já perceberam isso e investem pesadamente na propaganda tradicional para desenvolver, reforçar e manter o valor da marca.

Além disso, o momento certo para o anúncio de um novo produto pode ser vital em mercados de alta tecnologia. Preanunciar pode ajudar o cliente a saber quais são os novos produtos que serão lançados no mercado e retardar a compra do produto de um concorrente, na expectativa de outro que estará disponível em um futuro próximo. Porém, os prós e contras do pré-anúncio de novos produtos devem ser considerados cuidadosamente. Finalmente, os profissionais de marketing de alta tecnologia precisam entender como usar a comunicação de marketing para construir e manter o relacionamento com os clientes.

Antes de se aprofundar nas especificidades deste capítulo, apresentamos uma estratégia útil para o planejamento e a coordenação da propaganda: a pirâmide de propaganda e promoção.

Propaganda e promoção: uma visão geral

A pirâmide de propaganda e promoção (P&P),[1] apresentada na Figura 10.1, posiciona as ferramentas de propaganda e promoção baseada em duas dimensões:

- O grau de cobertura, ou alcance, do público-alvo.
- A eficiência de custo. Uma maneira útil de computar a eficiência de custo é baseada no *custo por mil* (*CPM*, em que *M* é o numeral romano para 1 mil).

$$CPM = \frac{\$ \text{ Custo da ferramenta de propaganda e promoção (por exemplo, anúncio em um jornal)}}{\text{Número de pessoas que a ferramenta consegue alcançar}} \times 1000$$

Na base da pirâmide, ficam as ferramentas que têm um alcance mais amplo do público-alvo e menor custo por contato. As ferramentas do topo da pirâmide geralmente têm cobertura menor e custo maior por contato. Embora a pirâmide represente uma relação entre o alcance e o custo por contato por meio de ferramentas de comunicação tradicionais, a Internet, considerada uma nova ferramenta de comunicação, é ampliável e extremamente eficiente em termos de custo, podendo ser usada em qualquer degrau da pirâmide.

A ideia por trás do uso da pirâmide como estratégia coordenadora de ferramentas de P&P é que a empresa não deve usar as ferramentas que estão no nível mais elevado da pirâmide em detrimento daquelas que estão em níveis mais baixos. O papel das ferramentas dos degraus mais baixos é fazer

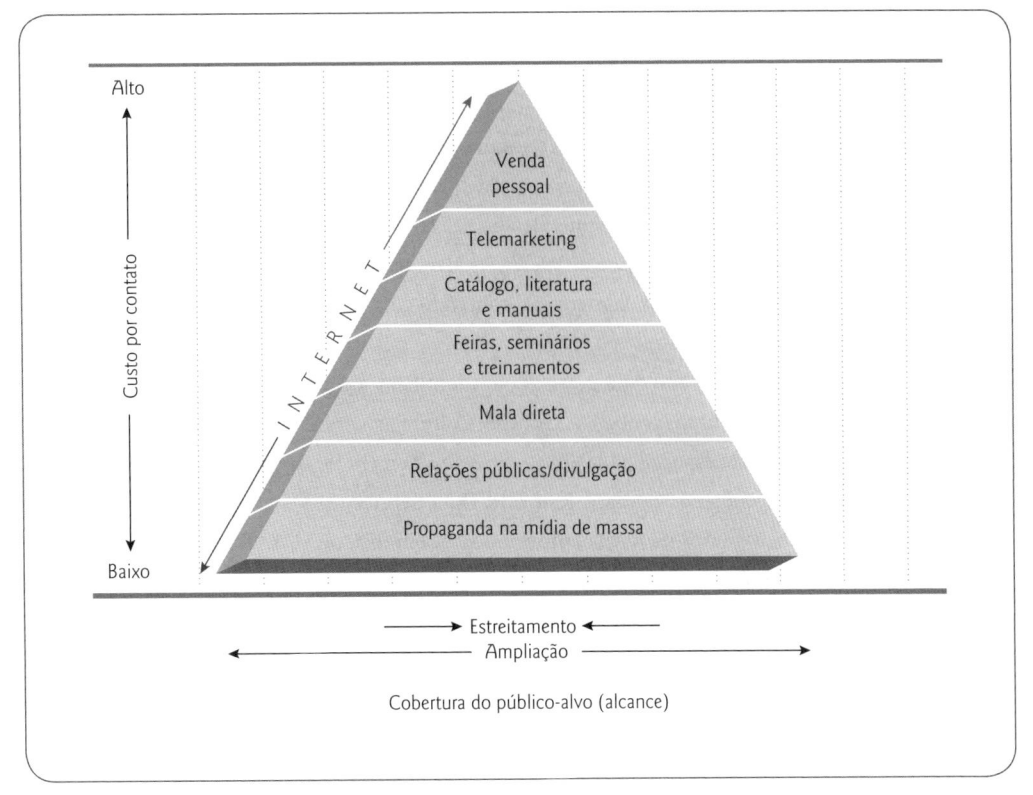

Figura 10.1 — Pirâmide de propaganda e promoção

Fonte: Adaptado de AMES, B.; HLAVACEK, C.; HLAVACEK, J. D. *Managerial marketing for industrial firms*. Nova York, NY: Random House, 1984. p. 253.

que o consumidor conheça o produto e a marca e criar uma expectativa do público antes de usar ferramentas mais caras e de menor alcance. Por exemplo, um produto pode ser divulgado em jornais especializados por meio de avaliações gratuitas (por exemplo, um novo celular avaliado pela revista *Info*). As respostas resultantes dessa divulgação (via e-mail ou telefone) podem ser utilizadas para o envio de mala direta, que pode conter uma brochura ou outro tipo de material de divulgação. Se os possíveis consumidores continuarem a demonstrar interesse, poderão ser contatados de maneira mais pessoal, seja via telefone, e-mail personalizado ou visita do vendedor. O mais importante: o uso das ferramentas de alto nível está ligado à eficiência das ferramentas que estão no degrau mais baixo e deve ser estruturado de maneira que gere interesse contínuo dos clientes em potencial. O uso de todas as ferramentas promocionais, juntas em uma campanha orquestrada, para enviar uma mensagem consistente para o público-alvo constitui o que é chamado de *Comunicação Integrada de Marketing* (CIM).

Para uma combinação apropriada das ferramentas de P&P, é necessário ter como base os pontos fortes e fracos com relação aos objetivos desejados de cada uma delas. A ferramenta deve ser combinada (com base em sua eficiência) à tarefa presente. Segue-se, agora, uma breve discussão das questões pertinentes a cada elemento que compõe a P&P.

Uma breve visão das ferramentas de propaganda e promoção

Propaganda

A propaganda é uma forma impessoal de comunicação paga por meio dos canais de mídia de massa, como jornais, rádio, televisão, outdoors, e assim por diante. Começando pela base da pirâmide, as empresas de alta tecnologia podem usar esse tipo de propaganda tanto na mídia principal quanto em jornais direcionados. Aspectos críticos que devem ser considerados são o grau em que o público do veículo de mídia escolhido se sobrepõe ao mercado-alvo da empresa, a eficiência de custo (CPM) do veículo, a adequação da mensagem da marca ao conteúdo editorial do meio escolhido e o tamanho e a frequência dos anúncios colocados.

Como as empresas de alta tecnologia conseguem identificar a mídia apropriada? Procurar uma agência de comunicação é um bom começo. A Godfrey Q and Partners, em São Francisco, é um exemplo de agência exclusivamente especializada em clientes de alta tecnologia.[2] Se a empresa não vai utilizar os serviços de uma agência, o Standard Rate and Data Service (SRDS[3]: <www.srds.com>) é um recurso útil na busca por veículos de mídia apropriados. Além disso, a CMP Media Inc., agora parte da gigante UBM (http://www.ubm.com), imprime publicações comerciais que servem a um amplo espectro tecnológico, incluindo construtores, comerciantes e usuários de tecnologia em todo o mundo. Por fim, também é possível obter um "mídia kit" tanto on-line quanto por meio de representantes de vendas de qualquer tipo de mídia, capaz de fornecer informações úteis não apenas sobre o veículo especificamente, mas também sobre audiência, anunciantes, calendário editorial com toda a programação de edições especiais, outras publicações do setor e estatísticas relacionadas a ele.

Identificar as opções apropriadas representa apenas metade da equação no uso da propaganda. A empresa também precisa encontrar uma mensagem eficiente que se sobressaia em meio à montanha de anúncios concorrentes que competem pela atenção do público e, simultaneamente, reforce a mensagem da marca de maneira rápida e fácil. Atingir esse equilíbrio não é tarefa fácil. Algumas empresas erram no fator "chamar a atenção" usando técnicas engraçadinhas (humor, sexo, bebês etc.) para conseguir a atenção do espectador de tal maneira que o anúncio tem pouco a ver com o produto, desviando o espectador da mensagem da marca. Outras empresas erram ao fornecer uma grande quantidade de detalhes técnicos — em jargões que são, no melhor dos casos, desinteressantes para o público e, no pior, ininteligíveis —, fazendo que sua atenção seja rapidamente perdida.[4] Os melhores anúncios conseguem se sobressair tanto, usando estratégias para conseguir atenção, que transmitem de maneira rápida e eficaz os benefícios-chave do produto sem se perder nos detalhes, os quais serão fornecidos no contato seguinte com o cliente. Por exemplo, a campanha "Empowering the Internet generation" da Cisco foi bem-sucedida ao aumentar o conhecimento da marca em 80% desde 1999, com mensagens simples que enfatizavam confiabilidade, precisão, inovação, globalização e interação humana.[5]

Relações públicas/publicidade

As *relações públicas* (RP) incluem as atividades que a empresa empreende para construir e manter sua reputação com os clientes, a comunidade com a qual realiza seus negócios, acionistas e outros participantes-chave (por exemplo, agências regulatórias do governo e associações comerciais do ramo). Essas atividades podem incluir o patrocínio de eventos, por exemplo, eventos esportivos ou causas sociais, marketing relacionado a uma causa (alinhamento com organizações beneficentes), anúncios que reforcem a posição da empresa em relação a assuntos importantes ou sua filosofia de negócios, além de outras atividades (discursos de executivos da empresa, *tours* etc.). A *publicidade* refere-se a qualquer cobertura dos produtos ou das atividades da empresa na mídia jornalística (impressa ou televisiva). A empresa pode tentar ganhar uma cobertura positiva dando entrevistas coletivas, enviando *releases* ou organizando eventos.

As empresas de alta tecnologia não deveriam ignorar o valor da manutenção de uma imagem pública positiva, uma vez que manter um bom relacionamento com a mídia é extremamente importante para alimentar uma imagem positiva. Quando são descobertos problemas em novos produtos de alta tecnologia, cabe à mídia fazer um estardalhaço ou relegá-lo a alguns parágrafos em uma página qualquer de um jornal ou uma revista. Em 1994, a Intel teve um grande problema de RP quando os clientes descobriram um problema no primeiro microprocessador Pentium que introduzia erros computacionais em cálculos complexos. O problema custou à Intel 475 milhões de dólares em *recalls*. Aprendendo com a experiência negativa, hoje a Intel mantém uma postura mais proativa em seu relacionamento com a mídia e o público. Em abril de 2003, quando a engenharia da Intel descobriu uma falha em uma pequena quantidade de microprocessadores Pentium 4, a empresa interrompeu imediatamente as vendas do produto até que fosse encontrada a solução. Dessa vez, o problema não causou um grande impacto na imagem da empresa.[6]

Um dos tipos de publicidade mais importantes para pequenas empresas de alta tecnologia é o uso de anúncios característicos de vários jornais direcionados. Ao enviar informações sobre a empresa ou seus produtos ao contato apropriado, a informação será publicada pelo jornal, normalmente de graça. Essa divulgação inicial pode mostrar-se uma fonte valiosa para o início das vendas, visto que qualquer empresa de tecnologia pode apresentar sua relação de produtos ao diretório de graça. Informações sobre a empresa e produtos também podem ser apresentadas de graça a diretórios on-line, como o Yahoo!.

Embora na pirâmide da Figura 10.1, RP e publicidade estejam em um degrau superior ao da propaganda na mídia de massa, é importante notar que a publicidade pode ser frequentemente mais barata (e também mais confiável) do que a propaganda na mídia. Além disso, a propaganda na mídia também pode alcançar um número menor de pessoas que os esforços de RP, e, por isso, a posição relativa de ambas as ferramentas na pirâmide pode ser justaposta, dependendo do veículo de mídia usado ou da ferramenta de RP.

Mala direta

Como a mala direta geralmente pode atingir um alvo mais preciso que a propaganda ou a área de RP, na pirâmide ela está posicionada acima dessas duas ferramentas. As listas podem ser obtidas de uma série de fornecedores, como as listas de correspondência de publicações direcionadas. Informações adicionais de listas possíveis também podem ser encontradas na Standard Rate e Data Service.[7] Os custos costumam ser determinados por nome fornecido, sendo que listas mais específicas e frequentemente atualizadas são mais caras. A empresa precisa decidir quanta correspondência vai enviar, dependendo do tamanho em potencial do mercado-alvo, assim como a frequência de seu envio. Um único envio normalmente é insuficiente para alcançar resultados.

Feiras, seminários e treinamentos

Feiras, seminários e treinamentos atingem um grupo ainda menor de clientes a um custo proporcionalmente mais alto que as ferramentas que ficam abaixo dessa categoria na pirâmide. Na indústria de computação, a Comdex-Fall, que acontece em Las Vegas no mês de novembro, ainda é a plataforma de lançamento de novos produtos e tecnologias inovadoras, assim como um ambiente-chave para comparar, contrastar e fazer testes. Na Comdex-Fall 2003, 500 fornecedores exibiram milhares de novos produtos para cerca de 50 mil pessoas, incluindo possíveis clientes comerciais, membros de canais de comércio e parceiros de fabricantes de equipamento original (em inglês, *Original Equipment Manufacturer* — OEM).[8]

Feiras podem ser muito caras para os expositores, e as despesas incluem a taxa de participação, design, instalação do estande, equipe para a exposição (incluindo custos de viagem, refeições e entretenimento do funcionário), e assim por diante. Especialmente em feiras grandes, a empresa precisa combinar o grande potencial de exposição com o investimento necessário para se sobressair no meio competitivo. Grandes empresas tendem a dominar o espaço, e, a menos que as pessoas tenham motivos fortes para visitar um estande em particular, a empresa pode não ter retorno para os custos de participação na feira.

A empresa precisa, no mínimo, planejar uma comunicação mercadológica que estimule o público a ir até seu estande. Além disso, pode ser útil ter uma estratégia ligada à mensagem do produto para chamar a atenção das pessoas. Dar continuidade aos contatos gerados e fazer uma avaliação após a feira também são condutas essenciais.

Catálogos, literatura e manuais

As empresas precisam de brochuras ou outro tipo de material que forneçam informações adicionais ao cliente, o qual deve ser construído a partir de contatos prévios com os clientes e funcionar como um mostruário dos benefícios do produto, redigido de maneira que o cliente consiga entender. Os detalhes de suporte técnico são apropriados nessa etapa de contato com o cliente, e, além disso, questões acerca de vantagem relativa (custo-benefício), compatibilidade-interoperabilidade, capacidade de ampliação, serviços e garantias devem ser abordados. Especialmente para novas tecnologias que podem custar mais que soluções já existentes, comunicar os benefícios em termos de custo total para o comprador pode ser eficaz.

Telemarketing

O telemarketing pode ser feito em bases *outbound* ou *inbound*. As bases *outbound* incluem as ligações feitas por funcionários da empresa para aqueles que já são clientes da empresa e ligações "a frio". As ligações *inbound* são aquelas feitas pelos clientes já existentes ou clientes em potencial para o centro de atendimento da empresa, normalmente por intermédio de um número gratuito. Ter a oportunidade de manter relacionamentos com os clientes de maneira que cada funcionário atenda a determinado número de contas pode ser um uso eficiente dos recursos da empresa. Os profissionais de telemarketing podem dar suporte aos vendedores, responder às dúvidas, manter contato com o cliente e acompanhar as mudanças da conta entre as visitas dos vendedores. Em outubro de 2003, o Congresso norte-americano aprovou uma legislação que criou uma lista de pessoas que não querem ser incomodadas por ligações de telemarketing, porém a indústria do telemarketing contestou a validade da lei na justiça. Se essa lei, ou alguma versão próxima dela, permanecer válida, ela reduzirá a eficiência do telemarketing como uma ferramenta de promoção de vendas, uma vez que 50 milhões de norte-americanos aderiram à lista.[9] No Brasil, uma lei semelhante foi sancionada, muito embora os efeitos práticos de sua promulgação ainda não tenham sido sentidos.

Venda pessoal

No degrau mais alto da pirâmide fica a venda pessoal, na qual, geralmente, o vendedor atinge apenas um cliente de cada vez. Uma implicação do uso da pirâmide de P&P é que, em geral, empresas de alta tecnologia pequenas, que contam com poucos recursos, *não* devem usar os fundadores da empresa ou seus vendedores para falar com possíveis clientes *a menos que estes já tenham sido contatados por meio de ferramentas mais baratas e de maior alcance*. Embora as empresas pequenas possam afirmar que faltam recursos para RP ou uma campanha de mala direta, a verdadeira questão é saber se elas podem suportar o uso dos recursos existentes de maneira ineficiente. Ao usar as ferramentas mais próximas da base da pirâmide, as empresas asseguram que o valor de suas ferramentas de alto custo seja maximizado.

Que esta mensagem não seja mal entendida, pois isso *não* significa que a venda pessoal e que designar executivos do alto escalão para cortejar os clientes não são importantes. Por exemplo, a EMC Corporation, fabricante de dispositivos de armazenamento de informação, ouviu de seus clientes que o fato de a empresa ter enviado executivos de venda do alto escalão para suas sedes foi uma tática-chave para que eles fechassem o negócio com a empresa e não com concorrentes, como a IBM.[10] A lição a ser aprendida é que o valor de ferramentas que consomem muitos recursos deve ser maximizado, tendo a certeza de que o cliente está preparado para receber a mensagem da empresa.

Propaganda e promoção pela Internet

A Internet pode ser usada para complementar várias ferramentas de propaganda e promoção, uma vez que anúncios do tipo *banner*, patrocínio de páginas, otimização de ferramentas de busca, buscas pagas, inclusões pagas, anúncios contextuais, propaganda enviada por e-mail com a permissão do público-alvo e contatos personalizados com o cliente são ferramentas eficientes com um bom custo-benefício oferecidas pela Internet. Nesta parte do livro são examinados os diferentes tipos de propaganda na Internet, sua eficiência relativa e custos associados, como mostra a Figura 10.2. É importante delinear o papel de cada uma dessas ferramentas dentro de todo o *mix* de comunicação para que seja criada uma campanha de marketing integrado eficiente e com uma mensagem consistente.

Tipos de propaganda on-line

Anúncios do tipo banner continuam sendo uma forma popular de propaganda on-line, compondo aproximadamente 60 por cento de toda a propaganda feita na Internet, mas seu uso vem decaindo com o tempo.[11] A eficiência desse tipo de anúncio é frequentemente questionada. Em um estudo feito com 2 mil empresas que anunciavam na Internet, apenas 20 por cento expressaram satisfação com os resultados desse tipo de propaganda.[12] É fácil ignorar os banners, e a maioria dos usuários não quer deixar

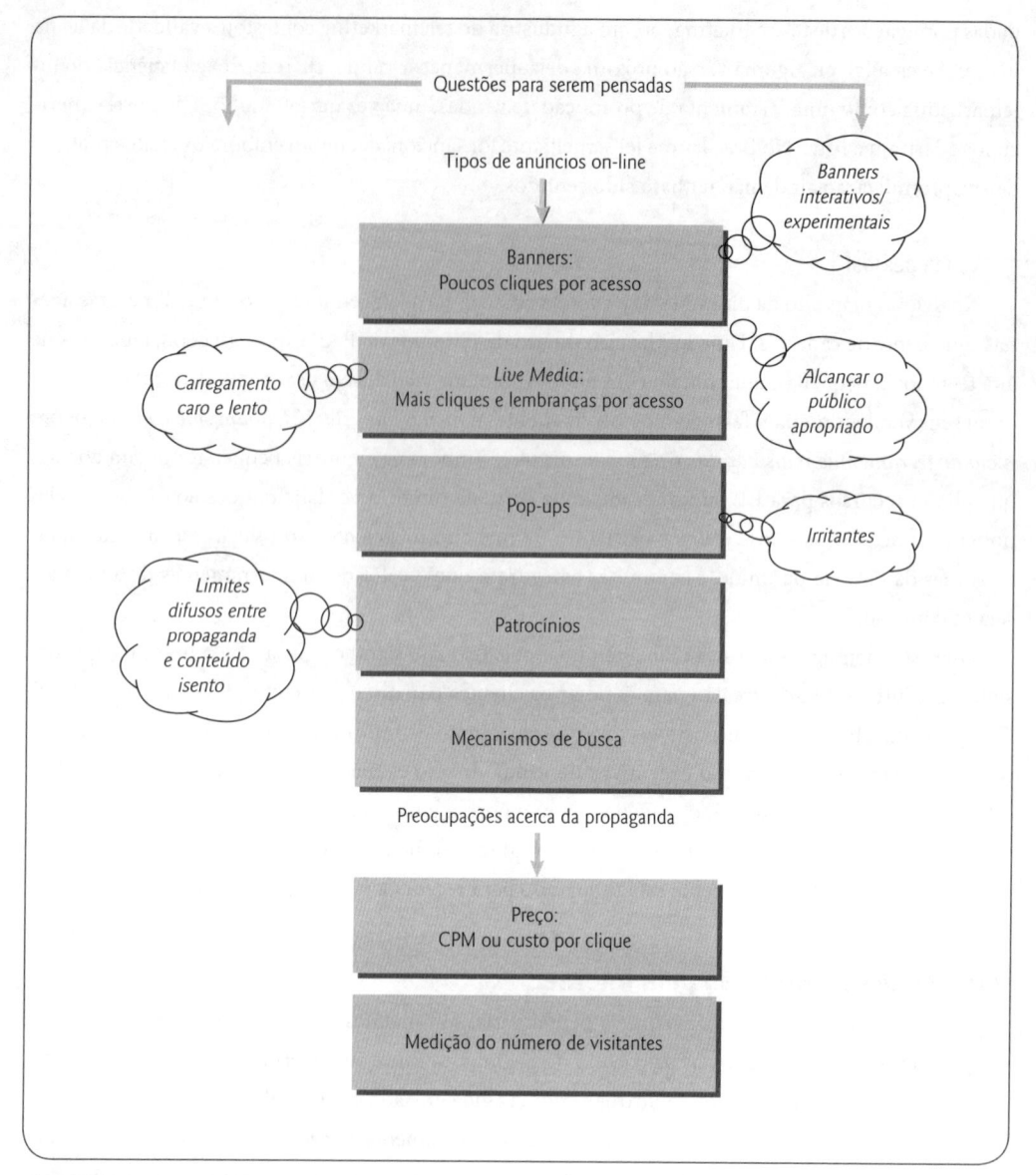

Figura 10.2 — Questões sobre propaganda on-line

Questões para serem pensadas

Tipos de anúncios on-line:
- Banners: Poucos cliques por acesso
  - Banners interativos/experimentais
- Live Media: Mais cliques e lembranças por acesso
  - Carregamento caro e lento
  - Alcançar o público apropriado
- Pop-ups
  - Irritantes
- Patrocínios
  - Limites difusos entre propaganda e conteúdo isento
- Mecanismos de busca

Preocupações acerca da propaganda:
- Preço: CPM ou custo por clique
- Medição do número de visitantes

o site visitado para ver o anúncio. Na verdade, os cliques em banners vêm diminuindo ao longo do tempo, porém, eles são baratos e eficazes em despertar a curiosidade e, com criatividade e repetição suficientes, pode-se causar um impacto. O pensamento corrente na indústria parece ser que os anúncios do tipo banner, assim como a propaganda tradicional, funcionam mais como construtores de marcas de longo prazo do que gerar vendas no curto prazo.

Inovações feitas em banners, projetadas para minimizar suas desvantagens são os *live banners*, que usam vídeo e som. Tais formas de mídia rica movimentam-se, falam, brilham ou tocam música para chamar a atenção do usuário. Os cliques em anúncios de mídia rica são em maior número do que nos outros (5,41 por cento contra 1,57 por cento).[13] Os anúncios de mídia rica funcionam porque permitem que o anunciante coloque drama, humor ou outras emoções na mensagem. Porém, esses anúncios são mais caros e exigem acesso de banda larga à Internet para serem vistos de maneira apropriada.

Outro tipo de anúncio é o pop-up, que abre uma janela separada quando o usuário muda de site. Uma variação desse tipo de anúncio é o *supersitial*, um método patenteado pela Unicast que ocupa toda a tela do computador do usuário durante 15 segundos entre as mudanças de páginas da Internet. Alguns usuários não gostam desse tipo de anúncio, porque é preciso clicar para fazê-lo desaparecer da tela. Outra mídia sem a janela de pop-up é a *shoskeles* da United Virtualities, que tem anúncios animados e que flutuam no topo da página da Internet.

O grau no qual o anúncio é apropriadamente direcionado a um público receptivo tem um efeito positivo em seu impacto. Pelos dados de *cookies* ou informações armazenadas no disco rígido de um computador acerca dos sites visitados, os usuários podem ser divididos em diferentes categorias, como os interessados em entretenimento, negócios ou esportes. Assim, o anunciante pode direcionar sua propaganda para usuários de uma categoria em particular. O que importa não é o número de pessoas que o anúncio atinge, mas sim a quantidade de pessoas certas. Um caso especial para se atingir o público-alvo é a página da Internet *patrocinada*, onde o anunciante procura associar sua marca com sites populares, usando todo tipo de anúncios de mídia de formato amplo.

Diretórios e mecanismos de busca

Os diretórios e mecanismos de busca são como as páginas amarelas da Internet. Os sites submetem suas páginas a diretórios como o Yahoo!, que contrata editores para revisar, classificar e listar as páginas segundo uma variedade de categorias de informação. Um mecanismo de busca, como o Google ou o Bing, opera de uma maneira fundamentalmente diferente: ele envia um software automatizado tipo "*spiders*" ou "*crawlers*", que exploram bilhões de páginas na Internet, catalogam seu conteúdo e as incluem listadas em seu banco de dados. Uma caixa de busca no Yahoo! ou no Google permite que o usuário procure informações por meio de palavras-chave, que são combinadas com o conteúdo das páginas do banco de dados, produzindo uma lista de páginas ranqueadas em ordem de relevância. Assim, qualquer site que queira se promover precisa submeter sua página a todos os principais diretórios e mecanismos de busca e, além disso, também é necessário inserir na página determinadas palavras-chave que sejam mais relevantes para o conteúdo inscrito nelas. A prática de inserção de palavras-chaves na página de maneira que sua classificação de relevância aumente quando o usuário as procura por intermédio dessas ferramentas é chamada de otimização do mecanismo de busca.[14]

Historicamente, a maioria das inscrições em diretórios e mecanismos de busca era gratuita, e os resultados da busca por meio de palavras-chave eram ranqueados segundo critérios objetivos, como relevância ou popularidade do site. A situação mudou em 1998, quando a Overture introduziu o conceito de *busca paga*. Essa empresa convidou os anunciantes a dar lances por determinadas palavras-chave em tempo real. Por exemplo, a Miller Brewing poderia comprar a palavra *cerveja* no Yahoo! por um período definido. Assim, cada vez que um usuário fizesse uma busca pelo Yahoo! usando esse termo, a página da Internet da Miller apareceria como primeiro resultado ou link patrocinado da página, ao passo que aqueles que dessem lances menores para a mesma palavra seriam ranqueados de acordo com os valores oferecidos. O anunciante só seria cobrado pelo lance quando um usuário clicasse em seu link. Por isso, a busca paga também é chamada de *pagamento por clique*, *pagamento por desempenho* ou *pagamento por colocação*. A busca paga também inclui caixas de texto no topo direito da página, identificados como "links patrocinados" ou "anúncios", como resposta a buscas com palavras-chave específicas. A lista daqueles que não pagaram vem abaixo dos links patrocinados e anúncios. Nos últimos anos, a busca paga emergiu como o mais eficiente tipo de propaganda on-line, com o maior retorno de investimento.[15]

Um mecanismo de busca pode levar semanas ou meses para encontrar páginas novas com um *spider* ou um *crawler* e, além disso, esses programas só alcançam determinas páginas em um site. Para uma inclusão mais rápida em seus bancos de dados, alguns mecanismos de busca, como o Yahoo!, cobram uma taxa por página chamada *inclusão paga*, que é outra ferramenta promocional disponível aos sites. Porém, o pagamento da taxa da inclusão paga não garante nenhuma posição no ranking da lista de busca além do critério objetivo de relevância.

Os *anúncios contextuais* combinam elementos dos anúncios on-line e das buscas pagas. O Google, com seu serviço AdSense, funciona como uma agência a favor de anunciantes menores. Sites que se registram no AdSense permitem que a tecnologia de busca do Google monitore seu conteúdo. Se o Google encontrar um conteúdo editorial em um site registrado que interesse a um de seus anunciantes, colocará nele um anúncio que combine com seu conteúdo.[16] Por exemplo, o Wi-Finder (www.wi-finder.com), um diretório de áreas Wi-Fi ao redor do mundo, está registrado com o Google AdSense e, regularmente, o Google coloca nele anúncios em nome de vários provedores de serviços na Internet (PSI's; em inglês, Internet Service Providers — ISP's) no site. A ideia é de que os visitantes desse site são bons alvos para os serviços de PSIs. Cada vez que o usuário clica nos anúncios, a Wi-Finder é remunerada pelo Google, que é, por sua vez, remunerado pelo PSI. Ou seja, potencialmente, todo mundo ganha: o anunciante, o Google e o site que publica o anúncio. Provavelmente, no futuro, esse tipo de anúncios on-line deverá ganhar ainda mais espaço.

O campo altamente especializado de posicionamento em mecanismos de busca não é apenas muito técnico, mas também muda rapidamente. Recomenda-se que os leitores interessados no assunto procurem referências apropriadas e atualizadas sobre o tema.

Preço do anúncio on-line: CPM ou custo por clique?

Assim como na mídia tradicional, uma abordagem é colocar o preço no anúncio em função no número de pessoas por ele alcançadas e o desejo e a capacidade de concentração em perfis demográficos específicos. Quanto mais próximo do público-alvo estiver o site e mais desejável sua demografia, maior a taxa cobrada. O custo por mil (CPM) é o custo cobrado por mil exibições de determinado anúncio. Como era de se esperar, o CPM é maior em sites que oferecem um público mais reduzido e especializado. Por exemplo, o CPM do Wall Street Journal On-line está acima de 35 dólares,[17] ao passo que a média do CPM em anúncios na Internet fica em 30 dólares.

O *custo por clique* refere-se à taxa cobrada apenas quando o anúncio é clicado pelo usuário, assim como na busca paga, o que exige a medição dos cliques no anúncio. Para o anunciante, a opção por pagar o CPM ou o custo por clique provavelmente dependerá dos objetivos da propaganda. Se o anúncio foi projetado para difundir o conhecimento da marca e aumentar a familiaridade do usuário com ela, o modelo CPM pode fazer sentido. Por outro lado, se o objetivo da campanha é desenvolver um banco de dados de possíveis clientes e passar para a venda direta, o modelo custo por clique faz mais sentido.

A cobrança por anúncios on-line depende da adoção de medidas-padrão pela indústria. O Internet Advertising Bureau é uma associação comercial de empresas de mídia on-line. Ele adotou a definição de padrões de cinco medidas-chave on-line.[18] Uma *impressão de anúncio* é a medida da resposta de um sistema de entregas de anúncio para um pedido de anúncio por meio do *browser* de um usuário; já o *clique-through* é a medida da ação iniciada pelo usuário de clicar em um elemento do anúncio que o redireciona para outro local da Internet; visita é um ou mais *downloads* de páginas de um site, sem 30 minutos consecutivos de inatividade, atribuída a um único *browser* por uma única seção. O número de *visitantes únicos* é o número de indivíduos, dentro de um determinado período, com uma ou mais visitas a um site. Uma *impressão de página* é a medida da resposta de um servidor da Internet ao pedido de uma página feito pelo *browser* do usuário. Enquanto as impressões de anúncio são as unidades para a compra em CPM, os *click-through* são as unidades para a compra de busca paga.

Uso de associados

Os associados são os sites que fornecem vendas para outros sites com os quais há um acordo de marketing. Por exemplo, a Amazon.com lista donos de websites que oferecem livros, CDs e vídeos da empresa em seus sites. A Amazon, por sua vez, paga uma comissão que vai de 5 a 15 por cento para os associados, mas não paga nada pela exposição.

Marketing viral

O marketing viral, ou marketing de referência, significa fazer ofertas tão sedutoras que as próprias pessoas as transmitam voluntariamente a seus amigos. Ele se aproveita da força dos contatos e interesses compartilhados para estimular a propaganda boca a boca via e-mail. Por exemplo, tanto a Nike como a marca de vodca Absolut permitiram que os visitantes de seus sites criassem mensagens com vídeo e música para enviar a seus amigos por e-mail, que é a principal ferramenta dessa técnica. Quando as pessoas respondem à oferta via e-mail, permitem que a empresa colete nomes e endereços eletrônicos de possíveis clientes.

Às vezes, o marketing viral é considerado um subconjunto do que os profissionais de marketing chamam de "*buzz marketing*",[19] que se baseia na ideia de aproveitar a propaganda boca a boca para gerar interesse e expectativa acerca de um produto da empresa. Essa técnica é frequentemente usada de maneira sutil (ou mesmo encoberta) pelos profissionais de marketing, que procuram formadores de tendências em determinadas áreas, os quais são, de alguma maneira, recompensados por "falar" sobre o produto com amigos. Essas estratégias podem ser tão eficientes que podem resultar em gigantescas demandas pelo produto, às vezes conhecidas como "ponto de desequilíbrio"[20] na história de um marketing de sucesso.

Marketing de permissão[21]

A ideia por trás do marketing de permissão é pedir para os clientes ou possíveis consumidores *optarem* por receber mensagens em áreas de seu interesse. Isso é muito diferente de quase todo tipo de propaganda e promoção convencional, e pode ser caracterizado como "marketing de interrupção". Além disso, o marketing de permissão usa uma abordagem muito direta com o cliente, em vez da persuasão mais velada, inerente em tentativas de marketing mais tradicionais. A Internet é um ambiente natural para o marketing de permissão em virtude da comunicação via e-mail e sua crescente capacidade de fechar vendas e, no caso de compra de produtos digitais ou de informática, concluir vendas. Em um estudo comparativo entre o retorno do investimento (em inglês, *return on investment* — ROI) do e-mail marketing *versus* a resposta direta gerada pela televisão e a mala direta, conduzido pela Direct Marketing Association, o e-mail marketing ficou em primeiro.[22] Entre as campanhas de e-mail marketing, aquelas que miravam clientes já existentes em bancos de dados internos se saíram bem melhor do que aquelas que pretendiam buscar clientes novos.

Quando a empresa recebe a permissão do cliente para enviar informações e ofertas de produtos, o negócio deve seguir as estratégias do *marketing de relacionamento*. Em vez de investir recursos na prospecção de clientes novos, o foco deve ser aumentar as vendas ou fazer vendas cruzadas com o mesmo cliente. Clientes que acreditam que o fornecedor venda produtos e serviços confiáveis a um preço justo são receptivos a esse tipo de marketing. No marketing de relacionamento, o verdadeiro valor de qualquer cliente é baseado em suas compras futuras de todas as linhas de produtos, marcas e serviços oferecidos pela empresa. Assim, embora as empresas gastem algo entre 10 e 200 dólares para conseguir um novo cliente, sua crença em seu verdadeiro valor é tão grande que todo o marketing e baixos preços iniciais podem ser compensados.

Uma informação importante é que o marketing de permissão evita o uso de sua antítese, o *spam*, que é um e-mail indesejado e enviado sem solicitação. Sua correspondência no mundo real seria o *junk mail* e o *telemarketing cold-call*. A "netiqueta", ou seja, as regras informais de etiqueta e decoro do ambiente on-line, é totalmente contra tal uso da Internet. Inúmeros sites inescrupulosos podem ensinar a enviar *spams*, mas fazer isso irrita a própria clientela que a empresa pretende atingir, por isso, o *spam* deve ser evitado a todo custo.

Propaganda pelo celular

Uma nova plataforma para a propaganda, o telefone celular, está se alastrando pelo mundo. Para os anunciantes, o valor desse novo meio é que ele permite o envio de mensagens para indivíduos que portam telefones celulares durante a maior parte do tempo e, além disso, pode ser um meio interativo instigando a pessoa a participar de alguma espécie de jogo ou competição. Em vez de mensagens de voz, esse meio faz um grande uso das mensagens de texto SMS para atingir um público jovem. As oportunidades de propaganda se expandirão ainda mais quando chips embutidos que usem a tecnologia de sistema de posicionamento global (em inglês, *Global Positioning System* — GPS) tornarem possível a personalização de serviços de propaganda locais aos consumidores. Por exemplo, ao passar por uma pizzaria, o consumidor pode receber uma mensagem de texto pelo celular que o convide a degustar uma pizza feita na hora.

A importância da gestão da marca em mercados de alta tecnologia

A importância de marcas fortes, construídas por meio do esforço em estabelecer e desenvolver uma identidade corporativa, pode ser vista em vários exemplos. Microsoft, Intel, Hewlett-Packard, Apple, Cisco, IBM, Dell, AOL e Yahoo! são nomes que vêm à nossa mente. Essas empresas usam a mídia de massa: televisão, imprensa, rádio e outdoors a fim de alcançar um grande público para definirem suas marcas.

Com base no valor da marca ou na projeção de rendimentos futuros, a *BusinessWeek* classifica as dez maiores marcas do mundo todos os anos. Nos últimos dez anos, a presença de marcas de alta tecnologia tem ficado maior; entre elas, pode-se citar Google, Microsoft, Intel, IBM, entre outras.[23] Um exemplo real de como a Samsung trabalhou para aumentar o valor de sua marca está descrito no quadro a seguir.

ESTRATÉGIA GLOBAL DE MARCA DA SAMSUNG

Durante quase três décadas, a Samsung Electronics fabricou a um baixo custo o *chip* Dynamic Random Access Memory (DRAM) para OEM's, como a Dell e a Nokia. Em 1997, a Samsung estava com graves problemas logo após a crise financeira na Ásia, com uma dívida imensa e sua marca associada a aparelhos de televisão e fornos de micro-ondas baratos. O novo CEO, Yun Jong Yong, começou cortando 24 mil empregos e vendendo 2 bilhões de dólares em atividades periféricas. Ele percebeu a oportunidade criada pela mudança da tecnologia analógica para a digital no ramo eletrônico e decretou que a Samsung só venderia produtos *high-end*. Yun contratou sangue novo de fora da empresa: Eric Kim, que se mudou da Coreia para os Estados Unidos aos 12 anos de idade e já havia trabalhado em várias empresas de tecnologia norte-americanas, foi contratado em 1999 como vice-presidente de marketing global, na sede baseada em Seul. Juntos, Yum e Kim desenvolveram e executaram uma estratégia global de marca.

Primeiro, Kim rompeu o relacionamento difícil de administrar da Samsung com 55 agências de publicidade e fechou um único contrato de 400 milhões de dólares com a Foote, Cone and Belding, da Madison Avenue, para que ela construísse uma marca global que rivalizasse com a Sony. A campanha de propaganda global apresentava modelos etéreos equipados com aparelhos da Samsung. Eles fizeram uma publicidade pesada nas Olimpíadas de Inverno de Salt Lake City, em 2002, e patrocinaram a Copa do Mundo de 2002, em Seul.[25] Um outdoor eletrônico na Times Square que apresentava produtos da Samsung com o *slogan* "Samsung DigitAll" começou a se tornar familiar para os consumidores norte-americanos.

Para competir com a Nokia e a Ericsson, a Samsung fechou um negócio de fornecimento de telefones celulares em conjunto com a Sprint PCS e conseguiu entregar 1,8 milhão de aparelhos celulares em 18 meses, metade do tempo previsto pelo contrato. Assim, a Samsung tornou-se a maior fornecedora de celulares sofisticados da Sprint PCS.

O senhor Kim cortejou com sucesso a Best Buy e convenceu a varejista a apresentar seus produtos. A Best Buy dividiu com a Samsung informações sobre as características de produto preferidas dos consumidores e a empresa as incorporou a seus aparelhos. Dois dos produtos mais vendidos da Best Buy em 2001 foram um aparelho combinado de DVD e videocassete e um produto híbrido de celular e PDA, ambos da Samsung.

Hoje, a Samsung está bem posicionada como fabricante de tecnologia de ponta global de aparelhos de televisão digital, aparelhos celulares, aparelhos de DVD e MP3. É a marca que mais vende aparelhos de televisão com preço superior a 3 mil dólares, a segunda que mais vende aparelhos de DVD e a terceira em vendas de celulares e MP3. A empresa está no caminho certo para alcançar o valor de marca da Sony entre os consumidores, mas isso exigiu um investimento significativo em propaganda, desenvolvimentos de produtos, fabricação e canais de distribuição para o varejo.

Fontes: SOLOMON, J. Samsung vies for starring role in upscale eletronics market. *Wall Street Journal*, p. 1, 14 jun. 2003; EDWARDS, C.; MOON, I; ENGARDIO, P. The Samsung way. *BusinessWeek*, 16 jun. 2003.

É claro que, além de ser uma preocupação do marketing, o *branding*, ou seja, a gestão da marca no mercado, também é uma preocupação financeira. Há indícios de que o *valor da marca* está positivamente relacionado ao desempenho financeiro da empresa e o valor de suas ações na bolsa. Em um estudo feito com empresas do ramo da computação, Aaker e Jacobson documentaram que a atitude de marca estava positivamente relacionada ao retorno financeiro e que mudanças de atitude de marca estavam positivamente relacionadas a um retorno anormal no mercado de ações.[24] Além disso, eles identificaram cinco direções possíveis para mudanças na atitude de marca:

- Grandes lançamentos (dramáticos e visíveis) de produtos novos com um forte apoio publicitário, como o ThinkPad, da IBM, ou o iMac®, da Apple, foram associados a mudanças positivas na atitude de marca.
- Registros de problemas no produto, como a "falha no ponto de flutuação" do processador Pentium, da Intel, em 1994, foram associados ao enfraquecimento na atitude de marca.
- Mudanças na direção, como a nomeação de Lou Gerstner em 1993, ou o novo envolvimento de Steve Jobs com a Apple em 1997, foram associadas com uma melhora na atitude de marca.
- Ações de concorrentes, como propagandas agressivas com comparações diretas, tiveram um impacto negativo na atitude de marca.
- Finalmente, ações legais também foram associadas a mudanças na atitude de marca. Por exemplo, quando o caso do Departamento de Justiça contra a Microsoft ganhou impacto no último trimestre de 1997, a atitude de marca da empresa caiu notavelmente.

Em 1998, o reconhecimento da marca AOL excedeu o da Yahoo!, o da Netscape e mesmo o da Microsoft, e quanto mais força a marca AOL ganhava, menos precisava gastar com marketing. Em dois anos (1996 a 1998), os custos de se tornar um novo assinante da AOL caíram de 375 dólares para 90 dólares.[26] O valor da marca AOL e a capitalização na bolsa de valores cresceram a tal ponto que ela conseguiu realizar a maior fusão de mídia da história com a Time Warner, em 2001. Logo depois, a situação começou a degringolar na AOL Time Warner, uma vez que a recessão levou a um declínio repentino na renda da propaganda da empresa. A sinergia de conteúdo esperada antes da fusão não se materializou por causa de brigas internas entre as unidades de negócios da Time Warner e a AOL. Foram descobertas irregularidades na contabilidade da AOL, e vários executivos do alto escalão saíram. Por fim, em outubro de 2003, a Time Warner resolveu retirar a marca AOL de seu nome corporativo.[27] O declínio da marca AOL ilustra a miríade de fatores que podem atingir uma marca e ilustra a necessidade de as empresas de alta tecnologia monitorarem, fomentarem e investirem continuamente na manutenção de suas marcas.

Marcas fortes possuem vantagens importantes no mercado competitivo, pois marcas bem conhecidas são, geralmente, valorizadas, resultando em margens de lucro maiores para as empresas que as vendem. Marcas fortes são usadas como símbolos ou emblemas que outorgam credibilidade e atraem a atenção em novos mercados, seja em um novo país, uma nova categoria, seja uma nova indústria.[28] Portanto, ter uma marca forte pode reduzir o risco que uma empresa enfrenta ao lançar novos produtos, uma vez que os consumidores ficam menos cautelosos ao examinar suas especificidades.

Da perspectiva do cliente, marcas fortes funcionam como um farol para o consumidor oprimido, um paraíso seguro em meio à cacofonia diária de tecnologias, produtos novos e tumulto midiático à sua volta.[29] Marcas fortes ajudam o consumidor a simplificar suas escolhas, fornecendo um atalho seguro para a tomada de decisão, visto que um segmento considerável de clientes tende a procurar o familiar dentro de um mundo confuso e tumultuado. Há quem acredite que, nos mercados de alta tecnologia, em que os produtos mudam rapidamente, uma marca forte é ainda mais importante do que na indústria de produtos de consumo empacotados[30] — um ramo que "escreveu o livro" do desenvolvimento de marcas fortes. Como a capacidade de julgar a qualidade de produtos de alta tecnologia pode faltar aos clientes, eles podem usar a reputação da marca como um meio de reduzir o risco.

Kevin Keller, um dos maiores especialistas em valor de marca, aponta que o curto ciclo de vida de produtos de alta tecnologia apresenta várias implicações significativas para a marca.[31] Primeiro, ele estimula a criação de uma marca corporativa ou familiar com associações de grande credibilidade. Por causa da frequentemente complexa natureza dos produtos de alta tecnologia e do lançamento contínuo de produtos novos ou modificações em produtos já existentes, a percepção do cliente acerca da capacidade e confiabilidade da empresa é particularmente importante. Em um ambiente de alta tecnologia, confiabilidade implica longevidade e "força de permanência". Em segundo lugar, por causa da rápida introdução de novos produtos no mercado, as empresas de alta tecnologia tendem ao uso da marca guarda-chuva para seus produtos. Isso é um erro porque cobra muito da memória do consumidor e causa confusão. Finalmente, os profissionais de marketing de alta tecnologia devem usar a marca de maneira seletiva para diferenciar grandes lançamentos de produtos novos fruto de aperfeiçoamentos menores. Por exemplo, o Intel Itanium é uma nova geração de microprocessadores 64 bit (comparado ao Pentium), ao passo que o Pentium 4 apresenta uma melhora de desempenho em relação à mesma geração de microprocessadores Pentium 3 de 32 bit.

Além de um bom entendimento do processo de construção de marcas tradicionais, construir marcas na arena da alta tecnologia, com suas ambiguidades e mudanças rápidas, requer considerações adicionais.

Desenvolvendo uma marca forte

Então, como uma empresa desenvolve uma marca forte? No mínimo, os clientes esperam que os profissionais de marketing de marcas fortes forneçam um fluxo contínuo de inovações em troca de sua lealdade, e é importante que a marca forte entregue o que foi prometido. A relação preço-desempenho não deve ser percebida como injusta, seja o cliente um fabricante de equipamento original, um usuário empresarial (comercial) ou um consumidor. Questões adicionais sobre a marca no ambiente de alta tecnologia são apresentadas no Quadro 10.1 e discutidas a seguir.

Ferramentas clássicas de propaganda e relações públicas (RP)

Fazer propaganda com uma mensagem de marca forte, enfatizando-se seu valor (*versus* preço), é um ingrediente vital para o *mix* da marca. Por outro lado, as tradicionais promoções de venda, que colocam o foco no preço, tendem a dilapidar o valor da marca. Por exemplo, quando a Nortel decidiu,

---

- Criar um fluxo contínuo de inovações com proposta de valor forte
- Enfatizar a propaganda de mídia e RP tradicionais, em vez das promoções de vendas
- Influenciar os formadores de opinião e estimular o boca a boca
- Dar uma marca à empresa, à plataforma ou à ideia
- Usar símbolos ou imagens para criar uma personalidade de marca
- Gerenciar todos os pontos de contato
- Trabalhar com parceiros (marca conjugada e marca de componente)
- Usar a Internet de maneira eficaz

Quadro 10.1 — Estratégias de marca no ambiente de alta tecnologia

em 1999, lançar uma campanha de marca corporativa para ir além de suas origens como fabricante de *switches* de telefone, ela desenvolveu anúncios que sugeriam uma imagem "*cool*" e moderna que, no passado, não era associada à empresa. Para ligar seus produtos à capacidade de trazer a Internet para o mercado corporativo, ela usou o *slogan*: "Como o mundo compartilha as ideias". A Nortel acreditou que a propaganda para o mercado de massa criaria valor para a empresa baseada em tecnologia, tanto em termos de gerar uma maior venda de produtos como também na identificação da empresa como um bom investimento para seus acionistas.[32] Nos primeiros anos da década de 2000, várias atitudes no setor servem de exemplos nesse sentido.

Porém, por causa do declínio econômico entre 2000 e 2002, muitas empresas de alta tecnologia cortaram seus orçamentos de propaganda. Mas, em 2003, muitas empresas de tecnologia *blue-chips* voltaram a anunciar.[33] A Hewlett-Packard lançou a sua campanha "Tudo é possível" para melhorar a imagem da empresa após a compra da Compaq, além de uma nova campanha "Você + HP", com o foco na imagem digital. Essa campanha retratava a HP como uma provedora completa de todas as ferramentas digitais, incluindo câmeras, impressoras, computadores, tintas e papel. O orçamento para a propaganda da HP em 2003 foi estimado em 400 milhões de dólares. A Microsoft também planejou gastar 400 milhões de dólares para sua campanha na televisão intitulada "Percebendo o potencial", retratando um garoto em várias profissões possíveis, incluindo a de astronauta. O orçamento para a publicidade da IBM em 2003 foi estimado em 600 milhões de dólares. O preço da propaganda havia baixado, e as empresas sentiram que aquela era a hora certa para estimular a demanda mais uma vez.

Influenciar os formadores de opinião e o boca a boca[34]

Muitas empresas contam com a estratégia de "influenciar os formadores de opinião" para gerar publicidade e endossar o boca a boca favorável. Isso também é um modo de *buzz marketing*, discutido anteriormente. O pessoal de RP precisa trabalhar duro para cortejar especialistas em influenciar a massa. Por exemplo, tanto a Palm como a Sony distribuíram produtos gratuitamente ou a um preço muito baixo para especialistas em tecnologia, entusiastas e formadores de opinião. Há jornalistas especializados em resenhas de produtos de tecnologia, e seus artigos têm um grande impacto na venda de novos produtos. Como resultado, esses especialistas podem tornar-se advogados de determinados produtos, gerando uma credibilidade maior que a da propaganda. O endosso de outras grandes empresas, indústrias de ponta, revistas de consumidores ou especialistas da indústria pode ajudar a alcançar a percepção necessária da qualidade do produto.[35] Ganhar tal endosso exige diferenças demonstráveis no desempenho do produto, sugerindo a importância do desenvolvimento de produtos inovadores com o passar do tempo.

Como as marcas na área de alta tecnologia não são construídas em décadas, mas em meses, o uso frequente de ofertas grátis de produtos ajuda a estimular o boca a boca, as relações públicas e a familiaridade com a marca. A Internet pode acelerar a influência do boca a boca, uma prática conhecida como marketing viral.

Dar uma marca à empresa, à plataforma ou à ideia[36]

Dada sua rápida obsolescência, dar novos nomes a produtos de alta tecnologia não é apenas proibitivamente caro; seria igualmente difícil para o cliente desenvolver uma lealdade à marca ou ao produto e, além disso, as empresas deveriam confiar em *nomes familiares* retirados ou da *empresa* ou da *plataforma tecnológica subjacente*. Tipicamente, nomes de novos produtos são modificações de nomes de outros produtos já existentes — Windows 7, por exemplo, ou Microsoft Word, Microsoft Works, Microsoft Explorer, e assim por diante. Como alternativa, a empresa pode escolher dar uma *marca para a ideia* por trás do produto, como em "Powered by Cisco" ou a campanha "Think different" da Apple.

Quando uma empresa atribui um nome novo para um novo produto deve servir para sinalizar aos clientes que a nova geração é radicalmente distinta e significativamente melhor do que as versões anteriores do produto. Independentemente disso, empresas de alta tecnologia não deveriam introduzir novas submarcas tão frequentemente.[37] Deve-se ter em mente que cada marca no mercado requer atenção específica e investimentos contínuos de recursos (financeiros, de tempo e de recursos humanos), o que pode acabar comprometendo os resultados da companhia.

Confiar em símbolos

Associações relacionadas à personalidade da marca ou outras imagens podem ajudar a estabelecer a identidade da marca, especialmente no caso de produtos parecidos ou equivalentes.[38] Por exemplo, a Kinetix, uma empresa multimídia da AutoDesk, desenvolveu um software de animação. Parte do programa *demo* trazia um bebê dançando, que ficou permanentemente ligado à marca da Kinetix.[39] Da mesma maneira, a Napster usou com sucesso um gato silencioso e inescrutável como parte da tentativa de construção de uma imagem atual, rebelde e aguçada, e seu novo dono (Roxio) declarou o desejo de usar o ícone, por causa de seu alto nível de reconhecimento e associação positiva entre ele e a marca Napster.

Gerenciar todos os pontos de contato

O serviço ao cliente é igualmente importante para a construção de um forte relacionamento com a marca. Se o cliente não conseguir o serviço de que necessita por meio dos pontos de contato com a empresa, a marca será negativamente afetada.

Trabalhar com parceiros

Além disso, marcas de alta tecnologia são alvos não só de consumidores e da comunidade financeira, mas também de parcerias e alianças. O *cobranding* é baseado na ideia da sinergia: o valor das duas marcas de empresas usadas juntas é mais forte do que o valor de apenas uma marca sozinha. A Intel confiou extensivamente em uma variação dessa estratégia, baseada na ideia da criação de uma identidade de marca para um componente usado no produto final do cliente, ou *marca do componente*,[40] que será discutido subsequentemente. O Yahoo! também contou com essa estratégia, conjugando certas áreas de seu site com marcas de parceiros.

Usar a Internet

Empresas de alta tecnologia precisam considerar o papel da Internet em suas estratégias de marca, pois a noção de marca on-line parece fazer sentido para as empresas cuja proposta de valor está intimamente ligada à Internet, como a Dell Computer. No mínimo, é necessário uma estratégia de marca eficiente para coordenar campanhas on-line e off-line.

Em vez de ser uma experiência passiva de expectador (como na mídia em que a construção de marca tradicional obteve mais sucesso), a Internet transfere para o cliente o poder e a escolha de assistir. Portanto, as táticas de marca que funcionam no mundo físico nem sempre se traduzem on-line. A Internet é tão forte como elemento de tangibilização da empresa quanto seu produto ou uma loja, por isso precisa ser mais que uma brochura ou "digitalização gratuita"[41] e deve ser usada para criar valor para o cliente. Ela precisa se comunicar e ajudar o cliente, ao mesmo tempo que constrói sua marca on-line.

Na verdade, na Internet, a *experiência do cliente* em determinado site comunica o significado da marca.[42] Um anúncio tradicional de televisão pode levar o consumidor a procurar a Internet, e ela se transforma em uma experiência. Essa estratégia dual, de primeiro dirigir o público para o site e depois garantir que a criação tecnológica e entrega de valor no ambiente virtual crie uma experiência significativa para o cliente, produz mensagens de marca on-line, porém uma das valiosas lições da explosão e do declínio do pontocom é que, embora necessária, a marca não é suficiente para o sucesso mercadológico. A Pets.com, por exemplo, construiu uma marca de sucesso com sua campanha publicitária que criou a cativante mascote "Sock Puppet" para a empresa. Mas uma boa criação de marca não compensa um modelo de negócios ruim ou a experiência do usuário.

Marca de componente

Uma estratégia de marca de componente impulsiona a demanda de usuários finais por meio dos canais de distribuição para os fabricantes de equipamento original, que se sentem pressionados a usar o componente de determinada marca nos bens que fabricam. Profissionais de marketing que trabalham com vendas para empresas reconhecerão que essa estratégia é projetada para estimular a *demanda derivada*: a demanda por componentes derivada da demanda do cliente final pelos produtos usados em sua fabricação.

Fornecedor do componente	→ OEM	→ Varejo	→ Cliente
Intel	HP	Best Buy	Você

Normalmente, essas estratégias funcionam com o fornecedor do componente, contribuindo com verba de propaganda cooperativa para o OEM, que apresentará o componente na propaganda de seu próprio produto. Usando essa estratégia de campanha, a Intel fez que o nível de conhecimento de seu produto aumentasse de 22 por cento em 1992 para 80 por cento em 1994.[43] Essa verba de propaganda cooperativa é, normalmente, fornecida em porcentagem de produto comprado. Por exemplo, em certa ocasião, dentro de seu programa de propaganda corporativa, a Hewlett-Packard separava 3 por cento do que um revendedor comprava em produtos HP em uma conta de propaganda cooperativa. Quando o revendedor colocava um anúncio seu apresentando também o produto da HP, enviava uma cópia do anúncio para a empresa juntamente com uma cópia da fatura cobrada pela mídia em que o produto foi anunciado, e a HP dava a esse revendedor uma participação retirada da conta de propaganda cooperativa.

Vantagens e desvantagens da marca de componente

Como mostra o Quadro 10.2, a marca de componente tem suas vantagens e desvantagens. De um lado, o conhecimento da marca criado pela estratégia produz uma vantagem competitiva no mercado

	Prós	**Contras**
Fornecedor	Cria vantagem competitiva	Alto custo Possibilidade de riscos caso o produto do fabricante apresente problemas Conflitos com grandes OEM's
Grande fabricante de equipamento original OEM		Desgasta a capacidade de diferenciação Corre risco se o produto do fornecedor apresentar problemas de desempenho Pode ter a qualidade do produto contestada sem a marca do fornecedor Preocupação com a integração futura do fornecedor
Pequeno OEM	Empresta credibilidade a seu produto Consegue apoio para propaganda	Corre risco se o produto do fornecedor apresentar problemas de desempenho

Quadro 10.2 — Prós e contras da marca de componente

para o fornecedor do componente, e essa estratégia estabelece uma preferência pela marca entre os usuários, permitindo que a empresa resista à concorrência crescente e imponha sua própria identidade. Porém, fica caro desenvolver um nome de marca forte para um componente e fornecer a verba de propaganda cooperativa para que a estratégia funcione. Além disso, se um fabricante de equipamento original participante do programa tiver algum problema de desempenho em seu produto, isso pode afetar a reputação do fornecedor, que também ficará manchada. (Vale observar que esse efeito pode funcionar em ambas as direções: se o componente do fornecedor apresentar problemas de desempenho, a imagem do OEM também será manchada.) E, como será discutido adiante, essa estratégia pode criar conflitos com os grandes clientes do fornecedor que são OEM.

Da perspectiva do pequeno OEM, usar a estratégia de marca conjugada pode emprestar credibilidade à sua marca, tornando-a mais competitiva com marcas mais fortes no mercado. Pequenas empresas podem se beneficiar do compartilhamento de despesas com a publicidade por meio dos fundos de propaganda cooperativa.

Porém, para grandes fabricantes de equipamento original, a estratégia pode desgastar a capacidade de marcas de ponta no mercado, como a IBM, em diferenciar seus produtos. Os clientes do mercado frequentemente assumem que os líderes na indústria têm algo especial em seus produtos e, com a estratégia de marca conjugada, começam a perceber que os produtos desses líderes têm os mesmos componentes de marcas menos conhecidas. Isso pode causar um conflito entre o fornecedor do componente e os OEMs-chave no mercado, dificultando o gerenciamento do relacionamento estratégico.

Uma estratégia de marca de componente também pode causar problemas quando o OEM tem objetivos diferentes no mercado.[44] Por exemplo, o fornecedor do componente quer que o usuário final exija seus mais novos chips — aqueles vendidos com a maior margem de lucro. Para direcionar a engrenagem, os fornecedores costumam investir somas gigantescas em pesquisa e desenvolvimento, e da perspectiva do fornecedor, o melhor dos casos é ter um grande número de OEMs competindo na mesma faixa de preço.

Mas a estratégia do fabricante pode ser diferente. Por exemplo, a Compaq, no início da década de 1990, queria desenvolver um grande mercado de massa para PCs relativamente baratos, o que poderia ser feito de modo eficiente por meio do uso de componentes baratos em vez de chips semicondutores de ponta. (O preço que o fabricante paga pelo chip ao fornecedor gira em torno de 20 a 25 por cento do custo do PC.) Com essa estratégia, o OEM demonstra não estar tão interessado em trabalhar com um fornecedor que desenvolveu uma marca forte para seu componente e cobra mais por essa marca. Assim, grandes fabricantes podem tentar cultivar ativamente ligações com outros fornecedores para evitar a dependência de um único fornecedor de componente com marca forte.

Mas, se um OEM vende produtos sem contar com um acordo de marca conjugada, produtos sem o logo do componente (por exemplo, "Intel Inside") podem levantar suspeitas entre os consumidores no mercado. Por fim, se o fabricante temer que o fornecedor do componente tente entrar futuramente no mercado (digamos, se a Compaq recear que a Intel desenvolva sua própria linha de PCs), não participará da estratégia da marca conjugada, que apenas serviria para que a empresa fornecedora desenvolvesse uma marca forte e se tornasse uma concorrente no futuro.

Conciliar essas tensões parece quase impossível, mas estar consciente delas pode, ao menos, ajudar as empresas a fazer escolhas melhores.

Marcas em pequenas empresas

Pequenas empresas frequentemente enfrentam restrições de recursos para construir uma marca. Uma maneira barata de entrar em qualquer mercado é a estratégia sem marca, e encontrar uma ou mais empresas grandes que revendam o produto com suas próprias marcas é uma boa maneira de iniciar um negócio. A Samsung começou assim, na área de semicondutores. Se a pequena empresa quer ter e construir relacionamentos diretos com os usuários finais, a marca é essencial, e a criatividade no programa de marketing tem de compensar o baixo orçamento.[45] Uma empresa pequena precisa se concentrar em uma ou duas marcas com uma ou duas associações-chave. Mensagens criativas conseguem chamar a atenção e fazer que as pessoas experimentem o produto, porém a qualidade do produto e a experiência do cliente são essenciais para construir a preferência pela marca ou lealdade com o tempo. O Google foi cofundado por dois estudantes de ciência da computação da Universidade de Stanford, Larry Page e Sergey Brin. A ideia era um mecanismo de busca com uma interface simples e limpa que produzisse os resultados de busca mais relevantes, associação que foi reforçada pela experiência do usuário. Resultados de busca superiores deram a eles publicidade gratuita no *USA Today*, *Le Monde* e *PC Magazine*, levando o Google a ser atualmente uma das marcas mais sólidas da Internet.

Pré-anúncios de novos produtos

Na Vaporware Hall of Shame da Gamespot (http://www.gamespot.com/features/vaporware/index.html) há algo mais ou menos assim:

> Como você se sentiria se visse dezenas de anúncios de um produto novo, mas, quando fosse comprar, descobrisse que ele só estaria à venda dali a vários meses? Ou se você lesse uma resenha fantástica sobre outro produto novo, mas fosse informado pelo vendedor da loja de que ele ainda não havia chegado — e que levaria meses para isso acontecer?

Situações como essas ocorrem regularmente no mundo dos jogos para computador, e nessa indústria elas são conhecidas como *vaporware*: produtos que são anunciados antes de ficarem prontos para o mercado.[46] Formalmente conhecidos como *pré-anúncios*[47] — ou uma comunicação formal deliberada feita antes de a empresa concretizar uma ação particular de marketing (por exemplo, enviar o produto para as lojas) —, eles são uma maneira de sinalização de mercado que transmite informações sobre as futuras intenções da empresa para concorrentes, clientes, acionistas, funcionários, membros de canais de distribuição, empresas que fabricam produtos complementares, especialistas na indústria e observadores. Por causa da sua versatilidade, o pré-anúncio é uma ferramenta muito sedutora para comunicações de marketing estratégicas.

Empresas de alta tecnologia preanunciam produtos novos rotineiramente. Em 28 de abril de 2003, a Apple lançou o serviço iTunes para downloads de músicas. Inicialmente, ele só estava disponível para o sistema operacional Apple Mac OS X. Na época, a Apple preanunciou que lançaria um serviço iTunes para o Windows antes do fim do ano; no dia 9 de outubro, a Roxio anunciou que lançaria seu serviço de downloads de músicas, o Napster, para o sistema Windows no dia 29 de outubro. Para não ser ultrapassada pelo Napster, a Apple lançou o iTunes para o Windows no dia 16 de outubro, conseguindo uma liderança de duas semanas e vitória de suas RP sobre o Napster.[48] Recentemente, pode-se observar o emprego dessa estratégia no que ficou conhecido como "Guerra dos *Tablets*": grandes fabricantes, entre eles Motorola, Blackberry, HP, Asus, Samsung, tentando garantir um lugar ao sol contra o pioneiro iPad, da Apple, agora em sua segunda versão no mercado e com a terceira já engatilhada.

Vantagens e objetivos do pré-anúncio

As empresas decidem preanunciar novos produtos por vários motivos. Para maximizar seu valor, a empresa precisa ter uma intenção clara ao fazer o pré-anúncio. Como mostra o Quadro 10.3, fazendo o pré-anúncio, a empresa pode conseguir uma *vantagem pioneira*, criando barreiras à entrada de entrantes tardios. Ao anunciar os produtos antes que eles estejam totalmente disponíveis, a empresa consegue se antecipar a comportamentos competitivos. Por exemplo, a fabricante de equipamentos de rede Alteon Web Systems Inc. deixou vazar notícias sobre seu novo produto um ano antes, para "congelar" o mercado de equipamentos equivalentes dos concorrentes. Sua CEO, Selina Lo, disse que essa foi uma estratégia para ganhar uma vantagem competitiva.[49]

O pré-anúncio também pode *estimular a demanda*. Ao ajudar o desenvolvimento do boca a boca e o apoio do formador de opinião, o pré-anúncio pode acelerar a adoção e difusão de uma inovação quando o produto chegar ao mercado. Além de construir um interesse pelo produto entre os membros do canal de distribuição e clientes, outro fator relacionado ao comportamento do cliente é *encorajá-lo a retardar a compra*, até que o novo produto da empresa esteja disponível no mercado. Esse motivo é principalmente usado para itens mais caros que são comprados com menos frequência.

O pessoal da área de negócios diz que anunciar um produto antes que ele esteja pronto para o mercado é uma "tradição valiosa" na indústria do software divulgando os planos futuros de novos produtos da empresa. Esse pré-anúncio pode ser benéfico para o cliente quando o *ajuda a planejar suas necessidades futuras* ou quando permite que ele *tenha um input* para desenvolver um produto mais útil. Em geral, usuários precisam saber antecipadamente quais são os planos de fabricantes de

Prós	Contras
Vantagem pioneira: antecipar-se aos concorrentes	Alertar os concorrentes
Estimular a demanda	Atraso no produto pode danificar a reputação ou pôr em risco a sobrevivência da empresa
Encorajar o cliente a retardar a compra	Canibalizar produtos atuais
Ajudar no planejamento do cliente	Confundir o cliente
Ganhar o retorno do cliente	Criar conflitos internos
Estimular o desenvolvimento de produtos complementares	Gerar preocupações antitruste
Fornecer acesso à distribuição	
Perseguir a posição de liderança	

Quadro 10.3 — Prós e contras do pré-anúncio

software porque o produto é essencial para seu próprio negócio. Assim, as versões alfa e beta (protótipos usados para testar e sofisticar programas) podem ser enviadas para usuários de vanguarda meses antes de o programa se tornar comercialmente disponível, o que dá a clientes, membros de canais de distribuição e OEMs tempo para preparar sua operação para o novo produto, além de fornecer à empresa um retorno de mercado valioso.

Outras vantagens e motivos para o uso do pré-anúncio podem incluir o *estímulo, desenvolvimento e marketing de produtos complementares* e o *fornecimento de acesso à distribuição*. Finalmente, um dos motivos-chave para a propensão da empresa em preanunciar é *perseguir a posição de liderança visível dentro da indústria*.[50]

Desvantagens do pré-anúncio

Os benefícios da estratégia de pré-anúncio precisam ser equilibrados com o seu preço. O pré-anúncio pode *alertar os concorrentes* sobre o que está por vir, dando-lhes uma oportunidade de reagir ao novo produto.[51] Por exemplo, a Storage Technology Corporation assumiu uma estratégia proativa, preanunciando uma inovação em sistemas de armazenamento de dados usados por grandes clientes corporativos. Porém, atrasos em seu desenvolvimento deram vantagem aos seus concorrentes, que conseguiram ultrapassá-la no mercado. A EMC Corporation e a IBM conseguiram lançar sistemas similares e capitalizar o pré-anúncio da Storage Technology. Na verdade (e apesar do desejo de usar o pré-anúncio para conseguir uma vantagem pioneira), o risco de alertar os concorrentes é um dos motivos pelos quais a propensão ao pioneirismo de uma empresa é *negativamente* relacionada ao uso de pré-anúncios.[52] Preocupações sobre a retaliação competitiva e o risco de atrasos combinam-se de tal maneira que uma empresa que procura uma vantagem pioneira pode chegar a evitar pré-anúncios.

De fato, o pré-anúncio de produtos pode transformar-se em um *vaporware* e não chegar a se materializar. Por causa da complexidade do processo de desenvolvimento de produtos de alta tecnologia, os *atrasos* são, às vezes, inevitáveis. Tais dificuldades na entrega do produto preanunciado podem *danificar a reputação da empresa*.

O pré-anúncio pode resultar em uma *canibalização* da atual linha de produtos da empresa, causada quando os clientes retardam a compra de produtos disponíveis, antecipando o lançamento dos novos. Em casos extremos, a combinação de canibalização com atrasos na entrega do produto pode ser *catastrófica para a empresa*, como descobriu a Storage Technology no início da década de 1990. Seu novo produto, de codinome Iceberg, foi formalmente preanunciado em janeiro de 1992, com previsão de entrega de um ano e possibilidade de reserva antecipada. Porém, por causa de problemas no desenvolvimento e de software com problemas, a versão beta só ficou pronta no início de 1994, e o produto só foi disponibilizado mais tarde naquele mesmo ano. Durante esse tempo, clientes irritados cancelaram os pedidos, a empresa perdeu cerca de 189 milhões de dólares, e suas ações despencaram 76 por cento, de 78 para 18,5 dólares cada.[53] Outras desvantagens do pré-anúncio incluem o risco de *confundir o cliente* que tenta comprar o produto, achando que ele já esteja disponível. O pré-anúncio também pode *causar conflitos internos* entre os departamentos, frustrando os esforços e objetivos de outro grupo. Por exemplo, a engenharia pode preferir o sigilo, mas os escritórios financeiros podem querer enviar sinais antecipados para o mercado.

Finalmente, as *preocupações antitruste* podem levar a empresa a evitar as estratégias de pré-anúncio, em particular nas empresas líderes. O *vaporware* pode ter efeitos nocivos no mercado quando a empresa não tem intenção de seguir a programação anunciada, que foi usada apenas como uma tática competitiva no mercado para prejudicar os concorrentes. Quando o Departamento de Justiça investigou a Microsoft, censurou o uso frequente de *vaporware* que os executivos sabem ser fraudulentos.[54] Quando o pré-anúncio é usado para o único propósito de fazer que os clientes não comprem um produto do concorrente, a intenção predatória é considerada anticompetitiva e sujeita às regras das leis antitruste. E há quem acredite que grandes empresas do mercado — como a Microsoft — precisam seguir os mais altos padrões legais, por causa do prejuízo provável à competitividade do mercado.[55]

Considerações táticas sobre a decisão de pré-anunciar

Para tomar a decisão de preanunciar um novo produto, a empresa precisa considerar vários fatores táticos, mostrados na Figura 10.3. Eles incluem o momento certo de fazer o anúncio, a natureza e a quantidade de informação, os veículos de comunicação que serão usados e a definição do(s) público(s)-alvo.[56]

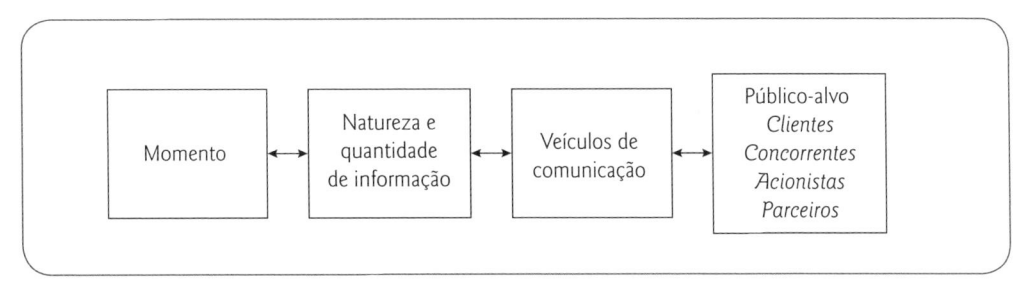

Figura 10.3 — Considerações táticas sobre a decisão de preanunciar

Momento certo

O momento certo de fazer o pré-anúncio precisa levar em consideração vários fatores, incluindo as vantagens e desvantagens relativas a:
- Grau de inovação e complexidade do novo produto.
- Natureza do custo de troca do cliente e duração do processo de compra.
- Momento certo da determinação final dos atributos do produto.

Pré-anúncios precoces (muito distantes do lançamento do produto) são particularmente úteis quando o novo produto precisa de complementos para seu sucesso, para produtos altamente novos e complexos que gerarão incerteza para o comprador, para produtos que têm um longo processo de compra ou para aqueles que têm alto custo de troca para o comprador.

Pré-anúncios tardios (mais próximos do lançamento do produto) fazem mais sentido quando a empresa precisa esconder de possíveis concorrentes informações sobre o novo produto, quando as características do produto forem estabelecidas no fim do processo e quando a empresa quer minimizar os riscos de canibalização. Independentemente disso, o pré-anúncio precisa estar *sincronizado com o ciclo de compra do cliente*. Por exemplo, se o cliente leva cerca de seis meses para decidir fazer uma nova compra, um pré-anúncio feito seis meses antes do lançamento do produto é aceitável.[57]

Informação

A empresa precisa considerar a quantidade e o tipo de informação incluídas no pré-anúncio. Alguns relativos a novos produtos contêm informações sobre seus atributos, como ele funciona e como ele se compara aos produtos já existentes no mercado, ao passo que outros contêm informações muito limitadas. Dados sobre preços e data de entrega também podem ser importantes, e os veículos de comunicação podem incluir feiras, propaganda, *releases* ou conferências para a imprensa. O público-alvo dessa informação pode incluir consumidores, concorrentes, acionistas e parceiros.

Outras considerações

Em seu estudo sobre o comportamento do pré-anúncio de um novo produto, Eliashberg e Robertson descobriram que eles são úteis sob as seguintes condições:[58]
- Para empresas com pouco domínio de mercado, que correm pouco risco de canibalização.
- Para empresas menores, que enfrentam menos preocupações antitruste.
- Quando a empresa acredita que os concorrentes não responderão antecipadamente ao pré-anúncio. Isso é mais provável em empresas com P&D e tecnologias especializados (por exemplo, a indústria farmacêutica especializada em medicina terapêutica tem um número menor de concorrentes que possivelmente reagirão). O uso de patentes também pode reduzir a reação competitiva.
- Se o produto requer um aprendizado por parte do consumidor ou se o consumidor terá custo na troca, preanunciar pode ser vantajoso para acelerar o processo de aprendizado. O pré-anúncio pode encorajar o planejamento do cliente para mudar para a nova tecnologia e ajudá-lo a padronizar as especificações-chave e sistemas operacionais.

Por outro lado, a empresa pode *não* se beneficiar do pré-anúncio quando:
- Tem um forte portfólio de produtos e ele pode encorajar o cliente a adiar compras. (No entanto, marcas fortes também podem ser usadas contra pré-anúncios da concorrência.)
- Empresas grandes correm mais risco por causa de interferências de comportamento predatório.

O papel da comunicação de marketing no relacionamento com o cliente

Outro papel importante para as ferramentas de propaganda e promoção é desenvolver e manter um relacionamento com o cliente. O *marketing de relacionamento com o cliente* permite que a empresa crie um relacionamento longo e vantajoso para ambas as partes, resultando em maior lealdade e incremento das vendas. Como foi dito nos capítulos 3 e 9, embora o marketing de relacionamento com o cliente seja uma ferramenta importante, nem todos os clientes compensam os esforços intensivos de tempo e os custos necessários para tal. Resulta disso, que muitas empresas classificam seus clientes baseadas no volume e lucro que terão conforme seus cálculos.[59] Identificar, reconhecer e recompensar os melhores clientes para manter seu comportamento lucrativo faz sentido. Um livro recente apontou que 20 por cento dos clientes de uma empresa geram quase todo o seu lucro ("clientes anjos"), ao passo que outros 20 por cento dos clientes aniquilam valor ("clientes demônios").[60]

Por exemplo, por meio de um banco de dados de clientes, uma empresa de telecomunicações pode identificar quais clientes ("os bons") compram serviços com maior margem de lucro (ou seja, demandam proporcionalmente menos atenção e investimentos de marketing) comparados àqueles que gastam a mesma coisa, mas custam muito mais para serem mantidos ("os ruins"). Clientes que gastam pouco e provavelmente não gastarão mais no futuro ("os feios") não devem receber o mesmo nível de serviços ou atenção do marketing, o que diminui os custos da empresa.[61] Peneirando as informações sobre padrões de cada cliente, perfil demográfico, produtos e serviços usados e dados relacionados, a empresa consegue identificar os clientes menos lucrativos que têm potencial para se tornarem mais lucrativos no futuro. A empresa também pode determinar uma quantia máxima a ser gasta com o marketing para um cliente em particular antes que ele gere prejuízo.

Discute-se a seguir a utilização para esse fim de software sofisticado para o gerenciamento do relacionamento com o cliente. As empresas estão usando bancos de dados de clientes para comparar o *mix* de marketing e serviços necessário para conquistar e manter cada cliente individual com a receita provável que esse cliente vai gerar. Também conhecido como *marketing de banco de dados* ou *marketing um a um*, esses esforços permitem que os profissionais de marketing classifiquem os clientes individualmente e com precisão.

Categorias de clientes

Como mostra a Figura 10.4, a empresa pode, no mínimo, identificar quatro segmentos de clientes, com base na participação da empresa nas compras do consumidor e no nível de consumo relativo da categoria.[62]

1. **Baixa participação — baixo consumo.** São clientes que consomem pouco e cujas compras são pouco lucrativas para a empresa. A menos que haja uma razão sedutora para investir nesse cliente (São formadores de opinião? Seu *status* de compra pode mudar futuramente, por exemplo, no caso de um estudante universitário?), a empresa deve evitá-los, fornecendo uma base baixa de comunicações e serviços de reforço.

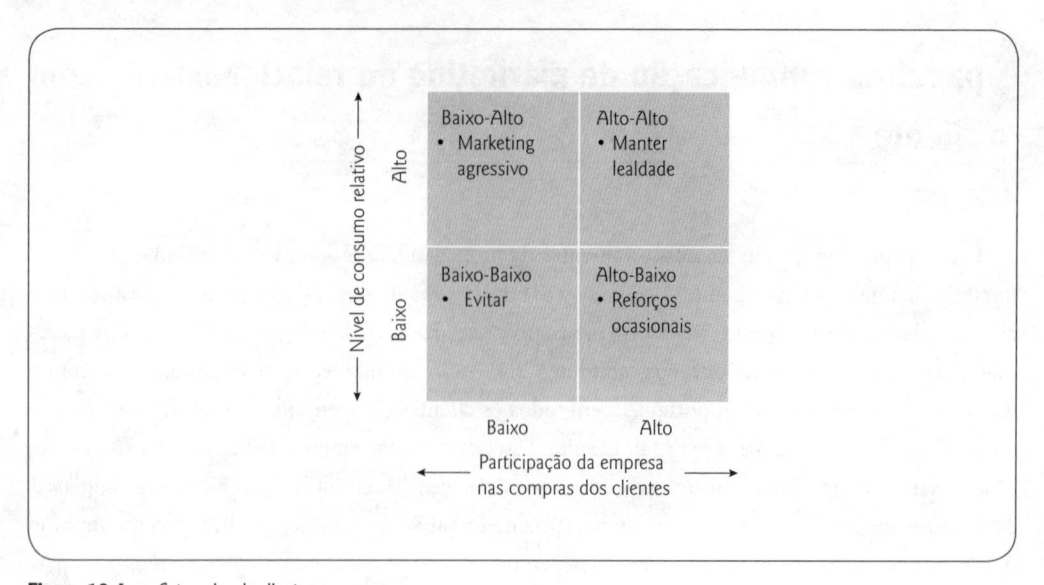

Figura 10.4 — Categorias de clientes
Fonte: BARLOW, R. Reap what you reward. *The DMA Insider*, p. 35-8, 1989.

Em casos extremos, a empresa pode decidir suprimir o indivíduo de sua base de clientes —; por exemplo, quando o cliente consome mais recursos do que dá retorno. Embora tal noção seja um anátema para muitos iniciantes em alta tecnologia (com salários para pagar, aluguel vencendo e investimentos em infraestrutura a fazer), a empresa precisa proteger seus recursos com sabedoria. Na verdade, a parte mais difícil de ser um empreendedor pode ser aprender a desistir de um negócio. Porém, essa pode ser a única maneira de sobreviver e crescer quando o cliente desvia a empresa de sua missão, de seus valores e de sua área de atuação. Além disso, dizer sim para o negócio errado pode abater o moral dos funcionários.[63]

Como a empresa pode dizer não? Ela pode recomendar, educadamente, um concorrente cujos valores e habilidades estejam mais de acordo com as necessidades do cliente, ou, baseada no princípio de preço discutido no Capítulo 9, ela pode cobrar um preço suficientemente alto, de maneira que a conta se torne mais lucrativa, caso o cliente não desista. É claro que essa estratégia oferece riscos, pois, se for feita da maneira incorreta, alienar clientes pode custar à empresa uma propaganda boca a boca negativa. Além disso, se a empresa rejeitar os clientes errados — aqueles que poderiam se tornar grandes gastadores no futuro — a decisão pode ser irreversível. Apesar dos riscos, não faz sentido manter um cliente que não gere lucro.

2. **Alta participação — baixo consumo.** São clientes relativamente leais à empresa, mas gastam relativamente pouco na categoria. Embora sejam razoavelmente lucrativos, se tiverem pouco potencial de crescimento, a empresa deve tentar mantê-los no nível mínimo de investimento de marketing. Ela deve se comunicar de maneira a dar ao cliente uma sensação de que ele é especial, fornecendo bônus eventuais, que devem ser suficientes para sustentar seu nível de atividades atual.

3. **Baixa participação — alto consumo.** Embora a participação da empresa nas compras desses clientes seja relativamente pequena, esse tipo de cliente representa uma grande oportunidade,

dado o alto nível de consumo na categoria. Muitas empresas não sabem quanto esses clientes gastam. Por exemplo, se uma empresa soubesse que 15 por cento de seus melhores clientes compram quase o dobro de produtos de um concorrente, imagine como o marketing direcionado a eles mudaria. Quando clientes com grande potencial são identificados, o objetivo é aumentar o lucro da empresa de maneira agressiva, convencendo-os a mudar para seus serviços e consolidando sua lealdade, o que pode exigir serviços com valor agregado significativo, de maneira a sobrepujar sua lealdade atual.

4. **Alto lucro — alto consumo.** São as meninas dos olhos da empresa e representam, para o concorrente, clientes desejáveis que devem ser seduzidos. O objetivo é manter o alto nível de gasto de tais clientes e, ao mesmo tempo, aumentar seu comprometimento com a empresa.

Como a empresa pode concretizar as ideias aqui apresentadas? Vamos imaginar uma situação hipotética. Uma empresa de telecomunicações móvel sabe que precisa, por exemplo, de 350 dólares em média para conquistar um novo cliente e cerca de 35 dólares por mês em serviços para mantê-lo. Dado um rendimento de 60 dólares por mês por cliente, cada um deles precisará ser mantido por, no mínimo, 14 meses para ser lucrativo. Saindo da média e passando para o ranque dos clientes que estamos defendendo aqui, essa empresa pode descobrir que um cliente específico que está usando a tecnologia móvel para sua segurança pessoal é potencialmente volúvel (capaz de mudar para outra empresa baseado em ofertas de preço) e frequentemente liga para o atendimento ao cliente com dúvidas. Com dados adicionais, a empresa pode descobrir que esse cliente está na categoria baixo-baixo e decide não iniciar a típica campanha de telemarketing ou mala direta usada com a base de seus clientes. Por outro lado, outro cliente pode usar essa tecnologia no lugar de telefones fixos tanto para uso pessoal como para seus negócios e recorre à Internet para os serviços de atendimento ao cliente. Esse tipo de uso faz que uma mudança de empresa seja mais cara para o cliente. Dependendo de seu consumo relativo na categoria, ele se encaixará no terceiro ou quarto tipo de cliente, que definitivamente justifica uma atenção especializada e um marketing inteligente que lhe venda outros produtos.

A mensagem essencial aqui é que é inteiramente apropriado — na verdade, imperativo — a empresa segmentar seus clientes tendo a lucratividade como base. São necessárias diferentes estratégias para o sucesso com diferentes tipos de clientes. Além disso, como abordaremos a seguir, em um ambiente dinâmico, em que as inovações são rápidas, as estratégias de gerenciamento do relacionamento com o cliente podem incluir mais que o procedimento-padrão de conhecer o valor do cliente ao longo de seu ciclo de vida (em inglês, *lifetime customer value*).

Estratégias de gerenciamento do relacionamento com o cliente

Estratégias para manter os relacionamentos proativos com o cliente vão além de coletar informações e fazer o marketing baseado no banco de dados. Como mostra o Quadro 10.4, Rashi Glazer identifica seis estratégias úteis em ambientes de mercado turbulentos.[64]

Conquistar o cliente baseia-se no objetivo de ter a maior participação possível nas compras totais do cliente no decorrer de seu ciclo de vida. Com a comunicação interativa, a empresa pode usar as informações recolhidas durante encontros e transações anteriores para vender mais produtos que sejam apropriados ao consumidor. Nesse caso, uma vez que a empresa conseguiu o cliente, qualquer

Conquistar o cliente	Semelhante ao marketing de banco de dados. Usa informações de interações passadas com o cliente para fazer ofertas futuras a partir de suas necessidades particulares. O objetivo é conquistar a maior participação possível nas compras totais do cliente no decorrer do tempo (valor do cliente ao longo de seu ciclo de vida)
Prospecção orientada por evento	Baseado em informações sobre clientes que podem iniciar um processo de compra, o marketing é orientado para um evento particular do ciclo de vida (formatura, primeiro emprego etc.)
Organização ampliada	Dissolve as fronteiras funcionais entre empresas, permitindo que uma empresa gerencie as atividades da outra em sua cadeia de valor. Cria um alto custo de mudança para o cliente
Manage by wire	Guia interações com o cliente com base em uma combinação de tomada de decisão humana e um sistema de computação especializado (um tipo de inteligência artificial)
Personalização de massa	Fabricação flexível de bens produzidos em grande escala que ajusta os produtos às necessidades individuais do cliente
Gerenciamento por renda	Adapta os preços de acordo com a sensibilidade de preço de diferentes clientes com o objetivo de maximizar o retorno

Quadro 10.4 — Estratégias de gerenciamento do relacionamento com o cliente

Fonte: Reimpresso de GLAZER, R. Winning in smart markets. *MIT Sloan Management Review*, p. 56-69, verão 1999, com permissão da editora. Copyright 1999, Massachusetts Institute of Technology.

custo de aquisição pode ser amortizado por meio de várias transações de produtos/serviços adicionais e diferentes. Por exemplo, os esforços de venda por *telemarketing* da Oracle Software são guiados por um banco de dados de relacionamento sofisticado, a partir do qual, quando um representante da Oracle interagir com um possível cliente empresarial, poderá usar todas as informações relevantes sobre o produto em questão, as ofertas dos concorrentes e todas as interações prévias com o possível cliente (incluindo as interações feitas com outros funcionários do mesmo cliente empresarial). O sistema documentou taxas de sucesso de mais de 90 por cento para clientes que após uma única ligação ou compraram o produto ou se tornaram possíveis vendas altamente qualificadas.[65]

A *prospecção orientada por evento* é baseada na habilidade da empresa em armazenar informações sobre os clientes que podem iniciar um processo de compra. Por exemplo, quando um filho se forma na faculdade, uma construtora pode enviar à família um anúncio com uma oferta de venda de salas comerciais como um presente de formatura que o filho pode precisar para montar seu consultório/escritório.

As estratégias de *organização ampliada* dissolvem ligações funcionais entre empresas e permitem que uma empresa gerencie as atividades da outra em sua cadeia de valor. Por exemplo, a Federal Express (FedEx) desenvolveu um sofisticado sistema de softwares que permite gerenciar a logística de seus clientes, o que cria um alto custo de mudança para o cliente.

As estratégias de *management by wire* guiam as interações com os clientes baseadas em uma combinação de tomada de decisão humana e um sistema de computação especializado (um tipo de inteligência artificial). Por exemplo, a indústria de planos de saúde norte-americana está migrando para um modelo no qual quando o cliente liga para uma empresa de planos de saúde com dúvidas a pessoa no telefone é guiada por um elaborado roteiro feito por um computador, atualizado continuamente, baseado em centenas de registros de clientes sobre como tratar o problema.

A *personalização de massa*, ou fabricação flexível, adapta os produtos às necessidades individuais do cliente. Por exemplo, a Dell Computer baseou seu modelo de negócios em torno da personalização de massa. Embora o modelo exija um investimento inicial significativo em custos fixos, as unidades personalizadas podem ser feitas com pouco custo marginal. A empresa também pode evitar os pesados custos de inventário com esse modelo.

O *gerenciamento por renda* (também conhecido como preço inteligente, ou preço dinâmico, tratado no Capítulo 9) é baseado na precificação adequada à sensibilidade do cliente com relação a esse valor. A estratégia foi usada de maneira pioneira pelas empresas aéreas, que recorrem a algoritmos sofisticados para determinar o preço dos assentos, de modo a maximizar o retorno. Essa técnica é apropriada sob condições semelhantes às da personalização de massa: custos fixos altos, baixo custo marginal para unidades adicionais e o fato de o produto não poder ser inventariado.

Software de gestão do relacionamento com o cliente

A principal ferramenta utilizada para implementar as sofisticadas estratégias usadas no marketing de relacionamento com o cliente, cuja premissa é recolher e usar informações detalhadas sobre cada interação do cliente com a empresa, é o software de gestão do relacionamento com o cliente (em inglês, *Customer Relationship Management* — CRM).

Em um nível amplo, esses softwares são usados para recolher dados de clientes a partir de qualquer ponto de contato da empresa. Essas aplicações de marketing um a um fornecem a capacidade de se rastrear o lucro por cliente; detectar insatisfações antes que ele deixe a empresa; ou melhorar as vendas do produto, bem como a permanência, a lealdade e os rendimentos. Há indícios de que um aumento de 1 por cento na satisfação do cliente pode levar a um aumento de 3 por cento na capitalização de mercado de uma empresa.[66]

Especificamente, o software de gestão do relacionamento com o cliente inclui o seguinte:
- Automação da força de vendas, que permite que os representantes de vendas rastreiem contas e possíveis clientes.
- Automação do *call center*, usada para criar perfis de clientes, fornecer roteiros para ajudar os representantes de vendas a responder às perguntas dos clientes ou sugerir novas compras e coordenar chamadas telefônicas e mensagens para o site.
- Automação do marketing, ajudando os profissionais dessa área a analisar o histórico e a demografia de compras do cliente, projetar campanhas e medir resultados.
- Vendas pela Internet, para gerenciar catálogos de produtos, carrinho de compras e compras por cartão de crédito.
- Configuradores da Internet, para acompanhar o cliente por meio do processo de pedido de produtos montados sob medida.
- Análise e marketing pela Internet, usados para rastrear atividades on-line de compradores individuais e oferecer mercadorias que eles gostariam de comprar baseando-se no comportamento passado, preços "em cima do ponto" para clientes específicos e mirar o marketing via e-mail para clientes individuais.

Quando um cliente liga para uma empresa que tem o software de CRM instalado, o representante do outro lado da linha pode acessar imediatamente as informações do histórico de interações do cliente selecionadas a partir de uma variedade de bancos de dados,[67] resolver rapidamente os problemas do cliente e fazer novas ofertas de produtos e serviços. Por exemplo, o pessoal de vendas pode usar o software para descobrir quanto determinado cliente potencial está, provavelmente, autorizado a gastar, ou para traçar o perfil do produto em contraste com a concorrência, ou, ainda, para encontrar um defensor dentro da organização do cliente. O pessoal de atendimento ao cliente pode usar os dados desse programa, uma vez que o conhecimento permite um diálogo significativo e inteligente com o cliente, e esses programas têm uma forte proposta de valor não apenas para os negócios, mas também para o cliente. Como a implementação do CRM pode ser bastante cara para a empresa, uma nova tendência é usar um provedor do serviço que forneça benefícios similares por meio de um simples *browser* da Internet a uma pequena taxa anual por usuário (*outsourcing* e computação em nuvem).

VISÃO DE MERCADO

Chip também tem coração
Ivan S. Pinto
Ex-presidente da Associação Brasileira das Agências de Propaganda (ABAP), do Conselho Nacional de Autorregulamentação Publicitária (Conar) e da Lintas. Atualmente, exerce a função de diretor de assuntos internacionais na ESPM

Um exército de zumbis, cinzentos, sem expressão, marcha cadenciado para lotar o auditório. Na tela, Big Brother monologa sua preleção incontestada. De repente, uma jovem atleta, com seu calção vermelho trazendo vida à monotonia sem cores do ambiente, irrompe correndo, determinada. Nas mãos, uma pesada marreta. A polícia do ditador persegue-a, sem alcançá-la. A rebelde gira o corpo com a técnica de uma lançadora olímpica de disco e arremessa a ferramenta. Para espanto dos que até então não tinham escolha, a tela explode. Era a revolução anunciada.

Em 24 de janeiro a Apple Computer introduzirá Macintosh. E você verá por que 1984 não será como "1984".

Exibido uma única vez, durante a transmissão do Super Bowl naquele ano, o comercial que terminava com o anúncio do lançamento do computador com mouse e interface gráfica é considerado por muitos o melhor da história da publicidade. Desafiou com impacto e criatividade o então domínio do PC da IBM. A maior surpresa, no entanto, foi o uso de um apelo emocional na conquista de consumidores de um produto de alta tecnologia. O paradigma vigente para produtos desse tipo era o de argumentos racionais, apoiados em atributos e benefícios ligados ao desempenho.

"1984" deflagrou o fascínio de uma legião de apaixonados pela marca Apple. Apesar da gestão atribulada vivida pela empresa nos anos seguintes, a marca demonstrou uma impressionante resiliência, sobrevivendo e tornando-se invejavelmente forte. Duas décadas depois da histórica marretada, milhares de fãs, ouvindo música em seus Apple iPods e iPhones, vararam a noite na fila para serem os primeiros a comprar seus Apple iPads no dia do lançamento e do qual tinham sabido por mensagens em seus Apple iMacs. Pagaram, sem discutir, um preço tão irrealista por um produto da marca amada que parte do valor lhes foi restituído, depois, pela empresa. Lembrete: "fã" é abreviação de fanático, e fanatismo não é exatamente racional. Membros dessa entusiasmada comunidade chegaram a se plantar em uma fila dias antes do lançamento do iPad, em abril de 2010, para terem a garantia de que estariam entre os primeiros a ter aquele novo sonho de consumo.

A Apple é um icônico lembrete de que marcas de produtos de alta tecnologia podem falar ao coração dos consumidores tanto ou mais quanto às suas mentes da mesma maneira que as marcas de produtos de consumo com menor conteúdo tecnológico. Contudo, ainda hoje, os gestores das empresas de produtos "hi-tech" hesitam em compartilhar dessa crença, uma vez que sua formação mais "quanti" do que "quali" os faz confiar menos na psicologia do que na eletrônica, promovendo as características funcionais de seus produtos e deixando em segundo plano aquilo que suas marcas podem representar mais amplamente para os consumidores. Vale a pena que eles reflitam sobre o novo significado de "marca" para não se surpreenderem da noite para o dia — essa é a velocidade atual das mudanças nos mercados — por uma marca concorrente com um novo "1984".

"Marcar o gado a fogo" — ou "*brand the cattle*" — assegurava aos criadores o direito sobre seu mais valioso patrimônio. Aplicada a produtos (e serviços), a marca ou "*brand*" os singulariza a partir de diferenciais capazes de garantir retorno sobre o investimento em talento, tempo e esforço necessários para que aquela característica única ("*uniqueness*") torne a marca reconhecida e preferida. Desde a revolução industrial, as singularidades diferenciadoras resultavam, principalmente, de inovações tecnológicas. O leite desidratado de Henri Nestlé (1867), a lâmina de barbear descartável de King Gillette (1895), o filme em rolo de George Eastman (1885), que tornou a fotografia popular e a marca Kodak um nome caseiro. Nos anos 1980, a predominância dos Estados econômica e politicamente democráticos, com fronteiras permeáveis, estimulou o empreendedorismo e a transnacionalização das empresas. Multiplicaram-se os concorrentes em cada mercado e, com eles, a variedade de marcas.

De lá para cá, a "cauda longa" ganha cada vez mais comprimento, e os consumidores (e os compradores institucionais) conquistam uma liberdade de escolher — que se traduz em poder, nunca antes imaginado, sobre o êxito das empresas. Guaraná Antarctica compete com Guaraná Kuat, mas, no Maranhão, o rival imbatível é Guaraná Jesus. A interação cultural do "mundo plano" promove, também, a democratização do conhecimento e da tecnologia. O talento responsável pelo desenvolvimento de produtos está disponível para todas as empresas e reduz a possibilidade de identificar marcas concorrentes a partir de diferenciais tangíveis. Um celular de poucas centenas de reais vibra no bolso tanto quanto o Motorola StarTAC vibrava em 1996 por alguns milhares de dólares. Vantagem competitiva apoiada em atributos tangíveis dura cada vez menos tempo — isso, quando dura. A vantagem da "*touch screen*" multifuncional do iPhone sem teclado, tão badalada antes de seu lançamento, já não existia quando chegou às lojas: já estavam lá os HTC, como hoje estão os Nokia, LG e outros. Em 2001, a PC World colocou na capa a Fuji Fine-Pix 6900 como a "câmera digital do ano". Sim, a Fuji, antes famosa por seus filmes nada digitais. O domínio das Sony Mavica e Cybershot estava em xeque. Essa convivência com o tecnologicamente indiferenciável não é novidade para as empresas atuantes nos mercados "FMCG" ("*fast moving consumer goods*"), produtos de consumo de compra frequente — e até nos bens mais caros, ditos de compra comparada. Marcas de produtos de higiene pessoal e limpeza doméstica, de alimentos industrializados, de eletrodomésticos e automóveis ganham identidade por fatores que falam ao emocional dos consumidores e, cada vez menos, à sua racionalidade. O sabonete Dove ainda contém "um quarto de creme hidratante", como quando foi lançado em 1992. Porém, o diferencial da marca, do sabonete e suas inúmeras extensões, agora, é a "real beleza". Omo tornou-se líder de mercado, desbancando o "sabão em pó", porque era um detergente sintético à base de um derivado de petróleo e podia prometer "brilho à brancura". Hoje, OMO é líder porque "se sujar faz bem".

Desde os anos 1950, os psicólogos pregam que, além de sinalizar um desempenho característico, as marcas sempre "marcaram" produtos e serviços com identidades que incluem traços análogos aos da personalidade de um ser humano. Como? Máquina de lavar tem alma? Pergunte àquela consumidora brasileira que, entrevistada pelo Wall Street Journal Americas, em 1993, referiu-se à sua primeira lavadora de roupa como "minha segunda mãe". Como a verdadeira, sua Consul lhe permitia cuidar da vida enquanto a

> "mãe-máquina" cuidava da roupa suja. Personificar o inanimado nos facilita perceber e exprimir sentimentos sobre algo que, embora sem alma, nos emociona: pelas experiências vividas, por nós ou por quem admiramos, "na companhia" daquela marca. Tendo personalidade, as marcas agregam emoções às razões que nos levam a optar por esta e não por aquela. Nós, seres humanos, somos fortemente guiados por emoções que, muitas vezes, não conseguimos explicar com clareza. "Freud explica" não é uma verdade absoluta. Às vezes, nem nossos psicanalistas conseguem dissipar a névoa que tira nitidez das causas de nossas atitudes e motivações. Não surpreende, então, basearmos a escolha de um automóvel, um computador ou um celular, em critérios que excedam a simplicidade de uma decisão fundada nos atributos tangíveis daqueles produtos e serviços, nos benefícios derivados de seu desempenho e na pura relação desses benefícios com seu custo. A consequência é incorporarmos as marcas àquele repertório de coisas, instituições, pessoas — e times de futebol — amados ou odiados. E ao igualmente importante complexo de recursos que nos ajudam a revelar para os outros e afirmar para nós mesmos quem somos ou almejamos ser. Isso sem falar na gratificação da autoestima, pela posse de um objeto cobiçado e que signifique, para nós, algo mais do que a conveniência advinda apenas da sua funcionalidade. Louis Vuitton, Ferrari ou Montblanc não seriam o que são sem esses significados ulteriores. Nem os iPods, iPhones e iPads.
>
> Sim, chip também tem coração. Um coração peculiar que não vem de dentro, e sim de fora da compreensão — por psicólogos, sociólogos e antropólogos — do coração — este interno — das pessoas potencialmente compradoras do chip. Compreensão de atitudes, motivos, comportamentos. A partir desse entendimento, os gestores de marca — antes, gerentes de produto — podem criar uma identidade com uma personalidade atraente para o chip que será, então, tornada conhecida e desejada pelos consumidores por meio dos profissionais de comunicação de marketing.
>
> Mais cedo ou mais tarde, é inevitável que as empresas de produtos de alta tecnologia tomem consciência de que esse é o caminho do futuro, para perenizar e aumentar o valor de suas empresas nesse ambiente cada vez mais competitivo e povoado de produtos cada dia menos diferenciados.

Resumo

Este capítulo forneceu quatro ferramentas específicas para ajudar os gestores de empresas que atuam em mercados de alta tecnologia nas decisões relacionadas às estratégias de propaganda e promoção (P&P). Começando com a ideia da pirâmide de P&P, mostrou-se como a organização pode usar uma variedade de ferramentas de maneira financeiramente eficiente. Segundo, o capítulo abordou por que e como a empresa de alta tecnologia pode desenvolver uma marca forte, incluindo a propaganda de componente ou *cobranding*. Terceiro, discutiram-se questões de estratégia ao se fazer pré-anúncios, com uma cobertura explícita de objetivos, dos riscos e das considerações táticas. Finalmente, o texto terminou com uma discussão sobre o papel das comunicações de marketing no gerenciamento do relacionamento com o consumidor. Além de discutir as categorias de clientes e estratégias para gerenciar o relacionamento com o cliente, foi dado um panorama sobre a utilização de softwares de CRM.

Questões de propaganda e promoção são especialmente importantes no ambiente do mercado de alta tecnologia. O que pode funcionar particularmente bem é uma campanha de marketing integrada, que faz uso da mídia de massa como televisão, rádio, imprensa, painéis exteriores e ferramentas de comunicação on-line, como banners, links patrocinados, e-mail marketing e marketing viral. Embora os profissionais de marketing de alta tecnologia possam se sentir não familiarizados ou desconfortáveis com essas estratégias, a importância de uma marca forte, o uso e momento certo de preanunciar um produto e o desenvolvimento e manutenção de relacionamentos fortes com o cliente, por meio da influência de ferramentas da pirâmide de propaganda e promoção, são vitais.

Perguntas para debate

1. Qual é a lógica por trás do uso da pirâmide de propaganda e promoção como dispositivo coordenador?
2. Quais são os problemas essenciais de cada ferramenta de propaganda e promoção?
3. Encontre exemplos de vários tipos de anúncios on-line. Examine suas forças e fraquezas.
4. Quais são as vantagens de uma marca forte para a empresa? E para o cliente?
5. Como uma empresa desenvolve uma marca forte?
6. Qual é o papel da Internet nas estratégias de marca? Como a Internet muda o ambiente de marca? Quais são as principais implicações?
7. Qual é a lógica por trás da propaganda de componente (também conhecida como *cobranding* e propaganda de demanda derivada)?
8. Quais são as vantagens e desvantagens da propaganda de componente? Considere os pontos de vista tanto do fornecedor como do fabricante de produto original (OEM).
9. Sob quais condições a propaganda de componente é mais útil ou provável?
10. O que são os pré-anúncios? Quais são seus prós e contras?
11. O que é *vaporware*? Quais são os aspectos éticos envolvidos? (Considere as perspectivas dos vários grupos envolvidos na questão, incluindo clientes, concorrentes e empresa.)
12. Quais são os fatores que afetam o momento certo (precoce ou tardio) de preanunciar?
13. Quando é mais provável que o pré-anúncio seja eficiente (da perspectiva da empresa)? Quando é mais provável que cause problemas?
14. O que é marketing de banco de dados ou um a um?
15. Em quais bases a empresa deveria identificar consumidores que são bons *prospects* para a gestão do relacionamento com o cliente? Quais são as categorias resultantes?
16. Quais são as seis estratégias que podem ser utilizadas na gestão do relacionamento com o cliente?
17. Quais as funções que o software de CRM pode desempenhar?

Glossário

Branding. Trata da gestão (planejamento, criação e manutenção) de uma marca forte, reconhecível e familiar para um mercado-alvo.

Brand Equity. Poder da marca em afetar positivamente a resposta do consumidor frente às atividades do marketing.

Buzz Marketing. Usar a comunicação boca a boca para gerar interesse e expectativa em relação a um produto da empresa; quase sempre feito de maneira sutil (ou mesmo encoberta) pelos profissionais de marketing que procuram formadores de opinião em determinadas áreas, os quais serão recompensados por falar bem do produto para os amigos.

Cobranding. Quando a força das marcas de duas empresas usadas em conjunto é maior do que uma marca sozinha, a sinergia é criada para desenvolver ligações entre as duas marcas.

Comunicação Integrada de Marketing. Uso de diferentes ferramentas promocionais, incluindo várias formas de propaganda, relações públicas, eventos e a Internet em uma campanha coordenada para enviar uma mensagem clara e consistente para o público-alvo.

Custo por mil (CPM). Quanto custa atingir mil pessoas utilizando-se um meio de comunicação. Índice muito empregado para comparação da eficiência de diferentes mídias.

Demanda derivada. Trata da demanda pelo componente gerada em consequência da demanda do usuário final por produtos nos quais o componente é usado. Por exemplo, a demanda por chips é derivada da demanda dos usuários finais por computadores, que são impulsionados pelos canais de distribuição aos varejistas, depois para os fabricantes de computadores e, finalmente, para o fornecedor do chip.

Marca do componente. Estratégia de criação de uma marca para um componente usado no produto do cliente.

Marketing de banco de dados (um a um). Usar um banco de dados que possibilite classificar os clientes conforme a receita e a lucratividade gerada para a empresa. Permite que a empresa compare o esforço de marketing e o nível de serviço exigido para conquistar e manter o cliente com as receitas trazidas pelo consumidor. Permite que os profissionais de marketing mirem clientes individuais com programas criados para seu nível de geração de lucro e volume de compra.

Marketing de permissão. Pedir para clientes ou possíveis clientes autorizarem o recebimento de mensagens de marketing on-line.

Marketing viral. Uso da Internet para aproveitar a influência do boca a boca entre os membros do público-alvo.

Otimização do mecanismo de busca. Prática de projetar páginas da Internet de maneira que elas apareçam entre as primeiras quando usuários fizerem buscas pela Internet usando determinadas palavras-chave.

Pré-anúncio. Comunicação formal e deliberada antes de a empresa cumprir uma determinada ação de marketing (digamos, distribuir um novo produto); modo de sinalizar para o mercado um novo produto/serviço, que transmite informações a concorrentes, clientes, acionistas e empresas que fabricam produtos complementares.

Propaganda. Uma maneira de comunicação corporativa paga por meio da mídia de massa como imprensa, rádio, televisão, outdoors etc.

Relações públicas (RP). Atividades cumpridas pela empresa para desenvolver a receptividade entre os clientes, a comunidade em que faz negócios, acionistas e outros participantes-chave.

Vaporware. Produtos anunciados antes de ficarem prontos para o mercado e que podem nunca se materializar.

Notas

1 AMES, B.; HLAVACEK, C.; HLAVACEK, J.D. *Managerial marketing for industrial firms*. Nova York: Random House, 1984.

2 RAINE, G. New ad agency to focus on tech. *San Francisco Chronicle*, 24 abr. 2003.

3 A SRDS é a principal fornecedora de classificação e dados de mídia para as agências de propaganda. (N. do T.)

4 BELLIZZI, J.; MOHR, J. Technical *versus* nontechnical wording of industrial print advertising. In: BELK, R. et al. (eds.). *AMA Educators' Conference Proceeding*. Chicago: American Marketing Association, 1984. p. 171-5.

5. FROOK, J. E. Cisco scores with its latest generation of empowering ads. *B2B*, v. 86, n. 15, p. 20, 20 ago. 2001.

6. POLETTI, T. Intel finds glitch in new chips. *San Jose Mercury News*, 15 abr. 2003.

7. A SRDS é a principal fornecedora de classificação e dados de mídia para as agências de propaganda. (N da T.)

8. PETERSON, K. Comdex 2003: Glitz takes a back seat to court serious buyers. *Seattle Times*, 16 nov. 2003.

9. KRUPNICK, M. Seniors hold out hope for no-call list. *Contra Costa Times*, p. 1, 2 out. 2003.

10. AUERBACH, J. Cutting-edge EMC sells the old-fashioned way: hard. *Wall Street Journal*, p. B4, 19 dez. 1996.

11. M2 PRESSWIRE. Doubleclick: Doubleclick's third quarter ad serving report reveals that rich media continues to make gains; Newer, very large units taking off; Older, smaller formats continue to decline; Report breaks out international trends for the first time. [S.l.]: DoubleClick Inc., p. 1, 28 out. 2003.

12. GUMBEL, P. Ads click. *Wall Street Journal*, 29 out. 2001. Special report: e-commerce.

13. KUCHINSKAS, S. Rich media growth trend continues. 27 out. 2003. Disponível em: <http://cyberatlas.internet.com/markets/advertising/article/0,,5941_3099401,00.html>. Acesso em: 27 out. 2003.

14. MANGALINDAN, M. Playing the search-engine game. *Wall Street Journal*, 16 jun. 2003. Special report: e-commerce.

15. GUMBEL, op. cit., 2001.

16. BORZO, J. On point: new services promise to deliver ads to websites that are a lot more relevant and a lot more lucrative. *Wall Street Journal*, p. R4, 20 out. 2003. Special report: e-commerce.

17. RANKED #1 FOR 12th CONSECUTIVE YEAR. Nova York, NY: Dow Jones & Company, 2011. Disponível em: <http://advertising.wsj.com/online/rates>. Acesso em: 3 jul. 2011.

18. INTERACTIVE AUDIENCE MEASUREMENT AND ADVERTISING CAMPAIGNING REPORTING AND AUDIT GUIDELINES. *Internet Advenising Bureau*. Disponível em: <http://www.iab.com/standards/measurement.asp>. Acesso em: jan. 2002.

19. ROSEN, E. *The anatomy of buzz*: how to create word of mouth marketing. Nova York, NY: Doubleday; Currency, 2001; KHERMOUCH, G. Buzz marketing. *BusinessWeek*, p. 50-6, 30 jul. 2001; DYE, R. The buzz on buzz. *Harvard Business Review*, p. 139-46, nov./dez. 2000.

20. GLADWELL, M. *The tipping point*: how little things can make a big difference. Boston: Little, Brown, and Company, 2000.

21. GODIN, S. *Permission marketing*: turning strangers into friend; and friends into customers. Nova York: Simon & Schuster, 1999.

22. PARKER, P. House lists generate best email ROI. Disponível em: <http://news.earthweb.com/IAR/article.php/3092211>. Acesso em: 15 out. 2003.

23. THE TOP 100 BRANDS. *BusinessWeek*, p. 72-8, 4 ago. 2003. Special Report.

24. AAKER, D. A.; JACOBSON, R. The value relevance of brand attitude in high-technology markets. *Journal of Marketing Research*, v. 38, n. 4, p. 485-93, nov. 2001.

25. Na realidade a Copa do Mundo de 2002 foi a primeira sediada em dois países, Coreia e Japão. (N. do T.)

26. GUNTHER, M. The Internet is Mr. Case's neighborhood. *Fortune*, p. 69-80, 30 mar. 1998.

27. VISE, D. A. Time Warner sheds "AOL" from its name. *The Washington Post*, p. El, 17 out. 2003.

28. MORRIS, B. The brand's the thing. *Fortune*, p. 73-86, 4 mar. 1996.

29. Id., ibid.

30. Id., ibid.

31. KELLER, K. L. *Strategic brand management*. 2. ed. Upper Saddle River, NJ: Prentice Hall, 2003. Esta obra foi publicada em português pela Pearson com o título *Gestão estratégica de marcas*.

32. MEHTA, S. N. Northern Telecom plays down phone roots, embraces word. *Wall Street Journal*, 14 abr. 1999.

33. TAM, Pui-Wing. Tech companies are spending on advertising once again. *Wall Street Journal*, 15 maio 2003.

34. WINKLER, A. The six myths of branding. *Brandweek*, p. 28, 20 set. 1999.

35. KELLER, op. cit., 2003.

36. WINKLER, op. cit., 1999.

37. KELLER, op. cit., 2003.

38. Id., ibid.

39. WINKLER, op. cit., 1999.

40. ARNOTT, Nancy. Inside Intel's marketing coup. *Sales and Marketing Management*, p. 78-81, fev. 1994.

41. Usado por Tim Smith, Red Sky Interactive, São Francisco.

42. BRANDING. *Business 2.0*, p. 69-84, nov. 1998.

43. MORRIS, B. The brand's the thing. *Fortune*, p. 73-86, 4 mar. 1996.

44. KIRKPATRICK, D. Why Compaq is mad at Intel. *Fortune*, p. 171-6, 31 out. 1994.

45. KELLER, op. cit., 2003.

46. YODER, S. K. Computer makers defend "Vaporware". *Wall Street Journal*, p. B1, B6, 16 fev. 1995.

47. Exceto onde indicado, esta seção foi extraída de ELIASHBERG, J.; ROBERTSON, T. New product preannouncing

behavior: a market signaling study. *Journal of Marketing Research*, n. 25, p. 282-92, ago. 1988; LILLY, B.; WALTERS, R. Toward a model of new product preannouncement timing. *Journal of Product Innovation Management*, n. 14, p. 4-20, 1997; CALANTONE, R.; SCHATZEL, K. Strategic foretelling: communication-based antecedents of a firm's propensity to preannounce. *Journal of Marketing*, n. 64, p. 17-30, jan. 2000.

48 EVANGELISTA, B. Singing a different iTunes — Apple introduces Windows version of popular music service. *San Francisco Chronicle*, 16 out. 2003.

49 REINHARDT, A. I've Left a Few Dead Bodies. *BusinessWeek*, p. 69-70, 31 jan. 2000.

50 CALANTONE; ROGER; SCHATZEL, op. cit., 2000.

51 Detalhes sobre a reação dos concorrentes de membros da indústria sobre a pré-divulgação de novos produtos podem ser encontradas em ROBERTSON, T.; ELIASHBERG, J.; RYMON, T. New product announcement signals and incumbent reactions. *Journal of Marketing*, n. 59, p. 1-15, jul. 1995.

52 CALANTONE; ROGER; SCHATZEL, op. cit., 2000.

53 SCHIFRIN, M. No product, no sale. *Forbes*, p. 50-2, 7 jun. 1993; AMBROSIO, J. Users cooling to oft-delayed iceberg. *Computer World*, p. 4, 1º nov. 1993.

54 YODER, op. cit., 1995.

55 Id., ibid.

56 LILLY, B.; WALTERS, R. Toward a model of new product preannouncement timing. *Journal of Product Innovation Management*, n. 14, p. 4-20, 1997; CALANTONE; ROGER; SCHATZEL, op. cit., 2000.

57 ELIASHBERG; ROBERTSON, op. cit., 1988.

58 Id., ibid.

59 JUDGE, P. Do you know who your most profitable customers are? *BusinessWeek*, 14 set. 1998.

60 SELDEN, L.; COLVIN, G.; SELOEN, L. *Angel customers and demon customers*: discover which is which and turbo-charge your stock. Nova York, NY: Portfolio, 2003.

61 JUDGE, op. cit., 1998.

62 BARLOW, R. Reap what you reward. *The DMA Insider*, p. 35-8, outono 1999.

63 BISHOP, S. The strategic power of saying no. *Harvard Business Review*, p. 50-64, nov.-dez. 1999; DAVIDS, M. How to avoid the 10 biggest mistakes in CRM. *Journal of Business Strategy*, p. 22-6, nov./dez. 1999.

64 GLAZER, B. Winning in smart markets. *MIT Sloan Management Review*, p. 59-69, verão 1999.

65 Id., ibid.

66 FRYER, B. Tom Siebel of Siebel Systems: high tech the old fashioned way. *Harvard Business Review*, p. 119-25, mar. 2001.

67 Id., ibid.

Concretizando a promessa da tecnologia: considerações sociais, éticas e regulatórias

CAPÍTULO 11

Os desenvolvimentos tecnológicos prometem melhorar nossa vida, nos tornar mais eficientes, nos divertir, nos manter em contato uns com os outros e até melhorar a nossa saúde. Ao mesmo tempo, no entanto, os avanços tecnológicos vêm se revelando aquém dessas promessas, gerando novos problemas e riscos imprevistos. Os *air bags*, por exemplo, foram anunciados como medida à prova de falhas para proteger as pessoas que se recusassem a usar cinto de segurança, mas os primeiros *air bags*, cujas bolsas de ar eram infladas em velocidades em torno de 320 km/h, mataram 141 pessoas, em sua maioria crianças e adultos de pequena estatura.[1] Da mesma maneira, avanços radicais nos antibióticos, no início do século passado, inspiraram previsões sobre a erradicação de doenças, mas hoje, diante de micro-organismos resistentes aos medicamentos, estamos ficando sem alternativas para essas substâncias.[2]

O objetivo deste capítulo é abordar algumas das questões que podem oferecer obstáculos na concretização da promessa de tecnologia. A Figura 11.1 mostra um panorama dessas dificuldades. Uma das maiores dificuldades vem das consequências imprevistas que acompanham o desenvolvimento da tecnologia. Quer explicitamente reconhecidas ou não, elas podem inibir a adoção e utilização de novas tecnologias. Este capítulo explora, primeiro, os efeitos paradoxais que a tecnologia traz aos seus usuários, justapondo o potencial de seus benefícios contra as desvantagens e consequências imprevistas.

Em seguida, o capítulo continua com a discussão de como as empresas de alta tecnologia podem equacionar os dilemas éticos que surgem na introdução de suas tecnologias no mercado. A seguir, oferece-se um panorama do debate contínuo sobre a responsabilidade social corporativa e como ele pode se desenvolver nas empresas focadas em tecnologia. Por fim, encerra-se o capítulo discutindo-se sobre as forças de mercado que podem impor barreiras às inovações e ao acesso à tecnologia e a atuação do governo para lidar com essas complexas questões sociais.

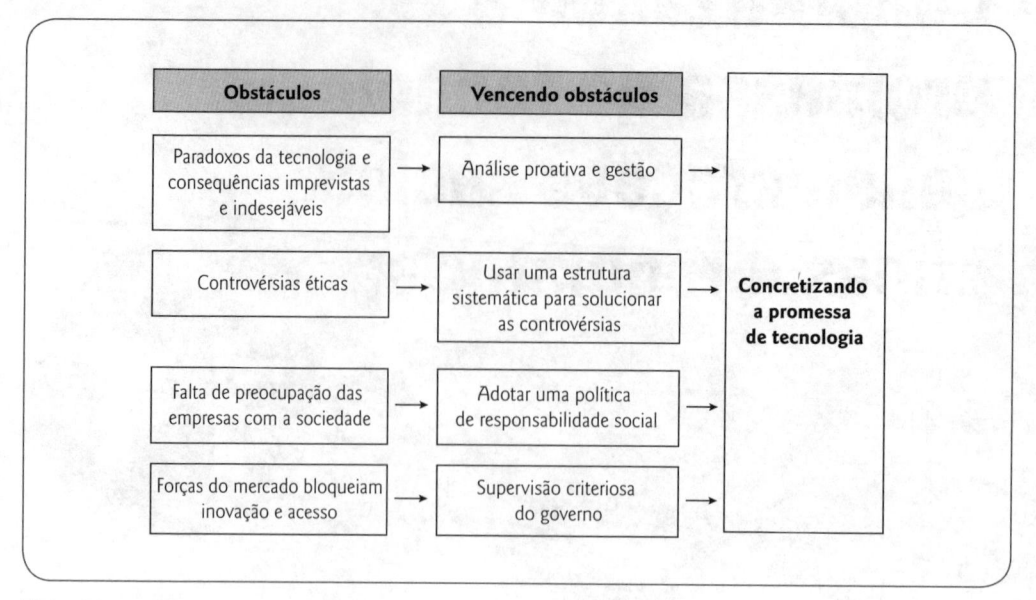

```
┌─────────────────────────────────────────────────────────────────────────┐
│      Obstáculos              Vencendo obstáculos                        │
│  ┌───────────────────┐    ┌───────────────────┐                         │
│  │ Paradoxos da      │    │                   │                         │
│  │ tecnologia e      │───▶│ Análise proativa  │───▶                     │
│  │ consequências     │    │ e gestão          │                         │
│  │ imprevistas e     │    │                   │                         │
│  │ indesejáveis      │    │                   │                         │
│  └───────────────────┘    └───────────────────┘                         │
│                                                      ┌───────────────┐  │
│  ┌───────────────────┐    ┌───────────────────┐      │               │  │
│  │                   │    │ Usar uma estrutura│      │ Concretizando │  │
│  │ Controvérsias     │───▶│ sistemática para  │───▶  │ a promessa    │  │
│  │ éticas            │    │ solucionar as     │      │ de tecnologia │  │
│  │                   │    │ controvérsias     │      │               │  │
│  └───────────────────┘    └───────────────────┘      │               │  │
│                                                      │               │  │
│  ┌───────────────────┐    ┌───────────────────┐      │               │  │
│  │ Falta de          │    │ Adotar uma        │      │               │  │
│  │ preocupação das   │───▶│ política de       │───▶  │               │  │
│  │ empresas com a    │    │ responsabilidade  │      │               │  │
│  │ sociedade         │    │ social            │      │               │  │
│  └───────────────────┘    └───────────────────┘      │               │  │
│                                                      │               │  │
│  ┌───────────────────┐    ┌───────────────────┐      │               │  │
│  │ Forças do mercado │    │ Supervisão        │      │               │  │
│  │ bloqueiam inovação│───▶│ criteriosa do     │───▶  │               │  │
│  │ e acesso          │    │ governo           │      │               │  │
│  └───────────────────┘    └───────────────────┘      └───────────────┘  │
└─────────────────────────────────────────────────────────────────────────┘
```

Figura 11.1 — Concretizando a promessa da tecnologia

O paradoxo da tecnologia[3] e as consequências não compreendidas

Na década de 1930, a feroz formiga lava-pés da América do Sul chegou aos Estados Unidos por meio de navios. Embora ela tenha sido alvo de tentativas de erradicação com superpesticidas, após três décadas de uso essas substâncias tóxicas tinham prejudicado mais os predadores da formiga do que as próprias invasoras. Na realidade, os produtos químicos favoreceram o aumento da população de formigas em vez de erradicá-las.[4]

Como esse exemplo mostra, os planos tecnológicos mais bem elaborados muitas vezes não dão certo. Muitas pessoas são suscetíveis a um entusiasmo exacerbado quanto aos possíveis efeitos das soluções de alta tecnologia, no entanto, o paradoxo é inerente à inovação tecnológica, e a cada qualidade potencialmente positiva se contrapõe uma qualidade negativa oposta. Os entusiastas gostariam que acreditássemos em suas promessas de que a tecnologia pode transformar nossa vida de maneira positiva, mas o ritmo, a complexidade e as consequências imprevistas do desenvolvimento tecnológico são evidentes. Sim, a tecnologia trouxe liberdade, controle e eficiência às pessoas; mas ela também ampliou o potencial de geração de danos ao meio ambiente e ao tecido social.

Pesquisas realizadas por David Mick e Susan Fournier identificaram oito paradoxos relacionados à visão que o consumidor tem da tecnologia, como veremos a seguir.

Paradoxos da tecnologia

Como mostra a Figura 11.2, podemos identificar oito paradoxos que caracterizam o relacionamento entre os consumidores e a tecnologia.

Diagrama Yin-Yang da tecnologia

- Controle — Caos
- Assimilação — Isolamento
- Inteligência — Estupidez
- Liberdade — Escravidão
- Engajamento — Desengajamento
- Eficiência — Ineficiência
- Preenchimento de necessidades — Estímulo exacerbado ao despertar de necessidades
- Novo — Obsoleto

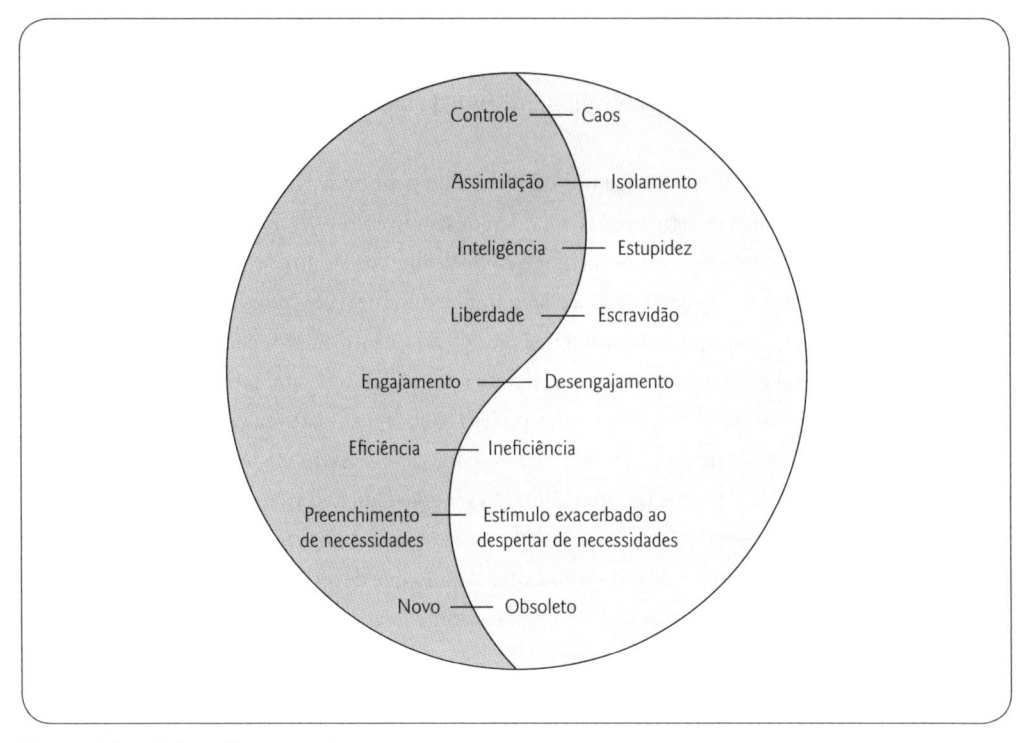

Figura 11.2 — O *Yin* e o *Yang* da tecnologia

1. **Controle—caos.** A tecnologia deve supostamente colocar ordem em nossa vida e nos negócios. No entanto, uma vez adquirida, ela pode perturbar a rotina do nosso cotidiano. Por exemplo, como sociedade, tornamo-nos tão dependentes dos computadores que, quando eles falham, não conseguimos mais trabalhar. De fato, neste mundo conectado, estamos mais suscetíveis que nunca aos "*worms*" e "vírus" que paralisam nosso trabalho. Até outubro de 2010, um dos mais perigosos vírus já disseminados (mais de 100 mil computadores infectados) era o Stuxnet, responsável por ataques às centrais nucleares do Irã e da Alemanha. Outro caso que ficou igualmente famoso foi o do vírus "I Love You", que infectou mais de 84 milhões de usuários em todo mundo e causou prejuízo de mais de 8,7 bilhões de dólares no ano 2000.

2. **Assimilação—isolamento.** Muitas tecnologias nos ajudam na integração com outras pessoas, seja facilitando a comunicação ou proporcionando experiências compartilhadas. Mas essas tecnologias se tornaram também substitutas da comunicação cara a cara, do contato pessoal e de outras atividades sociais. Em última instância, quem se conecta a uma comunidade virtual está sozinho em seu computador. Por exemplo, pesquisas mostram que quanto mais tempo uma pessoa fica na Internet, mais deprimida, estressada e alienada ela se sente, mesmo que passe a maior parte do tempo enviando mensagens ou "interagindo" nas salas de bate-papo. "Tornamo-nos tão distanciados da realidade que nem sabemos como alimentar nossa sempre crescente fome de intimidade".[5]

Além disso, 6 por cento dos usuários sofrem de algum tipo de vício de Internet, como navegar compulsivamente, jogar jogos de azar on-line, acessar sites de sexo e pornografia ou negociar ações.[6] A falsa sensação de intimidade, atemporalidade e falta de inibição contribuem para o apelo viciante da Internet.

3. **Inteligência—estupidez.** Produtos sofisticados devem supostamente nos deixar mais inteligentes, permitindo que executemos tarefas complexas. Mas, se os produtos são difíceis de dominar ou nos fazem perder velhas habilidades, acabamos nos sentindo inadequados ou inferiores para dominar novas tecnologias.
4. **Liberdade—escravidão.** Produtos que nos oferecem liberdade podem acabar criando novas limitações. Por exemplo, com as mensagens de voz podemos sair do escritório, mas nos sentimos obrigados a verificar constantemente se há novas mensagens. O telefone celular nos dá liberdade, mas nos torna sempre acessíveis. Muitos temem que o acesso sem fio à Internet (por meio da tecnologia Wi-Fi ou por rede celular) signifique que não haverá mais abrigo do alcance onipresente da tecnologia.
5. **Engajamento—desengajamento.** Embora algumas tecnologias sejam projetadas para facilitar nossa participação em certas atividades, elas podem roubar qualidade da experiência. Por exemplo, em vez de ir à feira e cheirar e apertar as frutas para saber se estão maduras, podemos comprá-los pela Internet. Ficamos observando o alimento ser aquecido dentro de um plástico por trás da porta de vidro de um micro-ondas, em vez de mexer cuidadosamente as panelas e sentir os aromas que enchem a casa com um cheiro reconfortante.[7] Aquilo que deveria simplificar nossa vida e nos permitir o contato uns com os outros está nos colocando cada vez mais fora de alcance com as "conveniências" que amortecem os sentidos.
6. **Eficiência—ineficiência.** Novas tecnologias podem nos ajudar a executar tarefas mais depressa, mas também criam novas tarefas que tomam tempo. Por exemplo, no fim da década de 1990, a preocupação era que os trabalhadores de escritório nos Estados Unidos estavam se afogando em e-mails. De fato, a média de mensagens recebidas por semana entre os funcionários em escritórios nos Estados Unidos era de 179, segundo a eMarketer.com. Para os que trabalhavam em empresas pontocom, o número era ainda maior: 233 mensagens por semana[8]. No período entre 2003 e 2004, a preocupação maior eram os spams, e-mails não solicitados e indesejáveis. Em julho de 2003, os spams já eram 50 por cento de todas as mensagens de e-mail. Segundo o Relatório sobre Spam da empresa Symantec, em janeiro de 2011 cerca de 89 por cento de todos os e-mails que circulam na Internet pertencem a essa categoria, resultando em aproximadamente 260 bilhões de spams enviados a cada dia!

Além disso, muitas empresas investiram em tecnologia de informação na expectativa de que com tais investimentos elas se tornariam mais produtivas. Embora a maioria das estatísticas sugira que o aumento da produtividade econômica se deva em grande parte aos investimentos na tecnologia de informação (TI), no nível pessoal as ineficiências que decorrem de coisas como os esforços contínuos para acompanhar as atualizações dos softwares, o uso de computadores para atividades pessoais (como e-mails e navegação na Internet) e por aí afora causam frustração.[9]

7. **Preenchendo necessidades—estimulando o despertar de necessidades.** Muitos produtos tecnológicos nos tornam conscientes de novas necessidades enquanto preenchem outras. Por exemplo, podemos usar softwares para realizar tarefas mais sofisticadas, mas agora também precisamos frequentar programas de treinamento para aprender a usá-los a fim de realizar essas tarefas. Da mesma maneira, as mensagens instantâneas tornaram-se uma ferramenta popular não só entre os consumidores, como também para os usuários empresariais. No entanto, administradores de se-

gurança dizem que as mensagens instantâneas são o maior risco para as redes e, consequentemente, eles vêm tendo de desenvolver e implementar novas tecnologias para lidar com os riscos de segurança.[10]

8. **Novo—obsoleto.** Embora as pessoas fiquem empolgadas para adquirir produtos de ponta, essa empolgação é cronicamente minada pelo medo de ficar para trás. Esse paradoxo cria simultaneamente o desejo pela nova tecnologia e o de adiar a compra a fim de esperar por outra mais moderna e melhor.

Esses paradoxos destacam o fato de que os desenvolvimentos tecnológicos têm consequências inesperadas. É claro que as consequências inesperadas nem sempre são negativas. Por exemplo, a Internet resultou em uma utilização muito mais eficiente de energia e recursos. Varejistas on-line que têm armazéns vendem quase duas vezes e meia mais por metro quadrado do que as lojas físicas. Se, conforme previsto pela Organização para Cooperação e Desenvolvimento Econômico (OCDE), a Internet tornar 12,5 por cento do espaço de varejo supérfluo, isso poupará o equivalente a 5 bilhões de dólares por ano em energia.[11] Da mesma maneira, um livro comprado on-line custa um dezesseis avos da energia de outro comprado na loja. Um minuto dirigindo um automóvel consome a mesma quantidade de energia que 20 minutos de compras em casa pelo computador. Em 2003, a previsão era de que, colocando material de leitura on-line, a Internet reduziria a demanda mundial de papel em 2,7 milhões de toneladas naquele ano.[12]

Implicações dos paradoxos tecnológicos no marketing

Como esses paradoxos afetam a maneira como as pessoas veem a tecnologia e, em última instância, sua estratégia de compra e seu comportamento? Potenciais compradores de tecnologia criam estratégias de adaptação para minimizar a presença dos paradoxos, e entender tais estratégias pode dar aos profissionais de marketing uma visão melhor dos segmentos de consumidores de tecnologia e dos tipos diferenciados de mensagem que podem ser úteis, dadas as preocupações dos consumidores. Por exemplo, quem compra um computador pode colocar limites na frequência de utilização para que ele não tome conta de sua vida. De fato, alguns executivos do Vale do Silício resolveram rejeitar o uso de tecnologia em sua vida particular, recusando-se a comprar computadores e outros dispositivos eletrônicos.[13] Para outros, ioga, massagem ou *tai chi* podem reduzir o estresse causado pelo paradoxo da tecnologia.

A reação mais extremada contra a tecnologia está no movimento ludita. Os luditas são pessoas que se opõem à tecnologia e às mudanças trazidas por ela. A etimologia da palavra vem, possivelmente, de Ned Ludd, um operário de Leicestershire que, no século XVIII, destruiu um maquinário, ou de um menino chamado Ludlam que, para aborrecer o pai, quebrou um tear. De qualquer maneira, para protestar contra o desemprego causado pela Revolução Industrial no início do século XIX (por volta de 1811),[14] trabalhadores ingleses conhecidos como luditas recorreram à quebra das máquinas, principalmente teares. Eles assinavam sua destruição como "General Ludd", "Rei Ludd" ou "Ned Ludd". O governo tratou os luditas com dureza: 14 foram enforcados em janeiro de 1813, em York. Embora surtos esporádicos de violência tenham continuado até 1816, o movimento logo acabou. O equivalente contemporâneo do movimento ludita são as pessoas que se consideram "neoluditas". Existem bandas de música alternativa com esse nome, uma ópera popular dedicada a Ned Ludd e, paradoxalmente, vários sites na Internet dedicados ao ludismo. Mesmo alguns escritores contemporâneos, como o crítico social Neil Postman, podem ser incluídos como participantes desse movimento informal. Por exemplo, um dos alvos do neoludismo é uma categoria de alimentos que o movimento chama de "comida Frankenstein", em uma referência óbvia ao romance que Mary Shelley escreveu em 1818 (no fim do movimento ludita), mostrando as catástrofes que a ciência pode causar quando vai longe demais em sua busca de conhecimento. Comida Frankenstein, é claro, são os alimentos transgênicos, uma categoria que inclui uma variedade grande e crescente de produtos animais e vegetais. O livro de Kirkpatrick Sale, *Inimigos para o futuro — lições para o presente*,[15] também destaca outra perspectiva da aplicação atual dos luditas.

Infelizmente os profissionais de marketing de tecnologia, com seu entusiasmo pelos produtos que colocam no mercado, às vezes não enxergam o impacto dual da tecnologia, do ponto de vista do consumidor. No mínimo, tais profissionais devem estar alerta quanto à presença dos paradoxos e tentar ativamente considerar quais são as possíveis consequências não intencionais de uma tecnologia, bem como desenvolver planos contingenciais em seus esforços de marketing. Em seu favor, a Lei de Pesquise e Desenvolvimento em Nanotecnologia[16] dos Estados Unidos requer, como premissa básica, o estudo das consequências sociais e éticas da nanotecnologia, inclusive efeitos ambientais e na saúde.[17] A primeira edição da *Nanotech Briefs* (outubro de 2003) anunciou que a National Science Foundation outorgou duas bolsas de pesquisa de mais de 1 milhão de dólares cada uma para o estudo das implicações sociais da nanotecnologia e seu potencial para consequências não previstas. Rital Cowell, diretora da NSF, diz que "não podemos permitir que as implicações sociais sejam pensadas mais tarde. O programa tem de ter em si a preocupação com essas implicações, desde o começo".[18] Tecnologias que não fazem isso acabam lamentando mais tarde. No Brasil, há o exemplo da Lei n. 11.105, sobre biossegurança, que

> estabelece normas de segurança e mecanismos de fiscalização sobre a construção, o cultivo, a produção, a manipulação, o transporte, a transferência, a importação, a exportação, o armazenamento, a pesquisa, a comercialização, o consumo, a liberação no meio ambiente e o descarte de organismos geneticamente modificados (OGM) e seus derivados, tendo como diretrizes o estímulo ao avanço científico na área de biossegurança e biotecnologia, a proteção à vida e à saúde humana, animal e vegetal, e a observância do princípio da precaução para a proteção do meio ambiente.

Em última instância, as empresas devem estar cientes de que a busca cega do imperativo tecnológico pode ser vista como ameaça e interferência nas necessidades sociológicas de segurança e dignidade humana. Como a decisão de comprar pertence ao cliente, as empresas devem estar atentas à tensão que o paradoxo pode causar. A controvérsia que cerca os alimentos geneticamente modificados é um exemplo.

Controvérsias éticas que cercam os avanços tecnológicos

Muitos avanços tecnológicos estão ultrapassando a capacidade da sociedade de lidar com os dilemas éticos que surgem. Por exemplo, cientistas identificaram um gene que aumenta a memória dos ratos. O gene NMDA receptor 2B, ou NR2B, dirige a produção de uma proteína nervosa que ajuda o cérebro a reconhecer quando duas coisas estão ligadas. O gene normalmente torna-se menos ativo na meia-idade, quando a memória diminui. Mas, quando uma cópia extra do gene programada para permanecer ativa na meia-idade é inserida em um embrião de rato, a melhora é permanente e é transferida para os filhotes.[19] Tais descobertas suscitam várias preocupações de natureza ética. Quem terá acesso aos genes que melhoram o desempenho cognitivo? Só os que puderem pagar pela operação? Poderão as famílias agora pedir "bebês de grife", especificando melhoras genéticas que vão além de simples correções de anormalidades, mas que realçam as capacidades humanas além daquelas que são atualmente consideradas normais?

Similarmente, em 1995 cientistas descobriram que as mulheres judias asquenazes (com ascendência oriunda da Europa Central ou do Leste Europeu) com parentes próximas vítimas de câncer de mama e ovário e que haviam herdado um gene chamado BRCA1 têm até 90 por cento de chance de desenvolver câncer de mama e entre 40 e 50 por cento de chance de desenvolver câncer de ovário. Estudos posteriores revelaram que até 1 por cento das mulheres judias são portadoras dessa mutação.[20] Cientistas e laboratórios decidiram *não* oferecer o teste quanto à mutação para o público em geral, porque ainda havia dúvidas quanto ao risco que o gene representava (não se sabia se uma mulher com o gene mutante teria câncer), sobre o que poderia ser feito para minimizar o risco de câncer e se o teste seria mais prejudicial do que benéfico (houve a preocupação com a cobertura de planos de saúde para essas mulheres). No entanto, pelo menos um laboratório considerou essas preocupações como excesso de proteção, dizendo que as mulheres tinham o direito de saber e passou a fornecer o teste.

Existem também controvérsias em outras áreas. Tecnologias de compartilhamento de arquivos de música, como as desenvolvidas pela MP3.com e pelo Napster original, permitem a violação dos direitos de propriedade intelectual e das leis de direitos autorais (essas questões serão abordadas adiante neste capítulo). As partes cujos direitos são violados vêm recorrendo aos tribunais, mas no fundo tais consequências podem se reduzir a uma questão de ética.

A controvérsia inevitavelmente cerca vários avanços tecnológicos e as empresas de alta tecnologia não podem simplesmente ignorar essas questões quando elas surgem. O risco de uma possível publicidade negativa e de reações antitecnologia pode ter efeito altamente prejudicial na comercialização e no sucesso de novas tecnologias. Por causa dos muitos problemas éticos apresentados pelo desenvolvimento e marketing de produtos de alta tecnologia e inovações, este capítulo oferece uma estrutura para abordar tais dilemas, como mostra a Quadro 11.1. A utilização dessa estrutura será demonstrada no contexto da indústria farmacêutica, na situação enfrentada pela Merck Pharmaceutical na década de 1980.

Estruturação para lidar com controvérsias éticas: Merck, Ivermectina e a cegueira do rio[21]

Em 1978, uma doença chamada cegueira do rio atingiu pelo menos 85 milhões de pessoas na África e em áreas do Oriente Médio e da América Latina. A causa da doença é um parasita cujo hospedeiro é uma pequena mosca que vive e prolifera ao longo de rios de águas rápidas. Quando a mosca pica uma pessoa, a larva do parasita entra no corpo e cresce até 60 centímetros de comprimento, causando

> 1. Identificar todos os envolvidos que serão afetados pela decisão.
> 2. Identificar as necessidades e preocupações de cada grupo envolvido, tanto se a decisão *for* quanto se *não for* implementada.
> 3. Priorizar os grupos e pontos de vista dos envolvidos.
> 4. Tomar uma decisão.

Quadro 11.1 — Estrutura para lidar com controvérsias éticas

nódulos na pele que são grotescos, mas relativamente inócuos. Os problemas causados pelo parasita começam quando já adulto ele se reproduz liberando milhões de microfilárias microscópicas que se espalham pelos tecidos do corpo, causando uma coceira terrível, tão terrível que algumas vítimas da doença cometeram suicídio. Após vários anos as microfilárias causam lesões e despigmentação na pele, acabam invadindo os olhos e levando, frequentemente, à cegueira.

A doença foi tão intensa em algumas áreas que as crianças pensavam que a cegueira era uma parte natural do processo de crescimento. A Organização Mundial de Saúde (OMS) classificou a cegueira do rio como um problema socioeconômico e de saúde pública por causa dos males causados pela doença e da tentativa das pessoas de fugirem das moscas, abandonando terras férteis ao longo dos rios e mudando-se para regiões de terra mais pobres onde a produção de alimentos era menor.

Nos laboratórios da Merck, um cientista descobriu por acaso que talvez um de seus remédios, usado para eliminar parasitas em gado bovino (ivermectina), tivesse propriedades que eliminariam o parasita causador da cegueira do rio. No entanto, do ponto de vista da Merck, isso não era necessariamente uma boa notícia. Para começar, o processo para identificar quais descobertas deveriam ser aprofundadas era difícil, pois, para cada composto farmacêutico que se tornava um "produto" candidato, milhares de outros eram descartados e, além disso, havia questões críticas minando uma possível decisão da Merck de investir mais na pesquisa desse medicamento, o que incluiria testes de campo em lugares remotos do planeta. Primeiro, a população que se beneficiaria dessa descoberta era relativamente pequena. Segundo, essa população não tinha meios de pagar pelo medicamento. Terceiro, não havia infraestrutura para entregar o medicamento e supervisionar a administração de uma série de tratamentos necessários. Quarto, se um derivado humano da ivermectina revelasse algum efeito adverso na saúde das pessoas, isso poderia manchar sua reputação como droga veterinária. Obviamente a Merck se viu diante de um dilema ético sobre a forma de proceder quanto à descoberta do cientista. Como a estruturação poderia ajudar a resolver esse dilema?

Passo 1: Identificar todos os envolvidos afetados pela decisão

No caso da Merck, os envolvidos poderiam incluir:

- Os acionistas.
- O público em geral.
- A população afetada de países emergentes.
- O governo.
- Os funcionários.

Passo 2: Identificar as necessidades e preocupações de cada grupo envolvido

Esse passo requer a identificação de resultados, tanto se a decisão for ou não implementada. Quais seriam as necessidades e preocupações de cada grupo envolvido se a decisão de explorar ainda mais o medicamento fosse levada adiante ou se a decisão de continuar as pesquisas fosse interrompida? Da *perspectiva dos acionistas* havia a preocupação quanto ao provável impacto negativo se a descoberta fosse aprofundada. Estudos mostram que são necessários, em média, dez anos e 200 milhões de dólares para colocar um novo medicamento no mercado. Portanto, se a empresa continuasse esse desenvolvimento, ele seria caro, a despeito do resultado. Até na melhor das hipóteses, os altos custos de desenvolvimento e testes do medicamento, aliados à incapacidade do mercado-alvo de pagar pelo medicamento, indicavam que a empresa poderia perder dinheiro se levasse a descoberta adiante. Por outro lado, a empresa poderia enfrentar publicidade negativa se impedisse o acesso das pessoas a um medicamento útil, e a concorrência poderia se beneficiar dessa publicidade negativa.

Da *perspectiva do público em geral*, se o desenvolvimento da droga continuasse, a empresa seria bem-vista quanto aos seus esforços e ganharia mais clientes fiéis, e se o medicamento fosse deixado de lado, o público poderia começar a duvidar da motivação da Merck quanto ao desenvolvimento de drogas para minimizar o sofrimento humano. O ceticismo resultante da opção de não desenvolver uma droga que melhoraria a qualidade de vida das pessoas poderia causar problemas na gestão das relações com clientes e, além do mais, apor a causa da transposição de conhecimento, característica do mercado de alta tecnologia, em que as inovações de uma área têm o potencial de levar a outras inovações em diferentes áreas. Havia a questão legítima com relação a outras doenças humanas às quais essa descoberta poderia levar, inovações que talvez nunca fossem feitas se a droga não fosse desenvolvida.

Da *perspectiva das pessoas afetadas pela doença*, se a droga fosse desenvolvida e se revelasse eficaz no combate à cegueira do rio, a qualidade de vida dessas pessoas melhoraria muito, o que poderia levar a outras melhoras no sentido de que o auxílio fornecido pelas agências humanitárias e pelo governo local poderia ser direcionado para outras populações carentes. Havia também o risco de que, se a droga fosse desenvolvida, poderiam ocorrer efeitos colaterais desconhecidos, o que exigiria que fosse necessário ponderar (como ocorre com todo medicamento) os benefícios que a droga oferece contra os seus possíveis efeitos colaterais.

Se a droga não fosse desenvolvida, a população afetada continuaria em sua triste situação e, além disso, a priorização dos lucros acima do bem-estar de pessoas poderia levar a uma reação generalizada contra as corporações nos países em desenvolvimento, gerando, no mínimo, publicidade negativa ou, talvez, protestos locais que resultariam em violência.

Da *perspectiva do governo*, se o desenvolvimento da droga continuasse, o governo norte-americano poderia acelerar o longo processo de aprovação, a fim de acelerar a chance de que a Merck aliviasse a dor e o sofrimento daquelas pessoas. Se a droga não fosse desenvolvida, embora o governo norte-americano normalmente não interfira no desenvolvimento de remédios, um protesto com força suficiente poderia causar uma intervenção, exigindo que a Merck tornasse a formulação da droga para bovinos disponível para a concorrência, mediante licenciamento, para que outros pudessem tentar criar uma versão para tratar a cegueira do rio. Questões relativas à infraestrutura e administração da droga também seriam, em última instância, de responsabilidade do governo.

Da *perspectiva dos funcionários*, se a droga fosse desenvolvida e gerasse perdas financeiras, os empregados da Merck poderiam ser atingidos com reduções e cortes. No entanto, os cientistas e as pessoas envolvidas sentiriam que seu trabalho tem propósito e importância. Se a droga não fosse desenvolvida, os funcionários poderiam não enfrentar as implicações de uma receita negativa, embora a decisão de não desenvolver uma droga com potencial para salvar vidas pudesse ser desmoralizante.

Passo 3: Priorizar os grupos participantes e as perspectivas

Como a Merck priorizou os vários grupos participantes? É vital que esse passo não seja considerado simplesmente um debate de pessoas *versus* lucro (que é frequentemente o que acontece nos casos de dilemas éticos das empresas). Enquadrada dessa maneira, a discussão se torna tipicamente baseada em "quem tem o ponto de vista certo" ou "quais são os pontos de vista das pessoas de maior poder na empresa", em vez de levar a uma percepção melhor das prioridades. Em vez disso, as prioridades devem se basear na missão de uma empresa e em uma perspectiva de longo prazo. Um dos grandes benefícios desse passo é o esclarecimento dos valores e a explicação de pressupostos implícitos que são subjacentes à tomada de decisão em uma empresa.

No caso em questão, a Merck havia, no decorrer dos anos, criado deliberadamente uma cultura corporativa que cultivava as pesquisas mais criativas e frutíferas. Os salários de seus cientistas estavam entre os melhores do mercado e eles tinham ampla liberdade para pesquisar caminhos intrigantes. Além disso, eles eram inspirados a enxergar seu trabalho como uma saga para aliviar as doenças e o sofrimento no mundo todo. Os empregados encontravam sua inspiração nas palavras de George W. Merck, filho do fundador da empresa e seu ex-presidente, que formaram a base da filosofia geral da Merck:

> Procuramos nunca esquecer que os remédios são para as pessoas, e não para dar lucro. O lucro é consequência, e nos lembrando disso: os lucros nunca deixaram de aparecer. Quanto mais nos lembramos disso, maiores têm sido os lucros.[22]

Nessa etapa a empresa pode também procurar soluções criativas para reenquadrar o debate ético, procurando soluções em que todos ganhem e que não exigem o conflito entre as necessidades dos diferentes grupos envolvidos. No entanto, é vital que uma empresa se mantenha em contato com o dilema ético subjacente, sem tentar resolver a questão no vácuo moral.

Passo 4: Tomar e implementar uma decisão

Ao lidar com o dilema, a Merck explicitamente reconheceu que seu sucesso no mercado farmacêutico se devia, em grande parte, aos esforços de seus cientistas para fazer descobertas exatamente como aquela. Se seus cientistas não acreditassem que suas descobertas seriam usadas em sua capacidade máxima, eles se sentiriam possivelmente desmotivados, como a própria Merck poderia ter dificuldades para recrutar, atrair e manter os melhores cientistas. Com base nisso, a empresa decidiu continuar as pesquisas da droga que acabou sendo lançada para uso humano em 1987.

Benefícios da estruturação

O benefício de usar essa estruturação para orientar a solução de dilemas éticos é triplo. Primeiro, a estrutura torna explícitas as várias questões com as quais a empresa vai ter de lidar, seja qual for o resultado. Por exemplo, no caso da Merck, a estruturação torna evidente a necessidade de administrar as preocupações dos envolvidos quanto à possível perda de lucratividade contra a necessidade de administrar o incentivo aos cientistas no sentido das descobertas. Em segundo lugar, a estruturação põe em contraste evidente as várias perspectivas dos envolvidos. Destacando as várias perspectivas e sua influência, a empresa obtém um melhor senso da magnitude da controvérsia que encontrará, seja qual for a decisão que venha a tomar. Em terceiro lugar, a estruturação leva a um sentido maior de compromisso com o resultado. Em um dilema ético, a empresa fica exposta a críticas, seja qual for o lado que a decisão tomada apoiará. Usando a estruturação, os porta-vozes da empresa podem sentir-se mais confiantes em suas decisões quando elas forem atacadas. A abordagem sistemática de considerar todos os envolvidos, sua relativa influência nas decisões e o uso de bases sólidas para priorizar suas necessidades correlatas levam à sensação de que a decisão não é uma tendência automática de colocar "pessoas acima dos lucros" (ou vice-versa, conforme o caso), mas que é bem fundamentada na consideração explícita das perspectivas de todas as partes. Ao comunicar as questões a terceiros envolvidos (como, a mídia ou o conselho administrativo), a profundidade do processo usado para a tomada de decisão se torna mais clara.

Alguns podem alegar que a decisão da Merck, baseada em seu desejo de manter cientistas talentosos e motivados, foi fundamentalmente baseada no lucro e em proveito próprio. Portanto, a Merck poderia ser criticada por falta de altruísmo. Porém, é importante reconhecer que a decisão mais óbvia em favor da lucratividade, nesse caso, teria sido abandonar a droga, em vez de continuar a pesquisa. De fato, dada a falta de oportunidade de um mercado lucrativo, uma decisão baseada exclusivamente em lucros levaria a um desfecho muito diferente.

A infeliz realidade enfrentada pelas empresas às voltas com dilemas éticos é que elas muitas vezes se veem entre a cruz e a espada, pois, mesmo que uma empresa escolha um rumo de ação que acabe refletindo algum grau de responsabilidade social, ela pode ser criticada pelos que acreditam que "as pessoas acima dos lucros" devem ser a base da decisão.

A fim de explorarmos mais a questão do comportamento corporativo socialmente responsável, fornecemos informações adicionais sobre responsabilidade social e as empresas.

Responsabilidade social e decisões comerciais

Setenta e oito por cento dos adultos norte-americanos dizem que são mais propensos a comprar produtos de empresas ligadas a causas sociais importantes e 84 por cento dizem que o "marketing relacionado a causas" cria uma imagem positiva para a empresa.[23] Os escândalos éticos nas empresas (por exemplo, da Andersen Consulting, Enron, WolrdCom) aumentaram a sensibilidade do público para o comportamento corporativo e, como resultado, as empresas estão com uma atenção maior à responsabilidade social das empresas.

Responsabilidade social corporativa refere-se ao foco simultâneo de uma empresa na lucratividade (no balanço positivo ou em estar "indo bem") e nas necessidades e preocupações sociais ("fazer o bem"). Existe uma série de maneiras por meio das quais as empresas podem se engajar em práticas comerciais socialmente responsáveis. Elas podem alinhar-se com uma organização sem fins lucrativos para apoiar uma causa meritória ou fazer doações corporativas em apoio de alguma causa. Por exemplo, Apple Computer, Microsoft, Hewlett-Packard e outras empresas de alta tecnologia há muito tempo são conhecidas pelas doações de seus produtos para fins educativos. As empresas também podem desenvolver práticas comerciais sustentáveis (não agressivas ao meio ambiente) como parte de seu modelo de responsabilidade social corporativa. Por exemplo, a DuPont recentemente adotou uma missão corporativa baseada no crescimento sustentável, focada em gerar riqueza e, ao mesmo tempo, ajudar a salvar o planeta. Como resultado, ela desmembrou as unidades de energia (óleo e gás, essencialmente) e está se concentrando nos avanços tecnológicos que usam materiais renováveis, como o milho, para fazer um novo tecido elástico chamado Sorona (em vez de têxteis feitos com derivados do petróleo, como o náilon e o poliéster).

Embora não seja nova a crença de que a responsabilidade das empresas com a sociedade vai além de ganhar dinheiro, o debate que cerca essa questão intensificou-se nos últimos anos. De um lado, estão os que dizem que as empresas devem cuidar do que lhes diz respeito — que é gerar lucros para os acionistas — e deixar que outros cuidem dos problemas sociais. Defendida tipicamente pelos mais conservadores, a ideia é que a preocupação das empresas com as causas sociais leva a gastos e despesas que não ajudam a lucratividade. As pessoas que defendem esse lado do debate acreditam que, quando as empresas doam de seus fundos para a caridade, por exemplo, estão doando dinheiro dos acionistas, e que a decisão de como aplicar o dinheiro que não estiver sendo colocado diretamente no negócio deve ser dos próprios acionistas.

Do outro lado do debate estão aqueles que acreditam que a economia das empresas e a responsabilidade social não são mutuamente excludentes, e que as empresas socialmente responsáveis são, na realidade, mais bem-sucedidas. A ideia é que as empresas socialmente responsáveis conseguem reduzir seus riscos, energizar seus empregados e construir uma conexão emocional mais forte com seus clientes e investidores, assumindo causas sociais importantes. De fato, muitos acreditam que é diretamente do interesse das empresas atacar problemas sociais. Como disse Paul Tebo, presidente da DuPont para segurança, saúde e meio ambiente: "Quanto mais de perto nos alinharmos com os valores sociais, mais depressa cresceremos".

Existem maneiras de acessar decisões comerciais levando em conta a responsabilidade social. Michael Porter e Mark Kramer[24] oferecem um conjunto de orientações para empresas que acreditam que a preocupação com as causas sociais pode fortalecer sua posição competitiva no mercado. Eles acreditam que os negócios e as preocupações sociais são abordados simultaneamente quando os investimentos filantrópicos de uma empresa ocorrem em quatro áreas-chave:

1. ***Condições de suprimento/input:*** investimentos em causas sociais que, direta ou indiretamente, desenvolvem os recursos humanos de uma empresa, seus recursos de capital, sua infraestrutura física, seus recursos naturais, sua infraestrutura científica ou tecnológica trazendo benefícios tanto econômicos como sociais.
2. ***Condições de demanda/clientes:*** investimentos filantrópicos que podem desenvolver mercados locais, melhorar a capacidade dos clientes locais, fornecer maior percepção quanto às necessidades de clientes emergentes ou desenvolver padrões de produtos são do interesse estratégico de uma empresa.

3. **Contexto competitivo:** todos os investimentos que uma empresa faz para favorecer políticas que diminuem a corrupção, estimulam a concorrência leal, protegem a propriedade intelectual e, no geral, apoiam um ambiente de negócios atraente podem ser benéficos tanto para a sociedade como para as empresas individualmente. A Microsoft há muito está envolvida com os esforços em apoio ao reconhecimento dos direitos de propriedade intelectual, o que é claramente um exemplo no qual tanto a sociedade como as empresas se beneficiam.
4. **Infraestrutura de apoio:** investimento em favor de indústrias de apoio (por exemplo, prestadores de serviços) pode facilitar o desenvolvimento de agrupamentos vigorosos de indústrias. E eles podem se tornar locomotivas para o desenvolvimento econômico, alinhado no espírito de que "na maré cheia todos os barcos flutuam".

A Networking Academy, da Cisco, oferece um exemplo das ligações poderosas que podem existir entre a estratégia filantrópica de uma empresa, as quatro áreas que podem ser alvos desses investimentos ou afetadas por eles e os benefícios sociais e econômicos resultantes.[25] A Cisco (que fabrica equipamentos de rede e roteadores usados para conectar computadores à Internet) descobriu que muitos de seus clientes enfrentavam uma falta crônica de administradores de rede qualificados. Embora a Cisco já estivesse engajada em uma espécie de marketing social (que incluiu a doação de equipamentos de rede para uma escola próxima às suas instalações), a empresa decidiu formalizar não apenas a doação de equipamento, mas também um programa para treinar professores nas escolas (e também os estudantes), na técnica de construir, projetar e fazer a manutenção de redes. Esse programa se desenvolveu e tornou-se um currículo de aprendizado a distância com base na Internet. Por sugestão do Departamento de Educação dos Estados Unidos, a empresa passou a se concentrar nas escolas das zonas mais economicamente carentes do país, e o programa expandiu-se para incluir também países em desenvolvimento. A Cisco acrescentou um banco de dados global com oportunidades de emprego para os formandos da Networking Academy. Outras empresas juntaram-se a esse esforço doando acesso à Internet, além de hardwares e *softwares* necessários, e, em vez de reinventar uma estrutura de treinamento própria, outras empresas, como a Sun Microsystems e a Adobe Systems, expandiram o currículo da Networking Academy, patrocinando cursos em outras áreas. Após cinco anos (em dezembro de 2002), a Networking Academy mantinha funcionando 9.900 programas nos 50 estados norte-americanos e em 147 países, e continuava crescendo rapidamente. O investimento de 150 milhões de dólares da Cisco trouxe carreiras em tecnologia e a própria tecnologia a pessoas de algumas das áreas mais pobres do mundo. Mais de 115 mil alunos formaram-se no programa de dois anos, e metade dos 263 mil alunos eram de fora dos Estados Unidos. A Cisco encontrou um campo de trabalhadores talentosos, incrementou a sofisticação de novos clientes, atraiu o reconhecimento internacional, gerou orgulho e entusiasmo entre os seus funcionários e parceiros, e é reconhecida como líder em filantropia empresarial.

Para orientar a tomada de decisões socialmente responsáveis, as empresas devem examinar suas metas, sua missão e os riscos potenciais. Em certos casos, uma empresa pode decidir engajar-se em um comportamento socialmente responsável, porque seus valores sociais apoiam esse comportamento, porque seu pessoal-chave acredita que é a coisa certa a fazer ou por uma série de outras razões. Quando a base é uma determinação corporativa, a empresa pode se preocupar menos com o impacto que a decisão terá nos lucros e mais em convencer outras partes envolvidas sobre os méritos da decisão. Em outros casos, os motivos potenciais e benefícios de ligar-se a causas sem fins lucrativos, doações de caridade ou práticas socialmente responsáveis não são tão claros. Uma empresa pode usar três critérios para avaliar os benefícios e os custos da responsabilidade social ou, de maneira mais ampla, do patrocínio de eventos em geral (veja o Quadro 11.2).

A missão da empresa combina com a missão da causa?
O mercado-alvo da empresa tem algum interesse na causa?
O comportamento socialmente responsável vai gerar simpatia entre os principais grupos envolvidos e a empresa vai se beneficiar da exposição positiva que esse comportamento vai gerar?

Quadro 11.2 — Considerações sobre responsabilidade social

- **A missão da empresa combina com a missão da causa?** Na medida em que a missão da empresa tem ligação explícita com a causa social, o investimento de fundos da empresa faz sentido. Por exemplo, os investimentos de uma empresa de telecomunicações em acesso por banda larga para comunidades rurais fazem sentido porque é parte da razão de ser da empresa. No entanto, com base nesse fator, o patrocínio de uma empresa dessas em favor do meio ambiente nessas comunidades pode não fazer tanto sentido, porque a preservação do meio ambiente não tem relação com a sua missão.
- **O mercado-alvo da empresa tem algum interesse na causa?** Essa avaliação requer que a empresa aborde explicitamente quais são os alvos de seus produtos e serviços, e se esse mercado-alvo tem interesse na causa. Digamos que o mercado-alvo primário de uma empresa de telecomunicações sejam os novos usuários de serviços de telecomunicações e pequenos negócios dirigidos por mulheres. Nesse caso, o patrocínio de campanhas de conscientização sobre câncer de mama ou o apoio a programas educacionais em ciências exatas e biológicas para jovens mulheres estaria de acordo com esse critério. Observe que, nesse caso, tentar conectar-se ao mercado-alvo e construir uma vantagem competitiva por meio das causas nas quais esse mercado está interessado pode levar a empresa a atividades socialmente responsáveis um tanto afastadas de sua atividade principal.
- **O comportamento socialmente responsável vai gerar simpatia entre os principais grupos envolvidos e a empresa vai se beneficiar da exposição positiva que esse comportamento vai gerar?** Essa consideração se baseia no fato de que o comportamento socialmente responsável é, em última instância, uma maneira de manter uma imagem positiva entre os principais grupos envolvidos. Por exemplo, uma empresa de telecomunicações pode doar dinheiro para um banco de alimentos em alguma de suas comunidades primárias. Desse modo, a causa não está diretamente ligada à sua missão nem é especificamente dirigida aos seus clientes primários, mas, embora a relação direta com possíveis vendas não esteja explícita, uma atividade assim pode gerar simpatia na comunidade.

Além disso, comportamentos socialmente responsáveis aumentam a probabilidade de que a empresa vai se beneficiar da publicidade. Até que ponto o comportamento da empresa será conhecido pelo público em geral? Se ele for levado ao mercado, televisionado, se a empresa divulgar sua participação na causa, haverá alguma exposição. E essa exposição pode ser usada para gerar consciência de marca. Se, no entanto, o evento for pequeno e não for divulgado ou televisionado, a exposição será mais limitada.

Empresas que operam somente nesse terceiro nível de responsabilidade social correm o sério risco de estar se engajando em comportamentos socialmente responsáveis em determinada área para compensar comportamentos socialmente irresponsáveis em outras. Como na seção sobre ética, comportamentos socialmente responsáveis podem ser vistos com ceticismo quando as pessoas questionam os motivos por trás do comportamento da empresa; e provavelmente a percepção será que as atitudes da empresa não são genuínas. Empresas que demonstram responsabilidade social em áreas relacionadas mais de perto com seus negócios e que são autênticas em seus esforços têm menos chance de ser acusadas de hipocrisia.

Se essas iniciativas de responsabilidade social corporativa são mais do que maquiagem, mais que um estratagema de relações públicas para "desviar a atenção da rapinagem e corrupção corporativas"[26], o tempo dirá. Os defensores da responsabilidade social argumentam com vigor que, se a reputação e a marca são importantes, as empresas cuja missão vai além de ganhar dinheiro serão mais bem-sucedidas quando se trata de recrutar, manter e engajar seus funcionários, bem como atrair clientes fiéis. A alternativa — o foco nos lucros que vêm de poluir o ambiente (fugindo dos investimentos em sustentabilidade) ou de tratar mal os empregados — pode ser lucrativa a curto prazo e revelar-se dispendiosa a longo prazo. Em última instância, o debate sobre a responsabilidade social corporativa será decidido na comparação de desempenho entre as companhias que aderirem à política de fazer seus negócios "como sempre" e as que abraçarem as iniciativas de responsabilidade social. Se levar ao lucro e ao crescimento, a responsabilidade social corporativa comprovará ser uma estratégia de negócios duradoura. Vale dizer que, no Brasil, essa discussão já alcançou grande amplitude entre as empresas, principalmente entre aquelas de capital aberto cujas ações são negociadas na Bolsa de Valores. A Bolsa de Mercadorias e Futuro (BM&F) criou uma carteira de ações de empresas que participam do Índice de Sustentabilidade Empresarial (ISE), e a promessa é que o retorno do investimento nessa carteira de ações seja, no médio/longo prazo, superior a outra carteira formada pelas empresas que não participam da iniciativa.

Responsabilidade social e inovação

Há quem acredite que a responsabilidade social pode, na realidade, apoiar a busca de uma empresa por inovações radicais,[27] uma vez que novas tecnologias são necessárias para enfrentar os desafios sociais e ambientais associados ao crescimento econômico e à saturação dos mercados maduros. Não só as empresas podem expandir seus mercados fazendo negócios na "base da pirâmide", em que os pobres do mundo estão desesperados para juntar-se à economia de mercado, como podem também inventar produtos para suprir as necessidades das populações economicamente menos favorecidas que frequentemente não são atendidas. Por exemplo, 4 bilhões de pessoas ganham menos de 1.500 dólares anualmente em poder de compra; 3 bilhões não têm serviços de telecomunicações confiáveis, em grande parte por causa do custo de implantação da infraestrutura de fios e linhas entre áreas urbanas e rurais.

A necessidade de geração e distribuição de energia nos países em desenvolvimento fornece um exemplo de motivação para inovações radicais, na medida em que mais de 2 bilhões de pessoas no planeta não têm acesso ao fornecimento confiável de eletricidade. Como resultado, os pobres das zonas rurais gastam a pouca renda que têm em velas, querosene e diesel para ter iluminação esporádica. Tecnologias radicais para resolver esse problema serão desenvolvidas onde elas puderem ser lançadas de maneira lucrativa — nos mercados em que não tiverem de concorrer com sistemas já estabelecidos. A "geração distribuída" de energia aproveita os combustíveis renováveis para gerar pequenas quantidades de eletricidade nas proximidades do ponto de uso (evitando a necessidade de uma infraestrutura de distribuição dispendiosa). Por exemplo, a fabricação de células fotovoltaicas que podem ser usadas para gerar eletricidade no próprio local de consumo sem a necessidade de uma rede de distribuição.

O papel do governo

Qual é o papel do governo na concretização da promessa de tecnologia? Dependendo da perspectiva, o governo pode ter vários papéis fundamentais. Por exemplo:

- Ele pode apoiar a ciência e a educação por meio de pesquisas e programas de inclusão para manter a capacidade de inovação. Nas décadas de 1980 e 1990, os Estados Unidos estavam classificados no topo de um ranking geral de inovação, com base nos fundos de P&D e outros fatores. Já em 2009-2010, pela publicação *Global Innovation Index*, do INSEAD,[28] os cinco primeiros países listados no topo do ranking eram Islândia, Suécia, Hong Kong, Suíça e Dinamarca. Os Estados Unidos estão em 11º lugar.
Como exemplo desse papel, em novembro de 2003, o senado norte-americano aprovou a Lei de Pesquisa e Desenvolvimento em Nanotecnologia, estabelecendo a Iniciativa Nacional de Nanotecnologia e autorizando o investimento de 3,7 bilhões de dólares em quatro anos. A lei prevê bolsas do governo para indústria, centros de pesquisa e desenvolvimento, educação e treinamento. Seus defensores acreditam que a lei é um catalisador vital para o desenvolvimento de uma área que se tornará responsável por 1 trilhão de dólares na economia global.[29] No Brasil, foi promulgada em 2 de dezembro de 2004, a Lei da Inovação. Trata-se do marco regulatório que "reflete a necessidade do [sic] país contar com dispositivos legais eficientes que contribuam para o delineamento de um cenário favorável ao desenvolvimento científico, tecnológico e ao incentivo à inovação." Detalhes podem ser encontrados no endereço do Ministério da Ciência e Tecnologia (http://www.mct.gov.br).
- Ele pode legislar para fortalecer a concorrência, como na Lei de Telecomunicações de 1996, destinada a abrir a indústria das telecomunicações para novas empresas. No Brasil, isso ocorreu com a quebra do monopólio do Estado no fornecimento de serviços de telecomunicações em 1995, com a alteração do inciso XI do artigo 21 da Constituição Federal de 1988.
- Ele pode introduzir medidas para garantir e proteger o bem-estar dos consumidores, como é o caso do Código de Defesa do Consumidor, com a promulgação da Lei n. 8.078 pelo Congresso Nacional brasileiro em setembro de 1990.

- Pode ajudar com o diálogo sobre padrões (ou legislar sobre eles se os envolvidos do ramo não conseguirem chegar a um acordo, como no caso dos padrões para a televisão digital).[30]

Alguns têm a preocupação de que, em vez de ajudar a concretizar a promessa de tecnologia, o governo venha na realidade a interferir na capacidade de inovação e no apoio à tecnologia na economia. De um lado, o papel do governo é prover políticas e legislação que gerem um mercado competitivo e garantam o bem-estar do consumidor, de outro, o governo deve também prover políticas que incentivem a assumir os riscos da inovação tecnológica, inclusive a proteção ao direito de propriedade intelectual das empresas. Obviamente o governo tem de saber equilibrar a situação ao tratar das necessidades de empresas e indústrias estabelecidas, novas empresas de tecnologia e consumidores.

Particularmente três áreas de atividade do governo têm destaque especial no ambiente de alta tecnologia de hoje, como mostra a Figura 11.3. O governo deve (1) continuar seus esforços para atualizar o modelo antitruste a fim de refletir as características de uma economia de negócios movida em grande parte por bens e serviços focados na tecnologia; (2) continuar a modificar e atualizar as regras com relação à propriedade intelectual para refletir as mudanças na economia, particularmente na medida em que elas se relacionam com a gestão de direitos digitais e (3) conscienciosamente monitorar questões relacionadas com o acesso da sociedade à tecnologia.

Atualização de modelos antitruste

Muitos dos princípios orientadores utilizados para o pensamento antitruste foram formados no fim do século XVIII, em uma época em que a economia era movida pela Revolução Industrial e pelo desenvolvimento e pela produção de bens tangíveis. Isso não só significava que as empresas estavam preocupadas com os fatores de produção e limitações de fornecimento, mas implicava também que um bem poderia ser consumido apenas por um indivíduo.[31] No entanto, em uma economia movida pela digitalização e pela tecnologia, a informação pode ser consumida por muitas pessoas simultaneamente. De fato, por causa das externalidades de rede, quanto mais pessoas adotam um bem coletivo, mais valioso ele se torna. Por exemplo, consumidores querem comprar o que todo o mundo está usando para que seu equipamento seja compatível com o dos outros usuários. No extremo dessa situação, os produtos mais populares são amplamente utilizados, criando um poder econômico do tipo monopólio, como é o caso do sistema operacional Windows, da Microsoft.

A questão é se as características de um ambiente de alta tecnologia, como as estruturas de custo de primeira unidade, externalidades de rede e superposição de conhecimento, suscitam a discussão dos modelos antitruste tradicionais. Alguns entusiastas da tecnologia dizem que "sim". Em favor de limitações antitruste menos rígidas, eles argumentam que, embora uma economia movida pela informação e por produtos baseados na tecnologia possa levar a um poder econômico do tipo monopólio, tais concentrações serão temporárias e rapidamente derrubadas por novas e melhores inovações. Como mostra o lado esquerdo da Figura 11.3, confiar na mão invisível do mercado permitirá que novas inovações restrinjam o poder econômico do tipo monopólio.

Outros dizem que "não" e que, por causa das características únicas do ambiente de alta tecnologia, a sociedade precisa mais que nunca de proteções antitruste. Os defensores dessa escola acreditam que o poder econômico do tipo monopólio nos mercados de alta tecnologia pode ser particularmente

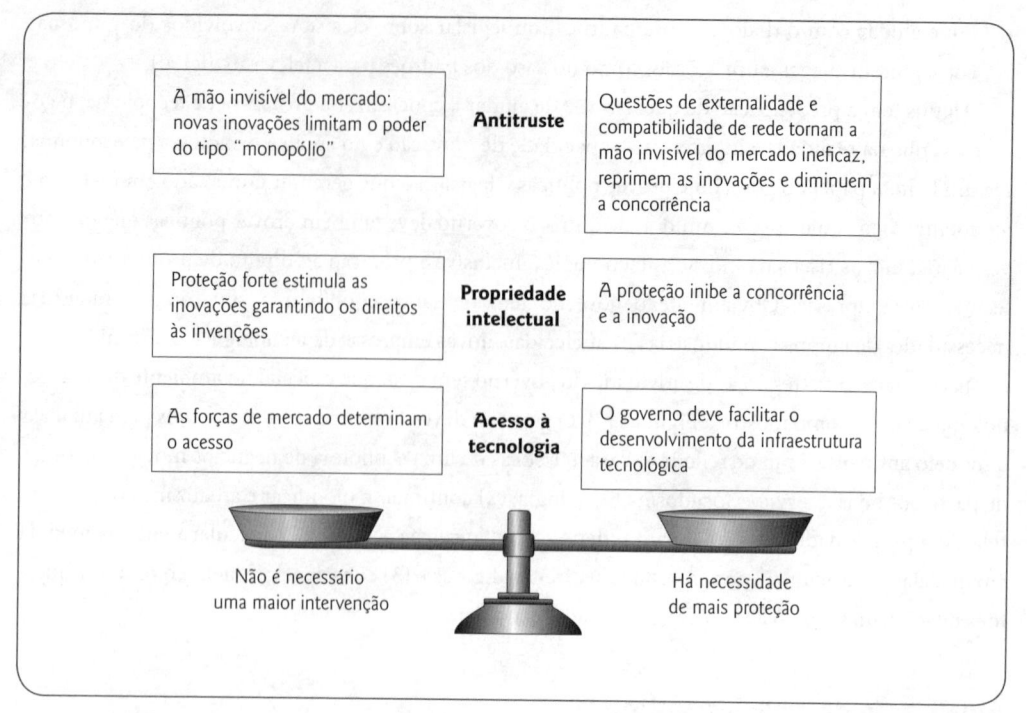

Figura 11.3 — O equilíbrio que o governo tem de manter

problemático. Por exemplo, o controle que a Microsoft exerce sobre o sistema operacional, que é crucial para o funcionamento de 90 por cento dos computadores do planeta pode criar questões de acesso ao mercado que, se limitado, gera o risco de reprimir a concorrência e as inovações.[32] Além disso, uma vez estabelecido o padrão tecnológico, os consumidores sentem a necessidade de comprar produtos baseados no padrão, mesmo que não sejam os melhores. Mesmo monopólios temporários podem restringir a inovação, inibir a concorrência e desacelerar o ritmo das inovações, destacando a necessidade de fortalecer as proteções antitruste tradicionais (o lado direito da Figura 11.3).

De acordo com a visão de que uma economia de alta tecnologia vibrante requer normas antitruste eficazes,[33] após um julgamento que durou 19 meses, em julho de 2000 a Microsoft foi considerada culpada de violar leis estaduais e federais antitruste por causa do uso de seu poder de monopólio no mercado de softwares de sistemas operacionais para esmagar os concorrentes e estender o seu domínio para os navegadores de Internet. Os contratos supostamente restritivos e discriminatórios da Microsoft foram peças-chave no processo, e as apelações a instâncias superiores falharam em reverter a sentença. Embora criticado por alguns como "leniente demais", o acordo estabelecido na fase de penalidades obrigou a Microsoft a dar aos clientes a opção de comprar o sistema operacional sem o navegador integrado. Requer também que a Microsoft permita o acesso aos seus protocolos de comunicação pela concorrência, de modo que eles possam escrever programas que funcionem sem discrepâncias com o sistema operacional Windows.[34]

Seja qual for a perspectiva sobre a maneira como as regras antitruste devem ser aplicadas, uma economia baseada na tecnologia tem características únicas que destacam a necessidade de diálogo sobre o impacto dos regulamentos antitruste.[35]

Examinando modelos de propriedade intelectual

Os esforços do governo para fazer cumprir os direitos de propriedade intelectual por meio de patentes e direitos autorais também têm impacto profundo nos avanços tecnológicos e é afetado por eles.

Proteção de patente

Alguns têm a preocupação de que a outorga de patentes para descobertas tecnológicas, como genes, números primos e até animais de laboratórios (o camundongo de Harvard) levará a um controle excessivo da informação, o que dificultará possíveis superposições de conhecimento que poderiam se desenvolver a partir dessas descobertas de maneiras profundas, mas desconhecidas.

A Internet e o genoma humano são duas descobertas desse tipo. Com relação às ciências biológicas, uma única empresa, a Human Genome Sciences, obteve as patentes de 106 genes humanos completos, inclusive alguns que são críticos para o tratamento da osteoporose e da artrite. Em 2000 a empresa tinha as patentes pendentes de mais de 7.500 genes.[36] A corrida nesse sentido suscita profundos questionamentos éticos e sociais. Será que essas patentes vão permitir que as descobertas sejam partilhadas com a comunidade científica em geral? Será que avanços que poderiam melhorar o bem-estar dos consumidores serão restritos? Por exemplo, com relação aos alimentos geneticamente modificados, cinco agricultores norte-americanos e um francês entraram com um processo antitruste contra a Monsanto, acusando a empresa de conspirar para controlar o mercado de sementes de milho e soja. Novartis, DuPont e sete outras empresas também foram citadas como conspiradoras.[37]

O que o governo tem de pesar no caso da proteção às patentes é o incentivo aos inventores para que assumam os riscos da inovação (por meio da proteção às patentes) contra a coibição das inovações e da concorrência em decorrência dessa proteção. Embora pesquisa e desenvolvimento dispendiosos mereçam recompensa, pode ser mais desejável um meio-termo entre excluir os demais do uso da inovação e partilhar o conhecimento.[38]

Proteção de direitos autorais

Há pelo menos duas forças que convergiram e que estão dificultando a manutenção do controle dos proprietários de "conteúdo" sobre seu trabalho protegido por direitos autorais:

1. A digitalização do conteúdo.
2. O desenvolvimento da TI, que facilita o compartilhamento de conteúdos digitais:
   a. Hardwares como os gravadores de CD e DVD.
   b. Softwares como os serviços de computação par a par (*peer-to-peer*); esses serviços de compartilhamento de arquivo permitem que os usuários busquem filmes, jogos, softwares, imagens e textos nos discos rígidos de outros PCs e façam cópias.
   c. Conexões de banda larga, que permitem o download mais rápido de mídia com uma grande quantidade de dados, como os filmes ou jogos de *video games* de alta resolução.

Essas duas forças criaram um cisma entre os direitos das empresas de entretenimento e os provedores de tecnologia. As leis de direitos autorais garantem aos donos desses direitos (que são frequentemente empresas de entretenimento) o monopólio sobre os direitos de reproduzir e distribuir seu trabalho durante o período de proteção do direito autoral. Os provedores de tecnologia fabricam dispositivos que permitem aos consumidores reproduzir e distribuir trabalhos protegidos por direitos autorais (fotocopiadoras, gravadores de vídeo digital, de DVDs, apenas para citar alguns). As acusações públicas entre os CEOs da Disney (Michael Eisner) e da Apple (Steve Jobs) simbolizaram a discórdia entre as empresas de entretenimento e as de tecnologia. Eisner atacou dizendo que o *slogan* da Apple ("*Rip, Mix, Burn*")[39], destacando as capacidades de seus produtos multimídia, endossava a pirataria digital. As empresas de entretenimento criticaram as empresas de tecnologia por sua lentidão para estabelecer padrões técnicos de prevenção contra a pirataria digital. Em um trabalho de *lobby* muito forte por parte dos provedores de conteúdo, legisladores inicialmente propuseram que os fabricantes de computadores e aparelhos eletrônicos para consumidores embutissem em todos os seus produtos tecnologia para proteção de direitos autorais. No fundo, a pergunta é: os provedores de tecnologia estão facilitando a violação das regras de direitos autorais por seus clientes?

O governo vem tentando tratar da questão que se tornou conhecida como *gestão de direitos digitais* (concebida para combater a pirataria digital) de diversas maneiras (em inglês, *Digital Rights Management* — DRM). Por exemplo, a Lei de Gravações Domésticas de Áudio de 1992 garantiu aos consumidores o direito de utilização particular ilimitada de músicas, vídeos, livros e outros conteúdos de mídia adquiridos legalmente. Esses direitos ficaram de certa forma comprometidos com a aprovação da Lei de Direitos Autorais do Milênio Digital, de 1998, que tornou crime violar as proteções de cópia.

Processos jurídicos também orientaram o desenvolvimento de políticas legais no contexto. Um marco nesse cenário foi o caso Betamax (Sony Corp. of America contra Universal City Studios), de 1984, aclamado como *Carta magna da era da tecnologia* e que definiu os direitos das empresas de entretenimento e dos provedores de tecnologia. A Sony *não* foi considerada culpada de facilitar a violação de direitos autorais, embora soubesse que alguns consumidores usariam ilegalmente os gravadores de videocassete para copiar material protegido por direitos autorais. A questão crítica foi que, como os videocassetes não eram primariamente usados para propósitos infratores, os tribunais não deveriam reprimir tecnologias potencialmente benéficas antes que sua utilidade fosse totalmente compreendida.

Foi relevante que, à época da sentença da Sony, os estúdios não conseguiram provar qualquer perda real de receita que pudesse ser atribuída aos videocassetes, embora eles já estivessem no mercado há quase uma década. Em contraste e colocando lenha na fogueira da batalha entre a indústria musical e as empresas de tecnologia, entre 1999 e 2003, as vendas de discos e a receita das gravadoras caíram vertiginosamente.[40]

O caso da Sony é usado para analisar os direitos das gravadoras com respeito ao download de músicas da Internet. Em dezembro de 1999, a Recording Industry Association of America (RIAA), uma associação de gravadoras norte-americana, conseguiu com sucesso processar o Napster por contribuição para a violação de direitos autorais. Após longo julgamento e processo de apelação, o Napster fechou em julho de 2001. Como o Napster era um serviço — o que equivale a dizer que tinha um relacionamento contínuo com seus usuários —, os tribunais consideraram que a sentença da Sony não se aplicava. O videocassete era um produto que, uma vez vendido, deixava de ter qualquer relação com a Sony. Consequentemente, a Sony não poderia controlar o que seus usuários fariam. No entanto, o Napster tinha um relacionamento contínuo com seus usuários e poderia saber o que eles estavam trocando.

Outras redes par a par foram desenvolvidas na esteira do fim do Napster. Os criadores de tecnologia modificaram sua abordagem do serviço de compartilhamento de arquivos e desenvolveram produtos de software autossuficientes em vez de um serviço contínuo. A troca desregrada de arquivos não tem um índice centralizado, mas sim informação armazenada em arquivos espalhados pela rede. Diferente do Napster (a primeira geração de serviços de compartilhamento de arquivos), a segunda geração de programas de compartilhamento de arquivos (como Morpheus, Grokster, Kazaa, Gnutella, LimeWire e BearShare) eram apenas provedores de ferramentas de software que permitiam aos usuários procurar e copiar arquivos digitais dos discos rígidos dos PCs uns dos outros, mas sem saber o que as pessoas procuravam e baixavam. Apesar de terem sido processados em outubro de 2001, o Morpheus e o Grokster foram protegidos de uma condenação pela sentença do caso da Sony. Os processos legais nessa área tratam de questões complicadas e continuam recebendo uma atenção significativa. Perversamente, os resultados de casos recentes indicam que, embora os operadores comerciais estejam livres de um processo, os próprios usuários dos serviços de compartilhamento de arquivos podem ser processados (os usuários incorrem na violação de direitos autorais quando fazem o upload ou download de arquivos protegidos por direitos autorais). Essa sentença significa que, para fazer cumprir seus direitos de propriedade dos direitos autorais, a RIAA teria de processar usuários individuais, o que ela fez em setembro de 2003. Usando uma sofisticada tecnologia de computação paralela, que buscava canções populares e, consequentemente, as centenas e às vezes milhares de pessoas que queriam compartilhá-las, a RIAA conseguiu reunir provas contra indivíduos. No decorrer do processo, os provedores de Internet foram intimados a fornecer os nomes das pessoas que estavam usando serviços de compartilhamento de arquivos.[41]

Entre setembro e dezembro de 2003, a RIAA processou quase 400 indivíduos por violação de direitos autorais, e os primeiros indícios sugeriam que os processos legais tiveram o efeito desejado. Antes do processo, 29 por cento dos usuários de Internet baixavam músicas para seus computadores. Nos três meses que se seguiram à estratégia legal da RIAA, 14 por cento dos usuários de Internet informaram que haviam baixado músicas para os seus computadores.[42]

Alguns acreditam que as tentativas da indústria do entretenimento para restringir o compartilhamento de informação, em vez de desenvolver novos modelos de negócios, demonstram o desejo de controlar a propriedade intelectual de modo que podem ser incompatíveis com uma economia baseada na informação.[43] É interessante observar que os estúdios, receando as novas tecnologias, inicialmente combateram o advento dos gravadores de vídeo, quase sufocando o mercado de *home videos* que, hoje, por meio da venda de fitas e DVDs, responde por 50 por cento de sua receita. Alguns acreditam que a moral da história é que, se a indústria do entretenimento abraçasse a nova tecnologia de compartilhamento de arquivos, poderia ganhar mais dinheiro do que nunca.[44] Em outras palavras, talvez seja a hora de aceitar a tecnologia e lidar com a era digital. Um exemplo interessante a ser considerado é o modelo de venda da iTunes da Apple.

Em vez de buscar maneiras para defender os atuais modelos de negócios, empresas de entretenimento podem reenquadrar a questão quanto a maximizar receitas na era digital e ainda proteger o valor de sua propriedade intelectual. Como muitos dizem, "o conteúdo quer liberdade". Paradoxalmente isso implica que deixar de tentar proteger os direitos digitais a todo custo pode ser uma maneira de maximizar receita. Em vez disso, as empresas de entretenimento podem começar a pensar de maneira não tradicional sobre como distribuir conteúdo a fim de aumentar suas opções de criar valor.

Por exemplo, em vez de simplesmente vender um livro, CD ou filme pela Internet, as empresas de entretenimento poderiam se concentrar na venda de uma série de produtos e serviços complementares, como produtos e entradas para eventos especiais com artistas e autores. Com uma estratégia assim, as gravadoras poderiam oferecer uma série de serviços adicionais pelos quais seus clientes estariam dispostos a pagar — e teriam uma ligação direta com o consumidor.[45] De acordo com a noção de destruição criativa, os poderes estabelecidos no topo da indústria têm de se reinventar — até certo ponto dolorosamente — ou enfrentar a "amazonização".[46]

O que falta na retórica intensa é a voz do consumidor. É possível reenquadrar esse debate em uma perspectiva em que todos ganham, isto é, tanto as empresas de tecnologia como as de entretenimento e os consumidores? Embora proteções fortes para a propriedade intelectual sejam essenciais para promover a inovação contínua, tais proteções não devem restringir a concorrência e o acesso. Um Código de Defesa dos Direitos do Consumidor foi desenvolvido por um grupo de defesa dos consumidores, a DigitalConsumer.org,[47] formado por empresários do Vale do Silício que se opõem à erosão dos direitos do consumidor e da inovação tecnológica. O Código propõe que, uma vez que o consumidor tenha comprado legalmente o conteúdo digital, tem o direito ao *time-shift* (gravar para reprodução posterior), ao *space-shift* (copiar para CDs virgens ou aparelhos de reprodução portátil), a fazer cópias de segurança, a usar o conteúdo em qualquer plataforma (PC, aparelho de MP3 etc.) e a traduzir o conteúdo para diferentes formatos. Essas ideias são apoiadas também por juristas como Lawrence Lessing (www.creativecommons.org).[48]

Assistência no acesso à tecnologia

Uma última área na qual o governo vem andando sobre a corda bamba para equilibrar as necessidades de vários grupos de eleitores diz respeito ao acesso à tecnologia. Alguns acreditam que o acesso à tecnologia é um "serviço essencial" do qual, a exemplo da educação, todos devem ter a oportunidade de se beneficiar. Portanto, como na implantação das estradas interestaduais, linhas telefônicas e rede elétrica, a fim de capitalizar totalmente a promessa de tecnologia, o governo tem com seus cidadãos a responsabilidade de desenvolver uma rede de tecnologia de informática de qualidade e amplamente acessível.

O debate nessa área tornou-se conhecido como *divisão digital*, referindo-se à disparidade de acesso à tecnologia entre os mais e os menos favorecidos pela tecnologia. A disparidade de acesso é considerada uma questão importante porque, "se a revolução tecnológica deixar alguns para trás, todos sofrerão".[49] Essa disparidade de acesso pode se manifestar de muitas formas:

- Entre diferentes grupos socioeconômicos (ricos *versus* pobres).
- Entre diferentes áreas geográficas. Por exemplo, entre usuários urbanos e rurais ou entre o centro das cidades e os subúrbios.
- Entre diferentes grupos étnicos, por exemplo, entre brancos e negros ou latinos.
- Entre diferentes países (desenvolvidos *versus* em desenvolvimento *versus* menos desenvolvidos).

Soluções para a construção de pontes sobre a divisão digital

Esforços governamentais para facilitar o acesso à tecnologia são uma forma possível de construir pontes sobre a divisão digital, bem como os esforços de muitas empresas de alta tecnologia mencionados na seção deste capítulo que trata da responsabilidade social. Outra solução para a divisão digital pode ser encontrada também em novos desenvolvimentos tecnológicos, como satélites e outros tipos de acesso sem fio, que não requerem a extensão de redes até "o último quilômetro". Embora não seja especificamente destinada ao mercado rural, a Motorola e a Cisco conjuntamente contribuíram com 1 bilhão de dólares para criar redes sem fio de alta velocidade para a Internet e a AT&T está fazendo experimentos com serviços do tipo celular, que comprimem dados e levam o acesso de alta velocidade à Internet aos domicílios.

No Brasil, o Ministério das Comunicações estabeleceu, em novembro de 2009, uma proposta para um Plano Nacional de Banda Larga[50], com o objetivo de massificar, até 2014, a oferta de acessos banda larga e promover o crescimento da capacidade da infraestrutura de telecomunicações do país.

Segundo o *site* oficial do Ministério das Comunicações,

> essa expansão da oferta visa:
> - acelerar a entrada da população na moderna Sociedade da Informação;
> - promover maior difusão das aplicações de Governo Eletrônico e facilitar aos cidadãos o uso dos serviços do Estado;
> - contribuir para a evolução das redes de telecomunicações do país em direção aos novos paradigmas de tecnologia e arquitetura que se desenham no horizonte futuro, baseados na comunicação sobre o protocolo IP;
> - contribuir para o desenvolvimento industrial e tecnológico do país, em particular do setor de tecnologias de informação e comunicação (TICs);
> - aumentar a competitividade das empresas brasileiras, em especial daquelas do setor de TICs, assim como das micro, pequenas e médias empresas dos demais setores econômicos;
> - contribuir para o aumento do nível de emprego no país; e
> - contribuir para o crescimento do PIB brasileiro.

Como essas soluções sugerem, muitas pessoas parecem acreditar que fornecer o acesso à tecnologia para populações menos favorecidas é a solução para superar a divisão digital e que seu sucesso trará prosperidade e riqueza às populações menos favorecidas. Embora o *acesso* à informação e à tecnologia seja claramente uma condição necessária para superar a divisão digital, com certeza não é o único fator que ajudará a integrar a tecnologia à vida das pessoas. Um fator não considerado é a *vontade* das pessoas (às quais tal tecnologia é levada) de abraçar totalmente e utilizar a tecnologia em seu próprio benefício.[51] Portanto, esforços para facilitar a efetiva utilização da tecnologia também devem ser feitos.

Observações finais: concretizando a promessa de tecnologia

Muitas tecnologias vitais hoje no mundo eram literalmente inconcebíveis dois séculos atrás. O barco a vapor não foi uma evolução do barco a vela; o automóvel não é uma evolução da carroça puxada a cavalo; o transistor não surgiu de melhorias nas válvulas eletrônicas e o PC não é uma evolução da calculadora mecânica.[52] O desenvolvimento tecnológico requer criatividade, recursos, perseverança e descobertas felizes. De fato, o espaço de tempo entre uma inovação e o desenvolvimento de produto pode chegar a 40 anos. O mercado pode não estar preparado para ela, o governo pode não saber como facilitá-la, os custos podem ser altos demais ou algum outro desenvolvimento pode surgir e ultrapassá-la. Os inovadores têm de ser incansáveis soldados com relação às suas invenções. Embora elas possam não ter imediata aplicação comercial viável, eles devem perseverar na esperança de que um dia ela será útil.[53]

Em última instância, a tecnologia é uma ferramenta para atender a propósitos humanos, no entanto, as promessas que as novas tecnologias oferecem podem ser concretizadas somente se os inventores seguirem etapas cuidadosas na comercialização e marketing de suas ideias. Uma boa ideia, sozinha, não basta. O marketing inteligente, com base na consideração sistemática das questões críticas, é necessário para permitir que as inovações beneficiem a sociedade da maneira que se pretende. Sem um marketing eficaz de produtos de alta tecnologia e inovações, os benefícios que poderiam ser gerados permanecerão invisíveis.

VISÃO DE MERCADO

Embalagem Tetra Pak: sustentável por natureza
Fernando von Zuben
Diretor de Desenvolvimento Ambiental da Tetra Pak

Fabricante das embalagens longa vida, a Tetra Pak desenvolve no Brasil um trabalho ambiental que se tornou referência mundial, atuação que é marcante principalmente pelo desenvolvimento de novas tecnologias de reciclagem. Uma delas é nada menos do que a primeira tecnologia do mundo capaz de separar as camadas de plástico e alumínio das embalagens da Tetra Pak: a tecnologia de Plasma — desenvolvimento brasileiro que ganhou o mundo e hoje é citado como uma das inovações no que tange à responsabilidade ambiental da história recente.

A tecnologia a Plasma
A história da utilização desta tecnologia remonta a meados da década de 1990, quando a Tetra Pak procurou o Instituto de Pesquisas Tecnológicas (IPT) da USP com a ideia de utilizar o plasma térmico para fazer a separação do polietileno e do alumínio que compõem a embalagem, materiais estes até então indivisíveis dentro de todos os processos tradicionais de reciclagem. Após anos de pesquisa em pequena escala, foi instituída uma planta-piloto, que começou a transformar o polietileno em parafina e a recuperar o alumínio com alto grau de pureza (mais de 90 por cento). Os testes produziram bons resultados e, em 2005, a Tetra Pak inaugurou a primeira planta de reciclagem a Plasma do mundo, em parceria com as empresas Klabin, Alcoa e TSL Ambiental.

Atualmente transformados em parafina líquida e lingotes, o plástico e o alumínio voltam para a cadeia produtiva como matérias-primas de primeira qualidade. A primeira unidade de reciclagem a plasma, pioneira no mundo, começou a operar em maio de 2005 na cidade de Piracicaba, no interior de São Paulo, e já desperta o interesse de outros países. Com investimento de 14 milhões de reais, a usina tem a capacidade para reciclar 8 mil toneladas de plástico e alumínio por ano, equivalentes a 32 mil toneladas de embalagens. Essa tecnologia foi citada, em matéria da Revista *Exame*, (ano 42, edição 2 de 13 de fevereiro de 2008), como uma das dez maiores inovações brasileiras na última década.

Resumo

Este capítulo explorou fatores relacionados à concretização da promessa de tecnologia, inclusive paradoxos e consequências não previstas, dilemas éticos, responsabilidade social e papel do governo. Embora a tecnologia não seja uma panaceia que pode resolver todos os problemas da humanidade — inclusive a falta de alimentos, problemas de saúde, transporte desordenado e ineficiências das empresas —, ela também não é essencialmente incompatível com os valores humanos ou a fonte de todos os lamentos em nossa sociedade. A consideração proativa dos paradoxos que a tecnologia apresenta aos usuários, bem como suas consequências não previstas, permite às empresas prever melhor os obstáculos de modo que as promessas que suas inovações trazem possam se concretizar. Da mesma maneira, a consideração proativa dos dilemas éticos pode ajudar muito a minimizar os possíveis efeitos negativos. O uso da estruturação para lidar com dilemas éticos, bem como a atenção explícita às considerações sobre decisões de negócios socialmente responsáveis, ajudam uma empresa a navegar entre possíveis controvérsias. O papel do governo é equilibrar cuidadosamente a necessidade de facilitar um clima que promova a inovação e garantir a competitividade de mercado.

Perguntas para debate

1. Quais são os oito paradoxos que a tecnologia pode apresentar sob a perspectiva do usuário? Dê um exemplo de cada um. Quais são as implicações sob a perspectiva do marketing?
2. Identifique e descreva uma consequência não prevista decorrente da tecnologia (não citada neste capítulo).
3. Identifique e descreva uma controvérsia ética resultante de desenvolvimentos tecnológicos (não mencionada neste capítulo). Use a estruturação apresentada no capítulo para tomar a decisão de como lidar com essa controvérsia ética.
4. Faça um resumo do debate sobre responsabilidade social corporativa. Em que lado do debate você se encaixa? Por quê?
5. Encontre um exemplo de esforços de responsabilidade social de uma empresa.
    a. Avalie os esforços dessa empresa em termos dos quatro domínios da responsabilidade social corporativa (identificados por Porter e Kramer).
    b. Avalie os esforços da empresa com base nas três considerações sobre responsabilidade social apresentadas no Quadro 11.2.
    c. Existem outras causas ou áreas nas quais essa empresa pode de forma útil colocar seus esforços filantrópicos para ser mais eficaz? Quais? Por quê?
6. Como a responsabilidade social pode facilitar o desenvolvimento de inovações radicais?
7. Para cada uma das três questões seguintes, resuma as vantagens e desvantagens do envolvimento do governo.
    a. Intervenção ativa no mercado com respeito às questões antitruste.
    b. Intervenção ativa no mercado com respeito às questões de propriedade intelectual.
    c. Intervenção ativa no mercado com respeito às questões de acesso à tecnologia.

Glossário

Divisão digital. Termo que se refere à disparidade de acesso à tecnologia entre os diferentes grupos da sociedade, inclusive grupos socioeconômicos, geográficos, étnicos e nacionais.

Genoma. O conjunto completo de instruções para os processos biológicos de que um organismo precisa para viver e se reproduzir, conforme escritas em dois pares de nucleotídeos (compostos de adenina e tiamina ou citosina e guanina) em seu DNA (ácido desoxirribonucleico).

Gestão de direitos digitais. Esforços das empresas de entretenimento/mídia, empresas de tecnologia e do governo para reconhecer e fazer valer os direitos dos proprietários de direitos autorais e reprimir a pirataria digital.

Ludita. Pessoa que se opõem à tecnologia e às mudanças decorrentes dela.

Responsabilidade social corporativa. Refere-se ao foco de uma empresa simultaneamente na lucratividade econômica ("no resultado" ou "sair-se bem") e nas necessidades e preocupações sociais ("fazer o bem").

Notas

1. BALL, J. High-tech air bags are lacking in grasp of human dimensions. *Wall Street Journal*, p. Al, A6, 5 ago. 1949.

2. DIBBELL, J. Everything that could go wrong. *Time*, p. 56, 20 maio 1996.

3. Exceto onde indicado, esta seção foi extraída de MICK, D. G.; FOURNIER, S. Paradoxes of technology: consumer cognizance, emotions, and coping strategies. *Journal of Consumer Research*, p. 123-143, 25 set. 1998.

4. DIBBELL, op. cit., 1996.

5. DONATO, M. (*Chicago Tribune*). Sense-dulling conveniences creating alienated world. *Missoulian*, p. A8, 12 jan. 1999.

6. DOWN, J. (*Associated Press*). Plugged in to excess. *Missoulian*, p. Al, 23 ago. 1999.

7. DONATO, op. cit., 1999.

8. BRYAN, R. Two-timing the clock; trying to slow the raging river of progress? Take a step back and disconnect from the world. *Business 2.0*, p. 227-230, fev. 2000.

9. SIEGEL, M. Do computers slow us down? *Fortune*, p. 34, 38, 30 mar. 1998; LANDAUER, T. The trouble with computers: usefulness, usability, and productivity. Cambridge, MA: MIT Press, 1995; BRYNJOLFSSON, E. The productivity paradox of information technology. *Communications of the ACM*, n. 36, p. 67-77, dez. 1993.

10. WOODS, B. IM use a big security threat. *CyberAtlas*, 5 jun. 2002.

11. COX, B. E-commerce said to be eco-friendly. *InternetNews.com*, 11 jan. 2000.

12. TAYLOR, C. Why mother nature should love cyberspace. *Time*, p. 82, abr./maio 2000.

13. TAM, P.-W. Taking high tech home is a bit much for an Internet exec. *Wall Street Journal*, p. Al, 16 jun. 2000.

14. DICTIONARY MERRIAM-WEBSTER ONLINE. [S.l.]: Encyclopaedia Britannica Company, 2011. Disponível em: <http://www.m-w.com/cgi-bin/dictionary>. Acesso em: 9 jul. 2011.

15. SALE, K. *Inimigos do futuro*: lições para o presente. Tradução de: Valéria Rodrigues. Rio de Janeiro: Record, 1999.

16. Disponível em: <http://frwebgate.access.gpo.gov/cgi-bin/getdoc.cgi?dbname=108_cong_public_laws&docid=f:publ153.108>.

17. SENATE PASSES NANOTECHNOLOGY BILL. *Chemical Week*, p. 44, 26 nov. 2003.

18. NSF GRANT TO STUDY NANO'S SOCIETAL IMPACT. *Nanotech Briefs*, p. 4, out. 2003.

19. WEISS, R. (*Washington Post*). Smarter mice run ethical maze. *Missoulian*, p. Al, A9, 2 set. 1999.

20. KOLATA, G. Breaking ranks, lab offers test assessing breast cancer risk. *Boulder Daily Camera*, p. A3, 1º abr. 1996.

21. MERCK & CO., INC. In: HELD, D. Property, profit, and justice. *The Business Enterprise Trust*. [S.l: s.n.], 1991.

22. Id., ibid.

23. KADLEC, D. The new world of giving. *Time*, p. 62-64, 5 maio 1997.

24. PORTER, M.; KRAMER, M. The competitive advantage of corporate philanthropy. *Harvard Business Review*, p. 5-16, dez. 2002.

25. Id., ibid.

26 GUNTHER, op. cit., 2003.

27 HART, S.; CHRISTENSEN, C. The great leap: driving innovation from the base of the pyramid. *Sloan Management Review*, n. 44, p. 51-57, outono 2002; KIRKPATRICK, D. The ways to help the Third World. *Fortune*, p. 187-196, 27 out. 2003.

28 GLOBAL INNOVATION INDEX (GII). [S.l.]: INSEAD, 2011. Disponível em: <http://www.globalinnovationindex.org>. Acesso em: 9 jul. 2011.

29 SENATE PASSES NANOTECHNOLOGY BILL. Op. cit., 2003.

30 A razão pela qual a televisão digital é considerada uma questão de bem-estar do consumidor é que a mudança para os sinais digitais permitirá que os transmissores coloquem mais dados no espaço de canal existente, o que poderá ser usado para dar mais opções aos consumidores.

31 MURRAY, A. Pushing Adam Smith past the millennium. *Wall Street Journal*, p. A1, 21 jun. 1999.

32 Id. In the new economy, you've got scale. *Wall Street Journal*, p. A1, 17 jan. 2000.

33 Id. Antitrust isn't obsolete in an era of high-tech. *Wall Street Journal*, p. A1, 10 nov. 1997.

34 MICROSOFT INVESTIGATION COULD KILL ANTITRUST AGREEMENT. *Los Angeles Times*, 24 out. 2002.

35 MURRAY, op. cit., 1997.

36 ENRIQUEZ, J.; GOLDBERG, R. Transforming life, transforming business: the life-science revolution. *Harvard Business Review*, p. 95-104, mar./abr. 2000.

37 Id., ibid.

38 SHULMAN, S. We need new ways to own and share knowledge. *The Chronicle of Higher Education*, v. 45, n. 24, p. A64, 1999.

39 Cortar, mixar, queimar. (N. do T.)

40 PARLOFF, R. The real war over piracy. *Fortune*, p. 148-156, 27 out. 2003.

41 FRANCE, M. Striking back. *BusinessWeek*, p. 94-96, 29 set. 2003.

42 SURVEY: MUSIC DOWNLOADING DECLINING AFTER CRACKDOWN. *Associated Press*, 5 jan. 2004.

43 GRIFFIN, J. The digital delivery of intellectual property is our generation's nuclear power. *Business 2.0*, p. 212, fev. 2000.

44 PARLOFF, op. cit., 2003.

45 YANG, C. A rising chorus of music downloaders? *BusinessWeek*, p. 96, 29 set. 2003.

46 BLACK, J. The Freebie road to digital riches. *BusinessWeek*, 13 maio 2002.

47 MOSSBERG, W. Consumers must protect their freedom to use digital entertainment. *Wall Street Journal*, p. B1, 14 mar. 2002.

48 BLACK, J. Lawrence Lessig: the "dinosaurs" are taking over. *BusinessWeek*, 13 maio 2002.

49 CROCKET, R. High tech's next big market? Try the inner city. *BusinessWeek*, p. 48, 20 dez. 1999.

50 UM PLANO NACIONAL PARA BANDA LARGA: O BRASIL EM ALTA VELOCIDADE. Brasília: Ministério das Comunicações, [s.d.]. Disponível em: <http://www.mc.gov.br/images/pnbl/o-brasil-em-alta-velocidade1.pdf>. Acesso em: 9 jul. 2011.

51 ALBERT, T.; COLBY, C. L. The technology readiness of vulnerable or impacted groups and public policy considerations: a cross-cultural research program. In: AMA PUBLIC POLICY CONFERENCE, maio 2003, Washington, D.C.; ALBERT, T.; MOHR, J. Technology readiness of vulnerable consumers: implications for the digital divide. In: UNIVERSITY OF MONTANA, 2004, Missoula, MT.

52 AYRES, R. Technological trends. *National Forum*, n. 74, p. 37-43, primavera 1994.

53 BRONSON, G. Technology: songs the sirens sing. *Forbes*, p. 234-237, 13 jul. 1987.

Índice remissivo

20th Century Fox Films, 159

A

ABAP *veja* Associação Brasileira das Agências de Propaganda (ABAP)
ABDI *veja* Agência Brasileira de Desenvolvimento Industrial (ABDI)
ABIPTI *veja* Associação Brasileira das Instituições de Pesquisa Tecnológica (ABIPTI)
ABS *veja* Sistema de freios antitravamento (*antilock braking system* – ABS)
Abordagem para o desenvolvimento de recursos e competências, 59-60
Ácido desoxirribonucleico (DNA), 90, 218, 366
Acrescentando novos canais: a Internet, 253-261
   considerações adicionais ao se adicionar um canal on-line, 256-257
   evitando conflitos, 257-258
   experiência da Compaq, 254-255
   gerando renda extra ou canibalizando as vendas existentes, 255-256
   gerenciando conflito, 258-259
   passos para o gerenciamento de um canal híbrido, 259-261
Administração de estoque *just-in-time*, 23
Adobe Systems, 353
Agência Brasileira de Desenvolvimento Industrial (ABDI), 30
Agência Paulista de Tecnologia dos Agronegócios (APTA), 29
Alcatel-Lucent Brasil, 2, 164-165
Alcoa, 364
Alerta sobre questões relacionadas a "matar" o desenvolvimento de um novo produto, 215-216
Alta tecnologia, 1-33
   canais de distribuição e gestão da cadeia de suprimentos em mercados de, 239-275
   caracterização do ambiente de negócios de, 5
   comportamento do consumidor no mercado de, 171-195
   comunicação em mercados de, 305-336
   definições do governo para, 3-4
   definindo por meio de características comuns, 4-14
   definindo, 3-17
   desenho da cadeia de suprimentos de, 262-263
   estratégia e cultura corporativa em empresas de, 81-82
   estratégias empresariais e cultura organizacional em mercados de, 41-82
   estrutura para a tomada de decisões em marketing em ambientes de, 25-33
   externalidades da rede e importância dos padrões na, 10-11
   ferramentas de pesquisa de marketing aplicadas a mercados de, 140-157
   gestão do ecossistema de canais em mercados de, 272-275
   inteligência de mercado como fator de sucesso nas empresas de, 164-166
   interação marketing-engenharia (P&D) em empresas de, 113-134
   modelo de contingência para o marketing em mercados de, 22-24
   outras características comuns aos mercados de, 17
   pesquisa de marketing em mercados de, 139-166
   planejamento estratégico em empresas de, 44-48
   produtos e inovações de, 24-33
   questões enfrentadas por empresas que atuam em mercados de, 43
Amazon, 3, 9, 50, 55, 270, 292, 315
Amazon.com, 73, 139, 226, 259, 291, 315
"amazonização", 362
Ambiente de precificação da alta tecnologia, 282
Ambiente de preço de alta tecnologia, 281-283
   cliente, 284
   concorrência, 284
   custo, 283
Ampliando a visão: de canais de distribuição para cadeia de suprimentos, 261-268
   gerenciamento efetivo da cadeia de suprimentos, 264-266
   tendências no gerenciamento de cadeias de suprimentos, 266-268
Andersen Consulting, Enron, WolrdCom, 351
Andreessen, M., 19
Anpei *veja* Associação Nacional de Pesquisa, Desenvolvimento e Engenharia de Empresas Inovadoras (Anpei)
AOL, 103, 316, 318
Aparelho de MP3, 194, 318, 347, 362
Apple iMacs, 334
Apple iTunes Music Store, 296
Arquitetura do produto: modularidade, plataformas e derivados, 208-212
   modularidade, 208-209
   plataformas e derivados, 209-212
APTA *veja* Agência Paulista de Tecnologia dos Agronegócios (APTA)
Arte das alianças, 100-101
Artigos em jornais, 305
Aspectos do projeto e da gestão de canais de distribuição, 241-245
   avaliação de desempenho, 245
   escolha da estrutura do canal: direto *versus* indireto, 242
   escolha do tipo de intermediário, 242-243
   gestão dos canais, 243-245
   objetivos dos canais, restrições e ambiente externo, 241-242
   penetração/cobertura: número de intermediários, 243
Assistente digital pessoal (*personal digital assistant* – PDA), 145
Associação Brasileira das Agências de Propaganda (ABAP), 334
Associação Brasileira das Instituições de Pesquisa Tecnológica (ABIPTI), 29
Associação de Pequenos Negócios (Small Business Association – SBA), 79
Associação Nacional de Pesquisa, Desenvolvimento e Engenharia de Empresas Inovadoras (Anpei), 30
Association of University Technology Managers (AUTM), 207
Atributos desejáveis, 154
Atributos obrigatórios da qualidade, 153
Atributos unidimensionais da qualidade, 153
AUTM *veja* Association of University Technology Managers (AUTM)

B

Babcock and Brown, 298
Barnes & Noble, 3, 50, 226
Barreiras à colaboração P&D-marketing, 124-125
BearShare, 361
Benefícios da tecnologia, 2, 15
Berners-Lee, T., 19
Beta test, 90
Bezos, J.,55, 56, 139
Binder, G., 19
Biotecnologia, 2, 19, 48, 90, 146
blogs, 194, 195
Blu-Ray, 6, 94
Bolsa de Mercadorias e Futuros (BM&F), 355
Borders Books, 56
Brainstorming em busca de soluções, 147
Browsers, 12, 13

C

Canais de distribuição e gestão da cadeia de suprimentos em mercados de alta tecnologia, 239-275
   acrescentando novos canais: a Internet, 253-261
   ampliando a visão: de canais de distribuição para cadeia de suprimentos, 261-268
   aspectos do projeto e da gestão de canais de distribuição, 241-245
   considerações sobre canais em mercados de alta tecnologia, 246-253
   e-business e comportamento organizacional, 268-275
Canais informais, 126
Caracterização do ambiente de negócios de alta tecnologia, 5
Cargill, 2
Carta magna da era da tecnologia, 360
Caso Betamax (Sony Corp. of America contra Universal City Studios), 360
Caso Embraer, 129-134
Categorias de adoção, 177-180
   adotantes precoces, 177-179
   inovadores, 177
   maioria tardia, 179
   primeira maioria, 179
   retardatários, 179-180
Categorias de adotantes, 178
Categorias de clientes, 329-331
   alta participação – baixo consumo, 330
   alto lucro – alto consumo, 331
   baixa participação – baixo consumo, 329-330
   baixa participação – alto consumo, 330
Centro de Tecnologia Canavieira (CTC), 2
Centro Nacional de Desenvolvimento Científico e Tecnológico (CNPq), 79
Centro Técnico da Aeronáutica (CTA), 129

Cepal *veja* Comissão Econômica para a América Latina e Caribe (Cepal)
Chegando à integração, 124-127
  comunicação, 126
  cooperação, 126
  cooptação, 126
Chip também tem coração, 334-336
Chips, 327
  de computador, 2, 152, 175, 190
Ciclo cada vez mais curto de desenvolvimento de novos produtos (*time-to-market cycle*), 89
Cisco Systems, 1, 49, 92, 93, 272, 308, 316, 353, 363
Cisco, 1, 49, 92-93, 272, 308, 316, 353, 363
Claro, 189
Cliente lançador (*launch customer*), 132
Cliente, 284
  benefícios
    financeiros, 284
    funcionais, 284
    operacionais, 284
    pessoais, 284
  custos
    financeiros, 284
    não financeiros, 284
CNPq *veja* Centro Nacional de Desenvolvimento Científico e Tecnológico (CNPq)
Código de Defesa do Consumidor, 356
Comdex, 173
Comissão Econômica para a América Latina e Caribe (Cepal), 29
Commodity, 2, 57, 291, 292
Compaq, 45, 121, 247, 254-255, 257, 258, 265, 320, 323, 324
Comportamento de *pular*, 190
Comportamento do consumidor no mercado de alta tecnologia, 171-195
  decisão de compra do cliente, 173-184
  escolha do cliente: segmentando mercados e escolhendo alvos, 185-190
  estratégias do cliente para evitar a obsolescência, 190-195
Computador pessoal (*personal computer* – PC), 185
Comunicação em mercados de alta tecnologia: ferramentas para a construção e manutenção do relacionamento com o cliente, 305-334
  importância da gestão da marca em mercados de alta tecnologia, 316-324
  papel da comunicação de marketing no relacionamento com o cliente, 329-334
  pré-anúncios de novos produtos, 324-328
  propaganda e promoção: uma visão geral, 306-316
Comunicação Integrada de Marketing (CIM), 307
Concretizando a promessa de tecnologia, 341-364
  controvérsias éticas que cercam os avanços tecnológicos, 346-351
  observações finais: concretizando a promessa de tecnologia, 363-364
  papel do governo, 356-363
  paradoxo da tecnologia e as consequências não compreendidas, 342-345
  responsabilidade social e decisões comerciais, 351-356
Concretizando a promessa de tecnologia, 363-364
Confederação Nacional das Indústrias (CNI), 380
Conflito construtivo, 127
Conselho Nacional de Autorregulamentação Publicitária (Conar), 334
Considerações adicionais de precificação, 295-299
  leasing, 298

pacotes de preços, 297-298
pay-per-use versus preço por assinatura, 297
restrições das licenças, 296
venda total de *know-how* comparada às licenças de utilização, 296
Considerações sobre antitruste e preços grátis, 293-294
  o caso da Microsoft, 294
Considerações sobre canais em mercados de alta tecnologia, 246-253
  entendendo os mercados cinza, 249-252
  evolução dos canais de alta tecnologia, 248-249
  fronteira difusa entre elos da cadeia de suprimentos, 246-247
  mercados negros, pirataria e restrições de exportação, 252-253
  necessidade de canais indiretos para adição de valor aos fabricantes, 247-248
Considerações sobre precificação em mercado de alta tecnologia, 281-301
  ambiente de preço de alta tecnologia, 281-283
  considerações adicionais de precificação, 295-299
  efeito da Internet nas decisões de precificação, 294-295
  paradoxo da tecnologia, 290-294
  precificação do serviço pós-venda, 289-290
  precificação orientada para o cliente, 285-289
  três C's da precificação, 283-285
Considerações táticas sobre a decisão de pré-anunciar, 327-328
  informação, 328
  momento certo, 328
  outras considerações, 328
Consórcio Semiconductor Manufacturing Technology (Sematech), 92
Continuum de inovações, 19-24
  implicações dos diferentes tipos de inovação, 22-24
  inovações incrementais, 20
  inovações radicais (*breakthrough innovations*), 19
Controvérsias éticas que cercam os avanços tecnológicos, 346-351
  benefícios da estruturação, 350-351
  estruturação para lidar com controvérsias éticas: Merck, Ivermectina e a cegueira do rio, 347-348
  "*coopetição*", 91
Corporação Sênior de Executivos Aposentados (Senior Corp of Retired Executives – Score), 79
Coty Inc., 271
Cruzando o abismo, 180-184
  abismo, 181
  estratégias para o mercado precoce: marketing para visionários, 180-181
  marketing para conservadores, 184
  marketing para os pragmáticos, 181-183
  pista de boliche, 183
  rua principal, 184
  tornado, 183-184
CTA *veja* Centro Técnico da Aeronáutica (CTA)
CTC *veja* Centro de Tecnologia Canavieira (CTC)
Cultura e clima organizacional em empresas inovadoras, 60-74
  facilitadores culturais à inovação, 62-72
  lições de inovação aplicadas à Internet, 72-74
  obstáculos culturais à inovação, 61-62
Curva "S" de Difusão da Inovação, 161
Custos de troca, 104
CyberGold Inc., 226

D

Daimler Chrysler, 267, 271
DEC Corporation, 159
Decisão de compra do cliente, 173-184
  categorias de adoção, 177-180
  cruzando o abismo, 180-184
  processo de decisão de compra do cliente, 173-177
Decisão de migração do cliente, 191-195
  opções de migração dadas pelos profissionais de marketing, 192
Decisão sobre "o que vender", 203-208
  considerações sobre a transferência de tecnologia, 207
  opções possíveis, 204
  qual decisão faz sentido?, 204-207
Definindo alta tecnologia por meio de características comuns, 4-14
  externalidades da rede, 10-11, 34, 206, 281
  outras características comuns aos mercados de alta tecnologia, 17
  incerteza do mercado, 5-8
  incerteza tecnológica, 8-9
  volatilidade da concorrência, 9-10
  importância dos padrões na indústria de alta tecnologia, 10-11
  padrões importantes, 11-14
Dell, 1, 12, 54, 57, 104, 117, 227, 242, 246, 254, 257, 265-266, 284, 291, 316, 317, 321, 333
Departamento de Educação dos Estados Unidos, 353
Departamento de Justiça dos Estados Unidos, 294
Desafios para pequenas empresas, 74-82
  navegando em um ambiente complexo, 80-82
  outros recursos, 79-80
  preocupações com fundos, 75-80
Desdobramento da função qualidade (QFD), 152-156
  ouvir a percepção do cliente sobre produtos concorrentes, 153
  ouvir a voz do cliente, 152
  transformar o *insight* do cliente em requisitos específicos do projeto, 153
Desenho da cadeia de suprimentos de alta tecnologia, 262-263
Desenvolvendo serviços como parte da estratégia de produtos de alta tecnologia, 216-219
  inseparabilidade, 219
  intangibilidade, 219
Desenvolvendo uma marca forte, 319-321
  confiar em símbolos, 321
  dar uma marca à empresa, à plataforma ou à ideia, 320-321
  ferramentas clássicas de propaganda e relações públicas (RP), 319-320
  gerenciar todos os pontos de contato, 321
  influenciar os formadores de opinião e o boca a boca, 320
  trabalhar com parceiros, 321
  usar a Internet, 321-322
Desenvolvimento de produtos e questões gerenciais em mercados de alta tecnologia, 199-232
  alerta sobre questões relacionadas a "matar" o desenvolvimento de um novo produto, 215-216
  arquitetura do produto: modularidade, plataformas e derivados, 208-212
  decisão sobre "o que vender", 203-208
  desenvolvendo serviços como parte da estratégia de produtos de alta tecnologia, 216-219

Índice remissivo

desenvolvimento de tecnologia, 200-203
equipes de desenvolvimento de novos produtos, 212-214
proteção de propriedade intelectual, 219-232
Desenvolvimento de protótipos de soluções possíveis, 147
Desenvolvimento de tecnologia, 200-203
gestão em andamento, 204
identificação de tecnologias, 201
tomar decisões sobre comercialização, licenças e assim por diante, 203
tomar decisões sobre o acréscimo de outras tecnologias, 201-203
Desenvolvimento dos softwares de gestão integrada (*enterprise resource planning* – ERP), 89
Desenvolvimento e inovação no Brasil, 29-33
Destruição criativa, 10, 60, 62-63, 64, 73
Diagrama de Kano, 153
Diferentes percepções de inovação para fabricantes e consumidores, 21
Digital Equipment, 92
Diversificação do produto, 15
DNA (Ácido desoxirribonucleico), 90, 218, 366
Dow Chemical, 2, 71
DRAM *veja* Dynamic Random Access Memory (DRAM)
Duopólio "Wintel" (Windows-Intel), 12, 206
DuPont, 2, 352, 359
DVD Fórum, 6
Dynamic Random Access Memory (DRAM), 70, 317

E

e-Bay, 295
E-business e comportamento organizacional, 268-275
gerenciamento otimizado da cadeia de suprimentos, 272
mudar os canais de distribuição, 269-270
nova abordagem de compra: utilização dos mercados eletrônicos de empresa para empresa, 270-271
Ecossistema
de canais, 273
dominante, 12
EDI *veja* Sistema de troca eletrônica de dados (Electronic Data Interchange – EDI)
EDS, 93
Efeito-tendência (*bandwagon effect*), 10, 12, 34. *Veja também* externalidades da rede
Eisner, M., 360
Embalagem Tetra Pak: sustentável por natureza, 364
Embrapa *veja* Empresa Brasileira de Pesquisas Agropecuárias (Embrapa)
Empathic design, 144
insights do *empathic design*, 145
processo para a condução do *empathic design*, 146
Empresa aérea
Gol, 3
JetBlue, 3
Empresa Brasileira de Pesquisas Agropecuárias (Embrapa), 2
Empresas *hi-tech*, 1
Entendendo os mercados cinza, 249-252
causas, 250-251
soluções, 251-252
Entusiastas por tecnologia, 177
Equipes de desenvolvimento de novos produtos, 212-214
ERP *veja* Desenvolvimento dos softwares de gestão integrada (*enterprise resource planning* – ERP)

Esboço de um plano de marketing, 38-40
análise externa (mercado), 38
análise interna (empresa), 38
estratégia de marketing, 39
objetivos, 38
orçamento e controle, 40
proposta de valores, 39
sumário executivo, 38
Escolha do cliente: segmentando mercados e escolhendo alvos, 185-190
avalie e selecione um mercado-alvo, 187
divida os clientes possíveis em grupos, 185
faça um perfil do cliente em cada segmento, 186
posicione o produto dentro do segmento, 189
Estereótipos de P&D e marketing, 125
Estratégia de conquista, 103-106
comunicação e posicionamento, 105
escolha do segmento (*targeting*), 104-105
experimentação, 105
preço de compra, 105
segmentação, 104
serviços de pós-venda, 106
Estratégia de marketing, 20, 22, 39, 40, 45, 48, 105, 180, 195, 207, 219, 294
atributos do produto e/ou serviço, 39
distribuição, 39
pessoas, 40
posicionamento, 39
preço, 39
promoção, 39
Estratégia e cultura corporativa, 44
em empresas de alta tecnologia, 81-82
Estratégia em empresa de alta tecnologia, 48-53
decisões-chave, 48-53
consumidores, 48-49
execução, 51
produtos e serviços, 49
timing, 49-51
estratégias inovadoras, 51-53
Estratégia global de marca da Samsung, 317-318
Estratégias de gerenciamento do relacionamento com o cliente, 332
Estratégias de *management by wire*, 332
Estratégias do cliente para evitar a obsolescência, 190-195
decisão de migração do cliente, 191-195
Estratégias empresariais e cultura organizacional em mercados de alta tecnologia, 41-82
Estratégias para estabelecer um padrão na indústria, 14-16
diversificação do produto, 15
parcerias estratégicas, 14-15
posicionamento agressivo de produto, 15-16
Estratégias para melhorar a interação P&D--marketing, 125
Estrutura para a tomada de decisões em marketing em ambientes de alta tecnologia, 25-33
praça, 27
preço, 27
produto, 27
promoção, 28-29
Estruturação para lidar com controvérsias éticas: Merck, Ivermectina e a cegueira do rio, 347-348
identificar as necessidades e preocupações de cada grupo envolvido, 349-350
identificar todos os envolvidos afetados pela decisão, 348
priorizar os grupos participantes e suas perspectivas, 350

tomar e implementar uma decisão, 350
Examinando modelos de propriedade intelectual, 359-362
proteção de direitos autorais, 359-362
proteção de patente, 359
Excelência
cultural, 156
de custo, 156
Externalidades da rede e importância dos padrões na indústria de alta tecnologia, 10-11
Externalidades da rede, 10, 11, 34, 206, 281

F

Fabricante do equipamento original (*original equipment manufacturer* – OEM), 14, 310
Facilitadores culturais à inovação, 62-72
alavancagem eficaz da dominância da empresa, 62-64
cultive a cultura e o clima para inovações, 69-72
desaprendizado, 64-65
destruição criativa, 62-63
imaginação corporativa, 65-68
marketing expedicionário, 68-69
Fascínio pelas parcerias e pelos relacionamentos estratégicos, 107-109
Fatores de risco (*hassle factor*), 8, 110, 188
Fatores de sucesso das parcerias e alianças, 98-102
comprometimento, 99
comunicação, 99
confiança, 99
culturas corporativas compatíveis, 99-100
estruturas de governança apropriado, 98-99
interdependência, 98
resolução de conflitos de maneira integrada e técnicas de negociação, 100
Federação das Indústrias do Estado de São Paulo (Fiesp), 33, 81
Federal Express (FedEx), 289, 332
Ferramentas de pesquisa de marketing aplicadas a mercados de alta tecnologia, 140-157
conjoint analysis, 142
desdobramento da função qualidade (*quality function deployment* – QFD), 140
empathic design, 144
programa de visitas ao cliente, 143
teste da versão beta, 156
teste de conceito (prova de conceito), 141-142
teste de protótipos, 156, 167
usuários líderes, 148-150
Feudos organizacionais, 171
Fontes compartilhadas, 10
Formadores de opinião, 8, 24, 67, 161, 319, 320, 329, 337
Forrester Research Inc., 186
Fortune, 46, 49, 52, 102, 119, 171, 183, 291
Frequência da interação, 126
Futurecom, 173

G

Galaxy Tab, da Samsung, 11, 223
General Electric, 45
General Motors (GM), 89, 267, 271
Gerenciamento por renda, 333
Gestão de direitos digitais (*Digital Rights Management* – DRM), 360
Gestão de relacionamento com clientes (*Customer Relationship Management* – CRM), 288, 333, 334, 336
Gestão do ecossistema de canais em mercados de alta tecnologia, 272-275

Gestão do processo de desenvolvimento de novos produtos (*stage-gate management system*), 23, 61, 72, 81, 89, 90, 100, 127, 140, 141, 143, 161, 203
Gestão dos canais, 243-244
    controle e coordenação, 244
    seleção e recrutamento de intermediários do canal, 243
Glaxo-Wellcome, 45
Glazer, R., 331
Gnutella, 361
Google, 1, 53, 62, 82, 156, 158, 223, 313, 314, 317, 324
Gravadores de videocassete (VCR), 9
Gravadores digitais (DVRs), 9
Grokster, 361
Grove, A., 1, 147
Guerra dos Tablets, 11, 325

H

Harvard Business School, 75
HD-DVD, 6, 94
Hewlett-Packard, 2, 54, 246, 288, 316, 320, 322, 352
home videos, 361
Honda, 54, 55
HP, 45, 93
Human Genome Sciences, 359

I

IBM, 1, 16, 71, 73, 82, 91, 92, 93, 95, 100-101, 105, 107-109, 120, 147, 185, 201, 203, 204, 216, 248, 284, 286, 292, 296, 311, 316, 317, 320, 323, 326, 334
IBM, 92, 93
Identificação de radiofrequência (*Radio-Frequency Identification* – RFID), 272
Identificar as necessidades e preocupações de cada grupo envolvido, 349-350
    perspectiva das pessoas afetadas pela doença, 349
    perspectiva do governo, 349
    perspectiva do público em geral, 349
    perspectiva dos funcionários, 350
Identificar e questionar usuários líderes, 150
Identificar tendências de mercado/técnicas importantes, 150
iMac, 214, 317, 334
Impacto a longo prazo no relacionamento entre comprador e fornecedor, 271
Implicações dos diferentes tipos de inovação, 22-24
Importância da gestão da marca em mercados de alta tecnologia, 316-324
    desenvolvendo uma marca forte, 319-321
    marca de componente, 322-324
    marcas em pequenas empresas, 324
Incubadoras de tecnologia, 79
Índice de Sustentabilidade Empresarial (ISE), 355
Índice Nasdaq, 1
Indústria de telefonia celular, 12
Infineon Techonologies, 95
Inovações
    desenvolvidas por usuários líderes, 150
    incrementais, 20
    radicais (*breakthrough innovations*), 19
Insights do empathic design, 145
    como os usuários lidam com ambientes de trabalho imperfeitos e necessidades não articuladas, 145
    diferentes situações de uso, 145-146
    divisão de Ferramentas Elétricas da Ingersoll-Rand, 145
gatilhos de uso, 145
    importância de atributos intangíveis que nem mesmo os clientes conseguem articular, 145-146
Instituto Brasileiro de Geografia e Estatística (IBGE), 4, 33
Instituto de Pesquisas Tecnológicas (IPT), 364
Instituto de Políticas Econômicas e Aplicadas (Ipea), 4
Instituto de Tecnologia de Alimentos (Ital), 29
Instituto Paulista de Excelência em Gestão (Ipeg), 81
Instituto Tecnológico de Aeronáutica (ITA), 129
Intel, 1, 2, 12, 16, 17, 27, 28, 45, 53, 73, 92, 100, 104, 147, 148, 175, 181, 185, 209, 211, 219, 220, 227, 247, 253, 262-263, 268, 291-292, 309, 316, 317, 319, 321, 322, 324
Inteligência de mercado como fator de sucesso nas empresas de alta tecnologia, 164-166
Interação marketing-engenharia (P&D) em empresas de alta tecnologia, 113-134
    interação P&D–marketing, 121
    o que é ser orientado para o mercado?, 117-121
Interação marketing-engenharia (P&D), 132-134
International Institute for Management Development (IIMD), 33
International Trade Center (ITC), 29
iPad, da Apple, 1, 214, 223, 325, 334, 336
iPhones, 223, 334, 336
iPods, 223, 334, 336

J

Jobs, S., 360
Jogo da pedra, 127, 128
jogos de *video games*, 358, 359

K

Kawasaki, G., 155
Kazaa, 361
Klabin, 364
Kodak, 22, 62, 91, 258, 335
KPMG, 93
Kramer, M., 352

L

Lado negativo e oculto da orientação para o mercado, 119-120
superando as possíveis armadilhas, 120-121
Le Monde, 324
Lei da Inovação, 356
Lei da Metcalf, 10
Lei de Direitos Autorais do Milênio Digital, de 1998, 360
Lei de Gravações Domésticas de Áudio de 1992, 360
Lei de Moore, 65, 66, 84, 281, 282
Lei de Pesquisa e Desenvolvimento em Nanotecnologia dos Estados Unidos, 346
Lei de Pesquisa e Desenvolvimento em Nanotecnologia, 346, 356
LG Electronics, 14, 335
Licenciamento e acordos de OEM, 14
liderança do mercado-alvo, 150
LimeWire, 361
Linux, 10, 109
Lockheed Martin, 149
Loral, 253
Lucent Technologies, 247, 291

M

Mala direta, 105, 243, 259, 260, 305, 307, 309, 311, 316, 331
Marca de componente, 322-324
    vantagens e desvantagens da marca de componente, 322-324
Market share, 11, 132
Marketing de relacionamento, 89-110
    com os clientes, 102-110
    parcerias e alianças, 90-102
Marketing direto, 102, 305
Marketing expedicionário, 74
Martin, L., 149
Massachusetts Institute of Technology (MIT), 42
Matriz da qualidade, 153
Mecatrônica, 2
Medo, inseguranças e dúvidas do consumidor – MID (*Fear, Uncertainty and Doubt* – FUD), 5
Meios formais, 126
Mercado "pontocom", 9
Mercados verticais de empresa para empresa – ou B2B, 150, 266
Mercedes, 2
Merck, 347, 348, 350, 351
Merck, G. W., 350
Método Delphi, 160
Microsoft, 2, 10, 12, 16, 28, 46, 58, 62, 69, 82, 92-93, 94, 100, 145, 159, 189, 194, 209, 223, 227, 245, 268, 285, 291, 294, 297-298, 316-317, 318, 320, 327, 352, 353, 357, 358
Ministério da Ciência e Tecnologia (MCT), 29, 356
Ministério das Comunicações, 363
Ministério Japonês da Indústria e Comércio, 9
Modelo de Bass, 160-163
    efeito do coeficiente de imitação no, 163
    efeito do coeficiente de inovação no, 162
Modelo de contingência para o marketing em mercados de alta tecnologia, 22-24
Modelo de Kano, 153
Monsanto Company, 2, 359
Moore, G., 7, 177, 180, 183, 184, 187, 188, 194, 249
Morpheus, 361
Motorola, 11, 22, 93, 147, 157, 158, 201, 223, 240, 284, 285, 325, 335, 363
MP3.com, 347
MSN, 293

N

Nanotech Briefs, 346
Napster, 321, 325, 347,360-361
National Science Foundation, 4, 346
Natureza da interação P&D-marketing: inovações radicais *versus* incrementais, 122-124
Navegando em um ambiente complexo, 80-82
    flexibilidade, 80-81
    orientação no tempo, 81-82
    velocidade, 80
NCR, 92
Net Digital HD Max, 9
Netscape, 62, 114, 294, 318
Networking Academy, 353
Nissan, 23
Nokia, 94, 201, 223, 317, 335

O

Objetivo da estratégia, 53-60
    abordagem para o desenvolvimento de recursos e competências, 59-60
    recursos e competência, 53-56
    testes da vantagem competitiva para superioridade e sustentabilidade, 56-59
Obstáculos culturais à inovação, 61-62
    rigidez associada às competências-chave da empresa (*core rigidities*)
    dilema do inovador, 61-62

OCDE *veja* Organização para Cooperação e Desenvolvimento Econômico (OCDE)
OE *veja* Organização dos Estados Americanos (OE)
OEM *veja* Fabricante do equipamento original (*original equipment manufacturer* – OEM), 14, 90, 310
Oferta de mercado (*supply-side markets*), 19
OMS *veja* Organização Mundial de Saúde (OMS)
OnudiI *veja* Organização das Nações Unidas para o Desenvolvimento Industrial (OnudiI)
Opções de cadeias de suprimento em mercados de alta tecnologia, 240
Opções de migração dadas pelos profissionais de marketing, 192
  expectativa da magnitude dos avanços, 193
  expectativa do ritmo dos avanços, 192-193
  incerteza do cliente, 193
Opções possíveis sobre "o que vender", 204
  vender a "prova de conceito", 204
  vender ou licenciar apenas o know-how, 204
  vender produtos ou sistemas finais com todos os componentes essenciais, "na caixa", prontos para uso, para clientes, 204
  vender solução completa de ponta a ponta, 204
Operadora de TV a cabo Net, 9
Oracle, 53, 92, 97, 183, 223, 332
Organização das Nações Unidas para o Desenvolvimento Industrial (OnudiI), 29
Organização dos Estados Americanos (OE), 29
Organização Mundial de Saúde (OMS), 348
Organização para Cooperação e Desenvolvimento Econômico (OCDE), 4, 345
Orientado para o mercado, 117-121
  barreiras à orientação para o mercado, 118-119
  lado negativo e oculto da orientação para o mercado, 119-120
  tornando-se, 117-118
Outras características comuns aos mercados de alta tecnologia, 17
  custos da primeira unidade, 17
  knowledge spillover, 17
  problemas de comercialização, 17

P

Pagamento de licença para *rollouts* globais, 171
Papel da comunicação de marketing no relacionamento com o cliente, 329-334
  categorias de clientes, 329-331
  estratégias de gerenciamento do relacionamento com o cliente, 331-333
  software de gestão do relacionamento com o cliente, 333-334
Papel do governo, 356-363
  assistência no acesso à tecnologia, 362
  atualização de modelos antitruste, 357-358
  examinando modelos de propriedade intelectual, 359-362
Paradoxo da tecnologia e as consequências não compreendidas, 342-345
  assimilação – isolamento, 343
  controle – caos, 343
  eficiência – ineficiência, 344
  engajamento – desengajamento, 344
  implicações dos paradoxos tecnológicos no marketing, 345-346
  inteligência – estupidez, 344
  liberdade – escravidão, 344
  novo – obsoleto, 345
  preenchendo necessidades – estimulando o despertar de necessidades, 344-345

Paradoxo da tecnologia, 290-294
  considerações sobre antitruste e preços grátis, 293-294
  do grátis ao pago, 293
  soluções para o paradoxo (de precificação) da tecnologia, 291-293
Parasitas em gado bovino (ivermectina), 348
Parcerias com canais de distribuição, 90
Parcerias e alianças, 90-102
  fatores de sucesso das, 98-102
  razões para o estabelecimento de, 92-96
  riscos envolvidos na, 97-98
  tipos de, 90-92
Parcerias estratégicas, 14-15
Participação na mente, 292
Passos para o gerenciamento de um canal híbrido, 259-261
  delineie as tarefas ou funções que devem ser executadas na venda para esses segmentos, 259
  disponibilize o melhor (mais eficiente e eficaz) canal para essas tarefas, 259
  identifique o segmento-alvo, 259
Patentes, 222-227
  desvantagens do uso de patentes, 225
  mudanças na lei de patentes: uma visão da legislação norte-americana, 225-226
  outras considerações sobre patentes e concorrência, 226-227
  tipo de pedidos de patente, 224-225
PC Magazine, 324
PC *veja* Computador pessoal (*personal computer* – PC)
PDA *veja* Assistente digital pessoal (*personal digital assistant* – PDA)
Percepções de inovação do fabricante *versus* consumidor, 21
Personalização de massa, ou fabricação flexível, 333
Pesquisa de Inovação Tecnológica (Pintec), 33
Pesquisa de marketing em mercados de alta tecnologia, 139-166
Pesquisa e Desenvolvimento – P&D (*Research and Development* – R&D), 3-4
Philips, 14-16, 94-95, 300
Pinacor Inc., 247
Pintec *veja* Pesquisa de Inovação Tecnológica (Pintec)
Pioneer International, 2
Pirâmide de propaganda e promoção, 306, 307
PITCE *veja* Política Industrial Tecnológica e de Comércio Exterior (PITCE)
Planejamento estratégico em empresas de alta tecnologia, 44-48
  avaliar as questões relativas ao mercado e escolher a forma de atuação, 45
  definir a missão e os objetivos da empresa, 45
  definir e detalhar a proposta de valor e as estratégias de marketing, 45
  entender a dinâmica de lucro, 45-46
  escolher as arenas de competição, 45
  identificar oportunidades potencialmente atraentes, 45
  implementação da estratégia escolhida, 46
  planejamento na Medtronic, 46-48
  planejar as relações interorganizacionais, 45
Plano Nacional de Banda Larga, 363
Poços inteligentes, 61
Polaroid, 23
Política de Ciência, Tecnologia e Inovação (CT&I), 29

Política Industrial Tecnológica e de Comércio Exterior (PITCE), 30
Portal UOL, 104
Porter, M., 352
Posicionamento agressivo de produto, 15-16
Pragmático, 8, 179, 180, 181-183, 188, 190
Pré-anúncio, 306, 324-328, 336, 338
Pré-anúncios de novos produtos, 324-328
  considerações táticas sobre a decisão de pré-anunciar, 327-328
  desvantagens do pré-anúncio, 326-327
  vantagens e objetivos do pré-anúncio, 325-326
Precificação como fator estratégico, 299-301
Precificação do serviço pós-venda, 289-290
  clientes com necessidades básicas, 290
  clientes que evitam riscos, 290
  clientes que seguram as mãos, 290
Precificação orientada para o cliente, 285-289
  implicações de precificação orientada para o cliente, 288-289
  passos da precificação orientada para o cliente, 285-288
Pré-divulgação, 28
Prevendo a demanda dos clientes, 159-166
  métodos de previsão, 159-163
  outras considerações sobre previsões, 163-166
Primeiros *air bags*, 341
Principais investidores de risco no Brasil, 78
Processo de decisão de compra do cliente, 173-177
  avaliação das alternativas, 173-176
  avaliação pós-compra, 176
  busca de informações, 173
  decisão de compra, 176
  identificação do problema, 173
Processo para a condução do *empathic design*, 146
  brainstorming em busca de soluções, 147
  captura de dados, 146
  desenvolvimento de protótipos de soluções possíveis, 147
  observação, 146
  reflexão e análise, 147
Procter & Gamble, 2, 64
Produtos e inovações de alta tecnologia, 24-33
  estrutura para a tomada de decisões em marketing em ambientes de alta tecnologia, 25-33
Produtos-decepção, 21
Produtos-sombra, 21
Programa de visitas ao cliente, 143
  comunicação face a face, 143
  conhecimento em primeira mão, 143
  conversação interativa, 143
  inclusão de múltiplos tomadores de decisões, 143
  pesquisa de campo, 143
Propaganda e promoção (P&P), 306
Propaganda e promoção pela Internet, 311-316
  diretórios e mecanismos de busca, 313-314
  marketing de permissão, 315-316
  marketing viral, 315
  preço do anúncio on-line: CPM ou custo por clique?, 314-315
  propaganda pelo celular, 316
  tipos de propaganda *on-line*, 311-313
  uso de associados, 315
Propaganda e promoção: uma visão geral, 306-316

propaganda e promoção pela Internet, 311-316
uma breve visão das ferramentas de propaganda e promoção, 308-311
Prospecção orientada por evento, 332
Proteção de propriedade intelectual, 219-232
copyrights, 227-228
gerenciando a propriedade intelectual, 232
marcas registradas, 228
patentes ou segredos comerciais?, 231-232
patentes, 222-227
segredos comerciais, 228-230

Q

QFD *veja* Desdobramento da função qualidade (QFD)
QFD e TQM, 154-156
excelência com o cliente, 154
excelência na gestão do ciclo de desenvolvimento, 154
Questões enfrentadas por empresas que atuam em mercados de alta tecnologia, 43
QWERTY keyboards, 11

R

Raymund, S., 289
Razões para o estabelecimento de parcerias e alianças, 90-102
ao longo dos estágios de ciclo de vida do produto, 96-97
Recording Industry Association of America (RIAA), 360
Reflexão e análise, 147
Relacionamento com os clientes, 102-110
e estratégias de retenção, 106-110
estratégia de conquista, 103-106
Relacionamento com os clientes e estratégias de retenção, 106-110
amigos de verdade, 105
borboletas, 106-107
cracas, 107
estranhos, 107
ReplayTV, 9
Responsabilidade social corporativa, 351-352
Responsabilidade social e decisões comerciais, 351-356
condições de demanda/clientes, 352
condições de suprimento/input, 352
contexto competitivo, 353
infraestrutura de apoio, 353
responsabilidade social e inovação, 355-356
Retorno sobre o investimento (*return on investment* – ROI), 57
Reunindo inteligência competitiva, 157-159
Revista *Wired*, 194
RIAA *veja* Recording Industry Association of America (RIAA)
RightNow Technologies, 287
ROI *veja* Retorno sobre o investimento (*return on investment* – ROI)
Rogers, E., 173, 177

S

SBA *veja* Associação de Pequenos Negócios (Small Business Association – SBA)
Sears, 3, 73

Segredos comerciais, 228-230
obrigações contratuais que dizem respeito à informação de propriedade privada, 229
quem possui o conhecimento: o empregador ou o funcionário?, 229-230
Serviços de computação par a par (*peer-to-peer*), 359
Setor de tecnologias de informação e comunicação (TICs), 363
Sistema Brasileiro de Tecnologia (Sibratec), 30
Sistema de freios antitravamento (*antilock braking system* – ABS), 150
Sistema de troca eletrônica de dados (Electronic Data Interchange – EDI), 271
Sites B2B, 266
Skunk work, 74
Sloan School of Management, 42
Software de gestão integrada (*enterprise resource planning* – ERP), 89, 92, 102, 109, 171, 183, 262, 277
Sony Corp. of America v. Universal City Studios, 360
Sony, 6, 15, 23, 58, 94, 95, 120, 284, 300, 317, 318, 320, 361
Sony-Ericsson, 268
Space tourism, 193
Sprint PCS, 299, 317, 318
stakeholders, 45
Storage Technology Corporation, 8, 69, 326, 327
Sun Microsystems, 353

T

TCI (conversores digitais), 299
Tech Data Corporation, 109, 242, 248, 289
TechAmerica, 1
Technology-push, 19
Técnica da *aceleração da informação* (AI), 161
Tecnologia da informação (TI), 9, 47, 48, 89, 132, 292
Tecnologia de processos, 3
Tecnologia Industrial Básica (TIB), 30
Tecnologia Wi-Fi, 191, 262, 287, 314, 344
Telecom, 189, 273, 274
Telemarketing, 259, 260, 263, 305, 307, 310, 311, 316, 331, 332
Televisão de alta definição (HDTV), 160, 174, 175, 287
Tendências no gerenciamento de cadeias de suprimentos, 266-268
mercados verticais na Internet, 266
software de gestão da cadeia de suprimentos, 267-268
terceirização, 268
Teste beta, 167
Teste da versão beta, 156
Teste de conceito, 167
Teste de protótipo, 156, 167
Testes da vantagem competitiva para superioridade e sustentabilidade, 56-59
durabilidade, 58
inimitabilidade, 58-59
raridade dos recursos, 57-58
valor para o cliente, 56-57
Texas Instruments, 92
TIB *veja* Tecnologia Industrial Básica (TIB)

TICs *veja* Setor de tecnologias de informação e comunicação (TICs)
Tim, 189
Tipos de investimentos de capital de risco, 77
Tipos de parcerias e alianças, 90-102
horizontais, 91-92
verticais, 90-91
TiVo, 9
Tomando decisões sobre plataformas e derivados, 211-212
Toshiba, 23
Totvs Notes Integration (TNI), 109
Toyota, 23, 89, 93
Trinta maiores e menores taxas de pirataria em 2010, 221

U

U.S. Bureau of Labor Statistics, 3, 4
Ubiquidade da tecnologia, 193-195
Uma breve visão das ferramentas de propaganda e promoção, 308-311
catálogos, literatura e manuais, 310-311
feiras, seminários e treinamentos, 310
propaganda, 308
relações públicas/publicidade, 308-309
venda pessoal, 311
United Microelectronics Corporation (UMC), 95
United Parcel Service (UPS), 288
Uso de *dados análogos*, 160
Usuários líderes, 148-150
desenvolver os avanços radicais, 151
identificar e questionar usuários líderes, 150
identificar tendências de mercado/técnicas importantes, 150
projetar os dados do usuário líder para um mercado mais amplo, 151

V

Valor do cliente (*customer equity*), 102
Visão top-down, 132
Visionários, 7, 8, 22, 177, 178-179, 180, 183, 305
Vivo, 189, 299

W

Wall Street Journal, 314, 335
Walmart, 3, 54, 271, 272
Warner, H. M., 159
WebVan, 293
Wi-Fi, 191, 262, 287, 314, 344
Windows, 10, 12, 22, 62, 63, 100, 206, 223, 294, 325, 358
Workman, J., 126

X

Xerox, 22, 64, 261
Xoom, da Motorola, 11

Y

Yahoo, 293, 309, 313-314, 316, 318, 321
Yin e Yang da tecnologia, 343

Z

Zanuck, D., 159
Zenith, 7, 14, 22

Sobre os autores

Jakki Mohr (Ph.D em 1989, pela University of Wisconsin, Texas) é mentora e conselheira da Ron and Judy Paige Faculty e professora de marketing na University of Montana – Missoula. Antes de entrar para a University of Montana, em 1997, a dra. Mohr era professora-assistente na University of Colorado, Boulder (de 1989 a 1997), onde ganhou o prêmio Frascona Teaching Excellence, em 1992, e o Susan Wright Research, em 1995. Antes de iniciar sua carreira acadêmica, trabalhou no Vale do Silício, na área de comunicação para a Hewlett-Packard Personal Computer Group e para a Tele Video Systems. A pesquisa de Mohr já ganhou prêmios e foi publicada nos periódicos: *Journal of Marketing, Strategic Management Journal, Journal of Marketing and Public Policy, Journal of Retailling, Journal of High Technology Management Research, Marketing Management* e *Computer Reseller News*. Seus interesses estão principalmente na área de marketing de produtos e serviços de alta tecnologia, mas não se limitam à Internet e ao e-commerce. A dra. Mohr também dá cursos sobre marketing de produtos e serviços de alta tecnologia, marketing B2B, marketing de comércio eletrônico e internet e administração de marketing.

Sanjit Sengupta (Ph.D em 1990, pela University of California, Berkeley) é professor e titular da cadeira do departamento de marketing da San Francisco State University. Dá aulas de marketing estratégico, marketing B2B e estratégia de marketing de *e-business*. Antes de entrar na San Francisco State University, em 1996, o dr. Sengupta foi professor-assistente na University of Maryland, College Park, onde recebeu dois prêmios acadêmicos. Lecionou em muitos programas de desenvolvimento para executivos nos Estados Unidos, na Finlândia e na Coreia do Sul. Suas áreas de interesse em pesquisa incluem desenvolvimento de novos produtos e inovações tecnológicas, alianças estratégicas, administração de vendas e marketing internacional. Suas pesquisas ganharam prêmios e foram publicadas em vários periódicos, incluindo o *Academy of Management Journal, Journal of Marketing* e *Journal of Product Innovation Management*. Antes de se dedicar à carreira acadêmica, o professor Sengupta trabalhou em vendas e marketing para a Hindustan Computers Limited e para a CMC Limited em Bombay, Índia.

Stanley Slater (Ph.D em 1988, pela University of Washington) é professor de marketing na Colorado State University. De 1996 a 2002, foi professor e diretor do curso de administração de negócios do Bothell Campus da University of Washintgon, onde foi peça-chave no lançamento do curso de MBA, elaborado especificamente para profissionais que trabalham em negócios orientados para a alta tecnologia. As áreas de maior interesse em pesquisa do dr. Slater são o papel da orientação do mercado no sucesso organizacional e o papel do marketing na implementação da estratégia comercial. Publicou mais de quarenta artigos sobre esses e outros tópicos no *Journal of Marketing*, *Journal of the Academy of Marketing Science*, *Journal of Product Innovation Management*, *Strategic Management Journal* e *Academy of Management Journal*, entre outros. Ganhou o prêmio de "Melhor Artigo" da *International Marketing Review* e do Marketing Science Institute. O professor Slater faz parte dos conselhos editoriais das seguintes publicações: *Journal of Marketing*, *Industrial Marketing Management* e *Business Horizons*. Antes de se dedicar à carreira acadêmica, ocupou cargos profissionais e administrativos na IBM e na Adolph Coors Company. Slater já prestou consultoria a empresas como Hewlett-Packard, Johns-Manville, Monsanto, United Technologies, Cigna Insurance, Qwest, Philips Electronics e Weyerhaeuser.

Richard Rigobert Lucht é engenheiro aeronáutico pelo Instituto Tecnológico de Aeronáutica – ITA (1994), mestre em ciências pelo ITA (1998), doutor em administração de empresas pela Escola de Administração de Empresas de São Paulo (EAESP/FGV) (2004), com MBA em administração empreendedora pela parceria entre o Instituto Tecnológico de Aeronáutica (ITA) e a Escola Superior de Propaganda e Marketing (ESPM) (1999) e especialista em engenharia de ensaios em voo, pelo Instituto de Aeronáutica e Espaço (IAE/CTA) (1995). Foi oficial da Força Aérea Brasileira, onde acumulou experiência na área de engenharia aeronáutica, participando de mais de uma dezena de projetos de desenvolvimento e registrando mais de 300 horas de voo em ensaios em diversos tipos de aeronaves. Também foi instrutor da Escola Brasileira de Ensaios em Voo, único órgão do hemisfério Sul a formar este tipo de profissional. Atualmente, é professor titular e diretor geral da ESPM-Sul, onde leciona as disciplinas de marketing e métodos quantitativos aplicados, e professor colaborador do ITA nos programas pós-graduação nas disciplinas da área de negócios da aviação. Atua também como consultor nas áreas de marketing para mercados de alta tecnologia e de planejamento estratégico para empresas de base tecnológica. Para sugestões, críticas e comentários, entre em contato com o professor Lucht pelo e-mail <lucht.mkt.hitech@gmail.com>.